民國期刊資料分類彙編

名家著述考

國家圖書館出版社

圖書在版編目(CIP)數據

名家著述考 / 賈貴榮,耿素麗編. —北京:國家圖書館出版社,2010.6
(民國期刊資料分類彙編)
ISBN 978-7-5013-3837-5

Ⅰ.名… Ⅱ.①賈…②耿… Ⅲ.社會科學—文集 Ⅳ.C53

中國版本圖書館 CIP 數據核字(2010)第 089295 號

書名 民國期刊資料分類編・名家著述考
著者 賈貴榮 耿素麗 選編

出版 國家圖書館出版社 (100034 北京西城區文津街 7 號)
(原北京圖書館出版社)
發行 010-66139745 66175620 66126153
66174391(傳真) 66126156(門市部)
E-mail btsfxb@nlc.gov.cn(郵購)
Website www.nlcpress.com → 投稿中心
經銷 新華書店
印刷 河北三河弘翰印務有限公司

開本 889×1194 毫米 1/16
印張 131.25
版次 2010 年 6 月第 1 版 2010 年 6 月第 1 次印刷
印數 1—500 册

書號 ISBN 978-7-5013-3837-5
定價 600.00 圓

出版說明

本書是我社推出的大型系列叢書《民國期刊資料分類彙編》中的一種，收入一九二四年一月至一九四八年五月出版的大約三十種期刊中有關歷代著名學者著述研究的文章近七十篇。其中，既有對個人著述的研究，也有對家族著述的研究。涵蓋的領域包括自然科學和社會科學的諸多領域。這些文章，代表了當時相關領域研究的最高水準，也是當今學術研究中不可或缺的參考文獻。將其結集出版，旨在為相關學術研究提供便利。

在編排本書的過程中，我們遵循的原則是：

一、全書採取影印的方式出版，以存文章原貌。

二、本書所收文章以發表時間先後為序排列。

三、由於所收文章來自不同的刊物，故在版面上存在很大差異。對此，我們儘量做了統一，如將文章的版心大小改為一致。但對於橫排、豎排的情況則保持不變。

四、在所收入的文章中，有不完整者，雖經極力搜討亦未成全璧。為向讀者提供查找的線索，依然收入本書之中。『楊惺吾先生著述考』就屬於這種情況。

應該說明的是，囿於條件所限，民國期刊中有關名家著述考方面的文章尚有未收入本書者，只得留待以後時機成熟時再做續編

國家圖書館出版社

二〇一〇年六月

目錄

東原著述纂校書目考

梁啓超

焦里堂曰：「東原生平所著書，惟孟子字義疏證三卷，原善三卷最爲精善。其他說經之書，皆未卒業。蓋非精神所專注也。（又雕菰樓集申戴篇。）吾謂東原即此二書，自足千古；餘皆筌蹄耳。不著不足爲輕重。百五十年來學者但知東原。其誦美之者亦不過欲使之與當時所謂漢學家爭一日之短長，務侈陳其著述之富而尸祝之。甚者爲之張目攘臂以與趙東潛爭水經注。夫東潛無水經注，則不復爲東潛；東原則雖水經注無一字自己出，豈有損於東原豪末者哉。其他著述準此可知也。東原所矢志願，在七經小記之六種，原善即其一。餘五種未就；集中諸文，多其長編。夭於中壽，不竟所業，甚可惜耳。其少作則考工記圖，句股割圜記，皆爲絕業。詩補傳尚書義考等雖未成，然經始義例，後此作者津逮也。汾州府志直隸河渠書等，皆因兩舊，有所匡正，固非專著；汾志凡例，則爲學楷式矣。五禮通考之觀象授時一編，殆經其發凡鑑定。四庫提要中出先生手者不少，但除手校各書外，（目詳下，）其他篇亦末由確指也。先生歿後，遺書多存曲阜孔繼涵家。繼涵，先生摯友；其子廣根，先生女夫；從子廣森，先生高第弟子也。孔氏擬盡刻先生書而未能，已刻者名曰戴氏遺書，凡十五種；

毛鄭詩考正五卷
杲溪詩經補注二卷（未成）
考工記圖三卷
孟子字義疏證三卷
聲韻考四卷
聲類表十卷
原善三卷
原象一卷
續天文略二卷
水地記一卷
方言疏證十三卷
水經注三十五卷
策算一卷
句股割圜記三卷
文集十卷

原刻於毛鄭詩考正題爲遺書之一，詩經補注爲遺書之二，原善書證全爲遺書之九，聲韻考聲類表全爲遺書之十四，原象爲遺書之十五，文集爲遺書之二十三。段譜云：「未識次第之意。後人勿疑已刻有二十三種也。」

此外則：

屈原賦注七卷（廣州廣雅書局刻本）
緒言三卷（南海伍氏粵雅堂刻本）
尚書義考一卷（貴池劉氏聚學軒刻本）
經考五卷（南陵徐氏許齋刻本）
重輯文集十二卷（金壇段氏經韵樓刻本）

先生著述現存者盡此矣。其所校算書，收入孔氏微波榭算經十書中；自餘所校經典，有聚珍板。汾州府志，汾陽縣志，當地皆有刻本。

本篇依段著年譜，以著作先後爲次。無論已成未成已刻未刻或存或佚爲著爲校獨著共著皆列入。仿朱氏經義考例全錄原序。有應考證論列者則綴以案語。

癸亥十二月十一日，啓超記。

策算一卷（乾隆九年先生二十二歲著。孔氏微波榭算經十書本，有自序。）

書成於乾隆甲子長至日。先生著述，此爲最先。初名籌算，後增改，更今名。（據段譜。）其書首策式，次乘，次除，次命分，次開方。孔繼涵刻古算經，以附九章算術之末。段玉裁曰：「凡學九章者必發軔於此。」

自序云：「漢書律歷志：『算法用竹徑一分，長六寸，二百七十一枚而成六觚，爲一握。』古算之大略可考如是。其一枚謂之一算，亦謂之籌。梅福傳：福上書曰：『臣聞齊桓之時，有以九九見者。』所謂『九九』蓋始一至九，因而九之，終於八十一。周髀算經商高曰：『數之法出於圓，圓出於方，方出於矩，矩出於九九八十一』是也。以九九書於策，則幾乘除之用，是爲策算。策取可書，不曰籌而曰策，以別於古籌算，不使名稱相亂也。策列九位，位有上下。凡策，或木或竹，皆兩面：一與九，二與八，三與七，四與六，共策。五之一面空之，爲空策。合五策而九九備。如是者十，各得十策。別用策一，列始一至九各自乘，得方冪之數，爲開平方。策算法雖多，乘除盡之矣。開方亦除也。平方用廣，立方罕用。故策算專爲乘除開平方舉其例。略取經史中資於算者，次成一卷。俾治九章算術者首從事焉。乾隆甲子長至日東原氏戴震叙。」

六書論三卷（乾隆十年先生二十三歲著。已佚。有自序。）

段譜云：「今[illegible]稿未見，故不著錄。」然則此書自茂堂時已佚矣。集中存一叙，可見其崖略。六書之最難解而滋聚訟者莫如轉注。先生釋轉注爲互訓，實千古創見。大約本書所注重者專在此點，其說詳答江慎修先生論小學書（見文集。）

自序云：「自昔儒者其結髮從事，必先小學。小學者，六書之文是也。周官，保氏掌之以教國子，司徒掌之以教萬民；而大行人所稱論書名聽聲音又屬，瞽史分職專司。故其時儒者治經有法，不歧以異端。後世道闕，小學不修，古文絕於嬴氏，佐隸起於獄吏。漢興蓋百年，始徵小學之士，令說文字未央廷中。光武時，馬援上疏論文字之譌謬，及賈侍中修理舊文，而許叔重從受古學，撰說文解字，則在安和已後。今考經史所載漢時之言六書也，說歧而三：一見周禮注引鄭司農解；一見班孟堅藝文志；其一則叔重說文解字序，頗能詳言之。班、鄭二家，雖可以廣異聞，而綱領之正，宜從許氏。厥後世遠學乖，罕覩古人制作本始：謂諧聲[illegible]爲淺末者，後唐徐鍇之疏也。以指事爲加物於象形之文者，宋張有之謬也。謂形不可象則指其事，事不可指則會其意，意不可會則諧其聲者，諸家之紛紊也。謂轉聲爲轉注者，起於最後，於古無稽，特[illegible]楚諸人之臆見也。蓋轉注之爲互訓，失其傳且二千年矣。六書也者，文字之綱領，而治經之津涉也。載籍極博，統之不外文字，文字雖廣，統之不越六書。綱領既違，譌謬日滋。故考自漢以來迄於近代，各存其說，駁別得失，爲六書論三卷。凡所不載，智者依類推之。以拾遺補藝，將以取乎此也。時乾隆乙丑孟冬戴震撰。」

考工記圖二卷（乾隆十一年先生二十四歲著。乾隆二十年先生三十三歲爲補注。二十年河間紀氏刻本。遺書本。有自作後序。有紀昀序。）

此書成於乾隆十一年丙寅。後序所謂柔兆攝提格也。越八年，紀文達昀謀刻之，先生乃傳以注。故段譜題曰考工記圖注。紀序云：「戴君東原始爲考工記作圖也，圖後附以己說而無注。乾隆乙亥夏，余初識戴君，奇其書，欲付之梓。遲之半載，戴君乃爲余删取先後鄭注而自定其說以爲補注。又越半載，書成，仍名曰考工記圖，從其始也。』然則此書初本有圖有說而無注，今本乃徇紀文達之請續增者也。後序云：『考工諸器，高庳廣狹有度，今爲圖斂於數寸紙幅中，或舒或促，必如其高庳廣狹，然後古人制作昭然可見。不則如聶氏之圖，何以定其倨句；㮚氏之量，何以測其方圜徑冪，鄭人之桌陶，何以辨其髻墾薜暴。又如鳧氏之鐘，後鄭云：「鼓六，鉦六，舞四，其長十六。」又云：「今時鐘或無鉦間。」既爲圖觀之，直知其說誤也。句股法，自鼓至鉦，八而去二，則自鉦至舞，亦八而去二。（爲鐘口，舞爲鐘頂。記曰：鉦者，徑也。曰銑閒曰鉦閒曰鼓閒者，崇也。曰脩曰廣者，袤也。袤之度與鉦舞，則鉦與銑可知；而鉦閒因鼓鉦舞之徑以得其崇。然則記所不言者，皆可互見。若據鄭說，有難爲圖者矣。其他戈戟之制，後人失其形似；式崇式深，後人疏於考論；鄭氏注固不爽也。車輿宮室，今古殊異，鐘縣劍削之屬，古器猶有存者。執吾圖以考之羣經暨古人遺器，其有合焉爾。』

轉語二十章（乾隆十五年先生二十五歲著。已佚。有自序。）

自序云：『人之語言萬變，而聲氣之微，有自然之節限。是故六書依聲託事，假借相禪，其用至博，操之至約也。學士茫然，莫究所以，今別爲二十章，各從乎聲以原其義。夫聲自微而之顯，言者未終，聞者已解，辨於口不繁，則耳治不惑。人口始喉下底脣末，按位以譜之，其爲聲之大限五，小限各四，于是互相參伍，而聲之用蓋備矣。參伍之法，台余予陽，自稱之詞，在次三章。吾卬言我，亦自稱之詞，在次十有五章。截四章爲一類，類有四位。三與十有五數，其位皆至三而得之，位同也。凡同位爲正轉，位不同爲變轉。爾汝而戎若，謂人之詞，而如若然，義又交通。並在次十有一章。周語：「若能有濟也」，注云：「若乃也」。檀弓：「而曰然」，注云：「而乃也」。魯論：「吾末如之何」，即奈之何。鄭康成讀如爲那。（乃假切。）曰乃曰奈曰那，在次七章。七與十有一數，其位亦至三而得之。若此類遽數之不能終其物。是以爲書明之。凡同位則同聲，同聲則可以通乎其義。位同則聲變而同，聲變而同則其義亦可以比之而通。更就方音言：吾郡歙邑讀若攝，（失葉切，）唐張參五經文字顏師古注漢書地理志已然。歙之正音讀如翕；翕與歙，聲之位同者也。用是觀五方之音及少兒學語未清者，其展轉譌溷必各如其位，斯足證聲之節限位次自然而成，不假人意厝設也。古今言音聲之書，紛然淆雜。大致去其穿鑿自然符合者近是。昔人既作爾雅，方言，釋名，余以謂猶闕一卷書，創爲是篇，用補其闕。俾疑於義者以聲求之，疑於聲者以義正之。說經之士，搜小學之奇觚，訪六書之逸簡，溯厥本始，其亦有樂乎此也。時乾隆丁卯仲春戴震撰。』

啓超案：此書孔序云未見，段譜云未成。繹序文蓋已成而佚耳。清初學者，頗注意從發音上是正文字。吳修齡劉獻廷皆有所撰述，惜其書並佚。皖人方以智作通雅，黃生作字詁，皆注意及此。先生之轉語二十章，或頗受方黃影響。其書若存，亦今日議造新字母者之資也。

爾雅文字攷十卷（乾隆十四年先生二十七歲著。未刊。有自序。）

自序云：『古訓故之書，其傳者莫先於爾雅。六藝之賴是以明也。所以通古今之異言，然後能諷誦乎章句，以求適於至道。劉歆班固論尚書古文經曰：「古文讀應爾雅，解古今語而可知。」蓋士生三古後，時之相去千百年之久，視夫地之相隔千百里之遠無以異。昔之婦孺聞而輒曉者，更經學大師轉相講以通，仍留疑義，歷時爲之也。余竊謂儒者治經，宜自爾雅始。攷而釋之，專心於茲十年。是書舊注之散見者六家：犍爲文學，劉歆，樊光，李巡，孫炎，皆闕逸靡以稱綴。而世所傳郭注，復列節不全；邢氏疏尤多疏謬。夫援爾雅以釋詩書，據詩書以證爾雅，由是旁及先秦以上凡古籍之存者，綜核條貫，而又本之六書音聲，確然於故訓之原，庶幾可與於是學。余未之能也，偶

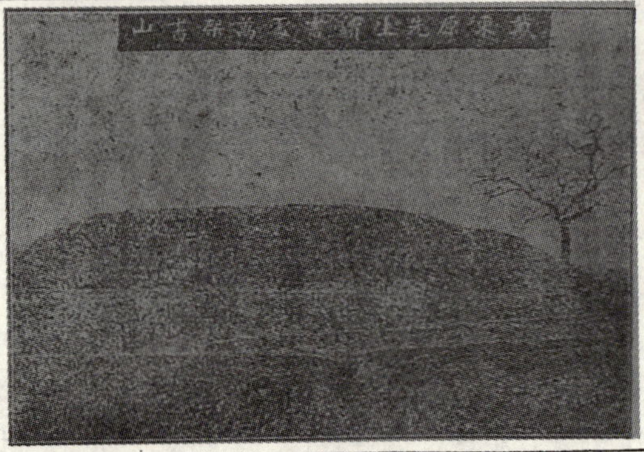

有所記，懼過而旋忘，錄之成袠，爲題曰若干卷爾雅文字考，亦聊以自課而已。若考訂得失，折衷前古，於爾雅萬七百九十一言合之羣經傳記靡所扞格，姑俟諸異日。』

段譜云：『是書未知何年所成。據於茲十年之語，則自十七歲有志聞道潛心訓詁始，成書蓋在戊辰己巳庚午間也。曰姑俟諸異日，則意有未滿之辭。然先生之於小學始基之矣。書藏曲阜孔戶部家。蘇州吳方伯懿壽後者，先生壬午同年也，戶部既歿，方伯之子益謁就其家取諸戶部長子博士廣根，云將付梨棗，今書尚在吳處，未刊。』

屈原賦注七卷通釋二卷音義三卷（乾隆十七年先生三十歲著。二十五年歙縣汪氏刻本。廣州廣雅書局重刻本。有自序。有盧文弨序。有汪梧鳳跋。）

屈原賦自錄序云：『漢藝文志屈原賦二十五篇，自離騷迄漁父屈原所著書是也。漢初傳其書，不名楚辭，故志列之賦首。又稱其作賦以諷，有惻隱古詩之義。至如宋玉以下，則不免爲辭人之賦，非詩人之賦矣。余讀屈子書久，乃得其梗概。私以謂其心至純，其學至純，其立言指要歸於至純，二十五篇之書，蓋經之亞。說楚辭者既碎義逃難，未能考識精核，且彌失其所以著書之指。今取屈子書注之，觸事廣類，俾與遺經雅記合致同趣。然後贍涉之士，諷誦乎章句，可明其學，覩其心，不受後人皮傅用相眩疑。書既稿就，名曰屈原賦，從其志也。』

啓超案：段譜引汪跋有『自乾隆壬申秋得戴氏注讀之』語，知書成於壬申前，壬申先生年三十耳。又云：『戴氏遺書皆孔戶部刊板，獨此書但有歙汪氏刊板而已。』汪刻者今極難得，光緒末年刻於吾鄉廣雅書局，可寶也。盧抱經文弨序云：『戴君……以餘力爲屈原賦二十五篇作注。微言奧旨，具見疏抉。其本顯者不復贅焉。指博而辭約，義創而理確。其釋三后純粹，謂指楚之先君。夏康娛以自縱，謂康娛連文篇中凡三見，不得以爲夏太康。……九歌東皇等篇，皆就當時祀典賦之，非祠神所歌。九章無次第，不盡作於頃襄王時。懷沙一篇，則以史記之文相參定。……』（抱經堂文集六。）孔巽軒戴氏遺書總序云：『……研音之下，雅愛三閭。以爲娥眉防女，近窮之遺辭；湘水蓁芳，續橘茶之遺響。叔師注而未詳，辨招隱而不可。稽之漢志名從主人爲屈原賦注四卷。』（巽軒所著書五十九。）讀此知先生此注，創獲甚多，且於篇次亦重加釐定

也。

詩補傳無卷數（乾隆十八年先生三十二歲著。未成。有自序。遺書中杲谿詩經補注似即此書。）

自序云：『詩三百，一言以蔽之，曰思無邪。夫子之言詩也。而以有貞淫，說者因以無邪為說詩之事，謂詩不皆無邪也。非夫子之言詩也。先儒為詩者莫明於漢之毛鄭宋之朱子，然一詩而以為君臣朋友之辭者，又或以為夫婦男女之辭；以為刺譏之辭者，又或以為稱美之辭；以為他人代為辭者，又或以為己自為辭。其主漢者必攻宋，主宋者必攻漢，此說之難一也。余私謂詩之辭不可知矣，得其志則可以通乎其辭。作詩者之志愈不可知矣，斷之以思無邪之一言，則可以通乎其志。風雖有貞淫，詩所以表貞止淫，則上之教化時或凌微，而作詩者猶覬挽救於萬一，故詩足貴也。三百之皆無邪，至顯白也。況夫有本非男女之詩，而說者亦以淫泆之情概之。於是目其詩則褻狎戲謔之甚言，而聖人顧錄之。淫泆者甘作詩以自播，聖人又播其褻言於萬世，謂是可以考見其國之無政，可以俾後之人知所懲，可以與南豳雅頌之章並列之為經，余疑其不然也。宋後儒者求之不可通，至指為漢人竄入淫詩以足三百之數，欲舉而去之，其亦妄矣。今就全詩考其字義名物於各章之下，不以作詩之意衍其說。蓋字義名物，前人或失之者，可以詳覈而知，古籍具在，有明證也。作詩之意，前人既失其傳者，非論其世知其人固難以臆見定也。姑以夫子之斷夫三百者各推而論之，用附於篇題後。司馬氏有曰：「國風好色而不淫，小雅怨誹而不亂。」又曰：「詩三百篇，大抵賢聖發憤之所為作也。」漢初師傳未絕，此必七十子所聞之大義也。余亦曰，三百篇皆忠臣孝子賢婦良友之言也。其間有立言最難用心獨苦者，則大忠而託諸詭言遜辭，亦聖人之所取也。必無取乎小人而邪僻者之褻言以與賢聖相雜厠焉。時乾隆癸酉仲夏戴震撰。』啓超案：孔序云：『別為詩補傳未成，成周南召南二卷。』是以遺書中之杲谿詩經補注即詩補傳也。段譜亦云：『補傳改稱補注，』此書蓋先生衆年草創而迄未成者也。其論無邪之旨是否切當且勿論，至其專就全詩考其字義名物於各章之下，而不以作詩之意衍其說，則洵治詩良法也。

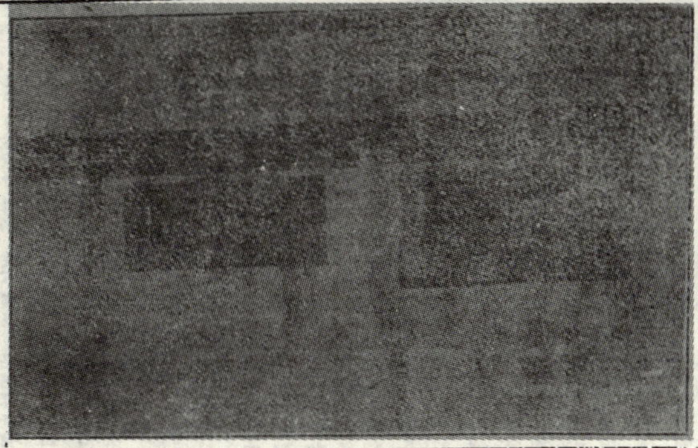

戴東原先生故宅，祠堂，讀書處三幅，係由安徽第四女子師範學校校長程宗泗先生寄來。該校設於休寧之隆阜，即戴先生故里。去歲開辦，現有女生一百八十餘人。同時村人受該校平民教育者二千餘人。近由梁啓超，胡適，陶知行諸君發起，在該校內設一東原圖書館，以為紀念云。

句股割圜記三卷（乾隆二十年先生三十三歲著。二十三年歙縣吳氏刻本。微波榭算系十書本。有吳思孝序。）

卷末自識云：『總三篇。為圖五十有五。為術四十有九。記二千四百一十七字。因周髀首章之言衍而極之。以備步算之大全，補六藝之逸簡。治經之士，於博見洽聞，或有涉乎此也。』吳序云：『……戴君以所為句股割圜記示余。讀其文殆非秦漢已後書，其於古今步算之大全，約以二千言而盡，可謂奇矣。……記中立法稱名，一用古義。蓋若劉原甫之殺補亡。欲躋古人傳記之後，不得不爾也。余獨慮習今者未能驟通古。乃附注今之平三角弧三角法於下。……』啓超案：書中有題『吳曰』即吳思孝（字行先）以今術附注也。惟據段譜云：『注亦先生所自為，假名吳君，如左太沖三都賦注假名張載劉逵也』。張秉文謂：『此書務為簡奧，變易舊名，恒不易了。』似頗中其病。

金山志無卷數（乾隆二十二年先生三十五歲著。已佚。）

段譜謂先生客揚州盧轉運（見曾）所，曾作此書，繫諸本年。

原善三卷（乾隆十八九年至二十八九年先生三十一二歲至四十一二歲著。段輯文集本。遺書本。有自序。）

自序云：『余始為原善之書三章，懼學者蔽以異趣也，復援據經言疏通證明之，而以三章者分為建首，次成上中下三卷。比類合義，燦然端委畢著矣。天人之道，經之大訓，萃焉。以今之去古聖哲既遠，治經之士，莫能綜貫；習所見聞，積非成是。余言恐未足振茲墜緒也，藏之家塾，以待能者發之。』啓超案：此書失著作年月。據段譜推定為先生三十至四十約十年內所作也。文集（經韻樓本）與遺書兩收之，而其文不同。文集本即序所謂始為三章也。別有讀易繫辭論性讀孟子論性兩篇不入正文。遺書本則修改之本，序所謂成上中下三卷者也。每卷各冠以文集本之三章，而雜引羣經之文為左證。上卷十一章，中卷五章，下卷十六章。其每卷之首章，雖即文集本，而語加詳。其以下各章所引經證，亦不限於繫辭孟子。合兩本讀之，可以見先生著述之縝密與進德之綿密也。

原象一卷迎日推策記一卷（先生四十歲以前著。遺書本。）

段譜云：此二書遺書合為一冊。原象凡八篇。一篇二篇三篇四篇，即先生之釋天也。初名釋天以堯典璇璣玉衡中星閏餘土圭渾儀五紀四者命題，而天行之大致畢舉。璇璣玉衡，漢後失傳，先生乃詳其儀制於四篇之末。五篇六篇七篇，即句股割圜記之上中下三篇也。其八篇則為矩，以準望之詳也。迎日推策記亦務時所為。玉裁與釋天皆於癸未抄寫，則成書約在壬午前可知。（案壬午為乾隆二十七年。）至晚年合九篇為原象以為七經小記之一。天體算法全具於此。

聲韻考四卷（乾隆三十一年先生四十四歲著。段氏蜀中刻本。李氏廣州刻本。孔氏曲阜刻本。遺書本。）

卷一上半，論反切之始，韻書之始，四聲之始。卷一下半，及卷二，論隋陸法言切韻宋祥符廣韻宋景德韻略宋景祐禮部韻略宋賈元奎韻。卷三論古音。卷四則附以雜論音韻之文六篇。段譜云：『李孔二刻與段刻詳略不同。』今遺書本殆即孔刻重印也。

緒言三卷（乾隆三十一年先生四十四歲著。南海伍氏粵雅堂叢書本。）

啓超案：此書不見於遺書。錢竹汀（大昕）王述菴（昶）洪蕊登（榜）孔巽軒（廣森）所為先生著述皆不著錄。獨粵雅堂採刊之。伍崇曜跋云：『曲阜孔氏所刊戴氏遺書及阮文達江鄭堂紀先生著撰，均未及是書。此冊與原善暨行，不知何人所刻。』今據段茂堂經韻樓集，知此書即孟子字義疏證之初稿也。段集有答程易田丈書內述程書云：『孟子字義疏證，孔葒谷所刻者尚非定本。其定本改名緒言，抄本現在。』『又第二書云：』緒言丙申影抄時，裁本首葉有『壬辰菊月寫本』六字。自壬辰至丙申未嘗改竄。』段氏復書，反

[illegible]之爲宗本。文參本具引。（若經讀樣集卷七，五二至五五葉。）今以兩書對勘，相同者十而六七，而疏證錄而更爲精密。則此書爲後書稿本無疑。汝彼書所爰汝之部分，其精語仍不少。尋釋則此以存其朔，不可謂非義學之功臣也。（後有好事者重剝疏證，而以所刪之精言附合條之末亦一佳事也。）諸家著錄者皆以此書爲疏證前身，故不複列。但內府本有出入，而殊不容致，仍以兩存之爲是。又案：段跋以疏證爲先生四十四歲時所著，因其年先生實爲茂堂所謂「近日從事河渠理一書」也。旣疏證爲改定後命名，則此時所著正是此書耳。

直隸河渠書一百十一卷（乾隆三十三年先生四十八歲著。舊鈔本（？）。）

段跋於乾隆三十三年條下云：是年直隸總督方恪敏公（諱觀承）聘先生修直隸河渠書一百十一卷，未成，會恪敏薨，接任者前大學士楊公（廷璋），不能禮敬先生，辭之入都。己丑春，謂玉裁曰：吾國家此不獲，惜未能竟閱，後薦吳中余君仲林（蕭客）爲之，恐其才不足，予故經水支水先後延緩，皆按地望地脈，次第不可稍紊，恐仲林不能耳。先生殁後，此書尚藏一廢曲阜孔部府中，一在直隸總督吳江周公（名元理）家。嘉慶己巳，有吳江王履泰者，捐納通判也，其父乃周公之甥，履泰因此將先生之書，掩爲己有，刪削幾半，益以乾隆己丑以後事實，易名畿輔安瀾志，繕寫進呈，上聞此有用之書也，命武英殿刊板，恩賞履泰同知，補永定河試用。先生嗣子中孚聞之，之曲阜，取原稿百十一卷入都，意欲辨正，而無資言於上者。中孚抑鬱携歸，以存玉裁所，因玉裁校刊，玉裁謂我力能校而不能刊也。其書首衛河七卷，（今履泰改永定河第一），次先生自南而北次第之意，）次津水十一卷，次滙水三卷，次大陸澤五卷，次寧晉泊一卷，次滹沱河八卷，次東西淀，合唐河，沙河，滋河，唐河，易水，滾水，治河共三十一卷，次白河合桐河，檢河，大通河共十九卷，次大清河合下淀河共九卷，次陡河一卷，次牛河合梅河一卷，次沽河梅河僅有綱領，而條目未詳，其他皆有之，但無不質通，按之近今而無不確實，皆存其舊，周禮職方，春秋經傳之地名，班志之地理志，酈氏之水經注，以及歷代史事，百家著述，圖經輿志，辨別是非，元元本本，非恪敏不能發揮其書，非先生不能成其書，以理惜恪敏公殁，一宣不竟，今上一見，即謂有用之書，殊恩頒行，乘刪要賞，如日月之照臨，正地下有知，定歎恨而歔欷，至於小夫攘竊，正天之欲顯此有用之書，爲國家水利農田，爲經濟之助，而假手斯人，在先生及恪敏亦不以爲憾也。特彼以不學妄爲删改，深可痛恨，有力者盍奏請重刊。」

啓超案：此書爲先生一大著述，段跋惜賢爲深致深可痛惜。段茂堂有與方葆巖兩書，（啓超案：葆巖名維甸，觀承子也。）其一叙本書編纂及被竊始末，請爲申理，其二則商量付刻。不知究竟刻否。其原本初存曲阜孔氏，次歸先生子中立，次歸方氏，（方氏所得不知爲原本抑鈔副。）若未刻則恐已不復在人間矣。

啓超又案：方恪敏修此書先聘趙東潛（一清），後聘先生。故此書爲趙戴兩家合著；復遭疑竊。段茂堂有辨一篇，致定爲趙氏原本，戴爲刪定，持論最允。今全錄之以備攷校。

趙戴直隸河渠書辨（段玉裁經韻樓集七）

戴東原師卒於乾隆丁酉，遺書皆歸曲阜孔戶部葓谷繼涵，直隸河渠書六十四冊，葓谷裝爲二十四冊，計百單二卷，以卷帙重大，故葓谷未能剞劂於家，葓谷於吾師爲執友，其子廣根又吾師之壻，故遺書收藏刊刻引爲己任也。始桐城方恪敏公總督直隸，聘吾師修此書未竣，而恪敏薨。嘉慶十四年，有吳江捐職通判王履泰，造畿輔安瀾志一書，蒙恩賞錄，命武英殿刊行，實竊取戴書，刪改而成者。履泰係直隸督周公元理姻戚，周公係方公後任，於時葆巖制府方十二齡，故書稿入於周氏，而王氏得之。吾師之子中孚，意欲赴闕伸辨，而未能，爰於孔府携書稿二十四冊至蘇州，屬余校定，此十五年二月也。余披讀往復，見其書繁重，纖悉畢備，因思吾師惟戊子年在恪敏處，一年何以能成書之多至此，每與李松雲太守言此，必有底稿，斷非出吾師一人之手也。是年冬，松雲入都，杭州何夢華元錫來言，直隸河渠書乃趙東潛作，予戴先生無涉，往者孔葓谷文取戴氏遺書中混也。余以二十四冊書示之，彼云趙氏之書尚多一倍，不止此也。余曰，吾故疑吾師一年內不能成書至百二卷之多，今見下云趙書乃更倍此，然則趙爲草創而戴爲刪定乎。戴其將趙書審一過未至也。十六年春正月，松雲自都還，以武英殿聚珍板畿輔安瀾志相示，知其確爲竊取戴書而刪繁就簡，不學無術所爲，頗失廬山真面。蓋此書之美在繁，而彼盡芟夾行細注刪去，分考訂古今者俱低一格爲正文之中，是可惜也。二月，松雲復以葆巖制府札相示，知夢華已將趙本鈔送葆巖，而葆巖謂趙氏作此書可有證據，[illegible]，惟汪韓門集、保定旅懷詩道及之。而[illegible]山，皆其老友，於余未嘗道及之，即東潛文稿，亦無道及之語。總其著稿藏於家，固確然可信爲東潛之作也。至於吾師，則有孔葓谷之收藏，有洪舍人榜之戴氏行狀，有孔檢討撰約之戴氏遺書總序，有程方正易田之答余書，有余親聞吾師說撰此書之語，有吾師親筆，戊子余館方制府之所，寓保定蓮花池內，適河間紀知其君所撰河渠至之語，皆可據證。夢華乃云此書無預戴氏，乃非確語也。松雲云，東原先生非攘竊人書者，若東原大爲刪潤，斷不抄其副本，自稱己書。蓋趙草創而戴刪改必矣。松雲所見，正與余合。古人改定他人之作，有並存集中者，如盧韓之月蝕詩是也。今者，公之書，固當並存，趙雖精於地理，而地理之學尚不及戴，文章之學，亦不及戴，在今日而論，自當以戴爲主，以趙書校勘其語字。段書濟河卷一中有云，杭人趙一清補注水經，於地理學甚精，嘗過定州，爲定州牧統文穆作志敘水敘，連附於右，下附滋水考云云。今此稿見東潛文稿，吾師方與趙書證文，此豈非謂直隸即趙書耶，趙名直隸河渠水利書，吾師曰直隸河渠書，則水利二字，吾師所刪，以河渠足以包之也。趙本一百三十二卷，吾師一百單二卷，則卷數少者三十，正吾師所刪也。趙本始衛河，終滹河，戴本始衛河，終永定河，則其次第之大不同也。戴於永定河一卷未成，而趙有永定河若干卷，則余所未知也。夢華口說趙書河十一卷，恐未可信，必須葆巖以目錄相寄，乃可。果有滹河十一卷，則可補戴書成完璧矣。夢華謂東潛爲丙辰詞科，據[illegible]及詞科掌錄，則丙辰詞科者乃東潛之父谷林，叔父意林。而非東潛父子同詞科也。觀書其梗概以復松雲。

汾州府志三十四卷（乾隆三十四年先生四十七歲纂。汾州刻本。）

段譜乾隆三十四年條下云：是年夏，……先生與朱文正公善，文正時爲山西布政司使，先生偕玉裁往，玉裁主講壽陽書院，先生客文正署中。已而汾州太守孫君和相聘修府志，是年成汾州府志三十四卷。其書之詳核，自古地志所未有。志莫繁於辨沿革，先生辨元和志中紛然不治者有六，詳見曾給事學問書。先生考子夏設教西河，在龍門西河，不在汾州，謂泉山著作不可以盡信也。從是以道之說，以汾州之呂梁狐岐爲禹貢治梁及岐，辨胥說及蘇子瞻，曾彥和，閻百詩，胡朏明之穿鑿，詳足以道之所不能詳。正蔡仲默引書耳食之病，使學者燎然知經文梁岐以下治冀州汾沁漳潞及其間諸山澗谿谷不當參合治河，惜遡口爲一河耳。修一志而大綱以明，非細故也。玉裁曾節抄府志，例言圖表沿革星野疆域山川古蹟，將付諸梓以爲修志楷式。

啓超案：章實齋有與先生論修志書，而先生集中未有論此者。汾志例言，亦宜併出單行也。

東原二百年紀念第三張

東原著述纂校書目考（續）

梁啓超

汾陽縣志　卷（乾隆三十六年先生四十九歲纂。汾州刻本。）

段譜乾隆三十六年條下云：「是年會試不第，修汾陽縣志，季多有溫方如西河文稿序云，己丑秋再至山西，余至汾陽，應太守孫公之召也，屬纂汾府志，爲之致訂累日月，今李侯復以縣志邀之再至，又有代某作贄愚亭詩序，壬辰玉裁因公詿誤入都，見先生案上有新修汾陽縣志一條相示云云，今已忘之。汾州府志玉裁於盧學士家得之，縣志今不可得也。」

校水經注四十卷（乾隆三十八年先生五十一歲校成。自刻本。武英殿聚珍版本。遺書本。有提要。有自序。有孔繼涵後序。）

自序云：「後魏御史中尉范陽酈道元字善長撰水經注四十卷。蕭寶夤之亂，道元叱賊而死，贈吏部尚書冀州刺史安定縣男。善長雖依經附注，不言水經撰自何人。唐書藝文志始以爲桑欽撰。欽任班固前，固嘗引其說，與水經違異。晉以來注水經凡二家，郭璞注三卷，唐時猶存。杜君卿言二家皆不詳所撰者名氏，亦不知何代之書，則景純已不能言其作者矣。崇文總目水經注亡者五卷，今所傳即宋之殘本，後人又加割裂，以傅合四十卷之數。如注文江水又東逕巫縣故城南，注說對爲經，遂與前經文又東過巫縣南分爲異卷，唐六典注云，水經所引天下之水百三十七，今自河水至斤員水凡百二十三，酈說逸十有四水，蓋在五卷中者也。王伯厚通鑑地理通釋引水經四事，惟鄴與安陽一事屬經文，餘三事咸酈注之訛爲經者，故其作書時世益莫能定。水經立文首云某水所出以下無庸重舉水名，而注內詳及所納羣川，加以採摭故實，彼此相雜，則一水之名不得不更端重舉。經文敘次所過郡縣如云又東過某縣之類一語，實該一縣，而注則沿溯縣內以終於東，詳記所逕委曲，經據當時縣治，至善長作注時，縣邑流移，是以多稱故城，經無言故城者也。凡經例云過，注例云逕，以是推之，雖經注相淆，而尋求端緒，可俾歸條貫。善長於經文洛水至小廣魏解之曰，小廣魏即廣漢縣也。於穀水過魏東縣解之曰，魏事故陽安也。晉太康元年改曰晉寧。然則水經上不逮漢，下不及晉初，實魏人纂敘無疑。史言善長好學，歷覽奇書，故是注之傳，或以其綜覈，或尚其文詞。至於觸類引伸，因川源之派別，知山勢之逶迤，高高下下，不失地昀，取資信非一端，然訛舛既久，雖善讀古書如閻百詩，顧景范，胡朏明諸子，其論述所涉，猶輒著違，斯訂正之不可以已也。審其義例，按之地望，兼以各本參差，是書所由致謬之故，昭然可舉而正之。至若四十卷之爲三十五，合其所分，無復據證。今以某水各自爲篇，北方之水莫大於河，而河以北河以南衆川因之得其敘矣。南方之水莫大於江，而江以北江以南衆川因之得其敘矣。惟以地相連比，篇次不必一還其舊，庶乎川渠綱絡，有條而不紊焉，休寧戴震。」

孔繼涵序云：「東原氏之治水經注也，始於乾隆乙酉夏。越八壬辰，棄於浙東，未及四之一，而奉召入京師，與修四庫全書。又得永樂大典內之本，兼有酈道元自序，乃仍其四十卷，而以平日所得詳加訂正，寫之於朔。合數百年經注淆亂後錯簡者，釐之還其舊。而曩時東原氏所棄某水各自爲篇爲十，有四冊，循其注之綱目，復逐條審分，俾讀者易見端末。雖還條舊文，不增一語，固曉然如觀掌文矣。……嘗數年東原爲予言曰：「是書經注相淆，自宋歐陽二子發之，而未之是正，至於字句訛舛，非檢閱之勤不易得也。予曷以我共治之？」且屬予撰序。東原氏既著其詳於目錄，予謹舉其節次之意以告讀是書者。」

段譜乾隆三十九年條下云：「是年十月，先生校水經注成，恭上。水經注自北宋以來，無善本，不可讀。先生讀此書既久，得經注分別之例有三。一則水經立文，首云某水所出，以下無庸再舉水名，而注內詳及所納羣川，加以采摭故實，彼此相雜，則一水之名，不得不更端重舉。一則經文敘次所過州縣，如云「又東過某縣」之類，一語實賅一縣，而注則沿溯縣西以終於東，詳記所逕委曲。經據當時縣治，至善長作注時，縣邑流移，是以多稱故城。經無有言故城者也。一則經例云「過」，注例云「逕」。得此三例，迎刃分解，如庖丁之解牛。故能正千年經注之互譌，俾言地理者有最適於用之書。大典本較勝於各本，又有道元自序，鈎稽校勘，凡補其缺漏者二千一百二十八字，刪其妄增者一千四百四十八字，正其臆改者三千七百一十五字。顧此書自先生校定後，宋以來舊舛必盡除，更數十百年後，且莫知先生發濬之功。故聚珍版足貴，好事者當廣其傳也。」

又乾隆三十七年條下云：「是年主講浙東金華書院，刊自定水經注，甫癸巳未及四分之一，而奉召入都矣。後在都踵成之。今不用校語之本是也。聚珍版本依舊時卷弟，全載校語，而經注相淆者悉更之。得之者可以知宋後本之譌不舛謬。自刻本悉去校語，悉將正文改定於注文，循其段落，每節跳起，雖讀者可一目了了，而不分卷數。爲十四冊。以今所存水百二十三，每水爲一篇。以河江爲綱，按地望先後分屬於江河左右爲次。得之者可以據桑校訂，尊一考古。善長之書，合二本無遺憾矣。自刻本有先生自序及曲阜孔戶部序，與聚珍板同時而出者也。」

啓超謹案：校定水經注實先生畢生大業之一。經始於乾隆三十年乙酉，越九年，至三十八年癸巳乃告成。乙酉八月初校定一卷，自記云：「夏六月閱胡朏明禹貢錐指引水經注疑之，展轉推求，始知酈所由致謬之故，實由唐以來經注互譌。……今得其立文定例，就酈氏所注考定經文，別爲一卷，兼取注中前後倒紊不可讀者爲之訂正，以附於後。是役也，爲治酈氏書者棼如亂絲而還其注之脈絡，俾得條貫。非治水經而爲之也。」（文集六書水經注後。）段茂堂云：按此水經一卷，今未著錄，然別注於見，合經注不相亂，此卷最爲明析。後召入四庫館纂修此書，綱領不外乎是，特以討論字句加詳耳。（年譜十五葉。）據此可見先生著此書之動機及其先後學精進發之跡。此書大段成於壬辰以前，癸巳入四庫館，不過據永樂大典本稍補葺耳。聚珍本全列校語，最能表出先生學案之勤，遺書實宜刊此本。聚珍版寫官書，反可以用遺書寫定本也。

啓超又案：孔鄭軒綠序題此書爲四十卷。四聚珍版卷數，循宋以來之舊也。遺書本以水爲篇，不復釐分卷數。其理由詳自序中。

啓超又案：與先生同時先後校水經注者，有趙東潛（一清）及全謝山（祖望）。趙、戴所校，大體相同。趙年輩稍先於戴，而其書由梁曜北（玉繩）處素（履繩）兄弟刊行，傳布在聚珍版戴本後。於是此事成爲疑案：爲趙戴暗合耶？爲趙剽戴耶？抑戴剽趙耶？聚訟至今不決。段茂堂謂：「趙書經梁處素校刊，有不合者以戴本以正之。（段離集一十六。）段又有書與梁曜北論此事，凡千餘言，略云：「……趙書成於乾隆甲戌，戴書成於乙酉，相距十二年，趙先於戴。戴書出於甲午，趙書出於丙午，相距十二年，戴先於趙。其果閉戶造車出門合轍耶？何以東原氏條舉義例，誠夫不著一字也。兩先生之學，趙長於戴。其將謂戴取諸趙歟？則東原之德行，非盜竊人物以欺天下者也。……且兩先生者，面未嘗相識也，足未嘗相過也，音問未嘗相通也；誠夫之書，秘藏高閣，至其孫刊行，未嘗稍傳於外也。此兩家子弟所知，不可誣者也。謂將趙取諸戴歟？則誠夫之學，亦必非盜竊人物以欺天下者也。未詳其卒年，即乙酉以後，猶聞東原氏之說補綴己書，亦必明言所出，斷不深沒其文默默而已也。此僕所不能無疑也。丙午丁未間，盧召弓先生為予言：「梁氏曜北處素昆仲校刊趙氏水經注，參取東原氏書為之。」僕今追憶此言，意足下昆仲校刊時一切仍舊，獨經注互淆之處，不從戴則多不可通，故勇於從戴，以補正趙書以成鄭書善本，與戴並行。所以證鄭，而非所以阿趙。足下昆仲之意則善矣；但亦不宜深沒其文默默而已也。……」（經韻樓集卷七。）據此，似趙戴原無互剿之事，所以生此疑案者，全由梁氏兄弟。曜北清白士集中亦未有與茂堂書辨此事。（段氏詒卒。）似是默認。惟魏默深（源）則為趙鳴不平。其書趙校水經注後云：「……考趙氏書未刊以前，先收入四庫全書。今四庫書分貯在揚州文匯閣金山文宗閣者，與刊本無二。是戴氏在四庫館時先覩預竊之明證。其後聚珍官板刻行，又在其後。若謂趙氏後人刊本采取於戴，則當與四庫書錄之本判然不符而後可。豈四庫書亦為趙氏後人所追改乎？……」（此文今見古微堂集。據周壽昌思益堂日札卷四引。）張石洲（穆）似亦有是說。（據徐時棟煙嶼樓文集云然。張氏尼齋集中無此文。）果爾：則召弓茂堂之對於曜北兄弟所懷疑，純屬錯誤，而東原亦不免盜竊之罪矣。然據孔葓谷為戴書作序，稱：『東原治水經注，始於乾隆乙酉夏。

紹八年壬辰，刊於浙東，未及四之一，而東召入都。……』則先生未入四庫館以前之八年，已經從事此書，且有刊本。茂堂亦言：『先生更正經注，定於乾隆乙酉。入都即以示紀文達錢曉徵姚姬傳及玉裁，不過四五人。錢姚皆錄於讀本。玉裁亦以明人黃省曾刊本依仿以硃分勒，自此傳於四方。』（段譜葉二十五。）然則東原必非入四庫館後覩趙著而剽竊，固無待言。東原固必非穿窬，[illegible]今茂堂又豈妄語者哉。竊意趙戴之於此書，皆用過十年苦功，造詣各臻其極；其治學方法又大略相同。閉門造車，出門合轍，並非不可能之事。茂堂惜師太過，以為似此絕詣非東原莫能。及覩趙書，瞠眙之餘，乃誤疑曜北。又因茂堂揚戴抑趙，引起反動，致有石洲默深之反唇。實則兩皆失之也。茲案關係東原人格，吾儕不憚詞費，臚舉兩造之說而平亭之如右。

啓超又案：魏默深又云：『戴氏臆改經注字句，輒稱永樂大典本。而大典現貯翰林院，源曾從友人親往翻校，即係明朱謀㙔所見之本，不過多一鄭序。其餘刪改字句，皆係戴之僞託。』啓超未見大典，不敢置一詞。且於水經注素未研究，更不敢斷言戴氏『臆改』者之是否悉當。但以為如其當也，則雖不出大典何害？戴氏之學，本空諸依傍而以求是為主也。

校周髀算經二卷

（乾隆三十八年至四十二年先生五十一歲至五十五歲校成。算經十書本。）

啓超案：先生在四庫館五年所纂輯校定之書□種。除九章算術，五經算術，（俱三十九年，）海島算經，儀禮識誤，（俱四十年，）四種聚珍版記有年月外，其餘則段氏據浙江文瀾閣四庫本不能得其校上年月。今類列於此。

段譜云：此經為算學十書之首，而三千年來學者昧其旨趣。先生闡此古蓋天之法，自茲以迄元明皆主渾天。明時歐羅巴人入中國，始別立新法。然其言地圓，即所謂地法覆槃滂沱四隤而下也。其言南北里差，即所謂北極左右夏有不釋之冰，中衡左右冬有不死之草，是為寒暑推移隨南北不同之故也。其言東西里差，即所謂東方日中，西方夜半，西方日中，東方夜半，晝夜易處，如四時相反，是為節氣合朔加時早晚隨東西不同之故也。新法歷書述第谷以前西法三百六十五日四分日之一，每四歲之小餘成一日，即所謂三百六十五日者三，三百六十六日者一也。西法出於周髀，所謂天子失官，學在四夷者歟。而刻本脫誤，多不可通。古本五圖，而失傳者三，譌舛者一。凡皆正之補之，學者可以從事，如導河積石，源流正矣。有提要一首。

纂校九章算術九卷

（乾隆三十八年至四十二年先生五十一歲至五十五歲校成。算經十書本。）

段譜云：九章算術，晉劉徽撰。先生以世人罕有其書，近時以算名者，如王寅旭，謝野臣，梅定九諸子，咸未之見。丁亥歲同曾若竹盧入翰林院，覩永樂大典，知有是書，病其離散錯出，思綴集之而不能。癸巳奉召，乃盡心排纂成編，併考訂譌異，附案語，其注中所指朱青冪黃冪之類，皆按圖而言，圖既不存，則注猝不易曉，因推尋注意，為之補圖，以成完帙。純皇帝御製詩冠於端首，命聚珍版刊行，而古九數之學大顯矣。已而屈君乃傳刻於常熟，孔戶部復刻於曲阜云。

纂校五經算術二卷

（乾隆三十八年至四十二年先生五十一歲至五十五歲校成。算經十書本。）

段譜云：五經算術二卷，舉尚書，孝經，詩，易，論語，三禮，春秋之待算乃明者列之，而推算之術，悉加甄覈，按三字於上，故知是書甄鸞所撰也。唐有李淳風注，唐明算科五經算即是書，於永樂大典中得之，先生校成恭上，有提要一篇。

纂校海島經一卷

（乾隆三十八年至四十二年先生五十一歲至五十五歲校成。算經十書本。）

段譜云：海島算經亦晉劉徽撰，唐李淳風注。徽本以附於九數中重差命名，不名海島，後人因卷首以海島立表設問，遂改名之。唐選舉志稱算學生九章海島，共限習三年。試九章三條，海島一條，其書惟散見永樂大典中，先生與九章同為裒集，有提要一首。

纂校孫子算經三卷

（乾隆三十八年至四十二年先生五十一歲至五十五歲校成。算經十書本。）

段譜云：唐之選舉算學孫子五曹，共限一歲習肄。舊本久佚，從永樂大典裒輯次為三卷，朱錫鬯文集跋云，出於孫武，先生辨其非是，有提要一首。

纂校張丘建算經三卷

（乾隆三十八年至四十二年先生五十一歲至五十五歲校成。算經十書本。）

段譜云：是書亦唐人明算科十經之一也，限一年業成，此書久佚，有毛晉汲古閣影鈔宋槧，猶北宋時本，先生詳加校勘，補舊有闕今缺者四，補脫字若干，有提要一首。

纂校夏侯陽算經三卷

（乾隆三十八年至四十二年先生五十一歲至五十五歲校成。算經十書本。）

段譜云：唐選舉志所列算書十種，此亦居其一，傳本久佚，永樂大典內有之，逐條割裂，分附九章算術各類之下，然不得其端緒，幸有原序原目可考，先生尋繹編次，條貫其文，今直錯排比，又得元豐京監本釐為三卷，有提要一首。

纂校五曹算經五卷

（乾隆三十八年至四十二年先生五十一歲至五十五歲校成。算經十書本。）

段譜云：五曹算經作者不知為誰，唐時明算科孫子五曹共限一歲業成，元明以來無刻本，散見永樂大典內，經文尚逐條完善，先生參伍考校，俾還舊觀，遂為絕無僅有之善本。

校大戴禮記　卷

（乾隆三十八年至四十二年先生五十一歲至五十五歲校成。　刻本有無未詳。）

段譜云：「是經經鹽運司見曾刊於揚州，學士盧文弨泊先生庚辰冬辛巳夏二次校定，稱善本矣。但辛巳所校，未及刪改。先生在四庫館永樂大典內散見者，僅十篇，以與各本及古籍中援引大戴禮記之文參互考核，附案語於下，方是經乃可與三禮并讀，有提要一首，四十二年六月恭校上。」

校儀禮集釋　卷

（乾隆三十八年至四十二年先生五十一歲至五十五歲校成。武英殿聚珍本。）

段譜云：「儀禮集釋，宋李如圭撰。全錄鄭康成注而旁徵博引，以為之釋，先生據以補注疏本脫字二十四，改譌字十四，刪衍字百六，其鄉射大射二篇已闕，全取惠（棟）沈（大成）二家本所校宋本，證以唐石經，以成儀禮完帙可誦習，有提要一首。」

纂校儀禮釋宮　卷

（乾隆三十八年至四十二年先生五十一歲至五十五歲校成。武英殿聚珍本。）

段譜云：「儀禮釋宮，宋李如圭撰，從永樂大典中錄存，有提要一首。」

纂校儀禮識誤　卷

（乾隆三十八年至四十二年先生五十一歲至五十五歲校成。武英殿聚珍本。）

段譜云：「『儀禮識誤，宋張淳撰。朱子云：「號為精密，較他本爲勝。」』於永樂大典內綴錄成編。先生加案語正其得失，俾瑜瑕不相掩。有提要一首。」

方言疏証十三卷

（乾隆三十八年至四十二年先生五十一歲至五十五歲校成。武英殿聚珍本。遺書本。）

自序云：「宋輶軒使者絕代語釋別國方言十三卷，漢揚雄撰，晉郭璞注，漢魏晉已來，凡引是書但稱方言者，省文也。雄采集之意，詳見於答劉歆書。考雄為郎，在成帝元延二年，時雄年四十三，漢書傳贊所謂初年四十餘自蜀來至游京師是也。劉歆遺雄書求方言，則當王莽天鳳三四年間，未幾而雄卒，答書內所謂二十七歲，於今傳贊所謂年七十一天鳳五年卒是也。答書有云，語言或交錯相反，方復論思詳悉集之，如可寬假延期，必不敢有愛，然則方言緣屬雄未成之作，歆求之固不與，故不得入錄。班固次雄傳及藝文志，不知其有此。至應劭集解漢書，始見徵引，稱揚雄方言，其風俗通義序又取答書中語，具詳本末。而云方言凡九千字，今計正文實萬一千九百餘字，豈應所見與郭璞所注傳本微有異同歟。歆遺雄書曰，屬聞子雲獨采集先代絕言，異國殊語，以為十五卷。雄答書稱殊言十五卷，郭璞序亦云三五之篇，而隋經籍志方言十三卷，舊唐書作別國方言十三卷，其併十五為十三，在璞注後，隋已前矣。許慎說文解字，張揖廣雅，多本方言，而自成著作，不加所引用書名。（四庫館校方言序有云，魏孫炎注爾雅莫貉螳蜋好字引方言：案叔然於釋詁耆老壽也，下引方言云，燕代北鄙，謂耆爲梨。釋言觀頫也，下引方言云，楚鄭或謂狡猾爲姡。釋器金鏃翦羽謂之鍭，下引方言云，關西曰箭，江淮謂之鍭。釋蟲蛣蟄，下引方言云，有文者謂之蜻蛉，下引方言云，鳲鳩自關而東謂之戴勝。釋鳥鳲鳩鵖鴔，下引方言云，鳲鳩自關而東謂之戴勝。舒雁鵝，下引方言云，江東呼爲駕鵝也。引書名可考者，於郭注前共得六事。）魏書江式傳，式上表曰，臣六世祖瓊，往晉之初，與從父兄應元，俱受學於衛覬古篆之法，倉雅方言說文之誼，當時並收善譽，致世傳其業，所以不墜。杜預注左傳授師子焉，曰，揚雄方言，子者幼也。孔穎達疏云，揚雄以爾雅釋古今之語，作書擬之，采異方之語，謂之方言。蓋是書漢末晉初乃盛行，故應劭以爲言，而杜預以釋經。江瓊世傳其學，以至於式。他如吳薛綜述二京解，晉張載劉逵注三都賦，晉灼注漢書，張湛注列子，宋裴松之注三國志，裴子駰注史記，及隋曹憲，唐陸德明，孔穎達，長孫訥言，李善，徐堅，楊倞之倫，方言及注，幾徧見援據。其從偶遺逸之，謂雄所爲文盡見於自序及漢志，初無所謂方言，則併摘其內自序二事糾上所錄注書自序者未之審，又未考雄之文，如諫不受單于朝書，趙充國頌，元后誄等篇，從於雄傳及藝文志外者甚多，而輕置眾議，豈應劭杜預晉灼及隋唐諸儒，咸莫之考實邪。常璩華陽國志於林閭翁孺莊遵云見揚子方言，李善注文選引張伯松曰是懸諸日月不刊之書也，亦直稱揚雄方言曰，可證歆雄遺答書附入方言卷末已久，宋元已來六書故訓不講，故鮮能知其精覈，加以訛舛相承，幾不可通。今從永樂大典內所錄善本，因廣搜群籍之引用方言及注者，交互參訂，改正譌字二百八十一，補脫字二十七，刪衍字十七，逐條詳證之，庶幾漢人故訓之學賴存於是，俾治經讀史博涉古文詞者得以考焉。」啓超謹案：「四庫方言校本，題乾隆四十四年五月恭校上。時先生沒已兩年矣。然提要云：『逐條援引諸書，一一疏通證明，具列案語，』蓋全部采用疏證。其提要亦先生手撰也。據段譜先生三十三歲時曾將方言分寫於說文每字之上，知先生治此書蓋二十餘年矣。」

儀禮考正一卷

（先生在四庫館時著。未刻。）

孔巽軒戴氏遺書總序云：「若入書局，分纂羣籍，乃取忠甫識誤，德明釋文，賈求玄之差，期復漢唐之舊，互相參檢，頗有整齊。劉康成長術之餘，過爽服則經之傳。爲儀禮正誤一卷。」

段譜云：「今其書藏曲阜孔氏，五歲未得見。」

孟子字義疏証三卷

（乾隆四十一年先生五十五歲寫定。遺書本有自序。）

自序云：「余少讀論語端木氏之言曰：『夫子之文章，可得而聞也；夫子之言性與天道，不可得而聞也』。讀易乃知言性與天道在是。周道衰，堯舜禹湯文武周公致治之法幾乎有文章者，乘為陳迹。孔子既不得位，不能垂諸制度禮樂，是以為之正本溯源，使人於千百世治亂之故，制度禮樂因革之宜，如持權衡以御輕重，如規矩準繩之於方圓平直，言似高遠，而不得不言。自孔子言之，實言前聖所未言，微孔子孰從而聞之，故曰不可得而聞。是後私智穿鑿者，亦警於亂世，或以其道全身而遠禍，或以其道能人心有治無亂，而謬在大本，舉一廢百，意非不善，其言足以賊道。孟子於是不能已於與辯。當是時，羣共稱孟子好辯矣。孟子之書有曰，『我知言』，曰：『遊於聖人之門者難爲言。』言之惡，非將於言也，將轉移人心，心受其蔽，必害於事，害於政。彼目之曰小人之害天下後世也，顯而共見；目之曰賢智君子之害天下後世也，相率趨之以爲美言，其入人心深，禍斯民也大，而終莫之或寤。辯惡可已哉。孟子辯楊墨，後人習聞楊墨老莊佛之言，且以其言汨亂孟子之言，是又後乎孟子者之不可已也。苟吾不能知之亦已矣，吾知之而不言，是不忠也，是對古聖人賢人而自負其學，對天下後世之仁人而自遠於仁也。吾用是懼，述孟子字義疏證三卷。韓退之氏曰：『道於楊墨老莊佛之學而欲之聖人之道，猶航斷港絕潢以望至於海也。故求觀聖人之道，必自孟子始。』嗚呼，不可易矣。休寧戴震。」

段茂堂云：「先生原著三篇，論性二篇既成，又以未備，以性道言理言才言誠言明言權言仁義禮智言智仁勇，皆非六經孔孟之言，而以異學之言糅之。故就孟子字義開示，使人知人欲淨盡大道流行之語病。所謂理者，必求諸人情之無憾，而後即安，不得謂性爲理。」（年譜。）又云：「先生是年（乾隆四十二年丁酉）與段玉裁書云：僕生平著述之大，以孟子字義疏證爲第一。此正人心之要，今人無論正邪，盡以意見名之曰理而禍斯民，故疏證不得不作。」（經韻樓集七答程易田丈書。）

啓超謹案：是書目次，理十五條，（卷上，）天道四條，性九條，（卷中，）才三條，道四條，仁義禮智二條，誠二條，權五條。（卷下。）雖就孟子引其端，實則貫通羣經，自成一家言。誠哉著述之大此爲第一也。據段氏所考證，其書蓋始於乙酉丙戌成於乙丑，名爲緒言。改定於丙申丁酉，乃更名孟子字義疏證，（答程易田書，）當時程易田凡十二三年，至丙申始見定本也。

聲類表九卷（乾隆四十二年先生五十五歲著。遺書本。）

段譜云：「丁酉五月上旬作聲類表凡九卷。所云九卷者，即與予書所謂九類每類爲一卷也。先是癸巳春，先生在浙東金華書院，以古音分爲七類。至丙申與予書，則七類又改爲九類。至臨終十數日之前，因成此書。孔戶部刻諸微波榭，而冠以與段若膺論韻六千字者是也。九卷每類於今音古音無不條綜。戶部書云，「凡五日而成。」固由精熟觸極，然先生神思亦恐太瘁矣。形太用則極，神太勞則敝，烏呼，孰知此爲先生著書之絕筆也哉！戶部書至蜀，命予作序，彼時予恐淺陋不敢爲；今三十年後乃成之，併葓谷亦久下世矣。」（啟超案：段序見經韻樓集六。）

☆　☆　☆

著述年月失考者

毛鄭詩考正四卷（遺書本。）

此書僅有周南召南。餘未成。

尚書義考二卷（貴池劉氏聚學軒叢書本。）

啟超謹案：此書未入遺書，段譜亦未言及。惟孔顨軒總序及王述庵（昶）所作先生墓志銘有其目。而洪蘂登（榜）所作行狀別有今文尚書經二卷，殆即此書異名也。卷首有義例十四條三千餘言。先生所著書，未見有申明義例鄭重如是者。殆其精心結構之作。惜僅得堯典一篇而止。使天假之年，此書獲成，必能掩江（聲）段（玉裁）王（鳴盛）三家之書而上之也。

春秋即位改元考一卷（文集本。）

段譜云：癸未以前癸酉甲戌以後十年內作。先生自言僅能如此文字做得數十篇，春秋全經之大義舉矣。

學禮篇（未成。文集本。）

段譜云：學禮篇先生七經小記之一也，其書未成，蓋將取六經禮制，糾紛不治，言人人殊者，每事爲一章發明之，今文集中開卷記冕服，記爵弁服，記朝服，記玄端，記深衣，記中衣裼衣襦褶之屬，記冕弁冠，記冠衰，記括髮免髽，記絰帶，記繅藉，記捍決極，凡十三篇，是其體例也，書言尚學須注乃明。

大學補注一卷中庸補注一卷（未成，未刻。）

段譜云：二書向未得見，今乃得晉齡由學鄭寄讀之，蓋亦癸未以前所爲，未暇寫成之耳。其書言理皆與原善孟子字義疏證無纖微不合者，皆存鄭注而補之。大學之說親民，說格物，中庸之說致中和，說上下察尤，可補先儒所不到，始戶部與玉裁書欲刊大學補注，然未果而卒。

經考五卷（南陵徐氏積學齋叢書本。）

啟超謹案：此書不見諸家著錄，惟洪狀有經論四卷，似即指此，然書名及卷數均有異同。徐氏所刻，卷端題云：「段福山王氏天壤閣傳鈔本」，蓋王文敏（懿榮）所曾藏也。卷末一短跋云：「是書從河間紀先生處借錄，經餘姚邵二雲手校一過，無甚譌錯矣。乾隆己丑九月十八日益都李文藻記於京城虎坊橋柏永順胡同寄寓。」李文藻嘗刻聲韻表，見段譜，蓋服膺戴學之一人。己丑爲乾隆三十四年先生四十七歲耳。此書所記，諸經皆偏，每條皆錄前人之說，未加按語。亦有並無按語者，蓋隨時劄記以作資料，實長篇之體也。其中有已采入集中者，如卷二「堯典中星」「璿璣玉衡」兩條，一部分已採入原象。卷五「稱元」「周正朝」「書王」等條，一部分已採入春秋即位改元考。卷五附雅條，一部分已採入答江慎修先生論小學書。其餘尚多。先生著作最矜慎，凡自認爲未甚十分之見者，棄之不稍顧惜。段孔諸賢不著錄此書，豈先生志歟。然後學得此，可以察先生用力之次第，則徐氏傳刻之功，蓋不在伍氏刻緒言下矣。此書殆作於早年，卷四「大戴禮記八十五篇」條下，有按語題「乾隆丁丑夏東原氏記」。丁丑爲乾隆二十五。大抵全書皆丁丑前後作也。

歷問一卷古歷攷二卷（歷問未刻。古歷考遺書本名續天文畧。）

段譜云：洪舍人榜撰先生行狀，有此二書，玉裁皆未之見，而孔檢討作總序有之，則其稿在孔戶部家可知矣。戶部所刊，乃有續天文畧二卷，而無歷問，古曆考，疑古歷考即天文畧也。先是朝廷開館，續鄭樵通志，其當事者輓先生爲之，既而未用，欲改名古歷考，而舍人行狀內遂改其名耳。此二種成書年月，今皆不能考，續天文畧自序曰，天文一事，儒所不知，而欲成全書，固不可闕而不載。是以徒鑽書史，未能擇之精，語之詳也。今更爲目十，曰星見伏昏旦中，曰列宿十二次，曰星象，曰黃道宿度，曰七衡六間，曰晷景短長，曰北極高下，曰日月五步，曰儀象，曰漏刻，其書未成，北極高下已上爲卷上卷中。其日月五步已下爲卷下，蓋闕如也。然以此發明釋天，已令學者暢然滿志矣。

水地記三十卷（未成。遺書本一卷。）

段譜云：「此書刻於孔戶部者祇一卷，自崑崙之虛至太行山而止。洪舍人行狀則曰「未成書水地記七冊。」蓋所屬草稿尚不止此，葓谷取其可讀者爲一卷刻之，其叢殘則姑置之。國朝之言地理者，於古爲盛，有顧景范，顧寧人，胡朏明，閻百詩，黃子鴻，趙東潛，錢曉徵，而先生乃皆出乎其上。蓋從來以郡國爲主而求其山川，先生則以山川爲主而求其郡縣。其叙水經注曰：「因川源之派別，知山勢之逶迤，高高下下，不失地阞。」爲汾州府志發凡曰：「以水辨山之脈絡，而汾之東西山爲條爲枝爲來爲去，俾井然就序。水則以經水統其注入之枝水，因而糾及澤泊堤堰井泉，合衆山如一山，羣川如一川。府境雖廣，山川雖繁，按文而稽，各歸條貫。」然則先生之水地記，固將合天下之山爲一山，合天下之川爲一川。而自尚書周官春秋之地名以及戰國至今歷代史志建置沿革之紛錯，無不依山川之左右曲折安置妥帖，至賾而不亂。此書固非旦夕之所能成，先生志願之大，以爲必有能助之者，而不料其所成止此也。水地記亦七經小記之一，使學之精地理者於此焉。

啟超案：先生書之未成者，最可惜莫如此書。段譜所記，極能說明其治地學之方法。後有好學者，可踵事而成也。

唐宋文知言集二卷（未刻。）

段譜云：集上五十九篇，集下七十二篇，旋又有刪去，及上移下者，皆於宜興儲在陸唐宋十家文內摘取者也。玉裁請問分上下之誼，曰集上理與辭俱無憾，集下則不惟其理惟其辭也。嘗抄目錄，今尚謹藏，觀其別裁，可以見先生古文之學之一斑矣。

氣穴記一卷

藏府象經論四卷

葬法贅言四卷

右三書皆見洪狀。想已佚。

文集十卷（遺書本。）**戴東原集十二卷**（段氏經韻樓本。）

啟超謹案：孔葓谷刻遺書，以文集十卷列諸二十三，凡文已附見諸專書者則不復錄，蓋合諸書爲全集也。段茂堂重編戴東原集，凡論音韻六書論轉注論義理元學諸大篇仍補入，凡有書札爲葓谷所未及見者，釐爲十二卷，其文略以類從。卷一爲通釋羣經之文，卷二爲考證三禮名物數度之文，卷三爲論小學訓詁之文，卷四爲論音韻之文，卷五爲論天象之文，卷六爲論水地之文，卷七爲論算學之文，卷八爲論義理之文，卷九爲汎論學術書札，卷十爲諸書序跋，卷十一爲酬贈雜文，卷十二爲傳狀碑誌等。段氏自序云：「略以意類分次其先後，不分體，如他文集者，實欲求其學者之易爲力也。」

（完）

晨報副鐫

一九二四年第二六號

專著

東原著述考

王競

(一)著述之種類與刊行

考孔廣森所作東原遺書總序，謂已成者爲周南召南二卷，儀禮正誤一卷，毛鄭詩考證四卷，考工記圖二卷，學禮篇一卷，孟子字義疏證三卷，大學中庸補注各一卷，爾雅文字考十卷，方言考證十三卷，聲韻考四卷，聲類表十卷，屈原賦注四卷，九章補圖一卷，原象一卷，古歷考二卷，歷問二卷，水經注四十卷，水地記一卷，直隸河渠書六十四卷，都十九種；而江藩漢學師承記載戴震所著各書都二十種；無堯典，周南，召南，學禮篇，大學中庸補注，而有勾股割圜記與策算，其種類微有同異，然東原著述自當以上列各種爲根據也。又考段玉裁所訂戴氏年譜(以下簡稱年譜)謂孔戶部刻戴氏遺書凡十五種：曰原善三卷，曰孟子疏證三卷，曰勾股割圜記三卷，策算一卷，原象一卷，考工記圖二卷，聲韻考四卷，聲類表九卷，併卷首爲十卷，曰文集十卷，曰續天文畧二卷，曰水地記一卷，此二種皆未成之書；方言疏證十三卷，此即四庫館聚珍版行之本，一曰毛鄭詩考正四卷，併考鄭氏詩譜一卷，一曰杲溪詩經補注一卷，此亦未成之一種；其大學補注，與刻河渠書亦有意刪削，求覺其志，已刻者毛鄭詩考證爲遺書之一，詩經補注爲遺書之二，原善疏證合爲遺書之九，聲韻考聲類表合爲遺書之十四，原象爲遺書之十五，文集爲遺書之二十三，末題次第之意，其他已刻則不列次第，後之人勿疑已刻有二十三種也。據以上所云，則孔戶部所刊行者都十五種，總序所列書目，多未刊行，其有附刊於他種叢書者，爲聲韻考及文集，均刊於經韻樓叢書內，方言疏證及水經注均刊於武英殿叢書內，續言二卷刊入粵雅堂叢書內，(續言即孟子字義疏證原名)毛鄭詩考正，考工記圖，杲溪詩經補注均刊於學海堂經解內，又有總序未列其書名而附刊於他種叢書者，如經考五卷則已刊入徐乃昌鄦齋叢書內焉。

(二)散見於各書之著述

年譜二十二歲條下，乙亥挾策入都，金匱秦文恭公聞其善步算，即日命駕延主其邸，朝夕講論五禮通考中觀象授時一門以爲聞所未聞也。其全書往往採先生說，其四十一歲條下，按江先生古韻標準例言云，余既爲四聲切韻表，細區今韻，歸之字母音等，復與同志戴東原商定古韻標準四卷，詩韻舉例一卷，分古韻爲十三部，於韻學不無小補云。先生丙申與玉裁論韻書云，江先生撰古韻標準時，竹代爲舉韻餘二字辨論其偏旁得聲，江先生喜而採用之。又年譜載竹修汾陽府志，汾陽縣志，並審定壽陽志，此亦著述之散見者也。

(三)未成之著述

考東原著述之未成者，孔序謂尚書義考未成，成堯典一卷，爲詩補傳未成，成周南召南二卷。又云，先生文集尚有轉語二十章及六書論三卷，自序此二種遺稿未見，而考年譜則云，先生欲作七經小記未成。然尚書義考近刊入劉世珩聚學軒叢書內，是尚書義考似已成書，其詩補傳一種，年譜四十四歲條下云，注詩周南召南名之曰杲溪詩經補注，杲溪二字，蓋以自別於諸言詩者，先生不隨俗爲別號，天下稱東原先生而已。先是癸酉成詩經補傳，己卯在揚州以此書之序及論鄭聲一條示是仲明，仲明索觀詩補傳，先生辭，作書與之論學而已，蓋亦自恐於斯未信也。至是始成二南，改稱補注，作詩本恉詳於某篇幾章幾句之下，其體例猶舊也。今二南著錄而詩補傳已成者不著錄，先生所謂昔人成書太早多未定之說者於此可見，是詩補己脫稿，惟未著錄耳。其轉語二十章及六書論兩書，年譜亦載未成，儻有自序，則當爲未成之書。又云，大學中庸補注各一卷未成，至柔遠人也，懷諸侯也而止，謂爲癸未以前所爲。又云，七經小記者，先生朝夕常言之欲爲之以治經也。所謂七經者，先生云，詩書易禮春秋論語孟子是也。治經必分數大端，以從事各究洞原委，始於六書九數，故有詁訓篇，有原象篇，繼以學禮篇，繼以水地篇，約之於原善篇，聖人之學如是而已矣。假令先生如申公伏生之年，安見不如其志哉。考其書已成者爲原象篇，原善篇，水地記皆爲七經小記之一。其詁訓篇，學禮書未成。又云，學禮篇先生七經小記之一也，其書未成，蓋將取六經禮制糾紛不治，言人人殊者，每事爲一章發明之。今文集中開卷記冕服，記爵弁服，記朝服，記玄端，記深衣，記中衣褻衣襦衣裙之屬，記冠弁冠笄，凡十三篇，是其體制也。蓋言此等須注乃明。又詁訓篇亦先生七經小記之一，經學非詁訓不明，先生欲作此書而未及，轉語二十章亦未卒業，是七經小記兩東原儲蓄宏願旦夕期成之書，其不果成者，則實年限之也。

(未完)

晨報副鐫

一九二四年第二七號

專著

東原著述攷

王虓

(四) 著述之年歲

據年譜所載，東原二十二歲成籌算一卷，後更名策算。二十三歲成六書論三卷，二十四歲成考工記圖注，二十七歲成爾雅文字考，三十歲成屈原賦注，三十一歲成詩補傳，三十三歲著手校寫方言後成疏證，四十四歲成聲韻考及孟子字義疏證詩經補注，四十六歲修直隸河渠書一百六十卷，未成全書，五十一歲後則爲入四庫館校書之時矣。又載：原象篇成於壬午以前，原善篇係於癸未抄寫，其歷問古歷考二種，成書年月皆不可考，茲就著述年歲之可考者畧具於此。

(五) 校讎及纂集之書

年譜五十五歲條下載：癸巳至丁酉在四庫館所校各書如水經，九章算術，五經算術，海島算經，周髀算經，孫子算經，張立建算經，夏侯陽算經，五曹算經，儀禮釋，宮儀禮集釋，項氏家說，蒙齋中庸講義，大戴記方言等，均已付諸剞劂，而畢考所校算經，除上列八種外，尚有緝古算經一卷，數術記遺一卷，亦曾校定，孔氏微波榭彙爲算經十書刊行之，並附東原自著勾股割圜記一卷。張南皮書目答問載其細目，此又於總序年譜之外，所廣爲蒐羅者。又年譜載九章海島孫子五曹夏侯陽等五種算經及儀禮釋宮諸書，皆從永樂大典中纂錄，參伍考校，俾還舊觀，遂爲可閱之善本。其於儀禮集釋則正其訛脫，并將所闕之鄉射大射二篇，參取惠棟沈大成二家本所校宋本，證以唐石經，以成儀禮完帙。其於大戴禮則屢經校定，並與各善本參互考核，附以案語，是於訂謬正訛之外，兼收拾遺補闕之功，蓋匪僅朝夕校讎從事丹黃已也。

(六) 治學方法

年譜載：先生十六七以前，凡讀書每一字必求其義，塾師畧舉訓詁傳注語之意，每不解，塾師因取近代字書及漢許氏說文解字授之，先生大好之，三年盡得其節目。又取爾雅方言及漢儒傳注箋之存於今者參伍考校，一字之義，必本六書貫羣經以爲定詁。由是盡同前人所合。集十三經注疏能全舉其詞。先生嘗謂玉裁曰：余於疏不能盡記，經注則無不能倍誦也。又嘗云：經之至者道也，所以明道者其詞也，所以成辭者字也，必由字以通其辭，由辭以通其道，乃可得之。此則先生說經嫥本始於小學，而其彼且尊可知矣。又按：先生丁酉正月與玉裁書曰：僕自十七歲時，有志聞道，謂非求之六經孔孟不得，非從事於字義制度名物，無由以通其語言，宋儒譏訓詁之學，輕語言文字，是猶渡江河而棄舟楫，欲登高而無階梯也，爲之三十餘年，灼然知古今治亂之源在是。又云：先生嘗爲學須先讀禮，讀禮要知得聖人禮意；言周易當讀程子易傳；言鄭康成之學者在三禮注，當與春秋三傳並重；言學貴精不貴博，吾之學不務博也；言知得十件而都不到地，不如知得一件卻到地也；言總須體會孟子條理二字，務要得其條理，由合而分，由分而合，則無不可爲；言守一說之確者，終身不易，乃是。又文集九與姚孝廉姬傳書云：凡僕所以尋求於遺經，懼聖人之緒言闇汶於後世也。然尋求而獲有十分之見，有未至十分之見，所謂十分之見，必徵之古而靡不條貫，合諸道而不留餘議，鉅細畢究，本末兼察；若夫依於傳聞，以擬其是，擇于衆說，以裁其優，出于空言，以定其論，據于孤證，以信其通，雖溯流可以知源，不目覩淵泉所導，循根可以達杪，不手披枝肄所歧，皆未至十分之見也。以此治經，失不知爲不知之意，而徒增一惑以滋識者之辨之也。又與是仲明論學書云：僕自少時家貧，不獲親師，聞聖人之中有孔子者，定六經示後之人，求其一經，啓而讀之，茫茫然無覺，尋思之久，計于心曰：經之至者道也，所以明道者其辭也，所以成辭者字也，由字以通其辭，由辭以通其道，必有漸求。所謂字，考諸篆書得許氏說文解字，三年知其節目，漸覩古聖人制作本始。又疑許氏于故訓未能盡，從友人假十三經注疏讀之，則知一字之義，當貫羣經，本六書然後爲定，至若經之難明，尚有若干事，誦堯典數行，至乃命羲和，不知恆星七政所以運行，則掩卷不能卒業；誦周南召南，自關雎而往，不知古音，徒强以叶韻，則齟齬失讀；誦古禮經先士冠禮，不知古者宮室衣服等制，則迷于其方，莫辨其用；不知古今地名沿革，則禹貢職方失其處所；不知少廣旁要，則考工之器不能因文而推其制；不知鳥獸蟲魚之狀類名號，則比興之意乖；而字學故訓，音聲未始相離，聲與音又經緯衡從宜辨，漢末孫叔然創立反語，厥後考經論悉用之，釋氏之徒，從而習其法，因竊爲己有，謂來自西域，儒者數典不能記憶也。中土測天用勾股，今西人易名三角八線，其三角即勾股，八線即綴術，然而三角之法窮，必以勾股御之，用知勾股者，法之盡備。名之至當也。管呂言五聲十二律，宮位乎中，黃鐘之宮，四寸五分爲起律之本，學者蔽于鐘律，失傳之後，不追溯未失傳之先，宜乎說之多惑也。凡經之難明，右若干事，儒者不宜忽置不講：僕欲究其本，始爲之，又十年，漸于經有所會通，然後知聖人之道，如懸繩樹槷，毫釐不可有差。僕聞事于經學，蓋有三難：淹博難，識斷難，精審難，三者僕誠不足與於其間，其私自持暨爲書之大概，端在乎是。綜觀所言，其治學方法可以知矣。

（本節完）

晨報副鐫

一九二四年第二八號

專著

東原著述考

王競

（七）學術概論（續）

東原學問淹博，於天文地志算數訓詁性理之學，皆能貫通，茲將所著者分別畧述於後：

（甲）天文歷數　有古歷考，歷問，續天文畧，原象，迎日推策記等，今古歷考，歷問，不可見，而原象及迎日推策記，璿璣玉衡中星土圭九道八行說，北極璿璣四游解夏小正星象均載文集卷五中，江藩漢學師承記亦引之，其續天文畧二卷孔繼涵已為刊行，今文集卷五中有自序一篇，尚存崖畧。

（乙）地志　有水經注，水地記，直隸河渠書及汾州府志，汾陽縣志，壽陽縣志，金山志，其致力最勤者，厥惟水經，其大旨見四庫提要，茲節錄於後：

是書自明以來，絕無善本，惟朱謀㙔所校盛行於世；而舛謬亦復相仍，今以永樂大典所引，各按水名，逐條參校，非惟字句之訛，層出疊見，其中脫簡，有自數十字至四百餘字者。其道元自序一篇，諸本皆佚，惟永樂大典僅存。蓋當時所據猶屬宋槧善本也。謹排比原文與近本鉤稽校勘。凡補其闕漏者二千一百二十八字，刪其妄增者一千四百四十八字，正其臆改者三千七百一十五字，神明煥然，頓還舊觀。

又文集卷六中書水經注後正胡朏明禹貢錐指之謬，茲節錄於後：夏六月，閱胡朏明禹貢錐指所引水經注疑之，因檢酈氏書展轉推求始知朏明所由致謬之故。是書至唐宋間遂殘闕淆棻，經多誤入注內，而注誤為經，校者往往以意增改。如河水，注北河又東逕莎車國，南北河又東南逕温宿國，北河皆當作枝河，蒙上左合枝水之文，今本作北河者，殆後人所改。又如濟水，經文東至北礫溪南，注文又東南礫石溪水注之，水出滎陽城西南，李澤東北，注於濟，世謂之礫石澗即經所謂礫溪矣。經云，濟水出其南，非也。今注重列為經，胡朏明引其文，乃曰上有北礫溪，故此為南礫溪，石字衍。不知注明言石礫溪東北，注經濟則濟實過其北，且辨正經文不當云，至礫溪南，其無二礫溪固顯然，南北二字，殆後人誤增，書中類此者不勝悉數。

（丙）算學　自著者有九章補圖一卷，其所校者為算經十書，目錄已著於前，而考四庫提要，天算一門全出其手，阮元疇人傳中亦為撮敘要畧，其論最切要者，年譜五十五歲條下曾載之，茲錄於后：

周髀算經為算學十書之首，而三千年來學者昧其旨趣，先生謂此古蓋天之法，自漢以迄元明，皆主渾天，明時歐羅巴人入中國，始稱別立新法，然其言地圓，即所謂地法覆槃滂沱四隤而下也；其言南北里差　即所謂北極左右，夏有不釋之冰，中衡左右，冬有不死之草，是謂寒暑推移，隨南北不同之故也；其言東西里差，即所謂東方日中，西方夜半，西方日中，東方夜半，晝夜易處，如四時相反，是為節氣合朔加時，早晚隨東西不同之故也。新法歷書述第谷以前西法三百六十五日四分日之一，每四歲之小餘成一日，即所謂三百六十五日者三，三百六十六日者一也，西法出於周髀，所謂天子失官，學在四夷者歟。而刻本脫誤，多不可通，古本五圖，而失傳者三，訛舛者一。凡皆正之補之，學者可以從事，如道河積石源流正矣。

（丁）訓詁　所著有爾雅類表爾雅文字考方言疏證等書，其文集卷三中與江先生論小學書，及卷四與段若膺論韻書，顧氏音論跋，暨書玉篇聲論反紐圖後，皆足與所著相發明。蓋其聲音文字之學，至為精粹，惟以注釋為轉注，則治小學者多詆之，蓋疏誤之愆，雖專家而亦不能免也。

（戊）性理　所著有大學中庸補註各一卷，原為未成之書，而其精粹則具於文集卷八答彭進士允初書及孟子字義疏證中。東原嘗言，做得講理學一書，謂孟子字義疏證也。其答彭書云：宋以前孔孟自孔孟，老釋自老釋，談老釋者高妙其言，不依附孔孟；宋以來，孔孟之書盡失其解，儒者雜襲老釋之言以解之，於是有讀儒書而流入老釋者，有好老釋而溺其中，既而觸於儒書，樂其道之得助，因憑藉儒書以談老釋者。對同己則共證心宗，對異己則寄託其說於六經孔孟曰，吾所得者聖人之微言大義，而交錯旁午，屢變益工，渾然無罅漏，孔子曰，道不同不相為謀，言徒紛然詞費，不能奪其道之成者也。其意殆以六經孔孟之旨還之六經孔孟，以程朱之旨還之程朱，以陸王佛氏之旨，還之陸王佛氏，俾陸王不得冒程朱，釋氏不得冒孔孟也。又孟子字義疏證自序云：自孔子言之，實言前聖所未言，微孔子孰從而聞之，故曰不可得而聞。是後私智穿鑿者亦警於亂世，或以其道全身而遠禍，或以其道能誘人心有治無亂，而謬在大本舉一廢百，意非不善，其言祇足以賊道，孟子於是不能已於與辯。當是時羣共稱孟子好辯矣。孟子之書有曰，我知言，曰遊於聖人之門者，難為言，蓋言之謬非終於言也。將轉移人心，心受其蔽，必害於事，害於政，彼目之曰小人之害天下後世也，顯而共見，目之曰賢智君子之害天下後世也，相率趨之以為美言，其入人心深禍斯民也大而終莫之或悟，辯烏可已哉。孟子辯楊墨，後人習聞楊墨老莊佛之言，且以其言汨亂孟子之言，是又後乎孟子者之不可已也。東原之意，蓋在轉移人心，去其蔽害，而慨然以後來之孟子自任，故其全書亦以孔孟老釋判然分離，以去蔽勿過欲為要旨焉。（未完）

晨報副鐫

一九二四年第二九號

專著

東原著述攷

王競

(七)學術概論(續)

東原學術略具於此，茲就有清乾嘉以來諸家評論摘述於後：

盧文弨戴氏遺書序云：先生生於顧亭林閻百詩萬季野諸老之後，而其學足與之匹，精詣深造以求至是之歸，故能折衷羣言，而無徇矯之失。

錢大昕戴震傳云：少從婺源江愼修遊，講貫禮經制度名物及推步天象，皆洞澈其原本；旣乃研精漢儒傳註及方言說文諸書，由聲音文字以求訓詁，由訓詁以尋義理，實事求是，不偏主一家，亦不過騁其辨，以排擊前賢。(潛研堂文集三十九)洪榜荅朱笥河書末云：夫戴氏論性，道莫備於其論孟子之書，而所以名其書者，曰，孟子字義疏證焉耳，然則其言非性命之旨也，訓詁而已矣，度數而已矣，要之戴氏之學，其有功於六經孔孟之言，使後之學者無馳心於高妙而明察於人倫庶物之間，必自戴氏始也。(江藩漢學師承記卷六)

余廷燦戴東原傳云：有一字不準六書，一字解不通，貫羣經，即無稽者不信，不信者必反覆參證而後即安，以故胸中所得皆破出傳註重圍，不爲歧旁研枝所惑，而壹稟古經以求歸，至是符契異源，使見者聞者灑然同觀易濟。(存吾文集卷四)

段玉裁戴氏年譜附記云：先生初謂天下有義理之源，有考核之源，有文章之源，吾於三者皆庶得其源。後數年，又曰義理即考覈文章之源也，義理又何源哉？吾前言過矣。按先生與方晞原書曰：足下好道而肆力古文，必將求其本。求其本更有所謂大本者，大本旣得矣，然後曰，是道也，非藝也。如馬班韓柳諸君子之文，懸視其非藝，與先生於性與天道，了然貫澈，故吐詞爲經。如勾股割圜記三篇，原善三篇，釋天四篇，法象論一篇，皆經也，其他文字皆厚積薄發，純朴高古，如造化之生物，官骸畢具，枝葉并茂。嘗言做文章極難，如閻百詩極能考核，卻不善做文章，顧寧人汪鈍翁文章較好，吾如大鑪，然金銀銅錫入吾鑪一鑄，而皆精良矣。蓋先生合義理考核文章爲一事，知無所溺，行無少私，浩氣同盛於孟子，精義上紹乎康成，程朱，修辭俯視乎韓歐焉。

梁啓超論戴震所著孟子字義疏證云：其斥宋儒之糅合儒佛，雖詞帶含蓄，而意極嚴正。隨處發揮科學家求眞求是之精神。實三百年間最有價値之奇書也。(清代學術概論卷一)

震之學爲人所重如此，然亦有加以攻擊者，如聲韻考一書，紀昀謂宜刪除。(見余廷燦文集中覆紀大宗伯書)

唐鑑謂先生本訓詁家，欲諱其不知義理，特著孟子字義疏證，以詆程朱。(見國朝學案小識)。

江藩謂余蕭客古經解鉤沈已入四庫經部，當日戴震謂是書有鉤而未沈者，有沈而未鉤者，然沈而未鉤誠如震言，若曰鉤而未沈則震之妄言也。(見漢學師承記卷二。)

又方東樹漢學商兌亦多詆東原致不滿之詞，然綜合論之，盧錢洪余段梁諸人所推重者，不外實事求是，井井有條，雖有因師友之關係，推挹或嫌過甚，而究非私人阿好之言，至其反對諸人，唐方亦足深論，紀雖爲一時切磋之友，然自云東原有著作即見示，惟聲韻考則未及討論，其意見參商，或由於此。江爲蕭客弟子，見東原貶其師說，因相詆毀，似亦門戶之見，要皆不足據爲定論也。

時至今日，距東原之生二百年矣，思維往哲，沾被實宏，其合於近代學術者厥有數端：

一　承受其師江永之說，讀宋儒書，不尙專攻，有學術平等之精神。

一　治學以求到地，分條理，爲入手方法，以識斷精審爲歸宿，(見前治學方法)合於今日科學務實際明系統，注意觀察之原則。

一　博通天文地志曆算諸學，期於致用，爲乾嘉後談經世學者之先導。

一　注重製圖製器，與論學相表裏。(如九章補圖，考工記圖，及用矩表旁法作測地圖，並模製璣衡玉衡之類。)

一　由性理而研求哲學。(如孟子字義疏證及原善原性諸篇是，)爲當時考証派之特色，並爲宋學開一生面。

一　論學皆樸實，說理不持成見，亦不對於他人爲猛烈之攻擊，實具有學者之態度。

(八)師友及弟子

年譜二十歲條下云，是年自邵武歸婺源，江愼修先生永治經數十年，精於三禮及步算鐘律，聲韻，地名沿革，博綜淹貫，歸然大師，先生一見傾心，取平日所學就正焉。又二十六歲條下云，紀文達公考工記圖序曰，戴君語余曰，昔丁卯戊辰間先師程中允出是書以示齊學士次風先生，學士一見而歎曰，誠奇書也。此二君者，皆爲東原淵源所自，而其學術之得於愼修者實多。愼修於訓詁性理之學，極爲深造，有古韻標準，四聲切韻表，音學辨微，近思錄集注等書，故東原能光大其業。又年譜所載平生謀畫之友，爲紀昀，王鳴盛，錢大昕，王昶，朱筠，秦蕙田，方矩，盧文弨，惠棟，沈大成，朱奐，畢沅，盧見曾，朱珪，彭允升。又考江藩漢學師承記戴震傳云，盧學士文弨，紀宗伯昀，邵學士晉涵，任侍御大椿，洪舍人榜汪孝廉元亮，皆爲同志之友。又金榜傳載與東原同出江愼修門下，而相友善，以上所謂人皆東原商榷學問之儕也。其受業稱弟子者，年譜所載，爲段玉裁，王念孫，及子引之，孔廣森，胡士震，裘行簡等。而姚之鼐亦在弟子之列，二王及段尤爲及門中之佼佼者。念孫所著之廣雅疏證，讀書雜誌，引之所著之經傳釋詞，經義述聞，玉裁所著之說文解字注，毛詩小學，周禮，漢讀考等書均甚精粹，蔚然爲戴學之後勁，獨惜東原所研求之天文曆算性理諸學，及門中罕有能繼此而發揮之者，是非僅戴學衰落之徵，而亦中國近代學術界之不幸也。

總之東原著述攷止此，所述謬誤，未足窺東原門徑，不敢妄加論斷，特就其著述爲之綜合焉耳，有當與否，惟宏達君子救正焉。

(完)

著述評論

清代生物學家李元及其著作

YLC

（一）

當清乾嘉間，專向故紙堆中討生活之漢學掩襲一世。於此時焉，獨有一闇然自修之學者，除精通數學地理學，音韻學，理學，史學，經學外，更從事自然現象之考察殫力研究動物之分類及其生活現象。所及動物凡四百四十餘種，將各現象分類歸納研究之。此學者爲誰？曰李元。

雖然，李元之學不獨晦然無聞於當世，且二百餘年來久湮沒不彰。「中國人名大辭典」中竟不能尋其姓氏！幸其僅傳之遺著蠕範八卷——研究動物之作，見收於湖北叢書中。而京山縣志有其

一

略傳一篇。吾儕據此可考見其生平及學術如下：

(二)

李元字太初號渾齋湖北京山孫家橋人。元幼孤貧力學。夜無膏火則默誦。有遺忘則爇香炷以照之。其苦篤如是

乾隆三十六年（一七一七）舉於鄉。因從座師某公遊學。四十年（一七七五）大挑一等。歷官四川仁壽金堂等縣（此據京山縣志。按四川通志職官題名，仁壽，金堂，並無李元名）嘉慶四年（一八一六）官南充縣（四川）。所至有循聲。嘉慶二十一年（一八一六）。乞病歸里。居蜀凡四十餘年。歸時惟載書數萬卷而已。

元生卒歲及年壽均無可考。然自其鄉舉至告歸已四十五年。假定其鄉舉時在二十歲左右則告歸年約當六十五歲；而其年為嘉慶二十一（一八一六）以此推之元之生不能在乾隆初以前其卒不能在嘉慶末以後。

(三)

元在生物學上之功績，次節當詳述之。然元學問淹洽不獨精生物學而已也。嘗精研音韻學著音切譜十八卷，聲韻譜十卷，以顧炎武音學五書為宗。又深究性理之學，著理學傳授表，往哲心傳補編；而其寢索三卷闡河圖太極之理尤多前儒所未發。居四川時研究該省水道成蜀水經十六卷，後又撰西藏志，此其在地理學上之貢獻也。官仁壽時手修縣志，時人稱其體裁極為謹嚴；又著歷代甲子紀元表，春秋君國考，王陽明年譜考，則又深於史也。元尤精數學，著拙氏算術；又究心古算籍，著書詮釋唐王孝通緝古算經名緝古算經小解。時其鄉鐘祥李潢以數學名家，方著九章細草圖說，元乃以己所著數學書就質，李潢評之曰：「博大精深」。李潢亦研究緝古，欲為新註至卒未成。元之

小解實清代緝古新注之第一部也。元亦通經，有易經集解，五禮撮要，經腴。此外雜著：有檢驗詳說言驗尸之術亦實驗之學；餘有率爾操觚，日書，吟擴嘉話，葭萌小乘，遁甲新詮，乍了日程瑣記，一夢緣，通俗八誡；又輯明文淵海策腴等書。其所著詩古文名渾齋全集。

元官蜀時合刻其蠕範蜀水經，音切譜，聲韻譜窮索乍了日程瑣記及通俗八戒名渾齋七種。至其元孫錦雲時，七種板已殘缺，惟蠕範及窮索獨全；而一夢緣已不完已不完陽明年譜考，易經集解及全集均已全佚；其餘則皆未刋鈔藏於家。今除蠕範一種已見收入湖北叢書外其餘即已刻各種亦無傳本。故其學終不可得而全覩誠學術史上之不幸也已。

（四）

蠕範一書成於官蜀時。元以爲動物界現象雖『變幻周通萬有不窮』然終有其相同之點，『如陶斯模如冶斯鎔，惟妙惟肖』因欲『綜其紛紜不齊之數』。（自序）所研究動物四百四十一種。將之分爲五屬二十一類：

（一）禽屬

(1)山禽類；(2)林禽類；(3)原禽類；(4)水禽類；(5)異禽類。

（二）獸屬

(1)鹿類；(2)貓類；(3)馬類；(4)牛類；(5)羊類；(6)犬類；(7)豕類；(8)猴類；(9)鼠類；10異獸類。

（三）鱗屬

(1)蛇類；(2)有鱗魚類；(3)無鱗魚類；(4)異魚類(5)雜鱗類。

（四）介屬

（五）蟲屬

(1)飛蟲類；(2)走蟲類；(3)倮蟲類；(4)介蟲類；(5)

異蟲類。

其所分類以今日生物學眼光觀者固殊可哂；雖然，數千年來我國研究動物之分類者惟李元一人而已。且其時解剖之術未明種類區劃僅憑外形，謬誤之多固無足惑。且其所分類亦有足稱道者焉：

(一)以一種動物代表一類明其有相同之點。此點與今日生物學相符

(二)禽類全以其生活而分類雖不當，然其時解剖之學未明舍此實更無善法。

(三)以犬代表豺狼獾等而列之爲一類以貓代表虎豹犴等而列之爲一類等足見其觀察之精到

書中研究動物生活現象爲目十六：

1.物理　研究動物之倫理，可取者少。

2.物匹　研究動物之配偶多精到處。

3.物生　研究動物之產生。

4.物化　研究動物之化生，所據資料多不可靠。

5.物體　研究動物形體之狀態。

6.物聲　研究動物之鳴聲。

7.物食　研究動物之食品。

8.物居　研究動物之居處。

9.物性　研究動物之心理作用。

10物制　研究動物各部及排泄物等對於他物之化學作用。

11物材　研究動物於人類之功用。

12物智　研究動物之特殊技能。

13物偏　研究動物本能及身體各部之退化者。

14物候　研究動物生活之與氣候相應者。

15物名　研究動物之名稱。

16物壽　研究動物之壽命。

茲將其優點略舉如下：

(1)敘述動物生活之詳明　例如物理篇述蜂蟻之生活皆前此中國載所未曾有

(2)觀察有正確可取者。例如物聲篇云：『蠡以股鳴蚑以翼鳴蟬以脇鳴』之類

(3)歸納研究有價值者。例如物匹篇研究動物雌雄體色之異列舉：『雞冠高雄，短雌；鴨首綠紅駁雌，鷹身小雄大雌，鴷鳥斑紅駁雌鷄羽褐紅斑雌雉羽文紅素雌鷂羽赤雄　雌鷚喙丹紅黑雌…………孔雀長尾翠冠者雄短尾者雌』；『蜥蜴五色具者雄不具者雌鸊雞五色具者雄黑質白斑者雌，蜻蜓綠雄碧雌』吾儕讀此可知動物雄者常有較雌爲美麗之體色。

雖然書中缺點亦甚多試略舉如次：

(1)全書偏於敘述方面 discreptive 而解釋方面 interpretative 極少幾無之，故不能發明原則

(2)李氏研究所根據之資料得自書本者多得自觀察者少。且彼於其所觀察之果爲正確與否，及書本所載果可靠與否，未嘗爲實事求是的考驗故其結論多流於謬誤。

(3)李氏於生物現象之解釋尚多迷信的非科學的論調。

雖然在李元以前生物學在我國未嘗有問津者，有之亦不過如鄭漢仲一流所謂：『鳥獸蟲魚之學』以爲注釋經傳之預備耳。其爲生物學而治生物學，用歸納方法而治生物學，而研究範圍又及於動物之全體者數千年來惟李元一人而已　此李元所以在我國學術史上值得特筆大書也。

楊惺吾先生著述攷

王重民

觀海堂藏書自楊氏歿後，以七萬餘金鬻諸政府。吾師袁守和先生嘗建議公開閱覽，未果行。後撥歸故宮博物院圖書館，袁先生適爲館長，遂得行前志。而命重民任編目之役。袁先生欲國人注意觀海堂藏書之重要，爲楊惺吾先生小傳刊之圖書館學季刊，又囑重民於編目之頃，鈔輯楊氏題跋，爲『日本訪書續志。』重民亦私擬爲觀海堂藏書源流攷及楊惺吾先生著述目錄。茲已期年。續志稿粗備，待刋，又檢案頭叢稿。先錄出此篇，以與注意，楊氏著述者商榷焉。民國十六年十一月十八日記。

禹貢本義一卷 光緒丙午刊本

論語事實錄 同治刊本

鄰蘇老人年譜，『同治己巳，爲論語事實錄，刻之。』

桃華聖解盦日記，（即越縵堂日記第二十一冊）『惺吾以早年所著論語事實錄三亳考相質。其書爲問答之辭，辨康成未嘗見齊論，說甚有理。』

重訂說文古本攷四卷 未刊

自序云：余庚辰之春，東遊日本，得慧琳一切經音義，又得希麟續一切經音義，其所引說文，幾備全部。又得淨土三部經音義和名類聚鈔新撰字鏡以比勘之。又得空海篆隸萬象名義以校顧野王原本玉篇，其次第悉合。乃知空海以玉篇爲藍本，玉篇又以說文爲藍本，其所増入之字，皆附其後，絕不同宋人大廣益玉篇，與說文隸字多所淩亂也。今以玉篇以下之書定說文之字句。又以玉篇原本定說文之次第。縱不敢謂頓還叔重之舊觀，亦庶幾野王之逕見云耳。』

瀛寰譯音異名錄

叢書舉要云：『未成。

漢書二十四家古注輯存十二卷 未刊

自序云：『翻檢史記注水經注文選注凡顏氏序例所載二十三家，各還其人。其他應奉漢事姚察訓纂包愷音蕭該音義。爲師古所不錄者。亦並存其崖略焉。』

補漢書古今人表四卷 未刊

年譜云：『補漢書古今人表粗成，班表分上中下九等，今一並採輯，不分等第，依韻編次，以便檢閱，亦尚論之資也。』案楊氏有自序，見晦明軒稿下卷。

漢地理志補校二卷 光緒庚子刊本

三國郡縣補正八卷 吳增僅撰 楊守敬補正 光緒丁未刊本

隋書地理志考證九卷 光緒甲午刊本

水經注圖八卷 光緒乙巳刊本

水經注疏八十卷 未刊

熊會貞補述年譜云：『先生晚年專注重水經注疏，屢謂會貞曰；此書不刊行，死不瞑目，促會貞速爲校讎，早蔵厥事。今先生已棄我矣，仍當勉力竟功，繕付梓人，以償先生之夙願。』

水經注疏要刪十二卷 光緒乙巳刊本

水經注疏要刪補遺及續補六卷 宣統元年刊本

歷代輿地沿革險要圖

案先生是書，發端於光緒丙子，迄宣統辛亥　次第告成，亘三十餘年，眞所謂半生精力，萃於此矣！茲更列其詳目如左：

歷代輿地沿革總圖 光緒戊寅刊本丙午重刊本

春秋列國地圖 光緒丙午刊本

戰國疆域圖 宣統元年刊本

嬴秦郡縣圖 仝上

前漢地理圖 光緒甲辰刊本

自序云：『別爲釋例一卷，爲讀漢志者發其凡。』

續漢書郡國圖 宣統元年刊本

三國疆域圖 光緒丁未刊本

西晉地理志圖 宣統元年刊本

東晉疆域圖 仝上

二趙疆域圖

前趙疆域圖 宣統元年刊本

後趙疆域圖 宣統三年刊本

四燕疆域圖 宣統三年刊本

三秦疆域圖 仝上

五涼疆域圖 仝上

後蜀疆域圖 仝上

夏疆域圖 宣統二年刊本

劉宋州郡志圖 宣統元年刊本

案圖前附補校宋書州郡志札記。

南齊書州郡志圖 仝上

蕭梁疆域圖 仝上

陳疆域圖 宣統三年刊本

北魏地形志圖 宣統二年刊本

自序云『既囑熊君會貞爲圖序、並校補札記於左。』

年譜云：『北魏地形志多疏畧，亦多殘缺，補札記一冊。』

北齊疆域圖 宣統二年刊本

西魏疆域圖 宣統三年刊本

自序云：『囑門人熊君會貞，詳加攷正，作爲此圖。余復爲之校定札記於左。』

年譜云：『魏收不載西魏地形，國朝南康謝啟昆作西魏書，亦多疏漏，亦補札記一册。』

北周疆域圖　宣統元年刊本

隋地理志圖　仝上

唐地理志圖　宣統三年刊本

後梁並十國圖　宣統元年刊本

後唐並七國圖　宣統二年刊本

後晉並七國圖　宣統三年刊本

後漢並六國圖　宣統二年刊本

後周並七國圖　仝上

宋地理志圖　南渡附　宣統三年刊本

遼地理志圖　仝上

金地理志圖　宣統元年刊本

元地理志圖

自誌云：『元西北疆域甚大，略見前總圖；此第就元地理志繪出。』

明地志理圖　宣統二年刊本

古地志三十二卷　未刊

年譜云：『輯古地志三十二卷，未寫定。古地志皆有所受，非若後世方志，大半附會，不可依據。惜其書多不傳，乾隆間金溪王謨有輯本，多遺漏，且引文選注御覽等書，不標篇名卷數，尤費檢閱，故復爲此，使修方志者有所準則焉。』

案舉要云『未成，』觀海堂地理書目作十二冊。

鄰蘇老人自述年譜 石印本

隋書經籍志補正四卷

舉要云未成，案晦明軒稿有隋書經籍志稿本記云：『國朝章宗源始斷代爲隋書經籍志攷證，惜稿散佚，僅存史部一類，亦疑有殘缺，以不載袁宏後漢書之類是也。近聞南海林氏亦有史部逸書稿本，而亦未刊布。余少好綴緝，涉獵所及，罔不甄錄，歲月侵尋，積稿已多，而玆事體大，斯之未信；五十以後，專力於地志之書，此事遂庋高閣。尙未知壽命何如，能償斯願否？』

唐宋類書引用書目八卷 未刊

自序云：『國朝趙翼始有三國志注引用書目，汪師韓文選引用書目，學者韙之。而其他仍無人爲記錄者。守敬夙好綴輯，嘗取唐宋以前類書，及所得日本古書，凡有徵引，皆各爲一目，以考見古書之崖畧。又本非類書，而引用古書爲多者，亦並錄焉。後之人因吾所爲目錄，凡經史子集之已佚者，並爲刺出，彙爲大部，使漢唐古義，不泯滅於淺薄之流俗，先聖先賢之靈，實式憑之！企予望之矣。』

案書目舉要有楊守敬水經注引用書目世說新語引用書目齊民要術引用書目初學記引用書目

等，注云：『以上四種，均楊氏輯存稿，未刊，原稿存宜秋館。』日本訪書志卷八內，又有補太平廣記引用書目，蓋均是書之底稿。

又案觀海堂地理書目，列有漢唐經籍佚存考，不知即此書否。

經籍沿革考

日本訪書志卷三廣韻跋云：『古書罕存，存者又不得其眞源流變遷，非深識不能見其癥結，此余所以有經籍沿革考之作也。』此書不見他書稱及，疑未著筆也。

日本訪書志十六卷 光緒辛丑刊本

日本訪書續志 二卷

重民手輯，待刊。

藏書絕句一卷 民國十六鉛印本

留眞譜初編十二卷續編十二卷 光緒辛丑刊本

叢書舉要二十卷 楊守敬原稿 李之鼎增補 鉛印本

未完

楊惺吾先生著述攷

王重民

—1—

三續寰宇訪碑錄十六卷 未刊

自序云『趙撝叔之謙撰補寰宇訪碑錄，書出則脫漏宏多，而其人高自標置，不受攻錯，故余所得拓本，出於趙書之外者已數百事，而未入其錄中，自是有別爲三續之志。庚辰東渡，又得日本諸石刻補入之。光緒壬寅，今滿州匋齋尙書巡撫吾楚，得見所藏諸石，又得上虞羅君叔耘輯本，乃合而編之，磚瓦文字別爲一書，與孫趙羅體例畧殊，然皆流傳有自，不敢據方志傳錄也。』

壬癸金石跋一卷 光緒癸卯刋本

鄰蘇老人手書題跋 印本

望堂金石初編六冊 光緒丁丑印本

望堂金石二編六冊 宣統庚戌印本

泰山石經峪刻字六冊 光緒丁未印本

匡喆刻經頌六冊 仝上

高麗好大王碑六冊 宣統元年印本

寰宇貞石圖初集 光緒壬午印本

寰宇貞石圖二集 宣統元年印本

集帖目錄十六卷 未刊

年譜云『光緒庚辰，集帖目錄十六卷成』自序見晦明軒稿，云：『庚辰携之至日本，又失去宋元數冊，遂庋閣之；去年檢理舊稿，尚盈十餘冊，乃使書手淨寫之，』是二次定稿較少於前，不知舉要何以作四十卷，抑反有增加耶。

鄰蘇園集古帖八冊

案年譜光緒壬辰初刻，癸巳又有續刻。

古泉䕺 光緒甲辰拓本

楷法溯源十四卷 光緒丙子刊本

續楷法溯源十八卷目錄一卷 未刊

案觀海堂金石叢書目有隸篇十冊，即指此書。舉要云未成。

書學邇言一卷

評碑記二卷

評帖記二卷

鄰蘇老人手書墓誌銘四卷

案以上四書，並見舉要，皆未成。

續羣書拾補

日本訪書志卷十四竹友集跋云：『乃別爲札記，入續群書拾補中，』是楊氏蓋擬踵盧抱經之後，將各札記彙爲續群書拾補也。此種計畫，蓋未實現。茲就所知，將其校勘各書札記列左，以俟夫留心楊氏學者之收輯，以成其志也。

春秋左氏傳札記

訪書志卷一古鈔卷子本春秋左傳集解跋『其中異同之迹，眞令人驚心動魄，多與陸氏釋文所稱一本合，眞六朝舊笈也。其有釋文不載爲唐石經宋槧本所奪誤者，不可殫述，別詳札記。』又抄本殘本宋槧本三跋，均云別有札記，當指此也。

穀梁傳考異一卷 刊附古逸叢書穀梁傳後

論語札記

訪書志卷二正平本論語集解跋『乃彙諸本，較其異同，別詳札記』年譜云『如玉燭寶典正平論語史畧諸書，均有札記，今尚存篋中。』

爾雅札記

訪書志卷三影北宋本爾雅跋云『此本後爲黎公刻入古逸叢書中，余別有札記，未刊。』

玉篇札記

訪書志卷三玉篇殘本跋『今第就顧氏所引經典，校其異同，爲之札記焉。』

一切經音義札記

訪書志卷四一切經音義跋『余得此本後，即囑高根虎以明南藏本校之，異同不下數千事，別詳札記。』

漢書食貨志札記　附古逸叢書食貨志後

帝範札記

訪書志五卷帝範跋：『其他訛文奪字，尤不勝舉，別詳札記。』

貞觀政要札記

訪書志五卷貞觀政要跋：『若夫字句之差互，則屢讀不能盡，別爲札記焉。』

玉燭寶典札記

史畧札記

案此二書均刻入古逸叢書中，楊氏均有札記。以遵黎純齋意，未刊入，稿本仍存其篋中。見年譜 故宮物博物院圖書分館有玉燭寶典札記稿本，或即其原稿。史畧札記重民亦曾就書眉錄出一份。

荀子札記

訪書志七卷荀子跋：此間別有朝鮮古刊本，亦畧與此本同。今又合元纂圖本明世德堂本及王懷祖劉端臨郝蘭皋諸先生之說，更參以日本物茂卿有讀荀子四卷冢田虎有荀子斷四卷久保愛有荀子增注二十卷豬飼彥博有荀子補遺一卷所訂，別爲札記，以未見呂錢兩原本，將以有待，故未附刊焉。

韓詩外傳札記

訪書志卷一韓詩外傳跋：『余嘗作札記，視趙懷玉周氏校本，似爲詳密云。』

脈經札記

訪書志卷九脈經跋：『余從日本得宋刻何氏原本，又兼得元明以來諸本，乃盡發古醫經書與之互相比勘，凡有關經旨者，悉標於簡端，非惟可據諸經證此書，亦可據此書訂諸經。別詳札記。』

秘府畧札記

訪書志卷十一秘府畧殘本跋『所引書多亡佚之本，即現存者亦多異同，余別有札記。』

拾遺記札記

訪書志卷七王子年拾遺記跋：『異同以數百計，別詳札記』

冥報記輯本八卷

冥報記拾遺輯本四卷

訪書志卷八古鈔本冥報記跋『今合古鈔珠林廣記所引，輯爲一書。計冥報記八十四條，釐爲六卷，冥報記拾遺四十二條，釐爲四卷，以合現在書目之數。』

大唐西域記札記

訪書志卷六大唐西域記跋：『至明藏本之脫誤，不下數百言，而吳琯本更不足道矣別詳札記。』

列仙傳札記

訪書志卷六古鈔本列仙傳跋：『此本以文選注藝文類聚初學記北堂書鈔史記正義太平廣記太平御覽等書所引校之，亦多異同，別爲札記，附諸其後。』

竹友集札記

訪書志卷十四竹友集跋：『余歸後得金山錢氏小萬卷樓所刊謝本，其誤脫不下數百事，乃別爲札記。』

王子安集札記

訪書志卷十六王子安集跋：『今以逸文十三篇，抄錄于左，其他文十七篇異同，則別詳札記。』

案訪書志卷七齊民要術跋：『余又以聚珍本王禎農書校之，補脫釐誤，大有裨，益當出校本上』云云，則似有齊民要術札記。又卷三廣韻跋『此書及老子，是黎公使據余校本自爲札記』云云，則似有廣韻札記老子札記。玆僅就所知列出，餘待訪。

古詩輯存二百卷未刊

年譜云：『倩方鶴書炳堃襄校古詩存，其書仿烏程嚴鐵橋可均全上古三代秦漢晉六朝隋文之例以古詩紀爲藍本，各著所出，缺者補之，譌者刪之，書成一百二十卷。』自序云『的爲後人擬作者黜之，舛誤者正之，逸篇秘句，皆著所出，贊頌辭銘，已見嚴書者不錄。卷帙雖稍縮於文紀，而三百篇以下詩人之興觀群怨，已大備其中，不可謂非國粹巨典也。』案自序作於光緒乙巳，年譜作一百二十卷者，蓋指光緒戊子之初稿，故其跋全上古文見晦明軒稿下運作二百卷也。

古詩韻存目錄十二卷 未刊

補嚴氏古文存二十卷 未刊

自序云『余於日本得文館詞林及文鏡秘府論，又得朝鮮東古文存，中多嚴氏所未見。又自道咸以來，金石之出土者綦多，似不可不補錄之也。嘉魚劉君心源，考定鼎彝之文，至爲精審，乃以金文任之，合編成二十卷。』

(完)

晦明軒稿二卷 光緒辛丑刊本

晦明軒續稿十卷 未刊

湯定之翁畫松

◇敬頌文字同盟萬歲◇

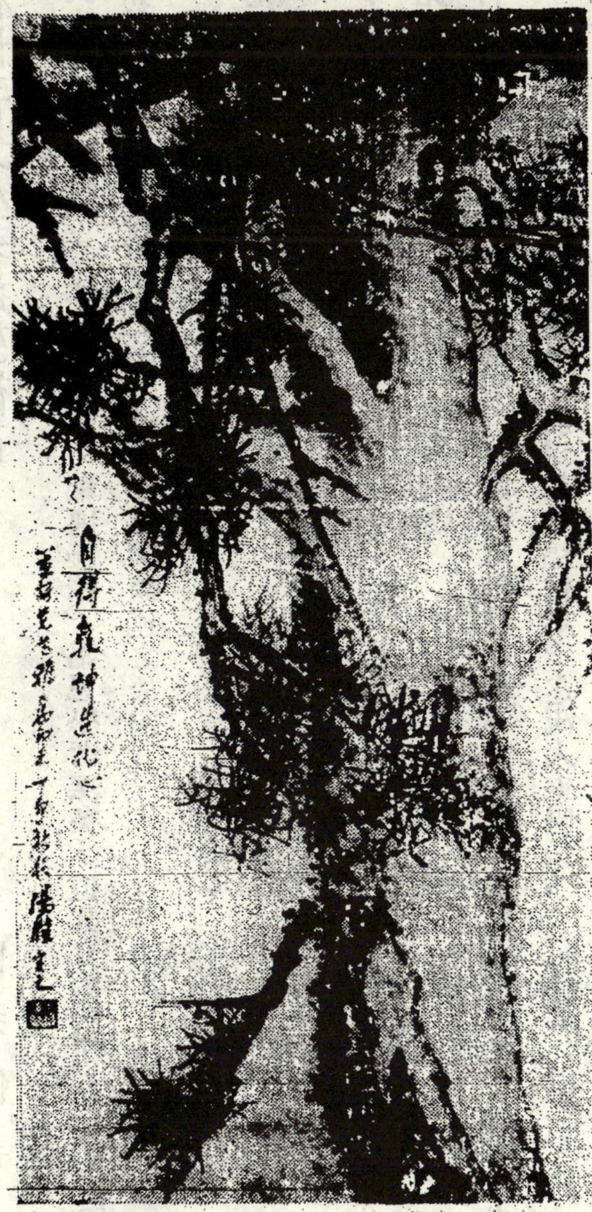

楊惺吾先生著述攷補正

岡井愼吾

王重民先生所撰「楊惺吾先生著述攷」極博極精。嘉惠學者深矣。但其立論矜愼太至。必證諸目睹。始引爲信。故對於未見之本。時有小誤。請述之於左。

書學邇言一卷

評碑記二卷

評帖記二卷

案並見舉要皆未成」以上原文

愼吾按此三書俱曾於吾國東京印行。並非未成。

書學邇言一卷。前年東京西東書房印行。近復有樋口銅牛爲之箋釋。自同書房發賣。盖邦人水野疎梅。嘗就惺翁學書。其辭歸也。翁以其手稿付之。遂流入東國云。

評碑記二卷　具名激素飛淸閣評碑記實爲三卷。東京談書會爲之付印。以頒會員。書首有楊氏自序云。

「宋元以來書家林立。惟行草差可觀。而眞書云絕。無論篆隸。良由精於簡札略於碑版。故特著此篇。以矯其弊云々。

同治丁卯十月記于高平官廨。

卷一　周石鼓文乃至漢朱君長之字

卷二。魏公卿上尊號奏乃至隋小西天洞內石刻佛經。

卷三。唐孔子廟堂碑乃至鎮軍大將軍吳文殘碑。

共二百二十九

評帖記二卷　具名澂素飛清閣半帖記。實爲一卷。亦談書會付印。自序云

「余羈滯京華。亦僅三載。金匱石室。未覩實多。然名篇劇迹。於茲略具。乃即所見者。論次。爲若干卷。以附半碑記之後。傳撫失眞者不錄。寧嚴勿濫也云々。

同治戊辰五月書于上海客次」

前半記魏鍾太傅。晉索幼安、陸士衡、衛夫人、王世將、王逸少父子、王敬和、謝安石 顧虎頭、王徽之、王元琳、王薈、宋謝希逸、齊天簡穆、王伯寶、梁武帝、王次道、隋僧智永諸帖。

後半記蘭亭、十七帖、樂毅論、黃庭經、曹娥碑、畫像讚、黃庭內景經七種。如蘭亭則開皇本乃至俞紫芝臨本三十四本。

（昭和丁卯二月盡日稿）

朱子著述考（佚書攷）

吳其昌

按其昌作朱子著述考；第一經部，第二史部，第三子部，第四集部，凡八卷，倣朱彝尊經義考例，因書存故未就。第五佚書考，凡四卷。因書已亡，恐久就湮，故稿先具。卽此編是也。第六爲表，凡四卷，已成其半，因太占篇幅，故暫不發表。此爲其第五部佚書考，四卷也。

佚書攷第五（擬撰各書及未成各書附）之一

經部易類

易傳十二卷（佚書）

宋史藝文志　朱熹易傳十二卷；又本義十二卷，易學啓蒙三卷，古易音訓二卷。

文獻通考　晦庵易傳十一卷，本義十二卷，易學啟蒙一卷。陳氏曰『晦庵初爲易傳用王弼本復以呂氏古易經爲本義其大指略同而加詳焉。』（直齋書錄解題文同）。

其昌按：觀此，可知朱子於易本義之外，尚有易傳十二卷；（宋史說近是，今從之。）其書亦流行一時，後數十年，如陳振孫，且能見之。而今已全亡矣。疑易傳作於東萊古易攷未成以前，而本義作於古易攷已成之後也。

答孫敬甫書　易傳初以未成書，故不敢出，近覺衰耄，不能復有所進，頗欲傳之於人，而私居無人寫得，只有一本，不敢遠寄；俟旦夕抄得，卻便奉寄，但近緣僞學禁嚴，不敢從人借書，故勞費力爾。

其昌按：此書約在戊午己未閒，（當在己未，是時朱子已七十矣。）此時本義，傳遍天下已二十餘年矣。不當復云『初未成書，只有一本』也。則此易傳，卽爲陳振孫所見本無疑，則四庫提要所云『未定之說，自削其藁』不能立矣。且朱子晚年，頗以此書爲然，而欲使之與本義並行。（朱子於各書皆深自秘密；有力者欲刋，則再三求免，坊間竊刋，則申縣追索，望其流傳，惟此書爲然。

乃今治朱子學者，并其名而不知。嗚呼！亦何怪朱學之不明於天下哉，可哀也！

與葉彥忠書　易傳且留是正，不妨。易自伏羲始畫八卦，（三畫）文王重爲六十四，（六畫）作繫卦彖辭，周公作爻辭，孔子作彖（乃釋文王之彖通謂之彖。）象文言繫辭說卦序卦雜卦；而彖象繫辭，各分上下，是謂十翼。舊說如此，承問及之。（續集）

其昌按本義成於四十八歲丁酉，脫稿後，卽行通傳；蓋爲坊人竊出印行。而易傳朱子頗自秘，至晚年始出以示人。此所云『舊說』，當指本義而言，於此可以知本義易傳之不同矣。

渭南集　跋朱氏易傳曰：『易道廣大，非一人所能盡。堅守一家之說，未爲得也。元晦尊程氏至矣！然其爲說，亦已大異，讀者當自知之。嘉泰壬戌四月十二日，老學庵識』（卷二十八）

其昌按觀此，可知朱子易傳非惟通行一時，同時如陸放翁輩且尚爲之跋也。益足以證四庫提要之繆。他日不能重耕則已，如能輯拾萬一，當以此跋傳之。

四庫全書提要　朱文公易說提要云：『朱子易傳，宋志著錄，今已散佚。當理宗以後，朱子之學大行，賸語殘編，無不奉爲球璧，（按：此語亦誣，語錄之類，各記師說，不能視爲殘編。且朱子所著，有全書早已佚者，無殘編至今存也。）不應手成巨帙，反至無傳？殆以未定之說，自削其稿故不復流布歟？

其昌按此說全非，若朱子自削其稿，而不復流布。則陳直齋何由得而見之？陸放翁何由得而跋之？且宋志云十二卷，而陳氏云十一卷，可知可據傳本，非相因襲也。若是則其流布也，可謂廣矣。且朱子手成巨帙，散亡而不傳者多矣。提要不考輕言，每如此也。

古易音訓二卷（佚書）

宋史藝文志　朱熹古易音訓二卷。

其昌按：宋史又載呂祖謙古易音訓二卷，則與朱子之書爲二而非一，可知矣。今東萊之音訓傳，而朱子之音訓無人知矣。

玉海藝文志：淳熙四年，朱文公（熹）易本義成十二卷，又爲諸圖冠首，爲五贊及筮儀附於末。又音義二卷。

其昌按：觀此，則朱子此書，王伯厚曾見之。

經義考：朱子古易音訓二卷，未見。（按謝氏啓昆小學考亦著錄此書，但云已佚。）

其昌按：朱氏又著錄東萊古易音訓，云存。是朱氏亦以音訓爲有二書也。

又按：余友唐君蘭力言此書卽東萊音訓之誤，蓋根據朱子孫鑑跋東萊音訓；然無以折上列三說之疑，今故未敢斷從。

易程傳節要（擬撰書）

答張元德書。所說易傳極有難記當處。蓋經之文意本自寬平，今傳卻太詳密，便非本意。所以只舉經文，則傳之所言，提挈不起，貫穿不來。須是於易之外，別作一意思讀之。方得其極。尋常每欲將緊要處逐項抄出，別爲一書，而未暇。大抵讀書求義，寧略毋詳，寧疏毋密，始有餘地也。（自注：詳故碎，密故拘。）

其昌按：此朱子蓄意而未起稿之書。考答張書，已在呂子約卒後；越一年而朱子亦卒，當是時，朱子方 意修禮書及詩傳，又於餘暇注楚辭，修稽古錄，故雖欲及此，亦勢有所不能也。

易問答二卷（佚書）

焦竑國史經籍志：朱熹易本義三卷，易說啓蒙三卷，又問答二卷。

其昌按：此書疑後人輯朱子語類文集之與門人論易之語而成。

損益象說一卷（佚書）

經義考：朱子熹損益象說一卷，存。

其昌按此書清初尚存，則今日大藏家或尚有藏者，亦未可知。獨恨當時藏家，如呂晚邨刊朱子遺書，徐乾庵刊通志堂經解，皆不爲刊入。致使遂亡，爲可嘆耳！（呂或不見此書。）

勉齋集　跋先師晦庵先生所書損益大象云：『損益之義大矣（中略）晦庵先生立象以授學徒江君季先，所寄於後學者至矣，季先以示其同學黃幹，三復敬玩。刻之臨川縣學，以勉同志；庶亦知所以自警哉，嘉定己巳。』

其昌按：朱子文集另有易象說，然非是此篇。

書類

書傳緝說七卷，黃士毅集。（佚書）

宋史藝文志　朱熹書說七卷，黃士毅集。

直齋書錄解題　晦庵書說七卷，晦庵門人黃士毅集其師說之遺以爲此書。晦庵于書一經，獨無訓傳，每謂錯簡脫文處，多不可強通。今惟二典禹謨召誥洛誥金縢有解，及九江彭蠡皇極有辯，其他皆文集語錄中摘出。（文獻通考略同。）

其昌按：此書蓋壺山先生輯朱子語類文集而成，壺山先生字子洪，莆田人，徙居吳；朱門高弟，又嘗編朱子語類一百四十卷，朱子文集一百五十卷。（今皆不傳，）最有功於師門；且其得遺文遺語亦最多。惜此書今不可見。今本語類，說書者僅存二卷而已。（又按此書，宋時目錄家，概行著錄，今反不傳。朱文公易說詩傳遺說兩書，宋元著錄家，從未有有一家著錄者，今反傳世。事之不可以常理測，有如此也。）

又按朱子集最初季子在編本合前後集共一百三十一卷（續集別集在外）子洪編本一百五十卷，此爲最富。今一百卷本已爲後人重輯，多所脫漏。（見明潘璜跋文集目錄後）此書陳氏旣云：『摘文集而成，』則其中多今日未見之文可知。惜其不傳，不然，皆可緝入朱子外集中矣。

又按朱氏經義考于此書下注云存。（又云湯氏輯本不傳）則此書當淸初尙在。不知徐氏何以不爲刊入通志堂中，至使之無傳也，哀哉。

書說三十卷，李相祖編。（佚書）

朱衡道南源委 李相祖字時可，光澤人。（中略）爲晦庵高第，辯質詳明，用心精切，嘗以晦庵命編書說三十餘卷。（宋元學案作三十卷，近是。）

其昌按此書奉師命而編，則亦蔡傳之類也。然蔡傳成書於朱子沒後，此書之成，或在朱子未沒前，亦未可知？然則其得朱子意旨，較蔡傳爲多，殆易啓蒙之流亞與。

文公書說 湯巾輯（佚書）

書傳輯錄纂注 徵引書目黃氏士毅集書說，湯氏巾集書說。

其昌按此云湯巾集。經義攷云湯中集。不知孰是？（以肊度之，此近是。）巾字仲能，號晦靜，安仁人。嘉定進士，官至郡守。

經義攷 按文公書說，黃氏所錄外，又有湯氏中所輯，今不傳。（卷八十二）

其昌按中巾弟字季庸，號息庵。寶慶進士，官至工部侍郎。兄弟俱初師柴憲敏中行，後師眞文忠德秀。

書經問答一卷，蔡沈集。（疑佚書）

蔡抗進書傳表 所有先臣沈書集傳六卷，小序一卷，朱熹問答一卷，繕寫成十二册，用黃羅裝褙謹封，隨表上進。

其昌按宋本書集傳卷首刊朱子與九峯手帖眞蹟六道，豈卽所謂問答者乎？然語氣不似。

書古經及序五卷，（佚書）

文獻通攷 晦庵書古經及序五卷，陳氏曰：『晦庵所錄，分經與序，仍爲五十九篇，以存古也。

其昌按文集書臨漳所刊四經尚書後云(上略)『安國作傳，引序以冠其篇首而定爲五十八篇今世所行公私版本是也。(中略)今別定此本，一以諸篇本文爲經，而復合序篇於後，使覽者得見聖人之舊云云。疑此書即朱子臨漳攷正刊本，而別無所訓詁也。

詩類

毛詩集解(有輯本)

其昌按：是朱子少年說詩宗序之書。雖已佚，然可重輯。

呂氏家塾讀詩記後序　此書所謂朱氏者，實熹少時淺陋之說，而伯恭父誤有取焉。其後歷時旣久，自知其說有所未安，如雅鄭邪正之云者，或不免有所更定，則伯恭父反不能不置疑於其間。熹竊惑之。方將相與反復其說，以求眞是之歸，而伯恭父已下世矣！

其昌按呂氏讀詩記採朱子說，則當呂氏書未成之前，朱子於毛詩已蚤有專著矣。攷集傳序作於丁酉冬十月；而集傳序實爲集解序之誤。(說詳下)則是書之成，在朱子四十八歲，而集傳之成，則更在其後矣。(各家所訂年譜均誤。)

答呂伯恭書　竊承讀詩終篇，想多所發明；恨未得從容以請。熹所集解，當時亦甚詳備；後以意定，所餘才此耳。然爲舊說牽制，不滿意處極多。比欲修正，又苦別無稽援。此事終累人也。(乙未冬，朱子年四十六歲。)

其昌按：鄉知朱子少時另有詩說，而不知其名。以此攷之，則其名當爲集解。又觀此書，可以知集解一書，亦經朱子屢修改也。

答呂伯恭書　詩說所欲修改處，是何等類？因書告略及之。大抵小序盡出後人肊度。若不脫此窠臼，終無緣得正當也。去年略修舊說，訂正爲多，尚恨未能盡去，得失相半，不成完書耳。

其昌按：此書在戊戌，(此書又言綱目，王白田分引之，然于言綱目者，注云：『戊戌。』言詩者注云：『庚子』自相河漢如此。余按：注戊戌者是。)詩集解成已一年，至是朱子始漸與小序違異矣。其云『尚恨未能盡去，不成完書』即可爲詩集解初宗小序，後自不滿，而屢加修改之證。（朱子初一宗小序，其後稍與小序違異，次又漸辯小序之誤，最後乃措棄小序，非貿然一日決裂也。）其後遂改選集傳矣。

答呂伯恭書　詩說全已納上。不知尊意以爲如何？聞所著已有定本，恨未得見，亦可示及否？鄙說之未當者，幷求訂正，只呼勢子來，面授其說，令錄以呈，白而後遣來可也。

其昌按：此書在己丑十一月，其後又有庚子正月內一書，三月內二書，六月內一書，八月內一書，皆反復攻辯小序者。然亦不堅持己說，蓋切磋以求至當之歸也。是時集傳當亦已成書。而朱子與東萊往來諸書，雖說各不同，然絕無絲毫自矜氣象。（今其書具在，可一一覆按。）後世耳食之徒，謂朱子初遵小序甚謹嚴，一與東萊爭意氣，遂力攻小序，（不知朱子之于小序，固漸漸致疑，歷三四年之久，始與小序全異，非初極墨守，一旦決去也。）而堅持己說，不致妄談，令人軒渠。

答李公晦書　詩說近修國風數卷，舊本且未須出，甚善。（王注甲寅後。）

其昌按：此去丁酉已十七八年，集傳一書已風行天下，不當云且未須出，則此舊本當指集解。是集解距成書後十餘年，（幾二十年）尚存也。

朱鑑詩傳遺說　朱鑑跋曰：詩傳舊序，此乃先生于酉歲用小序解經時所作，後乃盡去小序。

其昌按：今此序列集傳首，不知係朱子自取襲用不另更作？抑爲後人乖誤錯亂？他日集解轉成物歸故主，當即以此序冠之。

丁晏詩集傳附釋　朱子詩集傳，蓋有綱領而無序文。序乃舊序，此時仍用小序，後來改訂，遂除此序不用。今攷序言：『自邶而下，國之治亂，人之賢否，有是非邪正之不齊。』又云：『善者師之，而惡者改焉。』則亦不純用小序；但不斥言小序之非，而雅鄭之辨，亦略而未及。以讀書記後序及讀桑中篇攷之：其爲舊序無疑。編文集者，既不注明，而大全遂冠此篇于綱領之前。坊刻並除綱領，而止載舊序。其失朱子之志益遠矣其昌按此言甚辯。然亦有肐說乖謬處，以舊序冠集傳，不始於大全。以元刊本羅復詩傳音釋攷之可以證其謬。（羅本已有序）究始何時何人，蓋已不可確考闕疑可也。

詩集傳補脫一卷（未成書）

答吳伯豐書：吳來書云『詩傳中有音未備者，有訓未備者，有以經統傳舛其次者。』朱子答云『此類皆失之不詳，今當添入。然印本已定，不容增減矣。不免別作補脫一卷，附之辯說之後。（按此指詩序辯說也。）此間亦無精力辦得，只煩伯豐爲編集其例如後：

詩集傳補脫

周南

樛木　『樂只』，（『音止。』）二字合附本字下。

邶

載馳　『無我有尤』（『尤，過也。』）三字合附『衆人』字下。又『無以我爲有過，雖爾……』八字，合附『大夫君子』字下。）

王

中谷有蓷　『遇人之不淑矣』（『淑，善也。』）三字，合移在『嘆矣』字下。）

以上略見條例，餘皆依此。且用草紙寫來，恐有已添者，卻删去也。又『黎，黑也』，古語『黎元』，猶秦言『黔首』。桑柔篇第二章注中已略言之。孟子首篇亦嘗有解。若今天保篇中未解，可采用其說，著于補脫卷中；卻删去桑柔篇注，或但略言之，亦可也。更詳之。

其昌按：朱子詩集傳既成之後，一修於五十歲己亥，再修於五十一歲庚子，三修于五十五歲甲辰，四修于六十五歲甲寅。（大略可考者如此。）此書在五十二歲辛丑，爲稍後。（約在此時）然其後亦不盡從此書，與今本相校，多不符合。殆以是編本欲單行，遂至卒不傳與？（又按：朱子答吳書，共二十四，此居第三。此後各書，更無一語及詩，抑吳氏不竟其功與？）

答吳伯豐書（吳來書云：『芣苢「薄言有之，」傳曰：「有，藏也。」然其下章曰掇，曰捋，曰袺，曰襭，而首章乃先言藏，恐非其序。』朱子答云：『首章兼舉始終而言，後章乃細述其次第。詩中亦有此例；或以補脫附入，亦可也。』吳來書云：『君子偕老「象之揥也」字書云：「揥，整鬢釵也。」是否？』朱子答云：『不識此物，姑依舊說。字書之說，亦與古注不殊也。或補脫中附之。』吳來書云：『采薇「小人所腓」傳曰：「腓，猶庇也。」又引程子曰：「腓，隨動也。如足之腓；足動，則隨而動也。」必大按：易咸傳（按傳，指易程傳。）曰：「腓，足肚，行則先動，足乃舉之，非是腓之自動也。」易本義亦曰：「欲行，則先自動。」由程子前說觀之，則腓爲隨足以動之物，山後二說觀之，則腓爲先足而動明矣。不當引之以解此詩之義。不若「猶庇」之云得之。生民詩「牛羊腓字之」傳亦以腓爲庇，若施於此詩，與上文「君子所依」意義，亦相類也。』朱子答云：『此非大義所繫，今詳兩說，誠不合，當删去。然板本已定，只於補脫中說破可也。』）

其昌按：原書源委，不可詳究。即此可以攷見未成書前之涯略。

韓詩章句（擬輯書）

語類　李善注文選，其中多有韓詩章句；常欲寫出『易直子諒，』韓詩作『慈良。』（卷之八十，李方子記。）

王應麟深寧集　三家詩攷序云：文公語門人：文選注，多韓詩章句，嘗欲寫出。應麟竊觀傳記所述三家緒言，尚多有之。網羅遺軼，傅以說文爾雅諸書，粹爲一篇。以扶微學，廣異義，亦文公之義云爾。

其昌按：輯書之風，始以深寧輯三家詩，易鄭注，成于余蕭客古經解鉤沈，盛於馬國翰玉函山房，黃奭漢學堂等。而豈知此端，直自朱子啓之。（按校勘記，未有始於朱子韓文考異者，輯佚書，當亦以此書爲最先矣。）此書雖未成，然已開有淸一代學派矣。（有淸一代學派，未有一人能出朱子範圍以內者，彼詆薄先賢者數典忘祖，可憐也。）

魏源詩古微：朱子語錄中嘗言漢書文選注及漢魏諸子，多引韓詩，嘗擬采輯備攷而未之及。

其昌按語錄中有漢書及漢魏諸子語，余考未見，容是疎漏，或魏氏別有本？

詩風雅頌一卷，序一卷。

直齋書錄解題：晦翁所錄。以爲序後出，不當引冠篇首，故別錄爲一卷。

其昌按朱子此書，當如呂氏（大防）晁氏（說之）周氏（　）程氏（迥）之撰古易，釐正經傳，而不加注。或即朱子臨漳所刊四經之一也？

周禮類

朱子井田譜（佚書）

程端禮讀書分年日程：制度多兼治道，有不可分者，詳見諸經注疏，諸史志，通典，續通典，文獻通考，鄭浹際通志略，甄氏五經算術，玉海，山堂考索，尙書中星閏法，詳說林勳本政書，朱子井田譜，夏氏井田譜等書。

其昌按朱子有井田譜，著錄家從無有一人及之，獨見於程氏此書，然攷程氏此書，實本於輔氏（潛庵）朱子讀書法。輔氏親炙朱子甚久，宜能見朱子手藁本也。

儀禮類

儀禮附記（未成書）

答潘恭叔書：儀禮附記，似合只依德章本子。（按滕德章珙也。）蓋免得拆碎記文。本篇如要逐段參照，卽於章末結云「右第幾章』儀禮即云『記某篇第幾章當附此』（自注不必載其全文只如此亦自便於檢閱。）禮記即云『當附儀禮某篇第幾章。』

其昌按朱子初欲作禮記分類，見於答蔡季通書可攷。（詳下）繼欲作儀禮附記，見於此書，亦可攷。後因分類附記二書欲合而修成禮書，即通解是也。觀此則其大體規模已漸似通解；但其性質各有不同。又觀下問呂伯恭書，已有附記之名，則此書屬稿遠在五十一二歲前。（東萊卒於辛丑。）其後至六十七而始修禮書，相距幾二十年。其爲各自成書益明。是蓋朱子初年之禮書也。

答潘恭叔書　卷數之說，須俟都畢通計其多少冊分之；今未可定也。其書則合爲一書者爲是，但通以禮書（按此與下禮書微有不同。）名之，而以儀禮附記爲先，禮記分類爲後。

其昌按此即欲將附記分類兩書爲一而成一禮書之證也。禮書作意，此已萌矣。

問呂伯恭三禮篇次

儀禮附記上篇

士冠禮（冠義附）　士昏禮（婚義附）

士相見禮　鄉飲酒禮（鄉飲酒義附）

鄉射禮（射義附）　燕禮（燕義附）

大射禮　聘禮（聘義附）

公食大夫禮　覲禮

儀禮附記下篇

喪服（喪服小記，大傳，服問，間傳附）　士喪禮

旣夕禮　士虞禮（喪大記，奔喪，問喪，曾子問，檀弓附）

少牢饋食

特牲饋食禮

有司（祭義，祭統，附）

其昌按此書言篇目次第甚詳，答潘書下文言卷目格式甚詳。（文多不載。）合此二書，續爲儀式如下以便稽佚者有所攷覈。

禮書第一　　儀禮附記一

士冠禮第一　　儀禮一

冠義第二　　禮記一

士昏禮第三　　儀禮二

昏義第四　　禮記二

士相見禮第五　　儀禮三

鄉飲酒禮第六　　儀禮四

鄉飲酒義第七　　禮記三

鄉射禮第八　　儀禮五

射義第九　　禮記四

燕禮第十　　儀禮六

燕義第十一　　禮記五

大射禮第十二　　儀禮七

聘禮第十三　　儀禮八

聘義第十四　禮記六

公食大夫禮第十五　儀禮九

覲禮第十六　儀禮十

禮書第二（篇目卷目悉總上卷而合計之。）　儀禮附記二

喪服第十七　儀禮十一

喪服小記第十八　禮記七

大傳第十九　禮記八

服問第二十　禮記九

間傳第二十一　禮記十

士喪禮第二十二　儀禮十二

既夕禮第二十三　儀禮十三

士虞禮第二十四　儀禮十四

喪大記第二十五　禮記十一

奔喪第二十六　禮記十二

問喪第二十七　禮記十三

曾子問第二十八　禮記十四

檀弓第二十九　禮記十五

特牲饋食禮第三十　　儀禮十五

少牢饋食第三十一　　儀禮十六

有司徹第三十二　　儀禮十七

祭義第三十三　　禮記十六

祭統第三十四　　禮記十七

又按：此書與儀禮經傳通解作法及性質，微有不同。通解以儀禮爲經，而以家，鄉，學，邦國，王朝，喪，祭七者緯之。此書則以禮記緯之

（又按此書雖草剏，實爲通解之祖。而爲元吳澄三禮考注，明黃潤玉儀禮戴記附注，貢汝成三禮纂注，淸徐健學讀禮通攷，秦蕙田五禮通攷，江永禮書綱目之禰矣。

儀禮經傳圖解（疑佚書）

張爾岐蒿庵閒話　文獻通考於儀禮門中，載朱子古禮經傳通解二十三卷，集傳集注十四卷。今皆未見。又頖宮禮樂疏引用朱子儀禮經傳圖解，又自爲一書。（卷二）

其昌按：頖宮禮樂疏，今亦不知其爲何書，當是元明人所撰？而今已亡矣。蒿庵先生能見其書，且其書曾引朱子經傳圖解原文，惜當日未將是書所引之原文，轉引出之。今既不能見其原文，則儀禮經傳圖解，無以質言其爲何如書矣。

禮記類

禮記分類（未成書）

答蔡季通書　禮記納去，歸來未暇子細再看；恐可抄出，逐段空行剪開，以類相從，蓋所取之類不一故也。四十九篇昨來分作七類。（原注：曲禮，冠義，王制，禮運，大學，經解，喪大記）試用推排，論及以參得失如何。（王注壬辰。）（續集）

其昌按：是年朱子四十三歲，通修三禮之端，最初嘗始於此。

答潘恭叔書 分爲五類，先儒未有此說。第一類皆上下大小通同之禮。第二類即國家之大制度。第三類乃禮樂之說。第四類皆論學之精語。第五類，論學之粗者也。（大戴禮記亦可依此分之。按在丙午後）

其昌按：此書在五十七歲後，與上儀禮附記書同時。是漸由禮記而兼及儀禮矣。

答潘恭叔書 大戴禮亦合收入，可附儀禮者附之，不可者分入五類。如管子弟子職篇，亦可附入曲禮類。（與前書同時。）

其昌按：所謂曲禮類，當即前書所云之第一類。可附於儀禮云者，指儀禮附記而言。又按以下問呂伯恭書攷之，則大戴禮管子等書，仍未附入，知易稿屢矣。

問呂伯恭三禮編次

禮記篇次

曲禮，內則，玉藻，少儀，投壺，深衣，（六篇爲一類。）

王制，月令，祭法，（三篇爲一類。）

文王世子，禮運，禮器，郊特牲，明堂位，大傳，（與喪小記誤處，多當釐正。）樂記（七篇爲一類。）

經解，哀公問，仲尼燕居，坊記，儒行（六篇爲一類。按六篇當是五篇之誤。）

學記，中庸，表記，緇衣，大學，（五篇爲一類。）

以上恐有未妥，幸更詳之。

其昌按：此書在辛丑前，是時朱子年近五十，由七類改爲五類，即在此時。

又按答潘書又言卷目之格式甚詳，今合攷此書，演其儀式如下。

禮書第三（卷目篇目悉總儀禮附記而合計之。）	禮記分類一
曲禮上第一	禮記十八
曲禮下第二	禮記十九
內則第三	禮記二十
玉藻第四	禮記二十一
少儀第五	禮記二十二
投壺第六	禮記二十三
深衣第七	禮記二十四
禮書第四	禮記分類二
王制第八	禮記二十五
月令第九	禮記二十六
祭法第十	禮記二十七
文王世子第十一	禮記二十八
禮書第五	禮記分類三
禮運第十二	禮記二十九
禮器第十三	禮記三十
郊特牲第十四	禮記三十一

明堂位第十五
大傳第十六
樂記第十七
禮書第六
經解第十八
哀公問第十九
仲尼燕居第二十
坊記第二十一
儒行第二十二
禮書第七
學記第二十三
中庸第二十四
表記第二十五
緇衣第二十六
大學第二十七

禮記三十二
禮記三十三
禮記三十四
禮記分類四
禮記三十五
禮記三十六
禮記三十七
禮記三十八
禮記三十九
禮記分類五
禮記四十
禮記四十一
禮記四十二
禮記四十三
禮記四十四

其昌按：朱子後將二書合而爲一，統名禮書。（與晚年所修禮書全異。）然此書取禮記一書自爲經緯，其結構與儀禮附記又各不同。

禮記辨（佚書）

答李守約書　記辨併往。册頭有少例子，可見去取之意。但覺删去太多，恐有可更補者；可爲補之，或有大字合改作小字，小字合改作大字者，煩悉正之。

其昌按此書別無徵引所可考者，惟此卽此臆度之，似其書節取禮記，而逐段加以辯論也。

樂類

樂書（未成書）

律呂新書序　季通更欲均調節族，被之筦絃，別爲樂書，以究其業。（丁未）

其昌按觀此，則朱子之欲撰樂書，其端或自蔡西山啓之。

答蔡季通書　樂書已就否？因便幸寄示。近讀長編，說漢魏律，劉炳作大晟樂，云依太史公，黃鐘八寸七分之管，作正聲之律，依班固，黃鐘九寸之管，作中聲之律。正聲十二月初氣奏之，中聲卽以中聲奏之，故有廿四氣鐘之說，初看甚駭，其說細看乃知是讀著錯了史記，又破句讀了。試檢律書一觀，可發一笑也。一代著作乃如此，令人慨嘆！可早就此書，亦不是小事也。

其昌按觀此，則樂書亦由蔡西山屬稿，朱子將其稿商榷修正之，如易學啓蒙然也。下一書，卽爲朱子商榷修正之證。

答蔡季通書　樂書如何？若能入山，可一併帶草本及俗樂文字來，得以面究其說，幸甚。

答蔡季通書　樂書，非敢忘之，但方此齟齬，豈敢更妄作邪。此書決然泯沒不得。

其昌按此書在朱子六十八九時，觀此，則朱子晚年欲修樂書之心，與禮書皆無少異。（今世學者，則但知有禮書而已。）但禮書決然撰成規模綱領，後以付黃直卿，樂書一時未及撰就，後以付蔡季通，遂至一成一不成耳。然朱子必欲成之之意，溢於言表，千載下猶可見也。

王懋竑朱子年譜　引果齋李氏曰：樂律久亡，清濁無據，亦嘗討論本末，探測幽渺。雖未及著爲成書，而其大旨，固已獨得之矣。

其昌按：觀此，則朱子欲著樂書，當時門弟子皆已與聞之矣。惜其後不竟成耳。至今日，則其名亦湮矣。

春秋三傳類

春秋三傳音訓（擬撰書）

書臨漳所刊四經後　春秋云：春秋大訓，聖筆所削，不敢廢塞。乃復出左氏經文，別爲一書，以踵三經之後。其公穀二經，所以異者，類多人地名而非大義之所繫；故不能悉具。異時有能放呂氏之法，而爲三經之音訓者，尚有以成吾之志也。（按呂氏，謂東萊古易音訓。）

其昌按：朱子於易，書，詩，禮，樂，皆有論著，而於春秋獨否，此亦有說。嘗自云：（卽見本篇）『某先君子好左氏傳，某自幼已耳熟焉。及長，稍從諸先生長者問春秋義例，時亦窺其一二大者。而終不能有以自信於其心；以故未嘗敢輒措一詞於其間。』（此可以見朱子非有心得，不妄著作。）恐卽以此故耳。然觀於此，可以知朱子常欲作三傳音訓而未就也。（朱子最重漢儒正其音讀，訂其故訓，則經之大義自明。不必衍爲蔓說；反令人因注略經；致汨沒聖賢本意。此朱子經傳之大旨也。故旣成易四書音訓，而又欲音訓三傳。此其意亦可以見矣。）然則雖謂朱子於六經皆有成說焉，可也。

古易音訓　朱氏鑑跋曰：先公著述經傳，悉加音訓。

其昌按：此亦可證朱子音訓羣經，不獨周易已也。

佚書攷第五之二

經部孝經類

孝經考異一卷（佚書）

孝經刊誤自注　古今文有不同者，別見考異。

其昌按朱子孝經刊誤，不用開元御注今文本，而用司馬溫公指解古文本；故有不同。然刊誤中無一校語，可見考異另爲專著；故云別見也。惜今已不可見矣。（疑僅一卷）

孝經外傳（擬撰書）

孝經刊誤後記　欲掇取他書之言可發此經之旨者，別爲外傳。（自注如冬溫夏凊昏定晨省之類，卽附於事親之傳。）顧未敢耳。

其昌按朱子於孝經，雖祇成刊誤攷異二書，而其用意之殷，視語孟不相上下。故陳蘭甫先生云『朱子上告君下告民惟曰孝經。學者愼毋以朱子有刊誤之作，而勿信孝經也。』（東塾讀書記論朱子）其言甚是。此亦有待於後之學者。

又按朱子此書雖未及就，其後黃勉齋先生作孝經本旨，卒能竟朱子未竟之志。（中興藝文志云：幹繼熹之業，輯六經語孟之言孝者爲一書，釐爲二十四篇，名爲孝經本旨。陸翼王云：朱子嘗欲掇取他書之言可發孝經之旨者，別爲外傳，未及屬草，勉齋繼其志，輯孝經本旨二十四篇。）惜其書今亦不傳。

論語類

論語合編

其昌按：朱子於論語著作，計有十種。此爲最初之稿。

論語要義目錄序　熹年十三四受論語說於先君；中間歷訪師友，以爲未足；於是徧求古今諸儒之說，合而編之。（按據此，則書名當作合編。）誦習旣久，益以迷眩。晚親有道，（按晚親，猶言後親，非晚年之謂。此蓋指見延平先生。）竊有所聞，然後知其穿鑿支離者，固無足取。至於其餘，或引據精密，或解析通明，非無一詞一句之可觀；顧其於聖人之微意，則非程氏之儔矣。隆興改元，屏居無事，與同志一二人從事於此。慨然發憤，盡刪餘說，——及其門人朋友數家之說，補輯訂正，自爲一書，目之曰論語要義。

其昌按：據此，則朱子於論語要義之前，尙有合編一書。其書備列注疏，下及漢唐各家之說，以至關洛諸子之傳注講論。其體例蓋如長編。後漸病其支離穿鑿，直至三十四歲，（隆興元年）始盡刪餘說，獨取其朋友門人之說而成要義也。（詳下）則此書容帙之繁，當遠在要義之上。要義行，而此書亡；精義行，而要義廢；集注行而精義微矣。

又按：此書爲要義稿本；要義爲精義稿本。精義爲要義（又名集義）稿本。（前後有兩要義，說詳下。）此書起藁，在十三四歲，而成於二十四歲。（因序文中有晚親有道語，指見延平先生也。）越十年而始改爲要義。則用力不可謂不勤，歷時不可謂不久矣。然并王白田而不知有此書，則他人尙何責哉！（又按此書與要義之別：要義雜採關洛之說，此書則兼採漢唐注疏關洛之說。）

論語要義（佚書）

朱子年譜　孝宗隆興元年，癸未，二十四歲，論語要義成。

其昌按：此書卽節取合編之精華而成。然其書已佚，王白田亦云：書不傳，而存其序。

朱子年譜攷異　又按：癸未要義序：『獨取二先生（王自注云：此五字原本缺。）及其門人朋友數家之說，補緝訂正，以爲一書。』則亦與精義略同。但其書草略，故後來編次精義，不復及之；而別爲之序。自非癸未之本也。

其昌按：王說是也。然以精義序攷之，其所采者，爲張子，范氏，二呂氏，謝氏，游氏，楊氏，侯氏，尹氏，及二程子，凡十一家。與要義序所云：『二先生及其門人朋友之說』相合。則其體例規畫，仍襲取要義也。但要義，惟論語一種。而精義則兼及孟子耳。

論語要義目錄序　學者之讀是書，其文義名物之詳，當求之注疏，有不可略者。若其要義，則於此其庶幾焉。學者但熟讀而深思之，優游涵泳，久而不捨，必將有以自得於此。

其昌按：此書內容，已約如上述。此朱子略言作書本意，及此書讀法如此。

論語訓蒙口義（佚書）

朱子年譜 孝宗興隆元年三十四歲癸未，論語訓蒙口義成。

其昌按王白田年譜攷異云此與要義二書皆不傳。

訓蒙口義序 予既序次論語要義，以備覽觀然訓詁略而義理詳，殆非啓蒙之要因爲刪錄以成此編。（按以上朱子自述其作意）。本之注疏，以通其訓故參之釋文以正其音讀然後會之於諸老先生之說以發其精微。一句之義，繫之本句之下；一章之旨，列之本章之左，又以平生所聞於師友而得於心思者附見一二條焉本末精粗大小詳略無或敢偏廢也。（按以上自述其作法。）然本其所以作取便於童子之習而已故名之曰訓蒙口義。（以上自述其定名之理由。）

其昌按朱子自述其作意作法定名之理由者如此。觀其所述作法，乃如後世桂馥說文義證；（又朱子文集經筵大學講義一篇，與此書作法全同。）則其規模之大論說之詳採輯之廣，當更在要義之上。惜竟不傳無由得而見耳。

又按因合編而作要義；因要義而作此書及精義；（但王氏說以謂精義另起爐；）因精義而作集義，（又名要義）因集義而作集註或問。今表之如次：

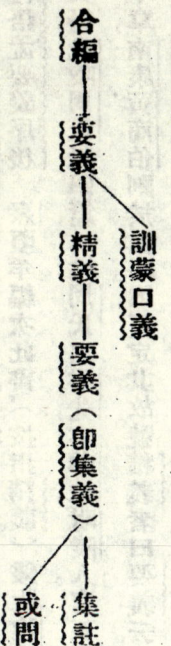

合編——要義——精義——要義（卽集義）——集註
　　　　　＼訓蒙口義　　　　　　　　＼或問

自合編至集註爲直系，而此書與或問爲旁支。朱子於論語著作之統系如此。（其他詳說疑卽或問初編疑卽合編語類後人纂輯，通釋叢錄誤題，皆不在此手著統系之內。）

論語要義（一名）集義二十卷（或作十卷——佚書）

其昌按此書既非三十四歲時之要義，亦非卽精義，而另爲一書。（說詳下）

朱子年譜攷異：按癸未，編次論語要義，壬辰，編次論孟精義，庚子，刻於南康，改名要義，蓋其名偶同，而非卽前論語要義之本也。年譜誤認，以此書先名要義，後改精義，又改名集義，以書語孟要義序後（按文見下）攷之，非是，今改正。

其昌按：此辨前後兩要義之不同，甚詳而是。（又按由精義而改要義，又復改作集義，每詞愈謙，此亦有說，白田先生云以「精義」二字太重，而諸家之解亦有未盡當者故也。）亦可爲此書要義之名在先，而集義之名在後之證。

書語孟要義序後　熹頃年編次此書，（按：指精義。）鋟版建陽，學者傳之久矣。後細考之，程張諸先生，尙或時有所遺脫；旣加補塞，又得毗陵周氏說四篇（按周氏名孚先，字伯忱，毗陵人，官至臨安教官，與弟恭先伯溫，俱受業程門）於建陽陳焞明仲，復以附於本章，南康黃商伯刻於其學，因更定其故號精義者曰要義云。（按年譜云：後又改名集義）淳熙庚子。

其昌按：觀此可以知精義集義之不同矣。蓋集義卽精義補苴而成，簡言之，已校補者爲此書，未校補者爲精義，易言之，有周氏說者爲此書，無周氏說者爲精義。今精義傳世，而此書反佚，周氏說遂成廣陵散矣。（今本精義皆無周氏說。）

又按要義起稿於二十四歲，而成於三十四歲，精義起稿於三十四後，（不可確考）而成於四十三歲，此書起稿於四十三後，（不可確考）而成於五十一歲。其年月蓋相啣接。（又按此書文獻通考作三十四卷，恐誤。）

論語語類二十七卷　潘墀編（佚書）

其昌按：此書直齋書錄解題文獻通考皆著錄，作晦庵語類。（卷同）經義考作潘氏墀論語語類。（卷同）

金華志　潘墀字經之，金華人，仕至祕書監修撰，嘗因蜀人所編朱子語類，取其中論語一門，（按此本黃士毅編，而刊於蜀中，非蜀人編也。）補其未備，爲論語語類，行於世。

文獻通攷　陳氏曰：蜀人以晦庵語錄類成編，處州教授東陽潘墀取其論語一類，增益其所未備，刊於學宮。

其昌按：潘氏記是東萊先生數傳弟子。此書惜不傳。蓋旣云「增益其所未備」，則其出於今本語類之外者，必甚多，因今本語類，遺漏極多也。然今本語類論語計三十二卷，反在此本之上。想此本卷帙特厚也。

論語初編（疑佚書）

玉海藝文志：朱文公於淳熙四年六月癸巳，成論孟初編。次成集義三十四卷。

其昌按淳熙四年，朱子成集註之年。王氏所言年月盡誤。初編當是合編？然合編實未行世，而要義，訓蒙口義，皆已見於玉海。（玉海有論語詳說，注云：舊名訓蒙口義。）則初編似別爲一書者。深寧博學，安知不更有所據。惜枵腹不可考，姑以俟夫來者。

論語詳說（佚書）

眞西山集　論語詳說序曰：『論語一書，子朱子之所用力而終其身者也。其始有要義焉，其次有集義焉，又其次則有詳說，而以集註終焉。今集註之書，家傳人誦，若詳說則有問其名而弗知者。（中略）集註旣出，人見其溫潤縝栗，無少瑕玷，以爲出於天成，而不知追琢磨治之功，非朝夕積也。故此書之視集註，章句詳略往往弗同，而於先儒之說去取亦或小異。（按卽此數語以觀，已見此書與或問斷然爲二書矣。故凡疑此書卽或問者，皆誤也。）昔若何而詳？今若何而略？昔奚爲而取？今奚爲而去？斟酌權量之微，范融點化之妙，蓋不待從遊於考亭雲谷之間，而言論風旨若親承而面命矣。（按初觀此數語，以此書卽爲或問無疑。然此數語，蓋言詳說與集註二書內容之不同，非謂詳說卽所以疏明集註取去之意也。其與或問無關益明矣。）』

其昌按後人多疑此書卽或問之異名。（詳見下）然西山先生一代大儒，又終身治朱子學，斷不至詳說或問，猶不能辨。又西山集第三十，三十一，三十二卷問答中，（猶鶴山雅言）引或問甚多，則必至誤認此書爲或問矣。以此知下列所云盡誤也。

玉海藝文志：論語詳說，舊名訓蒙口義。

程氏讀書分年日程：朱子作論語訓蒙，後改名集註。

洪本朱子年譜：又作訓蒙口義，卽詳說也。

朱子年譜攷異，答呂伯恭書云：大學中庸皆有詳說，此卽或問稿。（按王氏此攷語孟，非攷學庸，舉學庸者，以有呂書，王氏蓋以詳說概或問也。」洪本云：『又作訓蒙口義，卽詳說也。』誤。李本『無卽詳說也』四字，今從李本。

其昌按：深寧以為此書卽口義，艮齋以為口義是集註去蕪，同深寧，而白田又以此書卽或問，使非別為一書，而為他書之異名，亦何至聚訟不同如此耶？

又按此書佚已久，不可見，以西山序文攷之：則此書與集註作法全同，而詳略去取有異；固與集註並行而不悖也。

論語注義問答通釋十卷（誤題書）

宋史藝文志 朱熹論語精義十卷，又集註十卷，集義十卷，或問二十卷，論語注義問答通釋十卷。

其昌按：此卽黃勉齋論語通釋。宋史誤以為朱子亦有此書，遂一書而複見耳。非朱子曾著此書也。

四書類（按四書之名，古時所無。後人因朱子而特立。今攷朱子四書序次：一，大學。二，論語。三，孟子。四，中庸。今論語已見前；餘三經，依此序。）

大學集傳（一名）集解（佚書）

答林師魯書 大學集傳，雖原於先賢之舊，然去取之間，決於私臆；比復思省未當理者尚多，暇日觀之，必有以見其淺陋之失。因來告語，勿憚諄切，豈勝幸甚。（別集）

其昌按：朱子平生學問，大旨為博文約禮。故其治學家法，為致博反約。其一生著作，無一不本此旨。以四書言：於論孟，則初著精義，後著集註。於中庸，則既有輯略，復成章句。精義，輯略，所以致其博也。集註，章句，所以反於約也。三經皆然，而於大學獨否。獨有章句而已。是未博而欲反之約也，則以學理推之，固知其必有是書。又因精義，輯略，而成集註，章句，其詳略增損因革取去之意，詳見或問。故或問者，卽所以疏明由博反約之用意也。使本無致博之書，更何有於增損？更何有於或問？今大學或問具在，則以事理推之，固知其必有是書。今本大學章句傳之十章，生財有大道節引藍田呂氏『國無遊民，則生者衆矣』數語，是必約取此書以入章句者也。則以事實推之，固知其必有是書。昔時讀大學章句，嘗此疑念已久，讀此書，可以釋然矣。

又按：此云『原於先賢之書而取去之』，則其書之體例內容與論孟精義，中庸章句，蓋無少異。

答林井伯書　伊川先生多令學者先看大學，此誠學者入德門戶。某向有集解二册，納呈福公；（按福公，陳俊卿也。俊卿，朱子友。其子宓，守定，皆朱子門生。）其間多是集諸先生說，不若且看此書。其間亦有稍未安處，後來多改動，且夕別寫得，當寄去換舊本也。

其昌按：集傳，集解，當是一書而二名者。又按：此既云多所改動，換去舊本，則朱子於此書屢加修削，用力之勤，與精義集註無少異也。既云不若且看此書，則朱子於此書頗欲推廣其傳，關懷之切，與精義集註無少異也。然精義輯略皆傳而此書乃竟不傳，其亦有幸有不幸歟！雖然，此書不傳，而大學或問等廢書矣。又按：答井伯書在漳州任，此時已序大學章句，而猶修改此書，則朱子固欲使之與章句並行也。（今人能知其名者鮮矣！）

又按：朱子於語孟中庸皆取二先生及朋友門人之說，以此例推此書，亦當如此。今按二先生有遺書文集；張子有禮記說三卷；呂與叔有禮記說十卷，餘皆不可攷矣。（張子呂氏之書亦皆不傳，今散見於衞氏集說。）

大學詳說（疑佚書）

答呂伯恭書　大學章句幷往，亦有詳說，後便寄也。（按此下又云『此謂知之至也』一句，爲五章闕文之餘簡，無疑，更告詳之。系於經文之下，卻無說也。）

其昌按：王白田以爲此書即或問之異稱。然其言初無證據。又論語詳說，非即或問，然謂此書確系另一專著，則亦未敢斷說。蓋可攷者，惟此數語，他無所概見也。

大學啓蒙（佚書）

語類說大學啓蒙畢，因言：某一生，只看得這兩件文字透。見得前賢所未到處。若使天假之年，庶幾將許多書逐件看得。恁地煞有功夫。（卷之十四，葉賀孫記。）

其昌按：葉味道初見朱子，在辛亥。朱子六十二歲後。（見語類序目。）此時章句或問，久已播於天下。此時而猶講啟蒙，則是啓蒙另爲一書，而有如乎易啓蒙矣。然他無可考，故亦未敢遽斷。

大學說（疑佚書）

羅大經鶴林玉露：朱子手書與廬陵士人云：大學說漫納，試讀之。不曉處，可問季章（按：李壁，字季章，朱子弟子。）也。（按：此書文集續集別集皆不載，今見鶴林玉露地集卷二。）

其昌按：此書別無徵引，卽章句乎？卽詳說乎？抑別爲一書乎？皆不可知，記此以待宏博。

孟子集解（有輯本）

其昌按：此書定名，與集義略相近，而其實則全不同。詳下具列五證。

答蔡季通書：伯謙書中，說託料理孟子集解，今納去舊本兩册。更拾遺書外書記善錄龜山上蔡語錄游氏妙旨庭聞稾錄（按：楊遵道記龜山語）五臣解（自注云：取范呂二說。按謂孟子五臣解中，取范呂二氏之說也。）各自抄出，每段空一行。未要寫經文，且以細書起止寫之。俟畢集，卻剪下黏聚也。每章只作一段；章內諸說，只依次序列之，不必重出經文矣。

其昌按：和靖，龜山，上蔡，廌山，醇夫，芸閣，各有孟子解專書。（今皆一一可以重輯。）集義，裒集諸家專書而成者也。此書，則于專書之外，刺取諸家著作，類纂而成者也。故於和靖，則取涪陵記善錄。於龜山，則取語錄及庭聞稾錄。於上蔡，則取上蔡語錄。於廌山，則取游氏妙旨。於淳夫，與叔，則旁採自五臣解內。（按：五臣解，不知五臣者爲誰？亦不知何人編輯？宋史藝文志文獻通攷均無考。）則其所取，全出二途。是取材顯然之不同，其證一也。

答何叔京書　孟子集解，本欲自備遺忘，抄錄之際，因遂不能無少去取及附己意處。近日讀之，句句是病。他日若稍有所進，當悉訂定以求教。

其昌按：集義今傳於世，可見。（孟子集義與論語集義全異。論語集義已亡，而孟子集義則未嘗亡。蓋論語集義，每章下增入毗陵周氏之說，故與精義大部不同。孟子集義之於精義，僅稍稍修補而已。故精義存，即集義存也。）皆類集昔賢成說，未嘗自加一語一字。方册具在，可以覆按。若此書則每段列昔賢之說於前，而自附己說於後。觀於此答書可見。則其作法全出二途，是內容顯然之不同，其證二也。

答何叔京書　孟子集解，當悉已過目，有差繆處，切望痛加刋削。警此昏憒，幸甚幸甚。伯崇云：論語要義（按此書在丙戌，朱子三十七歲。此要義，爲前要義。前要義雖與精義爲兩書，然大略近似。但精義比較更善耳。）武陽學中已寫本，次弟下手刊版矣。

其昌按：此一書共得三證。前半云云，可爲集解多朱子當日按語之證。若昔賢之語，則雖去取不當，亦必不云痛加刋削也。是則集解一書，或朱子按語與昔賢之說參半，甚或朱子按語多於昔賢之說，亦未可知？是體例顯然之不同，其證三也。

又按：論語前要義之成，在論孟精義未起藁以前。今集解與之相提並言，是集解之成，亦在精義未起藁之前明矣。精義苟未起藁，何況集義。今以前要義之時推之，則集解在丙戌間已成書；又九年（至壬辰）而精義成，又十七年（至庚子）而集義成。先後相差如此。此年月顯然之不同，其證四也。

又按：要義與後精義，不甚相異。（說詳上）此書與要義，朱子既劃然自分爲二。蓋一則但存前說，一則又參以己說，二者絕不相蒙。與要義既如此，則與精義集義，可以類推。此旁推顯然之不同，其證五也。

答何叔京書　孟子集解，重蒙頒示，以遺說一編見教，伏讀喜幸。開豁良多。然方冗擾，未暇精思。姑具所疑之一二，以求發藥。俟旦夕稍定，當擇其尤精者著之解中，而復條其未安者，疏以請益。欽夫伯崇前此往還諸說，皆欲用此例附之。昔人有古今集驗方者，此書亦可爲古今集解矣。

答何叔京書　昨承示及遺說後八篇，（按前一篇後八篇。龜津孟子遺說，計共九篇。）議論甚精，非淺陋所至，或前儒所未發，多已附於解中。（按此下又云其間尚有不能無疑者，復以求教，更望反復之。）

其昌按：據此，則知集解除二程、張子及尹、謝、楊、游、范、呂諸說，及先生自附己說外，後又附入龜津先生孟子遺說，及朱子與欽夫伯崇往來問辨諸書也。龜津先生，叔京之父，名兌，字太和，武陽人，受業東平馬先生（名伸，程子高弟。）悉聞程門中庸之說，所著又有易集解若干卷。

又按：此書原文散見於答何叔京書凡十有一處，又答吳伯豐書，詳論集解集註之異同，得失甚詳，更可爲此書與集注不同之鐵證。又可以見此書流布之廣，傳授之久。余取吳氏原書與集義細校，乃知集義僅得集解十之四五，蓋取集解嚴加刪削而成。吳氏所引，不過萬一，即是校之集解所有集義所無者，計梁惠王上第三章仁者無敵楊氏說一條，第四章范氏說一條。公孫丑上第二章明道說一條，伊川說一條，第五章明道說一條。滕文公下第九章伊川說一條，橫渠說一條。離婁上第十三章橫渠說一條，第二十章朱子說一條。離婁下第十二章橫渠說一條，第十四章明道說一條，第十五章橫渠說一條，第二十章程子說一條，橫渠說三條，又橫渠說一條。（計凡十七條，合前凡二十八條。）則原書詳略之判，可以見矣。（按橫渠、上蔡、和靖、龜山、廌山、醇夫、芸閣、孟子解皆已早佚，猶賴朱子精義之存，得以稍傳一二，使此書而傳，則朱子原書所存，當不止此也。）

孟子問辨十一卷（疑佚書）

經義攷　朱子熹孟子問辨十一卷，存，右見本集。（卷二百三十四）

其昌按：朱子本集無有所謂孟子問辨者。即朱氏得見異本，亦斷不至有十一卷之多？（朱子晦庵先生集，宋、元、明刊本，余皆見過。）即朱氏從文集中考得朱子尚有孟子問辨十一卷，（此亦恐非朱子文集，余曾詳細讀過。）亦斷不至至清初尚存？況此外更無人言及此書終疑有誤，姑付闕如。

孟子初編（疑佚書）

其昌按：說見上論語初編。

中庸詳說（佚書）

答呂伯恭書 中庸章句一本上納。（自注：此是草本，幸勿示人。）更有詳說一書，字多未暇。餘俟後便寄去。有未安者，旬一二條示爲幸。

其昌按：此與大學詳說當是一類。是否？或問無證可考。朱子書祕不示人，因而遂亡者甚多。使後人難下確斷也。

四書音訓（佚書）

書臨漳所刊四子後 程夫子教人必先使之用力乎大學，論語，中庸，孟子之書，然後及乎六經。故今刊四古經而遂及乎此四書者，以先後之。且考舊聞爲之音訓，以便觀者。

其昌按：朱子在臨漳所刊四經，易雖復古而不用本義。詩雖去序而不用集傳。書紬小序，春秋去三傳，皆單刻經文，則其刊四子也，當亦不用章句集註。然明言考舊聞爲音訓，則四書集注章句外又有四書音訓明矣。且集注朱子未嘗自刊，而音訓則嘗自刊於臨漳也。觀於下文，益可以見音訓之書，不但音注句讀訓詁文字而已，且有如乎校勘記焉。

記大學後 右大學一編，經二百五字，傳十章。（按此即大學章句疑所謂釋音者，即依章句之次序而成。）序次有倫，義理通貫，似得其眞。謹第錄如上。其先賢所正衍文誤字，皆存其本文而圈其上，旁注所改。又與今所疑者，并見於釋音云。

其昌按：釋音音訓，疑即一書。（一總四書而合言之，一指大學而專言之。）觀此則所謂音訓者，實兼音韻訓詁校勘三者。（又云：與今所疑者，并見於釋音。則或至加注釋於其間，亦未可知也。）乃全似陸氏經典釋文矣。或謂今附於章句集注每章經文之下，注語之顛之音切即是。（如悅說同。樂音洛。慍紆問反等。）而朱子之刋四書於臨漳，則摘出單行之耳。或又謂本自爲篇，不相附屬，後人散之於每章之下，而合刋之。如易之彖象文言，詩書之小序也。然今附於經文之下者，惟音切與此所言全不類，則此二說，亦未盡是。疑另爲一書，但書甚簡略，後人遂不以朱子著作目之耳。

眞西山集　跋朱文公帖云：「紹熙間文公先生刋定四經於臨漳，其後龍圖詹公（按詹體仁）又刋之三山。（中略）先生旣幸教學者，俾識經文之舊，至音訓，亦必反復訂正而後已。嗚呼，此吾夫子作經之心也。」

其昌按：詹氏親炙朱子，西山又親炙詹氏，其言當可信。由其言，則朱子臨漳所刋書，皆加音訓，惜今一種不存，無由推考其餘矣。

經總類

武夷經說　王迂黃大昌合集（佚書）

書傳輯錄纂注　徵引書目：王氏迂，黃氏大昌集武夷經說。

其昌按：書與人皆一時無攷，姑備列其目。

晦庵經說三十卷　黃大昌集（佚書）

經義攷　黃氏大昌晦庵經說三十卷，未見。

其昌按：此書與前書爲一爲二，亦不可攷。（又按：朱氏於知其存而未見者曰未見，然則是書，清初尚有藏者乎？）

小學類

四子四卷（疑佚書）

宋史藝文志　朱熹小學之書四卷，又四子四卷。（經部小學類）

其昌按：此不知何書，初疑即臨漳所刋四子，而宋史有誤，後重思，卷數不符。（四書至少須十四卷。）又不當入小學類，故此書不可攷。

校定急就篇一卷（佚書）

剡原文集 急就篇注釋補遺自序云：『家罕書籍，有急就篇一卷，漢黃門令史游所撰；唐弘文館學士顏師古所註；又經新安朱先生仲晦所校。（卷七）

其昌按朱子原校本今不復可得，惟王伯厚急就章補注末，注云：越本朱文公刊於浙東，今從王補注，尚可輯朱子校本四五條，今臚舉如下：急就章九『綸組縌綬以高遷』，越本『縌作綖』。章十二『旃裘橐𩊚蠻夷氏』，越本『𩊚作韝』。章十六『五音總（按此顏師古本一本作集）會歌謳聲』，越本『總作雜』。章三十二『變念緩急悍勇獨』，越本『變作更』。『依溷汙染貪者辱』，越本『溷作濁』。

佚書考第五之三

史部正史類

實錄院所修史

朱子年譜 光宗紹熙五年甲寅，六十五歲冬十月，差兼實錄同修撰，再辭，不允，閏十月戊辰，入史院。

其昌按朱子入實錄院雖不久即去國，然必有史之一部為朱子所修考，脫脫撰宋史，祇因宋人成書略加纂理而成，而當時宋人成書亦不過彙各朝實錄院所修之稿而成，則朱子之所修，或有仍存於今者，亦未可知，特不可考耳。

語類 實錄院略無統紀，修撰官三員，檢討官四員，各欲著撰，不相統攝，所修前後往往不相應。（按語錄陳淳記，又云：嘗觀徽宗實錄有傳極詳，似只寫其行狀墓志。有傳極略，如春秋様不可曉其首末。）先生嘗與衆議，欲以事目分之。譬之六部：吏部專編差除，禮部專編典禮，刑部專編刑法，須依次序編排，各具首末，然後類聚為書，方有條理。又如一事而記載不同者，須置簿抄出，與衆會議，然後去取。（按語類黃義剛記又云：又如有一事，頭在去年，尾在今年，那書頭底不知尾，書尾底不知頭，都不成文字。）庶幾存得總底在。唯葉正則不從。（原注云葉爲檢討，正修高宗實錄。卷一百七李閎祖記。）

語類 今嘗於史院置六房，各專掌本房之事，如周禮官屬下所謂史幾人者，卽是此類。如吏官有某注差，刑房有某刑獄，戶房有某財賦，皆各有冊，系日月而書。其吏房有事涉刑獄，則關過刑房；刑房有事涉財賦，則關過戶房。逐月接續爲冊，史官一閱則條目具列，可以依據。又以合立傳之人列其姓名於轉運司，令下諸州索逐人之行狀、事實、墓志等文字，專委一官掌之，逐月送付史院，如此有可下筆處。（此下又云及異日史成之後，五房書亦各存之，以備漏落。卷一百七陳淳記。）

其昌按：朱子所修史雖無成，而其規模之宏大，條畫之完善，於此可見。（又語類論修史甚詳，文多不錄。）惜不久去國，而其事遂不卒行。（語類楊賜記云：後來去國，聞此說又不行。）其後宋史蕪雜冗沓，爲各史最。（宋史實宋人舊本。）有一人二傳者，有名人失傳者，有一事數見者，（藝文志中亦有一書幾見者。）有誤此爲彼者，（詳見錢竹汀廿二史考異。）使遵從朱子之言，則以上數弊皆可以免。然則朱子之言，眞宋史未病之良藥，惜乎其不久居史院也。（又按李閎祖記自注云：正修高宗實錄，則朱子所修者或亦在高宗紀也。）

編年類

資治通鑑綱目提要五十九卷（佚書）

宋史藝文志 朱熹通鑑綱目五十九卷，又提要五十九卷。

其昌按：此書惟宋史藝文志著其目，他無可考見，竟不知其爲何書？又朱子文集與當時諸公往來書論綱目事甚詳，但言及凡例，（見與蔡季通書）而未嘗一言及於提要，不知宋史何所本也？

故事類

朱元晦奏立社倉事　陸九淵編（佚書）

象山先生年譜　淳熙十一年甲辰，先生四十六歲，在勅局，編朱元晦奏立社倉事。戊申歲，先生兄梭山居士欲立社倉於青田。

其昌按：象山論學與朱子終身不同，而於朱子政治則極口稱頌。（見象山集答尤延之書、答朱元晦書等。於朱子劾唐仲友一事，尤爲稱頌不置。）此時在鵝湖會講後十年，異同之見蚤已堅成，而象山猶編此，亦可以見朱子政治之無間於異己，而象山尙能不矜門戶意氣也。惜其書不傳，無由考見當時委曲之詳。（按朱子乞推行社倉法於諸郡，今見延和奏劄，然是書所編，當更有當時詔令議狀文書之屬，僅取延和奏劄，不能成書，亦不須編訂也。惜此書亡，當時詳情不可見矣。）

傳記類

曾子固年譜一卷（佚書存序）

直齋書錄解題　元豐類稿五十卷，續四十卷，年譜一卷，中書舍人南豐曾鞏子固撰。年譜，朱熹所輯也。案韓持國爲鞏神道碑，稱類稿五十卷，續集四十卷，外集十卷，本傳同之。及朱公爲譜時，類稿之外，但有別集六卷，以爲散佚者五十卷，而別集所存者，其什一也。（卷之十七）

其昌按：年譜已佚。今元刊本元豐類稿，（烏程密韻樓蔣氏藏。）卷耑有丹陽朱熹（丹陽，舊屬吳郡。朱子於家藏石刻序，作吳郡朱熹。）序二篇，不見朱子文集，又不類文集序。鄉久疑之，以陳氏之說考之，可以釋然矣。惟四庫提要云：『明成化六年刊本有年譜序二篇，無撰人姓名，而年譜已佚。』疑卽朱子之序，明人拙於考古，故遂疑其不經，而刊去其姓名也。

南豐先生年譜序　丹陽朱熹曰：（中略）公書或頗有歲月，參以史氏記及他書舊聞，次之著於篇。（見拙輯朱子佚文抄，下同。）

南豐先生年譜後序　世又以謂公爲史官，薦邢恕、陳無己爲英錄檢討，而二子者受學焉。綜其實不然。蓋熙寧初，詔開實錄院，論次英宗時事，以公與檢討，（按此句當作『以公爲檢討』或『以檢討與公』。）一月免。豈公於是時而能有以薦士哉？其不然一也。

恕，治平四年，始登進士第；元豐中，用公薦，爲史館檢討，與修五朝國史。其事見於實錄矣。爲實錄院檢討，而與修英錄於熙寧之初，則未有考焉；其不然二也。師道見公於江漢之間，而受教焉；然覺公時爲布衣，元祐中，乃用薦起家爲鄆文學，是公於史館，猶不得以見之，況熙寧時，豈有檢討事哉；其不然三也。

其昌按：年譜，今不可見。以前序考之，則猶不過若魯山言呂大防譜所爲杜工部詩譜而已。以後序攷之，則朱子不但詳次事實，且於傳聞之失實者，細加辯正攷證也。則非尋常年譜比矣，惜乎其竟不傳也。（又按朱子一生所瓣香者：於伊川則私淑其道德，於南豐則慕效其文章。故善以南豐之文，達伊川之理，因之獨爲二家年譜。今伊川之譜存，而南豐之譜獨佚；不特可爲朱子惜，抑亦南豐之不幸也。）

劉壎隱居通議：晦庵先生，雅重南豐之文；爲之作年譜。攷訂精實。又爲作譜序，其文殊類南豐，豈韓文公效樊孟意耶。今錄之於左：（云云見上）又曰：『余考所謂斯人爲世所重者，』不知爲誰？想在當時有權位，故不敢斥言之也？晦翁文字，多稱紫陽（按：亦不盡然。）今自稱丹陽，未詳。（按家藏石刻序稱吳郡。吳郡，亦丹陽也。）前序甚肖曾文，後序差遠。『綜其實不然』一語甚雅，予極愛之；之後乃知出史記周紀贊中。似此一語，誰復經心，而老先生竟用之，可見其心非泛泛者比。（卷十四）

其昌按：劉壎，宋末元初人；則此書在宋末元初尚存也。劉壎所引前序，首有：『南豐先生者，諱鞏，字子固，姓曾氏，南豐人。』十六字，而後接以『丹陽朱熹曰：……』較今元刋本元豐類稿爲多，其所見之本，當即朱子原本也。劉云：考訂精實，足證吾前說之不謬。

儀注類

祭禮（一名）祭儀（佚書）

其昌按：或有以此爲二書，余按：乃一書而異名者。以答汪尚書書答張欽夫書攷之，則祭禮同於祭儀。以與蔡季通書葉賀孫錄攷之，則祭儀同於祭禮。是以知其爲一書也。

答汪尙書書　嘗因程氏之說，草具祭寢之儀。將以行於私家，而速年遭喪，未及盡試；未敢輒以拜呈。少俟其備，當卽請敎也。

其昌按王白田云：『此書在壬辰，』當爲祭禮初起藁之時。此時距祝碩人卒已二年餘。殆因家禮旣成，而遂兼及此書歟？

答呂伯恭書　祭禮略已成書，欲俟之一兩年，徐於其間察所未至；今又遭此期喪，執須卒哭，乃可權宜行禮，攷其實而脩之，續本寄求訂正也。

其昌按王云：『此書在壬辰。』又云：『與汪張呂書皆言祭禮祭儀。張呂有答書，可見本集，其年可攷。然此後與諸家書未有及此者，疑其不久卽亡之也？』竊謂王氏考之，自不詳耳。別集答林擇之書，在庚子辛丑間，尙言及此書也。則此書之非卽亡，明矣。至陳淳錄在己未，輔廣錄在甲寅後，則相去又越二十餘年矣。其亡，當在是二十餘年中。

答張欽夫書　祭禮大抵多本程氏，而參以諸家，故特取二先生說。今所承用者，爲祭說一篇；而祭儀祝文，又各爲一篇。比之昨本，稍復精密。繕寫上呈，乞賜審訂示及。

其昌按王云：『此書或在壬辰前？』竊謂此書或在壬辰後？所云『昨本，』疑卽答汪尙書呂伯恭書中所言之「草本。」

與蔡季通書　祭儀，只是於溫公書儀內少增損之。正欲商訂，須俟開春稍暇，乃可爲也。程氏冬至立春二祭，昔嘗爲之，或者頗以僭上爲疑，亦不爲無理。並俟詳議也。

其昌按王云：『此書不詳何時，當在與張呂書後？』

答林擇之書　祭儀稿本納呈。未可示人，且煩子細考究，諭及。日歷中事，雖不多，然可以補事實之缺。此書異日須要別刋，乃佳耳。

(別集)

其昌按此書當在庚子辛丑間。因書中又及添差台學事，以魏元履墓志考之，當在庚子辛丑間也。此時疑將祭禮中祭儀一篇提出，(祭儀爲祭禮中一篇，見答張敬夫書。)另作藁本；一俟修定，欲更別刋之也。(此書兩名，或亦因此。)

語類 某之祭禮不成書。只是將司馬公者減卻幾處。（又一條云：祭但以誠敬爲主，其他則隨家豐約，如溫公書儀所說堂室等處，貧家自無許多所在，如何要行得。據某看來，苟有作者興禮，必有簡而易行之理。卷之九十，葉賀孫錄）

語類 溫公儀，人行憚行者，只爲閑辭多；長篇浩瀚，令人難讀。其實行禮處無多。某嘗修祭儀，只就中間行禮處分作五六段，甚簡易曉；後被人竊去；亡之矣。（卷之九十，陳淳錄）

又原注云：李丈（按李唐咨）問祭儀更有修改否？曰：大概只是溫公儀，無修改處。（同上）

語類 問：舊嘗收得先生祭儀一本，時祭皆是卜日，今聞卻用二至二分祭，如何？曰：卜日無定，慮有不虔。溫公亦云：只用分至亦可。（卷之九十，輔廣錄）

其昌按：觀此三條，則祭禮原書雖佚，而其內容大略可窺見者如此。

又按：王白田云：文集語錄，皆言祭禮，（原文誤作說，今改正）祭儀成於壬辰以前，而其後亡之；確然可據。據此，則此書與下四家禮範二十家古今家祭禮等，全無關涉矣。

三家冠昏喪祭禮五卷（誤題書）

宋史藝文志 朱熹三家冠昏喪祭禮五卷，（自注：司馬光，程頤張載，定見經部禮類）

跋三家禮範 長沙郡博士邵君囦，得吾亡友欽夫所次三家禮範之書，而刊之學宮。然程張之言，猶頗未具。獨司馬氏爲成書

其昌按：合攷二說，即知此書爲南軒三家禮範之誤耳。因同爲司馬程張三家之書也。其後朱子取其書，增以呂氏之書，劉共甫遂刊之金陵。則易名爲四家禮範，改題爲朱子南軒合撰矣。恐其實朱子但就南軒成書略與商榷增損之而已。

四家禮範五卷（佚書）

宋史藝文志 朱熹釋奠儀式一卷，又四家禮範五卷，家禮十卷。（見史部儀注類）

文獻通攷　晦庵四家禮範五卷。陳氏曰：『張呂朱子所集司馬程張呂諸書。（按文獻通攷有呂氏家祭禮，云是京兆呂微仲呂與叔所撰。又朱子語類云：與叔集諸家禮補儀，以儀禮爲骨。）而建安劉珙刋於金陵。

其昌按：朱子集有劉共甫行狀，劉卒於淳熙五年。於淳熙二年除知建康府。則是書之刋，當在淳熙三四年間。但朱子在淳熙之前，與南軒相會者，僅孝宗隆興三年八月間一次；朱子年三十八歲。其後朱子遂丁祝碩人艱，家居不出，並未與南軒相晤。則此書當必編次於三十八歲時矣。此書爲朱子於禮經最初之作，亦爲古今家禮之先聲也。

南軒集　跋三家冠昏喪祭禮云：右文正司馬公，橫渠張先生，伊川程先生昏喪祭禮，合爲五卷。（中略）宗意可助聖時善俗之一端，於是刻於桂林郡之學宮。淳熙三年六月。

其昌按：觀此，南軒先生於四家禮範一書，或意謂未盡善，或與劉共父兩不相謀，其詳不可知。即朱子亦未嘗以此書爲無遺憾。（朱子跋三家昏喪祭禮又云：嘗欲因司馬氏之書，參考諸家之說，裁訂增損，舉綱張目，以附其後，顧以衰病不能及矣。其時在紹熙甲寅，朱子年六十五歲。明應氏據此，遂疑朱子並未增損張氏之書。邱瓊山駁之，謂：序所是亦未能參考諸家，裁訂損益，使無遺恨耳，非無是書也。應說固非，然即由邱說言之，朱子於四家禮範之不能無遺憾，亦可見矣。）此二十家古今家祭禮之所以作也。

二十家古今家祭禮二十卷（佚書）

朱子年譜　淳熙元年甲午，四十五歲。編次古今家祭禮。

朱子年譜考異　此朱子手自編次之書，而家禮則後人僞作。（按：疑非全僞。）勉齋以古今家祭禮同爲編次，而家祭禮則別出。宋宋史以家禮入於編次諸書之內，而删古今家祭禮。（按：此王氏失考，今明見宋史卷二百四儀注類，但誤作二卷耳。）故後人但知有家禮，而古今家祭禮，遂已不傳於世，甚可惜也。然藏書之家，或當有存者，有志之士，多方訪求，庶此書復見，寧非大幸乎。

其昌按：王氏斷斷辯正此書與家禮爲二，正數百年之積誤。又極力鼓吹，竭盡其表章之功，最爲朱子功臣。雖稍失檢，不足病也。

跋古今家祭禮　右古今家祭禮，熹所纂次，凡十有六篇。（中略）諸家之書，如荀氏，徐暢，孟馮翊，周元陽，孟詵，徐潤，孫日用（原本課日周，今據新唐書孫日用傳改正。）等儀，有錄而未見者尙多，有能采集附益，幷得善本通校而廣傳之，庶幾見聞有所興起，豈不美哉。淳熙元年。

其昌按：是歲，朱子年四十五。七年前成四家禮範，至是已將原書四倍之，成十六編矣。所采詳目，一時無攷。但知是時於荀徐孟等七家之儀，猶未得也。以下答鄭景望書攷之，但知是書中已載有賈頊家薦儀，政和五禮，杜公四時祭享儀，范氏祭儀，數篇矣。（連四家禮范合八篇）。

答鄭景望書　家祭禮三策幷上。不知可補入版本卷中否？若可添入，即孟詵徐潤兩家，當在賈頊家薦儀之後。孟爲第七，徐爲第八；而遞儹以後篇數，至政和五禮爲第十一。而繼以孫日用，爲第十二。乃以杜公四時祭享儀爲第十三；而遞儹以後，至范氏祭儀爲第十九。又於後序中改十有六爲十有九。仍刪去孟詵徐潤孫日用七字。（此版須別換）不然，即存舊序，而別作數語附見其後，尤爲詳實。

其昌按：此書未詳何時，然此時已將十六卷增爲十九卷矣。以此書考之，則篇目確實可考者，凡七卷：賈頊家祭禮第六，孟詵禮第七，徐潤禮第八，政和五禮第十一，孫日用禮第十二，杜公四時祭享儀第十三，范氏祭儀第十九。

答葉仁父書　示喩祭禮曲折，府中自有古今家祭禮印版，諸家之說皆備。如伊川主式，亦在其間。（中略）兩娶三娶者，伊川則謂廟中只當以元妃配，而繼室祭之他所；恐於人情不安。唐人自有此議，云當並配，其說見於會要，可攷也。（自注云：亦在印本古今祭禮中。中略）諸家之禮，唯韓魏公司馬溫公之法，適中易行。（自注云：今皆見印本中。）但品味之屬，隨家豐約，或不必如彼之盛，而韓氏舍享一條，不可用耳。

文獻通攷　古今家祭禮二十卷，陳氏曰：『朱子集通典，會要所載，以及唐本朝諸家祭禮皆在焉。』

其昌按：二書皆言及唐會要，通考兼及杜氏通典，通典會要所載：江都集禮，開元禮，開寶禮，政和禮也。合觀二書，則知此書除上七卷可考外，尚有江都集禮，開元禮，開寶禮，韓氏古今家祭式，温公書儀，伊川程氏祭禮六卷也。

答郭子從書　江都集禮晉安國公荀氏（按荀勗也。）祠制云：祭版皆正側，長一尺二分，博四寸五分，厚五分；八分大書云云。（中略）横渠說：三年後，祫祭於大廟，因其祭畢還主之時，遂奉祧主歸於夾室，遷主新主皆歸於廟。此似爲得禮。

其昌按：江都集禮，卷帙浩繁，鄉常不知朱子以何法採取。觀此書，乃知僅於其間採荀氏祠制一篇耳。又按答郭書又縱及温公伊川等，則爲論古今祭禮無疑。而兼及横渠，則横渠禮，亦在無疑。然古今祭禮，實增益四家禮純而成。司馬程張，今皆確然可考，則呂氏禮，亦當必在無疑。是此書除上十三卷可考外，尚有横渠張氏祭禮，呂氏家祭禮二卷也。

答胡伯量書　胡來書云：『某始成服，據三禮圖，温公書儀，高氏送終禮，參酌爲冠經衰裳腰經絞帶……』云云（答書省去）

其昌按：此書所言，有及横渠喪紀者，有及伊川主式者，有及韓魏公節祠者，有及呂氏忌日服制者，（亦可爲古今祭禮中有呂氏禮之證。）有及温公書儀者，則此書亦論古今家祭禮者，而及高氏禮；是此書除上述十五卷外，尚有高氏送終禮一卷也。凡已可考見者十六卷，餘四卷無可考。今以王白田之說足之。

朱子年譜攷異　以通考所載計之：有江都集禮，有開元禮，開寶禮，有胡氏吉凶書儀，唐鄭正則祠享禮，唐范傳式寢堂時享禮，劉岳書儀，陳致雍新定寢祀禮，又有韓氏古今家祭式，横渠張氏祭祀，伊川程氏祭禮，呂氏家祭禮，温公書儀，（按王氏自注云：書儀無祭，或是涑水祭義？其言甚是。且書儀幾十卷，亦斷不能全入。）凡十三篇。（按王氏僅考鄭景望書故云）正合二十卷之數，或即是耶。

其昌按：王氏之言，未可河漢，極有見地。其八篇余已證實無訛。以此例推，其餘四卷，當爲唐胡氏鄭氏范氏五代陳氏之書，無疑矣。

惟劉岳書儀，余以歐陽永叔歸田錄考之，非是。

歐陽修歸田錄　今劉岳書儀十已廢其八九，其一二僅行於世。

其昌按：書儀當北宋時，已殘缺不全，如此，豈能至南宋而有反全之理？故通攷於此書，獨不著卷數，意亦可見。且古今家祭禮既有高氏禮可攷，若益劉氏儀，則有二十一篇矣。

又按：據上所攷，則此書之卷目，恂已完具，今以其次序言之，參酌答鄭景望書及文獻通攷原定之次序，又按以各家時代之先後，草擬一卷目表如下：

二十家古今家祭禮目錄

卷一　江都集禮荀氏祠制篇，（確定其必有，據答郭子從書。）

卷二　（開元禮，（確定其必有，據答葉仁父書，采取法未詳。）

卷三　開寶禮，（同上。）

卷四　鄭氏祠饗禮，（假定，依王白田說。）

卷五　范氏寢堂時饗禮，（同上。）

卷六　賈頊家薦儀，（確定，據答鄭景望書。）

卷七　孟氏家祭禮，（同上。）

卷八　徐氏家祭禮，（同上。）

卷九　新定寢祀禮，（假定，依王白田說。）

卷十　胡氏書儀，（同上。）

卷十一　政和五禮，（確定，據答鄭景望書，采取法未詳。）

卷十二　孫氏祭饗禮，（確定，據答鄭景望書。）

卷十三　杜氏四時祭饗儀，（同上。）

卷十四　韓氏古今家祭式，（確定其必有。據答葉仁父書。）

卷十五　涑水祭儀，（同上。依王白田說，改題此名。）

卷十六　橫渠張氏祭禮，（確定其必有。據答郭子從書。）

卷十七　伊川程氏祭禮，（確有其必有。據答葉仁父書。）

卷十八　呂氏家祭禮，（確定其必有。據答胡伯量書。）

卷十九　范氏家祭禮，（確定。據答鄭景望書。）

卷二十　高氏送終禮，（確定其必有。據答胡伯量書。）

以上：凡可確者者，七卷；能確定其必有而次序推定者九卷；依王白田說及通考所載而假定之者，四卷。合二十卷，與原書卷數相合。如後人有志重輯，卽依此目第錄可耳。又按此二十家內，惟江都集禮，開元開寶禮，政和禮，及司馬張程諸人所略知。餘蓋未能悉曉，今約注如下：鄭氏祠饗禮，（通考云：一卷。陳氏云：唐侍御史鄭正則撰。）賈氏家薦儀，（通考作家祭儀一卷。陳氏云唐初武功縣尉賈頊撰。）孟氏家祭禮，（通考云：一卷。陳氏云：唐侍御史孟詵撰，曰正祭節祠薦新義例。）徐氏家祭禮，（通考云：一卷。陳氏云：唐左金吾尉倉曹參軍徐潤撰。）新定寢祀禮，（通考云：一卷。陳氏云：中興館閣書目題太常博士陳致雍撰。陳及仕本朝。——其昌按：可知鄭周時人。）胡氏書儀，（通考作吉凶書儀二卷。晁德昭云：胡瑗撰。其昌按：此書二卷，當吉凶各一。朱子當取凶去吉。）政和五禮，（通考有政和五禮新義二百五十卷，不知朱子如何採取。）孫氏祭享禮，（通考云：一卷。陳氏云：檢校左散騎常侍孫日用撰。——其昌按：日用，唐時人。而反在陳致雍胡瑗之下？政和禮，徽宗禮也；而反在孫日用之上？時之先後，乖謬如此。然確有答鄭景望書可考，則豈朱子別有誼例乎？）杜公四時祭享禮，（通考云：一卷。陳氏云：丞相山陰杜衍世昌撰。）韓氏古今家祭式，（通考云：一卷。陳氏云司徒兼侍中相台韓琦稚圭撰。）橫渠張氏祭禮，（通考云：一卷。張子厚撰。未有呂大鈞和叔說附載焉。）伊川程氏祭禮，（通考云：一卷。陳氏云程正叔撰，首載作主式。）呂氏家祭禮，（通考云：一卷，陳氏云丞相京兆呂大防微仲正字大臨與叔撰。）范氏家祭禮，（通考云：一卷。陳氏云范祖禹淳夫撰。）高氏送終禮，（通考云：一卷。陳氏云吏部侍郎高閌撰。——其昌按閌龜山先生高弟。）此其大略也。其詳則有不能攷者矣。

宋史藝文志　朱熹二十家古今祭禮二卷。（卷二百四史部儀注類）

其昌按此即一書二卷乃二十卷之誤。豈有集二十家之書而僅得二卷哉。

又按此書爲朱子生平經意之著作，亦爲唐宋賢士大夫淑世範民遺著之淵藪。乃竟失其傳，是亡一人之書即兼亡二十人之書也。（今存者，惟開元政和等三數官禮耳。）今考諸賢之書無一存者。（司馬氏涑水祭儀亦已亡。）是不獨朱子之不幸，抑亦諸賢之不幸也。（如張子書，更是不幸之尤。張子書，除易傳正蒙外，其餘數十種，無一完者。此書託朱子而幾傳矣，而又亡，命也夫！）

地志類

台寓錄三卷（佚書）

絳雲樓書目　朱文公台寓錄（卷一地志類）

述古堂書目　朱文公台寓錄三卷。（卷三人物志類）

其昌按此書幸免絳雲之厄，或猶有傳於世者，雍乾間人尚有人徵引之。恐爲後人編輯而成，然中多朱子集外佚文。

史評類

唐鑑補正（擬撰書）

語類　范太史唐鑑第一段論守臣節處不圓。要做一書補正之，不曾做得。范氏此文字草草之甚。其人資質渾厚，說得都如此平正。

只是疏，都不入理。終守臣節處，於此亦須有些處置，豈可便如此休了。如此議論，豈不為英雄所笑。（卷之一百三十四不知何人記）

其昌按：朱子於唐鑑，褒貶互見。（語類又云：唐鑑白馬之禍，歐公論不及此。又云唐鑑有緩而不精確處，如言租庸調，及楊炎二稅之法，說得都無收殺。只云：在於得人，不在乎法，有這般苟且處。他是見熙寧間詳於制度，故有激而言；只那有激，便不平直。）宜其欲作一書而補正之。惟程子最喜唐鑑。（唐鑑全用程子議論，伊川嘗云：不謂淳夫乃能相信如此。又嘗使人鈔之，曰：三代下無此議論。）是蓋大醇而小疵者也。使朱子補正之書成，則唐鑑為無瑕之全璧矣。

金石類

續集古錄（未成書）

家藏石刻序　余少好古金石文字，家貧，不能有其書。獨時時取歐陽子所集錄，觀其序跋辯證之辭以為樂。遇意適時，恍然若手摩挲其金石，而目了其文字也。來泉南，又得東武趙氏金石錄觀之，於詮序益條理，考證益精密，予心亦益好之。於是始胠其稿，得故先君子時所藏與熹所增益者，凡數十種。雖不多，皆奇古可玩。悉加標飾，因其刻石大小，施橫軸懸之。（中略）歐陽書一千卷，趙氏書多倍之。而余欲以此數十種者，追而與之並；則誠若不可冀。然安知積之久，則不若是其富也耶。姑書是以俟。紹興二十六年。

其昌按：是年朱子二十七歲，猶是出入無數文字之時也。然朱子於考古之學，至老不衰，則其後所積，必當可觀。（按朱子收藏甚富金石文字，書畫，善本書籍，名人眞蹟法帖，無一不有。今按文集題跋可考。如晉陸探微顧愷之唐吳道子畫，朱子皆有。東坡所收藏者，其後半歸朱子。）雖不足以齊歐陽永叔趙明誠之夥，然宋時彝器，必較今為多。庶幾或薛尚功王厚之之流亞歟？（朱子兼及石。）惜書不傳耳。

雜史類

稽古錄（未成書）

蔡沈夢奠記　初三日戊午，先生在樓下，（按樓下，書院名也。）改書傳二章；又貼修稽古錄一段。是夜說書數十條。初九日甲子，先生逝。

其昌按云『又貼修，』則稽古錄之起稿，蓋已久矣。而貼修至卒，則是書亦朱子經意著作之一也。有清一代考古之學，其源皆開自朱子，惜此書不傳，無以考其內容矣。然朱子之學，貫通古今，此亦可見矣。

古今僞書考（擬撰書）

又書孝經刊誤後　孔叢子亦僞書，而多用左氏語者。但孝經相傳已久，蓋出於漢初左氏未盛行之時。不知何人爲之也。孔叢子敍事至東漢，然其詞氣甚卑近，亦非東漢人所作。載孔臧兄弟往還書疏，正類西京雜記中僞造漢人文章，（朱子自注云：西京雜記之謬，匡衡傳注中顏氏已辨之可考。）皆甚可笑。所言不肯爲三公等事，以前書考之，亦無其實，而通鑑皆誤信之。其他此類不一，欲作一書論之而未暇也。

其昌按：朱子最能識古書之眞僞，凡古文尚書，孟子孫奭疏，家語，孔叢子，西京雜記，上蔡語錄，楞嚴經等，一一盡發千古之覆。然朱子發之於前，必待數百年後學者之博考，而始徵實朱子之所疑。（如古文尚書必待梅鷟閻若璩惠棟以後，而始徵實無疑。又如朱子常疑老子非孔子及見之老子所作，乃戰國之書而託名老子者。或另一老子，而爲太史公所誤合。直至汪中述學老子考異，始證明老子果有二人。又梁任公師謂柳翼謀教授云：朱子學問眞不可及。近日歐西人考楞嚴經爲支那人作，非印度經典。朱子早已疑之矣。）則其天縱之聰明識見，尤非後人所能及也。（按以上例推，安知孝經可疑處數百年後，不有學者博考而證實之乎？）但此書未及起稿，後有君子能本朱子之意而卒成之，則其津逮後學也大矣。（世雖有姚際恆古今僞書考，然其書未盡善也。）

三先生論事錄（佚書）

三先生論事錄序　昔顧子敦（按顧臨字子敦）嘗爲人言：欲就山間，與程正叔讀通典十年。世之以是病先生之學者，蓋不獨今日也。先生之學固非求子敦之知，然吾懼子敦之言遂得行也，因取先生兄弟與橫渠講明法度者錄之篇首，而集其平居議論附之，目曰三先生論事錄。

其昌按：此書已亡，不知當時曾刻行否？今考程氏遺書卷十有蘇季明記洛陽議論一篇，二先生與張橫渠講明法度治道之書也。（中論井田尤詳。）當即爲是書篇首；其餘平居議論，今雖散見遺書外書文集，然朱子採集之法取去之意則已不可考矣。

又按：此文又見陳同甫龍川集中，更不知其何說？

譜諜類

茶院朱氏世譜（佚書）

程朱闕里祠志引朱子婺源茶院朱氏世譜後序云：癸卯五月，因閱舊譜，感世次之易遠，骨肉之易疏，而墳墓之不易保也；乃更爲序次，定爲婺源茶院朱氏世譜，而並書其後如此。（按程朱闕里祠志，僅存抄本。此文原集不載，全文見拙輯朱子外集）

其昌按：此書惟賴此文得傳其名於後世，然此文亦僅存天地間不絕者如線耳。

又按：既云『更爲序次』，則此書爲朱子所重修矣。癸卯，朱子年五十四歲也。

子部儒家類

佚書攷五之四上

定性書解（佚書）

答程允夫書　定性書解，在別紙。亦勿以示人，爲佳。（別集）

其昌按：朱子於太極圖說，通書，西銘，定性書，觀心說，好學論諸篇，終身寢饋，其用力之深，一如四書。故文集已有太極說而復作太極圖說解，以此例推，恐文集雖有明道定性說，與此亦不同也。（又按以太極圖解西銘解例之，則此書文雖約，亦自成一專著。）

困學恐聞編（佚書）

朱子年譜：隆興二年甲申，三十五歲。春，困學恐聞編成。先生嘗以困學名其燕坐之室，因目其雜記之編曰困學恐聞，至是歲書成。

困學恐聞編序　予嘗以困學名予燕居之室，目其雜記之編曰困學恐聞，蓋取『子路有聞，未之能行，惟恐有聞』之意。以爲困而學者，其用力宜如是也。

其昌按：朱子佚書未有明白有據，顯然易攷於此書者。成書之年，載於年譜；書成之序，載於文集。他書世皆不知此書或有知者。觀上所云云，則此書實開讀書錄居業錄困知記之先聲也。

困學詩　舊喜安心苦覓心，捐書絕學廢追尋，困衡此日安無地，始覺從前枉寸陰。（其一）　困學工夫豈易成，斯名猶恐是虛稱；旁人莫笑標題誤，庸行庸言實未能。（其二）

其昌按：玩此詩語氣，當是題困學恐聞編。但作困學誤也，殆編集文集時，而此書已失歟？

中和舊說（佚書散見）即論性答藁

中和舊說序　予早從延平李先生學，受中庸之書，求喜怒哀樂未發之旨，未達而先生沒。聞張欽夫得衡山胡氏學，則往從而問焉；退而沈思，一日歎曰：人自嬰兒以至老死，莫非已發，自此不復疑。後得胡氏書，其論又適合，後予忽自疑，復取程氏書，虛心平氣讀之；未及數行，凍解冰釋，亟以書報欽夫及嘗同爲此論者，惟欽夫覆書深以爲然，其餘則或信或疑。暇日料檢故書，得當時往還書藁一篇，輒序其所以而題之曰中和舊說。壬辰八月丁酉。

其昌按：是年朱子四十三歲。朱子之學凡四變，至是而略定矣。所言各人往還書，今惟與欽夫書全存無缺，其餘則或存或亡，亡者多而存者無幾也。然此書是專著，若延平問答然。朱子與他人之書各占其半，即朱子之書全存，亦已佚其半矣，況朱子之書又亡多存少乎。

記論性答稿後　此篇出於論定之初，徒以一時之見驟正累年之失，又持孤論以當衆賢，心亦不自安，故尙多遺恨。如廣仲（按：胡實字廣仲）之言，既以靜爲天地之妙，又論性不可以眞妄動靜言，是知言所謂歎美之善而不與惡對者云耳。應之宜曰（云云從略）。答欽夫書所謂（云云從略）擇之（按：林用中字擇之）之疑雖過，然其察之亦密矣。又所謂周子主靜之說，則中正仁義之動靜，有未當其位者，當云（云云從略）。此葉中間亦屢有改定處，今不能復易，因題其後，以正其失云。壬辰仲秋。（按：此與中和舊說序在一月內，可知其爲一書）

其昌按：此當與中和舊說爲一書，豈以言中和則僅指已發未發，所包者小；言性則兼綜動靜眞妄善惡是非中正仁義，所包者大；故又易其名與？觀於此記，則此書不但裒集抄寫而已，亦屢加修削之功也。其不傳，更覺可惜矣！

又按：此書不傳，今惟藉此記可以考見當時與朱子往還諸人中，除欽夫外，尙有胡廣仲林擇之其人也。林胡所論理亦深邃，惜原書不傳，今可考見涯略者僅此。

程子微言（又名）程氏遺書節本（佚書）

答呂伯恭書　擴之過此，略說遺書不須刪定，與來書似不相照，不知果何如？便中亦望批諭。

其昌按：此書在未刪以前。

答呂伯恭書　遺書節本已寫出，恐意所刪去者，亦須用草紙抄出，逐段略注刪去之意，方見不草草處。若只暗地刪卻，久遠卻惑人也。往時商量欲以程子格言爲名，不如只作微言，如何？雖有時氏所編，已用此名，然將來自作序說破，不妨也。更裁之。

其昌按：此書在刪成之後。

四庫全書提要　二程粹言提要云：「二程子門人所記，既多如遺書、外書、雅言、師說、雜說之類，卷帙浩繁，讀者不能驟窺其要。又記者意爲增損，不免牴牾龐雜，朱子嘗欲刪定爲節本而未就。

其昌按：以答東萊後書考之，則遺書節本非刪訂而未就，乃刪成而已佚。提要攷之，固有所未詳，而後人之知此書者，亦寡矣！

女戒（擬撰書）

答劉子澄書：弟子職（按此是管子原本）女戒（按此猶是班大家原本）本各爲册，而皆以雜儀附之。（按此或是朱子所附）。令人家小兒女各收一本讀誦爲便也。但女戒向見伯恭說欲刪修一兩處，不知向來曾說及否？

其昌按：觀此，則朱子於班氏女戒，初固嘗集幼儀以附益之，後乃欲改撰而未就也。

答劉子澄書：向讀女戒，見其言有未備及鄙淺處，伯恭亦嘗病之。間嘗欲別集古語，如小學之狀，爲數篇。其目曰：正靜，曰卑弱，曰孝愛，曰和睦，曰勤謹，曰儉質，曰寬惠，曰講學。班氏書可取者，亦刪取之，如正靜篇中，即如杜子美『秉心忡忡，防身如律』之語，亦可入。凡守身事夫之事，皆是也。和睦，謂宜其家人。寬惠，謂御下無嫉妬。凡御下之事皆是。病倦不能檢閱，幸更爲詳此目，有無漏落？有即補之，而輯成一書，亦一事也。向見所編家訓，其中如已賅備，只就彼採擇，更益以經史子集中事。以經爲先；不必太多，精擇而審取之，尤佳也。

其昌按：朱子於女戒，雖未就，然綱領條目，固已粲然具矣。其後劉子澄卒成一書，其規模當即本於此書。蓋朱子立其綱，而子澄實其目。亦與啟蒙，通解，小學綱目，考異相類也。

鶴林玉露：朱文公嘗病女戒鄙淺，欲別集古語成一書。立篇目曰：（云云同上）且言如杜詩云：『嗟汝未嫁女，秉心鬱忡忡；防身如律竭力機杼中。』凡此等句，便可入正靜，他皆倣此。嘗以書屬靜春先生劉子澄纂輯，迄不能成。公蓋欲以配小學書也。

弟子職（佚書）

其昌按：朱子此書，後人無知者。有之，惟羅氏一人而已。

其昌按：以答劉子澄前書攷之，則朱子於弟子職，另有附益本。答呂書所云『今巳成書，』或卽指此本也。

答呂伯恭書　弟子職，女戒二書欲刻，未及而漕司取去。今已成書，納去各一本。如可付書肆摹刻，以廣其傳，亦深有補於世教。或更得數語題其後，尤幸也。

其昌按：云『今巳成書，』則朱子於弟子職，亦另有專著可知矣。今文集有讀管氏弟子職一篇，然非卽此書。此蓋亡已久矣。

朱子別錄十卷（佚書）

宋史本傳　平生所爲文，凡一百卷，生徒問答，凡八十卷。別錄十卷。

李性傳朱子語錄序　先生又有別錄十卷，所諱者炎興以來大事，爲其多省中語，未敢傳，而卯火亡之。今所存者，幸亦一二焉。

黎靖德朱子語類序　李公性傳敍饒錄，謂先生有別錄，多談炎興大事，未敢傳而亡於火；猶幸存一二。頃嘗問諸其家，則所云存者，亦不存矣。甚可惜也。

其昌按：李成之既一生以搜訪朱子語錄爲事，可謂有功吾道。然何不敢取一二存者，刊入後錄，而坐視其亡耶？此不可解。

又云　因讀蔡公所刻包公錄四卷，（按包揚也。）其一卷既與原題文說相出入，而他三卷所言多炎興間事；疑卽李公昔藏而今亡者。（按此黎氏誤也。李氏既未明言別錄爲何人所記，黎氏一無左證，何以知其爲卽包揚之所記乎？且別錄雖不存，而朱子弟子記炎興間事者，尙不一而足，又安能人人而疑之乎。其一卷所以與原題文說相出入者，當是揚錄原本，亦亡於火，其後湯氏藏本，掇拾於灰燼之餘故耳。）但與其子樞密所跋，（按：樞密，包恢也。）謂公所錄者多且詳，與世所傳大概無異，故藏而不出云者，不相似。（按所謂與世所傳大概無異者，當指文說。文說當時另有傳本。）樞密又謂公所錄，已亡於建安之火，而湯氏乃有傳本，（按：蔡抗饒後錄序云：又於安仁湯叔遜處，得其家藏包公揚所錄。）是皆不能使人無疑焉。

其昌按：此似黎氏自生枝節，其實朱子別錄早已亡佚，不當輒加傅會。李氏所稱別錄，實與包揚所錄無關。（以李氏未嘗言別錄為包揚記。）包恢所謂與世大概無異者，僅指一卷與他三卷無關。（以世傳文說，與其中一卷有出入處。）皆不足據。至於恢跋謂亡於火，而蔡序謂復得於湯氏，亦無可疑。原稿雖焚，而流傳一二於外，學者轉相傳抄，此亦常事。（恢跋謂包揚所記者詳且多，可知原稿不止四卷，焚後流傳僅存四卷耳。）然此乃包氏所記可攷者如此耳。若朱子別錄，則與此全無關涉；且其亡已久矣。

翁季錄（佚書）

蔡抗朱子語錄序　獨念先師又有親自刪定，與先大父西山講論之語，及性與天道之妙，名曰翁季錄者，久未得以流行於世。

其昌按：朱子嘗言造化微妙，惟深於理者能識之，吾與季通言而不厭也。（語見宋史蔡元定傳）是則翁季錄之所記者可知也。

又按此書在朱子語錄中，為最可尊貴者，其端有三：朱門弟子，以西山為第一，朱子至目以老友，則其所記，當為諸弟子最，一也。他書所記，一時雜譚，故精粗兼有，深淺間出，此書則純為性與天地之妙，二也。他書所記，或出於朱子身後，或未經朱子批訂，不免或有變語氣，失意旨之弊；此書則經朱子親自刪定，三也。然西山嫡孫，已不見此書，則其亡亦已久矣。

真西山集　九峯先生墓表云：「西山師事晦翁，而晦翁顧曰：季通，吾老友也。凡性與天道之妙，他弟子不得聞者，必以語季通焉。異篇奧傳，微辭窔義，多先令討究，而後親折衷之。故嘗輯其問答之辭曰翁季錄

陸隴其問學錄　蔡公抗云：翁季錄久未得出以流行於世，則朱子之語，為語錄所未載者亦有矣。

其昌按：此書為朱子門人記錄中最可珍貴，已如上述。今記朱子語者，一百數十餘家，皆傳於世。（亡者無幾）而獨於最可珍貴者，散佚無一字之存，宜稼書謝山二先生，惋惜不置也。（全氏惋惜語見宋元學案西山學案小序）全氏又云：惜夫翁季錄之不存也。蓋三致意云。

劉剛中記語錄（可輯書佚）

宋元學案　劉剛中，字德言，光澤人。（中略）篤志於道，朱子易其字曰近仁。（中略）著師友問答。（滄洲諸儒學案）

其昌按：劉氏錄不見今本語錄，蓋不爲李氏兄弟蔡氏吳氏黃氏黎氏所見，佚已久矣。惟宋元學案採有二十三條，殆謝山得之永樂大典者也？今已輯入語類輯補中。（下同）

梁瑑記語錄（佚書）

宋元學案：梁瑑，字文叔，邵武人，從遊於朱文公，刻志勵學，文公多許可之。又輯文公語錄。

其昌按：今本語類無梁氏所記，則此書已久亡，竟片語不存矣。（若謂輯本則亦未見。）

周僩記語錄（書佚可輯）

書傳輯錄纂注引有周僩記語錄

其昌按：語類有沈僩，字莊仲，又字杜仲，然非是此書。原引作周僩錄師說，然堯典一篇，已周僩沈僩並引，可證其爲二而非一矣。今本語類惟有沈僩而無周僩，蓋周錄在當時爲別行之本也。

呂德明記語錄（書佚可輯）

詩傳遺說引有呂德明記語錄

其昌按：語錄有呂燾，字德昭，呂煥，字德遠，然皆非是。遺說亦引有呂德昭錄。惟朱文公易說內所引呂煇，亦爲今本語類所無，或即此人。

王遇記語錄（書佚可輯）

其昌按：以下至精舍記聞，俱朱文公易說所引。

朱文公易說引有王遇記語錄。

其昌按：今本語類有王過錄，考王遇，字子合。王過，字幼觀。二人非一人。

黃有開記語錄（書佚可輯）

朱文公易說　引有黃有開記語錄。

詩傳遺說　引有黃有開記語錄。

蔡念成記語錄（書佚可輯）

朱文公易說　引有蔡念成集錄。（又引有蔡念成述李燔所聞）。

詩傳遺說　引有蔡念成述李燔所聞。

其昌按：此錄當有二，一蔡氏直記親炙朱子之語。一當是李氏述其所聞於朱子者，而蔡氏輾轉錄之。

周標記語錄（佚書可輯）

朱文公易說　引有周標記語錄。

范元裕記語錄（書佚可輯）

朱文公易說　引有范元裕記語錄。

呂煇記語錄（書佚可輯）

朱文公易說　引有呂煇記語錄。

其昌按此與語類所載李煇錄呂煥錄皆異。朱文公易說亦有李煇錄，（見卷二十）然引呂煇所錄特多。

蔡聚記語錄（書佚可輯）

朱文公易說　引有蔡聚諸說。

其昌按：原題必有誤，恐是蔡聚諸人合記朱子之說也。

精舍記聞 精舍諸生合記。（書佚可輯）

朱文公易說 引有精舍記聞。

詩傳遺說 引有精舍朋友雜記。

其昌按以上皆朱子明先生朱文公易說所引，（亦有見於詩傳遺說所引）而不見於今本語類者也。今本語類脫漏之多，不可勝言。（其昌另有語類斠補。）惜當時無起而校補之者；惟子明先生克紹家學，博學無方，故其所引，字字句句皆有所本，與尋常之轉抄互襲者異也。又語錄本皆散出，李道傳初集得三十三家，（後又補入一家。）李性傳再集得四十一家；蔡抗又集得二十三家；吳堅又集得二十九家；黃士毅補之，又八九家，層出不窮；如掃落葉，則其或有遺脫，勢所不免。如精舍紀聞，精舍諸生所記外人宜不易見。又如范元裕為朱子之壻，故其所記，獨藏之於朱子家內，宜惟子明先生得見，皆事之固然，無足奇者。然吾疑當時士子之所記，尚不止此也，特囿以寡淺之見聞耳。

又按王遇字子合，龍溪人。第乾道進士。歷長樂令，通判贛州，後官至大宗正丞，司封郎中。蔡念成，字元思，隱居不仕。朱子沒，心喪三年。德安人也。范元裕，字益之，進士，朱子次女夫。餘或未詳，而待攷也。

過庭所聞 朱在記。（佚書）

文獻通攷 朱在過庭所聞曰：『集注於正文之下，止解說字訓文義，與聖經正意。如諸家之說，有切當明白者，即引用而不沒其姓名。如學而首章，先尹氏而後程子，亦只是順正文解下來，非有高下去取也。章末用圈而列諸家之說者，或文外之意，而於正文有所發明，不容略去；或通論一章之意，反覆其說，切要而不可不知也。（卷一百八十四）

其昌按在字敬之，一字叔敬，朱子季子。寶慶中，為吏部侍郎。能傳朱子家學，向疑朱子門人所記，如此其富，而庭訓家學，闕焉無聞？觀於此，益歎朱子遺語之散佚者衆矣！今原書他無可考，亦無可再輯，所存者，惟此一條而已。

朱子年譜考異　文獻通攷引朱在過庭所聞，是敬之有此書矣。今語類無攷。

其昌按朱子一生門人不下數千，其有事實至今可攷者，尚五百餘，而今本語類所搜輯者，但百餘家耳。則其脫漏，可謂甚矣。（五百人固非人人有錄，然脫漏恐至少亦四五十人，今人動言朱子語錄悉萃無遺，何其所見之淺狹也。）此亦朱子語錄之一，而爲朱子語類所遺者。文獻日遠，微言就滅，古今有同感焉。

朱子語略二十卷　楊與立編。（佚，書今存一卷，散見。）

倪燦宋史藝文志補　楊與立編朱子語略二十卷。

宋元學案　楊與立，字子權，浦城人，受業朱子，嘗知處州遂昌縣，學者稱船山先生。所著有朱子語略二十卷。（引閩溪志見滄洲學案）

其昌按今本語類，楊氏所記，存一卷而已。原卷得自饒錄第二十四卷，則楊氏二十卷本原書，李性傳時，已不可見矣。

李閎祖記問答十卷　（佚，書今存一卷，散見。）

宋元學案　李閎祖，字守約，光澤人。第嘉定辛未進士，調臨桂簿，辟古田令，改廣西帥幹，改秩卒。有問答十卷。

其昌按今本語類，李氏所記，惟存一卷而已。十卷原本已佚。（見池錄五戊申所聞。）

鄭可學記師說十卷　（佚，書今存一卷，散見。）

宋元學案　鄭可學，字子上，莆田人，自號持齋。前後三奉大對，晚以特科調衡州司戶。著師說十卷。

道南源委　公晚歲嘗曰：吾所聞於師者，皆精微要妙，口傳而不書者也。今老矣，不可獨善其身，將書之以淑斯人。因爲師說十卷。

其昌按今本語類，鄭氏所記，惟存一卷而已。十卷原本已佚。（饒錄十六辛亥所聞。）

滕世文記疑義問答　（佚書）

宋元學案：嚴世文字時亨，一字亨父新喻人。隱居不仕，師事朱子。有疑義問答。（引新喻縣志。）

其昌按今本語類無嚴氏所記，此書已久亡已片語不存。

建安朱子別錄二十卷吳堅集（佚書今存三卷散見）

吳堅朱子別錄後序：果齋先生，先君子畏友也嘗介以登朱子之門。（按然則堅亦朱子弟子矣。）堅由是多見未行語錄，手抄盈篋，凡六十五家。晚得池番本參考，刊者固已多，然黃士毅所自錄及師言則亦三錄所未有，若李壯祖張洽郭逍遙所錄，（按李壯祖錄後見蜀類。張洽錄，後池州有補刊。）亦未有也，竭來閩中，重加會稡，以三錄所餘者二十九家，又增入未刻者四家，自為別集，以附續錄後集之末。

其昌按：堅履歷各書皆無考。（如宋元學案考亭淵源錄，道南源委，儒林宗派，洛閩源流錄等）今可知者：堅天台人，（字失）初師眞西山李宏齋（燔）於長沙，繼事李果齋（方子）遂登朱子門。後官至福建漕使。（按常熟瞿氏藏宋刊本張子語錄龜山語錄底頁有文云『福建漕天台吳堅刊』由此考得。）除編輯朱子別錄刊行外，又曾刊橫渠語錄，（三卷，後錄二卷。）龜山語錄（四卷，後錄一卷今兩書皆存考證見上。其餘見堅之後序）云。

黎靖德語錄考訂：建別錄又多諸書所已見者，删去之餘十之二三耳。　建別錄第十九卷不知何氏錄，中有『師邦』字，乃趙恭父也。二十卷中有『礪曰』字，乃劉用之也。此二卷或二人所錄。

其昌按此書二十卷，今惟存十八十九二十等三卷。其餘雖間有複出，然黎氏暗中擠削，遂至曖昧不明。（其餘十七卷，惟李壯祖張洽二家確係複出可考。）豈複出者有十七卷之多乎？即然，何不明標卷目公布於天下後世耶。然則此書已等於散佚，而黎氏亦不得辭其疏略之咎矣。

蜀本朱子語類一百四十卷　黃士毅編。（書佚散見）

其昌按：語錄散出，編之成類者，始自壺山先生。今序目尚存，一與今本語類無異。黎氏但一仍其門目耳。（四庫提要等或以分類創自黎氏者殊非。）此書或以爲一百三十八卷，（見王佖徽續類後序）非也。

黎靖德朱子語類序　蜀類增多池錄三十餘家，饒錄增多蜀類八九家。（按此除池錄而言。）而蜀類續亦有池饒三錄所無者。

其昌按：蜀類饒錄，同時並輯，各不相聞，故互有多少。

語類考訂　蜀類自有複見者。蜀類條目精詳，然猶有誤入類者。

其昌按：蜀類卷目，黃氏並未表列，故其中所載諸家，除池錄外，已無可攷。但知有三十餘家，與饒錄同。然亦不知其姓氏。其出於池饒三錄之外者，今亦無可考。所可攷者，惟黃士毅、李壯祖、李公謹、一之四家。一之無氏，當是林一之揆。（見儒林宗派。）此書雖佚，然散於今本語類，尚十存八九也。

徽本朱子續語類四十卷　王佖編。（書佚散見）

其昌按：王氏履歷無考。（續文獻通考云：王佖，東陽人。）

王佖朱子語類後有序　語類流傳，而微言精義，猶有所遺。佖每加訪求，得所未見。朋友知舊，亦頗互出所有以見示，凡三十有餘家。用子洪已定門目，粹爲續類，凡四十卷。

語類攷訂　徽續類，尤多前類所以見者，又自有複出者。續類會粹，當無遺矣。然池錄中猶有十餘條未入。

其昌按：此書原本雖佚，然亦十之八九已見今本語類。但卷目則完全無考。所云三十餘家，複見三錄蜀類者，已全不可知。其餘可考者，僅二家耳。一爲黃士毅，（已見蜀類）二爲枅，無姓氏。按朱子門人名枅者二：林枅，字子方；陳枅，字自修。此恐是陳枅。

紫陽格言　葉士龍編。（書佚散見）

朱子語錄十八卷　葉士龍編（佚書）

其昌按：二者並非一書。

書傳輯錄纂注　引有紫陽格言。

宋元學案　葉士龍，字雲叟，括蒼人，從學勉齋。馮雲濠曰：先生號淡軒，嘗爲考亭書院堂長，編朱子語錄十八卷。（勉齋學案）

其昌按：以書傳輯錄所引紫陽格言，校今本語類，則多爲今本語類所無。葉氏師勉齋，其必有所本矣。以此例推，則其所編朱子語錄可知矣。

又按：國立京師圖書館尚藏有葉編朱子語錄，爲一元刊殘本，出自大內，曾親見之。惟紫陽格言未見。

紫陽宗旨二十四卷　王佖編（佚書）

續文獻通攷　王佖紫陽宗旨二十四卷。

其昌按：是書四庫全書退入存目，是乾隆時，尚有傳本。焦竑國史經籍志作三十八卷。

道家類

陰符經考異一卷（佚書）

續文獻通攷　朱子陰符經攷異一卷。

其昌按：朱子於道家書，今存陰符經參同契注外，尚有參同契考異及此書，惟此書未見。

雜家類

校正裨正書三卷　唐陳昌晦撰（佚書　校定書）

其昌按：呂晚邨刊朱子遺書，刊入上蔡語錄，人不以爲非，則此書亦在所不棄。

裨正書序　裨正書三卷，唐陳昌晦撰。凡四十九篇，熹所校定，可繕寫。此書得於其家，書雖晚唐偶儷之體，而時出奇澀，殆難以句讀也。相傳寖久，又多譌謬，無善本可相參校，特以意私定其一二，而其不可知者，蓋闕焉。

其昌按：此時朱子爲同安主簿。朱子一生著述如山，而此書最爲先成，更在上蔡語錄之先。（上蔡語錄成於三十歲，此書成於二十四）今上蔡語錄，布在海內，若此書則非惟朱子校本渺不可得，卽陳氏原書亦亡已久矣。　又按：陳氏履歷無考，惟朱子稱其潔身江海之上，不汚世俗之垢紛而已。

佚書考五之四下

集部楚辭類

楚辭音考一卷（佚書）

答鞏仲至書　楚辭寄數板，節次發來爲幸。嘗編得音考一卷，音謂集古今正音協韻，通而爲一；考謂考諸本同異，只欲別爲一卷，附之書後，不必攙入正文之下，礙人眼目，妨人吟諷。但亦未甚詳密。正文有異同，但擇一穩者爲定可也。

其昌按：今本楚辭集注正文之下，注文之上，間有音叶校勘，與此所言略近。然正攙入正文之下，與答鞏書所言，適得其反；可知非卽此書。又集注所附音叶極簡略，與此所言『集古今正音協韻而通之』者不符；又其所校，但云『某，一作某』，與此所云『臚考諸本同異』者不符，則此又佚書之一矣。

校定楚辭協韻一卷　黃銖撰。（佚書　校定書）

其昌按：銖字子厚，建安人，隱居不仕，與朱子同爲劉屏山弟子。工詩，（極高古，逼六朝。）善楚辭，亦能詞。（見周密絕妙好詞）宋藝文志有銖楚辭協音一卷。（又著有穀城集五卷，今二書皆不傳。）

答吳斗南書別紙　楚辭協音一本納上，其間尚多謬誤，幸略爲訂之，復以見諭，尚可修改也。

其昌按：朱子門人楊楫跋楚辭集注云『慶元乙卯，楫侍先生於考亭精舍。時朝廷治黨人方急，先生憂時之意，屢形於色。忽一日出示學者以所釋楚辭一編。……』觀此，則朱子於辭楚用力已深，但集注至乙卯始出耳。校定此書當在集注前，既云尚多謬誤，尚可修改，則此書雖爲黃氏原稿，而爲朱子所修改者，亦已不少矣。

別集類

杜詩考異（擬撰書）

語類　杜詩最多誤字，蔡興宗正異固好；（按晁德昭郡齋讀書志云：蔡興宗編次杜詩二十卷，頗以意改定其誤字云：）而未盡。某嘗欲廣之作杜詩考異，竟未暇也。如『風吹滄江樹，西灑石壁來』。『樹』字無意思，當作『去』字無疑。『去』字對『來』字。又如蜀有漏天，以其西北陰盛，常如雨天之漏也。故杜詩云『鼓角漏天東』。後人不曉其義，遂改『漏』字爲『滿』。似此類極多。（卷之一百四十，吳雉記。）

其昌按：朱子不但邃於理，其文與詩，皆蔚成大家。世人但知朱子文宗韓，故撰考異，而不知其詩宗杜，且亦撰考異也。（語類記朱子燕居時，好誦楚騷杜詩韓文。）後世知有此書者，惟一仇滄柱耳。（仇兆鰲杜詩詳注云：杜詩坊本字畫差訛；蔡興宗作正異，朱文公謂其未盡。如『風吹滄江樹，』樹當是去；乃音近而訛。『鼓角滿天東，』滿當是漏；乃形似而訛。當時欲作考異，未暇及也。）

語類　『天闚象緯逼，』蔡興宗作『天闕，』近是。（蔡云古本作闕，史以管闚天。卷一百四十，蕭佐記。）

其昌按：朱子於此書，雖未及撰，而其概梗可考見者如此。

又按：蕭佐所錄，爲甲寅所聞。（朱子年六十五。）是朱子之欲撰杜詩考異，且更在韓文考異之前也。

昌黎文粹

其昌按：此書卷數不可考。下歐曾文粹以四十二篇而成六卷，則此書當亦在二卷以上。

傳爲王文憲文集跋昌黎文粹云：『右韓文三十四篇得於考亭門人，謂朱子所選，以惠後學。觀其體致氣韻議論規模，可謂當乎其類，拔乎其粹者者也。程夫子謂韓子之學華，朱子謂其做閒雜文字多，故曰華。然亦些本領大節目處不錯，有七八分見識，氣象正大。又曰：韓文不用科段，直便說起去至終篇，卻自純粹成體，無破綻。又曰：韓文雖千變萬化，卻無心變，只是不曾蹉履玩味見到精微細密，此學者不可不知。若以資筆端發越義理可也。摹倣其所爲，則非朱子教成之意云。』（明刊足本卷十一）

其昌按：考王氏文集，則得朱子手帖，爲文集中所未載者至數十通之多。（惜原文不附載。）以此推知王氏得朱子不傳遺著至多。『王氏爲朱學嫡傳宗子，又其祖藺爲朱子好友。則宜其得朱子遺著。』今此書，惟賴王氏之文，得傳其名於後，然亦僅矣。惜其目不傳，不然可以按目重輯也。

橫渠別集（佚書）

其昌按：余另有橫渠崇文集傳刊攷，專詳之。此約其辭。

答羅參議書　汪丈寄橫渠三書來。（按三書：一爲文集，卽崇文集。其一以答何叔京書考之，爲孟子解。其一不可考。）此爲校補甚多，勢須刊作一本。蓋補綴不好看也。

其昌按：汪玉山刊橫渠崇文集於蜀中，其書雖出於橫渠後人，而疏漏特甚。及玉山刊成，以示朱子，則已無及。故朱子欲補作別集。

答呂伯恭書　橫渠集刊行甚善，但不知用何處本？若蜀中本（按此卽汪玉山刊本。）則所少文字尚多，俟寄來看，或當補作別集也。（按東萊所刊，正用蜀中本。）

其昌按：此後又一書云『橫渠集已畢未耶？早以見寄，幸甚。』朱子於一歲之中，再三致書，則其欲補成別集之心甚亟，可以見矣。

答呂伯恭書　寄及橫渠文集（按前二書在癸巳，此書在甲午，蓋至是始刊完，故東萊寄以示朱子也。）此有寫本，比此增多數篇，偶爲朋友借去，俟取得寄呈，可作別集，以補此書之闕也。

其昌按：朱子答魏元履書自注云：『橫渠有數篇謝人薦舉書，甚佳。』疑此卽與東萊書所云：『此有寫本數篇，偶爲朋友借去』之文也。此數篇文字已不可復得，但能藉此考見當時橫渠別集中或有此數篇文字也。

又按：朱子與羅參議書則曰：『勢須刊作一本。』答呂伯恭書，一則曰：『卽作別集。』再則曰：『可作別集』則朱子補編橫渠別集之心，蓋蓄已久。以下東萊答朱子書考之，則此書竟能編就，今則橫渠崇文集正集人已不能舉其名，況別集哉。

東萊呂太史集　答朱元晦侍講書云：『橫渠集續收者，（按續收者，恐卽朱子將編就別集寄去。）本欲便刊；以近得張丈書，（按：張丈，卽南軒。）復尋得一二篇，俟其送至，乃下手。』

其昌按：觀此，則別集之刊，度其勢，東萊不能自止，不知宋刊本今尚有存否。然歷考著錄各家，自宋迄今，非惟別集二字，從無一人言及，并崇文集世亦無知之者矣。張子之不幸，一至於是乎！（崇文集其昌有輯本。）

校定陳簡齋詩集（原書存，校本佚。）

答蔡仲至書　向說簡齋詩有合改定處，如能爲之料理，幸爲印一本寄。只用粗紙，庶得就册涂改，附回改正易爲力。（按：此初校。）

答蔡仲至書　簡齋詩已領。但得閩本就校，卽刊修。覆校尤易爲力。旦夕稍暇，或取此間所有者涂改寄呈也。（按：此覆校。）

答蔡仲至書　陳詩誤字，今用別紙錄去。預逐字分付修了，看過就此句消了，方再付一字，乃可無誤。此雖細事，然亦須經歷，方見自然成法也。（按：此三校。）

其昌按：觀此三書，則可知朱子於簡齋詩，曾覆校三四過矣。雖簡齋詩自是南宋大宗，別有可動人處，然朱子之於詩，亦可謂嗜好篤而用力深矣。（今簡齋詩，今四部叢刊有影宋本，然非朱子所校本也。）世皆知朱子之曾校昌黎集耳。一二考古之士，始知朱子又曾校說文，玉篇，廣韻，急就章等。（如陳蘭甫）然未嘗有人知朱子曾校簡齋詩也。

跋陳簡齋帖　簡齋陳公手寫所爲詩一卷，以遺寶文劉公。劉公嗣子觀文公愛之，屬廣漢張敬夫題其籤。予嘗借得之，欲摹而刋之江東道院。竟以爲不能得善工而罷。

其昌按觀此朱子於簡齋詩也不特校之而又欲刊之；不特欲刊之，且欲得良工刊之也。朱子之於簡齋詩何其眷戀之深耶。

清邃閣論詩　古人詩中有句今人詩更無句只是一直說將去這般詩，一日作百首也得如陳簡齋詩『亂雲交翠壁細雨濕青林』。『暖日薰楊柳濃陰醉海棠』。他是甚麼句法！（玉本朱文公集）

其昌按朱子於簡齋詩右之如此。宜其不厭再三校也。

又按宋史陳與義傳，（陳與義字去非陳希亮之曾孫官至資政殿學士本傳見宋史卷四百四十五文苑七）稱其尤長於詩體物寓與淸邃紆徐高舉橫厲上下陶謝韋柳之間。（按朱子以爲作詩宜從韋柳入手上溯陶謝；以探三百篇之源，則其右簡齋詩，固其宜也。）與朱子之說可相參考。

朱子前集四十卷（佚書散見）

朱子後集九十一卷（佚書散見）

宋史藝文志　朱熹前集四十卷後集九十一卷

其昌按此二本文公季子在編其餘一百卷本不知何人所編。（後附李果齋撰年譜三卷。當是朱門所編。）志雖著錄此本，然朱子本傳，已言生平所爲文凡一百卷又文獻通攷，直齋書錄解題，皆惟著錄一百卷本則此書當南宋之末，已不傳於世。則潘氏所云『小人在所毀棄』之言，爲不誣矣。若然，則一百卷本等於輯佚，已失去三十一卷。雖卷帙厚薄，各有不同，然一遭毀棄，祇是益少，斷不加多也。又世人每言一百家卷，有浙閩二本。閩本爲季子在所編者，皆非也。

潘璜晦庵文集目錄序　獨慨公老慶元間，學禁方厲。片詞隻字所在毀棄。未嘗不掩卷嘆息，惡小人之罔極。淳祐以來，區區掇拾，已非復公季子在初類次本。而王會之祝伯和廣伯生家藏與陸王帖梅花賦諸篇往往尙佚弗錄。

其昌按：觀此，則一百卷本編於淳祐以後，距朱子之末，已五十餘年矣。則爲輯佚本無疑。是時及登朱子門者，皆已死亡殆盡。文字日就澌滅，宜其殘缺至三十餘卷之多也。後人尚奉此一百卷本爲朱子大全集也，哀哉！

又按潘氏所舉缺目，今惟虞伯生所藏與劉晦伯書，（見道園學古錄。）及梅花賦，（見玉本朱子集。）二篇已輯入拙編朱子外集中；餘概未見。（當竭吾力以求之。）

朱子別集二十四卷（佚書散見）

宋史藝文志 朱熹別集二十四卷

其昌按：朱子別集今存十卷。然有黃鏞目錄序可考。是余師魯所編者，本祇十卷，原未嘗缺。然其書編於咸淳以後，則距朱子之沒，已八十年，是宋志所載別集，恐非即余氏編本也。今余氏十卷本存，而宋志二十四卷本反無考。是朱子別集，又已佚其半矣。

朱子文集一百五十卷 黃士毅集。（書佚散見）

道南源委 黃公士毅，嘗撰次文公書說七卷，文集一百五十卷，語類一百三十八卷。（宋元學案略同。）

其昌按：編次朱子文集，此本爲最富矣。壺山先生久待朱子，所得遺文，必多今集所無者。惟今已不可考見矣。

南康集（佚書散見）

朱文公別集 與西原崔嘉彥 與黃商伯 與楊伯起 與葉永卿吳唐卿周得之李深子 與馮儀之 赦後祭□□祝文 又詩三首（目不具） 題記十四首（目不具） 啓二首（回衆解元回待補生） 公移八十五首 皆注題下云：見南康集。（凡一百十首）

其昌按：余師魯編別集，原欲以彌文集續集之缺，故每文下，必注所從來。如云：『某人家藏手蹟』或：『見於某書』。綜覈得於家藏手蹟者約十之七。得於南康集者，約十之二。得於大同集，及其他各書者，約十之一。南康集，今書不傳。不知何人所編。然以今度之，其書當視陳利用所編之大同集，絲毫無二。當是朱門弟子專編朱子在南康時及與南康有關之文字而成，或較大同集篇幅爲富耳。今大同集有元至正本傳世，（其昌有影至正抄本。）而此書久絕，惟賴別集，僅得傳其書名耳。然余以大同集校別集，別集採大同集以補正續集者脫漏有五六篇之多，此書卷帙較大同集爲富，則其脫漏當亦更多，竟無從求矣，惜哉！

總集類

古今詩選（未成書）

答鞏仲至書：古今之詩凡有三變。蓋自書傳所記虞夏以來，下及魏晉，自爲一等。自晉宋間顏謝以後，下及唐初，自爲一等。自沈宋以後，定著律詩，下及今日，又爲一等。然自唐初以前，其爲詩者固有高下，而法猶未變。至律詩出，而後詩之與法，始皆大變。以至今日，益巧益密，而無復古人之風矣。故嘗妄欲抄取經史諸書所載韻語，下及文選漢魏古詞，以盡乎郭景純陶淵明之所作，自爲一篇，而附於三百篇楚辭之後，以爲詩之根本準則。又於其下二等之中，擇其近於古者，各爲一編，以爲之羽翼輿衛。（且以李杜言之，則如李之古風五十首，杜之秦蜀紀行、遣興、出塞、潼關、石壕、夏日、夏夜諸篇，律詩如王維韋應物輩，亦自有蕭灑之氣。未至如今日細碎卑沉無餘味也。）其不合者，則悉去之，不使其接於吾之耳目，而入於吾之胸次，要使方寸之中，無一字世俗言語意思，則其爲詩，不期於高遠而自高遠矣。然顧爲學之務，有急於此者，亦復自知材力短弱，決不能追古人而與之並，遂棄去不復能爲。（按羅大經鶴林玉露特引此書，爲朱子論詩之標準。詩人玉屑亦引此書。）

其昌按：朱子深於詩，於五言古詩，尤覺蒼鬱古茂。其所交一時詩人，師則劉屏山，友則王梅溪、胡澹庵、楊誠齋、尤延之、陸放翁、辛稼軒、韓無咎、張安國、袁機仲、洪景盧、周子充、葉水心、呂伯恭、陳同甫。（尚有一黃子厚，朱子亟稱之，惜其人早死，其詩不傳。）從遊則趙昌父、樓攻瑰、鞏仲至（仲至名豐，東萊門人。最工詩，曾釋石鼓文，以爲秦刊，見楊慎丹鉛錄）無不與之唱酬和答，交好往還。此所選著後雖棄去，不復果成，然後世如沈歸愚古詩源，已不能出此範圍矣。其所論亦甚是，深於詩者，自能知之。

李東陽懷麓堂詩話　晦翁深於古詩，其效漢魏，至字字句句，平側高下，亦相依倣。命意託興，則得之三百篇者爲多。

四庫全書提要　濂洛風雅提要云：『昔朱子欲分古詩爲兩編而不果。朱子詩學顓邃，殆深知文質之正變，裁取爲難。』

其昌按：以上二則皆足爲吾說之旁證。然此特舉千萬中之一二耳。丁部之學深慚枵腹，未暇博徵也。

歐曾文粹六卷（佚書）

魯齋王文憲文集　跋歐曾文粹云：『右歐陽文忠公南豐曾舍人文粹，合上下兩集六卷，凡四十有二篇。得於考亭門人，謂朱子之所選。觀其擇之之精，信非他人目力所能到。抑又嘗聞朱子取文字之法，文勝而義理乖僻者不取，贊邪害正者，文辭雖工不取，釋老文字須如歐陽公登眞觀記，曾南豐仙都觀記，菜園記之屬，乃可入。此可以知其取舍之意矣。又曰：歐陽公文字敷腴溫潤，曾南豐文字又更峻潔。又曰：南豐文字說得通透，如人會相論底，一齊指摘說盡了。歐公不盡說，含蓄無盡意。又好。曾所以不及歐，是紆徐曲折處。又曰：文字好處只是平易說道理，初不會使差異的字換尋常字。自蘇東坡文出，便傷於巧，議論有不正處，只就小處起議論。此皆朱子論文之法，學者不可不知，因併識之云。』

其昌按：此書與昌黎文粹，當爲朱子同時所輯。竊嘗謂古文一道，昌黎極陽剛之長，歐曾盡陰柔之美。朱子雖瓣香南豐，而實兼韓長。（此非阿好，多讀朱子古文自見）故特選三家文粹，實隱然已開文章分陰陽剛柔之先聲。惜兩書之目不存，不然可與曾文正公古文四象相對戡也。

文評類

文說一卷　包揚記。（佚書）

直齋書錄解題　文說一卷，南城包揚顯道錄朱侍講論文之語。（文獻通攷略同）

其昌按：原本文說，據包恢跋，謂已亡於火。陳氏所見，當是湯氏藏本。（考證見上朱子別錄。）

黎靖德朱子語類序　饒錄四十二卷，無題文說者。（按饒錄第四十二卷，無記者姓氏。）以靖德考之，疑包公揚所錄。蓋公之子衔書恢容刻公所輯文說一編，視此卷雖略，（按觀此則饒錄所載文說已有殘缺，而非卽包氏之原刊本矣。）而饒後錄所刊包公錄中往往有此卷中語，是知此爲公所錄無疑。

其昌按：黎氏之考甚是。然陳氏之所見者，包氏之原本。饒錄之所載者，不全之另本。饒後錄之所收者，散亂之雜本。（饒後錄，包揚錄凡四卷。而文說一卷卽散見此四卷中。）則文說一書雖散見於今本語類，而亦非全璧矣。

晦庵詩話一卷（疑佚書）

述古堂書目　詩話類，晦庵詩話一卷。（卷二）

其昌按：此書疑卽玉本及徐樹銘緝本文集之淸邃閣論詩而別行者，然乏佐證，不敢必。

遊藝至論（佚書）

絳雲樓書目　文說類，朱文公遊藝至論

其昌按：此書不著卷數，不詳內容，述古堂書目無攷，蓋隨絳雲樓而俱燼者，竟不知其爲何如書也。

李後主的著述及其版本

曹雨羣

我發心做李後主作品輯佚的工作，是在去年的冬天，後來興趣銷沈，許久不曾搜輯。忽忽經年，所有的收穫，除掉一些南唐史料和李後主詞話而外，僅得到詞四十九首，（比諸家輯本多三首）詩十八首，文四首而已。這一堆工作未完成的敗紙，正用得着『棄之如可惜，食之無所得』的批評。將來本刊有餘幅時，或許拿來補白。

我在沒有動手輯佚以前，曾經檢查過三十餘種書目，想知道李後主的集子在中國舊書裏的過程。最初我在徐鉉爲李後主作的墓誌裏，見到下列的話：

『酷好文詞，多所述作。……洞曉音律，精別雅鄭；窮先王制作之意，審風俗淳薄之原，爲文論之，以續樂記。所著文集三十卷，雜說百篇。——味其文，知其道矣。』（金陵局本徐騎省集卷二十九）

他所著『以續樂記』的書是什麼名字，徐鉉沒有說出來，各家書目也不曾載，想早已散佚了。宋仁宗慶歷元年（一〇四一），王堯臣等奉勅修成的崇文總目，別集類一，有李煜集十卷，李煜集略十卷；別集類五，有江南李王詩一卷。

所謂江南李王詩，是不是他的作品，自然是一個問題。就是『集』與『集略』是兩種東西還是一種，也有疑問。清秦鑒校刋崇文總目，就後一條是複出。然而通志卷七。藝文略八，宋史卷二〇八藝文七，所載皆同。總之已不是三十卷的本來面目了。郡齋讀書志卷十八載李煜集十卷；（文獻通考經籍考六〇別集即採此條，）宋尤袤遂初堂書目別集類有李後主集，不著卷數，都不曾提到集略。而且自此以後的書目，並李煜集或李後主集也沒有了。

我們現在且談一談他的雜說：雜說的內容如何，因爲我們無從得見原書，已在不可知之列。據史虛白的兒子（名已佚宋初入）所著的釣磯立談說：

『後主……承蹙國之後，羣臣又皆尋常充位之人，議論率不如旨。嘗一日歎曰，「周公仲尼，忽去人遠；吾道蕪塞，其誰與明？」乃著爲雜說數千萬言，曰，「特垂此空文，庶幾百世之下知我心耳。」』

似乎他著書的動機是在發牢騷。宋徽宗崇甯四年（一一〇五）馬令著成的南唐書，後主紀第五說：

『王著雜說百篇，時人以爲可繼典論。』

不幸魏文帝的典論現在也已散佚，就清代孫馮翼嚴可均等的輯本看來，內容似乎很複雜。我檢崇文總目，雜說不曾著錄。通志卷六八藝文小說家，有雜說六卷，李後主撰。遂初堂書目雜家類有李氏雜說，不知道是不是這種東西。宋史卷二〇五藝文四，有南唐李煜雜說二卷。其餘的書目，也都不曾談到牠。我們由數目字看起來，由百篇歸納到六卷，還不差什麼；由六卷減到二卷，數量似乎相去得遠了。通志藝文略是分類較仔細的書，把牠歸到小說家去，似乎與鈞磯立談南唐書的話都不很相符。但通志是倉卒編定的，（參閱國學季刊一卷二期顧頡剛著鄭樵傳）當然免不了疏略。我疑心被蟲池瑣錄保存下來的李後主書述，（佩文齋書畫譜卷十引）便是這雜說裏面的文章。如其這話能得到旁證時，雜說似乎更和典論相近了。

李後主作品的散佚，大抵是由於南宋以後不斷的人禍天災。而且他的作品，最好的自然是詞。他的其餘的作品散佚了，人們或許不很留心，至於他的詞，人們是寶愛護惜，唯恐散佚了的。遂初堂書目樂曲類有李後主詞。宋陳振孫直齋書錄解題卷二十一歌詞類，有南唐二主詞一卷，這是南宋初年的輯本，長沙書肆刊行的。（從王國維說）自此以後，他的詞並沒有單行本，總和他父親—南唐中主李璟｜所作的四首詞｜應天良望遠行各一，浣溪沙二。｜列在一處，合稱南唐二主詞。這書的版本，據我所知道的有下列幾種：

一、明萬歷己酉（一六〇九）常熟呂遠本

二、汲古閣鈔本

三、鐵琴銅劍樓藏蕭飛濤鈔本

四、清康熙己巳（一六八九）無錫亦園侯氏刋名家詞集本

五、光緒丁亥（一八八七）江陰金武祥粟香室叢書內重刻侯本

六、光緒辛卯（一八九一）平湖朱景行本

七、宣統己酉（一九〇九）沈宗畸晨風閣叢書內王國維校補本

八、杭縣邵長光輯錄稿本（未刻）

九、民國七年（一九一八）無錫圖書館校印無錫劉繼增箋補呂本

十、民國十年（一九二一）江山劉毓盤輯唐五代宋遼金元名家詞六十種輯本

這十種本子中，第二種第三種不知是一是二。近人瞿鏞鐵琴銅劍樓藏書目錄卷二十四詞曲類云：

『南唐二主詞一卷 舊鈔本

此書見直齋書錄，謂『卷首四闋中主李璟作，餘皆後主李煜作』。疑與馮延巳陽春集，皆出宋嘉祐中陳世修手輯。多從所見墨蹟錄傳，故有殘闕。邑人蕭飛濤鈔本。卷首有汲古閣朱記。』

瞿鏞所以有宋嘉祐（仁宗）中（約當一〇五六—一〇六三）陳世修手輯的推測，是由於他所藏的蕭飛濤抄本陽春集，係陳世修手輯並序的。我不曾見過蕭飛濤鈔本，不知收的是那一些詞；若以其他各種本子，証以書錄解題的說明及南宋人的各種筆記，似從王國維說爲允。朱景行本，邵長光本，我也不曾見過。汲古閣舊鈔本，侯本，（粟香室本）晨風閣本，皆從宋本之舊，收中主詞四首，後主詞三十三首。呂本的末了多後主搗練子令一首。諸詞排列的順序，四本皆同。劉繼增本從呂本，與晨風閣本皆有補遺。劉本補遺收中主詞一首，中主詞之存疑者二首，後主詞七首。晨風閣本補遺收中主詞二首，後主詞十首。劉毓盤本，收中主詞三首，後主詞四十六首。析後主詞雙調望江南二首爲單調四首。各本所收六首謝新恩，第一首原爲殘句，他刪掉了，從全唐詩併入第四首；故第二首爲臨江仙，第六首爲醉花間，析第四首爲臨江仙殘句二闋。各本所收的更漏子二首，他肯定爲溫庭筠的作品，不收。南唐中主應天長望遠行二詞，詞選中也有收作後主詞的；證以書錄解題的說明，實爲中主詞。他却收入後主詞中。又從邵長光本，收開元樂一首。編次以小令中調長調爲準，凡本係一詞而調名互異的，都改成一致。在南唐二主詞中，可謂別開生面的了。把各本比較起來，晨風閣本校刊甚精，劉繼增本箋註甚細，劉毓盤本根據的本子既多，校刊記半取材於晨風閣本，半出己見，尤爲細密。就是他編次的方法，也較之以前各本依宋本之舊隨得隨鈔漫無倫次的來得整齊。在舊本中，可以說是較好的了。最近商務印書館出版學生國學叢書中有戴景望編的李後主詞。雖然從劉繼增本，晨風閣本取材，却分望江南望江梅二首爲四首。編次以作者的生活爲標準，分爲三個時期。這是很合理的改革。除掉上了劉繼增的當，注釋得太繁瑣外，要算最適用，最易得的本子了。

——一二，一五，一九二七於文瀾閣。——

清代著述考

馬太玄　顧頡剛　合著

小　引

民國五年，我因病休學在家，那時初聞今古文之說，頗有意研究經學，對于清代人的著述很留意。但是一經留意，就覺得清代人的著述多極了，非替他們編排目錄不可。那時我歡喜買書，故對于目錄之學很有興味，興味遏不住，遂就家中所有的書，輯出清代人的著述名目。用了半年的功，寫成了二十册，編列了五百餘人。

但是十餘年來，事務的忙忙，興趣的改變，使我竟沒有繼續做這項工作。我雖覺得這一部書是應當有的，這半年的努力是不當丟掉的，可是只有白白地惆悵而已。上月，馬太玄先生來，見到這稿，願意替我補正，編排，這眞使我感激欣幸到了極步。現在本校圖書館週刊出版，就依了作者的生年次第，陸續刊出．讀者諸君如有新材料送給我們，非常感謝。

民國十七年三月十四日，　　顧頡剛記。

1. 嚴衍

嚴衍，字永思，號午庭，又號拙道人，南直隸嘉定人。生明神宗萬曆三年(公曆一五七五)，卒明安宗弘光元年(一六四五)，年七一。

嚴氏著述：

資治通鑑補二九四卷（清咸豐元年1851江夏童氏活字本，印行不多；光緒二年1876思補樓校印本，八冊。清章和豫刊誤二卷，附後，盛氏活字本。補正三卷，清道光刊本。

易說(未見，見今人鄧實撰小傳。)四書說(同上。)

名谿亭問答(同上。)

詩文集(同上。)

明萬曆中，補縣學生。與李流芳（字長衡。1575－1629。）暨方中友善。時邑中諸名宿皆以詩文自名，先生獨專心古學，恥以詞華炫世。年四十一(1615)，讀司馬溫公資治通鑑而好之。晨夕探索，至忘寢食。又以溫公著書，意在資治，故朝章國政，述之獨詳；而家乘世譜，紀之或略。其於人也：顯榮者多而遺逸則略，方正者多而節俠則略，丈夫者多而婦女則略。乃援引正史，及它書以補之。或補爲正文，或補爲分注。其補正文之例有二：有通鑑所已載，而事或闕而不周，文或簡而不暢 則逐節補之。有通鑑所未載，而事有關於家國，言有係於勸懲，則特筆補之。其補分注之例有三：一曰附錄，事雖采而或涉於瑣，或近於幻，故不以入正文。一曰備攷，通鑑之所載如此，它書之所載如彼，雖兩不相合而事屬可疑，故兩存之。一曰補注，胡身之注所未備，或有譌舛，則以己意釋之；其所取材，則十七史居十之九，稗官野史居十之一，而要以法戒爲主；其有關勸懲，雖小史必錄。苟無所取義，雖正史亦刪。要使學者欲攷興亡則觀政於朝，欲知淳薄則觀風於野，欲樹弘猷則法古人之大道，欲修細行則拾往哲之餘芳。人無隱顯，道在者爲師；行無平奇，濟物者爲尙。蓋其自序如此。又……於周赧入秦之後，改稱前列國；五季迭興之世，改稱後列國。進蜀漢於正統，黜武氏於附載，此又取紫陽綱目之義以彌縫本書之闕者也。……上節錄淸錢大昕撰先生衍傳，在潛研堂文集三八葉一至五。

先生精易理，通史學，補資治通鑑，三十年而成。人才政績，逸于爾本者，闡揚殆盡(今人鄧實撰小傳)。

2. 錢謙益

錢謙益，字受之，號牧齋，又號蒙叟，又號東澗遺老，南直隸常熟人。生明神宗萬曆一〇年(公曆一五八二)卒淸仁帝康熙三年(一六六四)，年八三。

錢氏著述列下：

初學集一一〇卷(見淸戴亨衢等禁書總目。原刋本，上海新印本。)

有學集五。卷(同上。同上，同上。)

牧齋文鈔(同上，同上。)

牧齋詩鈔(同上，同上。)

牧齋性理鈔珍(同上，同上。)

列朝詩集八一卷(絳雲樓選，汲古閣刊本，上海國粹學報館本，五六冊。)

列朝詩集小傳(同上，同上。)

大方語範(同上，同上。)

明史斷略(原刻本，師範學堂鋼筆版本，國粹學報據昭文瞿氏鐵琴銅劍樓鈔本刊報內。)

吾炙集(竑南補刻佚叢本。)

牧齋集外詩(竑南補刻佚叢甲集本。)

牧齋尺牘一卷(見禁書總目。原刊本。國粹學報本，三冊。)

杜工部集注二〇卷(見禁書總目。原刊本，四冊。國粹學報館本，時中書局本，八冊。)

國朝羣雄事略八卷(見銷燬，抽燬書目。二本。)

投筆集一卷(一冊，國粹叢書二集本。清錢曾箋注，國粹學報館本。)

黃山遊記一卷(抄本附投筆集後。太玄補。)

絳雲樓書目(清陳景雲注，四卷，伍崇曜粵雅堂叢書九集本。太玄曰：丁日昌持靜齋書目卷二史部目錄類葉二云，七四卷。注「精鈔本，陳景雲校勘，每書名上下端，皆硃筆注其出處，及各本異同。又一部，舊鈔本，汲古閣毛子晉藏，亦有硃筆校過，但比前書約少十之五六耳」。莫友芝持靜齋藏書紀要卷下葉一三，「絳雲樓書目一冊，毛晋藏，钞本，录陈景云校勘」。又丁仁八千卷楼有：孫愷卿鈔本．曹倦圃鈔本，粤雅堂本。

（附）牧齋遺事一卷，（不著撰人名氏。古學彙刊第一集本。）

金剛鈔

心經蒙鈔十卷附首末二卷（鄧實云：友人余同伯已爲開雕。）

心經略疏小鈔二卷（靈驗集本）

佛頂蒙鈔（太玄曰：「卽大佛頂如來密因修證了義諸菩薩萬行首楞嚴經疏解蒙鈔之略名；故或稱楞嚴蒙鈔，或稱佛頂蒙鈔。蕭孟昉杭州報恩院刻本，蘇州瑪瑙經房刻本，揚州藏經院刻本。

華嚴經注（鄧實云：聞常熟有人珍藏其鈔本者，未得見也。）

脚氣漫稿

憨山夢遊全集五五卷（明釋德清撰。錢氏校讐。太玄曰：錢氏乃德清歸依弟子，故夢遊集中自稱海印弟子也。）

自金剛鈔以下，均見年譜。

洪武實錄辨誤

開國功臣事略（清章帝順治七年一〇月，絳雲樓火，此書亦成煨燼，惜哉！）

紅豆山莊雜錄（丁仁八千卷樓鈔本。）

以上太玄補。

（附）牧翁先生年譜一卷（崑山葛萬里編。國粹學報六五期刊。）

列朝詩集子目（絳雲樓原刻本。）

乾集二卷　甲前集一一卷　甲集二二卷　乙集八卷　丙集一六卷

丁集一六卷　閏集六卷

明史斷略子目：

洪武起兵　平定東南　集師滁和　定鼎金陵　宋事始末　洪武平漢　洪武平吳　洪武平閩　平方國珍　平定兩廣　北定中原　故元遺兵　洪武平夏　略下河東　戡定關中　洪武平滇　封賞功臣　褒顯忠烈　正位分藩　封國燕京

以上洪武

靖難師起　轉戰山東　再出河北　長驅金陵　入正大統　燕王起兵　壬午殉難　三征　開設貴州　開設交趾　平山東盜　河漕轉運　治水江南

以上永樂

太子監國

以上洪熙

征漢廢人

以上宣德

麓川之役　王振用事　土木之變

以上正統

南內復辟　石亨之變　誅曹吉祥

以上天順

平藤峽寇　汪直　平固原寇　開設鄖陽

以上成化

平河北賊　定化之變　劉瑾之變　平江西寇　勦平蜀寇　勦清平

第一卷　　第一期

苗　再平江西　平郴桂寇　封寧庶人　江彬之變　誅滅岑猛

以上正德

庚戌之變　更定祀典　沿海倭寇　議復河套　俺答封貢　世宗崇道教　嚴嵩專權　再定大同　勘定安南　平湖貴苗　追戮仇鸞

以上嘉靖

清代箸述攷初稿　（續）

顧頡剛　馬太玄　合纂

3. 孫奇逢

孫奇逢，字啓泰，一字鍾元，晩講學河南輝縣蘇門山之夏峯，學者稱夏峯先生，北直隸容城人。生明神宗萬曆一二年一二月一四日（公曆一五八五年一月一四日）卒明昭宗永曆二九年四月二一日（一六七五年五月一五日），年九二。

箸述列下：

孝友堂家訓一卷（敎學五書本，遺書本附孝友堂家規一卷後。）均畿輔叢書本。

夏峪先生集一六卷（刻本。清張斐然楊蓮合刻容城三賢集孫徵君文集四卷。）在禁目24

四書近指二〇卷（四庫箸錄。刻本有二：一四書近指二〇卷，一晩年批定四書近指一七卷）。

讀易大旨五卷（清四庫箸錄。太玄曰：有全集本，原刊本。）

尙書近指六卷（刊全書本。）

聖學錄（未刻）

兩大案錄（未刻）。兩案錄者：一，錄從來創業之君若臣；一，錄中興之君若臣。

甲申大難錄（未刻）

家禮酌

諔寒居答問二卷附錄一卷（清魏裔介編雅說集十九種本遺書本無附錄。）

哀思錄

孝友堂家乘（哀思錄，永思錄，先徵錄，復學本末，詔旌記，草堂閱譜，凡六種：孫承宗，鹿善繼，茅元儀諸人各爲序。）

畿輔人物攷八卷

中州人物攷八卷（清四庫史部傳記類存，錄謝氏刊本。）

取節錄（未刻）

孫文正公年譜二卷（明孫承宗。）

鹿江村先生年譜（明鹿繼善。）

乙丙紀事一卷（清張潮昭代叢書已集本，顧沅賜硯堂叢書本。錄入後刻文集。）

理學宗傳二六卷（全集本，浙江書局本。）

（附）諸儒攷

以上錄清李元度先正事略。此外尙有：

理學傳心纂要八卷（清四庫子部儒家類存目著錄。）

遊譜一卷（全書本。）

語錄二卷（遺書本。）

日譜三六卷

蘇門紀事二卷

孫徵君詩集四卷（刊本。）

孫夏峰全集（詩文集一六卷，舊刻一二卷，遺書本一四卷。)

(附)孫夏峯先生年譜二卷(清湯斌，魏一鼇，耿極，趙御衆同編，

方苞訂正。全書本。)

讀易大旨，皆其讀易有得錄示門人之語。其說不顯攻圖書，亦無一字及圖書；惟以彖傳通一卦之旨，以一卦通六十四卦之義。皆切近人事，發明義理。末附兼山堂問答，及與李𠁊論易之語，別爲一卷。𠁊卽奇逢所從受易者也(清四庫簡明目錄。)

編輯：

新安縣誌

晦庵文鈔

蘇門遺事(數十則，後合爲紀事二卷。)

夏峯集在禁書總目葉一四。

4. 李清

李清，字心水，號映碧，晚號天一居士，南直隸興化人。生明神宗萬曆三〇年(公曆一六〇二)，卒明昭宗永曆三七年(一六八三)，年八二。

李氏箸述：

澹寧齋集

史論

女世說四卷(刋本。)

史略正誤

南北史合注一〇五卷(見禁書總目。)

南唐書合訂二五卷(同上)

諸史同異六八卷(同上)

歷代不知姓名錄一〇卷(同上)

南渡錄

三垣筆記三卷附識三卷(古學彙刊第一集本。丁仁八千卷樓有鈔本四卷本。)

明史雜箸(二冊,國粹學報史篇本;族孫詳錄出。)

袁督師斬毛文龍始末一卷(明陳仁錫荊駝逸史本。)

蕭穆云:李所交多魏黨一流人物(李爲閹黨李思誠之子),所言多回護閹。

5. 萬壽祺

萬壽祺,字介若,一字若,一字內景,一字年少,南直隸銅山人。生明神宗萬曆三一年(公曆一六〇三),卒明昭宗永曆七年五月三日(一六五三五月二九日),年五一。

箸述:

隰田集

內景集

墨譜四卷(今人羅振玉詒安堂印。)

(附)萬年少年譜一冊(羅振玉編。羅氏少推一年。)

隰西草堂集一〇卷(上海仿宋聚珍版印。)

清代箸述攷 (再續)

——刁包，陳貞慧，陳確，黄淳耀，傅山——

顧頡剛　馬太玄　合纂

6,刁包

刁包，字蒙古，北直隸祁州(今直隸安國縣)人。生明神宗萬曆三一年(公曆一六〇三)，卒明昭宗永曆二三年(一六六九)，年六七。

箸述：

易酌一四卷(清四庫箸錄　清雍正中，與潛室札記合刊於江西，清道光重刊本。

四書翊注四二卷(是編，凡：大學五卷，中庸三卷，論語二〇卷　孟子一四卷。清四庫存目箸錄。)

潛室雜記二卷(清四庫存目箸錄，清雍正江西刊本作札記。)

拼道錄

用六集一二卷（清四庫存目著錄，有刊本。）

斯文正統一二卷（清四庫存目著錄，是編所錄歷代理學諸儒之文，凡二一六篇。）

7.陳貞慧

陳貞慧，字定生，南直隸宜興人。生明神宗萬曆三二年一二月九日（公曆一六〇五年一月二七日），卒明昭宗永曆一〇年五月一九日（一六五六年六月一一日），年五三。

著述：

皇明語林

山陽錄一卷（清陳履和）宜興陳氏家言本，張潮昭代叢書戊集本，盛宣懷常州先哲遺書第一集本數簃鈔明季紀事本。）

雪岑集

交遊錄

秋園雜佩一卷（清陳履和宜興陳氏家言本，張潮昭代叢書戊集本，粵雅堂叢書十九集本，盛宣懷常州先哲遺書第一集本。）

八大家文選

陳定生遺集（清盛氏刊本。）

書事七則一卷（清陳履和宜興陳氏家言本，張潮昭代叢書 集本，盛宣懷常州先哲遺書第一集本。

8.陳確

陳確，字乾初，浙江海寧人。生明神宗萬曆三二年一〇月初七日（公曆一六〇四年一一月二七日），卒明昭宗永曆三一年七月二四日

（一六七七年八月二二日），年七四。

箸述：

女訓（黃宗羲嘗於陸圻案頭見之，今不可得見；考淸王晫張潮凡雖書今人香艷叢書三集有陸圻新婦譜，後接陳確新婦譜補；豈所謂女訓者，即新婦譜補乎？當更考之。）

大學辨一篇

性解禪障二篇

葬經（六六言自注。）

學譜

爽俗

家約

編輯：

爽實踰

葬論

山陰先生語錄（其師蕺山劉宗周語錄。）

先世遺事紀畧

（附）陳乾初先生年譜二卷（淸吳騫編，今人羅振玉雪堂叢刻本。）

陳乾初文集一八卷詩集一二卷別集一九卷（今人杭縣丁仁八千卷樓箸錄，鈔本。

乾初先生集二卷遺詩鈔一卷附錄一卷（同上，刊本。）

乾初先生文鈔二卷遺詩鈔一卷（淸年復禮海昌叢刻本。）

確庵先生詩鈔八卷文鈔六卷（陳陸二先生詩文鈔本）

9.黃淳耀

黃淳耀，字蘊生，號陶庵，南直隸嘉定人。生明神宗萬曆三三年(公曆一六〇五)，卒明安宗弘光元年(一六四五)，年四一。

箸述：

山左筆談一卷(淸四庫存目箸錄，淸曹溶學海類編本，疑僞託。)

陶庵全集二二卷(淸四庫集部箸錄，門人陸元輔編。文七卷，補遺一卷；詩八卷，補遺一卷。淸康熙刋本文七卷，詩八卷，吾師錄一卷龍氏刋本，淸乾隆刋二六卷本，顧沅編乾坤正氣集祇一卷)

吾師錄一卷(在全集二二卷內)淸吳省蘭藝海珠塵匏本。

自監錄四卷(同上)

詩箚二卷

四書大旨六卷

史記質疑四卷

錄己錄二卷

正效錄四卷

知過錄一卷

語錄二卷

以上見嘉定縣誌

甲申日記一卷(今人劉承幹留餘草堂叢書本。)

(附)黃陶庵年譜一卷(淸陳樹德編。見縣誌。)

10傅山

傅山，初名鼎臣，字靑竹，後改名山，字靑主，一字仁仲，別署公之它，一作公他，亦曰朱衣道人，又字嗇廬，又曰石道人，曰隨厲，，曰六持，曰丹崖翁，丹崖子，曰濁堂老人，曰青羊庵主，不夜庵，曰僑僑山，僑黃山，僑黃老人，僑黃之人，曰酒道人，酒肉道人，或徑稱居士；以喜苦酒，故稱老蘗禪；以受道法於龍池還陽眞人，故一名眞山，或署僑黃眞山；又曰五峯道人，曰龍池道人，曰龍池聞道下士，曰觀化翁，曰大笑下士，山西陽曲人。生明神宗萬曆三三年六月一九日（公曆一六〇五年八月三日），卒明昭宗永曆三九年（一六八五），年八〇。

箸述：

霜紅龕集一二卷（子眉我詩集附後。）

霜紅龕詩鈔一卷（清乾隆三二年丁亥1767劉贇刊山右二徵君詩鈔本，國學扶輪社活字版適園叢書初集本。）

霜紅龕家訓

女科上下卷產後上下編（清潘德畬海山仙館叢書本。

男科

（附）傅青主先生年譜二卷（清丁寶銓編，今人羅振玉印於國家叢刻。年譜生於萬曆三五年 公曆一六〇七），清吳修續疑年錄四作三三年，陸心源三續疑年錄八云：年八二，生萬曆三十年，卒康熙二二年。吳榮光曆代名年譜云：萬曆三四年生，康熙二四年卒，年八十。余藏丁編年譜祗上卷，故仍用吳修說，俟後更正可也。

太玄。顧炎武曰：「蕭然物外，自得天機，吾不如傅青主」。

吳偉業黃宗羲箸述攷

——清代箸述攷——

（三續）

顧頡剛　馬太玄　合纂

11 吳偉業

吳偉業，字駿公，號梅邨，南直隸太倉人。生明神宗萬曆三七年五月二〇日（公曆一六〇九年六月二一日），卒清仁帝康熙一〇年一二月二四日（一六七二年一月二三日日），年六三。

箸述：

梅村集四〇卷（詩集一八卷，詩餘二卷，文集二〇卷；清顧湄，周瓚編：康熙中刊本。詩集，違礙書目桼二四箸錄。）

（附）吳詩集覽二〇卷（分上下）談薮一卷（清靳榮藩注，乾隆四〇年刊本。）

綏寇紀畧一二卷補遺三卷（集外別刻本。蟫隱目云：昭曠閣八冊，清四庫提要採入國史。嘉慶四年張海鵬昭曠閣刊十五卷足本，卽學津討源本也。）

梅村文集 在全集內。今人鄧實風雨樓叢書本。）

（附）吳詩箋七卷（清程穆衡箋。）

梅村詩集箋註一八卷（清長洲吳翌鳳撰，殿榮滄浪吟榭校定本。）

鹿樵紀聞二〇卷（二冊，蟫隱目題舊鈔本，刊否未知。）

梅村詞一卷（原刊單行本。）

春秋地理志一六卷(以下見蘇州府志。)

春秋氏族志四二卷

綏靖紀聞

復社紀事

樂府雜集三卷：

通天臺一本(清鄒式金雜劇新編本，今人劉世珩暖紅室本。)

臨春閣一本(同上，同上

秣陵春一本(一名雙影記。今人暖紅室本。)

梅村詩話

吳郡文獻四〇冊(未梓。)

梅村家藏稿五八卷補一卷年譜三卷（附樂府三種，八冊。今人董康刊，上海涵芬樓四部叢刊景印董刊本。)

(附)吳梅村年譜四卷(清道光間顧師軾編。)

先生詩名最重；七古原本初唐，組織工麗，聲調鏗鏘，世人稱梅邨體。有梅邨詩集，文集(清吳修尺牘小傳)。

吳梅村先生綏寇紀畧一書，說者不一。朱竹坨云（曝書亭集跋此書)：「梅村先生以順治壬辰，舍館嘉興之萬壽宮，方輯綏寇紀略，以三字標其目；蓋倣蘇鶚杜陽雜編，何光遠鑑戒錄也」。全謝山云（鮚埼亭外集跋此書)：『陳令升云：「梅村綏寇紀略，不類其集，疑非梅村所爲。然舍梅村，亦莫能當此者」。令升蓋心疑之，而不敢質言之也。及見林太常蠒庵所答先贈公箚子，謂：「此書原名鹿樵野史，出一遺老之手，梅村得之，遂以行世。然其中爲不肖門生竄改，遂無完本」。『施愚山云(爲鄒流綺致金長眞書)。「梅村先生綏寇紀聞一書，鄒流綺以故人子弟之義，賣屋剞劂：一以備放失舊聞，一以表章前輩箸述；頁爲勝事。但不合輕借當時姓氏參評，致有此畢。蓋懲前史之禍，不得不申明立案，非有深求於鄒也。聞其中絕無觸犯，惟凡例所列，有大事記，似多蛇足。今拘繫赴解，舉家號哭，悉焚他書，笥槖爲空。毗陵士大夫甚憐之，鄒既貧且老，莫爲手援，萬一決裂，不特鄒禍不測，且恐波及梅村先生，遺孤惴惴，巢卵是懼。夫束天下文士之手，寒先輩地下之心；或亦當世大賢所不忍爲也』。詳案，以上諸說，略見此書本末，至鹿樵爲梅村先生別號，林太常所未知，謝山誤信其說(今人李詳媿生叢錄卷一葉一八至一九〇)。

12 黃宗羲

黃宗羲，字太沖，號南雷；學者稱梨洲先生，浙江餘姚人。生明神宗萬曆三八年八月初八日(公曆一六一〇年一〇月二四日)，卒明亡後一四年七月初三日(一六九五年八月一二日)，年八六。

箸述：

易學象數論六卷(廣雅書局刋本。)

書經筆授三卷(淸丁日昌持靜齋書目三子部雜家類箸錄鈔本一七卷；江藩漢學師承記授書隨筆一卷，閻若璩問尙書而答之者。)

春秋日食曆一卷(淸全祖望曰：據三統曆以上推春秋日食，辨衞樸所言之謬。)

深衣考一卷附黃氏喪制考(淸王先謙南菁書院叢書二集本，今人鄧實國粹叢書本。)

第一卷　第四期

葬制或問

孟子師說二卷（清江藩漢學師承記四卷，全祖望梨洲孟子解跋作一卷，醉經閣刊本二卷，今人吳興張鈞衡適園叢書一一集本。）

四書私說

宋書補遺三卷（清全祖望曰：公欲修宋史而未就，僅存叢目補遺。）

行朝錄四卷（今人徐友蘭紹興先正遺書本一二卷，鄧實國粹叢書。三集本六卷，霧靉簃鈔明季紀事本。）

明史案二四四卷

弘光紀年一卷

隆武紀年一卷（行朝錄本。）

永曆紀年一卷（同上。）

魯紀年一卷（同上。）

贛州失事記一卷（同上，霧靉簃鈔明季紀事本。）

紹武事紀一卷（同上作紹武之立，霧靉簃作紹武爭立紀。）

四明山寨記一卷（同上，同上。）

海外痛哭記一卷（今人鄧實古學彙刊第二集本霧靉簃本。）

日本乞師記一卷（行朝錄本，霧靉簃本。）

舟山興廢一卷（同上，同上。）

沙定洲記亂一卷（同上作之亂，附滇考，同上。）

賜姓本末一卷（同上作始末附明季遂志錄，同上。）

弘光實錄（霧靉簃本，清吟閣鈔本弘光日錄四卷。）

魯紀事（同上。）

吳偉業黃宗羲著述攷

歷代甲子考一卷(清曹溶陶越學海類編本，王啅張潮檀几叢書本。)

今水經一卷（清余肇鈞明辨齋叢書本，鮑廷博知不足齋叢書一二集本，湖北崇文書局本。清錢塘吳承志有今水經注四卷，今人劉承幹求恕齋叢書本。）

四明山志九卷(有刻本何人所刻，忘却；鄞縣馮氏伏跗室有此書。)

四明古蹟記五卷(寫本，卽前書稿本，互有詳略，故兩存之。)

台宕紀游

匡廬游錄二卷（清張潮昭代叢書己集本，王錫祺小方壺齋輿地叢鈔第四帙本，皆作一卷。）

律呂新義二卷

玄珠密語

氣運算法

句股圖說

開方命算

測圜要義

圜解一卷

割圜八線解一卷

新推交食法一卷(清吳修尺牘小傳作交食法圖解。)

時憲曆法解二卷

大統曆推法一卷

大統曆法辨四卷

授時曆故四卷(今人劉承幹嘉業堂叢書本。)

第一卷　第四期

授時曆法假如一卷

西學曆法假如一卷（清徐秉義培林堂書錄西曆假如一冊。）

回回曆法假如一卷（清姜希轍刻本。）

二程學案二卷（清四庫存目著錄，此編以二程造德各殊，因輯二程語錄，及先儒議論二程者，各為一卷。百家又以己意附論各條之下。）

理學錄一冊（清徐秉義培林堂書錄。）

明儒學案六二卷（清故城賈氏刊本，慈谿鄭氏二老閣刊本，呂氏刊本，莫氏刊本。）

宋儒學案元儒學案（此書未成，百家繼之，鄞縣全祖望又繼之，迄未成編；最後鄞縣王梓材慈谿馮雲濠校補百卷，道州何紹基刻成。

王梓材又有宋元學案補遺百卷，稿存鄞縣屠氏，吝不示人，殊為可惜。

宋文鑑

續宋文鑑

宋文畧

元文畧

元文鈔

宋元文案

明文案二〇〇卷（此書為潛竊之人，掩為己有，易名行世。是人亦嘗受業梨洲之門人云。見百家明文授讀序。）

明文海四八二卷（凡一二〇冊，原稿存浙江圖書館。）

明文授讀六二卷（凡二八本，清鄞縣張錫琨刊本。）

補唐詩人傳

姚江文畧

姚江逸詩一五卷（凡三冊，清徐秉義培林堂箸錄。）

姚江瑣事

剡源文鈔四卷（原刊本，重刊附逸文本。元戴表元文鈔。）

金石要例一卷（附南雷文定三集卷三，清乾隆二一年王穎銳刊本，嘉慶間張海鵬借月山房彙鈔本，盧見曾雅雨堂金石三例本，馬曰璐學玲瓏山館本，嘉慶一六年郝懿行重刻本，務園搜奇續集九冊，國小扶輪社古今說部叢書一八集本。）

汰存錄一卷（清趙之謙仰視千七百二十九鶴齋叢書初集本，痛斁簃鈔明季紀事本。）

思舊錄二卷（原刊本，慈谿鄭性二老閣叢書本，羅氏鈔本，張潮昭代叢書已集本，王錫祺小方壺齋叢書本，黃承乙五桂樓叢書本。）

明夷待訪錄一卷（清鄭竺二老閣叢書本，潘仕誠海山仙館本，顧湘小石山房叢書本，光緒二四年豐城余氏寶墨齋叢書本，黃承乙五桂樓叢書本，華焯海粟廬叢書本，錢熙祚指海一二集本。）

明夷留書一卷

子劉子行狀二卷（附南雷續文案撰杖集後，即其師劉宗周行狀。鄞縣萬斯選曰：「述劉子之學者多異同，惟行狀能得其要旨。」

蕺山同志考一卷

監國魯元年大統曆一卷（痛斁簃鈔明季紀事本，今人上虞羅振玉貽安堂箸錄。）

第一卷　第四期

冬青樹引注一卷

西臺痛哭記注一卷（清張潮昭代叢書庚集本，今人鄧實國粹叢書附宋謝翱晞髮集後。）

病榻隨筆

自注年譜

南雷文案一〇卷（原刊本，上海涵芬四部叢刊景印無錫孫氏藏原刊本。

外集一卷（同上。）

續文案吾悔集四卷（同上。）

文案三刻撰杖集一卷（同上。有四卷，未全刊。）

南雷文定一一卷（清鄭竺二老閣叢書本，伍崇曜粵雅堂叢書本，黄氏耕餘樓本。）

南雷文定後集四卷（清伍崇曜粵雅叢書本，黄氏耕餘樓本。）

南雷文定三集三卷（同上。）

南雷文定四集四卷（黄氏耕餘樓本。）

南雷文定五集

南雷餘集一卷（今人鄧實風雨樓叢書二集本。）

蜀山集四卷

南雷文約四卷（清鄭性二老閣本。）

南雷詩曆四卷（同上，伍崇曜粵雅堂叢書本，上海涵芬樓四部叢刊景印本三卷。）

破邪論一卷（清張潮昭代叢書已集本。）

忠端祠中神弦曲一卷

黄山行脚草一冊（清徐乾學傳是樓著錄。）

七怪（清王晫張潮檀几叢書本。）

黄氏攟殘集

始學庵集

病榻集

張履祥.杜濬.冒襄.箸述攷

—— 清代箸述攷 ——

顧頡剛馬太玄

13.張履祥

張履祥，字考夫，別號念芝，浙江桐鄉人。世居清風鄉鑪鎮（在縣西北一三里。）楊園村(在鎮西三里西溪橋之南。)，故學者稱楊園先生。生明神宗萬曆三九年一〇月初一日（公曆一六一一年一一月五日），卒明昭宗永曆二八年七月二八日(一六七四年八月二九日)，年六四。

箸述：

楊園先生全集五四卷（清同治一〇年萬斛泉重編本，同年江蘇書局刻，一六冊。)：

文集二四卷(近人楊守敬叢書舉要作詩文集。)

問目一卷

願學記三卷

讀易筆記一卷

讀史記讀諸文集偶記緇心法偶記讀厚語偶記一卷(四種共一卷。)

言行見聞錄四卷

第一卷　第五期

經正錄一卷(學規附。)

初學備忘二卷

近鑑一卷

備忘錄四卷

近古錄四卷

訓子語二卷

補農書二卷

喪葬雜錄一卷(葬規社約附。)

訓門人語三卷

(附)楊園先生年譜一卷(清桐城蘇惇元重編。又近人丁丙當歸草堂叢書本後有附錄。)

張楊園先生遺集一六卷(一二冊，清應寶時編，浙江圖書館書目著錄。)

讀易筆記卷

願學記補遺一卷

備忘錄補遺二卷

書補遺五卷

文補遺五卷

詩補遺一卷

讀書偶記補遺一卷

此書是否未刻，待攷。

楊園全書(海寧原刻。)

備忘五卷

訓子語二卷

初學備忘二卷

學規一卷

喪祭雜說一卷

補農書二卷

詩文集一八卷

言行見聞錄四卷

近鑑二卷

經正錄一卷

近古錄四卷

喪祭雜錄一卷

訓門人記三卷

海寧原刻，版已前燬；蕭山重刻版，久不印行，未審存否。今惟祝洤 字貽孫，號人齋，海寧人。)訂十六種，版藏平湖屈氏，稍稍印行。

未刻六種：願學記，問目，示蒙士圖，百自箴 喪祭雜說，遺文。

楊園全書(寧化雷鋐刊本。)：

願學記一卷

問目一卷

初學備忘二卷

經正錄一卷

近古錄四卷

見聞錄二卷

喪祭雜說一卷

學規一卷

答問一卷

門人所記一卷(張素珍等錄履祥語。)

訓子語二卷

農書二卷

張考夫遺書四種

訓子語二卷

經正錄一卷

備忘錄一卷

書簡一卷

未列年譜書目：

詩集

文集

讀書筆記

王學辨（海寧范鯤刻先生全書，取傳習錄評語，彙爲一卷，題爲此名。）

讀書日記(亦范鯤所題。)

答問(原刻本入文集，海寧祝洤彙訂全書，更此名。)

門人所記(原刻本名訓門人語，祝洤訂本更此名。)

淑艾錄（祝洤擇全書精要語，仿近思錄例爲此編。清四庫全書子部儒家類存目著錄。）

（附）楊園先生年譜一卷（清崔徳華編。）

父明俊語人曰：吾名是兒，雖取與長兒（履禎，字正叟。）名相類，亦欲其異日學金人山先生也（見年譜葉二，丁丙當歸草堂叢書本。）

先是姚夏，字大也，編楊園年譜；陳梓因之。

陳梓，字類躬，號古民，餘姚人。重編楊園年譜。清道桐光，時城蘇惇元因之，重編今本。

14.杜濬

杜濬，字于皇，湖廣黄岡人。生明神宗萬曆三九年（公曆一六一一年），卒明亡後四年（清仁帝康熙二六年，公曆一六八七年），年七七。

著述：

變雅堂文集五卷（原刊本，清黄岡縣志作六卷。）

變雅堂詩集一〇卷文集四卷

茶村詩鈔五卷補遺一卷附錄二卷（見黄岡縣志。）

15.冒襄

冒襄，字辟疆，自號巢民（所居有樸巢，水繪園，深翠山房諸勝。），南直隸如臯人。生明神宗萬曆三九年（公曆一六一一年），卒明亡後一〇年一二月（清仁帝康熙三二年，公曆一六九四年一月），年八三。

著述：

同人集一二卷（清四庫全書總集類存目著錄，有刊本。）

第一卷　　第五期

先世前徽錄

六十年師友詩文集

樸巢文集（冒氏叢書有巢民文集六卷。）

樸巢文選（今人冒廣生如皋冒氏叢書本。）

樸巢詩選（同上。）

水繪園詩文集六卷（同上。）

鑄錯軒詩集（同上。）

岕茶彙鈔（清張潮昭代叢書甲集本。）

宣爐歌注（同上。）

蘭言（同上。）

影梅庵憶語（同別集本，顧沅賜硯堂叢書新編丁集本，鉛印本。）

（附）巢民先生年譜（今人冒廣生編，冒氏叢書本。）

清代箸述攷

—巢鳴盛，陸世儀，張爾岐，周亮工，錢澄之，—

顧頡剛　馬太玄合纂

（四續）

16 巢鳴盛

巢鳴盛，字端明，號崆峒，私謚曰正孝先生，浙江嘉興人。生明神宗萬曆三九年（公曆一六一一年），卒明昭宗永曆三四年（清康熙一九年，一六八〇），年七〇。

箸述：

洙泗問津一卷（清沈初浙江采集遺書總錄已集箸錄，寫本．摘錄經，史，幷儒先行略，語錄而次之。）

老圃瓦言一卷（淸曹溶學海類編集餘五藝能類本。）

永思草堂集（見淸朱彝尊明詩綜。）

詩存一卷（淸朱彝尊曝書亭築。）

17 陸世儀

陸世儀，字道威，號剛齋，晚又號桴亭，別號眉史氏，私謚稱文潛先生，又曰尊道先生，南直隸太倉人。生明神宗萬曆三九年七月三

第一卷　第六期

〇日（公曆一六一一年九月六日），卒明昭宗永曆二六年正月二〇日（清仁帝康熙一一年，公曆一六七二年二月一八日），年六二。

箸述：

思辨錄（前集二二卷，刻；後集二二卷，未刻。）

家禮典禮折衷

治通一卷（未刻。）

治鄉三約（清蘇州府志題治通治鄉三約。）

甲申臆議

城守要略（一作輯略，一卷，未刻。）

八陣法門（六卷，未全刻。）

先儒語錄集成

明儒語錄集成

禮衡

易窺

詩鑑（六卷，未刻。）

書鑑（一卷，未刻。）

春秋考論（一作討論，二卷，未刻。）

讀史筆記（一作讀書隨筆一卷，未刻。）

考德錄

上來錄清李元度先正事畧。

思辨錄輯要三五卷（原刊本，清張伯行正誼堂全書本。）

思辨錄簡編（江蘇書局本，）未知誰編。

論學酬答四卷(清顧湘小石山房叢書第二冊本。)

復社紀畧四卷(今人鄧實國粹叢書三集本，附清吳偉業復社紀事六葉。)

桴亭詩鈔八卷文鈔六卷(清葉裕仁編，陳陸二先生詩文鈔本。)

格致編一卷(已刻。)

桴亭稿

上二種見清吳修清代名人尺牘小傳。

所箸思辨錄，凡十四類：前集曰小學，曰大學，曰立志，曰居敬，曰格致，曰誠正，曰修齊，曰治平；後集曰天道，曰人道，曰諸儒，曰異學，曰經子，曰史籍。自象緯；曆律以至禮樂，兵農，刑政，河漕，鹽屯諸務，以及歷代儒先之異同得失，旁及異端，莫不窮究其所以然；而立論一歸醇正。清獻公(陸隴其)序而刻之，其景仰者至矣(自序一篇別錄。)錄清李元度先正事畧。

先生箸思辨錄數百萬言，論明儒得失之故，至當不易。其學主于施行實政，不空為心性之功；于前代講學諸家，最為篤實(清吳修尺牘小傳。)。

附錄桴亭先生遺書目(錄清景帝光緒二五年1899唐受祺刊本陸子遺書。)：

文集六卷(清張伯行正誼堂全書本，□□□編婁水文徵本，安道書院本，附補遺，據清太倉舊志本。)

詩集一〇卷(安道書院本，同里葉氏鈔本。)

思辨錄前後集三五卷(續刻。)

第一卷　第六期

論學酬答四卷（清顧湘小石山房叢書第二冊本。）

志學錄一卷（同里王氏鈔本。）

性善圖說一卷（清邵廷烈棣香齋叢書續刊卷上本；棣香齋叢書一名婁東雜著，清道光一三年刊。）

虛齋格致傳補註一卷（同里葉鈔本。明晉江人蔡清，字介夫，學者稱虛齋先生；格致傳，清所作也。）

四書講義輯存一卷（從張伯行諸儒講義中輯錄，正義堂全書本。）

淮雲問答輯存一卷（從明陳瑚淮雲問答中輯錄，清顧湘小石山房叢書第一冊本，邵廷烈棣香齋叢書石集本。）

八陣發明口卷（同里葉氏鈔本。）

月道疏一卷（附月行九道並解。清邵廷烈棣香齋叢書續刊卷上本。）

分野說一卷（附雲漢升沈山河兩戒分野圖。清邵廷烈棣香齋叢書絲集本。）

治鄉三約一卷（蘇州坊刻本。）

制科議一卷（同上。）

甲申臆議一卷（同里葉氏鈔本。）

蘇州浮糧類考一卷（同里繆氏藏棣香齋叢書絲集原本。）

婁江條議一卷（婁江志本，邵廷烈棣香齋叢書絲集本。）

桑梓五防一卷（棣香齋叢書絲集本。）

平常權法一卷（同里里氏鈔本。）

家祭禮一卷（蘇州坊刻本。）

文吏說一卷（棣香齋叢書絲集本。）

避地三策一卷(附折始末論。棣香齋叢書續刊上本。)

(附)桴道先生年譜一卷(清同里凌錫祺編。)

又陸桴亭遺書(蘇州刊本。):

治鄉三約一卷

制科議一卷

家祭禮一卷(係節錄本。)

桑梓五防一卷

支更說一卷

志學錄一卷

甲申臆議一卷

常平權法一卷

分野說一卷

庸齋格致傳補注一卷性善圖說一卷

月道疏一卷(附九道圖解。)

婁江條議一卷

蘇松浮糧考一卷

避地三策一卷

論學酬答四卷

上來所列，尚有遺漏，今據年譜，補列如下：

手輯當宗理要六〇卷(已刻。)

古文一卷(已刻。)

庚子東林講義(明昭宗永曆一四年，公曆一六六〇年。已刻。)

第一卷　第六期

易說初編四卷(未刻。)

四書講義四卷(同上。)

八陣發明六卷(同上。)

性理纂要四卷(同上。)

道統上下論一卷(同上。)

五議一卷(同上。皆言救荒策。)

鄉國紀變一卷(同上)。

東岡會說上下二卷(同上)。

二十法一卷(同上)。

讀書隨筆一卷(未刻。)

三代規模一卷(同上。)

富强策一卷(同上。)

紀事一卷(同上。)

紀聞一卷(同上。)

家訓約略一卷(同上。)

濟兒議一卷(同上。)

前輩風流一卷(同上。)

時栗山房問答一卷(同上。)

四六略一卷(同上。)

續濟兒議一卷(同上。)

寰中雜錄一卷(同上。)

講學全規一卷(同上。)

節韻一卷(同上。)

幼儀一卷(同上。)

婁江圖説洵河建閘決排諸義共一卷(同上。)

浮糧考荒揭漕賠説漕議八欵共一卷(同上。)

續論學酬答四卷(同上。)

江西文移一〇卷(同上。)

講學紀事二卷(同上。)

世系二卷(同上。)

剛齋日記五卷(同上。)

簡易活人方二卷(同上。)

詩稿一〇卷(同上。)

文稿一〇卷(同上。)

18.張爾岐

張爾岐，字稷若，號蒿庵，山東濟陽人。生明神宗萬曆四〇年七月二二日(公曆一六一二年八月一八日)，卒明昭宗永曆三一年一二月二八日(一六七八年一月二〇日，)年六六。

箸述：

儀禮鄭註句讀　七卷附監本正誤一卷石經正誤一卷(清通行本，金陵書局刻本。)

夏小正傳注一卷(以下五種，均見清李元度先正事畧。)

吳氏儀禮考註訂誤一卷(此書訂元吳澄儀禮逸經傳之誤。)

弟子職注一卷

第一卷　第六期

周易說畧八卷

春秋傳註四卷（尺牘小傳作春秋傳議，清國史館本傳作傳義。）

詩說畧五卷（以下二種見清吳修尺牘小傳。）

老子說畧二卷（丁仁八千卷樓有鈔本。）

濟陽縣志九卷

蒿庵閒話二卷（清原刊本，張潮昭代叢書庚集本，周永年貸園叢書本。伍崇曜粵雅堂叢書一〇集本。事畧作三卷。唐鑑清儒學案小識作三卷。

蒿庵集三卷（清國史館本傳作二卷。）

顧炎武廣師篇示汪琬曰「獨精三禮，卓然經師，吾不如張稷若。」又曰：「稷若作儀禮鄭注句讀一書，根本先儒，立言簡當；以其人不求聞達，故無當世名。然書實可傳。使朱子見之。必不僅謝監嶽之稱許矣。

19.周亮工，字元亮，一字減齋，又號櫟園，海內稱為櫟下先生，南京應天府江寧籍，河南祥符人。生明神宗萬歷四〇年（公曆一六一二年），卒清仁帝康熙一一年（一六七二），年六一。

著述：

閩小記四卷（賴古堂本，清吳震方說鈴前集本，馬俊良龍威秘書七集本二卷。）

字觸六卷（原刊本，清伍崇曜粵雅堂叢書七集本。）

讀畫錄四卷（原刊本，清吳省蘭藝海珠塵辛集本，潘仕成海山仙館叢書本。今人鄧實風雨樓叢一集本。）

印人傳三卷（書巾箱本，清顧湘篆學瑣箸本，今人鄧實風雨樓叢書一集本）。

賴古堂印譜四卷(刋本。其子在浚編。)

書影一〇卷(刋本，石印本。)

同書四卷(刋本)

賴古堂集二四卷附錄一卷(刋本)

尺牘新鈔一二卷(清潘仕成海仙館叢書本。)或題高阜羅耀編。有原刻本。

20. 錢澄之

錢澄之，原名秉鐙，字飲光，晚年號田間老人，南直隸桐城人。生明神宗萬曆四〇年四月二九日（公曆一六一二年五月二九日，卒明亡後一〇年九月初一日（清仁帝康熙三二年，公曆一六九三年九月三〇日），年八二。

箸述：

田間易學一二卷(清康熙二二年崑山徐乾學蘇州刋田間遺書本。)

田間詩學一二卷(同上。)

莊屈合詁二冊(同上。)

詩集二八卷(同上。)

文集三〇卷(同上。)

藏山閣存稿詩一六卷（傳鈔本，清景帝光緒三四年1908龍潭室主據桐城蕭穆校本鉛印。）

藏山閣存稿文四卷(同上，同上。)

尺牘三卷(同上，同上。)

上來三種，總名藏山閣三種。

藏山閣文存六卷

藏山閣詩存一四卷

田間尺牘三卷

(附)田間先生年譜一册(子撝錄編。惜至六一歲而止，蕭穆撰附錄一卷。國粹學報印本。)

所知錄三卷(明陳仁錫荆駝逸史本。又鈔本：隆武紀年一卷，永曆紀年三卷，南渡三疑案一卷，阮大鋮本末記一卷。)

易見

易大傳(田間易學既成，二書當悉佚去。)

五代史注(見蘇州府志。)

先生嘗問易于石齋黃先生(黃道周，字幼平，福建漳浦之鎮海衛人。1585——1646，明史二五五有傳。)。初撰一書曰易見，因避兵閩地，失其本；又追憶其意，撰一編曰易大傳。既而亂定歸里，復得易見舊稿，乃併合二編，删其重複，益以諸家之說，勒爲田間易學十二卷。其學初從京房邵康節入，故言數頗詳，蓋石齋之餘緒也。後乃兼求義理，參取注疏，及程子傳，朱子本義，而大旨以朱子爲宗。其說不廢圖，而以陳摶先天圖，及河洛二圖，皆因易而生，非易果因此而作。圖中奇偶之數，乃揲蓍之法，非畫卦之本。持論極爲允當。故卷首圖象雖繁，而不涉支離附會之弊。

又撰田間詩學十二卷，大旨以小序首句爲主；所采諸儒論說數十家，考之核，辨之精，舉凡制作之本末，時代之異同，情事之疑信，圖經之得失，無不博稽而旁證之，可為實事求是矣。

上錄清唐鑑清學案小識

田間先生所箸詩學，易學，莊屈合詁，及詩集二十八卷，文集三十卷，均康熙二三十年間，崑山徐氏，助資雕版蘇州。先生躬自督工讐校，皆行於世。惟藏山閣集二十卷，據先生與廖明府書，亦曾付梓，然未見人間藏有印本；惟二十年前，於先生族裔香圃茂才家見之，乃其大父白渠先生手鈔也。前十四卷為古今體詩，內分：過江集二卷，生還集七卷，行朝集三卷，失路吟，行脚詩各一卷，起崇禎十一年戊寅(1638 迄順治八年辛卯(明昭宗永曆五年1651)，凡一千零五十六首；卷十五至二十，為書疏議論，及紀事雜文，共二十五首（今刻文存另分六卷。是集諸詩，皆紀出處時事，無意求工，而聲調流美，詞采煥發，自中繩墨。虞山錢宗伯選吾炙集，特多箸錄。先生生還集自叙云：「所擬樂府，以新事諸古調，本諸介州新樂府，自謂過之。五言詩，遠宗漢魏，近間有取諸沈謝，誓不作陳隋一語，唐則惟杜陵耳。七言詩，及諸近體，篇章尤富，皆欲出入於初盛之間，間有為中晚者，亦斷非長慶比，此生平詩學之大概也。」其書疏議論書牘，皆論明季時政；雜文，皆紀南渡時事；皆有關於文獻。生平經世之略，亦可於此見矣。光緒己丑(一五年1889)三月，桐城蕭穆。

上錄蕭穆藏山閣集序

(田間易學)澄之初問易于黃道周，故頗詳于數學。後乃兼求義理參取王弼孔穎達程子朱子之間。其謂先天河洛，皆因易而作圖，用錢，義方之說。謂圖中奇偶，乃揲蓍之法，非畫卦之本，用陳應潤之說也。

上錄清四庫全書簡明目錄

田間詩學以小序首句爲主，所采諸儒論說，自注疏集傳外，凡二十家。持論精核，于名物訓詁山川地理，言之尤詳。

詩得香山，劍南之神髓。

上錄清吳修尺牘小傳

唐馬君起佴養石浮圖碑

曹溶著述攷

——清代著述攷——

（六續）

顧頡剛　馬太玄

21曹溶

曹溶，字潔躬，又字秋嶽，號倦圃，又號鉏菜翁，浙江秀水（今省人嘉興）人。生明神宗萬曆四一年（公曆一六一三），卒清仁帝康熙二四年（一六八五），年七三。

著述：

靜惕堂書目一卷（今人丁仁八千卷樓著錄鈔本。）

靜惕堂宋元人集書目一卷（今人葉德輝觀古堂彙刻書第一集本。）

流通古書約一卷（刊本，清鮑廷博知不足齋別行本，許增娛園叢刻附孫從添藏書紀要後，近人繆荃孫藕香零拾本。）

靜惕堂詩集四四卷（清四庫集部別集類存目著錄，有刊本。）

第二卷　第一期

粤遊草一卷(全集本，清四庫集部別集類存目著錄。)

倦圃尺牘二卷(有刊本。)

明漕運志一卷(學海類編集餘二事功類本，清四庫史部政書類存目著錄。)

硯錄一卷(同上。)

倦圃蒔植記三卷(四庫子部譜錄類存目著錄。)

續獻徵錄六〇卷(清沈季友檇詩繫著錄。案獻徵錄一二〇卷，明焦竑撰；有明刊本。)

崇禎五十輔臣傳五卷(同上。)

崇禎五十宰相傳一卷(清四庫史部傳記類存目著錄，今人丁仁八千卷樓有殘鈔本今西冷印社印本。)

劉豫事蹟一卷(同上)學海類編史參類本，張海鵬澤古齋叢鈔七集本，張潮昭代叢書庚集本。

古林金石表一卷(清四庫史部目錄類存目著錄，顧沅賜硯堂叢書乙集本。古林或書作吉林。)

學海類編清道光一一年六安晁氏聚珍本，

經翼(一冊至一二冊)：

易說二卷(宋呂祖謙)，讀易私言一卷(元許衡)，周易議卦二卷(明王崇慶)，讀書叢說六卷(元許謙)，尙書蔡(宋蔡沈)注考誤一卷(明袁仁)，禹貢圖注一卷(明艾南英)，古文尙書考一卷(清陸隴其)，古文尙書辨一卷(清朱彝尊)，詩經協韻考異一卷(宋輔廣)，詩論一卷(宋程大昌)，毛詩或問一卷(明袁仁)，詩問略一卷

(明陳子龍)，春秋集傳微旨三卷(唐陸淳)，春秋金鎖匙三卷(元趙汸)，春秋胡(宋胡安國)傳考誤一卷(明袁仁)，讀左漫筆一卷(明陳懿典)，春秋日食質疑一卷(清吳守一)，禮經奧旨一卷(宋鄭樵)，三禮考一卷(宋眞德秀)，月令七十二候集解一卷(元吳澄)，周禮五官考一卷(明陳仁錫)，三禮指要一卷(清陳廷敬)，檀弓訂誤一卷(清毛奇齡)，讀禮志疑一二卷(清陸隴其)，大學發微本旨二卷(宋黎立武)，中庸指歸分章三卷(同)，孔子論語年論語年譜一卷(元程復心)，孟子年譜一卷(同)，孝經集靈一卷(明虞淳熙)。

史參(一三冊至二八冊)：

訂正史記眞本一卷(宋洪遵)，讀史漫筆一卷(明陳懿典)，兩漢解疑二卷(明唐順之)，三國雜事一卷(宋唐庚)，兩晉解疑一卷(明唐順之)，五胡十六國考鏡一卷(宋石延年)，南北朝雜記一卷(宋劉敞)，隋史斷一卷(宋南宮靖一)，新舊唐書雜論一卷(明李東陽)唐史論斷三卷(宋孫甫)，安祿山事迹三卷(唐姚汝能)，平剿(黃巢)事迹考一卷(宋無名氏)，鑑戒錄一〇卷(後蜀何光遠)，五國故事二卷(宋無名氏)，江表志三卷(宋鄭文寶)，南唐拾遺記一卷(清毛先舒)，三楚新錄三卷(宋周羽翀)，涑水紀聞一六卷補遺一卷(宋司馬光)，蜀檮杌二卷(宋張唐英)，西夏事略一卷(宋王偁)，五代春秋二卷(宋尹洙)，江南別錄一卷(宋陳彭年)，靖康紀聞一卷拾遺一卷(宋丁特起)，張邦昌事略一卷(宋王偁)，劉豫事迹一卷(清曹溶)，北狩見聞錄一卷(宋曹勛)，北狩行錄一卷(宋棄條），南燼紀聞一卷（宋辛棄疾），竊憤錄一卷（同），竊憤續錄一卷（同），阿計替傳一卷（同）春明退朝錄三卷（宋宋敏求），南遷錄一卷（金張師顏），朝野遺記一卷（宋無名氏），三朝野史一卷（宋無名氏），庚申外史二卷（元權衡），陳（漢陳友諒）張（張士誠）事略一卷（明吳國倫），元史備忘一卷（明王光魯），明氏（夏明玉珍）實錄一卷（明楊學可），天啓宮詞一卷（明蔣之翹）。

子類（二九冊至三四冊）：

宋景文雜說一卷（宋宋祁），晁氏儒言一卷（宋晁說之），晁氏客言一卷（同），省心錄一卷（宋林逋），樵談一卷（宋許棐），讀書錄存遺一卷（宋潘音），勤有堂隨錄一卷（元陳櫟），郁離子一卷（明劉基），潛溪邃言一卷（明宋濂），華川卮辭一卷（明王褘），青巖叢錄一卷（同），侯城雜誡一卷（明方孝儒），薛子道論三卷（明薛瑄），錢子測語二卷（明錢琦），白沙語要一卷（明陳獻章），類博雜言一卷（明岳正），空同子纂一卷（明李夢陽），甘泉新論一卷（明湛若水），傳習則言一卷（明王守仁），心齋約言一卷（明王艮），近峯記略一卷（明皇甫汸），桑子庸言一卷（明桑悅），后渠庸言一卷（明崔銑），蝸笑偶言一卷（明鄭瑗），經世要談一卷（明鄭善夫），陰陽管見一卷（明何瑭），方山記述四卷（明薛應旂），讀書筆記一卷（明祝允明），學古緒言二卷（明鄭曉），儼山外纂一卷（明陸深），海涵萬象一卷（明黃潤玉），二谷讀書記三卷（明侯一元），遂齋內外言二卷（明楊繼益），海樵子一卷（明王崇慶），黎子雜祈釋一卷（明黎久之），客問一卷（明黃省曾），擬詩外傳一卷

(同)，海沂子五卷(明王文祿)，凝齋筆記一卷(明王鴻儒)，日錄裏言一卷(清魏禧，常語筆存一卷(清湯斌，學術辨一卷(清陸隴其)，桑儒聽說一卷(清陶圻)。

集餘一行誼 三五册至四〇册)：

孝詩一卷(宋林同)，白鹿書院教規一卷(宋朱熹)，程董二先生學則一卷(宋饒魯)，桐陰舊話一卷(宋韓元吉)，錢氏私志一卷(宋錢世昭，萬柳溪邊舊話一卷(宋尤玘)，諭俗屬文一卷(宋眞德秀)，諭俗文一卷(同)，東谷隨筆一卷(宋李之彥)，江東書院講義一卷(元程瑞禮)，鄭氏規範一卷(元鄭太和)，建文忠節錄一卷(明張芹)，楊忠愍遺筆一卷(明楊繼盛)，廉矩一卷(明王文祿)，元祐黨籍碑考二卷附慶元僞學黨籍(明海瑞)，致身錄一卷(明史仲彬)，人譜一卷(明劉宗周)，庭幃雜錄二卷(明錢曉)，家誡要言一卷(明吳麟徵)，證人社約一卷(明劉宗周)，初學備忘二卷(明張履祥)，東林始末一卷(明蔣平階)，溫氏母訓一卷 明溫璜)，敎習堂條約一卷(清徐乾學)。

集餘二事功(四一册至五二册)：

愧郯錄(宋岳珂)，翰苑遺事一卷(宋洪遵)，歷代銓政要略一卷(宋楊億)，官爵志三卷(明徐石麒)歷代銓選志一卷(清袁定遠)，捕蝗考一卷(清陳芳生)，旗軍志一卷(清金德純)，楊公政蹟紀一卷(清黃家遴，邦計會編一卷(宋李維)，拯荒事略一卷(元歐陽玄)，救荒事宜一卷(明張陛)，賓粥條議一卷(明陳繼儒)，元海運志一卷(明危素)，鹽法考畧一卷(明丘濬)，錢法纂要一卷(同)

第二卷　　第一期

，國賦紀畧一卷(明倪元璐)，明漕運志一卷(清曹溶)，御試備官日記一卷(宋趙抃，)東宮備覽六卷(宋陳模)，歷代關市征稅記一卷(清彭寧求)，貢舉叙畧一卷(宋陳彭年)，歷代貢舉志一卷（明馮夢禎)，樂律舉要一卷(明韓邦奇)，學科考略一卷(明董其昌)文廟從祀先賢儒考一卷(清郎廷極)，臚傳紀事一卷(清繆彤)，歷代郊祀志一卷(清□□□)，紀琉球入太學始末一卷(清王士禛)，陽明先生鄉約法一卷(明陳龍正)，涖戎要畧一卷(明戚繼光)，歷代東戰叙畧一卷(清張泰交)，武舉考一卷(清譚吉璁)，東南防守利便一卷(宋陳克)，靑溪寇軌一卷(宋方勺)，保越錄一卷（元無名氏)，平濠記一卷(明錢德洪)，馬政記一卷(清蔡方炳)，備倭記二卷(明卜大同)，明倭寇始末一卷(清谷應泰明史紀事本末八〇卷，乃谷提學浙江時，以五百金購山陰張岱稿而署今名，見四庫提要，其後總論一篇，乃陸麗京圻所作，每篇酬以十金，見讀書脞錄。今人李祥媿生叢錄卷一云。)江防總論一卷（清姜宸英)，海防總論一卷(同)，江防集要一卷(清趙寧)，海防集要一卷（清韓奕)，江防述畧一卷(清張鵬翮)，海防述略一卷(清杜臻)，棠陰比事三卷(宋桂萬榮撰，明吳訥刪補)，刑法叙略一卷(宋劉筠)續刑法叙畧一卷(清譚瑄)，折獄巵言一卷(清陳士鑛)，河源記一卷(元潘昂霄)，河防記一卷(元歐陽玄)，常熟水論一卷（明薛尙質）兩宮鼎建記三卷(明賀仲軾)，西北水利議一卷(清許承宣)，明江南治水記一卷(清陳士鑛)，梁溪陶政志一卷(清吳允嘉)。

集餘三文詞(五三冊至七〇冊)：

文章緣起二卷(梁任昉撰，明陳懋仁續)，樂府雜題一卷(唐段安節)，二南密旨一卷(唐賈島)，詩式一卷(唐釋皎然)，砦溪詩話一〇卷(宋黃徹)，樂府指迷一卷(宋張炎)，四六談塵一卷(宋謝伋)，韻語陽秋二〇卷(宋葛立方)，文錄一卷(宋唐庚)，環溪詩話一卷(宋吳沆)，玉壺詩話一卷(宋釋文瑩)，庚溪詩話一卷(宋西郊野叟)，臨漢隱居詩話一卷(宋魏泰)，容齋詩話六卷(宋洪邁)，容齋四六叢談一卷(同)，詩讞一卷(卽烏臺詩案，宋周紫芝)，歲寒堂詩話一卷(宋張戒)，姜氏詩說一卷(宋姜夔)，吳氏詩話二卷(宋吳□□)，深雪偶談一卷(宋方岳)，碧雞漫志一卷(宋王灼)，對牀夜話五卷(宋范晞文)，東坡文談錄一卷(元陳秀明)，東坡詩話錄三卷(同)，木天禁語一卷(元范梈)，詞品一卯(明寧獻朱權太和正音譜之上卷，舊題元涵虛子，誤)，製曲十六觀一卷(元顧瑛)，詞旨一卷(元陸輔之)，文原一卷(明宋濂)，談藝錄一卷(明徐禎卿)，麓堂詩話一卷(明游潛)，餘冬詩話二卷(明何孟春)，詩談一卷(明徐泰)，全唐詩說一卷(明王世貞)，詩評一卷(同)，文評一卷(同)，文脈三卷(明文祿)，藝圃擷餘一卷(明王世懋)，存餘堂詩話一卷(明朱承爵)，夷白齋詩話一卷(明顧元慶)，顧曲雜言一卷(明沈德符)，佘山詩話三卷(明陳繼儒)，玉笥詩談三卷(明朱孟震)，棗林藝簣一卷(明談遷)，聲詛叢說一卷(清毛先舒)，唐詩談叢五卷(明胡震亨)，恬致堂詩話四卷(明李日華)，師友詩傳錄一卷(清郎廷槐問，王張答)，詞統源流一卷(清彭孫遹)，詞藻四卷(同)，漫堂說詩一卷(清宋犖)，詞

第二卷　　第一期

壇紀事三卷（清李良年），詞家辨證一卷（同），論學三說一卷（清黃與堅），四六金鍼一卷（清陳維崧），南州草堂詞話三卷（清徐釚），集唐要法一法（清郎廷極）

集餘四記述（七一册至九四册）：

封氏聞見記一〇卷（唐封演），劉賓客嘉話一卷（唐韋絢），幽閒鼓吹一卷（唐張固），灌畦暇語一卷（唐撰人闕），北窗炙輠錄二卷（宋施彥執），宋景文筆記二卷（宋宋祁），珩璜新論四卷（宋孔平仲），明道雜志二卷（宋張耒），西畬瑣錄一卷（宋孫宗鑑），鐵圍山叢談六卷（宋蔡絛），蒙齋筆談一卷（宋鄭景璧）碧湖雜記一卷（宋撰人闕），昨夢錄一卷（即退軒筆錄，宋康與之），高齋漫錄一卷（宋曾慥）蘆浦筆記一〇卷（宋劉昌詩），南窗紀談一卷（元無名氏），袖中錦一卷（宋太平老人），王氏甲申雜錄，聞見近錄，隨手雜錄三卷（宋王定國），楊公筆錄一卷（宋楊彥齡），木筆雜鈔二卷（宋無名氏），梁谿漫志一〇卷（宋費袞），醴泉筆錄二卷（宋江休復），湘山野錄三卷（宋釋文瑩），談藪一卷（宋龐元英），養痾漫筆一卷（宋趙溍），鶴山筆錄一卷（宋魏了翁），志雅堂雜鈔一〇卷（元周密），話腴一卷（宋陳郁），默記三卷（宋王銍），誠齋揮麈錄一卷）宋楊萬里），後山叢談一卷（宋陳師道），二老堂雜志五卷（宋周必大），賓退錄一〇卷（宋趙與旹），羅氏識遺一〇卷（宋羅璧），歸潛志八卷（金劉祁），佩韋齋輯聞四卷（元俞德鄰），北軒筆記一卷（元陳世隆），學易居筆錄一卷（元俞鎮），東園友聞一卷（元無名氏），湫石軒筆記一卷（宋李隰，遂昌山樵雜錄一卷（元鄭元祐），震澤紀聞一卷(明王鏊)，蓬山筆塵一卷(明商輅)，井觀瑣言三卷(明鄭瑗)，方洲雜言一卷(明張寧)，瑯琊漫鈔一卷(明文林)，敝帚軒剩語四卷(明沈德符)，瓶花齋雜錄一卷(明袁弘道)秋涇筆乘一卷(明宋鳳翔，莘野纂聞一卷(明任餘福，)餘蓰雜錄三卷(明陳恂)，石田雜記一卷(明沈周)，賢齋雜箸一卷(明陸𨛬)，寒夜錄三卷(明陳洪緒)。

集餘五考證(九五冊至一〇四冊)：

資暇集三卷(唐李匡乂)，北戶錄一卷(唐段公路)，格物麤談二卷(宋蘇軾)，猗覺寮雜記六卷(宋朱翌)，就日錄一卷(宋無名氏)，緗素雜記一〇卷(宋黃朝英)，文昌雜錄一卷(宋無名氏)，月下偶談一卷(宋俞琰)，辨誤錄三卷(宋吳曾)，文苑英華辨證一〇卷(宋彭叔夏)，歲時廣記四卷(宋陳元靚)，野服考一卷(宋方鳳)，冒絮錄(宋趙叔向)，霏雪錄一卷(元鎦績)，文待詔題跋二卷(明文徵明)，損齋備忘錄一卷(明梅純)，辨物小志一卷(明陳絳)，羣碎錄一卷(明陳繼儒)，枕談一卷(同)，男子雙名記一卷(明陶涵中)，婦女雙名記一卷(明李衎宇)，方言據二卷(明岳元聲)，秦璽始末一卷(明沈德符)，與古人書二卷(明張自烈)，歷代甲子考一卷(明黃宗羲)，改元考同一卷(清吳肅公)，握蘭軒隨筆二卷(清卜陳彝)，諡法考一卷(清沈誠緯)，孔子弟子考門人考，孟子弟子考三卷(清朱彝尊)，姓氏考略一卷(清陳廷煒)，課業餘談三卷(清陶煒)，廣事同纂一卷(清沈廷文)。

集餘六藝能(一〇五冊至一一一冊)：

第二卷　　第一期

文房四譜五卷（宋蘇易簡），星象考一卷（宋鄒淮），學醫隨筆一卷（宋魏了翁），墨記一卷（宋何薳），文湖州竹派一卷（元吳鎮），古今畫鑒一卷（元湯垕），畫意編一卷（明都穆），印章集說一卷（明文彭），蕉窗九錄九卷（明項元汴），文具雅編一卷（明屠隆），青鳥緒言一卷（明李豫亨），奕史一卷（明王穉登），琴言十則一卷（元吳澄），篆學指南一卷（明趙宧光），上池雜說一卷（明馮時可），飛鳧語略一卷（明沈德符），筠軒清閟錄三卷（明董其昌），沈氏農書一卷（清錢爾復），老圃良言一卷（明巢鳴盛），裝潢志一卷（清周嘉胄），書法粹言一卷（明汪挺），硯錄一卷（清曹溶），說硯一卷（清朱彝尊），北墅抱甕錄一卷（清高士奇）。

集餘七保攝（一一一冊至一一六冊）：

延壽第一紳言一卷（宋愚谷老人），賞心樂事一卷（宋張鎡），林泉結契五卷（宋王質），諧史一卷（宋沈俶），爐火鑒戒錄一卷（宋俞琰），攝生消息論一卷（元丘處機），飲食須知八卷（元賈銘），四時宜忌一卷（元瞿佑），饌史一卷（元無名氏），搰掌錄一卷（元無名氏），修齡指要一卷（明冷謙），二六功課一卷（明石室道人），攝生要語一卷（明息齋居士），養生膚語一卷（明陳繼儒），攝生三要一卷（明袁黃），花裏活三卷（明陳詩教），螢小錄三卷（清顧仲），怡情小錄一卷（清馬大年）鹿門隱書一卷（唐皮日休），馬氏日鈔一卷（唐馬總），明皇十七事一卷（唐李德裕），事原一卷（宋劉孝孫），新書一卷（蜀漢諸葛亮），刑書釋名一卷（宋王鍵）。

集餘八遊覽一一七冊至一二八冊）：

居易錄談四卷（清王士禛），燕臺筆錄一卷（清項維貞），京東考古錄一卷（明顧炎武），封長白山記一卷（清方象瑛），先聖廟林記一卷（明屈大均），山左筆談一卷（明黃淳耀），山東考古錄二卷（明顧炎武），遊勞山記一卷（清張道浚），古杭雜記一卷（宋李有），金華遊錄一卷（宋方鳳），嘉禾百詠一卷（宋張堯同），夢粱錄二〇卷（宋吳自牧），樂郊私語一卷（元姚桐壽），吳地記一卷（唐陸廣微），吳風錄一記（明黃省曾），蘇談一卷（明楊循吉），游城南記一卷（宋張禮），中吳紀聞六卷（宋龔明之），華陽宮紀事一卷（宋釋祖秀），豫志一卷（明王士性），秦錄一卷（明沈思孝），晉錄一卷（同），楚書一卷（明陶晉英），益部談資三卷（明何宇度），泉南雜志二卷（明陳懋仁），臺灣隨筆一卷（清徐懷祖），廣州遊覽小志二卷（清王士禛），遊羅浮記一卷（清潘耒），桂林風土記一卷（唐莫休符），桂海虞衡志一卷（宋范成大），成都遊宴記一卷（宋費著），滇記一卷（明楊慎），滇遊記一卷（清陳鼎），黔志一卷（明王士性），遊黔記一卷（清陳鼎），溪蠻叢笑一卷（宋朱輔），星槎勝覽四敍（明費信），西使記一卷（元劉郁），使西域記一卷（明陳誠），西南夷風土記一卷（明朱孟震），興復哈密國王記一卷（明馬文升），朝鮮國記一卷（明黃洪憲），西方要記一卷（比利時人南懷仁FERDINANDUS VERBIEST），西陲聞見歌一卷（清黎士弘），安南雜記一卷（清李仙根），遊具雅編一卷（明屠隆）。

上來共一二八冊，計一一九五六葉。曹溶編，其門人陶越增訂；清道光一一年（公曆一八三一），六安晁氏聚珍版印行。

顧炎武箸述考

—清代箸述攷—

顧頡剛　馬太玄

22.顧炎武

顧炎武，初名絳，字寧人，一名圭年，明安宗弘光元年（公曆一六四五），改今名，亦或自署曰蔣山傭，別字石戶，學者稱爲亭林先生，南直隸崑山人。生明神宗萬曆四一年五月二八日（公曆一六一三年七月一五日），卒明昭宗永曆三七年正月初九日（一六八二年二月一五日）年七〇。

箸述：

亭林遺書（清康熙間其門人潘耒次耕編刊本，清光緒一一年 1885 青浦席威孟則，吳縣朱記榮槐廬重刊本。）

左傳杜解補正三卷（清四庫經部春秋類箸錄，張海鵬借月山房彙鈔第一集本，吳志忠寶仁堂刻璜川吳氏經學叢書乙集本，嚴杰學海堂經解本，錢熙輔補刊指海六集本。）

九經誤字一卷（清四庫五經總義類，張海鵬借月山房彙鈔第三集本，錢熙輔指海一〇集本，近人王先謙南菁書院續經解本。）

石經考一卷（清張海鵬借月山房彙鈔第三集本，錢熙輔指海第一集本，光緒三二年 1906 王秉恩石經彙函本。）

金石文字記六卷（清張海鵬借月山房彙鈔第三集本，錢熙輔指海一二集本。）

第二卷　第二期

韻補正一卷（清張海鵬借月山房彙鈔第三集本，錢熙輔指海第三集本，雪北山樵楊花薰閣詩述本，徐幹邵武徐氏叢書初刻附宋吳棫韻補五卷後，楊尚文連筠簃叢書本，音學五書本二卷。）

昌平山水記二卷（清四庫史部地理類存目著錄。）

譎觚十事一卷（清張鵬借月山房彙鈔第八集本，錢熙輔指海第一集本。）

顧氏譜系考一卷（清四庫史部傳記類存目著錄，朱記榮改題顧氏世系考。）

亭林文集六卷（清原刊本，葛某四明葛氏金石叢書本五卷，今上海涵芬樓四部叢刊景印原刊本六卷四冊，董金南學古齋金石叢書本。）

亭林詩集五卷（清原刊本，今涵芬樓四部叢刊景印原刊本五卷附校補一卷。清山陽徐嘉有顧詩箋注二〇卷，見國粹學報李詳序。）

又補遺（同上。）

亭林年譜一卷（清吳映奎編。）

山東考古錄一卷（清四庫史部地理類存目著錄。）

京東考古錄一卷（同上。）

菰中隨筆三卷（清四庫子部雜家類存目著錄，潘德畬海山仙館叢書本。）

救文格論一卷（同上，近年上海國學扶輪社編古今說部叢書一〇本。）

五經同異三卷（清原刊本，蔣光弼省吾堂四種本，蔣光弼刊清惠棟九經古義附刻本，朱記榮重刊九經古義附刻本。）

亭林餘集一卷（清原刊本，雷金甫學古齋金石叢書本，彭紹升刊本，合肥蒯某師苏樓刊本，廣東刊本，葛　四明葛氏金石叢書本。）

亭林雜錄一卷（清四庫子部雜家類存目箸錄附救文格論後。）

聖安紀事二卷（一名聖安皇帝本紀，明紹宗上安宗諡也。明陳仁錫荊駝逸史本六卷，清留雲居士明季稗史彙編本二卷，蔣敦簃鈔明季紀事本。）

同志贈言一卷（清沈岱瞻輯。）

音學五書三九卷（清原刊本）

音論三卷（清嚴杰學海堂經解祇摘中卷。）

詩本音一〇卷（清學海堂經解本。）

易音三卷（同上。）

唐韻正二〇卷

古音表二卷（清雪北山樵花薰閣詩述本。）

歷代帝王宅京記二八卷（清四庫史部地理類箸錄，嘉慶一三年顧氏刊本，朱記榮槐廬叢書三編本。近人楊守敬叢書舉要作二〇卷，蘇州府志云，一作歷代都城宮闕攷二一卷。）

營平二州地名記一卷（清四史部地理類箸錄，朱記榮槐廬叢書四編本。叢書舉要作營平二州史事六卷，見蘇州府志。）

天下郡國利病書一二〇卷（清四庫史部地理類存目箸錄，道光一一年成都龍氏敷文閣活字本不足，上海圖書集成局石印本。）

第二卷　第二期

求古錄一卷（清四庫史部目錄類著錄，朱記榮孫谿朱氏金石叢書一即行素堂——本，朱記榮槐廬叢書三編本。）

日知錄三二卷（清四庫子部雜家類著錄，原刻本，翻刻本，學海堂經解摘錄二卷本。清黃汝成集釋，後附刊誤，今人李詳媿生叢錄二葉二五云：「李申耆先生譜三卷，附小德錄一卷，排印本——（今人劉承幹嘉業堂叢書本，民國二年刊——陽湖弟子蔣彤編。「道光癸巳——一三年1833——夏五月，始校刊顧氏日知錄。先是嘉定錢氏大昕評日知錄百數十則——十駕齋養新錄一四葉一七日知錄條一，詳見日知錄集釋——，生甫——毛嶽生，字生甫，寶山人——錄以示先生，乃謀推其義例通爲箋注，有資實學。嘉定黃潛夫汝成，有任剞劂之費。既又得楊甫屏諸家，皆嘗用功於是書者，有可采錄悉收之，山子——華希閔，半樗，山子，無錫人——生甫分司之，彤亦與校讐焉。」案今傳日知錄集釋，題嘉定黃汝成名。」「又云（「十四年1834四月，刊日知錄成，生甫又爲刊誤，」今黃氏集釋亦附有刊誤，是先生是書，與吳毛諸君共撰，借刻於黃氏，此不可不知者也」——同卷葉二五至二六——。有原刻本，廣州重刻本，湖北局本，朝宗書室活字本。）

日知錄之餘四卷（原刻本，翻刻本，今人鄧實風雨樓叢書本。）

經世篇一二卷（清四庫子部類書類著錄。）

二十一史年表一〇卷

十九陵圖志六卷

唐宋韻補異同

海道經

萬歲山攷證一卷

明季實錄一卷（清王晫張潮昭代叢書癸集本，朱記榮槐廬叢書四編本，埽葉山房印本二冊，明季稗史彙編本。）

肇域志一〇〇卷（一作肇域記。杭縣丁仁八千卷樓有單鈔浙江布政司本，近人儀徵劉師培藏南直隸一〇卷，諸暨孫程瑞田傳鈔山東布政司一冊，德清許慶宗藏二〇冊。闕北直隸及江西四川兩布政司。汪士鐸云，廣西布政司亦闕。）

北平古今記一〇卷（清桐城胡虔云，八卷，仿三輔黃圖之例而作者。）

建康古今記一〇卷

詩律蒙告一卷

下學指南一卷（清徐乾學傳是樓著錄。李元度先正事略作下問指南，疑誤。）

當務書六卷

官田始末攷一卷（清蘇州府志作宜田始末考一卷。）

岱嶽記八卷（清蘇州府志作二卷。）

茀錄一五卷

熹廟諒陰記一卷（清蘇州府志曰：「一作三朝紀事闕文二〇卷」，究未知此中同異如何？三朝紀事闕文二〇卷，見潘道根筆記。）

以上均見年譜。

顧氏譜路二卷（見清蘇州府志。）

區言五〇卷（見今人鄭文焯南獻遺徵。）

第二卷　第二期

營平二州史事六卷（清蘇州府志列營平二州地名記前。）

蔣山傭詩選（見潘道耕筆記，在詩集外。）

古今集論五〇卷（見國粹學報六九期選錄關顧亭林遺札。札云：「弟向日錄有古今集論五十卷，頃莞李劉年翁延弟至署，删取其切于經學治術之要者，付諸梓人，名曰近儒名論甲集」。頡剛案：此書當如魏默深經世文編之類，未知卽四庫存目之經世篇否歟？）

昭夏遺聲二卷

海甸野史（民國八年，北大國故月刊中曾刊卷六，）題云：「古吳亭林老人手輯。」惜祇五葉。）

權謀錄四卷（今人丁仁八千卷樓書錄，列子部兵家類，鈔本。）

（附　顧氏遺書錄敍（清桐城胡虔撰。）

顧亭林先生學說一卷（今人鄧實撰。在國粹學報明末四先生學說內。）

顧亭林先生年譜（撫子顧衍生紹，吳映奎編，車守謙編，王體仁編，胡虔編，徐松編，周中孚編，張穆編。吳氏因衍生作，車氏又因吳氏。徐氏未見諸本，孤意創作，已寫定未刻。張氏乃綜合車徐兩本再加釐訂，清道光二三年1843著成，胡氏本見張本自序，周氏本見其所著鄭堂札記，想皆已佚。

張本有原刻本，道光二七壽陽祁氏䜮䜩亭刊本，粤雅堂叢書第一集本，今人劉承幹嘉業堂叢書本。吳本有席威朱記榮合編崑山顧氏全集本，清光緒一四年1888，朱氏校經山房本。）

勘定之書：

西安府儒學碑目(見文集。)

家訓(見遺札。)

纂錄易解(程朱各自爲書，見答汪琬書。)

纂錄南都時事 見與戴某書。)

點定荀悅漢紀(見潘耒重刻漢紀序。)

備錄(見江左十五子詩選注。)

姓氏書(見日知錄。)

高弟吳江潘耒刊布其遺書。

尤留心經世學，歷觀廿一史，明十三朝實錄，天下圖經，說部，以至公移，邸鈔之屬，有關民生利害者隨錄之；又參以躬所聞見，曰天下郡國利病書；別一編，曰肇域志。

最精韻學，能據遺經以正六朝唐人之失，據唐人以正宋人之失，有音學五書。李文貞光地謂，「自漢晉以來未之有也。」

性喜金石文，所至必躬自蒐訪，有金石文文字記。

晚益篤志於六經，謂，「經學卽理學也，自有舍經學言理學者，乃墮于禪學而不自知。」故持悉本朱子說，而歸咎于上蔡，横浦，象山甚峻，有書曰下問指南。

其日知錄三十卷，尤終身精詣之書，凡經史粹言皆具焉。自言，「有王者起，將以見諸行事，而躋斯世于古治之隆，而未敢爲近人道也。」所著書又有左傳杜解補正，九經誤字，石經考異，韻補正，昌平山水記，山東考古錄，京東考古錄，亭林詩文集，及二十一史年表，歷代帝王宅京記，皆行于世。

亭林音學五書，力臣（張弨字）所寫定也。

上來錄清李元度先正事略

乾隆間，彭尺木得亭林集外未刻文十數篇，補刻爲亭林餘集。蓋爲潘次耕所删，以多記桑海遺事，行世有未便也。

上來錄國粹學報

肇域志：是編金陵有鈔本，爲洪琴西觀察所藏；簡眉冊尾，皆亭林先生手自批校，卷帙落次，難以紬繹。今所見悉從此本傳鈔，虛多譌舛。蓋亭林本未成書，後人無從根其洪致；孜辨其非，非所安也。

何義門叙亭林菰中隨筆，謂，「先生所著區言五十卷，皆述治天下之要。」又云：「曾在東海相國所，見一冊，言治河事，亦如此細書者。」俱未見傳本。

上來錄今人鄭文焯南獻遺徵

先生年十四爲諸生，入復社，即講求經世之學。凡國家典制，郡縣掌故，天文儀象，河，漕，兵，農之屬，莫不窮究原委，考正得失。周歷西北二十年，卒于華陰。所著書並有補于學術世道者。

上來錄清吳修名人尺牘小傳

舊槧亭林先生音學五書，前有徐乾學，徐秉義，徐元文啓，云：「舅氏顧寧人先生，年逾六十，篤志五經，欲作書堂於西河之介山，聚天下之書藏之，以詒後之學者，伏惟先達名公，好事君子，如有前代刻板善本，及鈔本經史有用之書，或送之堂中，或借來錄副，庶傳習有資，墳典不墜。」

上來節錄今人李許娩生叢錄一葉——

左傳杜解補正有某批校，吾友馮貞羣曾迻錄朱記榮校經山房本上；其人姓名遺忘，俟攷太玄。

清代箸述攷

——陳瑚，劉汋，歸莊，馮班——

（八續）

顧頡剛 馬太玄

23.陳瑚

陳瑚，字言夏，號確庵，南直隸太倉人。生明神宗萬曆四一年（公曆一六一三年），卒明昭宗永曆二九年，（一六七五），年六三。

箸述：

聖學入門書（無卷數。清四庫全書子部儒家類存目箸錄。刊本作一卷。）

周易傳義參

講學全規

蔚村講規

荒政全書

開江築圍書

求道錄

切己錄

同善會語

社學事宜

菊窗隨筆

確庵集

隱湖倡和詩二卷

上錄清蘇州府志

此外有：

大學日程一卷(清陳坤如不及齋叢鈔本。)

淮雲問答一卷續編一卷(清顧湘小石山房叢書第一冊本。)

24.劉汋

劉汋，字伯繩，浙江山陰(今紹興)人。生明神宗萬曆四一年六月一〇日(公曆一六一三年七月二七日)，卒明昭宗永曆一八年九月八日(一六六四年一〇月二六日)，年五二。

著述：

蕺山遺書(編其父宗周遺書數百卷。)

蕺山年譜二卷

年譜錄遺一卷

儀禮經傳攷次五三卷(編。)

春秋集傳一二卷

史漢合鈔一二卷

歷代文選一四卷

文集二卷

上錄濟山陰縣志

25，歸莊

歸莊，字玄恭，明安宗弘光元年後，更名祚明，又稱歸藏，或稱歸乎來，又署歸妹；字爾禮，又字玄恭，或署懸弓，又稱園公，亦呼元公，或題元功；號恒軒，又號己齋；既爲僧，署普明頭陀，又署圓照，或庵鏊鉅山人；又嘗自稱逸羣公子，南直隸崑山人。生明神宗萬曆四一年七月一四日（公曆一六一三年八月二九日），卒明昭宗永曆二七年八月（一六七三），年六一。

箸述：

西漢地理志注（有自序，皆未成而失之。）

自考錄（無卷數，佚。）

懸弓集三〇卷（佚。）

恒軒文集一二卷（淸歸曾祁記，佚。）

自訂時文一六〇篇（有自序，佚。）

恒軒詩集一〇卷（淸歸曾祁記，佚。）

尋花日記上下卷（淸顧湘小石山房叢書第一二冊本，誤作一卷。）

歸文考異駁（駁汪琬也。）

孔廟两廡位次考（見顧炎武亭林文集，佚。）

哀江南賦補王注（淸張潮昭代叢書丁集本(.?)

尺牘一卷（淸歸曾祁記，佚。）

山遊詩（佚。）

落花詩（共一二首，佚其半。）

看牡丹詩（有自序，佚。）

蘇城東望（佚。）

看花雜詠（清顧湘小石山房叢書第一二冊。）

甲辰唱和詩三冊（與侯大年書，佚。）

病言一冊（與侯彥升書，佚。）

雜箸一卷隨筆二四則（附文續鈔後。）

萬古愁（原名擊筑餘音，清全祖望續甬上耆舊詩附卷三二，近人葉德輝雙梅景闇叢書附錄本，趙經達又滿樓叢書本，盧靖愼始基齋刋本題明熊開元擊筑餘音。）

後人編輯者：

玄恭文鈔七卷（清太倉季錫疇崧耘編，版燬于兵，傳本罕見。）

玄恭文續鈔七卷（裔孫曾祁編，今人鄧實國粹叢書二集本。）

歸高士集一○卷（清崑山朱紹成編。）

玄恭遺箸不分卷（清崑山徐崇恩編。）

上三種皆劣本，國粹叢書本兩佳。

歸莊編刻書：

震川文集四○卷（付梓未成而卒，永曆二九年乙卯刻成，莊卒已二年矣。）

（附）歸玄恭先生譜一卷（今人趙經達編，又滿樓叢書本。）

26，馮班

第三期　第二卷

馮班，字定遠，南直隸常熟人。生明神宗萬曆四二年（公曆一六一四年），卒明昭宗永曆二五年（一六七一），年六八。

箸述：

鈍吟集（見清禁書總目葉二五。）

遊論三卷（以下均見清蘇州府志。）

讀古心鑒

葫蘆私語

麥論

鈍吟書要

鈍吟雜錄一〇卷

馮氏小集

評點才調集一〇卷（與馮舒同編。）

馮定遠集一一卷（清毛扆汲古閣刊本。）

淸代箸述攷

——宋琬，魏裔介，黃宗炎，魏象樞，朱用，黃宗會，施閏章——

（八續）

顧頡剛　馬太玄

27.宋琬

宋琬，字玉叔，號荔裳，山東萊陽人，生明神宗萬曆四二年（公曆一六一四年），卒清仁帝康熙一二年(一六七三)，年六。

箸述：

安雅堂詩安雅拾遺詩皆不分卷安雅堂遺文二卷附二鄉亭詞四卷丁仁八

第二卷　第四期

千卷樓箸錄，刊本。）

安雅堂四卷書啓一卷未刻稿一卷入蜀集一卷，（同上。）

清王士禛點定其集爲三十卷……族孫邦憲編爲拾六卷（見淸史傳稿。）祭皋陶一本（見淸黃文暘曲海目，題二鄉亭主人撰；二鄉亭，宋琬亭名也。

宋琬官四川按察使，中年爲怨家告訐，逮繫請室，此本殆即其繫獄時作也（見王國維曲錄三葉二八）。

23，魏裔介

魏裔介，字石生，號貞庵，又號崑林，淸謚文毅，直隸柏鄉人。生明神宗萬曆四四年（公曆一六一六年），卒淸仁帝康熙二五年（一六八六），年七一。

箸述：

易學大全纂要

四書朱子全義

四書精義彙解

惺心篇捷解

孝經注義

續補高士傳三卷（丁仁八千卷樓箸錄，刊本。）

經世篇（淸吳修名人尺牘小傳作經世編。）

聖學知統錄（同書無「聖學」二字。）

知統翼錄

致知格物解

論性書

約言錄內外編

希賢錄

兼濟堂集二○卷（尺牘小傳作文集，丁仁八千卷樓箸錄鈔本。）

周程張朱正脈

鑑語

多識錄

雅說集

資塵新聞

崑林小品

兼濟堂奏疏（清王灝編畿輔叢書本合兼濟堂集一二卷。）

瑣琚佩語一卷（清王灝畿輔叢書本。）

嶼舫詩集六卷（丁仁八千卷樓箸錄刊本。）

兼濟堂文集選二○卷（其子荔彤編，清康熙六○年龍江書院刊本。）

（附）魏貞庵年譜一卷（清魏荔彤編，畿輔叢書本。）

29 黃宗炎

黃宗炎，字晦木，一字立谿，號鷓鴣，浙江餘姚人。生明神宗萬曆四四年七月三日（公曆一六一六年八月一四日），卒明亡後三年六月二五日（清仁帝康熙二五年，公曆一六八六年八月一三日），年七一。

箸述：

第二卷 第四期

愛患學易；

周易象詞一九卷（淸文津閣四庫全書本二一卷，附下二種。）

尋門餘論二卷（淸四庫全書本，張潮王晫昭代叢書癸集本。）

圖書辨惑一卷（同上，同上。）

六書會通（逸）

二晦集（同上）

山棲集（同上）

宗炎文祇淸朱琫古文彙鈔二編中選數篇，詩祇全祖望續甬上耆舊詩三九錄八一首。

30，魏象樞

魏象樞，字環極，號環溪，又號庸齋，淸謚敏果， 山西蔚州（今直隸蔚縣）人。生明神宗萬歷四五年（公歷一六一七年），卒淸仁帝康熙二六年（一六八七），年七一

箸述：

儒宗錄（見淸彭紹升二林居集。）

知言錄（同上。）

寒松堂奏疏（浙江書局刋奏議四卷。）

寒松堂集九二卷（丁仁八千卷樓箸錄刋本，淸畿輔叢書刋文集一。卷，詩集三卷。）

寒松堂庸言（淸楊復吉昭代叢書庚集本。）

（附）魏敏果公年譜一卷（魏象樞口授，其子學誠等編，畿輔叢書

本。)

31，朱用純

朱用純，字致一，號柏廬，私謚孝定先生，南直隸崑山人。生明神宗萬曆四五年(公曆一六一七年)，卒明亡後五年（清仁帝康熙二七年，公曆一六八八年)，年七二。

箸述：

删補易經蒙引

四書講義

困衡錄

愧訥集

上來見清蘇州府志

毋欺錄一卷(清顧湘小石山房叢書第三冊本。)

32，黃宗會

黃宗會，字澤望，號石田，浙江餘姚人。生明神宗萬曆四六年，(公曆一六一八年)，卒明昭宗永曆一七年八月八日（一六六三年九月九日)，年四六。

箸述：

縮齋文集(逸，清朱珔古文彙鈔二編存數篇。)

縮齋日記(逸。)

學御錄一卷

四明山遊錄

瑜伽師地論注(逸。)

成唯識論注(逸。)

詩見清全祖望續甬上耆舊詩四〇選錄一卷。

33.施閏章

施閏章，字尙白，一字屺雲，號愚山，南直隸宣城(今安徽)人。生明神宗萬曆四六年一二月二一日(公曆一六一九年二月五日)，卒清仁帝康熙二二年閏六月一三日(一六八三年八月五日)，年六六。

著述：

學餘堂文集二八卷(清康熙四七年 1708 刋本，乾隆三〇年 1756 增刻本。)

詩集五〇卷

別集四卷

外集二卷

施氏家風述畧一卷(刋本，昭代叢書本(？)

家風述畧續編一卷(其子彥恪編。康熙刋乾隆補全集本。)

(附)年譜四卷(曾孫念曾編。)

以上均附文集，共二四本。

擬明史五志(見清湯斌所爲傳。清國史館傳稿作擬明史七卷。)

蠖齋詩話四卷(淸楊復吉昭代叢書戊集補本，淸史傳稿作二卷。)

學餘集八〇卷(見淸湯斌所爲墓誌銘。)

靑原志畧補輯一三卷(見淸史傳稿。)淸僧大然撰靑原志畧，施閏章補輯。清四庫全書史部地理類存目箸錄，有刋本。青原山，在江西吉安縣東南一五里上有淨居寺。）

矩齋雜記二卷（四庫全書子部小說類存目箸錄，清楊復吉昭代叢書戊集本，顧沅賜硯堂叢書丁集本。）

續宛雅八卷（宛雅一〇卷，明梅鼎祚編；續宛雅，清蔡蓁春施閏章同編；三編，施念曾張汝霖同編；皆宣城人詩也。有三編合刋本。）

閏章與同邑高詠友善，據東南詞壇者數十年，號曰宣城體（清史傳稿）。

先生與宋荔裳齊名，稱南施北宋。五言近體尤工，王漁洋摘為恩山句圖。生平以儒雅自命　尤浮理學，轉為詩文所掩。

清代箸述攷

——尤侗，侯方域，周容，申涵光，劉源淥——

（十續）

顧頡剛 馬太玄

34尤侗

尤侗，字同人，更字展成，別字悔庵，又曰艮齋，自號西堂老人，西堂者，讀書之所也。南直隸長洲（今省入吳縣）人。生明神宗萬曆四六年（公曆一六一八年），卒清仁帝康熙四三年（一七〇四），年八七。

箸述：

西堂全集

西堂雜組一集四卷

西堂雜組二集八卷

西堂雜組三集八卷

西堂剩藁二卷

西堂秋夢錄一卷

西堂小草一卷

論語詩一卷

右北平集一卷

看雲草堂集八卷

述祖詩一卷

于京集五卷

哀弦集二卷

擬明史樂府一卷(又宋澤元懺花盦叢書本。)

外國竹枝詞一卷(清吳省蘭藝海珠塵竹集本；張潮昭代叢書甲集本。)

百末詞六卷

讀離騷四折

弔琵琶四折

桃花源四折

黑白衛四折

清平調一折

(附)湘中草六卷(明湯傳楹撰。)

西堂餘集

年譜圖詩一卷

小影圖贊一卷

年譜二卷

性理吟二卷

讀論語詩一卷

艮齋倦稿詩集一一卷

艮齋倦稿文集一五卷

第二卷　第五期

明史外國志八卷

明史藝文志五卷

宮閨小名錄五卷

此外

全集五四卷（丁仁八千卷樓箸錄集六一卷。）

餘集七〇卷

鶴棲堂稾一〇卷

上來三種見淸朱彝尊撰墓誌銘，云俱鏤版行於世。

百末詞餘一卷（丁仁八千卷樓箸錄，刋本。）

鈞天樂二卷（王國維曲錄五箸錄。）

雜劇傳奇共六種，有合刻本，名西堂樂府六種。

七釋一卷（淸張潮昭代叢書甲集補本。）

讀東坡志林一卷（同上。）

五九枝譚一卷（同丁集本。）

戒賭文（同別集本。）

35.侯方域

侯方域，字朝宗，號雪苑，河南商丘人。生明神宗萬曆四六年（公曆一六一八年），卒淸章帝順治一一年一二月（一六五五），年三七。

箸述：

四憶堂詩集六卷（原刻本　賈開宗等選注，通行本，三冊。）

壯悔堂文集一〇卷（原刻本。）

退齋一卷(見清朱記榮行素堂目覩書目。)

先生爲明戶部尚書恂子，爲四公子之一，與貴池吳應箕，宜興陳貞慧最善。負才任俠，以文雄一時，與魏叔子，汪堯文稱國朝三家(見清吳修尺牘小傳)。

有年譜一卷爲吳中五世族孫洵編。

36.周容

周容，字茂三，一字鄮山,號躄堂,浙江鄞縣人。生明神宗萬曆四七年(公曆一六一九年)，卒明昭宗永曆三一年(一六七七)，年六一。

著述：

春酒堂詩集一〇卷

春酒堂文集四卷

春酒堂詩餘一卷

滃州志一卷

滃洲死事諸公傳一卷

周容於紹宗隆武二三年間，嘗遊薙其髮爲僧，稱釋茂山者是也；未幾，返服。

清全祖望續甬上耆舊詩六，錄詩一卷，末附孺人金逑，字友之，詩一首。

37，申涵光

申涵光，字孚孟，亦作符孟．又曰和孟，假自號曰鳧盟，取與符孟字音近也；晚號卧樗老人，明太僕寺丞佳胤(字孔嘉，1603—1644)

詩一首。

37，申涵光

申涵光，字孚孟，亦作符孟，又曰和孟，但自號曰鳧盟，取與符孟字音近也；晚號臥樗老人，明太僕寺丞佳胤（字孔嘉，1603—1641）之子，北直隸永年（今河北永年）人。生明神宗萬曆四七年一一月三。日（公曆一六二。年一月四日），卒清仁帝康熙一六年六月六日（一六七七年七月五日），年五九。

著述：

聰山集一四卷（清四庫全書集部別集類存目著錄，清康熙二年刊本。）

年譜傳誌一卷

文三卷（清光緒五年謙德堂刊王灝輯畿輔叢書本。）

詩八卷（同上。）

（附）荊園小語一卷（語錄。同上。）

荊園進語一卷（同上。）

申端愍公（佳胤）年譜

（附）申鳧盟先生年譜一卷（其弟涵煜涵盼同篡，畿輔叢書本。）

永年縣志（清康熙一一年代知縣朱世緯撰。）

38，劉源淥

劉源淥，字崑石，自號息齋，山東安丘人。生明神宗萬曆四七年（公曆一六一九年），卒清仁帝康熙三九年（一七〇〇），年八二。

著述：

近思續錄四卷(清四庫全書子部儒家類存目著錄，前有康熙四。年其
門人陳舜錫馬恆謙二序。)

冷語三卷(同上。門人馬恆謙編。)

讀書日記六卷(同上。歸安陸師氏爲之删定。)

記疑二四

冷語五 (此原本。三 本乃馬恆謙編。)

四書補注

小學補注

或問補注

周易解評

儀禮經傳通解

上來末六種，均見孫自務撰傳。

王夫之箸述攷

（清代箸述攷之一）

顧頡剛　馬太玄

39. 王夫之

王夫之，字而農，別號薑齋，中歲稱一瓠道人，更名壺，晚年仍用舊名，居於湘西蒸左之石船山，自爲之記，問字者稱爲船山先生；先生所評選緒論，名曰夕堂永日，人士贈答者，又稱夕堂先生；又自署雙髻外史，（避張獻忠之亂，匿南嶽雙髻峰下，故以此自署。），擣杌外史，湖廣衡陽人。生明神宗萬曆四七年九月初一日（公曆一六一九年一〇月七日），卒[illegible]二後九年正月初二日（清仁帝康熙三一年，公曆一六九二年二月一八日），年七四。

箸述：

船山遺書（清咸豐間湘潭原刋本，同治四年1865，湘鄉曾國荃重刋本，又補刋本，張之洞書目答問曰，「二八八卷」，一二八本。）：

周易內傳六卷發例一卷（清李元度先正事略作一二卷。）

周易大象解一卷

周易稗疏四卷（清沈懋德昭代叢書壬集本，近人王先謙南菁書院續清經解本，四庫著錄。）

周易攷異一卷（清四庫箸錄，附稗疏後。）

周易外傳七卷

尙書稗疏四卷（清沈懋德昭代叢書癸集本。）

第二卷　第六期

尙書攷異(未見。)

尙書引義六卷

詩經稗疏四卷(近人王先謙南菁書院續淸經解本。)

詩經攷異一卷

叶韻辨一卷

詩廣傳五卷

禮記章句四九卷

春秋家說三卷(淸李元度先正事略作七卷。)

春秋稗疏二卷(淸懋德昭代叢書壬集本，近人王先謙南菁書院續淸經解本。)

春秋世論五卷

續春秋左氏傳博議二卷

四書訓義三八卷(近人楊守敬叢書擧要云:「此書道光二二年1842王世全刊，另行。)

四書詳解(未見。)

讀四書大全說一〇卷

四書稗疏一卷(淸李元度先正事略作二卷，道光二二年王世全刊本，近人王先謙南菁書院續淸經解本。)

四書攷異一卷(又王世全刊本附稗疏後。)

說文廣義三卷

凡經類二三部，已刻二〇部，都一〇九卷；未刻一部，三八卷；

　未見二部，無卷數。

讀通鑑論三〇卷(又上海商務印書館排印本。)

宋論一〇卷(同上。近人楊守敬叢書舉要作史論。)

永曆實錄二六卷(一六卷，原闕。)

蓮峰志五卷

　凡史類四部，都七五卷。

張子正蒙注九卷

近思錄釋(未見。)

思問錄內外篇二卷(內外各一卷。)

俟解一卷(又上海泰東書局鉛印袖珍本。)

噩夢一卷

呂覽釋(未見。)

淮南子注(未見。)

黃書一卷(又石印通行本。)

識小錄一卷

搔首問(未見。)

龍源夜話(補刻本，清李元度先正事畧作龍深夜話，深字疑誤。)

老子衍一卷

莊子解三三卷

莊子通一卷

愚鼓辭一卷(清李元度先正事畧作愚鼓歌。)

第二卷　第六期

相宗絡索三卷（未刻。清李元度先正事畧作一卷。太玄於一五年在北京鄧高鏡案頭見湖南排印本。）

三藏法師八識規矩論贊（未見。太玄於一五年，在北京鄧高鏡案頭見湖南排印本。）

凡子類一七部，已刻一〇部，都五一卷；未刻一部，三卷；未見六部，無卷數。

楚辭通釋一四卷

薑齋文集一〇卷

買薇稿（未見。）

漧濤園初集（未見。）

薑齋五十自定稿一卷

薑齋六十自定稿一卷

薑齋七十自定稿一卷

柳岸吟一卷

落花詩一卷

遣興詩一卷

和梅花百詠一卷

洞庭秋一卷

雁字詩一卷

仿體一卷

嶽餘集一卷（賸稿附。）

般山鼓棹初集一卷

船山鼓棹二集一卷

瀟湘怨一卷

詩評一卷

夕堂永日緒論內篇一卷

夕堂永日緒論外篇一卷

南窗漫記一卷

南窻外記一卷(未刻。)

憶得(未見。補刻本。)

夕堂永日八代[illegible]評(未見。清李元度先正事畧云十九卷。)

夕堂永日八代詩選評六卷(未刻。)

夕堂永日四唐詩選評七卷(未刻。)

夕堂永日明詩選評七卷(未刻。)

詞選一卷(未刻。)

龍舟會雜劇二卷

船山經義一卷

船山制義(未見。)

薑齋詩賸稿一卷(原闕，補刻本。)

凡集類三三部，已刻二四部，都四七卷；未刻五部，二二卷；未見五部，無卷數。

共七七種

船山遺書校勘記二卷(清劉毓崧編，曾國荃刊本。)

補刻六種(清湘鄉曾國荃補刻本。)：

　薑齋詩賸稿一卷

　龍源夜話一卷

　憶得一卷

　薑齋詩編年稿一卷

　薑齋詩分體稿一卷

　薑齋文集補遺二卷

　　下三種原目未列，可補入。

王船山年譜二卷(清劉毓崧編，金陵書局刊本。)

王般山年譜□卷(清王之春編。)

王船山年譜□卷(今人羅正鈞編。)

船山師友記一八卷(同上，清光緒三三年 1907 刊成。)

　薑齋文集十卷，詩集十卷，詩餘三卷，詩話三卷，外集四卷(頡剛案：此云詩集詩餘外集，上目雖未載，度必柳岸吟落花詩……等合集之名；惟詩話三卷，未知何指，或在上目之外也。)

　共計三百二十四卷。

　其著錄于四庫者，曰：周易稗疏，考異，尙書稗疏，詩稗疏，考異，春秋稗疏，凡六種。

　存目于四庫者，曰：尙書引義，春秋家說，凡二種。

　先生論學，以宋尹爲門戶，以宋五子爲堂奧。其所作大學衍，中庸衍，皆力闢致良知之說以羽翼朱子；而于正蒙一書，尤有神契，謂張子之學，上承孔孟，如皎日麗天，無幽不燭，惜其門人未有殆庶者；而當時鉅公，如文，富，司馬諸公，張子以布衣貞隱，無繇資其羽翼。其道之行，曾不逮邵康節之數學，是以不百年而異說興。于是究觀天人之故，推本陰陽法象之原，就正蒙精繹而暢衍之，與自箸思問錄二篇，皆本隱之顯，原始要終，炳然如揭日月。其扶樹道敎，辨上蔡，象山，姚江之誤，或疑其言稍過，然議論精嚴，粹然皆軌于正也。

其子敔（字虎子，號蕉畦，晚築湘西草堂，箸有蕉畦存稿，笈雲草……………諸 。生清章帝順治七年1650，憲帝雍正八年1730，年八一，其卒當在雍正十二年1734以前。）抱遺書，上之督學宜興潘太史宗洛（字原書），因緣得入四庫，上史館，立傳儒林，而其書仍不傳，道光庚子（清成帝二〇年1840）族孫世佺始刻行；咸豐四年1851燬于兵燹；同治二年1833中丞曾國荃復捐俸重鋟焉。

上錄清李元度先正事畧

周易稗疏四卷，皆隨筆劄記以破析疑義，大旨不信焦，京，亦不信陳，邵，亦不取王弼之淸言，惟引據訓詁，考求古義，所謂徵實之學也。

上錄淸四庫全書簡明目錄

清代箸述攷

——毛先舒，馬驌，徐枋，李夕胤，黄生，——

（續）

顧頡剛　馬太玄

40.毛先舒

毛先舒，字稚黄，一名駼，字馳黄，浙江錢唐（今杭縣）人。生明光宗泰昌元年一〇月一五日（公歷一六二〇年一一月八日），卒明亡後五年一〇初五日（清仁帝康熙二七年，公歷一六八八年一〇月二八日），年六九。

箸述：

毛稚黄一二種（清康熙間刋本。）：

韻學通指一卷（清四庫全書經部小學類存目箸錄。）

韻白一卷（同上。）

格物問答三卷

聖學眞語二卷（清四庫全書子部雜家類存目箸錄。）

螺峰說錄一卷（同上。）

匡林二卷(同上。)

潠書八卷(清四庫全書集部別集類存目著錄。)

思古堂集四卷(同上。)

東苑文鈔二卷東苑詩鈔一卷(同上。)

小匡文鈔四卷(同上。)

蘂雲集一卷(同上。)

晚唱詩一卷

詩辨坻一卷(同詩文評類存目著錄。)

此外：

聲韻叢說一卷韻問一卷（清四庫全書經部小學類存目著錄，清張潮昭代叢書乙集本，曹溶學海類編集餘三文詞類單刊聲韻叢說本。)

南唐拾遺一卷（清四庫全書史部載記類著錄，清楊復吉昭代叢書己集本，曹溶學海類編史參類本。)

塡詞名解四卷(清四庫全書集部詞曲類存目著錄。)

南曲入聲客問一卷(同上，淸張潮昭代叢書乙集本。)

家人子語一卷（清張潮昭代叢書甲集本，淸黃秩謨遜敏堂叢書本，

語小一卷(淸張潮昭代叢書甲集本。)

諺說一卷(同丙集本，顧沅賜硯堂叢書丁集本。)

韻學指歸(見淸毛奇齡作墓誌銘。)

唐韻四聲表(同上。)

詞韻(同上。)

南曲韻(同上。)

毛馳黃集(同上。)

鴛情集選(同上。)

以父命爲諸生，及父歿，仍棄如故(淸毛奇齡撰墓誌銘)。故仍作明代人。

淸林璐撰草廬先生傳，即穉黃傳。

毛馳黃先舒嘗有詞云：「不信我眞如影瘦」，又云：「鶴山應同一瘦」，「書來淡墨知伊瘦」，世稱毛三瘦，見陳檢討集中毛馳黃韻學通指序(淸陳康祺郞潛紀聞)。

41.馬驌

馬驌，字宛斯，一字驄御，山東鄒平人。生明光宗泰昌元年(公曆一六二〇年)。卒淸仁帝康熙一二年(一六七三)，年五四。

箸述：

左傳事緯一二卷附錄八卷(淸四庫全書經部春秋類箸錄，自刻本，漢陽朝宗書室活字版本無附錄。)

繹史一六〇卷(原刻本，通行本，石印本。)

編輯

十三代緯書三二卷(二二二種，本刻。)

先生于左氏融會彙通，箸事緯一書，所論具有條理；其圖表，亦皆考證精詳，爲專門之學。

又撰繹史，纂錄開闢至秦末之事，博引古籍，疏通辨證，雖牴牾間亦不免，而詞必有徵，實非羅泌路史，胡宏皇王大紀所可及。且史例六家，故無此式，與袁樞紀事本末，均卓然特創，自爲一家之體。顧炎武讀是書，歎曰：「必傳之作也。」康熙四十四年(一七〇五)，上南巡，垂問繹史一書，命張公玉書物色原版。明年(一七〇六)夏，遣官至鄒平，購版入內府。

上錄淸李元度先正事略

前承諭訪馬宛斯十三代緯書，某初謂是綴拾讖緯之書，後讀施愚山爲作墓誌，云「疾將革，惟語子弟以事緯，璋書(施閏章撰墓志皆作璋書)二編未鏤版爲遺憾。)以左傳事緯例之，又謂緯書必馬所箸矣。昨于九月初一日過鄒平，邀一友同至其家，一白髮者出，自云「宛斯之姪。」

問「所存遺稿幾何？」白鬚云，「伯父沒十年予始生，其遺稿一篋在長房某所，某不識字，恐其有干預田產者，故不肯示人。數年前，盧運使(見曾)徵詩札至，僅得一首報之。」因問「十三代緯書安在？」曰，「三十二套，皆質于典家。」驚其太多，索其目視之，乃即漢魏以來諸書而裒集之；蓋叢書之大者，非其所自箸述。十三代者，周至隋也；共二百二十二種，而周禮，儀禮，爾雅，三傳皆在焉；殊不可解。其或以五經外，國家不以取士者，皆得謂之緯書耶？豐氏(明鄞縣豐坊)僞詩傳等書亦收入。所收六朝人箸述頗多，惟吳均齊記，世間罕有，餘非甚難得者。謹將全目錄寄台覽。儻鄴架盡有其書，則不必覓馬家所藏者。但首必有序例，惜未及見。白鬚云：原本籤帙，皆其伯父手題也。

上錄清李文藻與紀曉嵐先生書

清閻若璩古文尚書疏證云：『鄒平馬公驌，字宛斯，當代之學者也。司李淮郡(江蘇淮安府推官)，後改靈壁令。余以癸丑（清康熙一二年1673）東歸，過其署中，秉燭擬談，因及尚書有今古文之別；公不覺首肯。余曰：「公箸繹史，引及尚書處，不可不分標今文古文。「公曰：「然。今繹史有今文古之名者，自余之言始也。』按今行繹史無今文古文之別；潛丘所見之本，惜不傳也。往年戴子高嘗爲余言，「繹史中所載僞古文尚書宜刪之。」蓋不知有此說。

上錄清俞樾茶香室續鈔卷一三「馬氏繹史有改定本」條。

太玄讀清施閏章撰馬驌墓誌銘云：「君生明天啓辛酉正月十一日(明熹宗元年，公曆一六二一年二月一日)享年五十四，卒於今康熙癸丑七月辛未(清康熙一二年七月初四日，公曆一六七三年八月一五日)。」案原編時據清陸心源三續疑年錄卷八，竢攷定後再改可也。

42.徐枋

徐枋，字昭法，號俟齋，別號秦餘山人，南直隸長洲（今省入吳縣)人。生明熹宗天啓二年三月二三日(公曆一六二二年五月三日)卒明亡後一一年九月二〇日（清仁帝康熙三三年，公曆一六九四年一一月一一日），年七三。

箸述：

通鑑紀事類聚三百若干卷(逸。)

廿一史文彙若干卷(同上。)

讀史稗語二十餘卷(同上。)

讀史雜鈔六卷(同上。)

建元同文錄一卷(同上。)

管見一一篇(同上。)

居易堂集二〇卷（淸潘來刋本，嘉慶間震澤趙筠補刋本，均不易得。今人羅振玉藏本，擬重刋。）

(附)徐俟齋先生年譜一卷附錄一卷(羅振玉編，民國八年聚珍版印。)

43 李文胤

李文胤，字鄴嗣，又字孫亭，學者稱爲杲堂先生，浙江鄞縣人。明熹宗天啓二年(公曆一六二二年)，卒明昭宗永曆三四年(一六八〇)，年五九〇

箸述：

杲堂文外集

杲堂文內集二〇卷(未刋。)

杲堂詩集

杲堂鈔文鈔六卷(有刋本。)

杲堂文續鈔

杲堂詩鈔七卷(有刋本。)

西京節義傳一卷

漢語一〇卷

續漢語二卷

南朝語四卷

補世說若干卷

集世說新語詩一卷(清楊復吉昭代叢書庚集本。)

等韻詩

甬上耆舊詩三〇卷(有刋本。)

馬弔說一卷(清沈楙德昭代叢書別集本。)

太玄案，甬上耆舊詩編就，胡文學(字道南， 一字覺老，本徽州休寧人，居鄞)爲之開雕，故刋本列胡文學名，其實皆文胤筆也。

又全祖望續甬上耆舊詩，五三葉六云:『吾友杭編修世駿謂予曰:「 堂文良稱作手，然如馬弔說似可不作」。 予曰:「馬弔說有深意，其言「馬士英用而南都亡，馬吉翔用而粤中亡，」此二語甚可惑。」編修謝云:「吾讀之未詳也」。』

清全祖望續甬上耆舊詩五三選錄三九二首，文附；中共一卷。

44.黃生

黃生，字符孟，南直隸歙人。 生明熹宗天啓二年(公曆一六二二年)，卒無攷。

著述：

字詁一卷(清錢熙祚指海五集本，家刻本。)

葉書一卷

義府二卷(清錢熙祚指海二集本，家刻本。)

杜詩說

詩文集

餘未見，不知有無刻本；鍰釋有字詁類箕一〇六卷，未刊。

毛奇齡著述攷

——清代著述攷之一——

顧頡剛 馬太玄

45.毛奇齡

毛奇齡，字大可，一字齊于（以淳于髡自況），又更名甡，浙江蕭山人。生明熹宗天啓三年（公曆一六二三年），卒清仁帝康熙五五年（一七一六），年九四。

著述：

西河合集（清康熙五九年1720，其從孫聖臨補刋本。一〇〇本。）

經集

仲氏易三〇卷（又學海堂清經解本。）

推易始末四卷(又淸馬俊良龍威秘書辛集本。)

河圖洛書原舛編一卷

太極圖說遺議一卷(一作二卷。)

易小帖五卷(淸李元度先正事略題八卷。)

易韻四卷

古文尙書冤詞八卷(淸程廷祚有冤冤詞一書。)

尙書廣聽錄五卷

舜典補亡一卷(又淸吳省蘭藝海珠塵絲集本。)

國風省篇一卷

毛詩寫官記四卷

詩札二卷

僞詩傳詩說駁議五卷

白鷺洲主客說詩一卷(又淸馬俊良龍威秘書辛集本, 近人王先謙南菁書院續淸經解本。)

續詩傳鳥名三卷(同上,同上。)

昏禮辨正一卷(又淸吳省蘭藝海珠塵匏集本。)

廟制折衷二卷(今人丁仁八千卷樓著錄作三卷。)

大小宗通繹一卷(又淸吳省蘭藝海珠塵匏集本。 近人王先謙南菁書院續淸經解本。先正事略作二卷。)

北郊配位尊西向議一卷(又淸吳省蘭藝海珠塵匏集本。)

辨定嘉靖大禮議二卷(又作一卷。又淸吳省蘭藝海珠塵土集本。)

第三卷　第二期

辨定祭禮通俗譜五卷

喪禮吾說篇一〇卷

曾子問講錄四卷（先正事略作講義。

儀禮疑義二卷（近人楊守敬叢書要云，缺。）

春秋毛氏傳三六卷（又近人王先謙南菁書院續清經解本。）

春秋屬詞比事記四卷（又清馬俊良龍威秘書辛集本，近人王先謙南菁書院續清經解本。）

春秋條貫篇一一卷

春秋占筮書三卷（又清馬俊良龍威秘書辛集本一卷，近人王先謙南菁書院續清經解本。）

春秋簡書刊誤二卷（又清嚴杰學海堂清經解本。）

四書索解四卷（又清吳省蘭藝海珠塵匏集本。）

論語稽求篇七卷（又學海堂清經解本，馬俊良龍威秘書辛集本。）

大學證文四卷（又龍威秘書辛集本。）

大學知本圖說一卷

中庸說一卷

四書賸言四卷（又學海堂清經解本。）

四書賸言補二卷（同上。）

聖門釋非錄五卷（清陸邦烈編。）

逸講箋三卷

聖諭樂本解二卷（又張潮昭代叢書丙集本。）

覔山樂錄四卷（又龍威秘書辛集本。）

皇言定聲錄八卷

李氏學樂錄二卷（清李塨撰。又龍威秘書辛集本。）

孝經問一卷（又近人王先謙南菁書院續清經解本。）

周禮問二卷

大學問一卷

明堂問一卷（又龍威秘書辛集本。）

學校問一卷（又清吳蘭蓀海珠塵木集本。）

郊社禘祫問一卷（又同上，續清經解本。）

經問一八卷（又清經解本。）

經問補三卷（又同上。）

文集

文例

誥一卷

頌一卷

策問一卷（缺。）

表一卷（同上）

主客詞二卷

奏疏一卷

議四卷

揭子一卷

第三卷　第二期

史館劄子二卷

史館擬判一卷

書八卷

牘札一卷

箋一卷

序三四卷

引弁首一卷

題詞題端一卷

跋一卷

書後緣起一卷

碑記一一卷

傳一一卷

王文成傳本二卷（又清余肇鈞明辨齋叢書二集本。）

墓碑銘二卷

墓表五卷

墓誌銘一六卷

神道碑銘二卷

塔誌銘二卷

事狀四卷

年譜一卷

記事一卷

集課記一卷(缺。)

說一卷

錄一卷

制科雜錄一卷(又清楊復吉昭代叢書戊集本。)

後觀石錄一卷(又清張潮昭代叢書乙集本。)

越語肎綮錄一卷

何御史孝子祠主復位錄一卷

湘湖水利志三卷

蕭山縣志刋誤三卷

杭志三詰三誤辨一卷

天問補注一卷

館課擬文一卷

折客辨學文一卷

答三辨文一卷

釋二辨文一卷

辨聖學非道學文一卷

辨忠臣不徒死文一卷

古禮今律無繼嗣文一卷

古今無慶生日文一卷

禁室女守志殉死文一卷

勝朝彤史拾遺記六卷(又藝海珠塵絲集本。)

武宗外紀一卷(又同上。)

後鑒錄七卷

蠻司合志一五卷(又近人徐友蘭紹興先正遺書本。)

韻學要指一一卷(又龍威秘書辛集本。)

賦四卷

續哀江南賦一卷(缺。)

九懷詞一卷

擬廣博詞連珠詞一卷(缺。)

誄文一卷

詩話八卷

詞話二卷(又昭代叢書丙集本、顧沅賜硯堂叢書乙集本。)

填詞六卷

連廂詞一卷

二韻詩三卷

七言絕句八卷

排律六卷

七言古詩一三卷

五言律詩六卷

七言律詩一〇卷

七言排律一卷

雜體詩一卷

(附)徐都講詩一卷(女弟子徐昭華撰。)

尙有：

三年服制考一卷(昭代叢書丙集本。)

檀弓訂誤一卷(淸曹溶學海類編經翼本，昭代叢書丙集本，賜硯堂叢書甲集本。)

文公家禮辨說一六卷(明辨齋叢書五集本。)

四書改錯二二卷

古今通韻一二卷

太極圖說遺議一卷(學海類編本(?))

西河雜箋一卷(昭代叢書丁集本。)

西河文集一七九卷

別本西河詩話一卷(昭代叢書丙集本。)

唐人試帖四卷

傳奇二種：

放偸記一本

買嫁記一本

見淸焦循曲考

何孝子傳奇

見焦循劇說三葉一九至二三。

先生淹貫羣籍，著書最富。所自負者，在經學。惟好爲駁辨以求勝。凡他人所已言者，必力反其詞。所著分經集，文集。經集凡五十

種，文集合詩賦雜箸，凡二百三十四卷。尺牘小傳

西河詞話云：西廂久爲人更竄，余求得其原本正之，逐字覈實，其書頗行。按今人止知有金聖歎之西廂，不知有毛西河之西廂。（茶香室續鈔卷十三第十四頁。）

清代箸述攷（續）

顧頡剛——馬太玄

46.葉封

葉封，字井叔，湖廣黃陂人。生明熹宗天啓三年（公曆一六二三年），卒清仁帝康熙二六年五月一日（公曆一六八七年六月一〇日），年六五。

箸述：

嵩山志二一卷

嵩陽石刻集記二卷（近人丁仁八千卷樓箸錄原刻本，鈔本。）

嵩山詩集

己庚詩

郢中懷古詩

辛壬詩

韻書刊正（未成書。）

生平詳王士禛撰墓志銘。

47.梅清

梅清，字瞿山，南直隸宣城人。生明熹宗天啓三年（公歷一六二三年），卒清仁帝康熙三六年（一六九七），年七五。

箸述：

天延閣詩前集一六卷（有刊本，清四庫存目箸錄。）

天延閣詩後集一三卷（同上，同上。）

（附）花果會唱和詩一卷

贈言集四卷

瞿山詩略三三卷（未刻。）

清工書，倣顏眞卿，楊凝式；蛩尤盤礴多奇氣，山水入妙品，寫松入神品，嘗作黃山圖十二幅，極煙雲變幻之勝，蟸松蒼雄秀拔，爲當時所貴（見清國史館本傳，及朱珔撰傳）。

48.任辰旦

任辰旦，字千之，號待庵，浙江蕭山人。生明熹宗天啓三年（公曆一六二三年），卒清仁帝康熙三一年（一六九二），年七〇。

箸述：

介和堂集

介和堂集補遺一卷（近人丁仁八千卷樓著錄，刊本。）

言近錄一卷

辰旦初名韓燦，成進士後始復姓改今名（毛奇齡撰事狀。）

49.費密

費密，字此度，號燕峰，四川新繁人。生明熹宗天啓三年（公曆一六二三年)，卒清仁帝康熙三八年(一六九九)，年七七。

箸述：

費此度所著書：

尙書說一卷

二南偶說一卷

周官箸論一卷

四禮補篇一〇卷

中庸大學駁議一卷

古史正一〇卷

史記箋一〇卷

中傳正紀一二〇卷(序歷代儒者授受源流)

弘道書一〇卷

古今篤論四卷

朝野爭論四卷

中旨定錄四卷

中旨辨錄四卷

中旨申惑四卷

歷代貢舉合議二卷

奢亂紀略一卷

荒書四卷

二氏論一卷

第三卷　第五期

裴氏家訓四卷

長沙發揮二卷

王氏痓論一卷

金匱本草一卷

詩文集四卷

（附）毛詩廣義（其父經虞著）

50.汪琬

汪琬，字苕文，號鈍庵，初號玉遮山樵，小字液仙；晚年，學者皆尊爲鈍翁，又因其居，號堯峰先生。南直隸長洲（今江蘇吳縣）人。生明熹宗天啓四年正月一六日（公曆一六二四年三月五日），卒清仁帝康熙二九年一二月一○日（一六九一年一月八日），年六七。

著述：

讀書正譌一卷

兵餉一覽

震川先生年譜一卷

歸文辨誣錄三卷（清蘇州府志作一卷。）

說鈴一卷（惠棟注。）

鈍翁前後類藁六二卷（內詩藁一三卷，文藁三八卷，古今五服考異八卷，東都事略跋三卷，歸詩考異一卷。）

鈍翁續藁五六卷（內詩藁八卷，經解及文藁二二卷，擬明史列傳二四卷，汪氏族譜一卷，先府君事略一卷。）

堯峰詩文鈔五〇卷(詩鈔一〇卷;文鈔四〇卷。林佶寫樣。)

以上均有刻本。

喪服或問一卷

來虞先生年譜一卷

二書見蘇州府志。趙經達曰:喪服或問僅二十餘則,附五服考異中;來虞先生年譜,則係先生從父均萬(希汲)所著,先生爲之序也。

(附)汪堯峰先生年譜一卷(今人趙經達編,刻又滿樓叢書中。)

先生詩與新城齊名,時稱汪王。文根柢經史,爲國朝三家之一(尺牘小傳)。

淸代箸述攷初稿卷二

——魏禧，顧祖禹，計東，李因，陳維崧——

顧頡剛　馬太玄

51.魏禧

魏禧，字叔子，一字冰叔，(又作凝叔)，號裕齋，顏其庭曰勺庭，學者稱勺庭先生；南直隸寧都(今安徽寧都)人。生明熹宗天啓四年正月一三日(公曆一六二四年三月二日)，卒淸仁帝康熙一九年一一月一九日(一六八一年一月六日)，年五一〇

箸述；

古文集二二卷

日錄三卷(易堂本，翻刻易堂本淸張潮昭代叢書甲集有日錄雜說一卷)

詩八卷(易堂本，翻刻易堂本)

二集若干篇

左傳經世若干卷(刊本有左傳經世鈔二三卷)

師友行輩義一卷(淸張潮昭代叢書乙集本)

日錄裏言一卷(同上)

日錄論文一卷(同上)

，又得傳是樓藏書，參稽窮討，各有譔箸，而祖禹則成讀史方輿紀要

第四卷　第三期

兵謀一卷（清楊復吉昭代叢書丁集補本）

兵法一卷（同上）

文集外篇二二卷（易堂本・翻刻易堂本）

先生亡一后諸生，甲申後棄去，隱于翠微峰，搆易堂以居。薦鴻博以疾辭，（殷沆余國柱李宗孔薦）。精左氏之學，善古文，與侯朝宗，汪苕文稱三家（清吳修尺牘小傳一一）。

52・顧祖禹

顧祖禹，字景范，南直隸無錫人，徙居常熟，故間自署常熟。生明熹宗天啓四年（公曆一六二四年），卒清仁帝康熙一九年（一六八〇）・年五七。

箸述：

讀史方輿紀要一三〇卷

形勢紀要九卷

有通行刻本，活字版本與明顧炎武天下郡國利病書合刋，不善。近人繆荃孫爲清張之洞作書目答問，曰：『此書專爲兵事而作，意不在考證地理』。

輿地要覽四卷（四冊〇清陳騤疑瑞樓書目箸錄）

古本方輿書目一卷（一冊・鈔本。同上。）

（修）清一統志

清秦瀛撰傳云：『崑山徐尙書乾學，奉敕修一統志，延致祖禹，與太原閻若璩，常熟黃儀，德清胡渭四人於家。四人之學，尤精地理

一百三十卷，凡九州山川，形勢，阨塞，圖經，瞭如指掌；自禹貢，職方，桑經，酈注而下，一大歸宿也

先生貫穿諸史，出以己所獨見，箸方輿紀要百二十卷，據正史考訂地理；于山川形勢險要，古今用兵戰守攻取成敗得失之跡，皆有折衷。雖荒僻幽仄之地，皆如目見而身履之。其論之最精者，謂「天下之形勢視乎建都，故邊與腹無定所，有在此爲要害而彼爲散地，在彼爲散地而此爲要害者」。又謂「有根本之地，有起事之地；立本者必審天下之勢，而起事常不擇地」。寧都魏叔子推爲數千百年絕無僅有之書，欽定通鑑輯要于地理注中多加采錄焉（清李元度先正事略）。

徐乾學修一統志，祖禹主其事，欲薦之朝，固辭乃止（清吳修尺牘小傳八）。

53.計東

計東，字甫草，又字改亭，南直隸吳江人，浙江嘉興籍。生明熹宗天啓五年（公曆一六二五年），卒清仁帝康熙一五年（一六七六），年五二。

箸述：

讀莊日記（以下見清蘇州府志）

廣說鈴一卷（廣汪琬書）

名家英華

甫里集六卷

改願集

竹林集

中州集

改亭集一六卷(以上見府志)

先生詩文縱橫跌宕，務竭其才力而後已，有中州集，改亭集(清與修尺牘小傳五)。

54.李蔚

李蔚字景霱，一字坦菴，號坦園，謚文勤 直隸高陽(今河北高陽)人。生明熹宗天啓五年(公曆一六二五年)，卒清仁帝康熙二三年六月一一日(一六八四年七月二二日)，年六○。

著述：

心遠堂文集(刊本)

心遠堂前詩集(同上)

心遠堂後詩集(同上)

55.陳維崧

陳維崧，字其年，一字迦陵，南直隸宜興人。生明熹宗天啓五年(公曆一六二五年)，卒清仁帝康熙二一年(一六八二)，年五八。

著述：

兩晉南北史集珍六卷

湖海樓全集五一卷(詩集一二卷，詞集二○卷，散體文六卷，儷體文一二卷，補遺一卷)

陳檢討四六二○卷(刊本)

（附）陳檢討四六注二〇卷（淸程師恭注，淸乾隆三五年1770亦園刋本。近人繆荃孫爲淸張之洞作書目答問云，「選擇未著。」）

迦陵詩集八卷文集六卷駢文一〇卷（湖海樓刋本）

陳檢討集六冊（淸漁古山房刋本。淸吳修尺牘小傳有此書，或即湖海樓集）

烏絲詞四卷（淸孫默編淸名家詩餘本）

朱陳村詞（與朱彝尊詞合刻，見尺牘小傳九）

迦陵詞集三〇卷（湖海樓原刻本，凡四冊。頡剛云，「未知烏絲詞在內否？」）

婦人集一卷（淸楊復吉昭代叢書己集本，有冒襄注，附冒丹書補一卷）

篋衍集（原刻本，今人鄧實國粹學報館重印鉛字本）

先生爲明副貢貞慧子，年十七，爲諸生。五十六，舉鴻博，授檢討。襞浸淫及顏準，時稱陳髯四六，爲國朝第一，哀豔芊眠，頡頏徐庾。汪鈍翁謂，「開寶以後，七百年無此等作」。詞擅名　代，與朱竹垞合刻朱陳村詞。詩古今體皆擅場。沈歸愚謂，「尤在四六與詞之上」。有陳檢討集（淸吳修尺牘小傳九）。

清代著述攷卷二

——許三禮，王士祿，汪楫，李經從，湯斌——
（續）

顧頡剛　馬太玄

56，許三禮

許三禮，字典三，號西山，河南安陽人。生明熹宗天啓五年（公曆一六二五年），卒清仁帝康熙三〇年（一六九一），年六七。

箸述：

聖學直指

讀禮偶見二卷（政學合一集本）

易貫

春秋演

彰邵逸志

政學合一集正編三三種續編一三種（丁仁八千卷樓子部雜家類著錄，刊本。未見。）

三禮先執業於孫奇逢……，還海寧縣……，別立書院………延黃宗羲上泉比，招高才生雅歌釋奠；而受其三易洞璣之學，稱弟子焉（清儒林文獻徵存錄）。

5 王士祿

王士祿，字子底，自號西樵山人，私諡節孝先生，山東新城人，生明熹宗天啓六年（公曆一六二六年），卒清仁帝康熙一二年七月二二日（一六七三年九月二日），年四八。

箸述：

讀史蒙拾

然脂集

然脂集例一卷（清張潮昭代叢書乙集本）

焦山古鼎考一卷（同上。王士祿圖釋，林佶增釜）

表餘堂詩存

十愆山房集

十華草堂詩四卷(信芳閣刊本)

辛甲集

上洋

考功集選四卷(原刊本，王士禎漁洋全集本)

司勳前集

司勳後集

(附)年譜一卷(同產弟士禎編)其論僞詩傳有曰：『近世所傳，子貢詩傳，申公詩說，皆僞也。明有鄞人豐道生，好撰僞詩，自言其家有魯詩世學一書，傳自遠祖稷(宋豐淸敏)，實自撰也。又作詩傳，託之子貢以爲張本；而所謂世學者，若相與發明。蓋以世學之視傳，猶毛傳鄭箋之視序，示有本也。尋有妄人，依旁詩傳，別撰詩說，其體類小序，其談與豐氏盡同，惟篇次小異。道生敍詩傳源流，又詭其所從出，云「魏正始中，虞喜奉詔摹石而宋王子韶開河得之」。其說最支離，而同時諸公無覺之者：郭子章刻之於楚，李維楨爲序；亦不一致疑。惟道生同郡周應賓著九經考異，辨之特詳，然微周氏，其僞亦灼然也。凡古書源流存亡具曆，漢藝文，隋經籍，降及鄭通志，馬通考諸書，可覆而按也。漢書儒林，敍諸家授受尤悉，並無一言及子貢詩傳者。考虞喜傳，亦無奉詔書石經事。獨申公爲魯詩，漢志魯故二十五卷，說二十八卷；隋志明言亡於西晉，安得至今猶存耶！且其卷數亦不合。所謂說者，殆即毛氏故訓之流，必不效小序體也。至詩傳，世學之僞，穿鑿掩覆，痕迹宛然，如詩傳篇目，於鄭故闕狡童一篇，別出麥秀一篇，云「良諫用狂狡」云云，而世學則取箕子麥秀一歌，爲此篇首章。蓋以兩詩皆有「彼狡童兮」一語，故牽合也。詩傳於鄭又闕「東門之墠」一篇，於王風別出「唐棣」一篇，而世學則取論語「唐棣之華」四語，爲此篇首章。蓋以唐棣有「豈不爾思，室是遠而」之句，而東門首章有「其室則邇，其人甚遠；次章復有「豈不爾思」語，故牽合也。又好影借春秋時事爲說，如陳風，因小序「株林」一篇，爲「刺陳靈淫夏姬事」，遂以墓門爲「泄冶刺靈公」，防有鵲巢爲「內子憂泄冶」，澤陂爲「國人傷泄冶」。其他異說尤多，率取春秋事與詩語相附會，其義之善而與毛鄭異者，又特暗竊諸家，非有所受也。此書本不足以欺後世，然凌濛初作詩傳嫡冢，竟躋傳以序之右，以爲「端木長於西河」。鄒忠胤作詩經闡，亦往往據傳以攻序。而姚氏詩疑問，引傳說與序等，遂若詩傳果出子貢之手者，竊恐後世惑之，故箸其槩云（清汪琬撰傳）。

58.汪楫

汪楫，字舟次，別字悔齋，南直隸休寧人，江都籍。生明熹宗天啓六年（公曆一六二六年），卒清仁帝康熙二八年閏三月一四日（一六八九年五月三日），年六四。

箸述：

琉球使錄

中山沿革志二卷

悔齋正集

悔齋續集

山閒集

觀海集

京華集一卷(刋本)

明史長編

59.李經世

李經世，字函子，家居學道，有密室焉，上蔡張仲誠顏之曰「靜庵」，人稱靜庵先生，河南禹州(今禹縣)人。生明天啓六年（公曆一六二六年)，卒清仁帝康熙三七年(一六九八)，年七三。

箸述：

尋樂集

一得錄

60.湯　斌

湯斌，字孔伯，別自號荊峴，晚又號潛庵，清諡文正，河南睢州今睢州)人。生明熹宗天啓七年(公曆一六二七年)，卒清仁帝康熙二六年(一六八七)，年六一。

箸述：

洛學編六卷(有不爲齋刋本)

常語筆存一卷(清曹溶學海類編子類本)

志學會約一卷(清楊復吉昭代叢書庚集本)

潛庵語錄

睢州志五卷

湯子遺書一〇卷附錄一卷（近人繆荃孫爲淸張之洞編書目答問無附錄）

詩文集

（附）潛庵集選二卷（淸張伯行編，正誼堂本）

明史稿若干卷

湯子遺書（淸同治九年1870湯氏祠堂刊）

正集一〇卷附錄無卷數

洛學編五卷附乾坤二卦解

明史稿二〇卷

續編二卷

此遺書卷數與上列微有不同。

公與陸淸獻公（隴其）俱號醇儒，淸獻之學篤守程朱，攻陸王不遺餘力；公之學源出夏峰，而能持新安金谿之平。大指主于刻厲實行，以講求實用，無王學杳冥放蕩之弊，故爲異趣而同歸（右錄淸李元度先正事略）。

先生之學，兼通朱陸，得蘇門孫氏之傳。嚴於義利之辨，皆切於日用倫常，一以誠意正心爲本。乾隆二年，補謚文正。道光三年，從祀孔子廟廷。有洛學編補（此補字注意），睢州志，湯子遺書（右錄淸吳修尺牘小傳九）。

太仔案淸徐乾學撰神道碑銘曰：「所著有洛學編二卷，補睢州志五卷，詩文二百餘篇，公移條約十餘卷藏於家」。補乃補睢州志也。

汪琬撰墓誌銘同。

清代著述攷卷二（續）

——戴震——

顧頡剛　陳　　合纂

自從十二年前我草了一部清代著述考，我常想把它整理完工，可是永永得不到時間。去年到粵後，承馬太玄先生的好意，照了各人的生年來編排，並爲補充材料，在本校圖書館週刊上逐期發表。不幸剛剛寫滿六十人，馬先生即因事去職，這份稿子只得向他取回。商之本校同學，有那一個肯繼續這個工作的，承陳槃盦先生的允許，他担任了下來。但他因課業的煩忙，只得遷就參考書的便利，挑選了各個作家寫下去，暫不照年代編排。好在這書本是初稿，就是在週刊上發表的也不過是第二次稿，不是定稿。定稿的寫成，大約不是十年以內的事，因爲清代的著作太多了，非有一二人用了幾年的全力去搜集材料，這部書是做不好的。希望本刊的讀者只用稿本的眼光來看它，不要用定本的眼光來看它，大家幫助這件工作的完成！

清代著述的所以重要，在于他能結束數千年來的舊帳。生在現代的我們，如果要知道數千年來的事情是怎樣的，便不得不向清代人討教。它能把一個問題的材料聚在一起，使你知道討論這個問題的曾有多少人，曾有多少說，告給你一個結果。它能把一部書的各種本子聚在一起，細心校對，使你知道這部書的經歷有多少層，屏除許多誤文與誤解。所以你要研究他種學問，儘可不把清代著述瞧一眼，惟獨研究古史學，古文籍學，古文字學，則清代人已經作了二百餘年的工作，已經盡了幾千人的力量，這正是一宗大寶藏。我們如果希望獲得這宗寶藏，那麼，知道清代人的著述及其出版處是第一步工夫

一九二八，一〇，二五，顧頡剛記。

61　戴震

戴震字東原，安徽休寧人。生雍正元年（一七二三），卒乾隆四二年（一七七七）。年五五。

著述：

原善三卷　戴氏遺書本（遺書有曲阜孔繼涵刊本；弟子段玉裁刊本）　國粹叢書一集本　北京樸社孟子字義疏証緒言三合本

孟子字義疏証緒三卷　遺書本　國粹叢書本　樸社合刊本

緒言三卷　粵雅四集本　樸社三合本（据段茂堂經韻樓集及梁任公東原先生著述纂校書目考——以下簡稱『梁氏戴目考』——知此書即孟子字義疏證之初稿。）

勾股割圜記三卷（附算經十書記遺後）　歙縣吳氏刊本

策算一卷（附算經十書九章算術後）　有自序

原象一卷　遺書本　（梁任公引段譜云：此書與迎日推策記一卷合爲一冊）

考工記圖注二卷（梁要作三卷）　遺書本　學海堂本　花雨樓本

聲韻考四卷　遺書本　貸園本　經韻樓本　段氏蜀中刻本　李氏廣州刻本

聲類表十卷　遺書本　貸園本　經韻樓本

東原集十卷　遺書本　貸園本　學海堂本摘錄二卷

經攷五卷　南陵徐氏鄦齋叢書本

轉語二十章　有自序　(目見章絳遺鄧實書；書已佚。)

中庸補注一卷　國粹學報刊

春秋即位改元攷一卷　文集本

尙書義攷二卷　貴池劉氏聚學軒叢書三集本　(梁氏戴目考案：……洪榮(榜)登所作行狀，別有今文尙書經二卷，殆即此書異名也。卷首有義例十四條，三千餘言，先生所著書，未見有申明義例也鄭重如是者。殆其精心結搆之作，惜僅得堯典一篇而止」！)

續天文略二卷　上中(見舉要)

水地記一卷　遺書本

毛鄭詩考正四卷　(舉要作五卷，云幷考証詩譜。)遺書本　學海堂本

考正鄭氏詩譜一卷　遺書本

杲溪詩經補注二卷(學海堂本但題「詩經補注」，無「杲溪」字。)　遺書本

大學補注一卷　未成

儀禮攷証一卷　未刻　(段譜云：「今其書藏曲阜孔氏；玉裁未得見。」)

歷問一卷(儀鄭堂總序作二卷)　舉要云未刻

古歷攷二卷　舉要云未刻　(梁氏戴目考：「古歷考遺書，本名續天文

畧。』）

六書論三卷 書已佚 序在集中

爾雅文字攷十卷 未刊 有自序

屈原賦註九卷 （廣雅書局本題一卷）（梁氏戴目考作屈原賦註七卷，通釋二卷，音義三卷。歙縣汪氏刻本。廣雅書局重刻本。）

直隸河渠書百十卷 （梁氏戴目考作直『隸』河渠書，有無刻本未詳。）

詩補傳無卷數 未成 有自序 （梁氏戴目考按：遺書中杲溪詩經補注：似即此書，）

金山志無卷數 已佚

學禮篇 未成 文集本

唐宋文知言集二卷 未刻

氣穴記一卷

臟府象經論四卷

葬法贅言四卷 （梁氏戴目考案：『右三書皆見洪狀；想已佚。』）

戴東原集一二卷 經韻樓本

項氏家說口卷

蒙齊口卷

中庸講義口卷 （上三書皆見先正事畧；書未見。）

（校著）方言疏証一三卷 提要一首 遺書本 武英殿聚珍本

（校）大戴禮記口卷 提要一首 有無刻本未詳

校 水經注四〇卷 提要一首 自序 孔繼涵後序 戴自刻本 聚珍本

稲本　杭本　遺書本（書目答問云：戴校以前，黄刻諸本皆遜。）

（校）算經十書三七卷　微波榭叢書本　單行本　又知不足齋本　聚珍本　杭本　稲本　學津本各刊數種

（一）周髀算經二卷　漢趙君仰注　北周甄鸞述　唐李淳風釋　音義一卷　宋李籍　又聚珍本　稲本　津逮本　學津本

（二）九章算術九卷　提要一篇　漢人　魏劉徽注（段譜作晋劉徽）唐李淳風釋　戴震補圖　音義一卷　宋李籍　（附）算策一卷　戴震　又聚珍本　稲本　常熟屈氏重刻本

（三）海島算經一卷　晋劉徽并注（段譜云唐李淳風注）提要一首　又聚珍本　杭本　稲本

（四）孫子算經三卷　漢人　北周甄鸞注　唐李淳風釋　提要一首　又聚珍本　杭本　稲本　又知不足齋本

（五）五曹算經五卷　六朝人　北周甄鸞注　又聚珍本　稲本　又知不足齋本

（六）夏侯陽算經三卷　六朝人　又聚珍本　杭本　稲本

（七）張邱建算經三卷　甄鸞注　李淳風釋　劉孝孫細草　又知不足齋本

（八）五經算經五卷　甄鸞　李淳風注　提要一首　又聚珍本　杭本　稲本　又毛晋汲古閣影鈔宋槧

（九）緝古算經一卷　唐王孝通并注　又知不足齋本

第五卷　第一期

（十）數術記遺一卷　舊題漢徐岳　僞書　甄鸞注　又津逮本

學津本

（附）勾股割圜記一卷　戴震

（纂校）儀禮識誤口卷　宋張淳撰　提要一首　聚珍本

（纂輯）汾州府志三四卷　汾州刻本

（纂輯）汾陽縣志口口卷　仝上

右錄先正事略，戴氏遺書（有孔繼涵，段玉裁兩刊本）；微波榭算經十書本及梁任公東原先生著述纂校書目考（北平晨報社叢書本）

，附錄

（一）初堂遺稿內戴先生行狀　洪榜著

（二）戴東原先生年譜一卷　段玉裁著　花雨樓叢鈔本

（三）潛揅堂集內戴東傳　錢大昕著

（四）戴東原事畧　余廷燦著

（五）校禮堂集內東原先生事畧狀　凌廷堪著

（六）顨軒駢儷文集內戴氏遺書總序　孔廣森著

（七）國朝漢學師承記　江藩著

（八）國朝先正事畧　李元度著

（九）戴東原　梁啓超編著　晨報社叢書本

（十）北京大學國學季刊戴東原專號

（十一）戴東原的哲學　胡適著　商務本

先生姓戴諱震，字愼修，一字東原。戴氏當唐時有自江西饒州樂平遷安徽歙州者，卒葬休寧；隆阜。因家焉。故世爲休甯人，父名弁，母朱氏(洪榜戴先生行狀)。先生以雍正元年十二月二十四日乙巳生於里第(段譜)。乾隆十六年補縣學生；二十七年舉於鄉；三十八年奉召充四庫全書館纂修官；四十年賜同進士出身，授翰林院庶吉士；越二年，卒於官(王昶戴先生墓志銘)。……時客京師崇文門西范氏之穎園年五十有五(段譜)。

一上錄自梁任公戴東原先生傳

齊侍郎召南見所作考工記圖，曰』：奇書也』：

館于紀氏，作勾股割圜記。秦文恭蕙田延致之，與講觀象授時之學。五禮通考中全載其勾股割圜記，以集古今算法之大全。

先生以宋儒言性，言理，言道，言才，言誠，言明，言權，言仁義禮智，言智仁勇，皆非孔孟六經之言，而以異學之言糅之。故就孟子字義開示，使人知人|『欲淨盡天理流行』之語病。于是作孟子字義疏證及原善論性諸篇。嘗言：朱子註大學，開卷言『虛靈不昧』便涉異學。其言以具衆理應 事，尤非理字之詁。古人曰：理解者，尋其腠理而析之也，曰：天理者，如莊周言依夫天理，即所謂彼節者有間也。古聖賢以體民之情，遂民之欲爲得理。今人以己之意見不出于私爲理。是以意見殺人，咸自信爲理矣。中庸注言「性即理也」，其可乎？論語開卷言』學以明善而復其初』，「復其初」出莊子，絕非孟子以擴充言學之意也。其特獨見多類此。

朱文正珪爲山西布政使時，聘修汾州及汾陽縣志。先生正舊志之僞，謂：汾陽于漢爲茲氏縣，戰國時屬趙，不屬魏，漢時屬太原郡，不屬西河郡。後魏太和八年改六壁，置西河郡，治茲氏城。而西河之名移于此。酈道元注水經，以武侯浮西河事繫之夏陽，子夏陵及廟室繫之郃陽，而于謁泉山及文水絕不涉及子夏設教事。張守節，李吉甫翟始指爲魏之西河，子夏退老居此。皆非其實。吉甫又謂：黃初二年于漢茲氏縣置西河郡，即今州治。不知魏晉之西河，皆治離石。非茲氏。吉甫又謂：周宣帝于此置汾州。大業三年廢汾州。不知周隋之汾州，皆非西河郡境。吉甫元和郡縣志敍述最有法，而猶有舛謬。甚矣，地理之難言也。

四庫全書中首校水經注，別經於注，正唐以來經注混淆之失。高廟褒嘉，御製詩冠首。

所校定官書，自水經外，曰周髀算經。謂此古蓋天之法。自漢迄元明，皆主渾天，明時，歐羅巴入中國，始別立新法：其實皆出于周髀。所謂『天子失官，學在四夷』者也。曰孫子算經，張邱建算經，夏侯陽算經，五曹算經，海島算經，五經算術，九章算術，皆王寅旭，謝野臣，梅定九諸公所未見者。先生悉心讐正，高宗皆製詩題卷首刊行。而古九數之學大顯矣。

曰儀禮釋宮，儀禮識誤，儀禮集釋，項氏家說，蒙齋，中庸講義（槃按上二書各家書目皆未見，想已佚）大戴禮，楊子方言，皆能正其闕誤。

孔戶部繼涵爲刊戴氏遺書。弟子段君玉裁復刊之。

璿璣玉衡為古觀天之器，久失其傳。先生神悟于二千年後，令巧匠為之，且詳其制于原象篇。所繪地圖尤精核。國朝言地理者有顧景范(祖禹』，顧亭林(炎武)，閻百詩『若璩)，胡朏明(渭)，黃子鴻(儀)，趙東潛『一清)錢竹汀(大昕)諸家，然，皆以郡縣為主，而求山川。先生則以山川為主，而求郡縣。故精審能出其上。

總督方恪敏觀承聘先生修直隸河渠書百十一卷，未成而恪敏薨。稿藏周制軍元理家。嘉慶己巳，吳江王履泰以貲為通判，得書，攘為己有。删其字，並以乾隆己丑以後事實。易名畿輔安瀾志。進于朝，仁宗謂此係有用之書，命武英殿刊行，賞履泰同知，發永定河試用。先生嗣子仲孚攜原稿入都，欲為辨正，不果，(以上均錄先正。事略)

戴東原屈原賦注，盧抱經謂微言奧旨，具見疏抉，其本顯者，不復贅焉。案：戴于九歌湘君篇」薜荔拍兮蕙綢」，王逸注：」拍搏壁」，不解其義。戴據劉熙释名」，搏壁以席搏著壁也」。此證甚確，惟于天問、遠遊將人神璋怪及陵陽子明經服氣之說，亦并爾汰去，不知楚辭之在两漢，皆有師授。叔師校上之本，非敢妄作。東原一概抹煞，并其所詮實事而亦去之，以伸己說，是本顯者反晦矣。抱經之言，未可為定論也。

戴君作轉語二十章，其自述曰」：人之語言萬變，而聲氣之微有自然之節限。是故，六書依聲記事，假借相禪，其用至博，操之至約，五方之言及小兒學語未清者，其展轉譌溷，必如其位。昔人既作爾雅，方言，释名，余以為猶闕一卷書，删為是篇，用補其闕。疑于義者，以聲求之，疑于聲者，以義正之」(以上戴說)。善哉，非耳順者，孰能與于斯乎？椿語皆軼不傳，後昆莫繼其志。名守既慢，大共以小學之用，輾于古道而止，徵歟。不知其術，雖家人箕席之間，造次之論，且弗能證其故。（章炳麟新方言自序）

先生少從江愼修遊，讀經，制度，名物及推步天象，皆洞澈原本。既乃研精漢儒傳注及說文諸書，由聲音文字以求訓詁，以尋義理，實事求是，不主一家。（凡體小傳）

先生之治經，凡故訓，音聲，算數，天文，地理，制度，名物，人事之善惡是非以及陰陽，氣化，道德，性命莫不究乎其實。蓋由考覈以通乎性命與天道。既通乎性與天道矣，而考覈益精，文章益盛。用則施政利民，舍則垂世立教而無弊。淺者乃求先生于一名，一物，一字，一句之間，惑矣！（段玉裁東原集序）

清代著述攷卷二

（未次稿）

顧頡剛 陳槃 合纂

62吳敬梓

吳敬梓字敏軒，一字文木。安徽全椒人。康熙四十辛巳（一七〇一）生；乾隆十九甲戌（一七五四）卒。年五十有四。

著述：

詩說七卷 有無刻本未詳 （胡適之先生纂輯的詩說五條，見所著吳敬梓年譜。年譜以下簡稱胡譜。）

詩文集兩本 凡賦一卷，詩二卷，詞一卷，共四卷。後附吳烺詩詞各一卷。

文木山房詩文集十二卷

儒林外史五十卷 又嘉慶丙子五十六回本 齊省堂本 光緒十四年六十回本 上海亞東圖書館本 （按：胡譜引程晉芳和全椒志說原本止有五十回，其餘是後人所補。）

先生生而穎異，讀書才過目輒能背誦。稍長，補學官弟子員。襲祖父業，有二萬餘金。素不習治生，性復豪上，遇貧即施，偕文士輩往還，傾酒歌呼，窮日夜，不數年而產盡矣。

安徽巡撫趙公國麟聞其名，招之試，才之，以博學鴻詞薦，竟不赴廷試。（按：胡譜云：先生有病不能應試，並非裝病不去。）亦自此不應鄉舉，而家益以貧。乃移居江城東之大中橋，環堵蕭然，擁故書數十冊，日夕自娛。窮極，行以書易米。

其學尤精，文選詩賦，援筆立成，夙搆者莫之爲勝。

生平見才士，汲引如不及：獨嫉時文士如讎，其尤工者，則尤嫉之。

與余族祖綿莊爲至契。綿莊好治經，先生晚年亦好治經。曰：『此人生立命處也』。

所著有文木山房集，詩說若干卷？又倣唐人小說爲儒林外史五十卷，窮極文士情態，人爭傳寫之。(節錄程晉芳吳敬梓傳)

儒林外史這部書所以能不朽，全在他的見識高超，技術高明。這書的『楔子』一回，借王冕的口氣，批評明朝科舉用八股文的制度道：將來讀書人旣有此一條榮身之路。把那文行出處都看得輕了！』這是全書的宗旨。

…國家天天掛着孔孟的招牌，其實不許人說孔孟的話；也不要人實行孔孟的敎訓，只要人念八股文，做試帖詩，其餘的『文行出處』都可以不講究。講究！又『那個給你官做？』不給你官做便是專制君主困死人才的唯一妙法。要想抵制這種惡毒的牢籠，只有一個法子：就是：提倡一種新社會心理，叫人知道舉業的醜態，知道官的醜態：叫人覺得『人』比『官』格外可貴。學問比八股文格外可貴、人格比富貴格外可貴。社會上養成了這種心理，就不怕皇帝「不給你官做」的毒手段了。一部儒林外史的用意。只是要想養成這種社會心理。（胡適文存卷四吳敬梓傳)。

……吳敬梓的時代：恰當康熙大師死盡而乾嘉大師未起的過渡時期。清朝的第一個時期的大師，毛奇齡最後死。學問方面，顧炎武，黃宗羲，閻若璩，胡渭都死了。文學方面尤侗，朱彝尊，王士禎也死了。當吳敬梓三十歲，戴震只有八歲！袁枚只有十五歲！四庫全書的發起人朱筠只有兩歲！汪中，姚鼐都還不曾出世呢。當這個青黃不接的時代，八股的氣燄，忽然又大盛起來了。……這正是儒林外史的時代。懂得這一層，我們格外可以明白儒林外史的眞正價值了。(胡適文存二集吳敬梓年譜)

附錄一：詩經心解六卷

西墅草堂集集十二卷　吳沛著(先生的高祖)

遁園集

詩經講義吳國鼎著字玉鉉崇禎癸未進士。(吳沛的長子？)

吳給諫奏稿八卷

心遠堂集三十四卷　吳國龍著字玉騧。崇禎癸未進士。(吳沛的第五子？)

詩韻正五卷

世書堂集四十卷　吳國縉著(字玉林，順治壬辰進士。吳沛的第三子？)

賜書樓雜二十四卷　吳國對著(敬梓的曾祖，字玉隨號默巖。順治戊戌第一甲第三人。

卓望山房集

玉堂應奉集　吳昺著（吳國龍子，敬梓的叔祖。康熙三十年榜眼，很有文名。）

咫聞齋詩鈔

陽局詞鈔

清耳珠談　吳檠著（敬梓的從兄，字青然，號岑華。乾隆六年舉人。）

附錄二：

周髀算經圖註　乾隆庚子刊

勾股算法

五音反切圖說

杉亭詩文集

詞集

春華小草一卷

靚粧詞鈔一卷

上列七書吳烺著。烺字荀叔，號杉亭。乾隆十六辛未，乾隆帝南巡，吳烺迎鑾，召試奏賦，賜舉人，授內閣中書。烺習算學，師事劉湘煃。後成爲算學大家。疇人傳四十二有傳。

附錄三：

儒林外史評二卷　天目山樵　當塗黃小田合著　刻書者當塗黃安謹有序

儒林外史評語　南匯張文虎嘯山著　未見　米記榮行素堂目覩書錄丙

四十二載有此書

勉行堂全集　程晉炎著(吳敬梓的朋友)　嘉慶戊寅刻

嚴東有詩集十卷　嚴長明(吳之友人)著　長沙葉德輝刻

國子先生全集四十三卷金兆燕(全上)　道光丙寅刻　(未完)

(槃附志：本編的材料，係參考胡適文存的吳敬梓傳和胡適文存二集的吳敬梓筆譜輯錄的。筆譜考證吳氏的身世，環境，最爲翔實博洽。我們很容易參攷。吳敬梓這個大文學家，從來不曾被人注意過！現在，我們感謝胡先生替我們做下了這件很有價值的工作。一一一七，重陽之朝。)

清代著述攷卷二

（未定稿）

顧頡剛　陳槃　合纂

63 俞樾

俞樾字蔭甫，晚號曲園居士。浙江德清人。道光元年(一八二一)生；光緒三十二年(一九〇六)卒。年八六。

著述：

春在堂全集　門人蔡啓客作校勘記一卷　光緒五年重定蘇州刊

羣經平議三十五卷　又續經解本　(按：周雲青俞曲園先生年譜——以下簡稱『周譜』——云羣經平議之第十四卷即考工記世室重明堂考一卷，有張少巖(汝霖)天津刻本。)

諸子平議三十五卷

易貫五卷　以下爲第一樓叢書(三十卷)

玩易篇一卷

論語小言一卷

春秋名字解詁補義一卷　又續經解本

古書疑義舉例七卷　又續經解本

兒笘錄四卷

讀書餘錄二卷

詁經精舍自課文二卷

湖樓筆談七卷

艮宧易說一卷　以下爲曲園襍纂(五十卷)

達齋書說一卷

達齋詩說一卷

達齋春秋論一卷

達齋叢說一卷　又續經解本

荀子說一卷

何劭公論語義一卷

士昏禮對席圖一卷　又續經解本

樂記異文考一卷

生霸死霸考一卷

春秋歲星考一卷

卦氣直日考一卷

七十二候考一卷

左傳古本分年考一卷

春秋人地名對一卷

邵易補原一卷

讀韓詩外傳一卷

讀吳越春秋一卷

讀越絕書一卷

讀鶡冠子一卷

第五卷　第三期

讀鹽鐵論一卷

讀潛夫論一卷

讀論衡一卷

讀中論一卷

讀抱朴子一卷

讀文中子一卷

改吳一卷

說項一卷

正毛一卷

評表一卷

通李一卷

議郎一卷

訂胡一卷

日知錄小箋一卷

管子一卷

小繁露一卷

韵雜一卷

小浮梅閒話一卷

續五九枝譚一卷

閩行日記一卷

吳中唱和詩一卷

梵珠一卷

百香曲一卷

十二月花神議一卷

銀瓶徵一卷　武林掌故叢編第四集本

吳絳雪年譜一卷

五行占一卷

集千字文詩一卷

隱書一卷

老圓一卷

易窮通變化論一卷　以下爲俞樓雜纂(五十卷)

周易互體徵一卷　又續經解本

八卦方位說一卷

卦氣續考一卷

詩名物證古一卷　又續經解本

禮記鄭讀考一卷　又續經解本

禮記異文箋一卷　又續經解本

鄭康成駁正三禮考一卷　又續經解本

九族考一卷　又續經解本

玉佩考一卷　又續經解本

喪服私論一卷

左傳連珠一卷

第五卷　第三期

論語鄭義一卷　又續經解本

續論語駢枝一卷　又續經解本

論語古注擇從一卷

孟子高氏學一卷

孟子纘義一卷

四書辨疑辨一卷

羣書賸義一卷

讀文子一卷

讀公孫龍子一卷

讀山海經一卷

讀楚辭一卷

讀漢碑一卷

讀昌黎先生集一卷

讀五觀國學林一卷

讀王氏稗疏一卷

莊子人名考一卷

楚辭人名考一卷

駢隸一卷

讀隸輯詞一卷

廣雅釋詁疏證拾遺一卷

著書餘料一卷

佚文一卷　原題曰損益齋文鈔

佚詩一卷　原題曰損益齋詩鈔　（按周雲青曲園先生年譜——以下簡稱『周譜』：〔先生刻曰損益齋詩十卷瑞安孫衣言序之〕）

銘篇一卷

玉堂舊課一卷

廣楊園近鑑一卷

壺東漫錄一卷

百哀篇一卷

詠物詩廿一首一卷

五五一卷

枕上三字訣一卷

廢醫論一卷

九宮衍數一卷

金剛經訂義一卷

一笑一卷

說俞一卷

俞樓經始一卷

賓萌集五卷　以下爲單行本亦入全書　舉要作六卷補一卷

賓萌外集四卷　（周譜作三卷杜筱舫觀察爲先生刻殆單行本也）

春在堂襍文二卷　續篇五卷三編四卷　舉要又有四編八卷　（周譜云光緒二十九年癸卯八十三歲，先生編定春在堂襍文六編，計

初編二卷，續編五卷，三編四卷，四編，八卷，五編八卷

六編十卷，凡二十七卷。）

春在堂詩編十二卷　舉要作十四卷　（又周譜：同治七年湖鄉愽

昌濬爲刋春在堂詩編八卷，或。今有無流行本未詳。）

春在堂詞錄三卷

春在堂隨筆八卷　舉要作十卷

春在尺牘五卷　舉要作六卷

楹聯錄存三卷　舉要作四卷

四書文一卷

右台仙館筆記十六卷

茶香室叢書鈔二十三卷　續鈔二十五卷　三鈔二十九卷　目錄各

一卷凡八十卷

茶香室經說十六卷

經課續編六卷　舉要無此

金剛般若波羅蜜經注二卷　又民國四年奉化縣民校印本（見浙目）

太上感應篇纘義二卷

游藝錄六卷

小蓬萊謠一卷

袖中書二卷

東瀛詩記二卷

新定牙牌數一卷

春在全書錄要一卷

曲園自述詩口卷　舉要無此

瓊英小錄一卷　武林掌故叢編第十九集本 有附錄一卷不知云何

舉要無此

以上錄春在堂全書錄要

東瀛詩選四十卷　補遺四卷

九九銷夏錄十四卷

上海縣志三十二卷　圖說一卷　敘錄一卷　與方宗誠同撰　同治辛未刻本

易原圖

俞樓詩記　武林掌故叢編第九集本一卷

好學為福齋文鈔四卷　已佚（周譜云：「體寧孫蓮叔為先生刻古文四卷，名曰云云。俄而徽亂，原版焚燬。所印今本，亦無存者」時先生年三十一歲，為刊著之始）。

附錄先生編輯校刊書目：

鎮海縣志四十卷　光緒五年刻本

川沙廳十四卷．光緒五年刻本

遜學齋詩鈔十卷　瑞安孫衣言著

詁經精舍四集　（周譜：光緒四年，先生選擇詁經精舍課藝之佳者，刊為詁精舍四集）

詁經精舍五集

第五卷　第三期

詁經精舍六集　（周譜：光緒十六年，詁經精舍四五六集之版，是年均燬於湖樓之火。）

詁經精舍七集

詁經精舍八集

以上陳榮懷周譜補編

先生諱樾。字蔭甫。晚號曲園居士，浙江湖州府德淸縣人，祖廷鑣，乾隆甲寅恩科欽賜副貢生。妣夏氏，戴氏，考鴻漸，嘉慶丙子科舉人。妣蔡氏，姚氏。先生自少至老，箸述不倦。主講杭州詁經精舍至三十一年。訓詁主漢學，義理主宋學。敎弟子以通經致用，蔚然爲一時樸學之宗。所著春在堂全集四百六十四卷，皆已刊行於世。

（周雲靑俞曲園先生生譜）

年三十八始讀高郵王氏書，自是說經依王氏律令。五歲，成羣經平議，以鄰述聞；又規雜志，作諸子平議。最後，作古書疑義舉例。治羣經不如述聞；諸諸子乃與雜志抗衡。及爲古書疑義舉例。輪察天䚡理，疏紾比昔，牙角財見，紬爲科條五寸之榘，極巧以詘，盡天下之方。視經傳釋詞，益恢廓矣

嘗受學長洲陳奐，後依宋翔鳳引公羊致之論語，先生亦次何邵公論語義一卷

治春秋頗右公羊氏，蓋得之翔鳳云。

爲學無常師，深疾守家法違實錄者，說經好改字。末年自敇爲經說十六卷，多與前異。

所著自羣經平議，經說而下有易說，易窮通變化論，周易互體徵，卦氣續考，卦氣直考書說，生霸死霸考，九族考，詩說，荀子詩說，詩名物證古，讀韓詩外傳，士昏禮對席圖，禮記鄭讀考，禮記異文箋，鄭康成駁正，三禮考，玉佩考，左傳古本分年考，春秋歲星考，七十二候考，論語鄭義考，何邵公論語義，論語駢枝，兒笘錄，讀漢碑。

自諸子平議而下，有讀書餘錄，讀山海經，讀吳越春秋，讀越絕書，孟子高氏學，讀文子，讀公孫龍子，讀鶡冠子，讀鹽鐵論，謀讀夫論，讀論衡，讀中論，讀抱朴子，讀文中子，讀楚辭。

既博覽典籍，下至稗官歌謠以筆札。汎愛人。其文辭瑕適，並見，雜流亦時時至門下。此其所短也。筆語甚衆，非其至也，（以上章炳麟俞先生傳）

俞蔭甫先生督學河南，因出題割裂，爲御史曹登庸所參。在此之前，先生進呈易原圖，已奉嚴旨駁斥，曹因抵巇以報私憾，非正人也。謹錄文宗之諭於此云〔前據河南學政俞樾呈遞易原圖，據稱由欽定周易折中所載河洛未分未變方角圖三角圖推闡而得。不知，康熙年間大學士李光地等奉旨編輯周易折中。于啓蒙附圖內具載河洛陰陽動靜加減乘除各圖，又附載此二圖，原以易理精微象數兼賅，推其緒餘，即可通于開方句股等法， 非以此爲作易之本原也。 今該員輒憑臆見，衍爲兩儀，四象八卦，六十四卦之圖，穿鑿附會，轉失其眞。且有背議先儒之語，尤屬率意妄陳，原圖着發還。〕（上錄李詳媿生叢錄）

俞氏論學，宗法高郵王氏，精核處亦頗不讓。唯著書太多，不能割愛，反爲累也。(讀書擧要(李之鼎語)

同治四年……，春初，張少巖(汝霖)取羣經平議之第十四卷在天津刻之，以此書專論考工記世室重屋明堂制度，可單行也。壽陽相國祁寯藻見而好之，寓書先生。曰：『歷代明堂之制，見于秦氏五禮通考，其中辨正舊注者不爲無功，要亦互有出入，未足以難鄭也。陳氏五經異義疏証，采輯近儒新說，又按而不斷，鮮所折衷。吾子據隋書宇文愷傳訂正考工記一字之衍，遂使記文八十一字，畧無齟齬，且於鄭注之誤，駁正無遺，三代世室重屋明堂相因之制，燦然在目；而秦漢以來規模，亦畧具於斯，誠覃思精義，有功經傳者也。』閻夢巖農部(汝弼)亦好之介相國而求焉。於是世人始知羣經平議其書矣。(胡譜)

錢大昕及其家族的箸述

（清代箸述攷未次稿之一）

顧頡剛 陳 槃 合纂

A·前編

甲·錢大昕（附王焗，桂發，東壁，東塾，師愼，師康，慶曾箸述考。）

錢大昕字及之，又字曉卿，號辛楣，又號竹汀。江蘇嘉定人。雍正六年（一七二八）生，嘉慶九年（一八〇四）卒。年七十有七。

箸述：

潛揅堂全書（六十四冊未完） 原刻本 光緒長沙龍氏家塾重刻本

經典文字攷異三卷 未刊

唐石經攷異一卷 未刊 （又見南献遺徵）

聲類四卷 別刊板在安慶府署 粵雅堂叢書四集本 道光已酉汪氏陳氏二刻本 重刊全書本有

二十二史攷異一百卷附修唐書史臣表一卷 （廿一史加舊唐書） 潛揅堂本 廣雅局本 重刊本

遼金元三史拾遺五卷 潛揅堂全書本 廣雅局本 重刊本

諸史拾遺五卷 潛揅堂本 廣雅局本 重刊本

唐學士年表一卷 德清徐氏刻本

第五卷　第五六期

五代學士年表一卷　（蘇州府志作二卷）　同上

宋中興學士年表一卷（錢氏藝文志畧——以下簡稱錢畧——中興下無「學士」二字）　同上

元史氏族表三卷（孫志云：全稿未成，已成者氏族表及藝文志。）　潛揅堂本　江蘇書局附刻本　廣雅局重刊本

補元史藝文志四卷（錢畧無補字）　同上　同上　同上　同上

通鑑胡注辨正二卷（錢畧無胡字。府志作三卷。）　潛揅堂本　重刊本

洪文惠年譜一卷（文或作忠字）　潛揅堂本　重刊本

洪文敏年譜一卷　同上　同上

陸放翁年譜一卷　同上　同上

王伯厚年譜一卷　同上　同上

王弇洲年譜一卷　同上　同上　（上五書門人李賡芸校刊，題曰潛守齋年譜五種。）

天一閣碑目二卷（錢畧于碑目二卷外尚有書目二卷）。　未刊

疑年錄四卷（蘇州府志作三卷）　別刊板在海鹽吳氏　粵雅堂十四集本　小石山房叢書本　重刊全書本

吳興舊德錄四卷　未刊

先德錄四卷（德錢畧作得）　未刊

日記六十卷　別刊　繆氏藕香零拾刊一卷

金石文跋尾六卷續七卷又續六卷三續六卷　潛揅堂本　重刊本

金石文字目錄八卷（書目答問題〔潛揅堂金石目〕）　潛揅本　重刊本

附識一卷（蘇州志作二卷） 未刊

十駕齋養新錄二十卷續錄三卷（續錢略作餘字） 學海堂本四卷（續錄[illegible]內）（潛研堂抽印單行） 浙局本 重刊本

三統術衍三卷術鈐一卷（縣志云：大昕此書嘗屬徐春和校正云。按：春和字瞻雲一字省齋，諸生。史貢詳縣志人物志。） 潛研堂全書本重刊本。

（董祐誠補一卷在董方立遺書內）

恒言錄十卷（答問云阮本六卷） 儀徵阮氏文選樓本 重刻全書本（錢略云：此書以里言俗語，究其自始。計八百餘條。）

文集五十卷 潛研堂本 學海本摘錄 重刊全書本 皇清經解本

詩集十卷續集十卷 同上 重刊全書本 （沈德潛吳中七子詩選，大昕居一。）

詞垣集四卷 未刊

（上書錄自目觀書錄，潛研堂全書——原刻本光緒十年長沙龍氏家塾；重刊本六十五冊，未審。——共不注未刊及別刊者，均在全書內。）

元詩紀事五十卷（答問云：錢大昕元詩紀事三卷——。縣志云：五卷，從子侗，門人陶梁補。）

宋遼金元四史朔閏考二卷（錢略無宋遼金元四字）（見遺徵）錢侗續成 潛研堂本 廣雅本 文選樓本 粤雅堂四集本 重刊本 別刊板存廣東

第五卷　第五六期

元史稿一百卷(縣志作元書紀傳稿)　未刊　(錢譜云：存金陵汪氏處，縣志云：初陶澍索觀汪氏校刊，汪氏病歿不果。未幾，大昕孫師康亦　，稿遂佚。)

困學紀聞校補　紀聞五箋集證本

竹汀日記鈔三卷　何元錫編刻本　滂喜齋編錄本二卷　式訓堂叢書本　校經山房本　(按縣志：竹汀日記鈔二卷條下注云：大昕排日記事及論學語凡六十卷。從子繹摘鈔一卷，專論書籍，辨宋元善本眞僞，最爲精審，此云三卷與縣志所謂之二卷，不知是否即錢譯摘錄之一卷。)

鳳墅殘帖釋文二卷(縣志無殘字)　貸園叢書本　(別有姚晏鳳墅殘帖釋文八卷，咫進齋刻本)

音韻問答

算術問答　(上二書見昭代叢書壬集)

潛研堂答問十二卷(此書在文集內)　宋氏本

說文答問一卷　小學類編本

經文正俗　(劉知同曰：錢君未能成書，余詳加後案。)

元史方輿紀里編(錢譜無方輿二字)

地名考異

曝書亭文集注　(按：錢譜及縣志均有曝書亭詩集注一書，是一是二？尚待查攷。)(上三書俱未成。見府志。)

說文答問疏證　薛傳均撰

朔閏考補一卷　（原書大昕著，王體仁補，——見縣志）。

三史拾遺五卷　（錢署云：三史拾遺，諸史拾遺兩書俱採同時諸人之說，以補二十二史攷異之所未及者。）

宋制諡法考　（見縣志）

文選注著作人名一卷　（同上）

竹汀居士年譜二卷　（縣志云：大昕自編；至壬子止。曾孫慶曾續）。

金石待訪錄四卷

附錄大昕修輯書目：

風俗通義逸文二卷（一作一卷）（輯錄）　應劭原著　潛研堂叢書本　別刊抱經堂羣書拾補中　重刊全書本

地球圖說（潤色）　文選樓本

唐書史臣表一卷（修）　見二十二史攷異

長興縣志二十八卷（修）　（錢署及縣志俱作二十卷。又縣志云；大昕大昭同輯。體例出于大昕；編輯出于大昭。）

鄞縣志三十卷（錢署作二十卷）（編輯？）　（上三書亦見尺牘小傳）

五禮通考

音韻述微　上二書先生助秦文恭修輯

熱河縣志

續文獻通考

續通志

一統志

五經異義補存二卷　（縣志云：許愼原書久佚，大昕廣爲搜輯，弟大昭補；從子東垣續增。）　福建陳壽祺經學叢書本

南北史雋一卷（補錄）　未刊（見遺徵，縣志及目覩書目。）

天毬圖　乾隆時朝廷修上列五書，先生當纂修官

（以上各書依先正事畧，書目答問，國朝耆獻類徵初編，尺牘小傳，蘇州府志，嘉定縣志及錢氏藝文志畧等書纂補。）

附錄大昕祖王烱（一作玉烱）；父桂發；子東壁（錢畧作壁），東塾；孫師愼，師康（康東塾子）及曾孫慶曾著述書目：

字學海珠　家刻本　（錢畧無卷數。吳德旋聞見錄作三卷。）

蘇州府志辨正三卷（縣志作一卷）

星命瑣言二卷（聞見錄及縣志均作一卷）

太學各本參攷二卷

振鐸一卷

（上列各書錢王烱著。王烱字靑文，號陳人，諸生。大昕祖父。卒年九十有九。縣志有傳。）

小山詩鈔

詩文選三卷

養新堂詩文稿十卷

沈氏正韻辨誤三卷

望仙橋志四卷（輯）

望仙橋詩文選三卷（編輯——見縣志）

小山自箴錄五卷（輯錄）

（上列諸書錢桂發著。桂發字芳五，號小生。諸生。大昕父。卒年七十有九。州志有傳。）

夢漁筆記　（見錢略）

三休亭長遺詩一卷　（見縣志）

（上列二書錢東壁著。東壁字星伯，號飲石，又號夢漁。附監生。大昕子。卒年五十有三。）

琴道詩集四卷

石橋偶存稿

題畫詩二卷　（縣志作一卷。又題畫上有月波二字。）

（上列三書錢東塾著。東塾字學仲，號石橋。廩貢生，大昕子。卒年六十有六。）

說文繫傳刊誤二卷　（見錢略）

補錄許庭詩鈔二卷詞二卷賦二卷　（見錢略及縣志）

（上二書錢師愼著。師愼字許庭，監生。大昕孫。卒年三十有二。）

鄭鄉詩文集十四卷

（上書錢師康著。師康字鄭鄉，號竹孫。拔貢。東塾子。

大昕孫。卒年三十有四。縣志有傳。)

魚衣廔文稿二卷 (縣志云;說經有依據……與元和陳克家論明及六書諸書,尤博洽。)

魚衣廔隨筆

魚衣廔詞稿一卷

發痾䄧志二卷

債貧糧一卷

詩稿二卷

古今文字假借考七卷

說文部居表三卷

酬世集二卷周甲詩一卷 (編著)

隸通二卷

篆雅一卷

採訪錄三卷

語溪居士年譜一卷 (自編)

方名別考二卷

嘉定藝文錄四卷 (編輯)

(上列各書錢慶曾著。慶曾字又沂,少詹。大昕曾孫。生嘉慶己巳〔一八〇〇〕;卒咸豐巳未〔一八六一〕。年六十有二。)

(大昕)先生六經百家無所不通,凡經義之聚訟難決者,皆能剖析源流。文字，音韻、訓詁、天算，地理，氏族，金石以及古人爵里，事實，年齒，莫不瞭如指掌。繼崑山秀水而起，當代推爲通儒。尤精算術，通中西兩法，有梅氏所不能言者。衍漢三統術據班志以闡劉歆之說，二千年已絕之學復明。所爲文皆經史精液，不矜法以自雄（尺牘小傳）。

（乾隆十六年）高宗純皇帝南巡，君獻賦，召試賜舉人。……明年入京，與同年褚搢升，吳荀叔講九章算術。時禮部尚書大興何公翰如，久領欽天監事，精於推步，時來內閣，與君論宣城梅氏及明季利瑪竇，湯若望諸家之學，洞若觀火，何公翰輒遜謝，以爲不及。又以御製數理精蘊，兼綜中西法之妙，悉心探覈，曲暢旁通。由是，用以觀史，則自太初三統四分，中至太衍，下迄授時，盡能得其測算之法。故於各史朔閏，薄蝕，凌犯，進退，强弱之殊，指掌立辨，悉爲抉摘而致定之。

君在書院時，吳江沈冠雲，元和惠定宇兩君方以經術稱吳中。惠君三世傳經，其術必求之十三經注疏暨方言，釋名，釋文諸書，而一衷於許氏說文，以洗宋元來庸熟鄙陋。君推而廣之，錯綜貫串，更多前賢未到之處。謂古人屬辭，不外雙聲叠韵。而其秘實具於三百篇中。雙聲即字母所由始，初不傳自西域。皆說經家所未嘗發者。

尤嗜金石文字，舉生平所閱經史子集，証其異同得失，說諸心而研諸慮。海內同好如畢秋帆，翁振三，阮伯元，黄小松，武虛谷咸有記撰。而君最熟於歷代官制損益，地理沿革，以暨遼金國語，蒙古世系；故其考據精密，多有出於數君之外。

君先世自常熟徙居嘉定。曾祖岐，祖王炯，父桂發。皆邑諸生。两世耆年，篤學，鄉里稱善人。……而弟大昭尤以古學相切劘，厥後以孝廉方正徵賜六品頂帶，亦稱儒者。其餘猶子江甯府教授塘，乾州州判坫，舉人東垣，諸生繹，侗等，率能具其一體，文學之盛，聚於一門，亦可以覘其流澤矣。子二：東壁、諸生；東塾，廪貢生。……咸克守家學。（上墓志銘王昶撰——見耆献類徵初編）

乙、錢大昭（附嶙，民，松，肇淼著述攷。）

錢大昭字晦之，號竹盧，又號可盧。大昕弟。乾隆九年甲子（一七四四）生；嘉慶一八年癸酉（一八一三）卒。年七〇。

著述：

可盧箸述十種　未全刊

1，詩古訓十卷（錢畧與縣志均云十二卷。）　未刊　稿藏嘉興沈瓠盧所（見南献遺徵）。

2，爾雅釋文補三卷　未刊　（見遺徵）

3，廣雅疏義二十卷　（錄畧云：二十四卷；又「疏義」作「疏證」。）

4，說文統釋六十卷　（又見遺徵）　鄭文焯曰：是書自序並注都三萬餘言。鄞縣郭傳璞刻臣有單行本。焯疑其書本未成編，故僅傳一序；而注之精審，足餉後學矣。

5，两漢書辨疑四十二卷　（錢畧及縣志俱云四十四卷）　漢書辨疑二十二卷槜李沈氏銅熨斗齋本　又廣雅局本　後漢書辨疑十

一卷銅熨斗齋本　又廣雅局本

6,後漢書補表八卷　汗筠齋本　粵雅堂十集本　後知不足齋本

廣雅局本　（舉要云：叙例已入全集書卷首。）

7,補續漢書藝文志一卷　（錢畧，舉要，遺徵及縣志俱云二卷。）

昭代叢書壬集本　積學齋叢書本作二卷　家刻本　廣雅局本

8,後漢郡國令長攷一卷　家刻本　廣雅局本　積學齋本

9,三國志辨疑三卷　家刻本　廣雅局本

10,邇言六卷

（上錄自目覩書目可廬著述十種目）

尊聞齋稿、（見湖海詩傳）

說文徐氏新補新附考證一卷　徐氏積學齋叢書本（見西冷印社書目）

可廬著述十種叙例一冊　（見國粹學報報告）

（附既勤七種叙例　大昭子東垣輯）

尊聞齋文集六卷褉志六卷詩集四卷　（按；湖海詩傳所云之尊聞齋稿

未知是否即指此。又，縣志有尊聞齋褉識六卷，大概即錢畧所云

之〔褉志六卷〕？）

信古編十卷

得自怡齋詩集四卷

海岱紀遊四卷

練川紀聞三卷

經說十卷　（上依錢氏藝文志畧補）

嘉定金石文字記四卷 （見錢畧，遺徵及書目答問。） 未見傳本

附錄編輯書目

長興縣續志二十卷

集杜詩三卷 （上依錢氏藝文志畧新）

附錄大昭三世伯祖（？）嶙；伯民，松及族兄肇楙著述攷：

東岡吟稿四卷 （亦見錢畧）

子份詩稿

詩香館學古錄 （上三書俱見縣志）

上書錢嶙著（〔嶙〕縣志或作〔磷〕或作〔嶙〕）。嶙字介邱。大昭三世伯祖（？），歲貢生。卒年七十有三。孫穗，字晹若，一字雲林，詩文有奇氣，蚤卒。

四書類編十卷

論字書二十四卷

存養廬文集八卷 （上書俱見錢略及縣志。）

上書錢民（一六三〇——一六六六）著。民初名樞，字子辰，號生翁。大昭伯父，布衣陸清獻公入室弟子。卒年三十有七。州志有傳。（錄自錢略）

（民）少孤，家貧，業賈。……讀四子書，年已三十矣。題所居曰存養廬。靜觀默識，日有省發。會陸清獻知嘉

定，民從之論學。五年，復往平湖，請獻與語，多不合。詢之，則曰：公從朱子入，某從孔子入耳。民嘗言：聖賢貴本末兼盡，始終目序，大學所謂知本者，知作聖之基也；誠正者，作聖之功也。中庸所謂尊德性先也，本也；道學問，後也，末也。即物窮理，病在無本；六經皆我注脚，病在無末。論語曰：『君子務本』，朱子以爲學者不可厭末求本，是教人但學其末，所謂其本亂而求末治者，此未合於大學也。孟子曰：『堯舜之知不徧物』，中庸曰：『雖聖人亦有所不知』。朱子教學者以知已盡而後意可誠，又云：『格物者，窮事事物物之理，致知者， 知事事物物之理』，如此，則意之惑滋甚，又何可誠？此未合于中庸，孟子也。程子曰：『不必盡格天下之物』，朱子則曰：『一物不格即闕一物道理』，此未合於程子也。又言：今之學者不求孔孟之實，而祇辨朱陸「之異同，所謂舍已芸人，終亦必亡而已矣。又論四書雖纂自門弟子，多爲漢儒所亂，嘗以意更定，自謂得聖學心源，其篤於自信如此。（縣志人物志）

五經人物考四十卷（見縣志及錢畧。）

上書錢松箸。松字茂南，號蒼雪。大昕伯父，監生，古今圖書集成館纂修官。卒年五十有九。州縣志均有傳。

（仝上）

第五卷　第五六期

說文分韻十卷

質疑談耳八卷（上二書亦見錢翠）

六書攷

巢雲詩草

歷朝詩選（錄自漢魏至清代詩，兼操詩話）（上五書見縣志）

上書錢樂燕（縣志作〔譤〕）著。樂燕字堯光，號鈍夫。大昭族兄，諸生。從子維鄉，諸生；從孫文彬，諸生（箸迎曦閣詩鈔一見縣志），俱能文，早世。（仝上）

王鳴盛兩漢書辨疑序曰：兩漢文字近古，與五經相出入，不識字，不通古學者固難與語此。可廬精于說文，精通古訓，穿穴經史傳記墓銘碑碣，善求其間，識純而心細，實事求是，不屑爲支蔓語，故能折衷辨疑；而于官制地理，所得尤多，洵班范之功臣也。

後漢郡國令長，自序曰：漢書百官表云：〔萬戶以上爲令，萬戶以下爲長〕。續漢志云：〔每縣邑道大者置令一人千石，其次置長四百石其次置長三百石；候國之相，秩次亦爲之〕。應劭漢官儀又云：〔三邊始孝武皇帝所開，縣戶數百而或爲令，荊揚江南七郡，惟臨湘，南昌，吳三令耳，及南陽穰中土，沃民稠，曰五萬戶而爲長。桓帝時以江南陽安爲女公主邑，改號爲令，主薨仍復其故〕。大昭案：前漢令長見于紀傳者少，故不具論；後漢則本史之外復有碑碣可證，總其間亦或有沿革，而東都制度，可見一斑，故作郡國令長攷，注以出處，其所不封，則闕如也。

邵晋函補續漢書藝文志序曰：范氏後漢書本未及撰志，司馬彪續漢書有律歷，禮儀，祭禮，天文，五行，郡國，百官，輿服八志而不及藝文，東京諸儒撰述，泯焉無聞，良可深惜。可廬先生補續漢書藝文志蓋取蔚宗本史所載及書之見存于今代，引證于古書，著錄于別史暨藏書家所錄者，輯爲此篇，以補司馬氏之闕漏，部分條析，悉依前書，于一代著述，固已搜採無遺，洋洋美備矣。

丙·錢　塘（附煌，塥，慈纓，四女口口，肇然著述攷。）

錢塘〔塘〕孫志作〔唐〕字學淵，一字禹美，號溉亭。大昕兄子。雍正十三年（一七三五）生；乾隆五十五年（一七九〇）卒。年五十有六。

著述

溉亭述古錄二卷（事畧云四卷）縣志云：『考證經籍疑義；鍾呂推步尤精。』文選樓本　式訓堂叢書本　學海堂本

校經山房叢書本

律呂義六卷（亦名「律呂考文」　南菁書院叢書本

易緯稽覽攷正一卷（「攷正」縣志作「圖攷」）　未刊

春秋左傳攷古義六卷　未刊

春秋三傳釋疑十卷　未刊

說文聲系二十卷　未刊

續漢書律歷志補注二卷　未刊（以上六種均見遺徵）

史記三書釋疑三卷（錄略無「三書」字，）　書目答問云已刊

明算篇　較度篇　見錄略及事略。（又是否在律呂大義中待考。）

淮南子天文訓補注三卷（答問作二卷）　指海本　道光八年嘉定刻本

　　湖北叢書本

鶴原詩草（見湖海詩傳）

泮宮樂律釋四卷

文廟樂律釋二卷

四益齋詩鈔三卷

默耕齋吟稿一卷

蘭亭集釋注

溉亭詩文集　（上四書亦見縣志）

礬山閣詞

說文稗傳

玉葉詞　（以上見錢氏藝文志略）

附錄塘父煌；子塘；長女（？）蕙纕四女□□及從弟肇然箸述攷：

大成集八卷（經部）　子塘云：父性嗜學，工文章，泛濫史傳，好聚異書。晚年潛心易理，手著此集，未竟而卒。

上書錢煌箸煌字永輝監生塘父卒年六十有五

紀游草一卷　（見縣志）

上書錢墉箸。墉字晉功，一字焦雨。諸生，塘子。

女書癡存稿三卷(文三首，詩九十二首，詩餘八首。)

上書錢慧鎮著。慧緑塘長女(?)，浙江平陽陳振孟室。

錢氏存稿一卷(凡近體詩三十七首。)

上書塘四女口口著。四女適寶山范氏。

回春約言四卷

時氣論一卷

蘭室醫案一卷　門人朱範蓮郁璞輯

續外岡四卷

祁岡詩拾遺集(輯錄)　(上四書見錢畧及縣志]

上書錢肇然著。肇然初名肇烹，字希文，號叔亭，塘從弟，諸生。卒年七十有三。縣志有詩。子諱瑞垣(著醉月樓草一見縣志)，諸生；諱瑞墀，監生，有文行。(錢氏藝文志畧)

錢塘字學淵，爲竹汀兄子。嘉定錢氏未刊著述，多未散佚，其稿本時爲老書估得之，惜其後人無刋布者。

律呂古義亦名律呂考文，較江永律呂新論闡徵二書，益見精核。(右錄南獻遺徵)

阮氏言曰：錢君博深經史，實事求是，精心朗識，超軼羣倫。所學九經，小學，天文地理，靡不總核：尤精樂律，蔡邕，荀勖，庶幾近之。(錢畧頁八)

丁·錢　坫

錢坫字獻之，號十蘭，又號篆秋。溉亭弟，竹汀族子。乾隆甲午順天附榜。乾隆九年甲子(一七四四)生；嘉慶十一年丙寅(一八〇六)卒。年六十有三。

箸述：

錢氏四種

1.詩音表一卷　錢氏四種本

2.車制考一卷　仝上　續經解本

3.爾雅釋地四篇注一卷　同上

4.論語後錄五卷　同上

禮記內則注三卷　未刊

漢書十表注十卷　未刊

聖賢冢墓攷十二卷　未刊

鏡銘集錄四卷(輯？)未刊

篆人錄八卷　未刊　(以上五種均見逍徵)

爾雅釋義十卷釋地以下四篇注四卷　錢氏四種本

九經通借字攷　(見尺牘小傳。未知是否即下書？)

十經文字通正書十四卷　原刻本　(書目答問云：間有誤處。

說文解字斠詮十四卷　家刻本

補史記注一百三十卷(縣志及錢署均作「史記補注」。　未刊

新斠注漢書地理志十六卷　原刻本　同治甲戌會稽章氏重刻本附徐松集釋一冊

爾雅古義（疑即「爾雅釋義」—待攷。） 續經解本

古器欵識四卷（縣志〔四卷〕下有〔攷〕字，）

異音七卷

異語四卷

駢體文上下二卷 （亦見縣志）

金鳳玉笙詩二卷 （上五種均見錢略）

朝邑縣志（編輯？）（見書目答問）

呂氏星垣曰：錢君深通小學，博極羣書。于漢唐先儒之學，無不洞見底蘊，穿穴訓詁。下筆譔麗，著作宏富。尤精篇篆，爲天下第一。（錄自錢氏藝文志略）

先生考證金石最精，篆書得漢人遺意孫淵如稱爲本朝第一。（見尺牘小傳）

戊，錢東垣

東垣字旣勤， 號亦軒。 大昭子， 嘉慶戊午舉人。 乾隆三十年（一七六六）生；道光元年（一八二一）卒。年五十有六。

著述：

孟子解誼十四卷 未刊

小爾雅校證二卷 未刊

補經義攷四十卷 （縣志作補經義攷稾。又云：是書補竹垞之作，部分體例，大概仍舊；亦有畧爲變通者） 未刊

續經義考二十卷 未刊

吳興著述類聚攷二卷

列代建元表十卷

建元類聚攷二卷　嘉慶壬戌青浦刻本

豊宮瓦當文攷一卷

稽古錄辨僞一卷　原書宋司馬光撰

青華閣帖攷異三卷

勤目堂文集六卷

勤目堂詩集六卷（上二書亦見縣志）

附錄編纂書目：

五經異義輯存二卷　（錢略云：漢召陵許叔重撰，　高密鄭康成校。六元書久軼。詹事公輯；徵君補；公續增作序。）

錢志二卷　（縣志云：東垣輯）

嘉定縣志三十二卷　（縣志云：桓以初桐所修。…錢東垣，錢繹，錢侗重修；未及成書，桓去任，東垣之官，侗卒，繹病。遂中止。）

（新）校鄭志三卷附錄一卷　東垣等訂　汗筠齋本　粤雅堂本（十二集）

崇文總目輯釋五卷補遺一卷　宋王欽若等撰　東垣與弟繹，侗等輯。

（以上十七種均見錢氏藝文志畧）

（孟子解誼）自序曰；厥例有七：一曰正刋誤；二曰正舊註；三曰集衆說；四曰存鄙見；五曰正音讀；六曰輯古注；七曰攷異本。北平翁氏方綱見稿本大加擊賞，爲譔旣勤字說以贈。（錄自錢畧）

金氏錫鬯曰；君端重寡言，讀書鄙章句，秉庭訓習漢儒學，究心

訓詁。旅食京師，名公卿與之游。見聞既廣，學術日富。尤諳于史事，淹貫古今，友朋講論，終日娓娓不倦。……（仝上）

阮氏元曰；錢既勤孝廉沈潛篤學，著書能自抒心得。癸丑盜可廬，徵君在予幕中，佐閱，藏有草字瓦當，篆文奇古，予爲攷釋之。其弟以成，同人亦皆潛研經史，金石各有著述。時人有錢氏三鳳之目。（仝上）

巳，錢　侗（附師璟，楨，師徵，成錫奎，鉠著述攷）

錢侗字同人，號趙堂。大昭子，東垣弟。乾隆四十三年戊戌（一七七八）生；嘉慶二十年乙亥（一八一五）卒。年三十有八。

著述：

孟子正義十四卷　未刊

羣經古音鈎沈四卷　未刊

說文音韵表五卷　未刊

說文孳乳表二卷　未刊

說文重文小箋二卷　未刊

方言義証六卷　（即錢繹方言疏證所本。）　未刊

列代錢幣圖攷二十卷，（「列」縣志作「歷」）　未刊

古錢待訪錄二卷　未刊　（以上八種均是兩献遺徵）

九經補韻考證一卷（粵雅堂本題〔九經補韻〕一卷，附錄一卷。——縣志作二卷，無〔證〕字。）　宋楊伯嵒書　汗筠齋本　粵雅堂十七

第五卷　第五六期

集本　學津本

宋遼金元四史朔閏考二卷　（錢大昕原書；侗續成。）　文選樓本　粤雅堂本

元詩紀事五卷

正名錄四卷

釋辭八卷

吳語詮六卷

至聖世系表一卷

錢氏世系表一卷

四史朔閏攷補一卷

擬太倉州志人物傳例一卷

續隸續三卷

樂斯堂文集六卷

小泉來山館詩集八卷詞二卷

客杭日記二卷（縣志云脊識講學之言間及經籍金石攷證）

日記四卷

讀書日誌十卷

樂斯堂即存三卷

樂斯堂詞一卷　（亦見縣志）

集古即存八卷　（上依錢署補）

樂斯堂詩文集十二卷　（錢署所云之樂斯堂文集六卷未知是否在內？）

蓬萊山館詩草一卷 （縣志云：子師璟輯，同治初刻于江西？）

附錄編校書目：

崇文總目輯釋 （見東垣著述攷）

金石錄四十冊

唐文集錦十卷

唐宋文集錦十卷 （錢略所云之唐文集錦十卷未知是否即指此？）

日本孝經鄭注(校刊) 歙縣鮑廷博知不足齋叢書本

（以上依嘉定縣志補）

附錄侗子師璟；伯祖楨；從侄師徵，成；族姪錫奎；族姪女鍈著述攷：

錢氏藝文志略 端溪叢書本

聽松亭印存四卷 （見縣志）

上二書錢師璟著。師璟字子宋，號直卿，侗子。例選訓導，精篆隸，工篆刻，通小學。同治戊辰預修邑志，未及成書，他著頗富。卒年六十有二。（詳縣志人物志）

能爾齋印譜六卷

篆書集略十卷 （見錢略及縣志）

上二書錢楨輯著。楨字寧周，號滄州。侗叔祖，歲貢生。卒年七十有八。（錢略）

五代史補注（錢略〔史〕下有〔記〕字）

金石文字管見錄二卷(目錄)

漢玉剛卯攷一卷　(俱見錢碧縣志)

上三書錢師徵箸。師徵字鑑人，號靜儒。侗從侄，監生。卒年三十有五。(錢碧)

雲懷吟稿　(縣志)

上書錢成箸。成侗從兄弟；充耘（字大田布衣箸大田印存八卷）父。

湘青閣吟稿　(縣志無卷數；錢碧作三卷。)

上書錢錫垄箸。錫垄字甡宮，號晴川。侗族侄，監生，封修職郎卒年六十有六。(錢碧)

湘青閣詩草　(縣志)

上書錢鍈箸。鍈字澹人，國學瑞墀女，寶山陳鵬妻，侗族侄女。(縣志)

侗少時即以禮記鄭注校朱注大學同異。經史傳志，無所不通於說文用力致深精。講韻學熟於古音之通轉。世父大昕撰四史朔閏考未竟卒，侗證以羣書數百種，金石文字二千通，增輯一千三百餘條。王侍郎昶纂金石萃編所論地理官制，多採侗說。昶纂太倉州志，文苑，兵防亦侗屬稿。……(嘉定縣志人物志卷十九頁34)

姚氏椿曰：吾友同人錢君，學進于古，…… 君未嘗自足，彌益不怠。于學通訓詁，自其少時，即能以禮記鄭注校朱子大學異同；其後卒爲孟子正義一書。尤精講韻學，熟于古音之通借，以爲古人聲即寓

義，于物皆然。于說文用力致深。……（錢氏藝文志畧頁14）

庚．錢繹

錢繹初名東墉，字以成，一字子樂，號小廬。大昭子東垣弟。今僾附監生。生卒年月無攷，縣志人物傳云：年八十卒。

箸述：

爾雅疏證十九卷　未刊

十三經斷句說十三卷　（毛嶽生云：所作係貸名「十三經漢字句說」。）
　未刋

說文解字讀若攷三卷　未刋

說解字闕疑補一卷　未刋

字詁類纂一百六卷（「字」縣志作「訓」）　未刋

方言箋疏十三卷（補成錢侗所作）　積學齋叢書本　杭州刻本　光緒十六年廣雅局本（附校勘記一卷）

（以上六種均見南獻遺徵）

孟子義疏　（見毛作像贊）（是否即錢侗孟子正義？待攷。）

釋大一卷釋小一卷

釋曲一卷

竹汀先生日記鈔』輯錄？）

信昔館印存四卷　（上依錢畧補）

錢氏藝文志畧爾雅疏證條下注云：詁訓之學，本于聲音，故有聲同字異，聲近義同；雖或類聚羣分，實亦同條共類。此書博採羣經及周秦諸子漢人撰箸之書，就古音以求古義，引伸觸數，疏通證明。

十三經斷句攷李兆洛序略曰：古人之文，如其口語；句讀即其辭氣云爾。

氣得，則誦其文如聞其語。故殷盤，周誥，號爲詰屈，諷誦之久，心神爽然；有心能領之而口不能傳之者焉。至于，義理之释，憑于字句，一字之上屬下屬，一句之或絕或連，其差甚微，逵午斯大。劉韶移讓博士已有分文析字之譏，虎觀諸儒，此類彌廣，康成以下，經師，競出新致，幾于望文生義，各以意屬而持之成理，或未師資于往故，此又多師之藉也，。而徒以爲章句儒之事乎哉！衆家從濫，荟萃爲難，錢君子樂綜而緝之，條流既通，探索皆遍，其所依正，必衷于當，可以審疑似，辦異同，尋古師之眞，啓方來之悟，裨益于講貫者多矣。(見錢畧頁13)

(釋)少承家學，嘗以諸經句讀，徵引家互有異同，據武億原本，參稽羣籍，折衷至是，爲十三經斷句考。又以方言訓詁，多不經見，注釋家不無附會，乃求聲音文字之理，疏通證明之，爲方言箋疏，又摘諸經文之訓大小者，證以他書，觸類引伸，著释大释小，時稱精，博，眞。行書近永興，篆縮鐘鼎，樸茂蒼勁，摹古入化。(縣志人物傳)

B.後編

嘉定錢氏箸述攷附錄

周易精義

四書要旨　(見縣志藝文志)

上二書錢嚴曦著。嚴曦字燊彩。諸生。

周易燊纂六卷　（仝上）

上書錢高著。

鄭氏易補注

校經堂詩文集

虛白廬吟稿

寄搓稿

北游紀程詩鈔

崇蘭詩草

亦詩香館賸稿一卷

月遂秋獻詩餘

北游日記　（見縣志藝文志）

上書錢焯着，焯字湘雲，一字虛白。博覽經史，長於考訂。

經史異同辨

藝蘭吟草二卷　（見縣志藝文志）

上書錢鈞（一八三五——一九三三）著。鈞字毓華，一字墨斐。諸生。居安亭。詩文春容平淡，抒寫性情。博涉經史，旁及風角遁甲軒岐之術。道光乙未卒，年九十九。子璋，字小屢，諸生。書法得晉人神味。晚歲窮經，通虞氏易。（縣志人物傳）

周易疑義指要一卷

稽古編音義(經部)一卷

春秋提綱傳證二卷

篆學易知四卷　(見縣志藝文志)

上書錢璋居。璋字小麼，焯子，諸生。(詳見上)

詩經纂經八卷

江邨集　(仝上)

上書錢昇著。

征東實紀一卷　縣志云：府志作征東紀畧。萬曆壬辰，倭侵朝鮮，神宗發兵救之；宋應昌爲經畧，世楨隸標下爲游擊，攻城斬將，叙功不得與，因作此書。

上書錢世楨著。

讀書辨十卷

西雝詩鈔二卷

續詩話總龜前集三十卷後集二十卷(輯著)原書宋阮閱著，賨補其闕。

文房四寶錄(輯)

晚香詞二卷(見縣志藝文志)

上書錢賨著。

大生二書二卷　與王珠同輯；下同。

達生編補經一卷

種痘書一卷　(見縣志)

上書錢大治箸。大治字翠淸，監生。

費了一個禮拜左右的時間從硏究所故紙堆裡抄好了這篇錢箸攷，在自家好像解決一種什麽公案，擺脫了什麽枷鎖似的微微地感受着一種輕鬆和愉快；雖然這件稿子寫得亂七八糟，沒有什麽條理，而且掛漏的地方想來也是很多的。

像錢竹汀這樣的一個特殊的家族，在中國是不多見的。在竹汀前後不過七代，這時期很短，範圍不大的宗族裡，產生了有著作可攷的學者二十九人，箸作二百六十一種，卷數可以統計的一千九百三十四卷，王昶說他：『文學之盛，聚於一門』，並沒有過奬。

但有一件事可惜的，就是他們雖有這麽一大部份遺留給我們學術界，然而，我們可以享受到的却很有限，它們——這一堆無價寶十分之七八還被淹沒在字紙簏裏，沒有人給他來印行。錢氏藝文志畧錢正卿自序云：『家計淸寒……先後謹梓字學海珠，後漢郡國令長攷，初續漢書藝文志，三國志辨疑行世』；鄭文焯云：『嘉定錢氏未刋著述，多未散佚；其稿本時爲老書估得之。惜其後人無刋布者』。（遺徵）這種情形，眞可痛惜。現在竹汀的後裔不知怎樣？——昔何其盛，今何其衰耶！緬懷前哲，感慨係之矣！臨了有一件事須說明者：就是，這篇錢氏著述攷分，爲『前編』，『後編』兩个部分。前編自中(大昕)至唐(繹)是竹汀家族的箸述攷，而後編的幾個却在形式上是不屬於竹汀這個家族的；雖然他們也是姓錢，也是住居嘉定；然而，在血統的親疏的關係上看，他們都應該和竹汀這一派分家才對。因爲他們(後編)比較起來不很重要，又無別立門戶的必要，所以把他們當作了一個嘉定錢著攷的附錄。

在這編東西裏頭，我們關于竹汀這一派的箸述特別考證記載的詳細，差不多不拘他的著作有沒有價值，祇要被我見到的都把他附錄到上面去。其實，這固然濫；但，也有一點好處，就是我們藉此可以知道他們〔家學淵源〕及其〔流風餘韻〕

的一個大概還是眞的。

6，12、1928陳 槃寫竟記

附大昕家族世系表

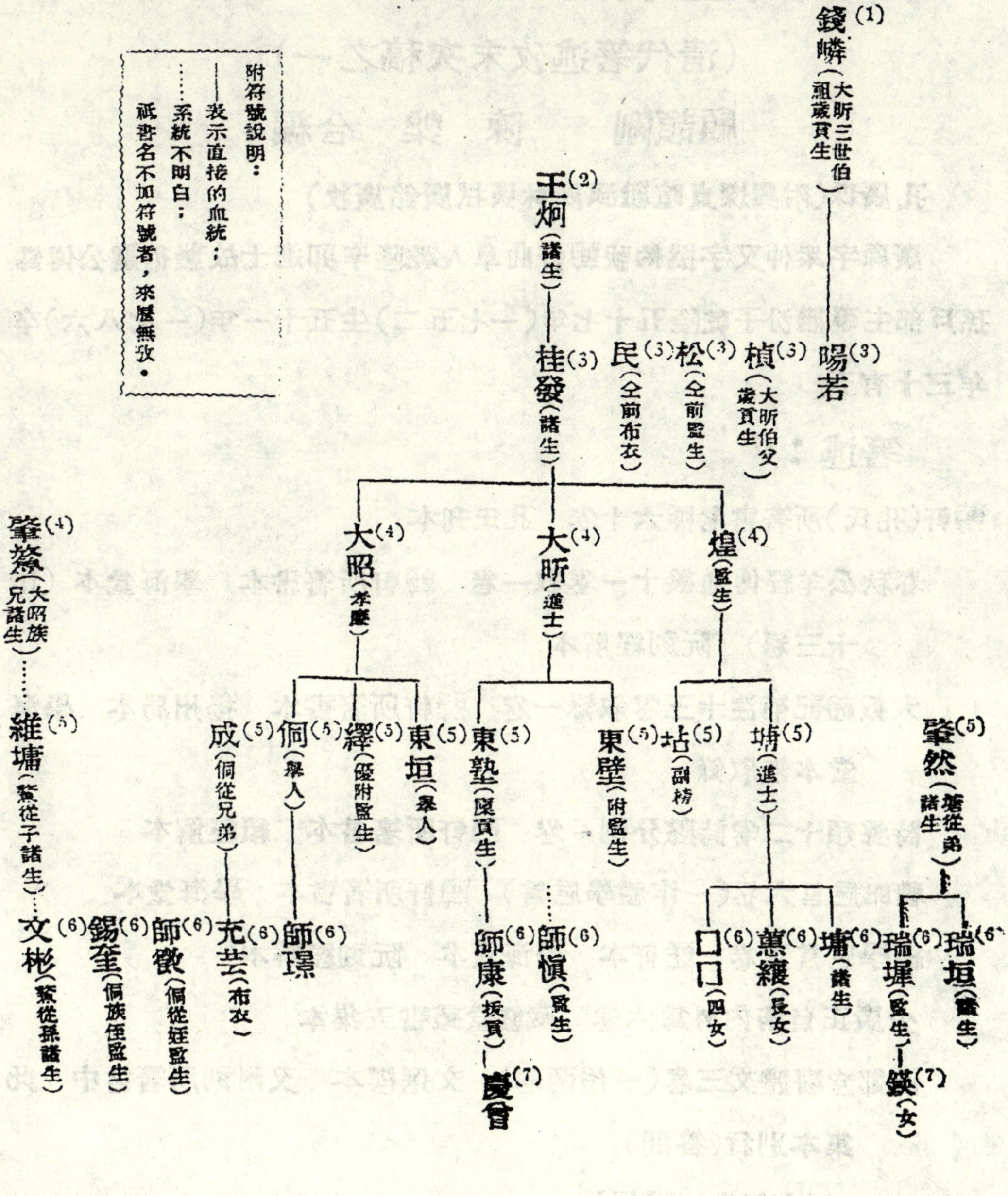
附符號說明：
——表示直接的血統；
……系統不明白；
祇書名不加符號者，來歷無攷。
錢璘(1)（大昕三世伯祖歲貢生）
王炯(2)（諸生）
桂發(3)（諸生）
民(3)（仝前布衣）
松(3)（仝前監生）
楨(3)（大昕伯父歲貢生）
暘若(3)
大昭(4)（孝廉）
大昕(4)（進士）
煌(4)（監生）
肇熬(4)（大昭族兄諸生）
維墉(5)（熬從子諸生）
成(5)（侗從兄弟）
侗(5)（舉人）
繹(5)（優附監生）
東垣(5)（舉人）
東塾(5)（廩貢生）
東壁(5)（附監生）
坫(5)（副榜）
塘(5)（進士）
肇然(5)（塘從弟諸生）
文彬(6)（熬從孫諸生）
錫奎(6)（侗族侄監生）
師徵(6)（侗從姪監生）
充芸(6)（布衣）
師璟(6)
師康(6)（拔貢）
師愼(6)（監生）
□□(6)（四女）
蕙纕(6)（長女）
墉(6)（諸生）
瑞墀(6)（監生）
瑞垣(6)（諸生）
慶曾(7)
鏌(7)（女）

曲阜孔廣森及其家族的箸述

（清代箸述攷未次稿之一）

顧頡剛 陳槃 合編

孔廣森（附興燦貞暄繼涵廣林寶栻廣銘廣牧）

廣森字衆仲又字撝約號顨軒曲阜人乾隆辛卯進士故襲衍聖公傳鐸孫戶部主事繼汾子乾隆五十七年（一七五二）生五十一年（一七八六）卒年三十有五

箸述：

顨軒（孔氏）所箸書七種六十卷 孔氏刋本

春秋公羊經傳通義十一卷敘一卷 顨軒所箸書本 學海堂本（作十三卷） 阮刻經解本

大戴禮記補注十三卷叙錄一卷 顨軒所箸書本 揚州局本 學海堂本無叙錄

詩聲類十二卷詩聲分例一卷 顨軒所箸書本 續經解本

禮記巵言六卷（一作禮學巵言） 顨軒所箸書本 學海堂本

經學巵言六卷 顨軒本 學海堂本 阮刻經解本

少廣正負術內外篇六卷 藏修堂叢書五集本

儀鄭堂駢體文三卷（一作两卷） 文選樓本 又附刻所箸書中 此集本別行（答問）

（上錄先正事畧）

公羊通義序錄學覽中

儀鄭堂遺稿一卷　吳才鼎編刻八家四六文鈔本

儀鄭堂殘稿二卷　春暉堂本

通德遺書所見錄四冊　（輯錄）

孔顨軒檢討儀鄭堂駢文三卷，余最所服膺，不以容甫，次仲之言而重者也。顨軒文隸事深隱，與淵如，容甫略同，有銘鑄數書而成一偶句者。余每誦其文，稍涉不悉，未敢臆度，則蓄諸胸中以為癥聚，或積數載而始豁然。近時閩中某氏注顨軒文，略得四五，惜未存疑，故間有誤處。如書周良先生畫像贊『河濟頑民，且錫將軍之葬』某氏亟引數百言，而無一形似語。余昔取韓非子外儲說伯夷以將軍葬于首陽山之下，謂能得將軍出處。尚疑『河濟』兩字未了于懷。昨讀大戴禮曾子制言中：『昔者伯夷死于溝澮之間，其仁成名于天下，夫二子者居河濟之間，非有土地之厚，貨粟之富也，言為文章行為表綴于天下』。顨軒此書補註云：『首陽山在蒲坂河曲中，其南王屋河濟所出，故云河濟之間』始恍然顨軒隸事之工，無少假借。而余年逕顨軒，閱十許年，才通其義，可為媿死。（上錄李詳媿生叢書）

廣森聰穎特達，經史小學，沈覽妙解。所學在公羊春秋（儀鄭堂文序錄）。唐陸德明云：『魏晉以來，公羊久成絕學。』廣森沈深解剝，著春秋公羊傳通義十一卷，於胡毋子都，董仲舒，何劭公條例，師法不墜（公羊通義條記）。……又善屬文，著儀鄭堂駢麗文三卷，江都汪中讀之，歎為絕手。儀鄭堂文序——轉錄阮元撰孔廣森傳國朝耆獻

類徵初編）

孔廣森……少受經於東原氏爲三禮及公羊春秋之學。能作篆隸，書入能品。尤工駢體文汪明經中，孫觀察星衍亟稱之。（上漢學師承記江藩撰——轉錄類徵初編）

附錄：

廟庭禮樂典故

上書孔興燦著。興燦，諸生，五十九代衍聖公第四子。〔耆献類徵初編三百七十七〕

聊園文集（〔文〕人名大辭典作〔全〕）

詩署操縵

新說大成

樂律全

演記

黔記

泰山記勝

縮地歌

上書孔貞暄箸，貞暄字用六（人名大辭典作璧六）號歷洲，晚號聊叟。先聖六十三代孫，究心經史，精算法，韻學。中順治十八年會試副榜。授泰安學正。……年八十三卒。（國朝耆献類徵初編卷二百十九）

微波榭遺書（錄羅目）

紅櫚書屋詩集四卷

駢冰詞二卷

雜體文稿七卷

同度記一卷

長巧經一卷

水經釋地八卷　又積學齋叢書本

五經文字疑一卷

九經文字疑一卷

考工車度記一卷

補林氏考工記解一卷

句股粟米法一卷

釋數一卷

同度記一卷　積學齋叢書本

紅櫚書屋集二卷

詞四卷

春秋闕例日食例　（答問云未見傳本）

附校刊八種

算經十書　戴東原著（子目可參攷戴震著述攷算經十書三十七卷條）

同上

杜預春秋長歷土地名一卷　同上

休甯戴震文集（一作戴氏遺書）　同上

第六卷　第五期

趙汸春秋金鎖匙一卷　同上

宋庠國語補音三卷　同上

宋本孟子趙註十四卷孫奭音義二卷　同上　又韓岱雲本

五經文字一卷附五經文字疑一卷　同上

九經字樸一卷附九經字樸疑一卷　同上

漢唐以來金石刻千餘種）（見遺徵本傳刻本未詳）

上書孔繼涵著。繼涵(1739——1786)字體生，一字誦孟；號葒谷。爲襲衍聖公毓圻孫，廣森族叔。以乾隆庚戌舉於鄉，辛夘成進士，官戶部主事，充日下舊聞纂修官。……卒年四十五。(棨按：當從類徵作四十有八。)夙雅志稽古，於天文，地理，經學，字義，算數無不博綜。宦京師七年，退食之暇，輒與友朋講析疑義，考證異同。凡所鈔校者數千百帙，集漢唐以來金石刻千餘種與經義史志相比附。又以編纂官書，編觀京城內外寺院古蹟，碑記，歷西山沿平昌，罔弗蒐錄。遇藏書家罕傳之本，必校勘付錄，以廣其傳。（參觀耆献類徵初編卷百四十七及支偉成清代樸學大師列傳上冊頁166)

孔叢伯經說稿　光緒庚寅濟南書局刊（羅目作光緒庚寅山東書局刊本

周禮臆測七卷（羅目——羅振玉紋橐刻書目之簡稱——作周官臆測六卷，叙錄一卷。）

儀禮臆測十八卷(羅目作儀禮臆測十七卷，叙錄一卷。)

吉凶服名用篇九卷（羅目作吉凶服名用篇八卷，叙錄一卷。）

禘祫䚡解一卷（羅目解下有篇字。）

明堂億一卷（羅目同。）

儀禮箋一卷（羅目作「附說經末竟稿」儀禮士冠禮箋一卷。）

（上錄舉要）

附廣林輯佚書目：

通德遺書所見錄　光緒庚寅山東書局刊本

王舟瑤曰：搜輯君佚書，叢伯之編最備。

六藝論一卷

周易注十二卷漢鄭玄原著又古經解彙函本

尚書注十卷

尚書中候注六卷

尚書大傳注四卷

毛詩譜一卷

三禮目錄一卷

答周禮難一卷

魯禮禘祫義一卷

喪服變除一卷

箴左氏膏肓一卷

發公羊墨守一卷

釋穀梁廢疾一卷

論語注十卷

論語篇目弟子一卷

駁五經異義十卷

孝經註一卷

叙錄一卷

（上錄羅目）

上書孔廣林著廣林字叢伯廣森弟

春秋世族譜

春秋地名人名同名錄

春秋朔閏例日食例

左國蒙求

國語解訂譌（上五書廣栻刋行刻本未詳）

春秋規過　隋劉炫原箸

春秋摘微　唐盧仝原箸

春秋折衷論　唐陳子昂原箸（以上手序）

周官聯事　　注意以上各書凡有符號者張維屏松軒隨筆作孔體生（繼涵）所撰未知孰是

（詩文集數十種）——錄自戚學標撰墓志銘（耆献類徵初編）。

上書孔廣栻箸。廣栻字伯誠，號益齋。孔子七十代孫，繼涵子。……旣有異稟，又名父之子，……扶牀之年，巳誦書數十萬言；……比長，益銳於學，自經傳子史至雜家，靡不研究。戶部喜著述，多版行，惟蒐集諸家解瞬經書厥緒未竟，君乃終之。……君十六歲補博士弟子員，每試優等。二十五歲以詩經魁一鄉，聲價已高，風飆即遠謂遂凌玉清，翔紫霄，而以婦翁吳客塘先生兩分校禮，闈引嫌罷試，鵬翮未鍛，驥足莫展，……人咸惜之。……君生於乾隆二十年乙亥七月(一七五五)；卒於嘉慶四年乙未三月(一七九九)。享年四十五。（上錄自戚撰墓銘）

公羊釋例三十卷

孟子義疏二十八卷

五經異義疏證二十卷

莊子義訓

前漢書考證(上二書皆未成書)

上書孔廣銘著。廣銘字文箴，廣森族弟。以功授州判發蜀。……諸書義證賅洽，而家法不紊。(仝上)

禮記殘稿一卷

禮記天算釋一卷　詹岱閣本　續經解本　廣雅局本　咫進齋本

孔子生卒年月考一卷　王刋經解本　湖北刻本　廣雅局本

上書孔廣牧著。廣牧字力賞，(人名大辭典作力堂)為詩人太僕眉涵仲子。五齡就傅，即知學問。父旣蓋難，事母極孝。研六經長於訓詁考據，兼通中西算術。欲為禮記作疏，念記文浩博，難以彙舉，遂區分數悉，將次第纂成，合而爲一，値咸豐庚申寇至淸江浦，流離奔走、不遑撰述。間爲詩歌，多抑塞無聊之語。友人或勸就雜废，入監讀書，備應京兆試。適盜賊梗途，與官軍同行，見斬殺如草芥，頓觸悲懷，感寒而殞。……遺者，大率稱引詳確，推測精密，無媿古作者焉。（仝上）

黃宗羲之生平及其著作

馬　太　玄

我是鄞縣人，鄞縣即寧波市，寧波同餘姚的關係是很密切的；再者黃宗羲的經術，史學的弟子，皆在寧波（曆算弟子皆在浙西海寧）。因此，我們寧波的學術思想，受他的影響很大。我的妻又是他的十世孫，歸我時妝奩中帶了一幅他的像來，此像是他生前畫的；上面有他親筆的像讚，說：「初錮之為黨人，繼指之為游俠，終則之於儒林，其為人也蓋三變而至今，豈其時為之耶，抑夫人之有遐心！」旁邊題的詩，詞，都是海寧的弟子，沒有一個寧波人。因為這個像，我曾經把這班海寧人考據了一下，但是這篇稿子，我沒有帶來，此地祇好不說了。我研究他的學術，亦從此起的；並且將他七世孫炳垕（同光時人，曆算頗不差）編的梨洲先生年譜加過注解。有錯的地方，同在當時不敢說的話，都加案語補進去。

宗羲是劉宗周（一五七八——一六四五）的弟子，劉氏是講王守仁的學術的，故他當然是王派。但是王氏學術在萬曆天啟的時代，已經合禪宗打成一片，不是本來面目了。南直隸東林領袖顧憲成高攀龍講格物，是第一次的補救；劉宗周提倡慎獨，是第二次的補救。當時王氏學術祇有蕺山（紹興的山名，劉宗周在那邊講學，學者稱之為蕺山先生）一派獨盛，學風也走樸實一路。蕺山弟子甚多，當時祇有宗羲影響於後來的勢力，別人都不及。

宗羲是明末浙東學派的開山，他弟子徧于浙東西，浙東的傳經史，浙西的傳曆算；王派的理學，則皆有。

上來所述，即算做我的緒論；以下入正文。

一，黃宗羲之生平

黃宗羲，字太沖，號南雷，學者稱梨洲先生（南雷，梨洲都是四明山的山峰），浙江餘姚人。生明神宗萬曆三八年，卒明亡後一四年（公曆一六一〇——一六九五），年八六。明御史黃尊素的長子。尊素是東林（無錫的東林書院）黨人，熹宗天啓六年（一六二六）爲太監魏忠賢所害。宗羲少年便倜儻有奇氣，夜讀書畢，嗚嗚然哭，又不敢叫他的母親知道。

先是，萬曆四三年（一六一五），他年六歲，隨父館于寧波洞橋董氏。

天啓三年（一六二三），隨父至北京。他喜歡看各種書，不預守章句。他父親叫他作八股，他於完課之餘，私下買了許多小說看。　他母親告訴他父親，他父親說，「這種書亦能開智慧。」　是年他十四歲。

五年（一六二五），十六歲。　他父親因爲劾魏忠賢同客氏，革職回家。　是年（即次年公曆一月一日）娶盛山家葉憲祖之女爲妻。

思宗崇禎元年（一六二八），十九歲。袖長錐，草疏，入京訟冤。　過杭，遇華亭陳繼儒，宗羲出疏，繼儒隨筆改定（疏載明金日升頌天臚筆。頌天臚筆二十四卷，明刊本）。到京時，魏忠賢已剮了，乃上疏請殺奄黨曹欽程，李實等。　刑部會訊許顯純，崔應元；對簿時，出所袖錐，錐顯純，流血被體。　又合同難子弟哭祭於刑部監獄中門。　哭聲達於宮中，思宗歎曰，「忠臣孤子，甚惻朕懷。」

二年（一六二九），二十歲。　是年從劉宗周於紹興，同學六十餘人；力排陶奭齡的以禪宗講王學底謬誤。

四年（一六三一），年二十二歲。　是年發讀明十三朝實錄，上溯二十一史，每日丹鉛一本，遲明而起，雞鳴方已；兩年讀畢。

七年（一六三四），二十五歲。講習律呂，與張秀初（岐然，後改濟義，即仁庵師）取餘杭竹管肉好均者，截爲十二律，及四清聲；吹之以定黃鐘。

十一年（一六三八），二十九歲。　時太監復用事，逆黨都希望然死灰；阮大鋮（字集之，號圓海，懷寧人。）以重賄，新聲（阮能作曲，有燕子箋，春燈謎　…），招搖南京。　七月，金壇周鑣（字仲馭），宜興陳貞慧（字定生），貴池吳應箕（字次尾）…… 出南都防亂揭，集諸名士（皆復社中人，共一百四十二人）攻之；以無錫顧杲（字子方），與宗羲爲首；宗羲又與一般死奄難者的孤子大會於桃葉渡（南京秦淮河邊），齊聲罵大鋮，大鋮恨之刺骨。

十四年（一六四一），三十二歲。　到南京，主黃居中（字明立）家，千頃堂之書，縱閱殆徧。　朝天宮有道藏，自易學以外，有關係山川者，皆手鈔之。

十七年（一六四四），三十五歲。　公曆四月二十五日，北京亡，安宗監國於南京；到南京，上書闕下；時阮大鋮以定策功，思報仇。遂廣搜中人姓名造蝗蝻錄（以東林爲蝗，復社爲蝻），欲一網殺之。

安宗弘光元年（一六四五），三十六歲。　公曆六月十五日，建夷破南京，安宗被執。公曆八月十八日，唐王監國於福州，八月二十一日，即皇帝位；改福州府爲天興府；以舊布政司署爲大內；改元隆武，是爲紹宗。先是，寧波於八月九日迎魯王以海監國，三十一日，會師西興；時建夷兵已寇浙，府縣望風降附，七月三十日，餘姚前吏科給事中熊汝霖，九江道僉事孫嘉績以一旅之師畫江而守，宗羲與兩弟宗炎，宗會糾合黃竹浦子弟數百人，步迎監國魯王於蕭山，駐軍江上，人呼之曰「世忠營」。三十一日，會稽亦應之。八月一日，鄞縣人始會議，然猶相顧莫敢主者，最後錢肅樂力疾至請獨任之，遂以九日迎魯王。（十二月公曆明年一月）兵部主事攝餘姚縣事王正中表進宗羲所作魯元年大統曆，有詔優答，宣付史臣，頒之浙東。

隆武二年，監國魯元年（一六四六），三十七歲。七月十三日，浙江兵潰，監國出海道到福建；宗羲入四明山，餘兵願從者五百人，結寨自固（有四明山寨記）。十月六日，建夷執紹宗於汀州，送至福州，弒之。十月十六日，桂王監國於肇慶，十二月八日唐王聿鐭監國於廣州，十一日即皇帝位，以明年爲紹武元年。二十四日，桂監國即皇帝位，改明年爲永曆元年，是爲昭宗。一月二十日紹武被殺。

永曆三年，監國魯四年（一六四九），四十歲。監國還至海上，宗羲赴行朝，晉左僉都御史，再晉左副都御史。

永曆四年，監國魯五年（一六五〇），四十一歲。至常熟，館錢謙益絳雲樓下，因得盡繙其書。至崇德，主呂留良家。

永曆五年，監國魯六年（一六五一），四十二歲。十月十五日，建夷破滃洲（定海縣）監國再到福建。

永曆八年（一六五四），四十五歲。明定西侯張名振，延平侯朱成功（即鄭成功）會師入長江。三月一日，泊金山，偕劉孔昭登山；次日，紗帽青袍角帶，遙祭孝陵，揮淚題詩；越二日，東下。

永曆十三年（一六五九）五十歲。延年王朱成功，兵部侍郎張煌言（字玄著，號蒼水，鄞縣人）復會師北伐，八月一日，克鎮江；十八日取江浦；蕪湖以書約降，煌言至蕪湖，傳檄府縣，爭先送款，東南大震。九月九日，成功兵敗於南京，甘輝等死之，成功退入於海。張煌言聞成功敗，師亦潰，由銅陵焚舟登陸，由間道至天台。

永曆十六年（一六六二），五十三歲。去年清章帝福臨死，子玄燁立，幼沖，且權臣當道，宗羲著明夷待訪錄，預備明朝中興時用。六月二十三日，朱成功死於東寧

(臺灣)，年三十九，諡武王。

永曆十七年(一六六三)，五十四歲。至崇德，館於呂留良梅花閣。

永曆二十年(一六六六)，五十七歲。紹興祁氏曠園之書，亂後，遷至化鹿寺，與書賈入山，翻閱三晝夜，載十捆而出。呂留良託宗羲購祁氏書，佺者自取之，遂絕交。

永曆二十一年(一六六七)，五十八歲。至紹興，講學於證人書院。

永曆二十二年(一六六八)，五十九歲。始選明文案。復至證人書院會講，有證人會語。寧波諸門士請主鄞城講席，三月至鄞，大會於廣濟橋，又會于延慶寺，亦以證人名之，於是甬上有講經會。

永曆二十七年(一六七三)，六十四歲，適甬上，范友仲引登天一閣，發藏書，取其流通未廣者，鈔爲書目，遂爲好事者流傳。

永曆二十九年(一六七五)六十六歲。明文案選成，共二百十七卷(後爲明文海四百八十二卷；稿本今存浙江圖書館)。

永曆三十年(一六七六)，六十七歲。十一月至海鹽，觀胡考轅家藏書。明儒學案成，共六十二卷；後又纂宋元儒學案未成，遺命子百家成之(百家未竟，鄞縣全祖望又續修之，共一百卷)。

永曆三十二年(一六七八)六十九歲。清仁宗玄燁徵博學弘儒，葉方藹以宗羲名薦，門人陳錫嘏力辭，得免。

永曆三十三年(一六七九)七十歲。清修明史， 萬斯同以布衣主明史館事，宗羲作詩以送其行。

永曆三十四年(一六八〇)，七十一歲。二月九日，母姚太夫人卒，年八十七(林時對繭庵集中有李鄴嗣評宗羲語。)。清聘宗羲修明史，未成行，徐乾學又延百家，宗羲以書戲之曰：「昔聞首陽二老託孤於尙父，遂得三年食薇，顏色不壞；今我遣子從公，可以置我矣(他爲百家捐了一個清朝監生)」。

永曆三十七年(一六八三)，七十四歲。至崑山主徐乾學家，觀傳是樓書。

明臺灣亡後十年(清康熙三十二年，一六九三)，八十四歲。明文海四百八十二卷選成；又擇其尤者若干篇授百家讀之，於是有明文授讀六十二卷。

十二年(清康熙三十四年，一六九五)，年八十六歲。八月十二日，卒，遺命家人曰：「我死後，即於次日昇至壙中，斂以時服，一被，一褥，安放石牀，不用棺椁，不作佛事，不做七七，凡鼓吹，巫覡，銘旌，紙旛，紙錢，一概不用」；作葬制或問(文定五集)；又書梨洲末命一篇。

上面拉拉雜雜的一長篇，算畧傳可，算簡年譜亦可：未盡之處，我他日再爲改定。

二，黃宗羲著作存逸考

宗羲八十有六而卒，生平著書不輟，其成就之偉，莫之與京，然未刻者尚多；且從來未有彙刻全書者。 今將其目分類列左，並摘錄其序跋，以資考鏡。

經術：

易學象數論六卷

案鄞縣全祖望黃梨洲易學象數書錄曰：「姚江黃徵君易學象數論六卷，上自圖書九十之說，變卦互卦之異同，旁推交通，雖以納甲納音世應軌策之法，莫不搜其原本，抉其謬謬，可爲經學中希有之書也。 徵君謂河圖在顧命，與大訓並陳，則是皆書也；使如後世所云，則爲龍馬之蛻蛻歟！抑庖犧之稿本歟？不知天垂象，見吉凶，所謂仰觀天文，河出圖，洛出書，所謂俯察地理。圖書即今之圖經黃冊，其以河洛名者，以其爲天下之中也，此其說可謂百世不易之論。 舊嘗與學者言之，皆大駭莫能信，固難以口舌爭。 徵君之說，發源自薛艮齋(名季宣，字士龍，永嘉人。宋史四三四儒林傳。)，艮齋謂「自來緯候諸家所謂「九篇，六篇」者，亦原以爲地學之書；苟其是者，不可以緯候而廢也。」春秋命歷序曰：『河圖，帝王之階圖，載江河山川州界之分野；後禹壞於河，受龍圖，作握河紀；歷虞，夏，商，咸亦受焉。』尚書中候曰：「禹自臨河受圖」，注云：「括地象也」。』尚書刑德放曰：『禹得括地象圖，堯以爲司空』。『河圖玉版曰：『禹觀於河，始受圖，言治水之意。』李淳風(岐州雍人。明步天曆算。 唐書二。四方技傳，舊唐書七九均有傳。)乙巳占(十卷，清陸心源刻十萬樓叢書本。)其中引洛書以禹貢之二十八山分配二十八宿分野。夫其所謂壞河而受，臨河而得，實龍馬之說所由起也，而所指則猶主方輿之圖。自有以五行生成之數，附於天一地二之文；幷以九宮太乙之數爲九疇者，而并緯書而失之。 蓋惟圖書爲地理，故王者之迹既熄，諸侯吞噬；山川之出入，職方不知；貢賦之多寡，地官莫問。聖人河不出圖之歎，至以比之鳳鳥。不然，馬毛之旋，既有據之以作易者矣。卽其浮河再出，亦當同之陳迹；夫子猶思見之，豈得別爲一易乎？禮器成於漢儒誤解論語，而又依傍緯書；於是以河出馬圖爲瑞，是則歐陽公（歐陽修，字永叔，廬陵人。著易童子問三卷。宋史三一九）辨之矣。南昌萬編修孺廬（名承蒼，字宇光，著易傳。）嘗曰：『大禹治水，乃有河圖；周公營洛，始有洛書，故作顧命時，洛書新出，尙未得與河圖並登東序。』是又疏證之最精者。今人徒泥於「河出」「洛出」之文，以爲此必沿河溯洛而得之者，眞解經之固也。同里李㟲（字封若，鄞人；學者稱侗庵先生。結埼亭集二七貞愍李先生傳。）曰：『尙書出孔壁，儀禮出淹中，不必皆有符瑞。』諒哉。徵君於易遠覽千古，一洗前輩之支離，而尤有功於易者，此論也。……鮚埼亭集外編二七葉九至一一）

案宗羲是書於辨僞之功匪淺，而淸四庫全書總目卷六云：「……本宋薛季宣之說，以河圖爲卽後世圖經，洛書爲卽後世地志，顧命之河圖卽今之黃册，則未免主持太過，至於矯枉過直，使傳陳摶之學者，得據經典而反脣，是其一失；然其弘綱巨目，辨論精詳，與胡渭（原名渭生，字朏明，號東樵，德淸人。）易圖明辨（十卷。），均可謂有功易道者矣（葉三）。」廣雅書局有刻本。

授書隨筆一卷：案宗羲是書余未之見，祇閻若璩古文尙書疏證及潛丘劄記二書中引之；所引言日食者頗不乏。淸丁日昌持靜齋書目三子部雜家類有鈔本一七卷。

春秋日食曆一卷：

案是書余亦未見，祇萬斯大學春秋隨筆（十卷。）卷三葉六，卷九葉五兩引宗羲說，並云，「先生……根據授時西曆，鑿鑿可信……」云云。

孟子師說四卷：

案全祖望跋黃梨洲孟子解曰：「梨洲所解孟子一卷（全氏撰梨洲先生神道碑文作四卷，醉經閣刊本作二卷。）；名曰師說；以蕺山已有大學統義，中庸愼獨義，論語學案（十卷劉子全書本。）惟孟子無成著，故補之也。 梨洲於書無所不通，而解經尤能闢近儒傳注之訛；然亦有失之荒唐者，如指浙東之握登山，歷山(餘姚西北六十里。)，姚江（餘姚南，源出西南八十里太平山及相連之菁山，名菁江，又名舜江。……），姚丘，以爲舜居東夷之注，是乃論世地志笑柄，反謂顧野王(字希馮，吳郡吳人。陳書三十，南史六九均有傳。)餘姚舜後支庶所封語爲妄。其附舉鄒，則宗孫疏（孫奭，字宗古，博川博平人。有孟子疏十四卷，今糅入正義中。宋史四三一儒林傳）以爲楚地，不可解也。(鮚埼亭集外篇二七葉一七)。

四書私說：二卷案是書未見。

深衣考一卷：清王先謙南菁書院叢書本，今人鄧實國粹叢書本。

律呂新義二卷：

案明思宗崇禎七年(公曆一六三四)，宗羲取餘杭竹管肉好停勻者，斷之爲十二律，與四清聲試之，因廣其說者也。書亦未見。

右爲宗羲之經術類。

史學叢目補遺三卷：案全氏云「公嘗欲修宋史而未就，僅存叢目補遺三卷。」

明史案二百四十四卷：

贛州失事一卷，

紹武爭立紀一卷，

四明山寨紀一卷，

海外慟哭紀一卷，

日本乞師紀一卷，

舟山興廢一卷，

沙定洲紀亂一卷，

賜姓本末一卷。

案明史案未見，後人刻上幾種及桂藩紀年等十二種，稱爲行朝錄，全氏跋梨洲先生行朝錄曰：

行朝錄中桂藩紀年一卷(明昭宗先封桂王)，最多訛錯；蓋當時道遠，不免傳聞之殊也。先贈公（祖望父名書，字吟園。祖望官清翰林院庶吉士，故三代皆贈如其官。）遺書中有同時諸公帖字，論此書者不下十紙，予取而序次之爲跋尾。周順德齊曾（字思沂，號唯一，鄞人。明崇禎十六年(一六四三)

官廣東順德知縣。 隆武元年(一六四五)，解職歸。 明亡，削髮僧裝，居四明山之雪源，架險立瓢，曰「蘧雲」，自稱「無髮居士」。 爲髮塚，曰「惟松有聲，可以無哭；惟雁有露，可以無淚；惟鳥石依依，可無弔客。」一六七一年卒，年六十九。)云：『方公以智（字密之，南直隸桐城人。 明亡爲僧，名弘智，字無可，號藥地和尚。)從亡梧江，罹丁亥(昭宗永曆元年，監國魯二年，公曆一六四七)也；是年，桂藩以閣銜召之入直，方公知事不可爲，力辭；所謂「十召不出」，即指此也。 是年，桂藩走武岡（今湖南武岡縣），以智入天雷苗中，猶未爲僧也。 庚寅(永曆四年，魯五年，一六五○)始爲僧』；今錄云，「丁亥三月，以智棄妻子入山爲僧」，蓋失攷也。 萬徵君斯同云：『丁亥，劉承胤以武岡降，桂藩踉蹌疾馳，遇雨，宮眷衣食都乏；古坭口總兵侯性來迎駕，供給上下服御膳品俱備；桂藩感其功甚厚，口授商丘伯』；今錄云，「商丘伯侯性迎駕，晉封祥符侯」；不知何據？ 錢侍御肅圖(字鞏一，學者稱退山先生，鄞人。)云：『金聲桓之叛歸粵中也，降表以豫國公自署，詔改封昌國公；聲桓自以反正有功，朝廷輒違所署，意頗怏怏；致書粵中大臣，請還故封，卒未之許』；今錄云，「封聲桓爲豫國公」，又一舛矣。 閩中降將郭天才，舊隸聲桓部下，其語此事甚悉。 宗徵君誼(字在公，原籍南直隸歙縣，遷鄞。)云：『明金陵曆，閩中曆及會稽，長垣，舟山諸曆，其與新曆（明大統曆爲舊曆，清時憲曆爲新曆。) 覺有不同；如粵中曆以庚寅(永曆四年。)之十有一月爲閏，而新曆則辛卯(明永曆五年，清章帝愛新覺羅福臨順治八年，公曆一六五一)二月是也；瞿（瞿式耜，字起田，南直隸常熟人。 明史二八○)張(張同敞，號別山，江陵人。 明史二一三附其曾祖張居正傳○)二公以庚寅十一月初六日(公曆一六五○年十 月二十九日。)被執，以閏月十七日(公曆一六五一年一月八日。)正命』，今錄云「被執，明日遇害」，何也？ 瞿公浩然吟(國粹學報選錄中印行。)流傳於世，亦未之攷耶？ 德清胡處士渭云：『潘樞部駿觀，歸安(今浙江吳興縣○)諸生，以己丑(永曆三年，公曆一六四九) 春，間道入粵，庚寅，扈從墮水而死』；今錄云「戊子(永曆二年。)以駿觀爲樞部」，不知尚未至粵也；此係吾同鄉姻眷，更無可疑』。 周順德又云：『何吾騶（香山人。 明史二五三附王應熊傳○)以己丑三月宣麻入直，不久即去，甫去而黃士俊(順德人。 明史二五三附張至發傳。)至代之；庚寅，亦去』；今錄云，「己丑，何，黃同入內閣；庚寅同罷」；何也？ 陸處士宇燝(字春明 別署披雲，鄞人。)云：『陳邦傳(明史二七九附朱天麟傳。)駐潯州(今廣西桂平縣。)，焦璉駐平樂(今廣西平樂縣。)；從前一最跋扈，一最恭順；其後一叛，一死，兩人判然不同』；今錄中連類而書，不爲別白，此失之大者。 葉處士謙(字天益，寧波衛人。)曰：『滇中爭王封一案，是最大節目，首難嚴起恆 浙江山陰人。 明史二七九)以此爲孫可望所害，投之水中；一夕，虎負其尸登岸』；今錄中於起恆不及片詞，何也？ 蓋自起恆死而桂藩入安隆(今貴州南籠縣。)。予思以梨洲先生見聞之博，又親與錢飲光(錢澄之，原名秉鐙，字飲光，自號田間老人，南直隸桐城人。)金道隱(金堡，字道隱，浙江仁和人。 明崇禎時，官兵科給事中。 明亡，爲僧，名今釋，字澹歸，一號蔗餘，住廣州河南海幢寺。一六六二年卒，年六十七)諸公交，尙有此失，況他人乎？ 是時，吾鄉人多仕閩中，而粵中最少，以道梗也；故先贈公頗致索焉(鮚埼亭集外編二九葉一四至一五)。

全氏再書行朝錄曰：

太沖先生從亡海上，累官都察院左副都御史，其後晦跡南歸，雖墓誌(見南雷文案卷十葉二十，四部叢刊景印本。)中亦諱其事，世遂鮮有知之者；惟行朝錄「己丑，師次健跳，大學士沈宸荃(字友萊，慈谿人。 明史二七六)，劉沂春，禮部尙書吳鍾巒(字峻伯，別字稚山，學者稱霞舟先生，南直隸武進人。明史二七六附張肯堂傳。)兵部尙書李向中(鍾祥人。 明史同上。)，戶部侍郎孫延齡，左副都御史某，職方司郎中朱養時，戶部主事林瑛從亡」。 案錄中凡書某，皆先生所自紀，溫哂園，(溫睿臨，烏程人。)作南疆逸史(五十二卷，鈔本刻本均祇二十卷，足鈔本不易得。)，不審其即爲先生，乃襲此文而不改，則失之矣(同書葉一六)。

又鮚埼亭集外編卷四三葉一九至二一有「與史雪汀(史榮，一名闕文，字漢桓，鄞人。)論行朝錄書」，甚詳，恐繁且止。

弘光日錄四卷：清吟閣鈔本。

汰存錄一卷：清趙之謙仰視千七百二十九鶴齋叢書本。

全祖望汰存錄跋曰：

黃先生指幸存錄（夏允彝撰。）爲不幸存錄，以其中多忠厚之言，不力詆小人也。自注：「錄中於浙黨齊黨有恕詞，又梨洲最恨者馬士英，夏氏稍寬之。）；集先生因而序以證之，謂『是錄出於文忠（紹宗時允彝謚。）身後，蓋冒託其名者』。　然慈谿鄭平子（鄭性，字義門，別號南谿，自署曰五嶽遊人；宗羲弟子，慈谿鸛浦人。　全氏五嶽遊人穿中柱文作鄭性語，復案之乃性述其祖寒之言。）曰：『梨洲門戶之見太重，故其人一墮門戶，必不肯原之，此乃生平習氣，亦未可信也。』予頗是之（鮚埼亭集外編二九葉一九）。

子劉子行狀二卷：案是書附南雷續文案撰杖集後，即劉宗周行狀。

明儒學案六二卷：案是書有故城賈氏刊本，慈谿二老閣鄭氏刊本，呂氏刊本。全祖望五嶽遊人穿中柱文云：『故城賈氏顛倒明儒學案之次第，正其謬而重刊之』。

思舊錄一卷：有原刊本，慈谿鄭性二老閣叢書本，羅氏鈔本，張潮昭代叢書合刻己集本。

全祖望梨洲先生思舊錄序曰：

予嘗謂文章之事，不特藉山川之助，亦須一時人物以玉成之；然侍鄭梁村因歎古人享此遇者，莫如歐陽兗公，蓋其當在宋極盛之時，歷歷真，仁，英，神四朝，一時名流，皆極九等人表之最，而兗公盡之於文字間，是不特昌黎，柳州所無，即東坡，南豐亦稍遜之。梨洲先生產于百六之際，其生平磨蝎之宮，野葛之餉，有爲世人所不堪者；而百年中閱歷人物，視兗公有過之而無不及，斯又一奇也。　先生以忠端公爲之父，以蕺山先生爲之師；當髫齡時，所追隨稱父執者，莫非膺，滂，蕃，武之徒；稍長，遊證人書院（在紹興，本名古小學，明嘉靖間，知府洪珠建，以祀宋儒尹和靖；至劉宗周重修，講學于此，額曰證人書院，宗周自有記。），私淑者洛，閩之門庭，見知者楊，袁之宗派；或告以中原文獻之傳，或語以累朝經制之略；耳濡目染，總不入第二流品目。

會廟堂興紹述之論，祭酒，諸生，俱掛黨人之籍；父不肯帝，子不肯王，以禁錮之碑爲通家之譜。　苟有范溫，陸棠之徒，墮家世而叛師傳者，望塵自遜，不敢復前。　蓋先生之學問氣節，得於天者，固有不同，要其淵源之自，則相望焉。　至于三辰易運，從亡不遂，如郭光澂；從戎不遂，如王炎午；蠣灘鼇背，呼文，陸，號張，陳，相與吞聲而泣血；此又一時也。　風波旣定，家居奉母，則嘗以講經自給，東維以論文爲生，靈光巋然，長謝鶴書；河汾弟子，多出而爲巖廊之器，而先生亦已老矣。　先生碑版傳狀文字最多；其思舊錄，則其追懷朋好，雜錄見聞，腸斷於甘陵之部，神傷于漳水之湄；纏綿惻愴，託之卮言小品以傳者也。　以先生之譔述言之：學案，文集，如山如河，是錄其涉獵者。　然先生百年閱歷，取精多而用物弘，于此約畧見之；在他人則分先生之一節，皆足以豪。　蔡公當其盛，故哆兮者如春；　先生當其衰，故噫兮者如秋。　有讀先生之書者，方信予言之非夸也（鮚埼亭集三一葉一九至二〇）。

宋儒學案元儒學案：黎宗羲輯是二案以志七百年年來儒苑門戶，未成，遺命季子百家補之，亦未成而卒；鄞全祖望補修，共百卷，名宋元學案。　今書中卷一安定學案，卷二泰山學案，卷九卷十百源學案，卷十一十二濂溪學案，卷十三十四明道學案，卷十五十六伊川學案，卷十七十八橫渠學案，卷二十三滎陽學案，卷二十四二十五上蔡學案，卷二十六廌山學案，卷二十七和靖學案，卷三十劉李諸儒學案，卷三十一呂范諸儒學案，卷三十二周許諸儒學案，卷三十三王張諸儒學案，卷三十四武夷學案，卷三十六紫微學案，卷三十九豫章學案，卷四十橫浦學案，卷四十一衡麓學案，卷四十二五峯學案，卷四十三劉胡諸儒學案，卷四十七艾軒學案，卷四十八四十九晦翁學案，卷五十南軒學案，卷五十一東萊學案，卷五十二艮齋學案，卷五十三止齋學案，卷五十四五十五水心學案，卷五十六龍川學案，卷五十七梭山復齋學案，卷五十八象山學案，卷六十二西山蔡氏學案，卷六十三勉齋學案，卷六十四潛庵學案，卷六十五木鐘學案，卷六十六南湖學案，卷六十七九峯學案，卷六十八北溪學案，卷六十九七十滄洲諸儒學案，卷七十一嶽麓諸儒學案，卷七十三麗澤諸儒學案，卷七十四慈湖學案，卷七十五絜齋學案，卷七十六廣平定川學案，卷七十七槐堂諸儒學案，卷八十鶴山學案，卷八十一西山真氏學案，卷八十二北山四先生學案，卷八十三雙峯學案，卷八十五深寧學案，卷八十六東發學案，卷八十七靜清學案，卷八十九介軒學案，卷九十魯齋學案，卷九十一靜修學案，卷九十二草廬學案，卷九十三靜明寶峰學案等；皆注云，「黃氏原本」然百家案語多于宗羲，餘皆全祖望所補修，全氏自清純帝十一年(公曆一七四六年，年四十二歲。)，始修宋元學案，至十九年(一七五四，年五十歲。)，共九年間，是書未嘗暫離，然仍未成，次年(一七五五，年五十一歲。)卒，仍未成書。至清成帝道光十八年(公曆一八三八年。)慈谿馮雲濠(字五橋。)鄞王梓材(更名楚材，字臒軒。)二氏補修，成書百卷。王梓材於重校之次，徧涉四部書，復成宋元學案補遺百卷，今藥藏鄞人屠氏(字康侯)。十四年，胡君適之在北京假得某女士藏鈔本四十八卷，適之及單君不厂均重鈔一過，但書既殘逸，且凌亂無次，不易整理；屠氏藏本又吝不示人，則此書之能印行與否，尚未可知，思之令人腹痛。

二程學案：疑此卽宋儒學案書中之明道學案，伊川學案。

理學錄一冊：清崑山徐秉義培林堂書錄，未見。

龜山同志考一卷：未見。

今水經一卷：清余肇鈞明辨齋叢書本，鮑廷博知不足齋叢書本，湖北崇文書局本。

自序謂，「余讀水經注，參考之各省通志，多不相合；不異汲冢斷簡，空言而無事實。乃不襲前作，條貫諸水，名之曰今水經；窮原竟委，庶免空言云（清沈初浙江採集遺書總錄戊集葉五）。清錢塘吳承志有今水經注四卷。

四明山志九卷：刊本。

木玄虛有丹山圖詠；丹山，卽四明也。宗羲因之，采輯藝文，加以考證，中辨皮，陸四明九題之誤，甚悉(清沈初浙江採集遺書總錄戊集葉五六)。

四明山古蹟記五卷：寫本。

卽前書稿本，中多塗乙處；但互有詳略(同上)。

歷代甲子攷一卷：清曹溶陶越學海類編本，王晫，張潮檀几叢書本。

監國魯元年大統曆一卷：近人上虞羅振玉藏。

全祖望跋明東江丙戌曆書跋曰：

乙酉秋九月，職方主事權知餘姚縣事王正中表曰：「伏以上天下澤，頒朔以定民心；治曆明時，紀年以垂國統。知大明之昭然，斯餘分之不作。臣正中誠惶誠恐，稽首頓首：「竊自高皇洗湘昏之日月，頒之夏商；列聖承復旦之乾坤，分其經緯。豈意天崩地裂，玉敀鼎淪！幸遇主上，飛龍會稽，揮戈江上；而日官失御，天學無傳。雖百務未遑，姑於箕夫典禮；乃一統爲大，將衆姑夫春王。一雁不來，竟是誰家之天下？千梅欲動，難慰遐地之遺民！

臣正中，博訪異人，親求巖穴，有黃宗羲者，精革象之學，任推算之能，爰成大明監國魯元年丙戌大統曆一卷，謹繕寫隨表上進以聞。」又別狀曰：「宗羲係餘姚故監察御史贈太僕卿尊素之子，思宗皇帝所賜蔭；今方以里社子弟從軍，在左僉都御史孫嘉績部」。有詔褒答，宣付史官。次年二月，錄宗羲從軍之勞，幷造曆功；授職方主事。尋與正中並爲御史。予從野史得此表，而家藏故有丙戌曆書一卷，因附錄之於後。………黃氏最精曆學，會通中西；顧於滄海橫流之際，一小試之。以甌越之彈丸，當山河之兩戒，其亦可悲也夫(鮚埼亭集外編二九葉一七至一八)！

金石要例一卷：附南雷文定三集卷三，清乾隆二十一年王顥鋭刻本，嘉慶間張海鵬借月山房彙鈔本，盧見曾雅雨堂金石三例本，馬曰璐小玲瓏山館本，嘉慶十六年郝懿行重刻本。

黃氏宗譜

自箸年譜：逸。

黃氏喪制：未見

右爲宗羲之史學類。

政治思想：

明夷待訪錄一卷：清鄭竺二老閣叢書本，潘仕誠海山仙館叢書本，顧湘小石山房叢書本。

全祖望書明夷待訪錄後曰：

明夷待訪錄一卷，姚江黃太沖徵君著。同時顧亭林貽書「嘆爲王佐之才，如有用之，三代可復」。是歲爲康熙癸卯，年未六十(明昭宗永曆十六年，一六六二，五十三歲。)，而自序稱梨洲老人；萬西郭(萬承勳，字開遠，鄞人。

父言，卽管村先生。宗羲之孫壻。)爲予言：「徵君自壬寅前，魯陽之望未絕，天南訃至，始有潮息煙沈之嘆；飾巾待盡，是書於是出；蓋老人之稱所自來已，原本不至於此，以多嫌諱弗盡出，今幷已刻之板亦燬于火」。徵君著書綦輔，然散亡者什九，良可惜也(鮚埼亭集外編三一葉二。)。

留書一卷；

右爲宗羲之政治思想類。

曆算；

授時曆故一卷，

大統曆推法一卷，

授時曆假如一卷，

西曆假如一卷，清崑山徐秉義培林堂書錄一冊。

回回假如一卷，

氣運算法，

句股圖說，

開方命算，

割圜八綫解，

測圜要義。

右爲宗羲之曆算類。　稿本今存黃炳垕之孫汪清處。

文學

南雷文案十卷，外集一卷；

續文案吾悔集四卷；

文案三刻撰杖集一卷；上三種有原刊本，上海涵芬樓四部叢刊景印無錫孫氏小綠天藏本。

南雷文定十一卷；清黃氏耕餘樓本，鄭竺二老閣叢書本，伍崇曜粵雅堂叢書本

文定後集四卷，三集三卷，四集四卷；同上。

文定五集，未刊。

南雷餘集一卷；清宣統三年順德鄧實依桐城蕭穆鈔校本刊。

南雷文約四卷；原刊本，二老閣本。

蜀山集四卷；未刊。

破邪論一卷；清王晫張潮昭代叢書合刻巳集本。

南雷詩歷四卷；二老閣本，粵雅堂本，四部叢刊本三卷。

忠端祠中神絃曲一卷：

黃山行脚草一本：清徐乾學傳是樓簪錄。

台宕紀游。

匡廬游錄一卷：清張潮昭代叢書合刻己集本。

七怪：清王晫張潮檀几叢書本。

病榻隨筆：逸。

西臺慟哭記注一卷：清張潮昭代叢書合刻庚集本。　　以上爲宗羲所作。

剡源文鈔四卷：原刊本，重刊附逸文本。

案元戴表元剡源集三十卷，有清張金吾愛日精廬鈔本，郁松年宜稼堂叢書本，近年上海涵芬樓四部叢刊景印明萬曆重刊本。

明文案二百十七卷：

明文海四百八十二卷：原稿存浙江圖書館，杭縣丁仁八千卷樓有目錄四卷。

明文授讀六十二卷：

續宋文鑑，

元文鈔：上來二書均未成編。

姚江逸詩三冊：清徐乾學培林堂簪錄。

姚江文略

姚江瑣事

黃氏攟殘集

補唐詩人傳：上四書亦均未成。　　以上爲宗羲所輯。

右爲宗羲之文學類

上來所錄，雖乾燥無味，然研究黃氏學術思想，關係匪淺，今薈最於此，以爲將來刊南雷全書張本。　但挂漏，在所不免，俟將來再補可也。

十七年一月五日下午四時寫於廣州市東山寺背通津寓廬之太玄室，時距去年屈園逍難時，十六日也。

徐光啟著述考略

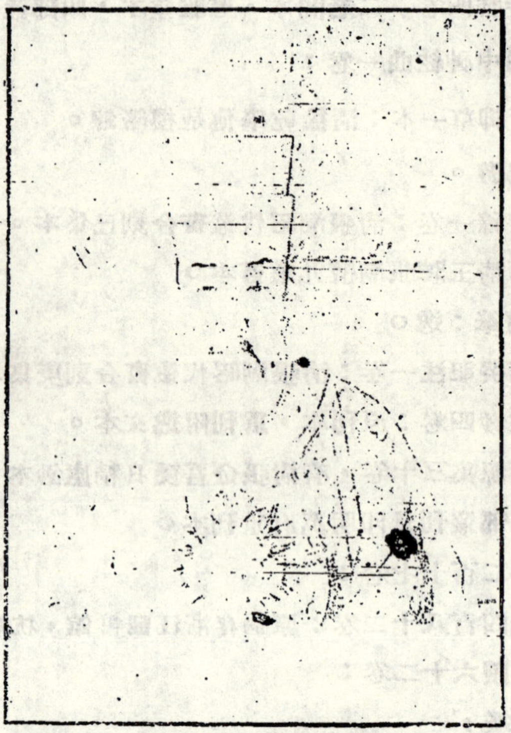

徐景賢

徐光啟，在明史上早已爲一般人士所認識，我想他的生平用不着再來介紹。不過談到他的遺著，都已經成爲問題；因爲流傳散佚，頗費考證。現承徐滙藏書樓予以閱覽的機會，得將一切「家珍」供我寓目，在個人私幸之餘，頗以研究所得公表於世；因試纂此書目。但是限於時間篇幅，不能一件件的予以詳盡的攷證。現在祇求敘個大略，以待將來的整理。

（一）

我們考查他的遺著，首先應當查他的兒子，驥，曾經如何記載過。他說的：

所著有曆書一百三十二卷，清臺奏草，兵事疏、幾何原本，測量，勾股，水法，簡平儀，農遺雜疏，毛詩六帖，百字訣行於世；文集數十卷，南宮奏草，端闈奏草，經闈講義，通漕類編，讀書算，平渾日晷，九章算法，農書，醫方臧於家。

是見於徐氏宗譜的文定公行實中。該文末署「不孝孤驥泣血謹述」，我們可以看出還是他居喪時作的。那時他也許說的不備不周；但是十分可靠是無疑的。

其次，他的孩子，爾默，亦曾搜輯一番遺著，後來便成爲文定公集。他在引文中說的：

……吾祖文定公，自丁酉發解，癸酉捐賓，幾四十年。大而經綸康濟之書，小而農桑瑣屑之務，目不停覽，手不停毫，孜孜矻矻，若老經生。生平箸述，與年俱富；咸成卷帙，悉歸捷足。

余於公歿之逾年，欲延先師存遂梁翁編校遺文，傳之永久。而人自爲說，泥勿欲行，運逢百六，散佚殆盡！

余窮搜博訪，僅購什一，時不我與，權多掣肘，家業荒涼，餬口不給，壽諸梨棗，河清難俟！因出膽見，聊爲詮次：其問——

敷陳入告者，自宮坊以至端尹，曰「端闈奏草」；

自左右常侍以至常伯，曰，「南宮奏草」；

其欽若昊天之製，則曰「清臺奏草」；

其平章軍國之篇，則曰「綸扉奏草」；

其崇政說書之目，則曰「經闈講義」；

若「文集」之汗漫，分類而編，凡若干卷；

「序議」之賅淹，鱗次而集，凡若干卷；

「書牘」之浩繁，皆經文緯武之實用；

「詩篇」之錯落，非抽黃對白之虛詞；

經國之訏謨，有六函之彙輯；

籌邊之碩畫，有上略下略之臚陳；

昭事聿修之旨，有「靈言蠡測」，以追其始；

格物窮理之學，有「幾何原本」，以格其微。

他若——

芳蕤堂書藝也；

淵源堂詩藝也；

甲辰館課也；

考工記解也；

徐氏庖言也；

兵事疏也；

選練百字括也；

屯鹽疏也；
農遺雜疏也；
種棉花法也；——此已刻而燬者也。
四書參同也；
方言轉注也；
聚書政也；
擬復竹窗天說也；
晉方攷也；
北耕錄也；
擬墾令也；
農輯也；
兵事或問也；
選練條格也；
渾蓋通憲圖說也；
記里鼓車圖解也；
刻彙也；

賦圖也；

語類也；

子書輯也；

子史摘也；

讀書算也；

二十四則古也；

書法集也；

草書類也；

漕河評正也；

通漕編評也；

海防攷評也；

屯田，水利，鹽法諸論著也。——此未刻而佚者也。

若夫——

「農政全書」曾塵乙覽，奉旨梓板而中輟也；

「西法曆法」奉敕撰著，計二百三十二卷，竭晝夜以推步，鏤肝腎以研削，凡五更寒暑，盡瘁以成也；

「毛詩六帖」，公昔以爲未竟之業，爲書賈竊刻；「刻而燬。燬而余續成之，以藏諸家塾也。」

外此而——

「測量法義」，

「勾股義」，

「簡平儀說」，

「平渾圖說」，

「日晷圖說」，

「夜晷圖說」，

「九章算法」，

「山海輿地圖經解」，

「泰西水法」；悉皆參天兩地之籌，非若邱索章亥之幻。此般，墨，景純，若思所不可企及也！

追維纂錄之功，蓋自丙戌抵今丁酉，十有二年矣！旦夕皇皇。粗爲卒業，心思耳日，畢耗於此。……

亦見徐氏宗譜中，署的是「康熙歲次癸卯季秋重九日孫男爾默謹識」。從這書目裏，我們可以略略覘知他祖父實在具有「拯溺由道情」，兼抱濟物性」的精神。（兩語借謝靈運述祖德詩句。）如果這些圖書，世世相傳勿失！那不算極重珍的遺產麽？我們祇瞧瞧和聽聽所僅存引文的片段，也已經足殼「新一時之耳目」了！

附述他的家系，以明血統關係；據行實中紀載：

文定生於嘉靖壬戌三月二十一日，卒於崇禎癸酉十月初七日，享年七十有二。配吳氏累封淑人，今封一品夫人。子一，卽不肖孤驥也。羣庠生今廕官生，娶太學生顧公昌

祚女。孫男五人；爾覺……爾爵……爾斗……

……爾默，邑庠生，娶南京應天府經歷黃公兆蘭女。……爾路……曾孫男六人。

簡示之，卽『光啟──驥──爾默』一脈相沿，直所謂「嫡系」子孫，都善繼述，可算得家學淵源：所以這裏徵引他們的文章，來作證據。

〔二〕

現在探尋他的著作散佚並輯存的經過。

據他孫子所撰題的端闈奏草中說：

乙酉八月，運逢窮紀，先居舊居，遂遭回祿，上世所遺，悉成烏有！灰燼之餘，獨成此册楮墨猶新，完好如故。……嗚呼先文定圖書萬卷，手澤存焉，精神聚焉。況公生平譔製。充棟等身，……今尚有嵬詞隻字留遺笥篋者乎？吾祖吾父寧能無飲恨於九原乎？余於此册之離合得失而著其來歷如此。

（順治歲次戊戌清和月晦日筆記於淵源堂）時在明末清初，遭逢火災，損失殆盡，觀此文可知。

上文說過有些「已刻而燬」的書，那是因爲中有涉及滿清事。查歸安姚氏本咫進齋叢書，內有禁書總目及違礙書目：前者第十五頁上列「徐氏庖言，明徐光啟撰。」；後者第二十二頁上列「徐氏庖言，明徐光啟著。」卽此可作一例。又他孫子甲午年所作的跋庖言文，也有一段說過：

先文定留心經世濟國而忘家，忠謨讜論，富有日新，未暇校讐而結集，亦旣彙聚以成編；奈析著之際，爭攫覆瓿，裹賜相易，半付祖龍，畢力廣羅，僅覩什一，流布人間者，止此庖言耳！兵燹之餘，版刻散佚；又字畫漫漶難考。不意此本，得之他所，批注點書，咸屬先公手；惜多觸忌諱，不克重梓，嗟呼痛哉！

可以互證。再題陸渭陽制義序後：——

不肖蒐輯先集十七年於玆，已竭心思手足之勞，而繼之以夢寐；立志旣堅，用心良苦！每遇親知，必喋喋相告，如農訴水旱，無識者恒哂之！間有念余苦心，或緇閱秘笈，或代爲博訪；人出寸珠，家傳片玉，珍重鈔錄，過於明月夜光，藏諸家塾矣！……

幸虧容庵先生（即文定孫號名）費盡心血。搜輯先人遺著於兵燹燬禁之劫餘；惜訪求亦未易得；得亦不能印行：一困於經濟，二觸世忌諱，祇好藏家傳後。他所作的文定集引，在末了曾這樣說過：——

自今以始，有能克紹家學，以佐搜訪之不逮，余竊自以爲沾沾喜矣！嗟呼！天高地廣，深心之士，當不乏人！況公生平無他嗜好，精神意氣，散見於楮墨文字之間，定有神靈呵護，不自滅沒！

一直到三百年後，纔從海外傳返文章若干篇，經南沙李問漁印成徐文定公集，即光緒丙申年事。李先生說：

丙申春，高司鐸鎬鼎，以法文著傳敎誌，載公事頗詳，皆宗古西人函牘，蒙譯而悅之，譯以華語。又錄徐氏家乘，暨明史，疇人傳（賢案傳載徐氏曆書目頗詳。），都爲一卷。附以公之文、得像贊三，原道一，行述四，序與書各二，又奏稿如干，皆論火器曆法；可見西學東來，敎士爲先導，而公實爲譯涵。

後來他的十二世孫，始將他的家藏抄本，屯鹽練兵等疏數萬言，增入此集。最奇怪的，是同時獲得兩種遺墨：（甲）從奧國額克薩頓藏書樓獲得原刻的聖敎規箴一卷，裏面有治歷疏稿數十篇；（乙）在吳門發現家函墨蹟，手澤如新。歷時久遠而不自滅沒，寧非所謂「一定有神靈呵護」？

（三）

最近又發現二册明刻的「徐文定公集」，現在也藏在徐滙書樓。案此種刻本係皇明經世編中僅存的海內孤本。第一，將皇明經世編略加考證，計有三項：（甲），明史卷九十九藝總集類稱：「陳子龍明代經世文編五百八卷。」（乙），俞樾葛氏（士濬）經世續編序言，經世文編之例，剏自明（青浦）陳臥子先生云云。（丙），孫星衍纂松江府志卷七十二藝文志政書類載：明經世文編五百捌卷，陳子龍編，現在我們先要考陳氏究竟是誰？他是晚明雲間人，幾社首唱六名之一；幾社諸人是復社的羽翼，當是諺語是這樣說過的。第二，略略論到本集嘗見國立京師圖書館藏得有皇明經世編水濕殘卷一册，裏面祇載得有「姓氏爵里」；其八十三：——

徐光啟，字子先，上海人；萬曆三十二年進士，選庶吉士。累陞少詹事，值遼事起，兼御史練兵。天啟中，罷歸。

今上登極，起禮部尙書，修治曆法，尋召入內閣，卒謚文定。公博學多聞，于律曆河渠屯田兵法，靡不究心，獨得泰西之秘，其言咸裨實用云。

接著：

李之藻，字我存，仁和人；萬曆戊戌年進士爲部郎罷歸。東事起，以薦累陞太僕寺少卿贊理軍務，後卒於家。公曉暢兵法　亦精於泰西之學也。

可惜他的集子，無法覓得；事跡詳見陳援庵先生撰明浙西李之藻傳，茲不贅。第三，內容一斑。計有

皇明經世文編卷之四百八十八

徐文定公集卷之一

選練　守遼　選兵製器等

卷之四百八十九

卷之二

兵情　城守台銃等疏

卷之四百九十

卷之三

館課　墾田　用水　宣大邊事等疏

卷之四百九十一

卷之四

宗祿邊餉　漕河　制倭（即對日本政策）等議

卷之四百九十二

卷之五

邊事　守邊　火器　敵臺　調兵　朵顏　弱虜等書牘文移及策

卷之四百九十三

卷之六

曆書　修曆　制器測量　測驗日食分數　測量月食時刻等疏奏。

又按：內有與李我存太僕（即之藻）論火器事一書，曾稱之爲「兄」，他對所事極樂觀，言「以手加額」；其中另有「泰蒙公」及「泰老」等等字樣，據華封老丈的臆見，斷定爲泰西諸老之簡稱或敬語。李之治軍，爲瞿式耜所薦，忠宣集中有疏可證。時天主敎友相互間的愛貫精神，從此項書札中，可以略略想見。

這本集子的選輯人中，還有一位徐孚遠（闇公）。他有一個學生名叫李彥貞，曾經授過家人一書，名南吳舊話錄：中旬載得有「徐文定公」的逸事多則。我已抄出，刊登在天津益世報副刊上，也可以供研究的參攷。至於陳子龍在農政全書序文中，也是推崇「文定」備至。

（四）

現在如果要考究他的著述所有的『一貫精神』，就先該明瞭晚明傳入中國的天主教教義。他純粹廣揚教義的作品，如（一）耶穌像贊；（二）聖母像贊；（三）正道題綱；（四）規誡箴贊；（五）十誡箴贊；（六）克罪七德箴贊；（七）眞福八端箴贊；（八）哀矜十四端箴贊；（九）靈言蠡勺；（十）闢妄；（十一）諮諏偶編；（十二）辯學章疏等，不勝枚舉！茲影刊第四種之一頁，藉示一斑。〔查原書刻本現存奧國額克薩頓，徐匯藏書樓有影本；今轉攝其中之一頁。稱景教後學是什麼緣故呢？因爲當時唐景教流行碑已發現，襲用故訓。讖案華封老丈爲津益世報題字中有云：『景教之景，大也，炤也；福音經所謂「眞光普炤入世諸人也。」惟有聖而公厄格勒西亞，足以當之；此徐上海輩所以署名景教後學歟？』可作注釋。〕

仍引他的兒子的話，作結。

文定爲人，寬仁，愿確，朴誠，淡漠；於物無所好；——惟好學，惟好經濟。考古證今，廣諮博訊；遇一人輒問，至一地輒問，問則隨聞隨筆，一事一物，必講究精研，不窮其極不已。故學問皆有根本，議論皆有實見，卓識沈機，通達太體；如曆法，算法，火攻，水法之類，皆探兩儀之奧，資兵農之用，爲永世利！居恒「敬天」「法天」之學，皆得之功深積久之餘；故當機應務，萬變不窮；而一皆根極理要。

凡所動作，有一事不可對人，一念不可對天者，不敢出也！

是啊！他是根據所謂「十誡」的總律，『愛天主萬有之上，及愛人如己。』而動作或著述的；那麼他的一貫精神，看來不是很顯然昭著的嗎？

一九二八，九，十二，寫完，

時旅寓徐匯師範中。

管志道之著述

鍾鑑山　夏廷棫

本所所藏善本書室中有明版析理論一册，係管志道撰。又續原教論二册，沈士榮撰，管志道評。按蘇州府志人物志：

『管志道字登之，號東溟，太倉人，後遷長洲。隆慶辛未進士，授南京兵部主事。時衛卒苦貢艘，志道言於尙書，裁去三百餘艘。撤江濟兩衛以蘇四十衛之困。憂歸。服除，補刑部。張居正奪情議起，修撰沈懋學，檢討趙用賢，治審具疏，皆與志道商訂而後發。明年大婚禮成，志道疏陳九事，首言『太祖既革丞相事權，分屬九卿。正統初，始用閣臣預政，宮府之間趣蔽。請復午朝之制，朝廷有大事，閣臣與九卿面決。又請永除言官之廷杖。』居正見之大恚。然其詞直無可罪，因計志道疏中所陳憲綱，欲明舊制，司道與御史抗禮，且得互相糾察，度御史勢頁必不受，遂出志道廣東僉事，分巡南韶。比至，果為御史劾去，蓋受居正屬也。久之以言者復原官，仍致仕。

志道短小有口辨。少為諸生，督學耿定向授以學。又與羅汝芳王畿等討論，自謂有得於中庸明哲之義。所著述凡數十種，閎博辨析，大指在以西來之意宏証六經，以東魯之矩收攝二氏。議者謂其以墨亂儒。』

又按明儒學案泰州學案中記東溟事與上文同。而『御史襲懋賢劾之，謫鹽課司提舉。明年外計以老疾致仕。萬曆戊申卒，年七十三。』足補上文所未備。

『東溟受業於耿天臺。著書數十萬言，大抵鳩合儒釋，浩汗而不可方物。謂「乾元無首之旨，與華嚴性海渾無差別。易道與天地準，故不期與佛老之祖合而自合。孔教與二教峙，故不期佛老之徒爭而自爭。教理不得不圓，教體不得不方。以仲尼之圓圓宋儒之方，而使儒不礙釋，釋不礙儒；以仲尼之方方近儒之員，而使儒不濫釋，釋不濫儒。唐宋以來，儒者不主孔奴釋，則崇釋卑孔，皆於乾元性海中，自起藩籬。故以乾天統天，一案兩破之也」。其為孔子闡幽十事：言「孔子任文統不任道統，一也。居臣道不居師道，二也。刪述大經，從游七十二子，非孔子定局，三也。與夷惠易地則為夷惠，四也。孔子知天命不專以理，兼通氣運，五也。一貫尙屬悟門，實之必以行門，六也。敎化通於性海，川流通於行海，七也。孔子嘗師老晌，八也。孔子從先進是黃帝以上，九也。孔子得位必用桓文做法，十也。」按東溟所言，亦只是三教膚廓之論。平生尤喜談鬼夢神祟，其學不見道可知。泰州張皇見龍，東溟闢之。然決儒釋之波瀾，終是其派下人也。』蓋管君之學，于此可知其梗概矣。

管君之身世及其學術，吾儕既知其一二。至其著作除上述二種外，據人名大辭典所載，有「孟義訂測，問辨牘，從先維俗議，覺迷蠡測」等。而吾師鍾鍾山先生更藏有「周易六龍解，東溟粹言」二種，可攷見者此而已。十八年四月十日廷棫記。

此棫讀書隨記曾寄鍾先生閱過，先生復函如下。

管東溟所著書，見於其析理論及評原教論中者，有覺迷，六龍解，論學三劄，問辨牘，嘖讔集，嘖讔餘音，石經測義，論語測義，大學測義，理要酬諮錄，從先維俗議，蠡測，楞嚴會解，中庸大學論語訂釋各一部，楊學正名，題龍華懺儀等。人名大辭典所載問辨續，續即牘之誤，其曰孟義訂測，當係孟義訂釋與中庸大學論語訂釋一類；惟不知根據何書，乃有此誤。明儒學案評東溟所言為「三教膚廓之論，」此是梨洲不通釋典之故，實則明儒中能會通儒釋，窮極理蘊，未有過於東溟者也。曩見常熟瞿忠宣公式耜媿林漫錄摘錄東溟語句，皆一字一珠；僕之知有東溟始此。今未窺其全書，不敢妄下評語。然深信其學出於耿天臺而實非天臺所能及也。因君偶論及此，率書一二，以補所未及。

鍾山書於燈下　　　四月十三日。

閩侯林紓的著述

(清代著述攷未定稿之一

顧頡剛　陳槃　合編

林紓

先生姓林，名紓，初名羣玉，字琴南，別署冷紅生，晚號畏廬老人。光緒壬午(一八八二)舉人。福建閩縣人。咸豐二年壬子(一八五二)生，民國十三年十月九日(一九二四)卒于北京寓所。年七十有三。

著述：

金陵秋　商務館本

官場新現形記

古[illegible]遊金記（胡璦琛氏說，曾載庸言報，似以後尙有單行本；但版本未詳）。

新官場現形記

冤海靈光　商務館本

劫外曇花　中華書局本

劍腥錄

京華碧血錄　商務館本

——以上創作小說——

技擊餘聞　商務本

畏廬瑣記　仝上

畏廬漫錄四冊　仝上

——以上筆記——

天妃廟傳奇　商務館本

合浦珠傳奇　仝上

蜀鵑啼傳奇　商務本

——以上傳奇——

閩中新樂府　（是否在畏廬詩存內待查）

畏廬詩存　商務本

由宣統三年（一九一一）編起，時林氏六十歲。一九二三年出版，時林氏年七十有二歲。（據胡爾瑛畏廬年譜——省稱「胡譜」）

畏廬文集　仝上

宣統二年（一九一〇）出版，時林氏年五十有九（胡譜）。畏廬續集同上

一九一六年出版，時林氏年六十有五（胡譜）。

畏廬三集　仝上

一九二四年出版，時林氏年七十有三（胡譜）。

韓柳文研究法　仝上

畏廬論文　仝上

莊子淺說二册　仝上

林琴南尺牘一册　仝上

小兒語義（商務用作公民科補充用書）　仝上

——以上詩文集——

修身講義二册（師範學校中學校教科書）　仝上

按：此外林著詩文散見於他書者，有商務館之「林琴南嚴幾道合鈔」，及胡君復所編之「當代八家文鈔」內（亦商務本）。

附繙譯小說

利俾瑟戰血餘腥記　上海文明書局本

滑鐵廬戰血餘腥記　仝上

情鐵　中華書局本

石麟移月記　與陳家麟合譯　仝上

黑奴籲天錄　文明書局本

情天補恨錄　與吳縣毛文鍾合譯　小說世界（第一卷第一期至？）又商務本二册

茶花女遺事　原著 A. Dumas, fil: Le Dwame aux Camelias　商務本

雲破月來緣二册　商務館本

愛國小豪傑　仝上

秋鐙譚屑　J.Baldwin　編仝上

吟邊燕語（神怪）　原著 C.Lamb: Tales from Shakeepeare　仝上

美洲童子萬里尋親記（倫理）　仝上

迦茵小傳二册（言情）　原著 H.R. Haggard: Joan Haste　仝上

埃及金塔剖尸記三册（神怪）　原著 H. R. Haggard: Clopatra　仝上

英孝子火山報仇錄二册（倫理）　原著 H. R. Haggard: Maiwa's Reveune and Ellisa　仝上

鬼山狼俠傳二册（神怪）　原著 H. R. Haggard: Atywayo and His White Neighbaur　仝上

第七卷　第一期

斐洲煙水愁城錄二冊(冒險)　原著 H. R. Haggard: Allan Buaterm-ain　仝上

撒克遜劫後英雄畧二冊(歷史)　原著 W. Scott: Ivanhol　仝上

按：作新學制中學國語文科補充讀本者，有沈雁冰註，仍商務館本。

玉雪留痕(言情)　H. R. Haggard: Mr Neeson's Will　仝上

魯濱孫飄流記二冊(冒險)　原著 D. Defae: Robinson Crusoe　仝上

洪罕女郎傳二冊(言情)　原著 H. R. Haggard: Colorel Quaritch　仝上

蠻荒誌異(神怪)　H. R. Haggard: Witd's Bead　仝上

魯濱孫飄流續記二冊(冒險)

紅礁畫槳錄二冊(言情)　原著 H. R. Haggard: Reatrice　仝上

海外軒渠錄(寓言)　原著 J. Swift: Gulliver's Travels　仝上

霧中人三冊(冒險)　原著 H. R. Haggard: The Peopl of Mist　仝上

橡湖仙影三冊(社會)　原著 H. R. Haggard: Nada The Lily　仝上

神樞鬼藏錄(偵探)　原著 E. Morrison: The Holein the Will　仝上

雙孝子噀血酬恩記二冊(倫理)　仝上

愛國二童子傳二冊(實業)　仝上

新天方夜譚(社會)　原著 R. L. Stevenson: New Aradion Nights　仝上

孝女耐兒傳三冊(倫理)　原著　C. Dickens: Old Curiosity Shop　仝上

塊肉餘生述前編(社會)　原著 C. Dickens: Divil Copperfield　仝上

拊掌錄(滑稽)　原著 W. Irving: The Sketch Book　仝上

按：作新學制中學國語文科補充讀本者，有嚴既澄註，仍商務本

電影樓臺(社會) 原著 C. Doyle: The Doings of Rafiles Haw 仝上

冰雪因緣三冊 原著 C. Licken's: Dombey and Son 仝上

蛇女士傳(社會) 原著者 C. Doyle: 仝上

蘆花餘孽(社會) 原著 S. Merriman: The Last Hope 仝上

歇洛克奇案開場(偵探) 原著 C. Doyle: A Study in Scarlet 仝上

髯刺客傳(歷史) 原著 C. Doyle: The Refugees 仝上

大食故宮餘載(歷史) 原著 W. Iauing: Alhambra 仝上

黑太子南征錄二冊(軍事) 原著者 C. Dayle: 仝上

金風鐵雨錄(軍事) 原著 C. Dayle: Micah Clarke 仝上

西奴林娜小傳(言情) 原箸者 A. Hope: · 同上

賊史二冊(社會) 原箸 C. Dickens: Clover Tuish 同上

離恨天(哀情) 同上

旅行述異二冊(滑稽) 原箸 W. Irving: Tale of Travellers 同上

西利亞郡主別傳二冊(言情) 同上

璣司刺虎記二冊(言情) 原箸 H. R. Haggard: Jeso 同上

劍底鴛鴦二冊(言情) 原箸 W. Scott: The Brtrothed 同上

三千年豔尸記二冊(神怪) 原著 H. R. Heggard Monteguma's Dunghters 同上

滑稽外史六冊(滑稽) 原著 C. Dickens: Nicholas Nickbely 同上

不如歸(哀情) 原著者日本德富健次郎 同上

天囚懺悔錄(社會) 同上

脂粉議員(社會) 同上

第七卷　第一期

藉孔避兵錄(偵探)　同上

貝克偵探談初編(偵探)　同上

貝克偵探談續編(偵探)　仝上

十字軍英雄記二册(軍事)　原箸 W. Scott: Talisman　仝上

恨綺愁羅記二册(歷史)　原箸者 C. Doyle:　仝上

玉樓花劫前編二册(歷史)　原箸 A. Dumas: Le Chevatier De Maison Rogal　仝上

玉樓花劫後編二册(歷史)　仝上　仝上

大俠紅蘩露傳(義俠)　仝上

慧星奪婿錄(社會)　仝上

雙雄較劍錄二册(言情)　原箸 H.R. Haggard: Heart of the world　仝上

薄倖郎二册(言情)　仝上

盤迷郡主傳二册(政治)原箸者 A. Dunas:　仝上

洞中花二册(言情)　仝上

羅剎因果錄(筆記)　原箸者 L. Tolstoy:　仝上

殘蟬曳聲錄(歷史)　仝上

魚海淚波(哀情)　仝上

哀吹錄(筆記)　原箸者 H. de. Balzac:　仝上

羅剎雌風(偵探)　仝上

華黑(義俠)　仝上

黑樓情孽二册(哀情)　同上

鍾乳髑髏(冒險)　原箸 H.R. Haggavn: King Solomon's Nines　仝上

亨利第六遺事(歷史) 原箸 W. Sehkespeare: Henry the sixth 仝上

情窩二冊(言情) 仝上

香鉤情眼二冊(言情) 原箸者 A. Dumas fil: 仝上

這珠艷史二冊(言情) 同上

橄欖仙二冊(言情) 同上

詩人解頤錄二冊(筆記) 原箸者 Chamberee: 仝上

天女離魂記三冊(言情) 原箸者 H.R. Haggard: 仝上

社會聲影錄(筆記) 原箸 L. Talstoy: Russian Proprietor and Other Stories 仝上

煙火馬三冊(神怪) 原箸 H.R. Haggard: Swallow 仝上

女師飲劍記(偵探) 原箸 Baothby: Love Made Manifest 同上

賂史(偵探) 同上

鸚鵡緣二冊(言情) 同上

鸚鵡緣續編二冊(同上) 同上

鸚鵡緣三編二冊 (同上) 同上

孝友鏡二冊 教育) 同上

金臺春夢錄二冊(歷史) 仝上

癡郎幻影三冊(言情) 同上

恨縷情絲二冊(言情) 原箸 L. Tolstoy: Kreutzer Sonata and The Family Happiness 同上

牝賊情絲記二冊(偵探) 同上

桃大王因果錄二冊(言情) 同上

第七卷　第一期

玫瑰花二册(言情)　同上

鬼窟藏嬌二册(偵探)　同上

玫瑰花續編(言情)　同上

西情鬼語二册(言情)　同上

蓮心藕縷錄二册(言情)　同上

鐵匣頭顱二册(神怪)　原著 H. R. Haggard: Fric Brighteyes　同上

情天異彩(言情)　同上

鐵匣頭顱續編二册(神怪)　原著 H. R. Haggard: Fric Brightleyes　同上

歐戰春閨夢初編二册(歷史)　同上

金梭神女再生緣二册(神怪)　原著 H. R. Haggard: Allen's Wife　同上

泰西古劇三册(筆記)　同上

焦頭爛額二册(偵探)　同上

妄言妄聽二册(社會)　同上

戎馬書生(歷史)　同上

鵠巢記初編二册(探險)　原著 J. R. Wyss: The Suiss Fimaly Robinson　同上

歐戰春閨夢續編二册(歷史)　同上

鵠巢記續編二册(探險)　原著 J. R. Wyss: The Suiss Fimaly Robinson　同上

俄宮秘史二册　同上

洞冥記　原著者 Fielding:　同上

炸鬼記三册　原著 H. R. Haggard: Dr. Therne　同上

怪董二冊　同上

僵桃記　同上

鬼語　同上

厲鬼犯蹕記二冊　同上

情海疑波二冊　同上

洽波淹諜記　同上

馬妬　同上

雙雄義死錄　原著 V. Hugo: Ninety-threr　同上

梅孽　原著 H. Ibsen: Chosts　同上

埃及異聞記　同上

以德報怨　同上

沙利沙女王小紀　同上

情翳　同上

附錄翻譯政治首領傳紀

拿破崙本紀　原著 L. G. Lockhart: Napoleon 商務本

興登堡成敗鑑　原著 Memoirs of General Von Hindenburg　同上

附錄翻譯少年文學用書

伊索伊言

附錄未刊譯本(小說)

書名	原著者	同譯人	冊數
孝女履霜記	美國克雷夫人	毛文鍾	一
五丁開山記	法國文會侯	陳家麟	二

第七卷　第一期

雨血風毛錄	美國湯休林森	毛文鍾	一
黃金鑄美錄	美國克雷	前人	一
囗囗(原名未定)	英國哈葛得	陳家麟	一
洞冥續記	英國斐魯河	前人	一
情橋恨水錄	英國斐爾格女士	毛文鍾	一
神窩	美國恩而東夫人	前人	一
奴星敘傳	法國洛沙子	陳家麟	一
奴星敘傳二編	前人	前人	一
金縷衣	美國克雷女士	毛文鍾	一
軍前瑣話	法國馬路亞	前人	一
情幻記	俄國託爾斯泰	陳家麟	一
學生風月鑑	法國大仲馬	王慶通	一
眇郎喋血錄	英國阿克梓	陳家麟	一
夏馬城炸鬼	英國哈葛得	前人	一
鳳藻皇后小紀	美國克雷夫人	毛文鍾	二

以上共十七種，一十有九卷，平均每冊二萬字，共約一百二十萬言，——据胡懷琛氏調查所得（小說世界第十三卷第五期），

附錄評選書目

古今辭類纂選本五卷(三冊)　石印本(見中山大學圖書館書目)

淺深遞進國文讀本六冊(教科書)　商務本

重訂國文讀本八冊(教科書)　同上

是否即「淺深遞進國文讀本」之重訂本，待查。

左孟莊騷精華錄二冊　同上

左傳擷華二冊　同上

評選船山史論二冊　同上

林氏評選名家文集　同上

譙東父子集

劉子政集

唐荊郎集

蔡中郎集

方望溪集

淮海集

嘉佑集

歐孫合集

後山文集

睞震川集

元豐類稿

柳河東集

劉賓客集

汪堯峯集

虞道園集

古文辭類纂選本十冊　同上

（琴南）世居南臺縣嶼閩閩中，而自少刻苦力學，强記多聞。爲研文蕤王曇，金應麟，爲古今體詩追吳偉業，陳恭尹。能畫，能經世文。才名噪里黨。與林崧祁，林某有三狂生之目。久之，一切弃去，治古文辭，抑觸桐城諸老。寢饋昌黎，自謂督閼抑蔽迣，當伯仲樓湖，柏梘。或翹其闕，則勃然怒於言。光緒壬午舉於鄉。屢困公車，大挑用敎諭，乃旅食杭州。順天府尹陳璧，招主五城學堂講席，因敎授京師大學。自是，淹都下廿餘年，以文藝傾動顯者。論者方諸王闓運云。

初，紓與長樂高氏兄弟鳳岐，而謙，鳳謙敦昆弟歡。鳳岐，而謙歷佐東諸侯幕有聲，與紓相引重。而謙摯友王壽昌精法蘭西文，紓與同譯巴黎茶花小說行世。中國人見所未見，不脛走萬本。既而，鳳謙瓶商務印書館，則約紓專譯小說，歲若干萬言，前後都百餘種。畏廬詩文稿泊各雜箸亦代印代售，分館百十處，風行便利焉。

紓迻譯旣熟，口述者未畢其詞，而紓已書在紙。能限一時許就千言，不竄一字。見者，競詫其速且工。然屬他文亦坐此率易命筆矣。

性勤事，不少休，賣文譯書外肆力作畫。自珂羅版書畫盛行……紓用得徧臨四王墨井南田上及宋元諸大家傑作，駸駸擅能品。沽者麕至，幀直數十餅金。……

紓有書畫室，廣數筵，左右設兩案，一案高將及脅，立而畫，一案如常就以屬文。左案事畢，則就右案；右案如之。食飲外，少停晷也。作畫譯書，雖對客不輟。惟作文則輟。………

紓頗疎財，遇人緩急，周之無吝色。中年喪妻，置一妾，多育男女。鍾愛少子，有不克家者。………（陳衍林紓傳——國學專刊第一卷第四期）

李二曲杭世駿著述攷

（清代著述攷未成稿之一）

顧頡剛　陳槃　合編

李二曲

先生姓李諱顒一名容字中孚盩厔人家在二曲之間故皆稱爲二曲先生明天啓七年丁卯（一六二七）生康熙四十四年乙酉（一七〇五）卒年七十有九

著述

二曲全集二十六卷　通行本

悔過自新說

學髓

兩庠彙語

靖江語要

錫山語要

傳心錄

體用全學

讀書次第

東行述

東林書院會語

匡時要務

關中書院會約

盩厔答問

觀感錄

歷年紀略一卷

潜確錄一卷

雜著詩文六卷

襄城記異

義林記

李氏家乘

賢母祠記 (以上四種附錄非先生自著)

四書反身錄十四卷

反身續錄二卷 (上二書第子王心敬筆記)

十三經糾謬

廿一史糾謬

象數書 (上之書俱佚——見先正事略)

附錄

李二曲學術 王庸著 學術第十一期

先生學極博。嘗著十三經糾謬，二十一史糾謬及象數語書。旣自以爲近于口耳之學。不復示人。惟以反身錄示學者。(先正事略)

然吾所望於斗一者，非區區著述之謂也。人生吃緊要務，全在明己性，見巳性，了切己大事。誠了大事，焉用著述？如其未也，何貴

著述？口頭聖賢，紙上道學，乃學人通病。（全集答徐斗一書）

自教化陵夷，父兄之所督，師友之所導，當時之所鼓舞，子弟之所習尙。舉不越示詞章名利，此外茫不知學校爲何設？讀書爲何事？嗚呼！學術之晦，至是而極矣！（匡時要務）

人之所以爲人，止是一心，心之所以常存，全賴乎學。孔子曰：『學而時習之』孟子曰：『學問之道無他，求其放心而已矣』。若外心而言學，不是世俗口耳章句博名謀利之學，便是迂儒狗末忘本支離皮毛之學。斯二者：𦍒無當於爲人之實。（授受記要）

二曲學術主於心性上下修養功夫，輕視著述，故其遺著甚少。今通行之二曲全集二十六卷，除悔過自新說，觀感錄，關中書院會約三卷及其襍著詩文六卷外，皆彙講學時學生之筆記及他人爲二曲述作之傳記詩文等而成。

二曲學說，雖多精粹之處，然並無特異之發明，大抵根源宋元以來理學諸說，然，二曲爲學，能安居資深，施於四體，即爲發明。世之以外表之智巧爲發明者，正二曲所深惡痛疾。論者如以不能發明責二曲，則傎矣。（節錄王庸李二曲學術——學衡第十一期）

杭世駿

世駿字大宗號堇甫晚號秦亭老民浙江仁和人雍正二年舉人乾隆元年舉鴻博授編修生

著述

道古堂襍著七種（原刻附全集後） 小瑯嬛仙館重刊

石經攷異二卷　又道古堂雜著本

諸史然疑一卷　又雜著本　昭代叢書巳集本　知不足齋本　粵雅堂續集本（附三國志補注後）　北京文化學學社活字本

漢書蒙拾三卷後漢書蒙拾二卷　同上

舉要作兩漢蒙拾二卷；州志作漢書蒙拾二卷。

補晉書傳贊（州志作晉書補傳贊）　同上

文選課虛四卷（州志作一卷）　又雜著本

續方言二卷　同上　珠塵本　昭代叢書壬集本

（程際盛有補正一卷）

榜城詩話三卷『榜』（州志作『榕』）　同上　知不足齋本

殘本道古堂文集二十七卷

詩集二十六卷

集外文一卷

集外詩一卷（附軼事一卷）　光緒十二年泉唐汪氏振綺堂補刊本

按州志有詩集一卷是否即此待攷

——以上四種見浙江圖書館目——

禮例

續衛氏禮記集說一百卷　活字版本　浙江局本

史記考異

北齊書疏證　見州志答問及遺徵　未見傳本

禮經質疑一卷　食舊堂叢書本（第十三冊）

按書目答問有杭世駿箸『質疑』二卷———一作一卷——蠲于三禮總義類注有讀書齋本學海堂本是否即此待攷

經史質疑

詞科掌錄十七卷餘話七卷（餘話汪沆序云八卷） 原刻本

桂堂詩話一卷 （又見州志）

两浙經籍志 （鄭文焯曰杭君纂修浙江通志未竟獨成藝文志若干卷）

未刊

平陽縣志二十卷 （見州志）

續經籍攷

道古堂詩文集 乾隆中原刻本 （計文四十八卷詩二十六卷——詩有振綺堂補刊本）

補金史百餘卷（南献遺徵云：一百卷，題『金史補』。尺牘小傳作『金史補闕』。）

（或云：殘存五卷，藏江南圖書館。又州志云：金史補二十卷大概即此書。）

——以上錄先征事畧——

賦彙題解 通行本

（答問云：『解歷代賦彙之題』。）

三國志補註六卷 粤雅堂續集本（諸史然疑附後）

伍公山志一冊 與金志章同撰 浙江局本

蒜市雜記一卷未刊

（南献遺徵云：雍正癸丑舟中譔稿。在嘉興錢氏。）

史記疏證　欽定史記本（竹簡齋石印本）

前漢堂疏證

後漢書疏證　（均見州志）

按：書目答問及南献遺徵均有『漢書疏證』，大概即前後漢書之簡稱也。

嶺南集八卷　原刻本　光緒嶺南重刊本

（是否在文集中待攷）

古今藝文志八十卷（一作『歷代藝文志』見州志）

元宗錄　（見州志）

浙江通志　（見遺徵鄭文焯云未成。）

北史寥稂　（州志）

附錄纂校書目

三禮義疏　（纂修）

十三經　武英殿本

二十四史　（以上兩種校勘）武英殿本　（上三種俱見杭州志）

方鏞詩唱和集十卷

禁林集八卷

桂林集四卷

小隱園唱和詩四卷　（以上編輯——見州志。）

（世駿）少治經，事同郡沈世楷；又從濟安方漈爲游。旣長，於學無所不貫。所藏書，擁榻積凡，不下數萬卷。枕藉其中，目睇手纂，幾忘晷夕。鄞縣萬經寓杭見之，稱爲鄭漁仲之流。然，世駿自謂經學不如吳東壁；史學不如金謝山；詩學不如厲樊榭，其虛已如此。中雍正二年舉人。乾隆元年舉鴻博，授編修，校勘武英殿十三經，二十四史；纂修之禮義疏。時侍郎方苞負盛名，尤深之禮學，世駿與語，徵引經史大義，風發泉涌，苞大服。奉命編錄內廷書籍，改御史。條上四事，下吏議落職。然，高宗仍納其言。數十年來，天下督撫滿人參半，蓋四事已行其一也。

罷歸後，杜門奉母，自號秦亭老民。偕里中耆舊及方外友結南屏詩社。先與同里厲鶚，周京符，什施安，陳撰趙昱，趙信，吳焯，吳城，沈嘉轍，汪沅，吳穎芸，丁敬，張沅爲客友近賓，言懷敘舊，各有攄屬。閑居後，益併力肆志，嘗揮翰藻。同人官京師者：錢塘孫灝，陳兆崙；山陰周長發，皆郵筒寄詩。至頭拔後進，老而彌篤；稱符之恆於幼稚，賞余大觀，何琪於寒素。門下稱弟子者，雅歆從游，彬彬甚盛。…………

兼通禮學，有請復漢儒盧植從祀議，又議師當制服，可以立師道厲堯季，時論是之。

會(高宗)南巡，世駿迎鑾湖上，賜復原官。卒於家。年七十五。有十子，下世者九。諸孫亦零落殆盡。箸述甚夥：其道古堂詩文集，梁同書爲刻之。(鶴徵後錄，文獻徵存錄——今轉錄州志卷一四五。(

會稽章學誠的著述

（清代箸述攷末次稿之一）

顧頡剛　陳槃　合纂

章學誠

先生姓章，諱學誠，字實齋。浙江紹興會稽縣人。乾隆進士。乾隆三年戊午（一七三八）生，嘉慶六年辛酉（一八〇一）卒，年六十有四。

章氏遺書　浙江書局鉛印本（多錯字）

文史通義內篇六卷外篇三卷　又貴州刊本（作內篇五卷——而書目答問作內外篇八卷）　道光壬辰家刻本（板歸浙江書局）　貴陽重刻本　上海東陸書局石印本（林記書莊發行）　粵雅堂五集本（作通義八卷校讐三卷）　山陰杜氏繙本　光緒乙丑家重刻本

校讐通義內篇三卷外篇一卷（答問無外篇）　均附文史通義後

方志畧例二卷

文集八卷

外集二卷

湖北通志檢存稿四卷

姚名達實齋先生年譜（國學月報第二卷第四號——以下簡稱『姚譜』）云：嘉慶二年，先生彙訂篋中湖北通志稿爲二十四卷，作辨例一卷。此云四卷，未知是一是二。

第七卷 第三期

湖北通志未成稿一卷

乙卯劄記一卷 又風雨樓叢書本

丙辰劄記一卷 又聚學軒叢書三集本 風雨樓叢書本

知非日劄一卷

閱書隨劄一卷

（上錄浙江圖書館章氏遺書目）

信摭一卷 風雨樓叢書本

章實齋文鈔一卷 古學叢刊第一集本

文史通義補篇一卷附鈔刊本目錄一卷 零鰛閣叢書本

和州志四十二篇 乾隆三十九年撰

姚譜云：和州全志亡後，僅刪所敘論，作爲一卷。

和州志例二十篇 已刊

亳州志

先生云：「此志擬之於史，當與陳，范抗行。義例之精，則亦文史通義中之最上乘。後世如有良史者出，讀亳志而心知其意，不特方志奉爲開山之祖，即史家得其一二精義，亦當尊爲不祧之宗。回視和州，永淸之志，牛爲土苴矣」。

永淸縣志二十五篇

天門縣志

乾隆甲申，父主天門縣講席，知縣胡君延先生父主修縣志，先生爲作修志十議：(一)職掌；(二)考證；(三)徵信；(四)徵文；(五)傳例；(六)書法；(七)援引；(八)裁制；(九)標題；(十)外篇。又爲文作五行考序，學校考序，藝文考序。全書不久告成，中間爲俗人所改，所存方十之七八（姚譜）。

婦學一卷　藝海珠塵本　湖海文傳本　經世文編本　國朝文錄本

文史通義中之一篇。原別行，亦收入經世文編等書中。

言公上中下三篇　（參上）

補經義攷　（見史籍考序例）　未刊

史籍攷三百二十五卷　未刊

據畢沅叢改定。例見中國文報。

雜篇　（見校讎通義序）

東周書百餘卷（輯錄）　少時作（見家書）

順天志

姚譜云：乾隆三十三年朱筠被詔纂順天志，我屬先生等經記其事。又云；國子監修志，歐陽瑾介緊司筆削，據此，則經先生纂定之志其臣甚多，惜不能舉其名耳。

（章氏本宗支譜）

姚譜云：乾隆三十一年，族兄垣業在京編輯本宗支譜，往復商榷於先生云。

樂典（校編）

姚譜云；乾隆三十四年，居父喪，爲秦楚軒（字）校編樂典。

常德府志二十四篇　或云畢沅撰，或云先生撰。

常德文徵七卷　同上

叢談一卷

第七卷　第三期

府城縣志

荆州府志　或云，崔見龍撰，先生與商榷，或云，先生撰。

荆州府志文徵　或云先生編選。

和州文徵八卷　同時刋本

永清縣志二十五篇

永清縣志文徵四卷

末清新志十篇

姚譜云：永清全志删訂二十六篇爲永清新志十篇。生先所修之永清志，爲數二十五篇，此云二十六篇，知非先生所撰可知。綠舊有永清縣志若干篇，經先生删編而新志十篇歟？

萊鶴塗文集(校定並叙)

(徐氏宗譜)　爲安徽學使徐立綱校輯

學史籍考　爲畢沅編

續通鑑　畢沅撰，先生參與其事，

雲龍紀略一卷(鈔錄)　王鳳文原書

附錄

劉知幾與章實齋之史學　張其昀著　學衡第五期

章實齋先生年譜　胡適著　商務本

會稽章實齋年譜　姚名達著　國文日報第　期

章君(學誠)年十五六即志於史學，縱覽羣籍，洞悉其利弊。三十許肄業國子監，師事大興朱筠(竹君)；與姚江史家邵晉涵淺深交。章君畢一生盡瘁於講學與修志：嘗主大名之清漳書院，永平之敬勝書院，保定之蓮池書院，歸德之平正書院。先後纂修和州志，永淸縣志，亳州志，湖北通志，常德府志荊州府志等。流離奔走，至四十年。晚年，依制府畢沅於武昌，深感知遇，得以心力編輯史籍考，助修續通鑑。而湖北通志之役，亦能放衆謗羣閧之際，獨恃督府一人之知，卓然無所動搖，用其別識心裁爲撰方志者開山。自詡雖有一得之長，非漫然也(胡適章實齋先生年譜)。

劉君(知幾)言爲史之道，其流有二。綜其旨歸，不外典籍，章君師其遺意，名之曰記注與撰述。記注欲甚賅備無遺，而後史家取材，淵源不竭。章君嘗稱古人之於典籍不憚繁複周悉以爲記注之備，自周官之法廢而記注不足備其全，於是，史家不得不網羅天下之放失舊聞以備其事之始末。雖安漢之無州郡上計先集太史，然自司馬遷卒後，故事不奉。章君推迹史學之衰，由於記註無成法，僞亂眞，而又勝質，陳古剌今，感慨係之矣。

………言徵集史料之法，章君之所發明，較劉君(知幾)爲詳。綜而述之，蓋有六端：一曰先王政典；二曰州郡方志；三曰金石圖譜，四曰詩文歌謠；五曰官府簿籍；六曰私門撰述。章君之意，以爲，盈天地間凡涉著作之林者，皆是史學。蓋典籍皆古人言行思想之遺蛻，即可取以考見古人活動之跡。故章君言搜羅史料之廣，實爲有史以來所僅見也。

至其特闢列女一傳，掃陋之成見。其修永淸諸志，至於親詢鄉婦委曲(見與周永淸論文)其思想之勇，考信之勤，或爲古今史家所未及也。

第七卷　第三期

……徵集史料，固史家之首務；而保存記載，亦史家之大任。劉章二君，皆見及此，以爲地小年近，最易爲力。而章君議立州縣志科，抵識周慮，討論最詳。大抵謂大司主事，關會典故，學校師儒，從公討論，儲材於平日，詳備而覈核，紹周官之舊典，建將來之良法。

……章君言治書之道，與求書並重。……章君以爲；校勘一書，宜廣儲副本，以待質正。注明原文，存其闕目。又引語必標最初所出之書，極其精微，則爲總數羣書，著錄部目，參互錯綜旁證遨搜……章君於較讐之學，深得向歆鄭樵之旨，孑孑獨造，有功古人，有光來學。……

……章君於史源之眞僞論列較寡。然，亦特重史德。謂史爲天下公物，著書宜正心術。至於闕疑之例，所以刋定同異，審判訛確者言之特詳。（劉知幾與節錄張其昀章實齋之史學）

這篇稿子錯亂的地方很多因徑三先生的催迫急
以挪去塡圖書刊的只向他自當更改之耳
付印之頃陳參志四月十六

天算大家海甯李善蘭的著述

（清代著述考未次稿之一）

顧頡剛　陳　槃合編

李善蘭

先生字壬叔號秋紉。浙江海甯硤石鎮北之路仲市人。補諸生。嘉慶十五年庚午（一八一〇）生；光緒八年壬午（一八八二）卒。年七十有三。

著述

天算或問一卷　同治丁卯金陵刻則古昔齋算學本

四元解二卷　同上

按是書作于道光乙巳（一八四五）時李善蘭氏三十六歲（據李儼所著年譜簡稱李譜以下不具註）

對數探元二卷　道光庚戌指海叢書本　金山錢氏叢書本　則古昔齋算學本

校閱者張文虎

弧矢啟秘二卷　金山錢氏叢書本　則古昔齋算學本

見顧觀光四元解序

麟德術解三卷　則古昔齋算學本

方圓闡幽一卷　金山錢氏叢書本　則古昔齋算學本

徵分法　見張文虎舒藝室尺牘偶存

火器眞訣一卷　則古昔齋算學本

按是書作于咸豐丁巳(一八五七)

垛積比類四卷　同上

橢圜正術解二卷　同上

橢圜新術一卷　同上

橢圜拾遺三卷　同上

尖錐變法解一卷　同上

級數回求一卷　同上

九容圖表七頁　劉鐸古今算學叢書本

測圓海鏡解一卷　有傳鈔本

按今隴海鐵路局工程師李儼氏尙有此種傳鈔本

考法根法三卷　則古昔齋算學本

一作一卷

造整數句股級數法二卷　(一作級數句股二卷)

按上二書語見席淦遺稿及崔敬昌所作李壬叔徵君傳——李譜所錄

開方古義二卷　光緒壬午(一八八二)自刻本

垛積圖譜五卷

矢弧別徑三卷

海鏡別解五卷

數學一得十卷

十三經算術十三卷

開方圖法十卷

四元啓蒙四卷

授時術細草七卷

回回術細草七卷

時憲術細草十四卷

海鏡廣十二卷

日晷解三卷

橢圓捷法三卷

按以上十三種見李儼氏所藏李善蘭氏遺墨則古昔齋算學目錄附註並謂「今日爲始十年爲期必成此多種以上報天地」今其書果否作成或有無板本均待攷

○ ○ ○ ○ ○

代數難題解 （卷十三第四次考題） 見傅蘭雅編格致彙編第二年夏季四卷

○ ○ ○ ○ ○

粟布演草 白芙堂叢書本

按是書李善蘭吳嘉善曾紀鴻演丁取忠左潛同述

○ ○ ○ ○ ○

（譯述）幾何原本 松江韓中翰初刻本 同治四年（一八六五）金陵

重刻本

按幾何韓刻本與錢熙輔所刻重學皆印行無幾同燬於火云（見李善蘭重學序）

（同上）幾何原本後九卷　同治四年（一八六五）金陵刻本

按是書譯于咸豐乙卯（一八五五）時李善蘭氏四十六歲

（同上）重學　同治五年（一八六六）重刻本　咸豐八年（一八五八）錢氏刻本

原著述——胡立威

同譯者——艾約瑟李善蘭

抄閱者——顧觀光張文虎

按是書于咸豐丙辰（一八五六）與所譯幾何同時脫稿又同治五年（一八六六）刻本附有曲線說三卷錢氏刻本（一八五八）有無待攷

○　○　○　○　○

（筆述）代數積拾級十八卷　已刊（板本未詳）

原著者——米利堅羅密士 Elias Loomis

口譯者——英國偉烈亞力

（同上）奈端數理四册

原著者——奈端

口譯者——偉烈亞力傅蘭雅

按丁福保云「是書分平圓橢圓拋物線雙曲線各類橢圓以下尚未譯出其已譯者亦未加删潤往往有四五十字爲一句者理已奧頤文又難

讀………後爲大同書局借去今不可究詰」（李譜所引）

○　○　○　○　○

（筆受）代數學十三卷

原著者——英國隸廣甘 Augustus De Norgan（李譜如此所引未審有無錯誤？）

口譯者——英國偉烈亞力

按是書成于咸豐己未（一八五九）

（同上）圜錐曲線三卷

口譯者——艾約瑟

同上

○　○　○　○　○

（刪述）談天十八卷

原著者——英國侯失勒 Herschel

口譯者——英國偉烈亞力

按談天凡例云李氏譯據咸豐元年刻本徐氏（松）續述據同治十年（一八七一）重刻本又按是書成于咸豐己未（一八五九）

○　○　○　○　○

（閱定）同文館算學課藝四卷

植物學八卷　已刊（板本未詳）

○　○　○　○　○

羣經算學攷

按書未成燬於兵燹

○　○　○　○　○

附錄

李壬叔徵君傳　崔敬昌撰　范溪李氏家乘本刊

杭州府志李善蘭傳

海甯縣志李善蘭傳

李善蘭年譜　李儼著　清華學報第五卷第一期

——玆編以原書未見強爲分類訛謬之處所不能免當

待以後改定邦人君子幸是正之　槃闇——

善蘭年十齡，讀書家塾，架上有古九章，竊取閱之，以爲可不學而能。從此遂好算(則古昔齋算學自序)。

其所撰諸書……總曰則古昔齋算學。凡方圓闡幽一卷，專言理而不言數。弧矢啓祕三卷，則以尖錐立術而弧背八線皆可求。對數探源二卷，亦以尖錐截積起算，先明其理，次詳其法。垛積比類四卷，以立天元一詳演細草。四元解二卷，闡明元朱氏書，使讀者爲之豁然。麟德術解三卷，詳論史志盈朒遲速二法。橢圜正術解二卷，新術一卷，拾遺四卷，就莊愍原書，逐術補圖。火器眞訣一卷，以平圜通火器之推算，俾可依款量算，不難命中。對數尖錐變法釋一卷，释西法對數積與諸塞方尖錐不同之故。級數回求一卷，專明代數。天算或問一卷，則記友人門弟子問答之語。——共十三種。又附考數根法一卷，凡四則，補幾何所未備焉。合二十四卷(支編成清代疇學大師列傳)

天算大家海甯李善蘭的著述

此君(李善蘭氏)爲中國算學大家，曾助倫敦傳道會教士偉烈亞力(Rev. Alesander Wglie)翻譯算學書甚夥。中有微積學，即予前在耶路大學二年級時所視爲畏途而每試不能及格者(右錄容閎——一八二八——一九一二——西學東漸記)。

李氏精思四載乃得對數理，倘生於訥氏蓋氏之時，則祇此一端即可名聞於此(偉烈亞力氏之言)

李壬叔師天算集中西大成。己巳年應詔來都，掌教天文館。余從游十餘年(席淦抱膝居士遺稿)。

總理衙門設天文算學館，議舉主政者，郭筠仙侍郎以員父應。同治八年奉詔入都，欽賜中書科中書。……在館教習，諸生先後得百餘人。口講指畫，十年如一日(崔敬昌李壬叔徵君傳)。

對數一術，乃西士所稱爲至精至簡者；而近日海甯李壬叔善蘭，南海鄒特夫伯奇皆創立新法，較西人舊法，簡易數倍(丁取忠對數詳解序)。

五十年來爲此學(算學)者甚多此學其著述最顯著者梅(文鼎)羅(士林)李爲最(書目答問算學家條下)

(算學家)此編生存人不錄李善蘭乃生存者以天算爲絕學故錄一人(同上)

(光緒三年丁丑——一八七七——)是年，傅蘭雅編格致彙編第二年夏季四卷載有李善蘭演代數難題卷十三第四次考題。相傳，此題爲英國大書院內之人包爾所出。出此題時，許人能解此題者贈以金錢一百圓(儼所作年譜)。

第七卷　第四期

光緒八年冬十月，偶示微疾，越日逝。是年之夏，猶手著級數句股二卷，老尙勤學如此。歿後，周小棠(家楣)侍郎嘱開其事實奏請宣付史館立傳，嗣周侍郎薨於位，未果。然先舅父爲一代疇人，他日必有繼周侍郎而請於朝者(崔敬昌李壬叔徵君傳)。

董(方立)明(靜庵)二君均爲弧矢不祧之大宗，無庸軒輊其間。通百年中繼起者如戴鄂士煦，徐君青有廷，李壬叔善蘭所著各書，雖自出新裁，要皆奉董明爲師資也(曾紀鴻綴術釋明序)。

瑞安孫詒讓著述攷

（清代著述攷未次稿之一）

顧頡剛　陳槃　合著

孫詒讓

孫詒讓字仲容號籀廎同治舉人生道光二八年戊申（一八四八）卒光緒三四年戊申（一九〇八）年六十有一

著述

周禮正義八十六卷　瑞安孫氏玉海樓本

周禮政要四十篇　光緒廿七年間溫州各校均用為課本

周書斠補四卷　光緒庚子玉海樓本

按吳士鑑奏摺周書上有逸字

九旗古義述一卷　玉海樓本

周禮三家佚注一卷　光緒甲午周禮正義附刻本

尙書駢枝　未刻

古戴禮記斠補三卷

六秝甄微五卷　書未刻稿藏于家

經迻

○　○　○　○　○　○

古籀拾遺三卷　光緒庚寅刻本

名原七篇二卷　（或作三卷）

栔文舉例

（先生臨逝語人云栔文舉例與名原三卷家藏副本原稿存端方處現

有無刻本待攷）

廣韵姓氏刊誤　一卷

宋政和禮器文字考　附刊古籀拾遺末一卷

古籀餘論二卷

百晉精合碑錄一卷

金文拓本四卷題詞

大篆沿革攷一卷

籀廎述林

温州古甓記一卷

○　○　○　○　○　○

札迻十二卷　光緒癸巳玉海樓本

墨子閒詁　活字版未定稿　瑞安廣明書局重刊本（定本）　掃葉山房石印本

○　○　○　○　○　○

四部別錄一卷

○　○　○　○　○　○

學務本議四則枝議十則

文集　未刊

見國粹學報

○　○　○　○　○　○

温州建置沿革表一卷

温州經籍志三十三卷外編二卷辨誤一卷

叙例在國粹學報五十四期

永嘉縣志 （協纂）

○ ○ ○ ○ ○ ○

永嘉郡記一卷 （輯佚） 鄭緝之箸

○ ○ ○ ○ ○ ○

論語正義 劉寶楠著

先生有所補正

附錄一（先生刊校校補書）

鐘鼎款識 （校）薛尚功箸

集韵考正十卷 方成珪箸 先生校刊

陳止齋集

與黄巖王彥威仝校先生并記校讐例附册尾

東甌金石志十二卷 嘉善戴咸弼箸 先生校補

永嘉叢書 校刊

附錄（參攷書目）

孫頤籀先生年譜 宋慈袌箸 東方雜志第二三卷一二號

孫氏遺書總序 前人 華國月刊

章炳麟所作傳

章梫所作傳 未見

張謇所作墓表 未見

附錄三

先生以爲典章備于六官，故疏周禮。行爽資于墨翟，故次墨子閒詁。文莫甚于宗彝，故作古籀拾遺。其他，有名原，古籀餘論，契文舉例，九旗義，逸周書斠補，尚書駢枝，大戴禮記斠補，六歷甄微，廣韵姓氏刊誤，經迻，札迻，述林。又發舒官禮爲周禮政要，述方志爲永嘉郡記。

初，賈公彥周禮疏多隱略，世儒各往往傅以今文師，而拘牽後鄭義者，皆仇王肅。又粗襍齊魯間學，詒讓一切依古文彈正。郊社禘祫則從鄭，廟制昏期則從王，益宜容子春，少贛，仲師之學，發正鄭賈凡百餘事，古今言周禮者，莫能先也。

墨子書多古字古言，上下尤難讀，備城門以下諸篇，非審曲弗能治。始，南海鄒達夫比貫重差旁要諸術，轉相發明，文義猶詰詘不馴。詒讓集衆說下以己意，神恉迥明，文可諷誦。自墨學廢二千歲，儒術孤行，至是較著。詒讓行亦大粘墨氏，家居任卹，所至實學，與長吏楷柱，雖衆怨弗恤也。治六藝旁理墨氏，其精孅足以摩掇姬漢，三百年絕等雙矣。

自段玉裁明說文，其後小學益衍。然，說解猶有難理者。又經典相承，諸文字少半缺略，材者欲以金文款識補苴程瑤田，阮元，錢坫，往往考奇字，徵闕文，不審形聲，無以下筆。龔自珍治金文叢繆，體滋多于是矣。詒讓初辨彝器精僞，擿北宋人所假名者，審其刻畫，不跌毫氂。即部居形聲不可知，輒置之；即可知，然後傅之。亦知所定文字皆隱括就繩墨，古文由是大明。其名原未顯于世。

札迻者，方物王念孫讀書雜志，每下一義，妥聑帖極，淖入湊理，書少于諸子平議，校讐之勤倍諸子平議。詒讓學術，蓋龍有，金榜，錢大昕，段玉裁，王念孫四家，其明大義，鉤深窮高過之。（大錄章炳麟所爲傳）。

漁洋山人著書考

倫明

漁洋山人，一代詩宗，著述極富，大旨在別裁僞體，宏奬風流，故所傳詩選藝談，尤爲世所稱重。通行三十六種本，余二十年前，購之南海孔氏。以字跡多漶漫，思得初印單行本讀之，隨時搜訪，蓄積遂多。按三十六種漁洋蠶尾詩文，並非足本，其蠶尾續詩八卷，蠶尾續文二十卷，刻入帶經堂集。二書一在新城，一在揚州，惜無有合併之者。三十六種帶經堂集而外，精槧秘抄，往往而遇。昔惠棟成精華錄訓纂，採用漁洋書目，至八十八種，識其目而不見者八種，王氏家集書目十三種。乃翁覃谿撰小石帆亭著錄，後附漁洋書目，所補三十六種者，止然燈紀聞，聲調譜，吳蓮洋集評，李丹壑集評，四種；其帶經堂集，尙失之目前。夫定宇去漁洋時，未及百年；其祖硯谿，又親受業漁洋之門，故所見如此之夥。覃谿稍後於定宇，惠目所有，已不盡見。今去覃谿時，又百餘年矣。世代愈遠，散佚愈甚。然余所得，竟有出於惠目之外者，又以歎聚書之難，而永備之不可期也。偶以暇日，輯成斯目，撮要提綱，聊備檢覽，且冀繼續增其所無。其中有一書而注成數書，如精華錄秋柳詩解古詩箋之類；又有數書而薈爲一書者，如帶經堂詩話說部菁華，漁洋書跋之類；雖非漁洋所作，實因漁洋之書而作，一併錄之。余嗜讀漁洋書；嗜書之癖，又與漁洋同。區區所藏，本皆初印，字若新寫，紙瑩墨黝，展卷神爽。蓋余之訪書也，不避重複，初得一本以爲佳，繼得更佳者，隨將前本易去，更得更易，求之勤而辨之精，至於今仍未止也。倘得好事者影而布之，寧非藝林快事耶。曾記有友問余，王士禛字貽上,是何取義?　余無以應。　後閱鮑鈖稗勺有云:"司空圖隱於禎貽溪上,王阮亭名字,蓋取諸此。"不覺躍然。　他書未見有及者,因並記之。

歲次戊辰,清明後十日,東莞倫明哲儒甫識於北京上斜街寓廬。

(一)帶經堂集九十二卷(康熙辛卯,七略書堂刊本),王士禛著。据年譜康熙庚辰六月,御賜帶經堂扁額,蓋士禛官刑部尙書時也。因以名集。篇首有門人程哲序,略言吾師新城王先生漁洋正續詩文五十二卷,蠶尾詩文十卷,版行已久,顧無合刻。庚寅秋,哲郵書請命於先生,因舉諸刻定本,並未刻蠶尾續詩文三十卷,統名之曰帶經堂集云云。

又年譜後,子啓浒跋云:"歙中程君聖跂(哲)友聲(鳴)昆仲,以書來徵先君平生詩文,彙爲全集,鋟板以行。先君呼不肖輩曰:'余所著詩文,每欲删繁就簡,合爲一集付梓,未果。頃門人程氏昆仲之請,甚愜余懷。'因於病次,置各集於枕旁,命不肖檢查朗誦,詳加去留,力疾編次,題曰帶經堂集。至辛卯冬,始剞劂告竣。不意是書齎到之時,距先君之變,已閱五月,竟不及見矣。"

是集分漁洋集詩二十二卷,續詩十六卷,文十四卷,蠶尾集詩二卷,續詩十卷,文八卷,續文二十卷。篇首有程哲序,述刻書原起。附原序五首,錢謙益,李敬,汪琬,葉方藹,陳維崧各一篇;又錢謙益古風一首。各分集之首,皆有程哲序。續詩集又有施閏章陸嘉淑徐乾學曹禾汪懋麟金居敬萬言七序,文集又有張雲章序。蠶尾詩集又有士禛自序,張雲章序。蠶尾續詩集又有盛符升總述,吳陳琰序。蠶尾文集又有宋犖序。此板後由程氏轉歸揚州黄氏,有黄晟序,時在乾隆丁卯。

按漁洋成蠶尾集後,又有蠶尾續集二卷,古夫于亭藁一卷,蠶尾後集二卷,己丑庚寅近詩一卷,皆已刋行,後併入蠶尾續詩十卷中。

(二)表餘落箋合選十一卷(順治刊本),王士祿士禛著,周南王士禧選。卷首凡例七則,有云:"邇日詩道靡曼,或乾彊禿黝,號爲性情,或泛衍浮夸,侈言聲格,有心者傷之。予輩才不及古人,竊願學焉,未敢亦步亦趨,媚時好也。"又云:"余兩人新舊作,不下數千,玆編初出,不及備載,尙存篋笥,以俟二集,至貽上和月泉吟社六十篇,另爲專集,不復編入。"

按士祿表餘堂集,士禛落箋堂集,据惠棟書目,俱已刋行。此乃合選之本,不知此本外,是否尙有各自單行之本。又惠棟年譜云:"山人自八歲吟詩,至十五歲有詩一卷,曰落箋堂初藁"云云。今選本已有十一卷,則原藁斷不止一卷,蓋惠氏未見此書,故云爾。然二公他日自訂其詩,二集均棄去。

(三)阮亭詩選十七卷(康熙辛丑刻本),王士禛著,兄士祿士禧士祜同選。凡丙申詩一百八十四首,丁酉詩七十九首,戊戌詩一百七十五首,己亥詩一百八十八首,庚子詩一百九十九首,辛丑詩三百九十二首。卷首有錢謙益李元鼎黄文煥熊文舉李敬林古度趙士冕丁弘誨張九徵韓詩黄澤弘蔣超吳國對葉方藹唐允甲顧宸汪琬劉漢客施潤章曹貞魏學渠杜濬陳維崧杜濬程康莊趙進美邱石常兄士祿各序。

其自題丙申詩序云:"士生斯世,無異能奇技,以功名自顯,而又纖穠綿轉,憂憂相接,瀬猶得隱囊柔翰,吟弄於寒溪落木荒陂苦竹之中,斯亦幸矣。家世習三百之言,束髮以來,不欲循塾師章句,輒思析其正變,通其比興,思其悲愉哀樂之旨,以求得夫一唱三歎之遺音。四氏箋傳,又最嗜韓嬰之書,爲其象外環中,淡然而合,有當於詩人觸類引申之義。十年以來,旁及漢魏六朝初盛中晚四唐之作,亦惟持斯義以進退之。性不好名,謬見知於當道名輩,徵索遂多。因復取丙申一歲之作,裒而次之,至境詣之淺深,流派之得失,我不敢知,所可知者,三四言止耳。六經廿一史,其言有近於詩者,有遠於詩者,然皆詩之淵嶽也,節而取之十之七,稗官野乘,擇其尤雅者十之三,廱結譿諧之習,吾知免矣。一曰典。畫瀟湘洞庭,不必蹙山結水;善花竹者,乃獨在於荒寒風雪之中。李龍眠作陽關圖,意不在渭城車馬,而設釣者於水濱,忘形塊坐,哀樂嗒然。此詩旨也。次曰遠。三百五篇,吾夫子皆嘗絃而歌之,故古無樂經。而由庚華黍,皆有聲無詞,土鼓鞞鐸,非所以被管絃,叶絲肉也。次曰諧音律。昔人云,楚詞世說,詩中佳料,爲其風藻神韻,去風雅未遠。學者由此意而通之,搖蕩性情,暉麗萬有,皆是物也。次曰麗以則。"

又自序曰:"夫哀樂發乎其情,而愉怫系乎其遇,此不可強而同,亦不可學而能也。慶卿不西人秦,則必無易水之歌;項籍不垓下陰陵,必無虞兮之慨;亭長不樂思沛,慷慨傷懷,必無三侯之章。夫猶是人也,當喜而咢,當憂而嘆;猶是人也,朝或榮華,而夕或隕落;一人之身,歌哭殊致。而士君子生千百世之後,指乎千百世之前,代之升降不同,遇之感興又異,乃必欲取古人偶然之言,規摹而倣像之,何其不智也。風雅頌不必相襲,賦比興不必相謀,而正變不必相祖述也。楚騷不必經,而漢賦古詩不必騷也。烏栖石城拔蒲釆菱之曲,不必橫吹隴頭企喻,瑯琊鉅鹿之辭,不必吳聲淸商也。唐人水調簇拍塞姑回紇竹枝柳枝之屬,未嘗登于郊廟,而流傳樂府,識者以爲有風人之遺焉。此可以知四始六義之大端矣。予八歲受詩,家兄授以王裴輞川詩即得其解。今二十年往矣,于古人益無所得,而獨歎世之論詩者,舍其神明意思所在,而顧規摹做像之爲也。友人盛珍示崔不雕輩,請余丙申以後紀年之作,讐校而剡之吳中。予不能禁也,聊爲叙述大旨如此。辛丑九日雨中舟次召伯埭書。

又卷一丙申詩自序曰:"丙申之歲,予始釋褐里居,却掃杜門,發藏書讀之,益肆力爲歌詩。春遊長白,信宿范文正公祠下。夏五,之海上,省家兄西樵於官舍,登三山亭,以觀滄海,泓峥蕭瑟,蓬丘方丈,近在眉際,翚然有褰裳濡足之思焉。秋,弔欒公社之故墟,與海石往復甚久,得詩二百許篇,删存如干首,釐爲三卷。

卷四丁酉詩自序曰:"丁酉春,济南諸州邑苦旱,其夏秋,又苦雨潦。予端居多暇,篇什稍減。八月在明湖,與諸公文讌於北渚之亭,時水始波,涼吹初起,亭下楊柳,漸就黄落,偶有蘭成枯樹之感,賦詩四章。一時和者幾徧海內,爲近今詞流美譚。然蕉萃摇落,殆成詩讖。今居廣陵,迴憶曩事,才如旦暮,爲之慨然歎息。

卷五戊戌詩自序曰:"予自乙未舉南宮,歸卧山中三載,至戊戌,始射策成進士,用新例,當出官法曹,留滯京師。久之不自得,日與長洲汪琬,南海程可則,涇陽李念慈,三原韓詩,武進鄒祇謨,華亭張一鵠,吳懋謙,崑山許虬,吳邑錢中諧,宛平朱漢璺,新昌毛逵,侯官許珌輩,相切劘爲古文詩歌。夏日觀政武部,拜椒山先生祠下,有詩若慈仁寺雙松歌洗象行諸篇,則予倡之而諸子和之云。"

卷八己亥詩自序曰:"己亥三月,余復游京師,是時汪琬程可則在都下,與予昕夕論文。鄢陵梁侍御熙,穎川劉比部體仁亦引與譚名理,時有倡酬。侍御嘗得杜公秦州像,俾汪子記之,而予與程子題之。比部酒後於嗜退軒中作蘇門百泉圖,汪程與予皆題詩其上。是冬與海鹽彭孫遹嘉善魏學渠卜鄰宣武門外,有香奩唱和詩。十一月家兄量程入京師,十二月予歸里門。是歲友朋贈答之詩多,而兄弟獻酬之作蓋寡矣。"

卷十一庚子詩自序曰:"己亥冬,予謁選人,得揚州法曹,庚子三月赴官,生平蓮落偃蹇,至是執手板學爲吏。春夏浮家泛宅於江淮之間,時有故園之思。秋八月,秦淮鎖院,示疾幾殆,歸臥羼提閣中兩月。冬渡江至毘陵,過雲陽,泛棹京口,登三山,入鶴林招隱諸寺。有白門過江諸集,彙爲庚子詩,凡三卷。"

卷十四辛丑詩。自序曰:"吾友汪琬有詩云'鄧尉棲隱處,間在西南峰。'嘗誦而慕樂之。辛丑春,始以吳門之役,冒雨入鄧尉探梅,信宿聖恩寺還元閣,日與湖山相對,因自號漁洋山人。漁洋者,鄧尉之枝峯蔓壑,連綴湖中者也。春暮赴金陵,居桓伊邀笛步上。遺老林古度,方文,紀映鍾皆來過從。秋七月居鑾江。冬十二月之淮陰。各得詩一卷,爲入吳集,爲白門後集,爲秦淮雜詩,爲鑾江集,爲歲暮懷人絕句,彙刪之爲辛丑詩。餘悉以時日次第焉。"

是選各家序多至二十七首,他日編漁洋詩集,僅刪存數首;又自序八首,述早歲學詩大旨,及交游涉歷甚詳,漁洋詩集,皆刪不存。且是刻丙申至辛丑六年詩,共一千二百二十三首,而漁洋詩集六年詩,只八百一十首,被刪四百二十二首。是評寫鑑俱精,流傳甚罕,彌足珍也。

(四)漁洋山人詩集二十二卷(康熙己酉吳郡沂詠堂刊本),王士禛著。又題漁洋山人前集,蓋丙申至己酉十四年之詩也。士禛自爲删存,門生王我建刻之吳門。卷首有錢謙益李敬汪琬陳維崧葉方藹五序。按漁洋詩集編年,始自丙申,時年二十三成進士後一年也。年譜云:"山人自乙未五月買舟歸里,始棄帖括,專攻詩。聚漢魏六朝四唐宋元諸集,無不窺其堂奧而撮其大凡,故詩斷自丙申始。其詩已刻者,有白門集過江集入吳集,變江倡和集,壬寅集,癸卯詩卷。盛符升所刻自丙申至辛丑五年詩,計東朱彝尊所序禮部集,皆併入此集。漁洋者,鄧尉山支峰。辛丑自號漁洋山人,見漁洋詩選卷十四自序。

(五)漁洋山人續集十六卷(康熙甲子刻本),王士禛著。自辛亥至癸亥十二年之詩也。壬子一年,占五卷,即蜀道集也。餘每年爲一卷。卷首有施閏章徐乾學陸嘉淑曹禾汪懋麟金居敬萬言各序,卷末有計東序,係序前集,此補錄。是集爲常熟黃子鴻書,體倣宋槧,鋒稜廉峭。甲子刻之吳中。按漁洋詩以蜀道集爲最富,且最工。自註尚有徐處士稚蓬(夜)一序,今缺。

按年譜云:山人在禁苑時,上嘗徵其詩,錄進三百篇,謂之御覽集,未敢專行,後彙爲漁洋續集。

(六)王阮亭先生詩初續合刻十八卷(康熙甲戌錫山于野草堂刻本),王士禛著。是集分體編次,卷一至七古體,卷八至十八今體。卷首有錢謙益汪琬葉方藹陳維崧施閏章徐乾學曹禾各序,及錢謙益古詩一首。

(七)蠶尾集十卷(康熙丙子刊本),王士禛著。士禛以康熙甲子祭告南海,阻雪東平,望小洞庭中,有蠶尾山,爲唐太守蘇源明讌賞地,悅其清邃,因取以名其山房;圖爲小照,併以名集。凡詩二卷,文八卷。詩則庚子使粵以前,及丁卯以後所作;文則庚午以後,所作也。見自序。又有宋犖序。

按盛符升作蠶尾集序,稱戊辰乙亥詩文爲蠶尾集十卷。此集目錄下又註云:"詩自甲子年起,其年冬及乙丑年作,別爲南海集;文自庚午年起,均與序不合,疑有舛誤。"

(八)蠶尾續集二卷(康熙甲申刊本),王士禛著。起乙亥迄甲申,官少司農以至大司寇之作,中間丙子使蜀詩不與焉。有吳陳琰序。

(九)蠶尾後集二卷,王士禛著。此戊子一歲里居之作。自序云:"予次康熙戊子一歲之作,爲蠶尾後集,得五七言絕句二百餘首,而古律詩才十之一,於是先絕句,而餘體反附其後。"又曰:"予甲申歸田後,詩曰古夫于亭稿,此卷則爲蠶尾後集,以綴蠶尾正續兩集之後,實則古夫于亭稿後一年之作"云。此集及古夫于亭稿,後併入帶經堂蠶尾續詩十卷中。

(一〇)南海集二卷(康熙乙丑刊本),王士禛著。士禛以康熙甲子十一月奉命祭告南海,乙丑二月抵廣州,六月歸自粵,便道回里省親。共得詩三百餘首,有門人盛符升金居敬序。

陳恭尹(元孝)評云:"雖不及蜀道之宏放,而天然處乃反過之。"

(一一)雍益集一卷(康熙丙子刊本),王士禛著。丙子奉命祭告西嶽西鎮江瀆之作。士禛寓書門人盛符升云:"奉使秦蜀,往返萬里,得書纔百餘篇,皆寥寥短章,無復當年蜀道南海豪放之格;然覽古興懷,得江山之助,生色有加。擬之眉山集中,所分紀行,遊覽,古跡,寫興,諸篇,殆兼而有之。"前有盛符升總述,末有門人蔣仁錫後序。

(一二)漁洋山人文略十四卷(康熙三十四年刊本),王士禛著。士禛既刻蠶尾集,又次其古文詞舊藁十四卷別爲集刻之,皆順治庚子後作也。首有門人張雲章序。

譚獻曰:"閱漁洋文,游記之工,不減酈柳;小品均修潔,南宋元人之能者。"

按漁洋佚文當不少,余所見吳陋軒詩序,查初白詩序,張木出詩序等篇,俱未入集,當留心搜輯之。

(一三)古夫于亭藁一卷(康熙丁亥刊本),王士禛著。詩九十一首。年譜云:"山人既歸里第,閉戶著書,門無雜賓,惟與張蕭亭張歷友諸君,往來倡和。明年二月,大名成文昭較刊于京師慈仁寺。"

(一四)精華錄十卷(康熙刊本),王士禛著,門人盛符升曹禾編次,林佶手書。佶曾手寫午亭文編堯峰文抄並此而三。精華錄者，蓋仿任淵選山谷詩文之例，前有廣陵禹之鼎畫戴笠像，宛陵梅庚贊。按是錄係士禛自定，特託名於門人耳。福州梁中丞章鉅，藏有漁洋與林佶札二十一紙，俱與林商略精華錄中詩目行款，卷頁多少，極其纖悉。內如蠡勺亭詩'沐日浴月'四字，初欲改'虎豹辟馬，'旣又改'騄馬'爲'水兕，'其一字求妥如此。

又按卷末有林佶後序，而卷首無序。乾隆間，翁方綱按試山東，新城學官請作，今存小石帆亭著錄中，而印本仍缺之。

(一五)精華錄訓纂十卷，年譜二卷(雍正紅豆齋刊本)，東吳惠棟撰。棟字定宇，諸生，精于經學。祖周惕，爲士禛門人。訓纂之名，蓋取諸姚察漢書(按惠棟著後漢書補注，初亦名後漢書訓纂)。原書十卷，每卷分爲上下。前有凡例，言山人詩于當代人物，極爲注意，每遇風雅志節之士，集中必一見之。其歲暮懷人詩，大半布衣。余故于當代事實，悉意蒐輯，十得八九。山人生平著作，余所見者八十餘種，帶經堂最後刻，較之入吳過江漁洋山人禮部等集，逸者蓋三之一；每有遺文逸什，與詩辭相發明者，必全錄之，以備闕略。又諸集中，詩句間有異同，暨原注未備者，並採入之。又漁洋有自撰年譜草本，棟從黃叔琳得之，於漁洋出處事蹟特詳，是皆惠注之所優。而四庫提要毛舉細故，斥其淺謬，又謂金榮箋注，行世在先，何其不考之甚耶。

(一六)精華錄訓纂補十卷(乾隆丁丑刊本)，惠棟撰，補訓纂所未備也。卷首有盧見曾序，書即見曾所刻，惟書口仍署'紅豆齋'三字，前載黃叔琳所作漁洋山人本傳。

(一七)金氏精華錄箋注辯訛一卷(乾隆刊本),惠棟撰。棟稱金榮箋注,係取其注而參錯之,如一幅縑帛,割裂都盡,間有增益,皆淺近習見語;又多謬誤,所引諸書,本書所無者殆半,紕繆不可悉舉。因著辯訛一卷,附訓纂後。

按此及訓纂補係續出另刻,不附原書,通行本俱缺。

(一八)精華錄箋注十卷(雍正鳳翽堂刊本),金榮撰。榮字林始,吳縣人。是書寫刻極精,卷首摹戴笠圖,亦肖。惟成書在惠棟之後,徵引不免雷同,故惠棟以爲剽竊。其用編年例,則較惠氏分體爲勝。据翁方綱精華錄序,尚有徐氏注,未見。

(一九)精華錄會心偶筆六卷(乾隆初刊本),伊應鼎撰。自序言齠稚及侍漁洋,時已老病,而漁洋內兄蕭亭恆館漁洋家,時相提命,故詩訣之傳,並漁洋詩中旨趣,得諸蕭亭口述者爲多。

按是書專釋詩意,不釋故實。可輔惠並行。

(二〇)精華錄選抄(道光刊本),查愼行何焯評,郭汝驄校刊。取精華錄中查何二家有評者抄之,而錄評語於上方。初白義門本善評詩,是評著語不多,具見竅要。前有吳德旋序。書刊于道光間。

(二一)復初齋精華錄評,翁方綱撰。覃谿評漁洋詩,余所見有數本,而皆不同。一余自藏覃谿草書評本,係寫在精華錄訓纂之上。二金武祥粟香隨筆卷五所刻。三繆荃孫烟畫東堂小品之一種。俱非僞托,蓋覃谿素好漁洋詩,隨手揮灑,非止本,語各一端,見有先後,故不同也。金刻卷末跋云:"可亭先生,(按卽戴相國衢亨),虛懷不棄,屬爲圈識,豈敢似外間輕論漁洋者乎? 然亦僅圈記百卅餘篇,五古五律太少,求如七古七律之加圈至兩圈三圈者,再四尋研,而竟不可得。何也? 此間分寸毫釐,豈涉一執己見乎?" 繆刻卷首跋云:"阮亭詩,如海估揀取明璣紫貝,製作仙子五銖衣,隨手湊補,皆合五城十二樓中裝飾;但寒者不可爲衣耳。" 又云:"五古五律五絕,皆似錄舊,卽七古亦多爲格調所牽,惟七律七絕有神韵耳。" 其他評語,大率異多同少。

余又於廠肆見王西莊鳴盛評本,爲福山王懿榮迻錄,於惠注多所補正,未知爲何人購去。

(二二)漁洋集古梅花詩四卷(雍正間刊本),王士禛著,姚炎霖刻。有炎霖序,稱:"余從散帙中,得讀其梅花集句三百有十首,上溯有唐,下迄宋元諸名家詩,咸在所取。對偶精切,而詞意聯屬。爰整比其篇次,付之剞劂"云云。按此書不見惠棟漁洋年譜及書目,眞漁洋佚詩也。姚炎霖無可攷,亦無刻書年月;但改士禛爲士禎知爲刻於雍正以後耳。

(二三)漁洋集外詩二卷(乾隆丁酉刻本),王士禛著,張承先輯。共一百二十首,從梁溪鄒流綺十名家詩選中錄出者也。中屬少作落箋堂詩居多,前有張承先錢大昕序,後有褚英跋。

(二四)論詩絕句一卷(康熙壬寅刊本),王士禎著。詩三十五首,猶子淨名註,卷首有陳士業序。居易錄云:"余康熙癸卯在揚州,一日雨行如皋道上,得論詩絶句四十首,蓋仿元遺之作。其一云:'三代而還盡好名,文人從古善相輕,君看少谷山人死,獨有平生王子衡。'吳江許甫草丁未於都門見此詩,因作記。"

按此又作絶句四十首,今詩集只存三十二首。

又按翁覃谿石洲詩話卷七,錄漁洋論詩絶句,而闡發之極精。

(二五)王漁洋秋柳詩解(乾隆刊本),屈復撰(士禛於順治丁酉游歷下,集諸名士於明湖。賦秋柳詩四章,四方和者數百人,譽者固多,譏者則以爲不切題)。自伊應鼎謂爲寓滄桑之感,云亡之痛,至屈復更加確指,謂四章皆寄刺南渡之亡。東坡云:"作詩定此詩,必非作詩人。"漁洋豈徒賦秋柳者哉?

按管侍御世銘韞山堂集,有追紀舊事二絶。其一云:"詩無達詁最宜詳,詠物懷人取斷章,穿鑿一篇秋柳注,幾因耳食禍漁洋。"自注云:"秦人屈復注王漁洋秋柳詩,泥白下洛陽,帝子公孫等字,妄擬爲憑弔勝朝,最爲穿鑿。"其二云:"語關新故禁銷宜,平地吹毛賴護持,辨雪仍登天祿閣,三家詩草一家詞。"自注云:"丁未春大宗伯某,掎摭王漁洋朱竹垞查他山三家詩,及吳園次長短句內語疵,奏請毀禁。事下機庭集議,時余甫內直,惟請將曝書亭集壽李清七言古詩一首,事在禁前,照例抽毀;其漁洋秋柳七律,他山宮中草絶句,及園次詞,語意均無違礙。當路頗韙其議,奏上報可。"據此,則漁洋幾以是注而獲身後之譴矣。

又按屈復號悔翁,關中布衣,舉乾隆元年博學鴻詞,工詩,著有弱水集,秋柳詩注,即附集後。集中秋草詩十首,憑弔興亡,蒼凉感喟,不減漁洋秋柳。

(二六)漁洋山人秋柳詩箋(嘉慶乙卯刊本),李兆元撰。兆元字勺洋,萊州人,官河南知縣。兆元未見屈復注,而所見略同;詁解較屈氏尤貼合。謂第一首追憶太祖開國時事。太祖定鼎金陵,先以'白下門'三字,點明其地;不然漁洋之賦秋柳在歷下水面亭,何取於白下而遠引之乎? 第五句,以唐太宗比明太祖。烏夜村者,后之所居,以長孫皇后,比明德馬后。第三句,春燕影,是用建文中童謠,莫逐燕,燕日高飛,高入帝畿。他日,指靖難時。靖難之後,移都燕京,以金陵爲南都。差池云者,已見一番變革矣。第四句,今字指福王失國後言。亡國之慘,更甚靖難。第二首爲福王作。次句比福王不能自振。三四句,指馬阮輩言,嘆輔佐之無人也。第五句以隋堤水比福王徵歌選舞,有類煬帝。第六句係借用,晉瑯琊王睿生於洛陽,南渡後爲中興之主。福王亦生於洛陽,立於南都,而一年遽亡。句中不見二字,寄慨深矣。第三首,因故太子旣無下落,唐桂二王,又以次翦滅,而深戒諸遺老,當識天命也。太子所居係春宮,明亡於甲申三月,又係春時;'東風作絮,'言太子與二王之飄零。第二句,言南都已亡,明之氣數已盡也。扶荔宮在長安,借指燕京,靈和殿在金陵,實指南都。相逢南雁者,如唐王益王桂王等,皆與福王爲兄弟行。兄弟爲雁序,諸王皆在南,故曰'南雁,'因太子二王而並及諸王也。皆愁侶者,諸王或滅亡,或流落,已無可輔之人。'好語西烏,'正指故明諸遺老。莫夜飛者,言當知天命有歸,不可妄萌思明之念,效沈攸之之自取族滅也。第四首,專爲福王故妃童氏作。如此證釋,旁皇周浹,勿論作者是否有此意,夫亦言之成理矣。卷後又附許鴻磐朱鳳森說,可與本注相參證。鴻磐字雲嶠,濟寧人,精地理;鳳森字韞山,臨桂人,侍御琦之父,工詩,皆同官河南者。

(二七)漁洋秋柳詩箋注析解(同治十一年刊本),鄭鴻撰。自序稱從王文簡後裔名超峯者學詩,得知秋柳四章,爲公弔明亡之作;後又得登州某先生所注(按卽李兆元),與師說同,其書旋失去,因述師說參以己見,輯爲此卷。

按是書大率抄襲李兆元說。

(二八)王文簡公秋柳詩注解(同治丙寅,天壤閣刊本),王祖源録。祖源祭酒懿榮之父。是書本李兆元說,參以屈復之解,惠棟之注。有自序。

(二九)漁洋秋柳詩釋(光緒十四年刊本),高丙謀撰。謂秋柳詩爲鄭妥娘作。妥娘福王府中舊歌妓,隨至南都。鼎革後,流落濟南。諸名士結社明湖,一日,妥娘偶在座中,正逢秋霽,見湖邊楊柳,忽動盛衰今昔之感。其引用白門,江南,扶荔宮,靈和殿等語,皆指金陵南朝而言;其引用隋堤水,永豐坊,洛陽,梁園等語,皆指河南福藩而言;其桃葉桃根句,則當日妥娘外尚有一人,故云。此亦可備一解。

(三〇)八家詩選八卷(康熙刻本),吳之振選。士禎之外,則宋琬,曹爾堪,施閏章,沈荃,王士祿,程可則,陳廷敬皆同時有名詩家。之振字孟舉,曾與呂晚村共選宋詩抄。

(三一)王宋二家詩抄二十卷(康熙間刻本),邵長蘅選。王士禛漁洋詩抄十二卷,宋犖綿津詩抄八卷。長蘅字子湘,長洲人,諸生。卷首有長蘅序。案士禛寄犖詩云:"尙書北闕霜侵鬢,開府江南雪滿頭,誰識當時兩年少,王揚州與宋黃州。"長蘅緣此遂選二家詩爲一集。或疑犖詩何足比士禛,犖以重金壽士禛,士禛因報以此詩;而長蘅遂据之以諛犖也。然犖詩雖不足比士禛,故亦自佳。且士禛詩,僅言二人年少風流,亦未及詩,何至有重金賄得之說。惟其中固亦有因:董曲江元度云:"趙秋谷能館職,益修憾阮翁。屢遊吳中,與吳修齡爲莫逆交。一日酒酣,語修齡曰:'邇日論詩,惟位尊而年高者斯稱巨手耳。'時商邱方巡撫吳門,聞是語,遂遽于阮翁,故答詩云爾。"其實秋谷誚士禛則有之;若犖似不在其指譏中也。

(三二)六家詩抄六卷(乾隆三十二年刻本),劉執玉選。王士禛外,有宋琬,施閏章,朱彝尊,趙執信,查愼行共六家。執玉字復燕,錫山人。卷首有沈德潛序,是選最通行。

(三三)衍波詞二卷(康熙留松閣刊本),王士禛著。皆其少作,在揚州時,孫默所輯十七家詞之一。四庫著錄止十五家,缺龔鼎孳香嚴詞程崑崙衍愚詞二種。前有鄒祗謨序。

彭孫遹曰:"阮亭衍波一集,體備唐宋,美非一族,其工織而綺靡者,花間之致語也;其婉孌而流動者,草堂之麗字也。"見鄒祗謨遠志齋詞話。

按孫默字無言,新安人,布衣,漁洋所稱爲名士牙行者也。

(三四)阮亭詩餘(會稽趙氏刊本),王士禛著,徐夜評。並釋出處,措語精要,不涉標榜套習。

(三五)詩問四卷(康熙丙辰羅延齋本),卷一,郎廷槐問,漁洋老人答。卷二,郎廷槐問,張篤慶(歷友)答。卷三,郎廷槐問,張實居(蕭亭)答。卷四,劉大勤問,漁洋老人答。前有廷槐上漁洋啓。

按乾隆間,漁洋再從孫祖肅刻本,只卷一卷四,分爲上下。又一本,題曰:師友詩傳錄一卷,續錄一卷,前錄併漁洋及張篤慶張實居答語於同條之下,續錄則劉大勤問而漁洋答也。四庫以此本著錄。

按張篤慶字歷友,康熙丙寅拔貢生。著有崑崙山房集。漁洋云:"張歷友文章淹傳華贍,千言可立就,詩尤以歌行擅場。"

(三六)漁洋詩問附記一卷(舊抄本),翁方綱撰。於漁洋答意,多所闡發,僅八條。此書無刻本,余得抄本石洲詩話九十兩卷,此即九卷,其十卷乃然燈紀聞附記也。石洲詩話刻本止八卷。

(三七)然燈紀聞一卷(乾隆丁丑王兆蘅刊本),漁洋口授,門人何世璂述。共二十則。世璂新城人,康熙己丑庶吉士,官至直隸總督,謚端簡。前有宋弼序,稱:"雖偶然舉似,言之甚邇,而意味深長,語言無多,而法戒昭朗,苟充其言,雖殫精畢力,猶有所不能盡也。"

(三八)然燈紀聞附記一卷(舊抄本),翁方綱撰。亦發揮漁洋論詩之旨，其中歐蘇黃七律，必不可學一條，痛駁原說最詳。末記云：“是編不著何年，漁洋於康熙甲申冬歸里，此編之錄，在乙酉丙戌丁亥之間，漁洋晚歲里居，端簡公未出仕時也。”

按覃谿好說詩，與漁洋同。其於漁洋原說，從者什六七，違者什三四，合而觀之，則可互相發明也。

（三九）律詩定體（乾隆丁丑刊本）；王士禎著，何世璂述。後有王兆森識云：“右何端簡所述，先司寇公論詩語，兆森從何氏抄得因爲鋟本，亦如司寇所云：‘詩如龍然，此其一爪一鱗而已。’”

（四〇）古詩平仄論一卷；附趙秋谷所傳聲調譜一卷（大興翁氏小石帆亭著錄本）；王士禎撰，翁方綱注。方綱序云：“詩家爲古詩，無弗諧平仄者；無弗諧，則無所事論已。古詩平仄之有論也，自漁洋始。夫詩有家數焉，有體格焉，有音節焉，是三者常相因也，而不可泥也，相通也，而不可紊也。漁洋之論古詩，蓋爲失諧者言之也，紊亦失也，泥亦失也，夫言豈一端而已，言固各有當也。方綱得聞緒論於吾邑黃詹事（按即黃叔琳），因得先生所爲聲調譜者。旣又見江南屢有刊本或詳或略，又有所謂詩問詩則者，其論間有揩柱，亦大同小異。今見新城此刻，抑又不同，或遂疑其有贋。方綱蓋嘗熟復先生言詩之旨，而知其不相悖也。夫張王元白之雅操，不可以例杜韓；山谷之逆筆，不可以概歐梅，吾惡知先生當日有所爲而言之之爲桓司馬耶？爲南宮敬叔耶？”又云：“趙秋谷所傳聲調譜，或云前譜是漁洋著，後譜是秋谷著。以愚考之，前後譜，皆秋谷所爲也。今以新城所刻平仄論合觀之，愈見新城所刻，是漁洋眞筆，而此爲秋谷無疑，故附錄於此。"

(四一)五言詩平仄舉隅一卷,七言詩平仄舉隅一卷(大興翁氏小石帆亭著錄本),翁方綱撰。自序言:"二十年前,在粵東使院九曜池上與學侶論詩,偶識此二卷,不足眎人也。今因著錄漁洋先生平仄論不得已而附于後"云云。

(四二)七言詩三昧舉隅一卷(大興翁氏小石帆亭著錄本),翁方綱撰。自序云:"漁洋于唐賢撰三昧集矣。其爲五七言詩抄,則皆三昧也。皆三昧,則皆舉隅也,奚又擇諸? 曰:擇其最易見者,擇其隅之最易反者而已。"又云:"神韵者,格調之别名耳。究竟言之,則格調實而神韵虚,格調呆而神韵活;格調有形,而神韵無迹。七言視五言又開闊矣。是以學人才人各有放筆騁氣處,氣盛則言之短長,聲之高下皆宜,烏能執一以裁之。夫是以不得已而姑取短章也。至拈取七言者,以五言多含蓄,七言則疑于縱矣,故不得不舉隅證之"云。

(四三)聲調前譜一卷,續譜一卷,後譜一卷,附談龍錄一卷(乾隆戊午寫刊本),趙執信撰,門人仲是保叙。前有論例七則,後譜之末附通轉韻式。仲序言:"唐詩聲調,海虞馮氏始發其微,于時和之者,有錢牧齋、程孟陽。吳梅村聞之孟陽,王阮亭又聞之梅村,人無有得其說者。飴山先生,展轉竊得之,有來叩者,無不指示"云云。

按序言展轉竊得,則秋谷非受之漁洋可知。覃谿斷爲秋谷自作,洵有見矣。談龍錄有執信自序,其命名見開卷第一條,蓋取漁洋言詩,如神龍見首不見尾爲話柄耳。

又按聲調譜他刻本有題作詩則者,實即一書。

(四四)古詩選凡例一卷(康熙癸亥刊本),王士禛撰。分五言詩凡例,七言詩凡例。此書刊于古詩選未成之前,其後編入漁洋文略,又刻冠古詩選卷首,惟字句俱有異同。

(四五)漁洋詩話三卷(康熙庚寅刻本),王士禛著。自序言"武林吳陳琰書來,欲撰本朝詩話,徵余所著,無暇剌取諸書,乃以余平生與兄弟友朋論詩,及一時談諧之語,可記憶者,雜書之,得六十條;戊子秋冬間,又增一百六十餘條。

按是書不但論詩,又多攷證故實。又有黃叔琳序。

又按張潮輯昭代叢書載漁洋詩話一卷,蓋錄古詩選凡例而名之,非此書。

(四六)五代詩話十二卷(乾隆間刊本),王士禛著,黃叔琳校訂,前有士禛自記,次黃叔琳宋弼序。此蓋漁洋手葺未成之書;叔琳屬宋弼芟其重複,重爲釐訂,而授之梓。卷末又有許道基伊福訥二跋。

按鄭方坤有五代詩話補,搜採最富,有刊本行世。

(四七)帶經堂詩話三十卷(乾隆二十五年刊本),張宗柟輯。漁洋論詩之說,散見所著各書,宗柟薈而集之,凡分門八,分類六十有四,另錄御筆應制二類於卷首。條理淸晰,最便觀覽。前有張宗松書,宗柟自序,及張宗橚後序。

(四八)漁洋杜詩話一卷(乾隆丁亥大興翁氏刊本),翁方綱輯。就漁洋各書次其談杜詩者得一百四十七條。卷首有自序,卷末有跋。

案方綱石洲詩話卷六云:"蕿輯漁洋杜詩話一卷,不盡評騭語也,而外間所傳漁洋評本,又多雜以僞作"云云。是卷細爲剖辨,有當時弟子私述所聞,以爲出漁洋手評者,有漁洋早年未定本者,有西樵評誤指爲漁洋評者,皆一一指而出之。

又案方綱小石帆亭著録卷六云:"余得一本於山西崔南有之家,實係漁洋親筆。所可疑者,一部杜集,只手評其半耳。忽於杜詩注本,所見已三十餘種,即前人手批本,亦見十餘種,其妙喻入微,未有若此半部之透宗者。"

(四九)花草蒙拾一卷(順治庚子刊本),王士禛著。共五十七條,自序言:"往讀花間草堂,偶有所觸,輒以丹鉛書之,積數十條,題曰花草蒙拾"云云。刻倚聲集卷首。

按漁洋論詞粹語,散見遠志齋詞話,及倚聲集詞評。

(五〇)古詩選三十二卷(康熙丁丑蔣景祁刻本),王士禛選。首姜宸英蔣景祁序,次凡例。五言始十九首而終隋,附以唐陳子昂張九齡李白韋應物柳宗元,凡十七卷。七言始大風垓下諸歌,而終於宋元諸大家,凡十五卷。至今言古詩者,奉爲圭臬焉。

按五七言劃然分界,自是選始。漁洋此旨,實本于元遺山。陵川郝伯常作遺山墓誌云:"先生以五言雅爲工,而出奇于長句雜言。" 余觀集中有東坡詩雅引云:"五言以來,六朝之謝陶,唐之陳子昂韋應物柳子厚最爲近風雅,自餘多以雜體爲之。雜體愈備,則去風雅愈遠,其理然也。" 又有別李周卿詩云:"古詩十九首,建安六七子,中間陶與謝,下逮韋柳止。" 是知五言詩凡例,非漁洋創論也。

又按漁洋答秦留仙宮諭書云:"二十年前,曾有五言詩七言詩之選,頗有別裁。荆溪門人蔣景少爲刻其本,亦尚有訛字未校"云云。今閱是刻,信然。蔣序稱校正字畫,罔有訛脱者,欺人語耳。

(五一)古詩箋三十二卷(乾隆三十一年正誼堂刊本),聞人倓箋。有自序。五言詩照原卷編次,七言詩每卷分上下。所箋引證頗博,惟句字原誤者未能校正,原有注者多被删削。又原序二首,有姜宸英而遺蔣景祁。人倓字訥甫,雲間人,諸生,爲松江蔡顯門人。顯以文字被禍,倓亦株連遣戍。

(五二)重訂王文簡公五七言詩抄三十二卷(嘉慶乙丑蘇齋刻本),翁方綱葉廷勳仝校訂。有翁葉二序。翁序稱:"斯編實後學指南,有通途而無流弊,暇日,取曩時手校之本,與葉花谿翁所考述,有相引證者,遂依次重録之。"花谿翁,即廷勳也。是刻於凡例,詩題,原詩字句,作詩者姓名,皆有訂正。讀此書者,最善本也。

按翁氏以漁洋五言詩不選杜韓,不無缺憾,遂有五言詩續抄之刻,續者續是選也。廷勳南海諸生。

(五三)古詩選評(舊抄本),翁方綱撰。方綱重訂古詩選,於篇字多所刋正,而未及詩之旨趣。是本專主評詩,七言尤詳於五言,當與石洲詩話參看。其評七言詩凡例第二條云:"觀此知先生專力在五言,而七言特因而及之。"又評金元詩一條云:"豈可以自己所好,狃於所習耶?此當終于元遺足矣,"皆具特見,他評精粹語極多。

按姚範援鶉堂筆記有評古詩選一卷。

(五四)唐賢三昧集三卷(康熙二十七年,吳門書林刊本),王士禛選。首姜宸英序,次自序言:"嚴滄浪論盛唐諸人,詩惟在興趣,羚羊挂角,無迹可求,透徹玲瓏,不可湊泊。司空表聖論詩亦云,味在鹹酸之外,因取開元天寶諸公篇什讀之,于二家之言,別有會心,錄其尤雋永超詣者,自王右丞而下四十二人。'三昧'者,取佛經自在義也。"

按漁洋云:"林間錄載洞山語云:'語中有語,名爲死句,語中無語,名爲活句。'余嘗舉似學詩者。門人彭太史直上來問余選唐人三昧集之旨,因引洞山前語語之。"

又按漁洋曾選唐詩神韵集。居易錄云:"廣陵所刻唐詩七言律神韵集,是予三十年前在揚州啓涑兄弟初入家塾,暇日偶摘取唐律絕句五七言授之者,頗約而精。如皋冒丹書青若,見而好之,手抄七律一卷攜歸。其後二十年,泰州繆焱甲黃來刻之,非完書也。集中有陳太史其年及二子增入數十篇,亦非本來面目矣。"神韵集今不傳。

(五五)唐詩三昧集注三卷(乾隆丁未刻本),王士禛選,南城吳煊退菴，胡棠廿亭輯注。有吳煊胡棠二序。

（五六）十種唐詩選（康熙丙寅刊本），王士禛刪纂。殷璠河嶽英靈集選一卷，高仲武中興間氣集選一卷，芮挺章國秀集選一卷，失名搜玉集選一卷，令狐楚御覽集選一卷，姚合極玄集選一卷，韋莊又玄集選一卷，韋縠才調集選三卷，姚鉉文粹詩選六卷。卷首有韓菼尤侗盛符升三序。才調集選，文粹詩選，又有漁洋自序。才調集選序略云："韋縠撰才調集，大抵以風調爲宗。先是韋莊在前蜀嘗撰又玄集，縠書晚出，實爲過之。唐代諸選，殷璠元結之流，以風骨相高，最爲傑出。獨令狐氏御覽詩，暨是集，專尚風調，而縠殊少于持擇，爲識者所少"云云。其文粹詩選序云："鉉別裁具眼，所取詩只樂章樂府古調，而格詩不錄，視後來鼓吹三體諸唐詩，特爲近古，較英靈篋中二集，尤宏備。惜其雅俗雜糅，輒取刪之"云云。据此二序，可識十選之旨。又漁洋答秦留仙書有云："妄謂後世選唐詩，較唐人自選，終隔一塵"云云。其大旨尤顯然矣。門人盛符升王我建校刊。

（五七）唐人萬首絕句選七卷（康熙戊子刻本），宋洪邁原本，王士禛選。自序言洪文敏萬首絕句，其書頗多譌舛，如何遜沈警，梁陳間人，侯夫人隋宮人，槩行混入；至唐人小說，如東陽夜怪錄之類，亦點簡册。又有一詩而隸兩人，複見重出，因刪存其佳者，八百九十五首。是選之成，距士禛歿僅三年，識老眼高，特爲精審。

按分甘餘話云："海鹽胡震亨輯唐詩統籤，自甲迄癸，凡千餘卷。卷帙浩汗，久未版行。康熙四十年，上命購其全書，分織造兼理鹽課通政使曹寅鳩工刻於廣陵。胡氏遺書,幸不湮沒,然版藏內府,人間亦無從而見之也。”按漁洋於康熙四十三年九月罷歸,四十四年三月奉旨頒發內府所藏全唐詩,合唐音統籤諸編,命曹寅等刊刻,至四十五年十一月一日書成,皆在漁洋里居時。然則全唐詩刻本,漁洋竟未得見,故所選唐人詩,僅就所見舊選數種,摭掇爲之耳。設使得遍讀全唐詩,所得又豈止於此而已哉。

(五八)廣唐賢三昧集十卷(日本影印袖珍本),宗室文昭錄。是書就漁洋所選五七言古詩,唐賢三昧集,唐人選唐詩十種並萬首絕句統錄之,分爲前正續後四集。前編則初唐也,正編則盛唐也,續編後編則中晚也。昭文號紫幢主人,以天潢貴冑,辭爵讀書,游於漁洋之門。其成此書也,則在漁洋既沒之後。卷首有沈宗敬林佶二序。林序言:“漁洋師以詩名天下,幾四十年,當其盛時,及門受業者,亡慮百千人。身後一紀餘,弟子星流雲散,或名他師者有之,或反唇操入室戈者有之;不意拈瓣香尸而祝之者,乃出於天潢宗室中之一老,眞所謂豈知萬毛牛,難媲獨角麟者矣。”是編係文昭手稿,沈林兩序,亦出手寫。不知何時流落朝鮮,又歸日本書肆。湖北田伏侯得之,因影印流布。林序又稱主人嘗輯詩管一部。此書聞曾藏常熟翁相國家,不知今尚存否? 余十年前曾購得紫幢詩集六册,忘其卷數,後忽失之,閱此悵然。

(五九)二家詩選二卷(康熙己卯刊本),王士禛選。二家者,明吳郡徐禎卿(昌穀)迪功集,祥符高叔嗣(子業)蘇門集也。卷首士禎自序,謂:"明興至弘治,李何崛起中州,吳有昌穀徐氏,爲之羽翼,相與力追古作,一變宣正以來流易之習。嘉靖之初,高子業繼起大梁,自寫胸情,掃絶依傍。弇州詩評:'謂昌穀如白雲自流,山泉泠然殘雪在地,掩映新月;子業如高山鼓琴,沈思忽往,木葉盡脫,石氣自青。'其弟敬美又云:'更百千年,李何尚有廢興,徐高必無絶響。'其知言哉。嘗取二集評次,錄爲一通,大抵於徐主迪功集而不取外集別集,於高主五言而舍七言。"

按漁洋詩,素法二公,故是選最見精粹。

(六〇)邊華泉集選四卷,附邊仲子詩一卷(康熙庚辰刊本),明邊貢撰,王士禎選。士禛序云:"明詩莫盛於弘,正,以李何爲首庸,而邊徐二家次之。吾濟南詩派,大昌於華泉滄溟二氏。而篳路藍縷之功,又以邊氏爲首。暇日鑊其繁蕪,掇其精英,與徐氏迪功集並刻於京邸"云云。後附選邊仲子詩,序云:"仲子貧困負薪,以授徒取給饘粥。今所存睡足軒詩一卷,其七十時客孫氏作也。故友徐隱君(夜)購得手藁。康熙庚辰,余刻華泉集於京師,乃取徐本,錄其半"云云。

按漁洋五言詩凡例後一條云:"明五言詩極爲總雜,西涯之流,源本宋賢,李何以來,具體漢魏。平心論之,互有得失,未造古人。獨高季迪,皇甫子安兄弟,薛君采,徐昌國,華子潛,寥寥數公窺見六代三唐作者之意。余別有總論"云云。其後漁洋於明詩竟未論次,只此徐高邊三家選本行世,其殆以遙接唐賢三昧歟?

(六一)新安二布衣詩八卷(康熙甲申刊本),王士禛選。二布衣者，明休寧吳兆，字非熊；程嘉燧字孟陽也。首有宋犖汪洪度及士禛序。士禛序稱吳五言其源出謝宣城何水部，意得處時時近之。程七言近體學劉文房，韓君平，清辭麗句，神韵獨絕絕句出入於夢得牧之義山之間；不名一家，時詣妙境；歌行刻畫東坡，如桓元子似劉越石，無所不憾。大抵吳以五言擅場，七言自秦淮門草籍而外，無頗可采；程以七言擅場，古體不逮今體。此其大略也。

(六二)鈐山堂詩選(原稿本)，明嚴嵩撰，王士禛評選。按士禛評論明詩未嘗及分宜，此選亦未與高徐邊三家詩選同刊行，蓋有所忌也。然曹孟德石季倫詩，古今何嘗不傳誦。王世貞讀鈐山堂集云："孔雀雖有毒，不能掩文章。君子不以人廢言可矣。"是稿爲閩人黃秋岳所藏。

(六三)阮亭選徐詩二卷(康熙戊寅刊本)，徐夜撰，王士禛評點。夜初名元善，字長公，慕嵇叔夜之爲人，更名夜，字嵇菴，又字東癡，與士禛爲外從兄弟。年二十九，遭世亂，遂棄諸生。康熙戊午己未間，有詔求巖穴之士，有司將以其名應，以老病辭。士禛嘗索其槁不得，因就篋中所藏二百餘篇，爲之梓行。卷首有士禛序，稱其詩五言似陶淵明，巉刻處更似孟郊。中歲以往，屏居田廬，邈與世絕，寫林木之趣，道田家之致，率皆世外語，儲王已下不及也。卷末有王士驪跋，稱先生詩不啻千篇，秘不示人，後往西江渡潛陽，其槀盡沒於水，今所存才什一耳。

(六四)林茂之詩選一卷(康熙間刊本)，林古度撰，王士禛評點。

古度字茂之,閩清人。卷首有士禛序,稱其詩清華省淨,具江左初唐之體。逮壬子以還,一變而爲幽隱鉤棘之詞,如明妃遠嫁後,無復漢宮豐容靚飾,顧影徘徊,光照殿中之態。今所錄篇什,皆辛亥以前之作,而世之浮慕翁者,或未必盡知也。

漁洋詩話云:"林茂之僦居金陵乳山,每過余,親爲撰杖結襪。康熙甲辰,林攜其萬歷甲辰以後六十年詩,詣余求爲揀擇,僅存其甲子以前詩百餘篇。施愚山見之曰:'吾交林翁久,不知其詩清新俊逸,源本六朝初唐乃如此。'"

(六五)青溪偈語一卷,臺山遊一卷,辛壬漫草一卷(康熙刊本),釋智朴撰,王士禛批點。智朴號拙菴,住盤山,居易錄稱其詩極似寒山子。青溪偈語前有黃元治序;臺山遊前有龐塏鄭纘祖序,辛壬漫草前有張朝琮鄭纘祖序,三種皆智朴詩。其他著未經士禛批點者,尚有盤谷詩集二卷,盤谷後集一卷,電光錄一卷,存誠錄一卷,慰幸青溪恭記一卷。

按分甘餘話云:"盤山和尚智朴,號拙菴,徐州人。丁巳以詩抵余,以所著電光雲鶴諸集屬序,予亦兩有詩懷之。庚午,侍者自山中來,寄詩云:'宮詹學士老詩伯,筆掃時風絕世才。日把盤山懷我句,橫肩榔櫪幾時來?'"

又按智朴嘗撰盤山志,漁洋亦與參酌。

(六六)杏村詩集編年不分卷(康熙四十七年刊本),謝重輝撰,王士禛評。重輝字千仞,號方山,德州人。以蔭官中書舍人,歷官刑部郎中。是集所存,皆晚年作。漁洋總評云:"杏村近詩,去膚存骨,去枝葉,存老幹,如長松怪石,顛倒絕壑,冰雪之所凝沍,飛瀑之所穿漏,詎復知名園百卉,爭妍競媚於春風駘蕩中耶?寥寥千古,眞賞甚希,存之篋中,以待後世有元次山杜清碧其人者,相賞於絃指之外而已。"卷首有高珩序。

(六七)蕭亭詩選六卷張居實撰,王士禛批點。居實鄒平人,明諸生,士禛內兄也。卷首有士禛序,稱:"蕭亭古今詩千餘首,樂府古選,尤有神解,爲擇其最五百餘篇"云云。雕是集者,爲邑令孫湘南,見王啓涑後記。

(六八)陶莊詩集三卷(康熙刊本),李淶撰,王士禛選評。淶字霖瞻,德州人。順治丙戌進士,官莒城知縣。士禛序稱:"其古詩原本于陶,而雜采諸家之美。點次其古詩爲一卷,而以近體詩二卷附焉。"又有高珩序。

(六九)鬲津草堂五字詩一卷,七言絕句詩一卷(康熙六十年刊本),田霡撰王士禛批點。霡字子益,德州人,侍郎雯之弟。康熙丙寅拔貢生,授堂邑教諭,不赴。卷首有士禛及孫勷序。

(七〇)吳蓮洋集二十卷(嘉慶大興翁氏校刊本),吳雯撰,王士禛評。雯字天章,號蓮洋,蒲州人,諸生。康熙己未舉博學鴻詞,報罷。士禛作蓮洋詩選序,稱其詩古澹閎肆,得古作者精意,自成一家言,灼然可傳。又作蓮洋墓誌云:"其詩一刻於吳中,再刻於都下,三刻於津門。今未刻尚千餘篇,予删之不少貸,所存皆卓然可傳。"

按此係漁洋晚年所定本,其家未刻。乾隆間傳刻數本,互有多少,且無漁洋評語。方綱是刻,稱爲眞本,多所訂正,載漁洋評語甚詳。前有方綱序,乾隆己巳賈澤洛刻蓮洋集一卷,稱爲蓮洋手稿,漁洋所手定者。展閱之則五七古佳篇,概未登,似不足信。

(七一)出塞詩一卷(康□戊寅刊本),徐蘭撰,王士禛評。蘭字芝仙,虞山人,能詩,工繪事,嘗從安郡王出塞,著出塞詩一卷。卷首有士禛序,稱其詩精悍雄拔,高者似供奉嘉州,下者亦在樊川昌谷之間。又有姜宸英序,萬斯同序,汪灝序。是册書簽題○○○○詩集,上三字損壞不可辨,旁注出塞詩,井梧集,片雲集。他二集未見。

王應奎柳南隨筆云:"徐芝仙學詩於王阮亭,阮亭極稱之。其詩已付梓者,有芝仙書屋集一卷,計詩二百三十餘首。出關詩:'馬後桃花馬前雪,出關那得不回頭。'沈確士亟爲予稱之,惜未刻集中,無從見其全"云云。今按是書第一首即是,前二句'將軍此去必封侯,士卒何心肯逗留。'其芝仙書屋集,當是後來删定本也。

(七二)觀稼樓詩二卷,楓香集一卷(康熙刊本),朱緗撰,王士禛評。緗字子靑,高唐州人,候補主事。漁洋朱君墓誌云:"子靑少負逸才,博通羣書。其爲詩,義兼騷雅,體備文質。性好賓客,所居有湖山之勝,四方名士,過濟南者,以不識子靑爲憾"云云。觀稼樓詩有士禛序,楓香集有田雯李興祖張貞梁佩蘭序,魏坤題詞。

按緗所著,尚有雲根清壑山房集,吳船書屋集,皆漁洋評本,未見。

(七三)蒼雪山房稿一卷(康熙刊本),朱綱撰,王士禛評。綱字子聰,高唐州人。緗弟官至福建巡撫,謚勤恪。卷首有士禛序。

宋弼曰:"公幼喜爲詩,晚益進自然,如:'人影樓邊月,蟬聲柳下門,黑雲迷遠樹,白雨入空樓。'皆造老境,惜無存稿。蒼雪集皆少作也。"

(七四)漪餘堂集五卷(康熙二十年刊本),王元朔撰,葉方藹王士禛評。元朔字良輔,鄆城人,幼籍遼左,官岑陵知縣。卷首有馮溥沈荃葉方藹徐乾學陳維崧及士禛序。士禛序言古詩歌行似太白,高岑,近體得少陵家法,絕句又兼元白夢得義山之妙"云云。

(七五)但吟草八卷(辛卯康熙刊本),蕭山豫撰,王士禛批點。惟豫字韓坡,安德人。順治戊戌進士,官翰林院侍讀,卷首有田雯馮廷槐二序,及自序。

(七六)黃湄詩選七卷(康熙刊本),王又旦撰,王士禛評選。又旦字幼華,郃陽人。順治十五年進士,選湖北潛江縣知縣,以治行,行取給事中,擢戶科掌印給事中,入國史循吏傳。卷首有士禛及汪懋麟顧星星序。

漁洋詩語云:"郃陽王又旦,才最高,初爲詩,襲古澹,後變而之雄放,自入爲給事中,乃斂才就法,七言古,五言今體,多可傳。"

是集後增刻三卷,亦士禛評選。

(七七)江湖夜雨集四卷(康熙刊本),郎廷槐撰,王士禛評。廷槐字梅溪,貢生,官山東知縣。早學詩於漁洋,及漁洋致政歸里,又適知新城縣事,就正較便,所傳詩問大約亦在此時。是書卷首錄上漁洋論詩書,及漁洋答書,次宋犖朱彝尊張貞張居實各序。

(七八)玉嚴詩選二卷(康熙刊本),林麟焻撰,王士禛評。麟焻字石來,莆田人。康熙庚戌進士,官至禮部郎中。嘗學詩於士禛,卷首有士禛序,稱其詩溫潤縝密,孚尹旁達,扶疏而直上。

漁洋詩話云:"閩舊無牡丹,惟塔山獨有數本。石來題詩云:'催放鼠姑花信風,錦茵銀燭照鞓紅。何當潑月慈恩寺,傳編新詞到六宮。品題國色總尋常,姚魏爭誇壓衆芳。不是宣和翻舊譜,何人解賞女眞黃?'"

(七九)滸豫集一卷(康熙刊本),李孚青撰,王士禛批點。孚青字丹壑,合肥人,相國天馥之子。康熙己未進士,官至翰林院編修。嘗學詩于士禛,士禛稱其早慧,能以詩世其家。是集爲盤隱山房集之一種,盤隱山房集共八卷,此其第四卷也。他卷無士禛批點。

按孚青詩先刻者,爲野香亭集十三卷,起丙寅迄戊寅,凡十三年。士禛作序,稱其詩清新綿婉,繼刻者爲盤谷山樵集則自己卯至癸未五年作也。其後甲申至乙未十二年,詩尚未刊行。光緒末合肥李氏又刻道旁散人集五卷,而其詩始全。

(八〇)綠楊紅杏軒詩集四卷(康熙刊本),蔣仁錫撰,王士禛批點。仁錫字靜山,天津人。舉人,官內閣中書,及學詩于士禛。卷首刊漁洋札一通,言:"新詩評次完,本擬鐫印後製一序,略述作者評者之指,不謂公事未了,欲覓晨夕片晷之暇,亦不可得,然三都賦自足不朽,正不藉一序也。"次有朱彝尊序。

仁錫後又刻綠楊紅杏軒詩續集六卷,無漁洋批點,卷首有錢名世序。名世坐以詩諂年羹堯,世宗罷其職放歸,且賜'名教罪人'四字,並令廷臣歌詠其事。亦趣聞也。名世著作,僅傳此文。

(八一)書堂西溪藁三卷(康熙刊本),謝芳連撰。是藁卷一嘯莊集,卷二簡言別錄,卷三香祖山人文外;卷一卷二漁洋評點,卷三則邵子湘評點也,芳連字皆人,宜興人。卷首漁洋題云,"嚴滄浪以禪喻詩,余深契其說,而五言尤爲近之。如王裴輞川絕句,字字入禪。他如'雨中山果落,燈下草蟲鳴。''明月松間照,清泉石上流。'以及太白'却下水精簾,玲瓏望秋月。'常建'松際露微月,清光猶爲君。'孟浩然'樵子暗相失,草蟲寒不聞。'劉眘虛'時有落花至,遠隨流水香。'妙諦微言,與世尊拈花,迦葉微笑,等無差別。通其解者,可語上乘。讀皆人嘯莊諸詩,不須更費草鞵錢也。"又五言一首,寄謝二皆人云:"秋眠池上亭,竹暗通人語。空吟小謝詩,荊溪渺何處。流目送飛鴻,歷歷江南去。"按序與詩皆未入集,特錄于此。

(八二)間山詩集十卷(康熙丙辰刊本),丁煒撰,王士禛施閏章評選。煒字澹汝,號雁水,晉江人。康熙十二年,定遠大將軍濟度統師入閩,招閩士試幕下。煒以諸生拔第一,授漳平教諭,尋遷戶部主事,官至按察使。是集自序,言編次詩藁適王阮亭先生過訪,出就繩削。先生曰"吾今乃得讀子之全詩也,何向善閟,豈以世無嗣宗乎?"余謝弇鄙。先生曰:"是奚足哉。夫一人之身,一日之感,窮達殊遭,旦暮異致。樂則鐘鼓言歡,哀則展轉寄傺。先王之詩教大抵如是。必謂異曲者不必同工,是仲武不必振響於西川,而少陵無俟攄情於夔府也。子之志若抑然有以自下者,吾又何敢以今日而定子之詩。"余旣感王先生言因删閟茸而述數語于前云云。又有林堯英魏禧錢澄之朱彝尊宋琬沈荃余國柱汪琬丁煒各序。

居易錄云:"閩詩自林子羽高廷禮後三百年,玆惟鄭繼之,後惟曹能始耳。今復見雁水,林高風流爲不絕矣。"

(八三)木田詩抄七卷,文抄一卷(雍正四年刊本),張丕揚撰。前有漁洋序,因賞其'艮事渾如鷁退飛'句,丕揚遂以藁屬評,且索序。後有田實發序,稱新城先生墨手評若干首,今似君以後作若干首屬補評云云。是某評語不標人名,蓋不盡漁洋評也。丕揚號木田,吳縣人。曾官中書。

(八四)聊園詩略十三卷(康熙刊本),孔貞瑄撰,王士禛田雯同鑒定,姪尚任(東塘)訂。貞瑄字璧六,闕里人。

(八五)王考功詩集四卷(舊寫本),明王象春著,從孫士禛評。象春字季木,明南京考功郎中。以詩名萬曆間,漁洋從叔祖也。錢牧齋許季木詩,謂如西域婆羅門,邪師外道,自有門庭,終難皈歧正法。然其警策處，要自不可磨滅。余遊天津，於方地山處見此集。評點處，係漁洋手筆，行草極秀，塗削頗多，評語間有不滿，其持論不肯假借如此。

按象春詩集有刻本，名嵴湖集。

(八六)考功集選四卷(康熙戊寅刊本)，王士祿撰，弟士禛批點。士祿字子底，號西樵，新城人。順治壬辰乙未進士，官吏部考功司員外郎。士禛伯兄也。與士禛同著詩名，時稱二王。其詩已刻者有表餘堂集，十笏草堂集，辛甲集，上浮集。士禛刪成四卷，首有士禛序。

香祖筆記云："先兄考功集詩，屢經芟削，最後止刻四卷，佳句佚者頗多，略記一二。如濰縣道中云：'人烟通下密，橋路遶東舟。'夏夜詞云：'夢覺聞花漏，星河一帶橫。'感興云：'大人有賦言仙意，內景何方駐聖胎，'此類尚夥。

(八七)古鉢集選一卷(康熙戊寅刊本)，王士祜著，弟士禛批點。士祜字子側，號東亭。康熙庚戌進士。士禛叔兄也。前有士禛序。引吳江計甫草論曰："三王著詩名，西樵阮亭早達，故聲譽易起；若東亭之才，詎肯作蜂腰哉？兄踰壯乃得第，中間以帖括廢詩，不爲者十數年，庚戌後稍復之，多幽憂侘傺之語，亦削棄不錄，故存者什一耳。"

(八八)抱山集選一卷(康熙刊本)，王士禧著，弟士禛批點。士禧字禮吉，新城人，太學生，士禛仲兄也。卷首有士禛序。

漁洋仲兄墓志云："兄所刻抱山詩集二卷，皆和月泉吟社詩五十餘章,多警策,未及鋟梓。間爲小詞,嘗題露筋祠壁云:'女郎遺跡秦淮路,曉凉門外青楓樹。石竹響空祠,蕭蕭三兩枝。可憐嗚咽水,斜日西風裏。那更感人情,估船吹笛聲。'鄒程村取入倚聲集。"

(八九)十子詩略(康熙刊本),王士禛選。十子者,商邱宋犖(牧仲)(官至江蘇巡撫),郃陽王又旦(幼華),(官至戶科給事中),安邱曹貞吉(升六),(官至徽州府同知),曲阜顏光敏(修來),(官至吏部考功郎中),黃岡葉封(井叔),(官至工部主事),德州田雯(紫綸),(官至貴州巡撫),謝重輝(千仞),(官至刑部員外郎),晉江丁煒(雁水),官(至湖廣按察使),江陰曹禾(頌嘉),(官至國子祭酒),江都汪懋麟(季角),(官至刑部主事),皆康熙丙辰丁巳間,部下相過從談藝者也。

(九〇)濤音集八卷(乾隆五十七年刊本),此王士祿士禛同選東萊人士之詩也。順治十四年丁酉,士祿教授萊州,士禛省兄于學舍,相與觀海賦詩,因撰次其邑人之作也。向無刻本,山東藏書家亦未見;惟萊人僅有存者。會桂馥(未谷)攝是邑訓導,求得一本,始爲刊行。前有翁方綱序,後有湯惟鏡跋。翁序言:漁洋題宝畫松歌蓋和孫黃門作,所謂江南吳生者,賴此集以傳其姓名,而注漁洋者,皆失之。集內附漁洋詩,吳生前後凡三見,中以道子襯托耳。今所行漁洋詩,則删去中間吳生句,於曆折乃轉未了然"云云。

(九一)感舊集十六卷(乾隆十七年,揚州馬氏刊本),王士禛選,盧見曾補傳。卷首有朱彝尊序,士禛自序;刻書時又有盧見曾序,張元後序。士禛以詩名天下,交游最廣,是集所錄,皆同時師友之作,除二三名公鉅卿外,多山澤憔悴之士,是其微尚所托。盧序謂我朝詩人,雖不盡於是集,集中名家之詩,亦非是集之所能盡,而人之以詩鳴於我朝之初盛,而必傳於後者,已甕括而無遺。其論良確。

按漁洋撰是集,始康熙癸丑而成于甲寅,晚年復加更定,故編次與序所言多不合。梅耦(長庚)知我錄云:"新城先生著述甫脫藁,輒已流布;獨感舊集一書,編成逾廿年,不以示人,因别有微指,嘗手疏其篇目見示。云:'右康熙甲寅撰,故無新篇,倘有屏風集佇近作入之'"云云。按今屏風集不傳,而是集晚年復加更定,則所稱近今作者,當亦入之矣。又按漁洋嘗深慨近世選家之濫,借此爲結納之資。其稱許者,止陳其年篋衍集及陳伯璣詩慰。至伯璣之國雅即不免徇時好。是以此書彌加矜愼,秘置篋中,直至身歿四十餘年,而始出也。

(九二)倚聲初集二十四卷(順治庚子刊本),鄒祗謨王士禛同選。前集四卷,卷一至三詞話;卷四韵辨。本集二十卷,卷一至十小令;卷十一至十四中調;卷十五至二十長調。意在續卓珂月詞統所選皆五十年來詞人之製。卷首有祗謨及士禛序,於詞學源流,剖析極詳。鄒祗謨字訏士,號程村,武進人。順治十五年進士。著有麗農詞。

按士禛早歲好塡詞,與祗謨共選倚聲集,以資提倡。同時孫默刊十七家詞,聶先輯百名家詞,淸初詞學,此爲極盛。其後士禛專力爲詩,不復言詞,而斯道亦浸衰息矣。余閱陳聶恆栩園詞弃,卷首錄顧梁汾書云:"國初輦轂諸公,尊前酒邊,借長短句以吐其胸中,始而微有寄託,久則務爲諧暢。香巖倦圃領袖一時,唯時戴笠故交,擔簦才子,並與讌遊之席,各傳唱和之篇。而吳越操觚家聞風競起,選者作者,妍媸雜陳。漁洋之數載廣陵實爲斯道總持。二三同學,功亦難泯。最後吾友容若,其門地才華,直越晏小山而上之。欲盡海內詞人,畢出其奇。遠方駸駸,漸有應者。而天奪之年,未幾輒風流雲散。漁洋復位高望重,絕口不談,於是向之言詞者,悉去而言詩古文辭;回視花間草堂,頓如雕蟲之見恥於壯夫矣。雖云盛極必衰,風會使然;然亦頗怪習俗移人,涼燠之態,侵淫而入於風雅,可爲太息"云云。讀此可識一時風氣盛衰之概。

(九三)甫里初集六卷(康熙五年刊本),計東著。東字甫草,吳江人。順治十四年舉人,十八年以江南奏銷案被黜。是集係其所作古文初集,而士禛評之者也。卷首有王崇簡書,及汪琬序。

按計東著改亭集文十六卷,詩六卷,乾隆間刊行。

(九四)蜀道驛程記二卷(康熙壬子刊本),王士禛著。康熙壬子,士禛爲四川鄉試正考官,記其往來所經也。上卷自京至成都,下卷自成都歸至河南新鄉,聞母孫太夫人訃,奔喪回里,故止於此。是記作於康熙壬子,後二十年而刊之。中多考古述今之作,不徒記行程也。

(九五)皇華紀聞四卷(康熙甲子刊本),王士禛著。康熙甲子士禛以少詹事奉使祭告南海,道途所經,採擬故實,而書即目,無甚考證。有韓菼王源魏世傚序。

(九六)南來志一卷(康熙甲子刊本),王士禛著。是書紀驛程所經,仿范成大吳船錄體,由京師至廣州,故曰南來。

(九七)北歸志一卷(康熙甲子刊本),王士禛著。士禛于康熙乙丑二月至廣州,至四月一日北還,便道省父,六月十六日抵新城故里。此記其途中所歷山水名勝也。

(九八)廣州游覽小志一卷(康熙甲子刊本),王士禛著。士禛由南京來訖北歸,計居廣州五十一日,以其間游覽古蹟,作爲此志。合前二書,統名粵行三志。

(九九)秦蜀驛程後記二卷(康熙丙子刊本),王士禛著。康熙丙子,士禛以戶部左侍郎,奉使祭告西岳西鎮江瀆,續記其往返所經也。上卷自京至華陰,迂道至汧陽,又由汧陽至成都,下卷自成都回至新城而止。

(一〇〇)隴蜀餘聞一卷(康熙丙子刊本),王士禛著。是書所記,皆隴蜀碎事,間加考證,故曰餘聞。

(一〇一)浯溪攷二卷(康熙辛巳刊本),王士禛著。前有自序,言楚山水之勝,首瀟湘;瀟湘之勝,首浯溪;浯溪以唐元結(次山)名,得魯公摩厓書而益張之。顧今志乃出庸手,冗雜泛濫,乃以退食之暇,窮搜遐摭,裒取精覈,閒錄詩賦雜文,多郡志溪志所未收者。書分二卷，上卷載山川古蹟，及元結詩文，附以諸家之題識議論；下卷皆錄後人藝文；末附補遺三條。蓋士禛有族姪官祁陽，以舊志見寄，而爲之改作也。

漁洋詩話云："余撰浯溪考，頗搜奇秘：如李清照二長句，得之陳士業寒夜錄；近又從石門文字禪得洪覺範二長句；若唐蔡京五言，近在耳目之前，而反遺之，殊自笑甚疏也。

(一〇二)長白山錄一卷，補遺一卷(順治刊本)，王士禛著。長白山在鄒山縣西南，是錄紀其山之形勝，及故實藝文也。補遺一卷因宋紹定間，丁黼作池州范仲淹祠記，以青陽縣東十五里之長山指爲長白，係屬舛誤，因引諸說以辨之。漁洋文略卷十四載是錄，但無補遺。

此書當作於順治丙申。

(一〇三)國朝謚法考一卷(康熙刊本)，王士禛著。始于國初下迄康熙三十四年之賜謚者，凡親王十八人，郡王十五人，貝勒十二人，貝子十二人，鎮國公十一人，輔國公十六人，鎮國將軍五人，輔國將軍七人，妃二人，公主二人，額駙二人，藩王七人，民公九人，侯伯十四人，大學士二十七人，學士四人，詹事一人，尚書二十七人，侍郎九人，都御史三人，八旗大臣一百六人，總督十七人，巡撫十七人，殉難監司三人，提督十七人，總兵官八人，前代君臣二十六人，外藩一人。首有士禛自序。

(一〇四)琉球入學始末一卷(康熙刊本)，王士禛著。康熙二十三年，翰林院檢討汪楫，中書舍人林麟焻冊封琉球，歸奏中山王尙貞,請以陪臣子入國學,事下禮部覆議,准如所請。士禛方爲祭酒,咨覆禮部,歷述洪武以來故事。其後康熙二十七年,琉球王果遣陪臣子弟梁成楫等四人,入監讀書。此書蓋記其始末云。

漁洋文畧卷十三載此篇,此蓋初出別行之本也。

(一〇五)載書圖詩一卷(康熙辛巳刊本), 康熙辛巳,士禛以刑部尙書,給假旋里,諸門生爲紀其盛,屬禹之鼎寫載書圖,以道其行。圖成,各作詩紀之。是卷首刊載書圖,次奏疏二篇,次序二首,次載書圖詩,次贈行詩,次賜沐紀程,末附朱彝尊池北書庫記。

(一〇六)池北偶談二十六卷(康熙己巳閩中刊本),王士禛著。書分四目:曰談故,凡四卷,皆述朝廷殊典,及衣冠勝事,間及古制;曰談獻,凡六卷,皆紀明中葉以後,及清初名臣碩德畸人列女之事;曰談藝,凡九卷,皆詩文;曰談異,凡七卷,皆記神怪。池北者,其宅西有圃,圃中有池,池之北有屋數椽,書數千卷,庋置其中,取白樂天池北書庫之名,以名之。庫旁有石帆亭,嘗與賓客聚談其中,故以名書。卷首有自序,蓋作於康熙辛未也。

(一〇七)居易錄三十四卷(康熙巳辛廣州刊本),王士禛著。自康熙己巳官左副都御史以後,至辛巳官刑部尙書以前,十三年中所記也。錄中所記,以論詩之語爲最精,次則述所見古書,辨別源流得失,及他所考證,頗多精核。惟中間插入時事,以至身所經歷,編年紀月,又似日記之體。居易云者,取唐顧況長安米貴居大不易之意。卷首有自序。

(一〇八)南臺故事一卷(原稿本),王士禛著。年譜云:"山人官副憲時,嘗欲集唐六典諸書,作南臺故事一書。未幾遷侍郎,遂不果。余從方地山處,得見原藁,釆輯諸書,尚未排比,與評從祖季木詩同一手筆。

(一〇九)香祖筆記十二卷(康熙壬午刊本),王士禛著。是書接居易錄之後,體例亦與居易錄略同。初藁名角巾錄,後更今名。記作於康熙癸未甲申二年,至乙酉續成之。自序云:"所居邸西軒有蘭數本,花時香甚幽淡。昔人謂蘭爲香祖,因以名之。"

(一一〇)古夫于亭雜錄五卷(康熙丙戌刊本),王士禛著。士禛以康熙甲申罷刑部尚書里居,有別業,曰夫于草堂,在魚子山,即陳仲子所居抑泉口也。山上有古夫于亭,士禛著書于此,採掇聞見,以成茲錄,體例仍與居易錄香祖筆記略同。自序謂無凡例,無次序,故曰雜。初藁原名魚子雜錄,後更今名。初刻止五卷,後增刻一卷。

(一一一)分甘餘話四卷(康熙己丑刊本),王士禛著。是書成於康熙己丑,年七十有六矣。間有攷證,而記錄瑣事爲多。自序言昔王右軍與謝萬書云:"頃東遊還,修植桑果,今盛敷榮,率諸子抱弱孫遊觀其間,有一味之甘,割而分之,以娛目前,雖植德無殊邈,猶欲教養子孫,以敦厚退讓,庶令舉策數馬,彷彿萬石之風"云云。分甘之名蓋取諸此,後有程哲跋。

(一一二)古懽錄八卷(康熙庚寅刊本),王士禛著。采上古迄明,林泉樂志若干人。古懽云者,取古詩'良人惟古懽'句,寓尙友之意。自序云:"山人少無宦情,雖在周行,時有澉景雲棲之志。康熙己卯,官御史大夫,世號雄峻,山人居之澹然。退食之暇,瀏覽諸史莊列,下逮稗官說部,山經地志之書,有當于心,輒掌錄之,單詞片語,期在雋永,略仿高士貧士二傳之例"云云。前有宋犖序,下有門人朱從延序,從延卽刻是書者也。

(一一三)西城別墅唱和集(康熙二十九年刊本)。西城別墅者,其地十二:曰石帆亭,曰樵唱軒,曰半偈閣,曰大椿軒,曰雙松書塢,曰小華子岡,曰小善卷,曰春草池,曰三峯,曰嘯台,曰石丈,曰竹徑,各詠一詩。王啓涑首唱,自宋犖以下同詠曰九十餘家。是集首載士禛西城別墅記,及蔣景祁西城別墅賦,又有張貞王戩序。

按啓涑字清遠,士禛長子,官荏平敎諭,著有荏山詩存,因繼集,聞詩堂小稿,讀書堂近草。

(一一四)漁洋說部精華十二卷(乾隆刊本),錫山劉堅類次。自序言漁洋所撰說部,遊歷記志而外,石帆亭紀談居易錄等書,多編年日,各爲部帙,間有重複,不無詞異而意同。妄摘菁英,略用門類,稍加區別,都十二卷。內分評騭,考核,載籍,典故,談諧,詩話,淸韻,奇異,八門。

(一一五)漁洋書籍跋尾二卷(乾隆刊本),劉堅輯。漁洋性嗜書,每得一編,多加題跋,或揄揚,或指摘;以至版槧傳寫,藏弆姓名,無不備載。其散見於說部者,堅已輯爲載籍上下;茲又就漁洋蠶尾集中跋文五卷,除字畫題跋并書後外,略加類叙,成此二卷。自序云:"合之載籍上下,可補焦氏經籍志之遺"云。

(一一六)歷仕錄一卷(康熙壬午刊本),明王之垣述。之垣嘉靖壬戌進士,官至戶部左侍郎。是書自記其生平服官之梗概,及師友交誼。之垣士禛曾祖也。池北偶談,曾錄數條,至是復刊其全袠。卷首列大槐王氏世系圖。士禛有二跋,皆證明錄中所指大奸何心隱事。又有士禛後序。

(一一七)賜閒堂集四卷(順治刊本),明王象晉撰,其子與敕,與孫士祿士禧士祜士禛所校刊也。象晉字藎臣,明萬曆甲辰進士,官至浙江布政使,崇禎丁丑致仕。漁洋祖父也。是集卷一詩,卷二至四雜文。前有林棠序,後有男與敕後序。

(一一八)二如亭羣芳譜三十卷(明虞山毛氏汲古閣刊本),明王象晉撰。是書凡天譜三卷,歲譜四卷,穀譜一卷,蔬譜二卷,果譜四卷,茶竹譜三卷,桑麻葛苧譜一卷,藥譜三卷,木譜一卷,花譜三卷,卉譜二卷,鶴魚譜一卷。搜採極博,尤詳於治療之法。是書爲常熟毛氏汲古閣刻本,後入吳中質庫,由士禛出貲贖歸。自言告諸家廟,不啻寶玉大弓焉。

分甘餘話云:"康熙四十四年六月十二日,奉聖旨開館廣續,命編修汪灝張逸少等四人爲纂修官,至四十六年二月告成,凡一百卷,賜名佩文齋廣羣芳譜。御製序文冠篇首,仍存先臣自序,及每卷小序,亦所不遺。謹錄御製,並注緣起,以彰異數,備家乘"云。

(一一九)清寤齋心賞編一卷(明虞山毛氏汲古閣刊本),明王象晉撰。是書分六類:曰葆生要覽,曰做身懿訓,曰佚老成說,曰涉世善術,曰書室清供,曰林泉樂事。首有象晉自序。

(一二〇)翦桐載筆一卷(明虞山毛氏汲古閣刊本),王象晉撰。是書爲奉使琉球,途中所作,故取'翦桐'爲名。所載多嘉言懿行。首有象晉自序。

(一二一)隴首集一卷(康熙刊本),明王與胤撰。與胤字百斯。崇禎戊辰進士,官至湖廣道監察御史,以劾總兵官鄧圮,忤時相,罷歸。甲申殉節。士禛伯父也。陳允衡錄其詩入詩慰,與孫傳庭(白谷),黃端伯(海岸)袁繼咸(臨侯),稱爲四忠詩。玆集即就允衡所錄較刋,附以收人心明紀律一疏。卷首仍載允衡序,及錢謙益贊;卷末附明史忠義列傳,墓表,士禛所爲逸事狀,及紀映鍾跋。

附王西樵著書三種

(一二一)十笏草堂詩選十一卷(康熙刊本),王士祿撰。原刻止九卷,蓋丙申丁酉戊戌己亥庚子六年所作,有汪琬序,趙士冕序。續刻二卷,乃辛丑所作,有弟士禛序。

(一二三)炊聞詞二卷(康熙留松堂刻本),王士祿撰。即孫默所刻十七家詞之一。有尤侗序,及自序。另刻本名炊聞卮言。

(一二四)焦山古鼎考一卷(康熙昭代叢書本),王士祿圖釋,林佶增益。前有張潮題辭,稱:"宋中丞贈筠廊偶筆,始得讀二王先生古鼎詩。越一年,王先生以此帙郵余,則圖與銘咸在,而程處士之釋文,林次公之增訂,莫不備具"云云。二王謂西樵漁洋也;程處士謂程邃;林次公謂林佶也。

(一二五)讀史蒙拾一卷(康熙刊本),王士祿撰。所采皆諸史中新穎之語。曰'蒙拾'者,取文心雕龍辨騷篇,'童蒙者拾其香草'句也。

(一二六)然脂集例一卷(康熙昭代叢書本),王士祿撰。漁洋書考功年譜云:"先生著書惟然脂集二百三十餘卷,條目初就,蓋爲之而未成,僅存此例十條而已。"'然脂'者,取玉台新詠'然脂暝寫'之語。

附惠棟精華錄採用漁洋書目:

丙申詩(自序)。(明按是年漁洋二十三歲,晚年口占一聯云:"得第重逢辛卯歲,删詩斷自丙申年")。

漁洋山人集(倍漁洋詩,牧齋序)。

長白遊詩(同徐東癡)。(明按順治丙申作,與徐夜(東癡)同遊長白山,刻長白遊詩一卷。)

漁洋逸文。

彭王唱和集(同羨門西樵)。(明按是集皆香奩體,汪鈍翁跋發云:"二王好香奩詩,倡和至數十首。劉公勇寓書於予間訊博士曰:'王六不致墮韓冬郎雲霧否?'此雖慧業,然併此不作可也。"又按漁洋香奩詩自序曰:"情至之語,風雅掃地;然不過使我於宣尼廡下,俎豆無分耳。"其風趣可想。)

秋柳詩(屈復註)。

過江集(自序)。(明按順治庚子,漁洋有事蘭陵,與京口別駕程康莊(崑崙),同遊金焦北固及鶴林招隱竹林寺,海嶽菴,諸名勝,得遊記六,題名七,古近體四十,編爲集。)

入吳集(自序)。(明按順治辛丑漁洋以例往松江,謁直指,途次遊鄧尉,泊楓橋,過寒山寺,經伯瀆涇,賦詩共六十餘篇,名入吳集。)

紅橋倡和集(同袁于令諸公)。(明按康熙壬辰,漁洋與袁于令,邱象隨,蔣階,朱克生,張養重,劉梁嵩,陳允衡,陳維崧,修禊紅橋,成此集。)

冶春絕句 (明按康熙甲辰,漁洋在揚州與林古度杜濬張綱孫孫枝蔚等修禊紅橋,有冶春詩,諸君皆和。)

彎江倡和集(同吳玉隨自序)。(明按順治辛丑,漁洋與吳玉隨客儀眞,同人唱和,共詩四十五首。)

詠史小樂府。

論詩絕句(陳士業序,山人猶子淨名註)。

水繪園修禊詩(陳其年序)。(明按康熙乙巳,漁洋有事如皋,與邵潛,冒襄,冒禾書,冒丹書,毛師柱,許嗣隆,陳維崧,共八人,修禊水繪園所作也。共詩三十八首。)

漁洋詩話云:"余與諸名士修禊冒辟疆園,分體賦詩,余戲請其年曰:'得紫雲梳硯,乃可。'紫雲者,冒歌兒,最姝麗,爲其年所眷。許之。余坐湘中閣,立成七言古詩十章。"

焦山古鼎詩(同西樵,程穆倩等跋)。

金陵遊記(杜于皇冒辟疆諸公序)。

白門集(汪蛟門等序)。(明按順治辛丑,漁洋遊江寧著白門集。)

白門後集(汪鈍翁序)。(明按康熙甲辰,漁洋在揚州作。)

壬寅集。(明按康熙壬寅,漁洋有事江陰,登君山,過丹陽,登觀音山,臨曲河後湖,皆有詩。刻壬寅集於金陵。)

癸卯集。(明按漁洋在揚州作。)

甲辰集。(明按康熙甲辰,漁洋在揚州作。)

癸卯詩卷(同西樵)。(明按康熙甲辰,漁洋在揚州作。)

歲暮懷人絕句。(明按順治辛丑冬漁洋赴淮安,號社湖舟中,作歲暮懷人詩六十首。居易錄云:"詩中所及,大半布衣。")

衍波詞(樂府)。

禪智錄別詩(同碩揆上人杜于皇諸公)。(明按康熙乙巳,漁洋離揚州北歸,諸名士祖道于禪智寺,碩揆禪師方丈。成禪智錄別集,後更題禪智倡和集。)

花草蒙拾(論樂府)。

禮部集(朱竹垞序)。(明按漁洋門人鞏裒集壬寅至丁未諸作,名曰禮部集。朱序外,尚有計甫草序。)

西山紀遊集(嚴蓀友等序)。

漁洋尺牘。

蜀道集。

蜀道驛程記。

皇華紀聞。

漁洋文略(載由戶部郎中改官翰林以後事)。(明按文集不載此錄,其大略散入年譜。)

池北偶談

居易錄。

長白山錄。

長白山錄補遺。

古懽錄。

漁洋合集。

角巾錄（香祖筆記初藁）。

香祖筆記。

南海集。

粵行三志。

蠶尾詩。

蠶尾文。

雍益集。

秦蜀驛程後記。

隴蜀餘聞。

蠶尾續詩。

蠶尾續文。

魚子亭雜錄（古夫于亭雜錄初藁）。

古夫于亭雜錄。

古夫于亭集。

紀恩錄。（按康熙己巳:聖祖南巡視河。漁洋以少詹事兼翰林院侍講學士,丁父憂,服滿家居,迎駕於德州。奉溫諭上尊天廚之賜,因作感恩錄一卷,紀其事。

裁書圖。

漁洋詩話。

論法攷。

分甘餘話。

己丑庚寅近詩。

帶經堂集。

考功年譜。

詩問(按此合郎廷槐劉大勤二家所問,刻爲一集。)

——漁洋選各種詩文:

倚聲集(同鄒程村)。

林茂之詩選。

高徐二君詩。

神韵集。

楊夢山詩。

今文選(同陳其年)。

隴首集(百斯先生)。

考功詩選(西樵先生)。

抱山堂詩選(禮吉先生)。

古鉢山人詩選(東亭先生)。

古詩選。

十種唐詩。

三昧集。

萬首絕句。

張蕭亭詩。

十子詩略。

漁洋生平著述未見者

落箋堂初稿(十五歲以前詩)。

維揚信讞。(明按漁洋爲揚州推官五年,此其公牘也。其豁免揚屬積欠一事,載年譜。)

感舊集(選牧齋梅村櫟園諸前輩,程郇文止洞門諸同人詩,以考功詩終焉。)

屏風集。(明按屏風集之名,僅見梅庵耦長知我錄,蓋選錄近人詩,與感舊集相輔,當未成書也。)

五代詩話。　　齊州脞說。

師友錄。　　雪錄紀談。

王氏家集目錄:

歷仕錄(見峰先生)。　　如亭羣芳譜(康宇先生)。

嗜湖集(季木先生)。　　籠鵝管集(文正先生)。

燃脂集(西樵先生)。　　朱鳥逸史。

辛甲集,　　上浮集,

十笏草堂集(以上西樵先生)。　　抱山堂全集(禮吉先生)。

古鉢集(東亭先生)。

補採各書目:

阮亭詩選(詩共十七卷,漁洋集初稿也)。　　五代詩話。

壽音集(同西樵選東萊詩)　　息廬詩。

二仲詩。　　齊音(季木先生)。

明按漁洋歿後,有其子啓汸啓汧與黃叔琳書,略云:'先君著述,俱已付梓,只五代詩話,尚未成書,暨感舊集二種,未經刊刻。但原稿爲先長兄收存,今舍姪謁選都門,無從查覓。而一切書板,及刷印諸書,係門下梓工李萬琮經手。今李又餬口他姓,一時未及刷印。附及者先君平日藏書,自棄世後,不忍分析。因先長兄一病五年,不幸于丁未下世後,始查點三分收藏。孰知半飽鼠齧，半壞積霖，而乘間攫去者，亦復不少。及經査檢，已多殘缺，致使先人手澤，盡付東流，可勝浩歎"云云。又按五代詩話後爲黃叔琳刊行，感舊集又爲盧見曾刊行，是漁洋著述，俱已刊刻行世。其池北書庫，收藏極富，如何散佚，亦具見於此書中矣。

又附漁洋著述三十六種目：

漁洋詩集二十二卷。　漁洋續集十六卷。
蠶尾集十卷。　蠶尾續集二卷。
蠶尾後集二卷。　南海集二卷。
雍益集一卷。　精華錄十卷。
漁洋文略十四卷。　唐賢三昧集三卷。
唐詩十選。　唐人萬首絕句七卷。
池北偶談二十六卷。　居易錄三十四卷。
香祖筆記十二卷。　分甘餘話四卷。
皇華紀聞四卷。　粵行三志三卷。
蜀道驛程記二卷。　秦蜀驛程後記二卷。
隴蜀餘聞一卷。　長白山錄一卷。
浯溪考二卷。　載書圖一卷。
諡法考一卷。　考功集選一卷。
抱山詩選一卷。　古鉢集選一卷。
高徐二家詩選二卷。　華泉集四卷。
附邊仲子詩一卷。　蕭亭詩選六卷。
歷仕錄一卷。　隴首集一卷。
清緗齋心賞編一卷。　御桐載筆一卷。
二如亭羣芳譜二十八卷。

咸陽劉光蕡著述攷

（清代著述攷未次稿之一）

顧頡剛　陳槃　合編

劉光蕡

先生姓劉，諱光蕡，字煥唐，號古愚，光緒附庠，陝西咸陽人。

道光二十三年癸卯（一八四三）生，光緒二十九年癸卯（一九〇三）卒，年六十有一。

著述

煙霞草堂遺書

立政臆解一卷

學記臆解一卷

大學古義一卷

孝經本義一卷

論語時習錄五卷

孟子性善備萬物圖說一卷

管子小匡篇節評一卷

荀子議兵篇節評一卷

史記貨殖列傳注一卷

史記太史公自序注一卷

前漢書食貨志注一卷

前漢書藝文志注一卷

古詩十九首注一卷

陶淵明閑情賦注一卷

改設學堂私議一卷

涇渠私議一卷

團練私議一卷

煙霞草堂文集詩集凡十卷　以上各書由劉弟子王典章刊行

童蒙識字捷訣十餘卷　（見陳三立古愚先生傳）

先生…………少失怙恃，稍長，避回寇醴泉，與平間，箸豆粥餅餌於市，夜復爲人轉磨屑麥，資一飽。亂定歸里，試入府庠。交名儒李寅修寅，柏學人景偉，遂並究漢宋儒者之説。尤取陽明本諸良知者，歸於經世。舉光緒乙亥科鄉試，赴禮部試，不第，乃退居教授數十年終其身。當是時，中國久積弱，屢被外侮，先生憤慨，務通經致用，灌輸新學新法新器以救之。以此爲學，亦以此爲教。歷主涇陽，涇干，味經，崇實諸書院。…………門弟子千數百人，成就者衆，而關中風趨亦爲一變矣。生平持論，略具於所爲學紀臆說自序：曰，『嗚呼！今日中國貧弱之禍，誰爲之？豈兵，吏，農，工，商於學外者爲之也。…………故兵不學而驕；吏不學而貪；農不學而惰；工不學而拙；商不學而愚，而奸欺。舉一國爲富强之實者，而悉錮其心思，蔽其耳目，縶其手足，伥伥惘惘，泯泯棼棼，以自支持於列强環伺之世，而惟餘一士焉，將使考古證今，爲數百兆愚盲疲苶之人指示倡導，求立於今世以自全其生，無論士馳於利祿，溺於詞章，其無皆疲恭與彼兵，吏，農，工，商五民者無異也；即異矣；而以六分之一以代其六分之五之用，此亦百不及之勢矣。…………然則，興學無救於國之貧弱乎？曰，救國之道，孰有捷且大於興學者。特興學以化民成俗爲主，而非僅造士成材也。…………故，世界者，人材之江海，而學，其水也。化民成俗，則胥納士，吏，兵，農，工，商於學，厚積其水，以待蛟龍之生也。兵練於伍，吏謹於衙，農勤於野，工巧於肆，商智於市，各精其業，即各爲富强之事。…… ……以舉此練勤巧智之羣，自立於今日之世界，不惟不患貧弱，而富强且莫中國若矣』。

又以爲孔子之學，『時習』盡之矣。欲以學治萬世天下，必因時制宜，與世推移，而後，不窮於用。………… 孔子爲時中之聖，其道所以能治萬世之天下也。

他所撰著，根據指要，探聖哲遺文之精蘊，比傅時變，深切著明類多前儒所未發。而制行堅苦，不欺其志，矯迂疏之習，絕詭蕩之弊，閎識孤懷，罕與爲比。嗚乎，可謂曠世之通儒已！

先生旣劬於教學；復懃懃爲鄉人改故習，圖久遠之利；振災撫寇，種植紡織，刋書之局，製蠟之廠，靡不殫竭心力而策其效焉。中間攖疾幾盲，歸臥煙霞草堂，因悟聲音轉注之奥，欲以聲統義，合中外文讀法爲一，成童蒙識字捷訣十餘卷。

歲癸卯，甘肅長吏聘主大學堂。先生以邊地回漢之爭，繫大局安危，欲假學漸摩，開其塞陋，弭隱患，遂決行。未幾病作，嘔血授課

咸陽劉光蕡著述攷

，致不起。卒年六十一。所成書數十種，類講示學者取讀，非以自名。頗散佚，爲弟子王君典章次第搜刊（上錄陳三立劉古愚先生傳——學衡第十九期）

彭茗齋先生著書考

謝國楨

茗齋名孫貽，字仲謀，一字羿仁，號茗齋，浙江海鹽人。晚近所見茗齋所著各書，或題曰海鹽，或題曰淮南，或自署曰管葛山人，其實皆茗齋著述也。茗齋爲明季遺民。父期生，弟塵孫，均殉國難。茗齋一介遺民，高蹈不仕，著述終身。其從兄孫遹，以宏博第一名，題詞壇，茗齋則闃然無聞，至晚近著述始稍稍出現於世。然歷覽載籍志茗齋者頗鮮，即海鹽縣志茗齋之傳，亦不過百字，吁可悲也。今偶覽管芷湘（廷芬）銷夏錄舊及抄本茗齋集，均載有茗齋之傳，敘述頗詳，足以補縣志之缺。於是乃有志撈輯茗齋遺事著述，日積月累，間已成帙。爰爲傳略著述二篇，附以詩話數則，以見茗齋學術之概略云爾。

一　傳略

孝介先生姓彭氏，名孫貽，字仲謀，一字羿仁。其先全椒人。有名勝者，從明太祖起兵，授指揮使，世襲調海寧衛，因家海鹽，爲海鹽人。數傳至河南道御史名宗孟，生太僕寺卿名期生，則先生祖父也。自侍御以上襲指揮，至侍御始登萬曆辛丑進士，而太僕與其兄上海知縣名長宜，同舉於乙卯。太僕登丙辰進士第，而上海則登第於崇禎癸未，父子咸爲名臣，兄弟卒皆殉國云。先生生而絕倫，髫齔操紙筆，風發泉湧，數千言立就，浩博宏麗，加以鏤刻，當明季爭奇抉奧，時軼出其儕偶，無能跂及者。試於學使者五，皆第一，凡他試無不冠軍。壬午秋，闈華亭陳公子龍以紹興府推官考薦之，主司翰林院編修吳公國華，吏科給事中范公淑泰，皆歎賞定爲第一；以病不能終場報罷。後遇特恩，選貢士貢成均，獲第一。自萬曆間，諸君子務爲講學，顧端文、高忠獻兩公倡爲東林書院，四方之士益興起。雖罹奄獄，得禍嚴酷，士益以名教自奮。及復社狂名，莫不退避三舍。先生志在千古，不屑與之標同角異，日閉門著述，講求有用之學。當事非文藝相賞，求一面不可得。甲申乙酉之變，太僕以江西左布政使分守嶺北，駐贛州。時南京已陷，閩越各有所立，不能相協，遂相繼淪陷。太僕猶與大學士楊公廷麟、督師兵部侍郎萬公元吉協守贛，以圖恢復。孤城援絕，血戰踰年，卒不守。太僕與楊、萬二公及文武將佐、萬公辟士，同日盡節，無一人自屈者；而嘉與亦以倡義拒守，盡遭屠戮。太僕兄上海公及子弟四五人同日罹害。先生奉其母夫人遁避得免。亂甫定，而贛州之變聞。降將金聲桓復反江西，道路阻絕。先生殮諸父兄之死於兵者，安輯母夫人與族屬之得免於兵禍，即携兩蒼頭冒鋒鏑入贛，沿途物色，遭故部曲於道，始悉太僕盡節於章貢臺；遺骸爲故吏杜鳳、林桂芳等瘞之臺上。先生哀號，重趼步至其地，親歷榛莽，而遺骨渺然。蓋先是爲部將楊大器與萬安義士曾堯景發之，已歸萬安矣。先生上下贛江，復涉長沙，卒不可跡；而人言藉藉，謂太僕踰贖從粵西參軍務，未嘗盡節；且孤鳴魚帛，所在假托，禍至不測。乃與故部曲謀刻木爲骸，招魂東返，有太僕行略、湖西遺事、虔臺逸史記其事。後歲遣客上贛，又屬仲弟少宰公入粵過嶺，蹤跡之，絕無影響。先生素衣蔬食二十餘年，恒若苫凷，不交人事。每從緇流羽士，吟嘯野寺荒苑間；或獨行海上，浩歌激烈，與潮汐相互答；或獨立蒼空咄咄；或中夜揮杯痛哭；人見而怪之。當事見先生角巾廣袂，欧索百端。有故人寓京師者，招先生曰：『君遠遊以釋疑乎？』乃輕裝北上，巡覽名勝，憑吊陵寢，作詩數百篇。未見投刺，謁一顯者。先生已至京師，則聞萬安義士曾堯㬌以太僕遺骨來歸。聞之晝夜兼程，追執喪禮，哀毀彌至。

自是益閉門著述，卷帙之富，近古未有。年十三即能詩，先輩胡職方公震亨見而賞譽之。朋酒倡酬，邑人傳諸口以熟。晚而愈工，上追騷雅，下逮長短倚聲，皆窮變詣極，多至百卷。文集若干卷外，有流寇志，亡臣表，方士外紀，國恩家乘錄，彭氏舊聞錄，客舍偶聞，茗齋禋祀歷代詩鈔，五言妙境，茗齋四韻合編，及天文地理，陰陽佛老，稗官野史，纂輯釐整，各自成帙，往往散佚於世。又作書數種，一夕手焚之。先生明達剛果，少有經世之志，大而國家治亂，細至里巷利弊，無不洞若觀火，處置纖悉俱盡，戚黨陰蒙其庇。易簀之夕，自序平生欲得一見於世，而國家至斯，忠孝兩負，夫何言！遂冥然而化，年五十九。遺命以母夫人不及終養，屬麻衣以殮，鄉士大夫高其節，悲其志，私諡曰孝介先生。

右傳徐盛全撰，見管芷湘手抄本，錦夏錄舊中之茗齋雜著。

彭孫貽字仲謀，號羿仁。太僕公期生次子。幼穎異，於書一覽輒記，與兄孫求有機雲之譽。公博聞才辨，五試咸冠軍，以是名噪一時。啟禎間三吳雲間倡文社，四方主壇坫者，重公名，數邀公執牛耳，公謝勿往。壬午試鎖闈，分校司頭雲間陳公子龍得公卷，奇其才，薦之主司，已擬元，乃以病不克竣試。撤棘，陳公謂鹽令劉公堯珍曰：「恨彭生不得出吾門，吾雖不及歐陽，此子實不愧子瞻也。」公感陳知己，遂稱及門。後陳公以義全，而公終隱稱公吾不負所知也。次年以明經首拔於兩浙。當太僕公變於章江，公間關兵燹，徒跣號泣，冒白刃以求太僕公遺骨，精誠所感，遂有江右義故，負骸遂歸；

亦天所以憫公之孝思也。嗣是杜門奉母，終身布衣蔬食。當道有重其才，勸之出者，公謝弗應。雖負文名，亦節義自許，不妄交遊，人咸服其深識。又未嘗高自標置，有求其文者，悉與之。邑中碑銘記頌，皆出其手。生平憤懣悒鬱，悉寓之詩，故爲詩益工。間有倡和，會邑令秦部檄修邑乘，因聘公及董公伯旃，咸辭再三，勿得，遂與廣披博考，精晰詳瞻，書垂成而公以疾不起。臨卒無他言，唯曰：「我所以不即從太僕死者，以母老兄疾，今不得終奉養，存沒兩負，有愧我二弟遠矣！」公之二弟，廖孫子羽，皆以殉父難者也。卒年五十有九。門人私謚爲孝介先生。公於書自經史百家下至氏族方技釋老，稗乘之書，靡不畢究，且手摘錄之。爲文皆有法。於詩則上自漢魏六朝，三唐宋元以迄明之何李七子，無體不備，亦無不逼似。小詞樂府亦無不與秦柳並驅爭衡者。抱奇不遇，賫志以殁，世痛惜之。適朝廷徵名儒姚江黄太沖先生纂緝明史，黄不起，而以公之流寇志上之，遂付史館，則公之書亦見用於世矣。所著有茗齋詩文集、流寇志、詩餘、樂府、百花詩並雜著若干卷。

右傳王士禎撰，見抄本茗齋集。

茗齋先生生於萬歷乙卯，卒於康熙癸丑，卒年五十九歲。先生每歲元旦雞初鳴，即起盥漱，具衣冠先拜天地，尙未曙，一人獨坐介石居研墨試筆，作一對曰：一經世授庚丁語，畢至羣賢癸丑年。初時皆稱歎。遂以癸丑□月而逝，人以爲讖。

右見客舍偶聞。李繩齋識客舍偶聞題曰：淮南彭孫貽、陳其年。遂疑爲二人偶誤。原本小注云：按彭孫貽與孫遹爲從昆弟，則浙江海鹽人。其籍貫淮南，則不可解。初疑其與海鹽不相涉，或係同名異貫判然兩人，展轉考之，即海鹽彭孫貽也。槙按孫遹有延露詞淮南集。又徐傳稱其先世爲全椒人，則舊籍全椒，故稱淮南宜也。茗齋有贈萬安義士曾堯䝢詩，見所附詩話條下。

二 箸述

平寇志十二卷 海鹽朱氏藏抄本 北海圖書館藏抄本

是書題曰管葛山人輯。一稱流寇志，實即一書。一題作十四卷。記明末流寇，起明崇禎戊辰至清順治十八年辛丑。前有龍湫山李確潛夫序。潛夫即李鷺園，全謝山鮚埼亭集有傳。是書林蔚菴時對不慊其書，稱爲君子之過。全謝山鮚埼亭外編有跋亦謂：「其但憑邸報流傳，全無實據；」舉其疵謬，約有九條。但細審晚明及浙中士大夫黨見最深，即如南明弘光之立，太冲欽光田有諸君謂詰金陵防亂揭一案，至有疑弘光爲僞者，可見。偶見朱竹垞曝書亭集卷三十二上總裁第六書云：「彝尊先曾祖太傅文恪公廉節自立，中立無黨。……顧先公諸疏，或移置他人姓名。若吳人文秉撰先撥志始一書，凡涉册立事，纖悉具錄，獨於先公劾國泰暨裁革貴妃四拜禮，皆削而不書。無他，以先公名不入東林黨籍也。」晚明之書，均有傳聞失辭之處，蓋生當其時，局於一隅，見聞未周，賢者不免。又徵諸王漁洋撰茗齋傳謂「雲間文社公謝不往，」於此徵之，誹之者亦有因也。

山中聞見錄十一卷 上虞羅氏刻本

是書題管山人撰。記明季關外兵事，卷一之卷六爲建州，卷七爲戚繼光李成梁諸傳，卷八爲西人志，卷九至卷十一爲東人志。奏繳應燬書目有山中聞見錄及西人志。茗齋留心時事，考証極詳。羅叔蘊先生跋云「予初得舊抄本，計十一卷，而闕第三至第五凡三卷。求別本不可得。乃付梓以傳之。旣十有一年矣。己未游滬江，忽於友人處得一本，則一葉不損，分十三卷，卷數不同，而中實無別因。因命手民補刊佚卷，此書乃得完足。去歲旣得大庫史籍，凡記明季兵事者，受校此書，合者殆十八九」。於此見茗齋之述而不作，信而有徵，堪稱信史。惟茗齋集有遊燕集，是茗齋或至北方，未可知也。

明朝紀事本末補篇五卷　涵芬樓秘笈本

是書題海鹽彭孫貽羿仁。孫皝修跋云：「此補谷應泰之書而作，體例悉同，惟無駢體論耳。每卷爲一目，一曰秘書告成，二曰科舉開設，三曰西人封貢，四曰西南羣蠻，五曰宦官賢奸。其時明史尙未刊定，故不云明史而云明朝」。

甲申後亡臣表一卷　北海圖書館藏舊抄本

是書題管葛山人。備列亡臣姓名行略。分北京死事明臣，南中死事明臣，揚州死事明臣等篇。茗齋熟於有明掌故，鼎革以還，不與史局，惟以修私史自見，其箸述當不止此，當有庋藏而未發見於世者。

嶺上紀行一卷　國粹叢書本

是書題曰淮南彭孫貽。爲茗齋由海鹽至虔臺之日記也。始於己丑首秋三日首途，至十一月二十一日返鹽止。書中所述有虔臺節略一卷，恐即太僕行略。又有過德安作蒲亭十詠，恐亦在茗齋集也。

彭氏舊聞錄一卷 涵芬樓秘笈本

太僕行略一卷 涵芬樓秘笈本

是書舊題爲茗齋雜記原稿手寫本爲海鹽張菊生氏所藏。孫毓修跋云：「適園叢書刊行節愍家書五通，足與行述互證。節愍殉國虔臺，遺骨與蟲沙俱化，閱時五載，孝介往尋，竟不可得。後二十餘年有萬安義士曾堯祖負遺骸來歸，時人比之張千載。此行行略中已叙及，蓋作於康熙初年矣。」徐傳題彭氏舊聞錄又題茗齋雜記，恐即一書。

湖西遺事一卷 痛史本

虔臺逸史一卷 湖西遺事附刊本

是書題淮南彭孫貽虔臺逸史自序云：「丙戌太僕殉節虔中，亡歸小奚及先還幕客備述二載行間，盡瘁僇力。筆其所傳爲湖西遺事一卷。今年杪秋，貽間關度嶺，躬謁太僕盡節處，登臺悲號，招魂東返。城經兵火，曩日父老已無子遺，手蹟灰飛，蔑留餘燼。迺潛行微服，訪舊時部曲，詢未死之遺民，葺其口碑，聞而墜淚，隨筆銓次，用補前書之未備。雖遺文散軼，而大烈炳如矣。」

客舍偶聞一卷 振綺堂叢書本

是書題淮南彭孫貽羿仁撰，雜記晚明清初滿人遺事制度，惟强半記災異。然述康熙初年滿大臣互相擠戟之狀，歷歷如見。原書爲順德李仲約手抄，其間注文即其手筆。前有自序，李繩齋□□，董彬，汪康年跋。自序云：「客長安見貴遊接席必屏人趣膝，良久不聞，須臾廣坐寒暄而已。徵以道上所聞，唯唯謝弗知。廷有大事，卿寺臺省集禁門，其中自有主者，羣公晝尺一而退，咸諸諸更置。大吏冢宰不得聞有所調發，不知聾公優遊無事日置酒從客，諸小臣相聚博奕，連晨夕，或達旦，失朝會，始以病告，當事亦不問；以是聞見甚希。然時時遊於酒人豪士間，抵掌談世事，無所諱突梯者又姑妄言之，足以新人聽，雖多耳食，徵其實亦十得五六。更益以所見聞，曰客舍偶聞云。」

茗齋詩不分卷五厚册　海鹽朱氏藏抄本　海鹽張氏藏抄本

是書爲編年詩，册中注者有丁未乙丑二年，餘均未注出。內有吳中寓草，遊燕集，嶺上吟，諸目。又有明郊祀歌二十四首，明鼓吹鐃歌二十三首。原抄本爲張菊生氏所藏，行將印諸續四部叢刊中。是書第四册有王漁洋撰傳及嶺上吟序。

嶺上吟序云：嶺險者何：嗚悲也。楚大夫曰：「悲哉秋之爲氣也；登山臨水兮送將歸。」夫履堪巖，凌瀨漫，騷人激楚，多不哀以欷，無戚成歎，矧貽者乎！南條以南爲江者三，爲嶺者五，江之右其漫有鑫焉；粵之陰其屏始庋焉。庋則嶺之門，鑫乃江之帶也。長波淫霧，古稱天險，棄傳韋曳遊櫟者，可以驛梯之杭航。今破其險，劃山夷壑，其昔賓之一先生之鄉慧者握餘魯者秉系者，今刀之砧之以魚以肉。僅而逸於網者，伏處豐林下，匿不出聲，固已使龍爲蛇，使虎爲鼠，而通都之上皆屬鏈者，并尾者，貓面鳥獸皮而猨視者，斯豈方趾含血者取遊乎？見假人者而喜矣。南方不可以久居，宋子亦嘗言之。側聞諸古矣，詩而史者莫甫若，其過之顯隱，亦莫甫若也。然杜陵一老，所至築草堂以客，行在在也；麻鞋進而拾遺退也，甫豈窮乎哉！自我不見，於今三年，貽懷光臣之怨焉，且不得全歸。魯公瓜髮，僅抱綿上餘灰，跣而往，號而歸，南州高士亦無造之粲者。行乎猩狐豺狼之鄉，見人則屏道左匿，形聲久廢，櫛沐面垢，影黑類漆，身吞炭焉。昌黎曰：物不得其平則鳴；若貽也，孰使之其在虔也。僅天告貽曰：嶺之陰有蠻蹬者焉，跳之踉之，引臂爲徑，騰山如林，歘於幽篁也不見天。使夫聞者淚集，聽之斷腸，夫子識之，彼何謂者耶？噫嘻悲哉，殆猨也！夫殆猨也！夫貽之蹬近之矣。

此序可見其于悒不平之概。

芸齋百花詩二卷 東莞倫氏藏刻本

是書爲吳兎牀舊藏，後歸陳鱣仲魚。雖爲刻本，頗不易見。前有自序及陳仲魚跋。

自序云：詠物詩作者勿道，然三百篇托物比興，往往而工。漢詩尙矣，班姬團扇，中郎翠鳥，恒與十九首並垂，詩何嘗廢賦物耶！齊梁賦詠繁多，靡不足述。蓋詠物者，如構淩雲臺，棟桷榱題，倕銖兩悉敵，微風動搖，翩然欲飛，斯工妙之極則矣。苟非該洽，餉管欲流，能入妙乎；顏光祿之藻繢，亦未易也。間總每過名花，必有題品，瑣及一卉一草，英華可悅，咸賞目之，歷年彙之，得一百數十餘首，盡花之觀矣。嘗觀唐人詠花，無過五言，而七言多見之絕句，當日名流所製；度爲樂府新聲，以媚梨園子弟旗亭歌伎耳；未極賦物之致也。宋元名公，景文永叔山谷子瞻佳句時時秀出，全製未遒：誠齋後山陋矣，和靖梅花足以軼羣。本朝秀迪駸駸，上之，爲詠花冠何媿焉。或謂昌谷之詩必弱連於花草蜂蝶，識者知其不遠；然以鐵石之廣平，梅花一賦，綺艷幾不自持，何必遂滅其價邪！苟能鐵石其心，即無廢花鳥蜂蝶，其詞亦可也，存之者庶以自儆云爾。

陳仲魚跋云：昔偕目蹊長者，訪兎牀先生，適先生近製有玉簪香處是黃昏句，予戲目之曰，吳玉簪。因論及前人咏玉簪諸作，惟彭羿仁茗齋百花詩中一首爲最工，即檢出鈔本奉閱；蓋予室人幼時手筆也。先生題詩二絕云：江左風流繼玉臺，天教管領百花開；從今不倩江郎筆，爲有仙人寫韻來。三經荒烟歲月徂，琴臺猶有落花無？百年遺稿傳巾幗，畢竟彭郎韻小姑。後散篋中，復得此刊本，遂急付裝訂，用供先生鑒藏。亦系之以小詩二絕云：百花詮自彭金粟，遺稿應歸吳玉簪；挂劍還憐三徑友，延陵終古有知音。婢作夫人態亦癡，徒勞稱賞更題詩；何妨一借簪花格，再寫當年幼婦辭。時歲在閼逢敦牂中秋之月，渤海陳鱣仲魚題於逾浪吟舍。

孝介雜著二卷 抄本錫夏錢存本

是書爲管芷湘手抄爲茗齋雜文，間雜游戲之作。雖筆硯諸銘，亦能見其生性耿介之趣。後有管芷湘跋。

管跋略云：仲謀先生爲武原忠孝之家，誓絕仕版，布衣疏食，與人世不相往還者垂二十年。生平尤邃於學，閉戶著書，幾忘歲月。朱笠亭大令謂其撰述雜記小品，及詩文集數十種，身後收拾不譏，往往散去，故存者甚罕。此冊余於道光季年爲通家友人所贈，云得於彭氏之裔。惡紙細書，幾不能披讀，藏諸篋衍，以待重錄，頃因寇亂浙西，人事阻絕，不得已藉不律以遣鬱壘，特手繕一過，存之。然所載僅銘贊之類，半雜游戲。然先生之鴻文鉅製自在天壤間，即此窺豹一斑，略足以覘其梗概也。適得徐氏盛全所撰傳，附錄之。

茗齋詩餘二卷 別下齋叢書本

蔣光煦跋云：濟南王文簡稱其詩宏深奧衍，窮變極奇。尤工倚聲。茗齋詩餘二卷，俊爽婉媚，兼而有之，蓋擅南北宋之長。間有閒情側艷之作，亦風詞家之常。昔尤悔庵檢討題黃門延露詞云：彭子與王子阮亭無題唱和，嘆其淫思古意，兩玉一時，蓋即美人香草之遺，借以抒其幽鬱之情，詞家固不以爲嫌。則茗齋之詞，當與延露並傳矣。

國恩家乘錄

方外記

未見。以上目見徐傳。

歷代詩鈔若干卷

海鹽張氏藏有原本，未見。

五言妙境

茗齋四韻合編

右目見徐傳。

按徐傳云：「茗齋於天文，地理，陰陽，佛老，稗官野史，纂輯釐整，各自成帙。往往散佚於世。」今僅羅其可考見者於此。聞有海鹽人選明人詩鈔，述茗齋詩集卷次頗詳，惜未之見。茗齋著述遺漏者，自知不免，容續補之。

附詩話

楊鍾羲雪橋詩話續集云：彭羨門少宰，學於其兄孫貽仲謀。仲謀一字羿仁，終於諸生，鄉人私諡孝介先生。有茗齋集。其遺懷云：「南陲聞轉戰，嶺上昔經過。葦路連熊繹，桄榔隱尉陀。春歸巴鳥怨，雪盡越猺多；何日還初服，雲山臥薜蘿。」尤工長律。天壇曉眺云：「周垣環蹕道，雲物瑣圜丘。大典刑牲帛，祠官職冕旒。銀潢扶砌落，珠宿抱壇流。三祖功殊絕，羣倫博考諏。乾坤含一氣，岳瀆祀諸侯。神鼎高陵閟，齋宮御蹕留。綠苔蟠古甃，香草入空甸。夾路松陰直，虛筵鳥跡浮。兩京分郟鄏，百戰定嬴劉。五馬今南渡，三山控上游。長江龍虎闕，孝廟石羊秋。野蝶飛花綬，春蕪燕子愁。何時上封禪，一爲奠神州。」謁豫章鐵柱宮云：「巨澤東南阻，元宮戶不扃。自來留讖緯，一柱奠流形。忠孝傳丹術，神仙配帝庭。功成先拔宅，水怪續圖經。蛟蜃窺雙劍，陰陽護六丁。至今存廟貌，在壁繪英靈。革鼓縈蛛網，華冠斷鵠翎。高甍羣瓦綠，遺烈萬山青。遇劫焚殘籙，重游索舊銘。庚辰收鐵鎖，星斗落旗鈴。石井合年潮，江聲不可聽。願隨鸞鵠去，馭氣上青冥。」宜興胡天岫與仲謀詩：「武原吾舊住，結屋近滄溟。鹽井縈沙曲，魚風入市腥。秋雲疊浪黑，夜雨鬼燈青。會有乘槎興，還尋織女星。」

又云：彭仲謀螺川聞黃文侯共談家難，感憤書懷云：「干戈滿地接山城，所在流亡苦甲兵。游子那天堪北望！孤舟應共雁南征。俱傳欒布收彭越，相對黃公哭阮生。惆悵莫須論往事，嶺猨應過第三聲。」仲謀尊人觀民太僕殉節江西，仲謀聞變，不避兵革，往求其屍，僧人指以壁垣之下，發之不識也，刺臂血驗之得實，遂奉歸葬。其後十餘年，又有義士曾堯祖送太僕骨歸海鹽，歷言太僕殉節事甚悉，舉家驚異，以滴血法驗之良是。始知前所葬之地，蓋未眞也。陳乾初聞曾義士太僕之骨歸，特作彭觀民先生歸骨記。欒布即指此事而言。

孫毓修茗齋雜記跋孝介贈曾義士詩云：「金風掃淨草堅塵，絮酒重來感故人。帳下義兒星散盡，天涯歸祿雪中新。精靈驚見如生面，涕淚空霑未死身。掃起相看轉嗚咽，鷓鴣啼煞贛江春。墓田禾黍枕南臯，流水依然鎖舊壕。杜宇歸心江月小，楊花故國海天高。寒瓊目冷亡臣燼，戰血猶薶殉主刀。欲訪西昌諸義士，魚梁城下滿蓬蒿。」

按茗齋百花詩，以玉簪爲最工，已見陳仲魚跋。茲爰補其原詩於後。玉簪云：「拾翠秋叢夕霞深，碧搔頭外月沉沉。抽來鳳纂莖相照，插傍雲翹露半侵。玉燕瑤釵零斷股，蓮花珖珥可同心。莫須滅燭留狂客，墜珥香邊未易尋。」紫玉簪云：「紫姑借導插華冠，別綴雲英映九鸞。夜半芝房心盡展，秋深蘭遶氣尤寒。相思紅玉分釵斷，一別瓊枝帶恨看。採得莫過鴛冢畔，吳官小女怨歌殘。」

武原彭孝介先生，其學行與吾鄉談孺木、陸冰修諸先生相若；然其著述之精博浩瀚，則非諸先生所可及也。顧三百年間，迄無人爲之表彰。蔣生沐僅刊茗齋詩餘二卷於別下齋叢書中。其詩集十卷雜著一卷，蔣氏後雖得之，亦未付梓人。蔣氏於東湖叢記卷六云：「道光辛丑，謁朱蘭坡先生珔於金閶寓館，詢及海鹽彭孝介先生著述。時方選輯國朝古文，以孝介文不多見，欲存其人，余無以應也。後得其全集，凡爲詩十六卷，雜著一卷，彭氏舊聞一卷，拾遺一卷，而文集缺焉。案徐盛全彭孝介先生傳言先生集多至百卷，文集若干卷外，有史論流寇志亡臣表方士外紀國恩家乘錄彭氏舊聞錄茗齋雜記歷代詩鈔五言妙境茗齋四韻合編諸種。惟詩餘余前已刻入叢書，則其佚者不少矣。」是蔣氏所見，尚未及剛主先生此考之半，以是知此考之搜輯之廣且勤也。至陳乾初先生所撰彭氏歸骨記，收入陳氏全集中，羊辛楣所輯本未載，全稿爲許光治所藏，後歸丁氏八千卷樓，今入南京圖書館，匆匆無由假錄，爲可憾也。並誌以告剛主。萬里記。

高郵王氏父子著述考

劉盼遂

已刊者

經義述聞三十二卷王引之撰

王靜安師云：「在津沽，曾見石渠先生手稿一篇，訂正日知錄之誤。原稿爲念孫案，塗改爲家大人曰。」盼遂案據此事知經義述聞中之凡有家大人曰者皆石渠札記原稿，非經伯申融會疏記者也。石渠有與宋小城書云：「念孫於公餘之暇，惟耽小學。經義述聞而外，擬作讀書雜記一書。」此經義述聞爲石渠所著，伯申則略入己說而名爲己作之切證也。文王愛子，有與鈴之夢。石渠或亦然矣。今上虞羅氏得王氏稿本七十餘册，爲書凡數十種，皆石渠手翰，伯申則寸幅無聞焉，又可見矣。靜安師亦云：「伯申之才，作太歲攷、經義述聞通說爲宜，謹嚴精覈者恐非所任也。」又聞閩縣林宰平先生云：「先祖鑑塘先生常說侯官陳喬樅所著諸書類皆其父左海之稿，而略爲點定名者也。」盼遂案蓋與王家此事甚近。又案石渠先生成廣雅疏證第一卷時，伯申年纔二十二，而書中已屢引其說，殆所謂人之其所親愛而辟焉者也。又梁任公師云：「米元章代其子友仁作楚山清曉圖進呈徽宗，殆亦與王氏此事相近。」盼遂案米家此事無明文，宋史本傳及周密清波雜志皆言米芾進楚山清曉圖。鄧椿畫繼云：「米元章嘗置畫學之初，召爲博士，便殿賜對，因上其子友仁楚山清曉圖。」合史傳與畫繼觀之，則楚山清曉圖實元章所作，而嫁名友仁者也。

廣雅疏證二十二卷　王念孫王引之撰

石渠先生自序云：「不揆檮昧，爲之疏證。殫精極慮，十年于茲。」石渠府君行狀及徐士芬亦云：「公官御史時，注釋廣雅，日以三字爲率，十年而成書。」永定河道王公事略狀　今實核之，疏證之作，始於乾隆戊申之秋，五十三年　落成于乾隆乙卯之冬，六十年　歷時裁七年半耳。舉成數言，則云十年也。據乾隆己酉年先生與劉端臨第一書，書中有前歲差旋過蘇滿擬入城一晤之語案差旋部謁丙午年勘浙江海塘工事也據此知之　內云，「自去年八月始作廣雅一書，將以十年之功爲之」云云；是此書經始于戊申明矣。書成，先生自序在嘉慶元年丙辰正月，則此書之成在去年乙卯之冬又明矣。乾隆壬子，先生與劉端臨第三書，在卷末　云：「廣雅僅成四卷，又以體例中更屢加改訂，至今尙未完畢云云。」是兩年半之間，已成四卷，末一卷又爲伯申所著。五年之暇，以成其餘五卷，固優游也。則八年成書之說，斯塙然矣。盼遂近作石渠伯申父子年譜，因錄所見于此，用咨於世之留心王氏故實者。胡培翬作石渠先生八十壽序則又云日課疏三字積十餘紙

始成於

補正廣雅音十卷　王念孫撰

釋大八卷　王念孫撰　存見溪羣疑影喻曉匣八母

右書今存八篇，前七篇有注；第八篇則僅有正文而已，非完書也。書當有二十三篇。其次第當爲見一，溪二，羣三，疑四，影五，喻六，曉七，匣八，端九，透十，定十一，泥十二，來十三，日十四，精十五，清十

六從十七，心十八，邪十九，邦二十，滂二十一，並二十二，明二十三。太師靜安先生於高郵王懷祖先生訓詁音韵書稿序錄中論之審矣。第書中仍有可論者數端，先生未之及，茲特約略言之。

一此書乃著成後之抄本而未完者，非石渠之稿本也。王恩錫所作子蘭府君行狀云：「曾王父（按即石渠先生）有釋大一書」既云一書知非未成之稿矣。又書中有子蘭所加按語，知今本出子蘭之手。（詳下文）

一此書絕無年月可尋，然據其文義可斷其爲少作。第五上央字條引甘泉賦日月纔經于柍棖句而釋之曰：「謂柍棖字並從木，棖爲屋梠，柍即楝也，梠宇也，言日月纔經于楝宇耳。楝居屋之中央，故謂之柍。」再觀其嘉慶己卯答陳碩甫論集均書，其解柍棖也曰：「柍當作央，此因棖字而誤加木傍耳。棖與宸同，說文宸屋宇也，即今人所謂屋檐。央棖，未半檐也。日月纔經于半檐，極言臺之高也。央棖與上榮對文，則央字不當作柍。」又讀漢書雜志楊雄傳柍條與答陳書全同。今取二說相較，則後說密察而前說爲疏遠違其旨。答石甫書時，石渠年七十六。讀書雜志則垂死時寫定焉；故知後說爲定，釋大乃少作也。魚兎既得，荃蹄可屏，故中年以後撰著，從不引此書爲證佐矣。

一石渠既成此書並自爲之注，而注亦有出其孫子蘭觀察所爲者，則注中之圖下按語是矣。王恩錫（石渠先生之曾孫）子蘭府君行狀云：「府君侍曾王父時，質疑辨難，精益求精，至重闈棄養，手澤所存，片言隻字，必譯而遹之，計數百條，曾王父有釋大一書，府君力求其解而爲說，以示後學；

」可以證矣。今攷書注中按語，凡石渠自下者，皆有「念孫按」三字。其僅有按字而又有圓識者，則出于蘭之手也。

經傳釋詞十卷 王引之撰

輶軒使者絕代語釋別國方言疏證補一卷 王念孫撰

重刊字典考證十二卷 王念孫王引之撰

羣經字類二卷 王念孫撰　存上下平聲

讀書雜志八十二卷 王念孫撰

讀書雜志餘編二卷 王念孫撰

詩經羣經楚辭韻譜七卷 王念孫撰

石渠先生古韻譜之作，乃據詩經羣經楚辭用韻分爲二十一部而成是書。乃今之言古韻分部者多謂王氏晚年分二十二部，且謂從孔巽軒之說析冬于東云云。按此蓋誤讀當時丁氏履恒與先生書中有「竢悟分二十二部之言」而致。丁書見昭代經師手簡初編 然考丁氏此簡作于贛榆任中。丁任贛榆教諭約在嘉慶辛未至道光丙戌。此十六年間先生有與李鄦齋江晉三論古韻書，皆主張分二十一部。又與陳碩甫書有云「冬韵則合於東鍾江而不別出。」而先生卒後阮文達有與文簡書云：「二十一部古韻已在粵中上板。」先生孫壽同所作伯申府君行狀云「府君精通於先大父古韻二十一部之分。」總觀上事，知先生始終無二十二部之說也。緣丁氏所謂二十二部，蓋彼自纂成古韻十九部。先生因又爲分出「至」「輯」「盍」三部，爲二十二。所謂二十二者，乃丁氏之韻，非王氏之韻也。世之學者用心躁而說奇，取二十二部之說以示博，是故不可不辨。

今附丁書于左 錄自昭代經師手簡初編

履恒謹論：故字音韻之學，自兩漢以來千餘年榛蕪舊晦，至我朝而始闢，榮繁之功，斷推顧氏。今日疏二渠而播九河，疏瀹通會，微先生誰與歸。茲事體大，雖曰小學，實一代之鴻業。謂當博采衆議，集成一書，以信今而傳後。履恒雖檮昧，亦既粗識門徑，不容自外。今蒙進而教之，益不勝雀躍鶴望。尊恉分二十二部，祭月別出，發耑先生，幸得承教。其於鄙見十九部中復出至質一部，輯盍二部，履恒心知其是，顧尚未重加覓討，未敢強爲苟同。先生自有成書，及佗所論著，得使受而卒業，幸甚幸甚。

太歲考 王引之撰 刻入經義述聞

仁宗實錄 王引之撰

春秋名字解詁二卷 王引之撰 刻入經義述聞

河源紀略辨僞門不分卷 王念孫撰

石臞府君行狀云：「勅纂河源紀略，府君爲纂修官。議者或誤指河源所出之山，府君力辨其譌，議乃定。紀略中辨譌一門，府君所撰也。」

六書正俗一卷 王念孫撰

案石臞先生於轉注之義，亦不雷同戴氏。劉端臨轉注假借說云：「許叔重以考老爲轉注，後人多不得其說，而妄議。戴東原以本書說之曰：老考也，考老也，謂之轉注。是解也，許君所曰暮遇之者。台拱輯得之，懷祖無由聞其說之詳。懷祖疑其與他義相混，亦未質言之。」今案此段關於六書者甚巨，故附於此。

丁亥詩鈔（王念孫撰）

王敬之跋：「此册蓋二十四歲作也。敬檢遺著，付諸梨棗。道光十有四年，甲午，孟冬，男敬之泣書册末。」

羅叔言先生刻此鈔于雪堂叢刻中，記云：「此詩鈔一册，乃道光間家刻本，附於文簡公集後者。流傳至少，亟爲印行，以廣其傳。乙卯九月，」（昉案今羅印高郵王氏遺書無此後記）

廣雅疏證補正（王念孫撰）

案先生孫子蘭觀察輯有先生廣雅疏證補遺一册，（子蘭府君行狀）與此非一書，恐不復在天壤間矣。此書凡補正者二百九十三條，知賢者之於所從事，誠沒齒以之矣。後人補正先生此書者，若陳仲魚有廣雅疏證校語，（簡莊文鈔卷三廣雅疏證跋）俞蔭甫有廣雅疏證釋詁拾遺一卷，（春在堂全書本）王晉卿有廣雅補疏四卷，（未刻）陳邦福有廣雅疏證補一卷，（國粹學報中）朱師轍有廣雅釋言補疏一篇，（北京大學國故月刊中）然皆浮淺局促，展轉破字，于古訓之學，未能登先生之堂。今此書出，則可以祛一切之塵翳矣。書刻入廣倉學窘叢書二集。先師靜安先生有跋語志其原委甚詳，謹逐錄左方，亦以昭其異於子蘭輯本之故焉。

王懷祖先生廣雅疏證刊成後，補正數百事，皆細書刊本上，或別籤夾入書中，蓋意欲改刊而未果也。其手校舊本舊在淮安黄惠伯海長家，後歸上虞羅叔言參事。余前在大雲書庫見之，書眉行間，朱墨爛然，間有出伯申尙書手者，不盡先生筆也。光緒庚子，黄氏曾寫出爲一卷，刊於淮陰，印書二十部，而板燬于寇，故世罕知此書者。余以黄刊本校原書，則原書朱墨籤間有蠹落，已不知二十年之完善，故亟刊黃本而識其可貴者於後。丁巳八月。

足本廣雅疏證補正 王念孫撰 羅氏殷禮在斯堂叢書據手稿殘餘足本

黃海長跋：此廣雅疏證殆刻成後復加勘定之本，朱墨燦列，凡所删補無慮四百餘條，皆精詳確當。卷五釋言「酌，漱也」下朱筆補疏，有「念孫案」三字，知爲石臞先生親自改訂者。其補自文簡者，則冠以「引之曰」。卷七釋宮廟「天子五」下墨籤云：「尚書後案第八，咸有一德七世之廟，可以觀德，引證甚詳，此條當改。」釋器「繞領，帔裾也」下墨籤云：「段氏說文七下說繞領帔之義甚是，當據改。」則是待改而未改者。八九兩卷獨無一字，則是待校而未及校者。統觀諸條，的係先生親自修定之稿，嗣是曾否補完，曾否再刻，或祇此本，或尚有傳錄之本，無從徵考，不能臆測。阮文達刊入學海經解，揚州淮南書局光緒重鋟，悉據原疏本，似都未見此册。無論世間有無第二本，而此册信可寶貴。已獨不識何以流傳在外。入清河汪氏所藏，有「汪氏珍藏」「一泓花潭水」二印。汪葵田先生名沒，春園先生名椿，祖孫咸精經學，有著述，雖不若高郵王氏父子之碩，亦學人也。書賈獲自汪裔，索價頗昂，余初見謂朱墨爲汪氏所加，繼而諦審，始辨是王家故物，値端午得錢極窘，適裔緜米薪，力購得之，暇當逼質通人，設法流布。儻是孤本，斷不敢自我韜其寶氣也。光緒庚子五月古襄平黃海長識。

羅振玉跋：光緒戊戌春在滬江，揚州書估夏炳泉挾書求售，中有廣雅疏證，書中夾墨籤甚多，間有朱書，偶見「念孫案」一字，夏估疑是石臞先生手筆，索價至劵，予時未見石臞先生書迹，而加籤處固極精密，微石臞先生，當世殆無其人，惜少八九兩卷，因要以善價，夏估云兩卷聞尚在某故家，當爲覓之，因挾其書去。及明年夏，予返淮陰寓居，滇南黃惠伯姻丈謄予於河下飲滄草堂，酒半出新得書見示，謂是書當是王石臞先生手校，而未敢遽定，予取觀，蓋即夏估挾至滬上者。予假歸一夕盡讀之，決爲出石臞先生手，因勸黃丈絛緣付梓。其年秋，黃丈乃手編爲補正，以新刊本見貽。又數年，丈卒於淮安，後嗣磬賣所藏書，予得書十餘種，石臞先生是書在焉，而補正刊板則不可知。丁巳在海東，海寧王忠愨公國維從予假黃氏本，刊入雜誌中，且爲之跋。及予由海東返寓津沽，得王氏手稿及雜書一篋，中有疏證初印本，已佚數册，而卷八九獨存。中夾墨籤，適足補疑本之闕。因命兒子福頤移黏舊得本上。黄丈所錄間有遺漏，因據原書重加校錄，共得五百有一則。視黄丈所錄，增數十則，而一一仍黄丈舊名，重爲印行，并錄黄丈原跋，以記是書流傳自黄丈始也。至八九兩卷，予初見時本佚去。後夏佁以他本足之，黄跋遂誤認爲待校而未校，並校正各條皆出自石臞先生，忠愨謂間有伯申尚書手迹，不盡先生筆，其言殊渾淪。今案其實，則朱書爲文簡所清寫。墨籤則文簡尚未清寫者也。爰於書首仍署石臞先生名。至此書佚卷，南北千餘里，後先廿餘年，終爲延津之合，殆石臞先生所陰相歟。謹書卷末，以志欣慰。戊辰八月，上虞羅振玉。

校正山海經 王念孫撰　舊藏盛昱意園今歸上海涵芬樓

案此書校語，用朱墨二色。朱色者，直改其字，蓋有所據之古本。墨色者，則依藝文類聚、開元占經、太平御覽等書互勘，而錄其異文，亦無多案語。殆先生治此書之初稿，未及緊飭者也。盼遂意先生理董諸子，殆皆用是法，先以類書校，而後以聲音訓詁之例會通之也，特由此書而始明昭爾。

郝氏爾雅義疏刊誤 王念孫撰　羅氏殷禮在斯堂叢書

前列石臞先生刊削郝氏爾雅義疏，係據學海堂刊本而言。今羅氏所印，乃於刊削之外，復有糾繆匡失之語，知與學海堂本非一事也。故重出於此，而附以羅氏跋文焉。

兒時讀爾雅郝氏義疏，乃學海堂刊本。稍長，始得同治五年郝氏家刻所謂足本者。據長洲宋于庭先生序言，阮刻刪去之文，出高郵王石臞先生手，或云他人所刪而嫁名於王。嘗取兩本並几觀之，見凡阮本所刪之處，多有未安；知阮本所刪，必出當世碩儒之手，意非石臞先生不能如是之精審也。且疑所謂足本者，乃初本，阮刻爲定本，顧無以証之。逮己未仲夏，由海東返國，明年，從貴陽陳松山黄門許得義疏寫本，首尾朱墨爛然，凡句乙處用朱筆，又凡一語有未安、一字有譌脫，亦以朱筆訂正。以書迹觀之，皆出石臞先生手，間有一二爲文簡書。其尤未安處，則石臞先生加墨籤。每條皆書「念孫案」一字，凡百十首三則知删定果出石臞先生，非託名也。其所刊正，莫不精切，如嚴師之加弟子。於此可見古人友朋論學之忠實不欺，雖石渠先生實長於蘭臯先生十餘年，然在今人即齒相若，殆亦未必如是之眞切不唯阿也。考蘭臯先生卒於道光五年，阮氏經解之刻在道光六年至九年而工竣。石渠先生卒於道光十二年，阮氏刻書時郝氏初亡，而石渠先生健在，故當時以定本付刊，其後人乃誤以未定本爲足本，復爲之刊布。于鋌先先生作序，徇郝氏後人之意，而爲或云出於假託之言以阿之，知道豐諸儒已漸失先賢質實之風矣。予平生服膺王氏之學，往歲既刊石渠先生未刊諸書，爰以戊辰暮春命兒子福頤將此編中刊正郝書諸籤錄爲一卷，顏之曰爾雅郝注刊誤，以遺當世之治王郝二家之學者。且以識予早歲所疑，逾四十年竟得其證，爲可喜也。五月即望上虞羅振玉書。

春圃府君行狀一卷 王念孫撰

石渠府君行狀一卷 王引之撰

王氏讀說文記 王念孫撰

印入許學叢刻小學類編晨風閣叢書中。晨書閣本名爲說文解字校印記，較以上兩刊本多若干條。

王石渠先生遺文四卷 王念孫撰

王文簡公遺文四卷附錄一卷 王引之撰

羅叔言先生校刻高郵王氏遺書叙目云：「壬戌秋，金息侯少府始爲介紹于藏文簡父子手之汪君，購得叢稿一箱，因將石臞先生及文簡遺文編錄，共得八卷。已而友人以王氏家集刊本見假，則刊于咸豐末年，取校新輯本，則互有出入，因重爲釐定付諸手民。乙丑十月。」按羅氏王文簡公文集子目下註舊刻無者凡三十五首；則參事搜討之功，可謂勤矣。然亦時見略漏，有遺珠之恨。予因纂緝高郵王氏父子年譜，披研群籍，遇兩先生之文，有羅刻所未錄者，輒加揭櫫，凡得石臞先生集外文十有三首，文簡公集外文六首。茲謹鈔存左方，以備睎學。答石臞先生所撰段茂堂先生墓志銘，羅叔言刻高郵王氏遺書目錄　致邵二雲借開元占經書；李蒓客越縵堂日記荀學齋已集下所記　皆未能見；則兩先生文之散佚者多矣。嗣後儻再有所得，當陸續編入，別成高郵王氏父子集外文焉。

重刻說文繫傳序　無聲希聲說　李白清平調說　山翁說　干戚說　釋齋物論　與汪孟慈書三通　與邵二雲書　與劉端臨書　朱武曹經傳考證序　桂未谷說文統系圖跋　以上石臞集外文目

董增齡國語正義序　胡樸齋儀禮釋官序　晉任城太守夫人孫氏碑跋　與汪喜孫書　贈中憲大夫陝西褒城縣黃官嶺巡檢趙公墓志銘　應制分韻詩　以上文簡集外文目

重刻說文繫傳序　王念孫代朱筠

朱笥河詩集乙未送王懷祖詩有云：「我方叙說文，賓予口存活。辨齒音必兼，音獨弱數朝；雜五色亦五，北謂和南謂要。令江南士，通經字爲揭。」章實齋遺書九與朱滄湄論學書云：「朱竹君先生善古文辭，其於六書未嘗精研，而心知其意。王君懷祖固以六書之學專門名家者也。朱先生序刻說文，中間辨別六書要旨，皆咨于懷祖，而承用其言，僅稱先生諸序此爲第一，非不知此言本懷祖也，而世或譏之，此不可語於古人爲文之大體也。」盼遂案：據朱詩、章書所言，則說文繫傳序蓋出於石臞捉刀矣。茲特定爲石臞之作，遂錄於左，以見先生說文之學焉。

叙曰：漢汝南召陵許君慎，范蔚宗儒林傳不詳，僅曰「五經無雙許叔重，爲郡功曹，舉孝廉，再遷除洨長，卒於家，作說文解字十四篇。」本書召陵萬歲里公乘許沖上書言「先帝詔侍中騎都尉賈逵修理舊文，臣父故太尉南閣祭酒慎本從逵受古學，博問通人，考之於逵，作說文解字，凡十五卷。愼前以詔書校書東觀，敎小黃門孟生李喜等，以文字未定，未奏上。今病，遣臣齎詣闕。建光元年九月己亥朔二十日戊午上。」徐鍇曰：「建光元年，安帝之十五年，歲在辛酉也。」案賈逵傳：「肅宗建初元年，詔逵入講北宮白虎觀南宮雲臺。八年，詔諸儒各選高才生受左傳穀梁春秋古文尙書毛詩，皆拜逵所選弟子及門生爲千乘王國郎，朝夕受業黃門署。」據此知許君校書東觀，敎小黃門等，當在章帝之建初八年，歲在癸未也。本書許君自叙言：「粤在永元困敦之年，孟陬之月，朔日甲申，又列徵辟。」徐鍇曰：「和帝永元十二年，歲在庚子也。」案逵傳，逵以永元八年，在左中郎將，復爲侍中騎都尉，內備帷幄，兼領秘書近署；據此知許君本從逵受學，其考之於逵作此書，正當逵爲侍中之後四年。其後二十一年，當安帝之建光元年，歲在辛酉，君病在家，書成乃令子沖上之也。其始末要可考見如此。夫許君之爲書也，一曰世人詭更正文，鄉壁虛造不可知之書。一曰諸生競說字解經誼，稱秦之隸書爲倉頡時書。一曰廷尉說律，至以字斷法，皆不合孔氏古文，謬於史籀，恐巧說衺辭，使學者疑。於是依據宣王太史籀大篆十五篇，秦相李斯倉頡篇，中車府令趙高爰歷篇，太史令胡毋敬博學篇，黃門侍郎揚雄訓纂篇諸書，又雜采孔子楚莊王左氏韓非淮南王司馬相如董仲舒京房衛宏數十家之說，然後成之。又曰：「必遵修文而不穿鑿。」又曰：「非其不知而不問。」蓋其發揮六書之指，使百世之下，猶可以窺見三古制作之意者，固若日月之麗天，江河之由地。其或文與言微，不盡可解，亦必明者之有所述，師者之有所授，後學小生，區見闕聞，不得而妄議已。易曰：「書不盡言，言不盡意。」隱其大要，約爲四端：一曰部分之屬而不可亂。叙曰，其建首也，立一爲端，據形系聯，引而申之，以究萬原，畢終於亥。是以徐鍇作繫傳，有部叙二卷，本易叙卦傳爲之。推原偏傍所以相次之故，使五百四十部一字不紊。今起東既疑尙書，而比類又移字體，便於檢討，皆昧形聲，自李燾之五音韻譜作，而部分紛然自亂其例矣。一曰字體之精而不可易。夫篆者異文而今同一首者，𡗜𦍒𡗜羍𡗜是也。篆本同文而今異所從者，辿從廷，徙從辵也，世俗之從攴則並而改從殳，類之從貝，剌𡘋而設從貝，𡨄與𢇍之爲弈，苦之爲壺，𠥫之爲曲，𣪠之爲𠑹，全爲也，以气化之气當乞，而氣𥹉之氣遂當气，於是有俗餼字。以委餉之委當餧，而饑餧之餧當委，於是有俗餧字。此因一字而誤數字者也。何已從勹，而又從肉，州已從川，而又從水，既重其類。垔從土而又土，蜀從虫而又虫，又重其從。此幷二字以爲一字者也。從者失從，巡者不巡，自隸一變之楷，再變之而字體莫之辨識矣。一曰音聲之原可以知。唇之從辰，囱聲，玉篇囪窗同。考工記匠人：「四旁兩夾窗」窗一音悤，徐鍇以爲當從囪乃得聲，非也。移之從禾多聲，古音弋多反。楚辭「夫聖人者不凝滯于物，而能與世推移，舉世皆濁，何不淈其泥而揚其波。」徐鍇以爲多與移聲不相近，非也。能之足似鹿，從囟巳聲，古音奴來奴代反。詩：「其湛曰樂，各奏爾能，賓載手仇，室人入又，酌彼康爵，以奏爾時。」徐鉉等以爲㠯非聲，疑象形，非也。擿之從手啻聲，陟革反，去聲則陟莫反，啻與商同文，擿與適同聲。詩「勿予禍適，稼穡匪解」徐鉉等以爲當從適省乃得聲，非也。此音聲之可據者也。一曰訓詁之道可以補。易「其牛觢」，觢一角仰也。爾雅：「皆踊觢」，郭注：今竪角牛也。書「西伯旣戡黎」，𢦟從戈今聲，殺也，不當作戡，戡，刺也。詩「深則砅」，砅從水從石，履石渡水也，「在彼淇厲」，厲梁而言，亦此訓也。「得此䵸䵸」，䵸亦爲鼁鼀蟾諸。「縞衣綥巾」，綥從糸畀聲，未嫁女所服處子也。周禮「兆五帝于四郊」，兆者畔也，爲四時界祭其中也。春秋傳「修涂梁溠，溠荊州浸也。」職方氏「豫州其浸波溠」，鄭注春秋傳曰：「楚子除道梁溠」，則溠宜爲荊州，在此非也。「闕碧之甲」，碧水邊石也。論語「小人窮斯濫矣」，濫從女監聲，過差也。孟子「呭呭猶沓沓也」，呭多言也。沓沓語多沓沓也。所謂音則非先王之道也。爾雅「西至汃國謂四極」，汃從水八聲，西極之水也。廣韻以府巾切，西方極遠之國，又普八切，西極水名也，不當作邠，邠，周太王國也。此訓詁之可據者也。部以爲之證以別之。苟以審之訓以求之，文字之學加詳覈矣。後之非毀許君者，或摘其一文，或泥其一說，歷代以來，不得其要領，是皆從迂拘。顧氏炎武謬紹絕紐，學者所宗，而於是書亦有不盡然之言（[illegible]二十一[illegible]），穿鑿附會，信近是遠，是不可不辨。今如所舉，叅從不以地宜，不宋從木爲居，薛爲萃，庶爲姑也，爲女陰，臤爲尊祭，困爲故，當晉爲日無色，答之言無犬之言，如豈狗，有曰不宜有，襄爲解衣耕，弔爲人持弓會驅禽，辱爲失耕時，臾爲束縛捽抴，劉爲持刀罵詈，赤爲火燒門，宰爲辠人在屋下執事，冟爲十六日月始虧，刑爲刀守井。凡此諸說皆始造文字，取用有故，必非許君之所創作。書契代遠，難以強說，復不當刪，是以觀象闕文之訓，明著於敍，豈得以臆說穿鑿，橫槩先儒乎？至若江別汜沱，爲殊學已；述救各引；載師爲坂，當時孔壁未亡，齊魯韓三家之詩具在，衆音雜陳，殊形備覩，豈容廢百舉一，去鄱即鄙耶？又言別指一字，以鎦當劉，以甹當由，以絻當免，此說亦非。案本書之例，從某者有其部也，某聲者有其字也。之瀏從水劉聲，䌷之從糸由聲，勉之從力免聲，具著於篇，乃知書闕有間，傳寫者之過，謂別指一字以當之者謬矣。記曰：「今人與居，古人與稽，」居不當爲法古乎？易曰：「是與神物，以前民用，」用不當爲卜中乎？費誓之費改爲棐，訓爲惡米，案陸德明經典釋文管子問注作「棐，晉棐音秘，鄭君說也。」童爲男有辠，案易喪其童僕，作童至僮之字，國語「使僮子備官而未之聞」韋昭注，僮僮蒙不達也。史記「樂府使僮男僮女七十八俱歌。」訓參爲商星，乃迎大書讖「參商星也。」即如水部「河水出燉煌塞外泑澤在昆侖下」之例，明參與商爲星，非參商亦不知也。其引齊之郭氏及樂浪事，古人往往隨事博徵，不拘拘一說也。至援莽傳及讖記，以劉之字爲卯金刀，謂許君脫其文。案劉之字從金從刀丣聲，丣古酉字，非卯也，讖記不可以正六書。後漢光武紀論「王莽以錢文金刀，改爲貨泉，或以貨泉字爲白水眞人。」於篆貨或近眞人，泉豈得爲白水耶？五行志「獻帝初童謠曰，千里草何青青，十日卜不得生。」以千里草爲董，十日卜爲卓。案董字從壬東聲，非千里草，早字爲日在甲上，非十日卜，又可據以爲證乎？又援魏太和初公卿奏，改文文武爲斌，古未嘗有斌字。案彬從彡從林，爲文質備文武之字，經典闕如，不知所從，無以下筆。徐鉉列之俗書是也。又于據魏以疑漢乎？凡顧氏所說，皆不足以爲許君病，輒附疏之，用詔學者。

又案序中闡發經義之處，多未收于述聞中，亦吾先生經說所必資也。文成于乾隆癸巳正月十八日，時先生年方三十爾。

詩說四條 王念孫撰

無聲希聲　先子曰：「今本陶靖節癸卯歲十二月中作與從弟敬遠詩『傾耳無希聲，在目皓已潔』，『無希』是『希無』之譌。老子贊元章「聽之不聞名曰希。」河上公注：無聲曰希。故詩言希無聲，希即無聲，皓即已潔，以希形容無聲，以皓形容已潔也。今本作無希聲，不特義複，且轉似有聲矣。老子同異章「大音希聲」，彼言希聲可，此言無希聲不可。敬之識。

原注此下詩說五條俱追錄應詩

干戚　李白古風詩羽檄如流星首末二句「如何舞干戚，一使有苗平。」今本李詩別裁集注干羽改干戚，本陶淵明「刑天舞干戚」一句。先子曰：韓非子五蠹篇舜修教三年，執干戚舞，有苗乃服。詩用韓語，非用陶詩。又山海經海外西經「刑天與帝爭神，帝斷其首，乃以乳為目，以臍為口，操干戚以舞。」故陶詩云「刑天舞干戚，猛志固常在。」此與舜征有苗事不相涉，注誤。敬之識。淮南子繆稱訓禹執干戚舞於兩階之間而三苗服齊俗訓有苗不服於是舜修政偃兵執干戚而舞之

李白清平調　清平調「雲想衣裳花想容」一句，楮人鑊堅瓠集引鄧氏說，蔡端明書作葉想衣裳，劉後邨以為筆誤。先子曰：賞名花，對妃子，故以花葉衣裳對舉，作雲則義不密，當以蔡書正近刻之謬，未可據劉說疑蔡。敬之識。

山翁　孟浩然裴司士見尋詩府僚能枉駕首，「誰道山翁醉。」今本唐詩別裁集注即山巨源倒載意也，山翁仍宜用山公。先子曰：王詩亦云「留與醉山翁。」敬之識。又案王詩俗本作留醉與山翁，上句襄陽好風日，本句留與醉山翁，謂風日留與也。又案孟詩用山濤子簡事李白[illegible]詩但云醉山翁

釋齊物論

先子曰：莊子齊物論篇名，論與倫通，物倫齊，謂無有美惡是非。敬之識。又案儀禮士相見禮，論府即倫府，小戴記王制「天論即天倫」，義各見注。又莊子本篇文有倫有義，音義引崔本作有論有議，黃庭堅詩「安得忘言者，與講齊物論」，論押去聲，是沿劉勰文心雕龍說誤。錢氏養新錄解齊物論，謂當以物論連讀，亦足正之。

按以上五則，據王敬之宜略識字齋雜著己酉年中所記錄出。

與汪喜孫書 王念孫撰 據汪氏學行記卷三

聞尊大人已入儒林傳，不獨尊大人之名垂不朽，所以鼓舞後進者，其益無疆也。

與汪喜孫書 王念孫撰 據汪氏學行記卷四

尊大人遊文內，老子考異引證羣書，體例本應如是。足下序次極當，可無疑議。寄到四篇內，袁玉符妻劉氏墓銘及與端臨書已載前帙。其朱先生學政記，念孫舊於筍河先生學署內先睹之，惟龍潭避風館疏今始快讀，洵不刊之作也。帙內悞字，謹爲更正。魏次卿誄爲尊甫先生少作，可不存。提督楊凱傳叙次戰功，歷歷如見，不可不存。

與汪喜孫書 王念孫撰 據汪氏學行記卷五

尊甫與念孫定交于筍河先生幕府，在壬辰之冬。賈稻孫先生與尊甫交在癸巳之秋，亦在筍河先生幕府。丙申之春，念孫至揚州，尊甫始言程易疇先生之學甚精，想訂交即在乙未丙申之間也。念孫自辛丑入都，未曾南旋，至辛亥年，接尊甫札，始言段若膺小學甚精，其訂交則不知在何時矣。尊甫札尋檢尚未得，因往返山左，書籍淩亂故也。祇檢出請祀沈椒園先生議一篇，想有此稿，因係尊甫手書，良可寶貴，故先行奉上，乞檢存。

與邵二雲書 王念孫撰 李慈銘越縵堂日記荀學齋日記已集下記邵含玉藏乾隆諸老致二雲書有石渠先生二通，一爲借閱元古經，一爲論廣雅事。古經札未錄，只錄其一札，今據收。

知不足齋叢書一套繳上。邇注廣雅「葆本也」，而不解其義。又讀詩傳「苞本也」，亦不解其義。竊疑浸彼苞稂，如竹苞矣，實方實苞，苞有三蘖，皆不當訓爲本。昨偶閱玉篇草部葆字注云，本葆草叢生，字或作苯，西京賦苯蓴蓬茸 始知傳訓苞爲本者，乃叢生之義，非根本之義也。斯干箋云「言時民殷衆，如竹之本生」。本生猶言叢生，故以比民之殷衆。故孫炎云，物叢生。非根本之義明矣。生民箋云，豐苞亦茂也。長發箋云，苞豐也。皆足增成傳義。而正義以爲易傳，失其旨矣。廣雅云，一葆科本也，」又云「科叢也莪葆也，」（說文葆草盛貌，莪細草叢生也）則葆苞古蓋通用。未知有當與否，唯先生裁之。又李氏周易集解「繫于苞桑」下所列古訓，必有與爾雅毛詩相發明者，並祈録示，餘不一一。年侍王念孫頓首。（李氏桑曰王氏所著廣雅疏證釋詁三已用此義，惟未言及詩傳鄭箋，即此可知鄭箋之不易讀，而傳箋異同之故可輕言哉）

與劉端臨書　王念孫撰、（自清名代人書札録出，原稿藏杞縣侯汝承處）

王念孫再拜，端臨先生執事。八月初旬，奉具一函奉覆。并覆容甫札，封家信中，寄同高郵，交奴子高升轉寄揚州。後接舍間家信，知其患病物故，昨又接家信，知前書爲伊病中失落矣。念孫次子才質甚鈍，遂遣其兄而得先生爲之選修，且不爲容甫所弃，何幸如之。夏初，有同譜者寄書議姻家，約侯女家來京面致聘訂，迄今尚未來。遂之又滋物議，容再奉聞。前月晤范隣兄，擬云，來歲先生與令弟九哥同來京都。後又云，來京之說尚未確。未知近日已決意北上否？萬臨一第之榮，固不足以動君子，而數年離索之思，一旦慰之，此則念孫之大幸矣。盼望之至。容甫曾來鎮江，近況奚似，旅恙不復作否？若膺尚在蘇州否？有考訂周禮漢讀一書已就緒否？念孫城差報滿後，甫得數日之間，而今差又至，辛苦更甚于巡城。此後直當束書不觀耳。前札未經寄到，復泐數行，候安，兼訂來春北上之約，餘不書。十一月二十二日念孫再拜。

經傳考證序　王念孫撰　遊道堂刊本

余與劉端臨台拱善。端臨數以所爲經說示予，予歎其好古而能求是，深得作者之意，而不爲傳注所域，其學識有過人者。朱武曹彬，端臨之内兄弟也。其識與端臨相伯仲。昔在京師，與予講論經義，多相符合。今年寓書于予，以所作經傳考證八卷見示，予讀而善之。其中若書之朋淫于家，一無起穢以自臭，予仁若考，以修我西土，遏佚前人光，在家不知天命不易，及釋大一條；詩之維葉萋萋，秩秩斯干，如竹苞矣，如松茂矣，矧敢多又，厥猶翼翼，居然生子，辟之僻矣，民之莫矣；禮記之疑女于夫子，非意之也；左傳之憂必讎焉，不筮不襲，寶龜僂句，五叔無官；論語之食饐而餲二句，微子去之三句；孟子之堯之子舜也一節；以及光字方字弔字焉亦不誕洪諸字，皆揆之文義而安，求之古訓而合，衆漢唐宋諸儒之所長，而化其鑿空之病與拘牽之習。蓋非正前人之說而不之用，乃師前人之說而善用之者也。至其援據之確，搜討之精，非用力之深且久者不能有是。是可謂傳注之功臣矣。讀武曹書訖，因舉其犖犖大者以告於經學之士云。道光二年六月既望，高郵王念孫，時年七十有九。

桂未谷說文統系圖跋　王念孫撰　錄經籍許學考卷二十六

桂明經馥因羅山人聘為說文統系圖。許君之後，繼以江式、顏之推、李陽冰、徐鉉、徐鍇、張有、吾邱衍，凡七人。余同年張舍人損復欲納入賈逵、許沖、顧野王、李勝、郭忠恕五人。余案古專家之學，傳之者代有其人，見于各史藝文志備矣。然未有為之圖者。桂君專心說文，且為此圖，以置諸坐右。其篤信好學，可謂加人一等矣。第名之曰說文統系圖，則凡傳述許君之學者，皆不可缺。漏考隋書經籍志，梁有演說文一卷，庾儼默注。宋史藝文志有僧曇域補說文三十卷，及錢承志說文正隸三十卷。玉海稱吳淑好篆籀，取說文有字義者千八百餘條，撰說文五義三卷。又李燾有說文五音韻譜十二卷，及朱翱之作反切，句中正、葛湍、王惟恭之同掌修校，皆不可不圖者也。若夫原本許君之書而別為一書者甚眾，顧野王、江式、顏之推、張有、吾邱衍而外，圖之不可勝圖。許君之學本於賈逵，逵之學本于其父徽，徽本于劉歆、塗惲、謝曼卿三人。說文所載有劉歆、賈逵、杜林等十餘人之說，圖之亦不可勝圖。凡此皆不必圖者也。余之去取大略如此，不知有當否也。

國語正義敘　王引之撰　錄章氏式訓堂刊本錄出

歸安董文學增齡，博雅士也。所著國語正義，援據該備，自先儒傳注及近世通人之說，無弗徵引。又於發明韋注之中，時加是正，可謂語之詳而精之精矣。屬予為經義述聞一書，謹志家公之說，附以歸見。其中亦有考證國語者，他日寫定，當以就正於董君。元注鈔本未收據于南詩志中錄出

儀禮釋官序　王引之撰

古今治儀禮者，討論節文至詳且密，而于官名則略而弗究。績溪胡樸齋先生獨研綜而探索之，備錄十七篇之官名，及

鄭注所釋，而參驗經傳，訂其是非，爲儀禮釋官六卷，並附侯國官制補考、拾遺補證，其辭明也。迹其糾正舊說，確有依據者，如釋燕禮膳宰，據禮記文王世子「膳宰爲主人」，謂主人當是膳宰。鄭氏仍燕義以爲宰夫，非。釋司宮執燭掃當物，據周禮「宮人掃除執燭」，謂司宮即宮人。鄭氏以爲小宰，非。釋左右正，據書「左右攜僕」，謂左右爲僕從之官，不當兼指樂正。釋大射小卿，據經云：小卿賓西東上。後主人獻大夫云繼賓以西東上，不云繼小卿，亦不更見獻小卿之文，謂小卿即三卿下五大夫副於鄉者，非命於其君之卿。釋士喪既夕，據周禮宰夫職喪家八諸職之文，謂甸人、管人、夏祝、商祝等皆公家之臣，來治事者。釋特牲饋食禮，據經文士有私臣，謂士亦有臣。鄭注每云士無臣，非。皆足以裨補前賢，啓發後學，洵考官制者不可無之書也。先生之孫壽政培翬出此書以示余，余讀而善之。乃知壽政之實事求是，其紹聞蓋有自也。既美其家學，因爲識其書之崖略如此。

案此文依研六閣本儀禮釋官錄出。

晉任城太守夫人孫氏碑跋　王引之撰

漢書杜鄴傳「雖有文母之德，必繫於子。」劉奉世、胡三省皆以爲文王之母太任。不知文母自謂太姒，謂之文母者，文德之母也。與大雅思齊「文王之母」殊義。余嘗作經義述聞，曾援列女傳「太姒號曰文母」，及漢書元后傳「新室文母」，後漢書鄧騭傳「爲漢文母」，何敞傳「眾文母之操」，以正之。今讀孫夫人碑亦云「穆乎文母于我夫人」，正謂夫人爲文德之母也。西晉時古訓猶未湮矣。丙子季夏，柘香先生以碑見示，因書鄙見於末，以求是正。

與王喜孫書　王引之撰　據汪氏學行記卷四

奉來敎，知先生謂述　案此指孟慈之尊人容甫先生言所著述學、春秋述義而外，尚有知新記、廣陵通典二書。乞將拙稿寄返，謹當增改一二語，再爲奉敎。

贈中憲大夫陝西褒城縣黃官嶺巡檢趙公墓志銘　王引之撰　深州風土記十一下之下引

趙公既沒之八年，其繼室孫恭人卒。明年，其子吏部郎中盛奎將合葬，來乞銘。公諱德俶，字靜亭。先世居山西洪洞。明初，從直隸永年再遷深州。四傳曰秉謙，五葉共宅，朝廷旌門，遂為州望族。祖諱克中，房山教諭。父諱廷玠，四川重慶府經歷。經歷公卒，公甫十五，署如成人。家中落，入貲為縣尉，揀發甘肅，署涼州府經歷，補寧夏典史。母艱去官，服闋，補陝西安定典史，升黃渠巡檢，署雒南典史、靜海巡檢，以疾乞歸。寧夏故河套地，四渠分流，民資灌溉，公為籌次第挹注法，每歲二月行河，至夏乃歸，歷二十餘年如一日。癸丑夏，河暴漲，漢延渠壩圮，正閘斷流，緣渠稻禾且就槁，公承檄董役，三晝夜隄塞，渠流復通。關中教匪滋擾，奉調赴軍，過留壩，賊突至，率眾防禦，賊遂遁南山。逾賊時出沒盩厔、商雒。公尉雒南，相機禦賊，與邑令團練民兵，凡數十晝夜，賊不敢逼。公卒於嘉慶十九年三月十九日，享年六十九。以子貴，贈如其官。配夏恭人，正定府教授鳳吟之女。繼室孫恭人，國學生眛女，皆勤婦職。道光三年，合葬于深州柳家莊之西北原。子二：盛奎，嘉慶乙酉拔貢生，今官吏部郎中，軍機處行走；次盛舉，早卒。女四。孫三：家賾、家熙、家燾。孫女五。余於公為姻家，知公為深，故為銘。

銘曰：其官則庳，其人則有為也。其吏績則崇，其心則彌沖也。生有妻為輔，而家事治；死有子以繩武，而後嗣熾也。恆貨之豐，其根之隆，藏之幽宮，壽考令終。道光三年九月。

應制分韻詩一首 王引之撰 皇朝詞林典故卷十一嘉慶甲子年二月得竭字

寅賓暘景風，卯冒開如月。劍佩繞瀛洲，和鸞鳴鳳闕。御書上棟懸，雅吹中庭發。洗[illegible][illegible]企[illegible]，揮箋染吞笏。賡歌和曲成，容藻欽昭揭。砥礪答殊恩，力願股肱竭。

未刻者

雅詁表二十一卷 王念孫撰

雅詁表一卷 王念孫撰

爾雅分韻四卷 王念孫撰

方言廣雅小爾雅分韵一卷 王念孫撰

古音義雜記不分卷 王念孫撰

雅詁雜纂一卷 王念孫撰 存見匣精三冊

疊韵轉語不分卷 王念孫撰

周秦韵譜一卷 王念孫撰

兩漢韵譜十七卷 淮南史漢楚辭文選易林等 王念孫撰

詩經羣經楚辭合韵譜三卷 王念孫撰

周秦合韵譜三卷 王念孫撰

兩漢合韵譜十七卷 淮南說苑大元素問史漢楚詞文選易林等 王念孫撰

諧聲譜二卷 王念孫撰

古音索隱不分卷 王念孫撰

雅音釋一卷 王念孫撰

逸周書戰國策合均譜一卷 王念孫撰

說文諧聲譜 王念孫撰

此書分別說文之字爲二十一部。即致李許齋方伯書中所錄至祭二部及侯部入聲表可見。道光中，鄞縣王梓材即先生原稿，變其體例，成二十一表，冠於詩經韵譜之前，大違石渠原意。先師靜安先生專即諧聲譜補十九表諧聲之字成補高郵王氏說文諧聲譜一卷，刻入王忠慤公遺書第二集。

諧聲表二卷　此蓋王梓村所補之表

案以上諸稿，先藏于北京江氏，後歸上虞羅氏，許今轉入北京大學研究所。先師靜安先生曾爲作高郵王懷祖先生訓詁音韻書稿序錄二篇，載入北大研究所國學季刊，論之詳矣。惟高有古音索隱雅音釋逸周書戰國策合均譜諧聲表四種，文中未能收入。或當時校理未竟，因致此失歟？茲據先師文稿所臚細目，遂錄。當爲全豹也。

點勘與佚篇

校正阮氏十三經注疏校勘記　王念孫撰　佚

劉秉璋十三經注疏校勘記識語序：「聞高郵王右臞觀察曾斠是書，題識殆徧。惟所記多証經文，未及注疏。今此本已不知歸誰氏。」

修重古今韻略　王念孫撰　佚

石渠文集有重修古今韻略凡例十一條，似書已告竣者。然邵氏此書向不見重於學林，先生胡爲從事修正？之所重修之本，亦未見有稱引者，想其散佚也夙矣。

删刊郝氏爾雅義疏　王念孫撰　佚

宋翔鳳爾雅義疏序：「得爾雅義疏足本以校阮（經解本）陸（本早行）兩本，多四之一。或云删去之文出高郵王石渠先生手。或云他人所删而嫁名于王。」

校正任氏小學鉤沈　王念孫撰

汪廷珍小學鉤沈跋:「是書前十二卷高郵王懷祖先生手校付梓。後七卷未及校,謹以屬懷祖先生令子伯申侍郎刊其訛誤。今案後七卷不見一條校語,豈當時未及讎對卽付木歟?」

校正玄應一切經音義　王念孫撰

江陰繆氏藝風藏書記卷一:「一切經音義二十五卷,乾隆丙午武進莊氏刻本。金壇段若膺先生以宋本校訂,用朱筆;間有墨筆,則高郵王懷祖先生校語也。」案小珊先生卒後,其孫携藏書之滬斥賣淨盡,今此本不知流落何處矣。

校訂人表考　王念孫撰

民國十六年十二月分浙江圖書館報告善本類要中人表攷九卷,清光緒中廣雅書局刊本。民國初年蕭山單不厂據高郵王氏校本朱筆渡過。

校正郝氏山海經箋疏　王念孫撰

校正王照圓列女傳補注　王念孫王引之撰

山海經箋疏列校勘人姓名有王伯申。列女傳補注附校正一卷中,有石渠十則,伯申三則。

字林考證　王念孫撰

任大椿字林考逸水部識字下及卷末附諸家考語,皆有石臞之說。是石臞曾與脩是書也。

段茂堂先生墓誌 王念孫撰

羅叔言參事高郵王氏遺書序云：「讀蘇州府志，知石臞先生撰茂堂先生墓志。」案段先生，金壇縣人，於清屬鎭江府。參事云見蘇州府志，疑誤也。手邊無鎭江府志，待檢。

校讀楚辭 王念孫撰

校讀杜工部草堂詩集 王引之撰

以上二書手校墨本，今藏上海涵芬樓。未刻。

校正方言 王念孫撰 佚

文集與劉端臨書：「己亥年，曾有方言校本。庚子携入都，皆爲丁君小雅錄去。內有數十條，不甚愜意者，往往見于盧紹弓先生新刻方言中。其愜意者，則紹弓先生所不取，容當錄出就正。」案盧刻方言只列丁氏之名，不及先生者，或以丁氏過錄時，未注出先生之名歟？

逸周書韻譜 王念孫撰 佚

先師靜安先生王氏古均譜跋原稿後附錄，有逸書均譜。自注云：未見。

論語孔注證僞序 王引之撰

丁晏頤志齋感舊詩王伯申尙書篇序：「庚辰入都，以所撰論語孔注證僞就正。尙書序，謂足紹鄉先生潛邱之學，又相其說之所不及。」案丁氏此書未刻入頤志齋叢書中

說文考正 王念孫撰 佚

讀淮南雜志原道篇：「不與物散，粹之至也」條，引之曰：「散雜肉也，雜爲離，誤見說文考正。」

案王氏以前及並時人，未聞有作考正者。今定爲王氏自撰，而未經刊板者。

說文考異二卷 王念孫撰 佚

朱筠河詩集十三，送王懷祖詩有云：「我昔歸識字，理董仗于哲。子言許氏書，形意事契翕，假借古說精，諧聲流弊劣。川居即中州，山增或大嶼。依聲心有着，托事禮司徹。古今諸借殊，始背終隔隔。又有轉注一，考老訓互綴。要之形聲訓，六書密而營。父子許義昭，兄弟徐音滅。陽冰好大乖，次立校徒列。李燾韻譜五，一亥部遺蘖。然死唐前灰，伐餘漢初蘖。其間小學家，注疏一一掇。法當收散失，非一手足烈。書成曰考異，計功竊漫齧。我既奇子言，鱗爪先漏洩。半載卒二卷，大樹蠹敲齧。我亦時一鳴，砌隙應蜻蛚。」案據竹君此詩，是石渠曾作說文考異一書，在乾隆甲午歲矣。伯申所斥之說文考正，或亦此書之異名歟？

述聞拾遺 王壽同撰 佚

書詁 王引之撰

孫星衍與王伯申書云：「接奉手示，并寄大著書詁。循誦回復，佩服無既。訓詁聲音之學，至是而大明。後學可爲一隅之反。」

尚書訓詁一卷 王引之撰

案錢塘丁氏八千卷樓書目有此書鈔本。今未能比觀，疑與伯淵所斥之書詁或係一書也。

尚書集解 王引之撰

左傳集解 王引之撰

案王文簡公集庚寅與陳石甫書云：「此後如有餘暇，尚欲爲尚書集解左傳集解二書。但不知精神何如耳」。

校正北堂書鈔 王引之撰

嚴氏可均鐵橋漫稿卷八書原本北堂書鈔後云「嘉慶中，孫淵如約王伯申略校。伯申約錢既勤同校，僅二十餘葉而輟業。」

沈氏曾植海日樓題跋二集跋陳禹謨本北堂書鈔云：「嚴鐵橋言王伯申校書鈔僅二十許葉而輟業。此本所校，不止二十餘葉。然終是伯申手蹟。則鐵橋之說是誤記也。所據影宋本蓋即淵如藏本。宣統壬子祀竈前一日。」

同集又跋影宋抄本北堂書鈔云「壬子冬日，在滬上見高郵王氏據陳禹謨本，用影宋本校者。首葉眉間記云影宋本每半葉十二行，每行十八字。卷一第一葉校云總載一，空二格。謹載三，下空四格。卷二第一葉校云，微應五十，空四格。核與此本行款同，後各卷所校皆同。然則此本亦影宋抄也。」

雜志遺拾 王引之撰 佚

羅氏輯王氏六葉傳狀碑志集六子蘭府君行狀云：「府君自著經義考證述聞拾遺雜志拾遺守城日錄古韻蠡測觀其自養齋雜記諸書皆未付梓，稿多散佚。」今案兩拾遺，疑皆石渠伯申兩公攷訂經史零稿，未經收入述聞與雜志者。子蘭留連先芬，遂爲裒輯之耳。今附于此。

廣雅疏證補遺 一冊 王念孫撰 佚

子蘭府君行狀云：「侍曾王父（謂石臞先生）時，質疑辨難，精益求精。至重闈藥餌，手澤所存，片言隻字，必繹而通之。計數百條。曾王父有廣雅疏證補遺一册，未訂之作也。府君謹集成之。惜大一書，府君力求其解，而爲說以示後學。又手輯三世遺文，梓將成，而賊部失守，板燬于兵。」

附錄

王寬甫先生著書目

寬甫名敬之，石臞先生之仲子也。生于乾隆四十三年戊戌（據石臞先生先妣事狀）。出嗣叔祖迪城公爲後，高郵州學增貢生，戶部福建司主事。年七十九卒。平生言詞章之學，所著書皆次弟付梓。今據所見及孫氏寧聲齋讀書志所志，遂錄如左，以備王氏一門之業焉。

小言集六册

愛日堂詩一册（少時居家所得）

處室詩一册（遷居揚州所得）

小書巢詩一册

所宜軒詩一册（以上三種復歸高郵居南門及北門宅所得）

枕潛居詩一册

詩䂬一册（內爲處室詩、小書巢詩、所宜軒詩、枕潛居詩凡四種）

三十六湖漁唱删存三册

雲自在龕叢書刻入名三十六陂漁唱字句亦不同

漁唱乙稿

宜略識字齋雜著九册起道光丁未迄咸豐乙卯凡九歲以一歲爲一册

枕善居文

家諱編

枕善居雜說

鴻蹟偶存

同岑唱和寬甫與夏滋林周敘唱和詩

高郵耆舊詩存四册

高郵耆舊詩餘一册

淮海先生年譜節要一册附入所刻淮海集

輯校遲雲山房詩餘一册

校勘

漁洋著述版刻考畧

張渼渡遺著

此從新城張渼渡象津致李雨樵平書中錄出。雨樵爲新城縣令，蒐集漁洋著述，函詢渼渡，渼渡以是答之。內叙未刻諸書，如神韻集，炊聞詞等，皆經先後刊行，或在渼渡作書以後，未之見也。

(上畧)吾鄉所謂漁洋全集者，凡十六函，三十六種，百有二冊。要之只是俗目俗呼云然，其實非全書，亦非有人詮次纂定以成倫叙也。漁洋山人平生著作不一時，有雕板者，有未及雕板者。其所雕之板不一地，有歸新城者，有未及歸新城者。山人沒後，其家取書與板，分而儲之，未及數載，散失已多。及北平黃崑圃先生，再官山東，惜其久而愈佚，乃即其各家現存之板，搜而輯之，貯諸學宮。其時適有此數，而印書胥役，隨意部彙，先後爲十六函，竟無詮次。則此三十六種，都爲一集，而傳諸後，初非山人之意，並非崑圃先生之意也。在此集者，不必爲山人所經意而傳，不在此集者，不必爲山人所不經意而不傳也。即以山人一人之論著言之：詩自漁洋蠶尾諸集外，若古夫于亭稿，若漁洋山人合集詩，若詩餘之衍波詞。雜著自池北偶談居易錄諸部外，若古夫于亭雜錄，古懽錄，漁洋詩話。古選三昧十種諸選外，若五七古詩鈔選，明自華泉高徐二家外，若楊夢山詩選，新安二布衣詩刻。朋舊詩自東癡滋亭外，若林茂之詩選南海某詩選，吳蓮洋詩選。刻家集則蘭首，考功，抱山，大鉢外，若潤山思止二詩選。又若詞選之依聲初集二集，此十五六種，並皆山人所手定而板行者。今其板或未歸新城，或已歸新城而失之，是以不在集中。其當山人世未及雕板者：則德州所刻帶經堂集之詩文，及已丑庚寅之漁洋近詩，南中坊刻之五代詩話，德州盧公所刻之感舊集。至今未刻者：則若朱昌逸史，神韻集，而然脂集，炊聞詞，亦爲山人與西樵手定之書。若所未見：猶有山木集，唐人近體神韻集，元本明人七言古詩選數種。寫至此，縣中聽事吏來催促進城，蓋爲劉寄菴明府城工尾聲事，極忙迫。所未見書目，竟不及追憶寫完。(中畧)至津家中書，本無璧多。先人用心，惟在諸經諸史，及關閩之書。池北書庫流散，初不關心收貯。津所掇拾，特其餘燼，前書已備言之矣。然所存爲西樵漁洋朱墨手蹟點定者，尚近百種。其於前輩及同時諸賢之詩，去取改正，點石成金處，實足以津逮後學。其書則多是漁洋全集中諸底本，及然脂集感舊集之底本，與所自作諸集之底本也。冊頗重累，今聊上數種。其餘及諸池北庫中舊所藏書，有漁洋圖印及手蹟者，待津稍暇有妥人，無妨盡取以相付。當今世而吾黨有篤好如足下，烈士寶劍，佳人紅粉，相成之誼，豈第指囷借舟，不當私爲已有哉。(下畧)

明馮夢龍的生平及其著述

容肇祖

一馮夢龍的生平繫年

馮夢龍，字猶龍，一字耳猶，一字子猶，別署曰「龍子猶」，所居曰「墨憨齋」，又以爲號。江南吳縣人。

朱彝尊明詩綜卷七十一「夢龍，字猶龍，長洲人」（靜志居詩話卷二十同。）

東海鬱藍生曲品下「雙雄」下注云，「馮耳猶作。」王國維曲錄四，「夢龍，字猶龍，一字耳猶，吳縣人。」

曲品上，「馮夢龍」下注云，「子猶，吳縣人」吳梅顧曲談塵下說，「馮夢龍，字猶龍，一字子猶。」

馮夢龍所著墨憨齋傳奇十種，標題舉例如下：

墨憨齋新灌園傳奇——古吳張伯起創業
同郡龍子猶更定

墨憨齋重定量江記——池湯半雲氏原編
姑蘇龍子猶詳定

墨憨齋詳定酒家傭傳奇——姑蘇陸無從
欽虹江二稿
同郡龍子猶更定

魯迅中國小說史略，第二十一篇說，「平妖傳有張無咎序，云，蓋吾友龍子猶所補也。首頁有題名，則曰「馮猶龍先生增定，」固知三言亦馮猶龍作，其曰「龍子猶者」即錯綜「猶龍」字作之。」日本人鹽谷溫論明之小說三言及其他說，「依其著述與其題跋底落款等看來，一稱作龍子猶，大概因字猶龍，所以附會成這名詞的罷。在小說裏不用氏的名字乃戲用猶子龍之號也未可知哩」。（見孫俍工譯本中國文學概論講話附錄。）案蘇州府志列馮夢龍入吳縣，福寧府志卷十七循吏傳說「馮夢龍，江南吳縣人。」朱彝尊說他長洲人。」案明史地理志吳與長洲，俱為蘇州府領縣。實則吳縣與長洲縣治同在蘇州府城。今只存吳縣一名，而長洲之名廢。

生於明神宗萬曆二年甲戌（公曆一五七四）。

鹽谷溫論明之小說三言及其他說：「中興偉畧（正保三年和刻本。案即公曆一六四六年刻本。）底引中有'恭迓唐王監國，因守閩廣一隅'之句，題為'七十二老臣馮夢龍恭撰。'唐王監國當清順治二年三年時期，假定是順治二年，則從此逆算，至萬曆二年即其誕生之年。」箋祖案思文大紀，唐王于弘光元年（即順治二年，公曆1645年。）六月至閩，南安伯鄭芝龍上牋勸監國，恢復中興。閏六月初二日，福建布按都三司左布政司周汝璣等迎賀。遂定初七日御臨布政司監國。中興偉畧當作於這時，故說「恭迓唐王監國。」後來中外文武臣僚，恭勸登極，乃于閏六月二十七日即皇帝位于南郊。中興偉畧不稱皇帝，是在登極以前可知。這年馮夢龍年七十二，可確定為生于萬曆二年。

萬曆三十七年己酉（公曆一六〇九），年三十六。知秀水沈德符有鈔本金瓶梅，慫恿書坊以重價購刻，沈不允。

沈德符野獲編卷二十五說：『袁中郎（案即袁宏道）觴政，以金瓶梅配水滸傳，爲外典。予恨未得見。丙午（案即萬曆三十四年，公曆1606年。）遇中郎京邸，問曾有全帙否？曰，第睹數卷，甚奇快。今惟麻城劉涎白承禧家有全本，蓋從其妻家徐文貞錄得者。又三年，小修上公車，已携有其書，因與借鈔挈歸。吳友馮猶龍見之驚喜，慫恿書坊以重價購刻。馬仲良時榷吳關，亦勸予應梓人之求，可以療饑。予曰，此等書必遂有人板行，但一刻則家傳戶到，壞人心術，他日閻羅究始禍，何辭置對？吾豈以刀錐博泥犂哉？仲良大以爲然，遂固篋之。未幾時，而吳中懸之國門矣。』

光宗泰昌元年庚申（公曆一六二〇），年四十七。增補羅貫中三遂平妖傳，由二十回擴而爲四十回，是年刻成。

張無咎三遂平妖傳序說，『王緱山先生每稱羅貫中三遂平妖傳堪與水滸頡頏。余昔見武林舊刻本，止二十回，開卷即胡員外逢畫，突如其來，聖姑姑不知何物，而張鸞，彈子和尚，胡永兒及任吳張等，後來全無設施，方諸水滸，未免強弩之末。茲刻回數倍前，蓋吾友龍子猶所補也。始終結構，有原有委，備人鬼之態，兼眞幻之長。余尤愛其以僞天師之誅，兆眞天書之亂，妖繇人興，此等語大有關係。即貫諸羅公，亦云青出於藍矣。使緱山獲覩之，其歎賞又當如何耶？書已傳于泰昌改元之年。子猶宦遊，板毀于火，余重訂舊敘而刻之。子猶著作滿人間，小說其一斑，而茲刻又特其小說中之一斑云。」

熹宗天啓四年甲子（公歷一六二四），年五十一。這年以前，夢龍曾就家藏古今通俗小說一百二十種中，選輯三之一爲古今小說四十卷。後重加校訂，刊誤補遺，改爲「喻世明言」二十六卷。這年，續輯三十種，題爲「警世通言。」

全像古今小說四十卷，五本，日本內閣文庫所藏，封面有書店的廣告，說道，『小說如三國志，水滸傳稱巨觀矣。其有一人一事可資談笑者，猶雜劇之於傳奇，不可偏廢也。本齋購得古今名人演義一百二十種，先以三之一爲初刻云。天許齋藏版。』

又古今小說序說：『按南宋供奉局有說話人，如今說書之流。……茂苑野史氏家藏古今通俗小說甚富，因賈人之請，抽其可以嘉惠里耳者凡四十種，畀爲一刻，余顧而樂之，因索筆而弁其首。綠天館主人題。』

鹽谷溫論明之小說三言及其他說，『茂苑野史大概就是馮猶龍了。在左太冲底蜀都賦裏有「佩長洲之茂苑」之句，所以茂苑不妨看作長洲底異稱。長洲爲吳縣，卽今之蘇州，又稱爲古吳或姑蘇。馮氏因賈人——恐怕就是天許齋——之請，選了四十種使出版的，卽這書了。精圖每卷一頁，共四十幅，聚於卷首。其目錄如別表。仔細檢點內容，則有關於春秋的二種，漢三種，梁（南朝）二種，唐三種，五代四種，宋合十九種，元二種，明五種。宋朝特別多的頗值得注意，大概把那時代底說話保存着了。而喻世明言完全是其改版。這二書都藏于內閣文庫，能明白地知到兩者底關係誠幸事哩。」

喻世明言二十四卷，六本，日本內閣文庫所藏，這書封面的背面也有書店的廣告，天欄外題『重刻增補古今小說』數字。廣告說道，「綠天館初刻古今小說十種，見者侈為奇觀，聞者爭為擊節。而流傳未廣，闇置可惜。今板歸本坊，重加校訂，刊誤補遺，題曰「喻世明言」，取其明白顯易，可以開人心，相勸于善，未必非世道之一助也。藝林，衍慶堂謹識。」

警世通言一書，現在尚未能發現出。據鹽谷溫的話，以為日本舶載書目第五十冊，在寬保三年底點查書目中，亥十四號有左記的題言：——

警世通言　八本

自昔博洽鴻儒，兼採稗官野史，而通俗演義一種，尤便於下里之耳目，奈射利者而取淫詞，大傷雅道，本坊恥之。茲刻出自平平閣主人手授，非警世勸俗之語不敢濫入。庶幾木鐸老人之遺意，或亦士君子所不棄也。

序　天啟甲子豫章無礙居士題　　三桂堂王振華謹識

目　可一主人評

無礙居士較，

此外，又有全書的目錄，這是很可慶幸的。

凌濛初（即空觀主人）拍案驚奇自序說，「龍子猶氏所輯喻世等諸言，頗存雅道，時著良規，一破今時陋習。如宋元舊種，亦被蒐括殆盡。」可證喻世明言等作，亦多搜採宋元話本之遺。

天啟六年丙寅（公曆一六二六），年五十三。寓蔣之翹之三徑齋，近兩月，輯成智囊二十八卷。（蘇州府志藝文志作「二十七卷」。）

馮夢龍智囊補自序說，「憶丙寅歲，余坐蔣氏三徑齋，近兩月，，輯成智囊二十八卷。」寓祖棠蔣氏三徑齋，當即蔣之翹家。朱彝尊靜志居詩話卷二十二說，「蔣之翹，字楚穉，秀水布衣，甲申後隱于市。楚穉居射襄城，詳對楚辭，晉書，韓柳文集，鏤板以行。又輯檇李詩乘四十卷，搜錄鄉黨先正詩無遺，兼能備舉軼事，使聽者忘倦。晚年無子，書籍散佚無餘，詩乘亦亡，可歎也。」余家舊藏有蔣之翹輯有注韓柳集，每頁板心之下，有『三徑藏書』四字。又書首『校注韓柳集論例』末題『崇禎癸酉孟夏既望檇李後學蔣之翹楚穉氏識於三徑草堂』。崇禎癸酉，即崇禎六年，（公曆一六三三）韓柳集輯注即成于這年。他自述『藁凡三易，越五寒暑乃成』，則韓柳集輯注創始于崇禎元年（一六二八）。馮夢龍于天啓丙寅（一六二六）寓蔣氏三徑齋，當即蔣之翹的三徑草堂，在蔣氏開始輯注韓柳集之前二年，實為可信。

天啟七年丁卯（公曆一六二七），年五十四。醒世恆言四十卷輯成。

醒世恆言序說，「六經國史而外，凡著述皆小說也。而尚理或病于艱深，修詞或傷於藻繪，則不足以觸里耳而振恆心，此醒世恆言四十種所以繼明言，通言而刻也。明者取其可以導愚也，通者取其可以適俗也，恆則習之而不厭，傳之而可久，三刻殊名，其義一耳。天啓丁卯中秋隴西可一居士題于白下之棲霞山房」。

又醒世恆言封面裏題道：「本坊重價購求古今通俗演義一百六十種。初刻為喻世明言，二刻為警世通言，海內均奉為鄴架珍玩矣。茲三刻為醒世恆言，種種典實，事事奇觀，總取木鐸醒世之遠。並前刻共成完璧云。　毅侏，衍慶紫識。」

思宗崇禎七年甲戌(公歷一六三四)，年六十一。重輯智囊一書爲智囊補二十八卷。書成，適以歲貢選授福建壽寧縣知縣，將赴任，張我城送行，同至松陵，即松陵舟中爲智囊補序。

李拔等編福寧府志卷十七循吏傳說他，『由歲貢崇禎七年知縣。』智囊補自序說，『書成，值余將赴閩中，而社友德仲氏(即張我城，長洲人) 以送余故，同至松陵。德仲先行，余指月，衡廬諸書，蓋嗜痂之尤者，因述是語爲序而畀之。吳門馮夢龍題于松陵之舟中。』

崇禎十一年戊寅(公歷一六三八)，年六十五，離壽寧縣職。在任，政簡刑清，有循吏之目。所著有壽寧縣志二卷。

福寧府志卷十七循吏傳說『政簡刑清，首尚文學，遇民以恩，待士有禮。』

肇祖案福寧府志卷十五秩官中，壽寧縣知縣『馮夢龍』之下爲『區懷素』。卷十七循吏傳說區懷素『崇禎十一年知縣，』則馮夢龍以十一年離任可知。但福建通志卷九十九明職官中，馮夢龍之下爲鄧之鳳，又下爲區懷素。而福寧府志則列鄧之鳳于區懷素之下。疑福寧府志較福建通志爲近實可從？

蘇州府志卷一三六藝文中，有馮夢龍壽寧縣志二卷。肇祖案當是在壽寧縣任時作。

崇禎十七年甲申(公歷一六四四)年七十一。三月，李自成入京師。五月，清兵入關，福王即位于南京。

福王弘光元年乙酉(公曆一六四五)，年七十二。五月，清兵入南京，福王被執。六月，唐王至閩，稱監國，蓄望中興，夢龍著中興偉畧，引中有「恭逐唐王監國，固守閩廣一隅」之句，題爲「七十二老臣馮夢龍恭撰。」又著中興實錄。

鹽谷溫論明之小說三言及其他說，中興偉畧（正保三年和刻本）底引中有'恭逐唐王監國，固守閩廣一隅'之句，題爲『七十二老臣馮夢龍恭撰』。

肇祖案吳梅先生顧曲麈談下說，『馮夢龍……崇禎時官壽寧知縣，未幾卽歸，歸而值乙酉之變，遂殉節焉。』不知何據？他于唐王監國時著中興偉畧及著中興實錄，其非殉乙酉之變可知。

唐王隆武二年丙戌(公曆一六四五)，年七十三。所著中興偉畧刻成。

鹽谷溫論明之小說三言及其他說中興偉畧爲『正保三年和刻本。』肇祖案正保三年，卽唐王隆武二年，當公曆一六四六年。是年馮夢龍或尚存，年七十三？疑當時馮夢龍或在日本，故刻于日本？馮或在海外，不知者以爲殉乙酉之變，得這一書證明，亦可藉知他或尚存在？中興偉畧一書，惜未能一睹內容，藉破積疑。附記于此，以待明哲指正。

二·馮夢龍的著述考

七樂齋稿（未知卷數） 未見。

朱彝尊明詩綜卷七十一說他『有七樂齋稿。』選冬日湖郵卽事一首，說道，『蕪畈一望路三叉，遙認莊窩去路斜。舟艤小溪過野舍，屋絕高岸露牛車，輕霜既柳餘疎葉，暖日村桃早放花。平野蕭條聊極目，遠天寒影散暮鴉。』

又評道：「明府善為脣頰之辭，間入打油之調，雖不得為詩家，然亦文苑之洴精也。」（並見靜志居詩話卷二十）

蘇州府志卷一三六藝文有「馮夢龍七樂齋集。」

墨憨齋傳奇定本十種（題為「龍子猶」編或更定。）存。（南洋中學圖書館目中有這書）

一•新灌園

二•酒家傭

三•女丈夫

四•量江記

五•精忠旗

六•雙雄記

七•萬事足

八•夢磊記

九•灑雪堂

十•楚江情

墨憨齋改訂風流夢傳奇　存。（許之衡先生見過這書。）

墨憨齋訂定人獸關傳奇

墨憨齋重定永團圓傳奇（上二種俱李玉原著，見一笠庵四種曲中。）存。（我有藏本。）

明東海鬱藍生曲品卷上列馮夢龍于「上之下。」又新傳奇品說，「馮耳猶（所著一本）雙雄：聞姑蘇有是事。此記似為人洩憤耳。事雖卑瑣，而能恪守詞隱先生（沈璟）功令，亦持敎之杰也。」

高奕新傳奇品評馮猶龍的傳奇道，「芙蓉映水，恋態幽閒。」又著錄他所著傳奇三本，即萬事足，風流夢，新灌園。

梁廷枬曲話卷三說，「龍氏有墨憨齋傳奇定本十種：新灌園，酒家傭，女丈夫，量江記，精忠旗，雙雄記，萬事足，夢磊記，灑雪堂，楚江情，（即西樓記）。皆取近時名曲，再加删訂而成，頗稱善本。」

王國維曲錄卷四，著錄馮夢龍撰四種：『雙雄記一本（見曲品，傳奇彙考，曲海目）；萬事足一本；風流夢一本；新灌園一本』。（右見新傳奇品，傳奇彙考，曲海目。）』

吳梅先生顧曲麈談卷下說他：『……所居曰墨憨齋，曾取古今傳奇，彙集而删改之，且更易名目，共計十四種，曰墨憨齋定本。如張伯起之紅拂記，湯玉茗之四夢曲，袁凫公之西樓記，余聿雲之量江記，皆在所改之中。每曲又細訂板式，煞費苦心，其書固可傳也。其自著之曲，祇有二種，一曰雙雄記，一曰萬事足，余亦有藏本，曲白工妙，案頭場上，兩擅其美，直在同時陸無從，袁籜庵之上，惜世之見之者少矣！所作散套至多，亦喜改訂古調，如梁伯龍之江東白苧，沈伯英之寧庵樂府，多有考訂焉。其用力之勤，不亞於沈詞隱，而知之者卒鮮。文人之傳，亦有命也！』筆祖案吳先生所說「十四種」除上列外，未知尚有何種？他日當爲補列。許之衡先生戲曲史說：『新灌園，即改張伯起灌園記；女丈夫，即改伯起紅拂記；酒家傭即改陸無從存孤記；楚江情，即改袁令昭西樓記；其餘量江，夢磊，精忠旗，灑雪堂，則仍其原名，特經其删訂耳。惟雙雄，萬事二種，乃其自作。又改定湯若士之牡丹亭，易名風流夢，今歌場所流行遊園，驚夢，及叫畫等齣，皆爲所改訂本也。』

焦循劇說卷二說，「相傳西樓記初成，就正馮猶龍，馮不置可否，袁（案即袁于令，原名韞玉，又名晉，字令昭，號籜庵，又號鳧公，吳縣人。）即席饋百金，爲入錯夢一折。乃西樓爲馮所改之本，名楚江情，刻墨憨齋諸劇中，凡改處皆自標于闌上，如晉長公之姿輕鴻，改爲伎女鴻寶兒，本識池生，遂歸于池。又趙不將開于叔夜祭筵，即至父處爲之作伐娶素徽爲室，以贖前愆，皆勝籜庵原作。至錯夢一齣，極口贊其神化，不可思議，未嘗有改易之說，則錯夢正出袁手，不可誣也。」

楊恩壽詞餘叢話卷三說，「袁韞玉西樓記初成，就質馮猶龍，馮覽畢，置案頭，不致可否。袁惘然而別。馮方絕糧，室人以告。馮曰「無憂，袁大令今夕饋我矣，」家人以爲誕。袁歸，躊躇至夜，忽呼燈持百金就馮。至門，門尚開，問其僕，曰，「主方秉燭相待。」袁驚趨而入。馮曰，「吾固料子必至也。詞曲俱佳，尚少一齣，今已爲增入，」乃錯夢也。袁不勝折服。」

梁廷枏曲話卷三說，「西樓記，爲姑蘇袁鳧公(自寶)作，于叔夜者，鳧公託名也。鳧公短身赤鼻，長於詞曲，穆素徽不過中人之姿，而微麻，性耽筆墨。故兩人交好，爲趙業所忌，因假趙不將以刺之。此康熙中年事。王子暨先生猶得親見，所云絕代佳人者，妄也。其同邑人龍子猶有重定本，多所刪節，較六十種曲所刻尚覺簡當。楚江情一闋，原之佳處，其膾炙人口，實所不解也。」鑾祖案這裏說云「此康熙中年事」知出附會或傳說之誤。馮夢龍在乙酉年(公曆一六四五)已年七十二，後存亡不可知，爲康熙中年事，何從得馮夢龍改定？而且楚江情爲西樓記之改訂本，書題亦刻于明末崇禎間，斷不能預及康熙中年事也。

焦循劇說卷四說；「菽園雜記云，商公穀無子，置一妾，夫人素悍，每間之不得近。一日，陳學士循過焉，留酌，聚話及此，夫人于屏後聞之，即出詬駡。陳公掀案作怒而起，以一棒撲夫人，至不能興，且數之曰，「汝無子，法當棄汝，今置妾，汝復間之，是欲絕夫後也，汝不改，吾當奏聞，置汝于法。」自是妬少衰。生中書舍人愼，乃陳公一怒之力也。馮猶龍本此作萬事足傳奇。余嘗謂萬事足之陳循，即瑞筠圖之陳循，一人而生淨各判，閱者參觀之，可以自警。然萬事足之末，繫以周約文一札云，「友生周禮拜上，德遵對契閣下。古云器滿則欹，月盈則虧。閣下位登首輔，恩寵已極，值此太平無事之時，久踞高巍，即使無忝其職，亦乖知足知止之義。老夫年踰八旬，足力未衰，倘冀閣下急流勇退，同尋山中之盟，伏爲熟思。」陳唱云，「知幾久讀疏生傳，但君恩未報暫流連。」按清波雜誌載蔡京云，「京衰老宜去，而不忍遽乞身者，以上恩未報也。」此曲本之意隱隱以蔡京比陳循矣。陳苟明知足之義，何至以粉面登場，如瑞筠圖之遺臭耶？」

一棒雪人獸關及永團圓二種，俱李玉原作，馮夢龍爲之改定。李玉吳人，作北詞廣正譜，吳偉業作序，說「堪與唐詩宋詞並傳不朽。」這兩種疑即李玉少作，故經馮夢龍改定。李玉入清後尤負盛名，疑初與馮夢龍有淵源的關係？

全像古今小說四十卷　存。（日本內閣文庫有藏本）

綠天館主人序說，「茂苑野史氏家藏古今通俗小說甚富，因賈人之請，抽其可以嘉惠里耳者凡四十種，畀爲一刻。」

這書的目錄，據鹽谷溫所記，如下：

(一)蔣興哥重會珍珠衫　(二)陳御史巧勘金釵鈿

(三)新橋市韓五賣春情　(四)閑雲菴阮三償冤債

(五)窮馬周遭際賣䭔媼　(六)葛令公生遣弄珠兒

(七)羊角哀捨命全交　(八)吳保安棄家贖友

(一本作「羊角哀一死戰荊軻」)

(九)裴晉公義還原配　(十)滕大尹鬼斷家私

(十一)趙伯昇茶肆遇仁宗　(十二)衆名姬春風弔柳七

(十三)張道陵七試趙昇　(十四)陳希夷四辭朝命

(十五)史弘肇龍虎君臣會　(十六)范巨卿雞黍死生交

(十七)單符郎全州佳偶　(十八)楊八老越國奇逢

(十九)楊謙之客舫遇俠僧　(廿十)陳從善梅嶺失渾家

(廿一)臨安里錢婆留發跡　(廿二)木綿菴鄭虎臣報冤

(廿三)張舜美元宵得麗女　(廿四)楊思溫燕山逢故人

(廿五)晏平仲二桃殺三士　(廿六)沈小官一鳥害七命

(廿七)金玉奴棒打薄情郎　(廿八)李秀卿義結黃貞女

(廿九)月明和尚度柳翠　(三十)明悟禪師趕五戒

(卅一)鬧陰司司馬貌斷獄　(卅二)遊酆都胡母迪吟詩

(卅三)張古老種瓜娶文女　(卅四)李公子救蛇獲稱心

(卅五)簡帖僧巧騙皇甫妻　(卅六)宋四公大鬧禁魂張

(卅七)梁武帝累修歸極樂　(卅八)任孝子烈性爲神

(一作歸極樂獄作成佛)

(卅九)汪信之一死救全家　(四十)沈小霞相會出師表

喻世明言二十四卷　存。(日本內閣文庫有藏本)

這是古今小說的改版，由四十回，減為二十四回。目錄與古今小說微有出入，茲據鹽谷溫所記，記錄于下：—

(一)張廷秀逃生救父　(二)陳御史巧勘金釵鈿

(三)滕大尹鬼斷家私　(四)蔣興哥重會珍珠衫

(五)白玉娘忍苦成夫　(六)新橋市韓五賣春情

(七)閒雲菴院三償冤債　(八)沈小官一鳥害七命

(九)陳希夷四辭朝命　(十)趙伯昇茶肆遇仁宗

(十一)窮馬周遭際賣䭔媼　(十二)宋四公大鬧禁魂張

(十三)裴晉公義還原配　(十四)楊謙之客舫遇俠僧

(十五)鬧陰司司馬貌斷獄　(十六)任孝子烈性為神

(十七)遊酆都胡毋迪吟詩　(十八)李公子救蛇獲稱心

(十九)汪信之一死救全家　(二十)史弘肇龍虎君臣會

(廿一)吳保安棄家贖友　(廿二)陳從善梅嶺失渾家

(廿三)假神仙大鬧華光廟　(廿四)楊八老越國奇逢

警世通言八本　未見。

依日本舶載書目，目錄如下：

(一)俞伯牙摔琴謝知音　(二)莊子休鼓盆成大道

(三)王安石三難蘇學士　(四)拗相公恨飲半山堂

(五)呂大郎還金完骨肉　(六)俞仲舉還金遇上皇

(七)陳可常端陽仙化　(八)崔待詔生死冤家

(九)李謫仙醉草嚇蠻書　　(十)錢舍人題詩燕子樓

(十一)蘇知縣羅衫再合　　(十二)范鰍兒雙鏡重圓

(十三)三現身包龍圖斷冤　　(十四)一窟鬼癩道人除怪

(十五)金令史美婢酬秀童　　(十六)張主管志誠脫奇禍

(十七)鈍秀才一朝交泰　　(十八)老門生三世報恩

(十九)崔衙內白鷂招妖　　(二十)計押番金鰻產禍

(廿一)趙太祖千里送京娘　　(廿二)宋小官團圓破氈笠

(廿三)樂小舍拚生覓喜順　　(廿四)卓文君慧眼識相如

(廿五)桂員外途窮懺悔　　(廿六)唐解元出奇玩世

(廿七)假神僊大鬧華光廟　　(廿八)白娘子永鎮雷峯塔

(二十九)宿香亭張浩遇鶯鶯　　(三　十)金明池吳清逢愛愛

(三十一)趙春兒重旺曹家莊　　(三十二)杜十娘怒沉百寶箱

(三十三)喬彥傑一妾破家　　(三十四)王嬌鸞百年長恨

(三十五)況太守路斷死孩兒　　(三十六)趙知縣火燒皂角林

(三十七)萬秀娘仇報山亭兒　　(三十八)蔣淑真刎頸鴛鴦會

(三十九)福祿壽三星度世　　(四　十)葉法師符石鎮妖

王士禛香祖筆記卷十說：「警世通言有拗相公一篇，述王安石罷相歸金陵時，極快人意，乃因盧多遜謫嶺南事而稍附益之。」魯迅中國小說史略「拗相公見宋京本通俗小說第十四卷中，則通言兼采故書，不盡為擬作。」

醒世恆言四十卷　存。（日本帝國圖書館有藏本）

目錄如下：

(一)兩縣令競義婚孤女　　(二)三孝廉讓產立高名

(三)賣油郎獨占花魁　　(四)灌園叟晚逢仙女

(五)大樹坡義虎送親　　(六)小水灣妖狐詒書

(七)錢秀才錯占鳳凰儔　　(八)喬太守亂點鴛鴦譜

(九)陳多壽生死夫妻　　(十)劉小官雌雄兄弟

(十一)蘇小妹三難新郎　　(十二)佛印師四調琴娘

(十三)勘皮靴單證二郎神　　(十四)鬧樊樓多情周勝仙

(十五)赫大卿遺恨鴛鴦縧　　(十六)陸五漢硬留五色鞋

(十七)張孝基陳留認舅　　(十八)施潤澤灘闕遇友

(十九)白玉娘忍苦成夫　　(二十)張廷秀逃生救父

(二十一)張淑兒巧智脫楊生　　(二十二)呂洞賓飛劍斬黃龍

(二十三)金海陵縱欲亡身　　(二十四)隋煬帝逸游召譴

(二十五)獨孤生歸途鬧夢　　(二十六)薛錄事魚服證仙

(二十七)李玉英獄中訟寃　　(二十八)吳衙內鄰舟赴約

(二十九)盧太學詩酒傲公侯　　(三十)李汧公窮邸遇俠客

(三十一)鄭節使立功神臂弓　　(三十二)黃秀才徼靈玉馬墜

(三十三)十五貫戲言成巧禍　　(三十四)一文錢小隙造奇寃

(三十五)徐老僕義憤成家　　(三十六)蔡瑞虹忍辱報仇

(三十七)杜子春三入長安　　(三十八)李道人獨步雲門

(三十九)汪大尹火焚寶蓮寺　　(四十)馬當神風送滕王閣

今古奇觀四十卷　存。(我藏有藻思堂刻本。)

姑蘇笑花主人序說。「墨憨齋增補平妖，窮工極變，不失本末，其技在水滸三國之間。至所纂喻世，警世，醒世三言，極摹人情世態之歧，備寫悲歡離合之致，可謂欽異拔新，洞心駴目，而曲終奏雅，歸于厚俗。即空觀主人(案即凌濛初)壺矢代興，爰有拍案驚奇兩刻，頗費蒐獲，足供談麈。合之共二百種，卷帙浩繁，觀覽難周，且羶葷取盈，安得事事皆奇。譬如印纍纍綬若若，雖公選之世，寧無一二具臣充位。余擬拔其尤百回，重加耨梓，以成巨覽，而抱甕老人先得我心，選刻四十種，名為古今奇觀。」

肇祖案今古奇觀，繼思堂舊刻本，首頁書題前有「墨憨齋手定」五字的一行。通報二十四卷中伯希和所著今古奇觀的一文（Lo Kin K u Ki Kora，P u Peliot）所引的本子，是「吳郡寶翰樓」本，也是有「墨憨齋手定」五字的。疑抱甕老人或為馮夢龍之別號？或者抱甕老人另有其人，而曾經與馮夢龍商酌選定的？馮夢龍選三言，而從三言，兩拍中再選為今古奇觀，亦如曾國藩既選經史百家雜鈔二十六卷，又選經史百家簡編二卷，這很是可能的。

智囊二十八卷 未見。

四庫全書總目提要卷一三二說：「智囊二十八卷，（內府藏本）明馮夢龍編。夢龍有春秋衡庫已著錄。是編取古人智術計謀之事，分為十部，亦閒係以評語，佻薄殊甚。」

同治蘇州府志卷一三六藝文說，「智囊二十七卷，補二十八卷。」

智囊補二十八卷 存。（通行本）

自序說：「憶丙寅歲，余坐蔣氏三徑齋，近兩月，輯成智囊二十八卷，以請教于海內之明哲，往往濫蒙嘉許，而嗜痂者遂冀余有續刻。余菰蘆中老儒爾，目未睹西山之秘籍，耳未聞海外之僻事，安所得酉此書而續之。顧數年以來，聞見所觸，苟邇于智，未嘗不存諸胸臆，以此補前輯所未備，庶幾其可。雖然，岳忠武有言，運用之妙，在乎一心。善用之，嗚吹之長，可以逃死；不善用之，馬服之書，無以救敗。故以羊悟馬，前刻已厭其繁；執方療疾，再補尚虞其寡。第余更有說焉，唐太宗喜右軍筆意，命書家分臨蘭亭本，各因其資，勿泥形模，而民間片紙隻字，乃至搜括無遺。佛法上乘不立文字，四十二章後添至五千四十八卷而猶未已。故致用雖貴乎神明，往蹟何妨乎多識，茲補或亦海內明哲之所不棄，不止療嗜痂者之請而已也。書成，值將赴閩中，而社友德仲氏（張我城）以送余故，同至松陵。德仲先行，余指月，衡庫諸書，蓋嗜痂之尤者，因述是語爲敘而畀之。吳門馮夢龍題于松陵之舟中。」

四庫全書總目提要卷一三二說：「智囊補二十八卷（內府藏本。）明馮夢龍撰。夢龍先於天啓丙寅成智囊一書，以其未備，復輯此編。其初刻補遺一卷，亦散入各類。」

筆祖案智囊後來又有朱氏的删本，李漁笠翁文集卷一，有智囊序說道：「……馮子猶龍之輯是編，事求其備，義取乎該，惟恐失一哲人，漏一點謀，遂不覺網羅太密，組織太工，而流于繁。得朱子起而删之，理收其至當，義律以自然，凡有以察察爲明，喋喋爲知者，卽爲古人藏拙，寧使智溢于囊，毋使囊覺于智，庶幾留餘地以厚古人，不使盡露囊底餘智而反爲後人所竊笑，計誠得矣。」

智囊補目錄及分類列下：

上智部　（卷一之四）

見大　遠猷　通簡　迎刃

明智部　（卷五之八）

知微　億中　剖疑　經務

察智部　（卷九之十）

得情　結奸

膽智部　（卷十一之十二）

威克　識斷

術智部　（卷十三之十五）

委蛇　謬數　權奇

捷智部　（卷十六之八）

靈變　應卒　敏悟

語智部　（卷十九之二十）

辯才　善言

兵智部　（卷二十一之二十四）

不戰　制勝　詭道　武案

閨智部　（卷二十五之二十六）

賢哲　雄略

雜智部　（卷二十七之二十八）

狡黠　小慧

（每部有總敘，每類有引語。）

林昌彝硯桂緒錄卷十三說：「馮氏猶龍著智囊補，獨取乎智，豈人有五常，仁義禮信可以不講乎？非也。人之異于物者，特以智耳。物有四常仁義禮信，而獨無智，故不離禽獸。惟人獨智，智者所以辨別仁義禮信而用之。人而不智，雖名爲仁義禮信，而卒不免於愚。智者何？不務名而務實，如子產鑄刑書，曰「火烈民畏，鮮死焉」，不仁之仁也，智也。何與棄人縛王成，而轉烹其縛獻之奴，不義之義也，智也。宋太祖不問李漢超之奪民女爲妾，無禮之禮也，智也。孔子之背盟適衞曰，「要盟神不聽，」無信之信也，智也。仁而無智，失之煦煦；義而無智，失之孑孑；禮而無智，失之汶汶；信而無智，失之硜硜。專用小智而無四常，則機變之巧，爲小人之歸矣。故蠶作繭，蜂累房，蜘蛛成網，螟蛉祝子，昆蟲天巧，所運非人智慮所可及。韓非子曰「龍之爲蟲也，人可擾狎而騎也。」莊子曰，「神龜知能七十二鑽而無遺筴，不免刳腹之患。」此物之智囿於一隅耳，智與不智等。若人之智，則益無窮，非如鷗鵜之勅水，鳩鳥之轉石，鵲之營巢，鼠之竊取已也。是以人有智則五常立。』這是由智囊一書而生的議論，可見前人對於這書的服膺。

譚槩三十六卷　未見。（故宮博物院有「古笑史」一函「六本」疑即這書的改本。）

四庫全書總目提要卷一三二說，『譚槩三十六卷（內府藏本）明馮夢龍撰。是編分類臬輯古事以供談資。然體近俳諧，無關大雅。』

同治蘇州府志卷一三六藝文說：『馮夢龍古今譚槩三十四卷』與祖案雖所記卷數微異，當即譚槩一書。

榮祖案這書又名古今笑，後來經朱石鐘删節，又易名爲古今笑史。李漁笠翁文集卷一古今笑史序說，『予友石鐘朱子，卓犖魁奇，性無雜嗜，惟嗜飲酒讀書。飲中狂興，可繼七賢而八，八仙而九，書則其下酒物也。仲美玉，季宮璧亦具飲酣而氣稍殺，皆雅好讀書○讀之不已，又從而筆削之 筆削之不已，又從而剞劂之○倘其間或有讀而不快，快而不甚快者○是何異於肴酒既設，飾核雜陳 而忽有俗客衝筵，據儲罵座，使飲興為之中阻，不可謂非酒厄，勢必扶而去之，以俟洗盞更酌，此古今笑之不得不删，删而不得不重謀剞劂也○人謂石鐘昆季於此，為讀書計，烏知其為飲酒計乎？是編之輯，出於馮子猶龍，其初名為譚槩，後人謂其網羅之事，盡屬詼諧，求為正色而談者百不得一，名為談槩，而實則笑府，亦何渾樸其貌而艷冶其中乎！以古今笑易名，從時好也○噫！談笑兩端，固若是其異乎？吾謂談鋒一輟，笑柄不生，是談為笑之母也○無如世之善談者寡，喜笑者衆，咸謂以我之談，博人之笑，是我為人役，苦在我而樂在人也○試問伶人演劇，座客觀場，觀場者樂乎，抑演劇者樂乎？同一書也，始名談槩，而問者寥寥，易名古今笑，而雅俗並嗜，購之惟恨不早，是人情畏談而喜笑也明矣○不投以所喜，懸之國門奚裨乎？石鐘昆季筆削既竣，而問序于予，予請所以命名者，仍舊貫乎？從時尚乎？石鐘曰，予酒人也，左手持蟹螯，右手持酒杯，無暇為晉人清談，知有笑而已矣○但馮子猶龍之輯是編，述也，非作也○予雖稍有撙節，然不敢旁贅一詞，又述其所述者也○述而不作，仍古史也○試增一詞為「古今笑史」，能免蛇足之誚否乎？」予曰，善，古不云乎，嘻笑怒罵，皆成文章，是集非他，皆古今妙絕文章，但去其怒罵者而已○命曰笑史，誰曰不宜？」

筆者又案鹽谷溫論明小說三言及其他一文內說及馮夢龍所著

書，于譚槩外又列笑府一種，未知有何根據？據李漁的古今笑史序所說「名爲談槩，而實則笑府，」知馮夢龍所著譚槩以外，別無「笑府」一書。疑談槩後易名爲古今笑，或又稱爲「笑府」。鹽谷溫所說，不免重複之誤？

情史二十四卷　存。（通行本）

同治蘇州府志卷一三六藝文說「馮夢龍：情史二十四卷。」

縣祖棻情史與智囊及譚槩爲一類的書籍，而情史獨不自署姓名，且不署「龍子猶」的假名，只用「龍子猶」之名作序，稱作者爲「詹詹外史氏」，大約以中間有近于穢褻之點，恐來謗議，故遂如此。我初看龍子猶的序，及書中體例與智囊相近似，已疑爲馮夢龍作，及看蘇州府志藝文中所載，更覺證實。玆將情史序及分類列下：——

情史，余志也。余少負情癡，遇朋儕必傾赤相與，吉凶同患。聞人有奇窮奇枉，雖不相識，求爲之地；或力所不及，則嗟嘆累日，中夜展轉不寐。見一有情人，輒欲下拜。或無情者，志言相忤，必委曲以情導之，萬萬不從乃已。嘗戲言「我死後不能忘情世人，必當作佛度世，其佛號當云「多情歡喜如來。」有人稱讚名號，信心奉持，卽有無數喜神，前後擁護，雖遇讐敵冤家，悉變歡喜，無有嗔惡妒嫉種種惡念。」又嘗欲擇取古今情事之美者，各著小傳，使人知情之可久，于是乎無情化有，私情化公，庶鄉國天下，藹然以情相與，於澆俗冀有更焉。而落魄奔走，硯田盡蕪，乃爲詹詹外史氏所先，亦快事也。是編分類著斷，恢詭非常，雖事專男女，未盡雅馴，而曲終之奏，要歸于正，善讀者可以廣情，不善讀者亦不至於導欲。余因爲叙而作情偈以付之。偈曰：

天地若無情，不生一切物。一切物無情，不能環相生。
生生而不滅，繇情不滅故。四大皆幻設，惟情不虛設。
有情疎者親，無情親者疏。無情與有情，相去不可量。
我欲立情教，教誨諸衆生。子有情于父，臣有情于君。
推之種種相，俱作如是觀。萬物如散錢，一情爲線索。
散錢就索穿，天涯成眷屬。若有賊害等，則自傷其情。
如覩春花發，齊生欲喜意。盜賊必不作，奸宄必不起。
佛亦何慈悲，聖亦何仁義。倒却情種子，天地亦混沌。
無奈我情多，無奈人情少。願得有情人，一齊來演法，

吳人龍子猶叙。

情史的目錄及分類：

卷一：情貞類

夫婦節義　貞婦　貞妾　貞妓

卷二：情緣類

意外夫妻　老而娶者　妻自擇夫　夫妻重逢

卷三：情私類

先私後配　私而未及配者　私會　私婢

卷四：情俠類

俠女子能自擇配者　俠女子能成人之事者　俠女子能全人名節者　俠丈夫能曲順人情者　俠丈夫代人成事者　俠客能誅無情者

卷五：情豪類

豪奢　豪華　豪狂　豪勇

卷六：情愛類

男愛女　女愛男　男女相愛

卷七：情癡類

卷八：情感類

感人　感神鬼　感物

卷九：情幻類

夢幻　離魂　附魂　招魂　並幻　事幻　術幻

卷十：情靈類

愈病再生　同死　死後償願　死後踐盟　死後尋歡

再世償願　再世傳信　死後見形　死後行歡　柩靈

卷十一：情化類

卷十二：情媒類

仙媒　友媒　官媒　妻媒　詞媒　詩媒　字媒　鬼

媒　風媒　紅葉媒　虎媒　狐媒　蟻媒

卷十三：情憾類

無緣　所從非偶　傷逝　再生不果

卷十四：情仇類

阻婚　生離　薄倖　妬厄　遭讒　欺誤　遇暴

卷十五：情芽類

大聖　名賢　高僧　賢女子

卷十六：情報類

有情報　負情報

卷十七：情穢類

宮掖　戚里　奇淫　雜淫

卷十八：情累類

損財　賊事　損名　履危　遭誣　虧體　隕命　娼女淫累

卷十九：情疑類

佛國　天仙　雜仙女　地仙　山神　水神　龍神　廟像之神　雜神

卷二十：情鬼類

宮闈名鬼　槐冢墓之鬼　厝瘞之鬼　旅寄之鬼　幽婚　無名鬼

卷二十一：情妖類

人妖　異域　野叉　獸屬　羽族　鱗族　介屬　昆蟲屬　草木屬　無情之物　器物之屬　無名怪

卷二十二：情外類

情貞　情私　情愛　情痴　情感　情化　情憾　薄倖　情仇　姝弟並寵不終　情報　情穢　情累　邪神　靈鬼

卷二十三：情通類

飛禽　獸屬　魚蟲　草木

卷二十四：情跡類

詩話　詞話　雜事

增補三遂平妖傳四十回，八卷○存○（通行本）

姑蘇笑花主人今古奇觀序說，「墨憨齋增補平妖，窮工極變，其技在水滸，三國之間。」

楚黃張無咎平妖傳序說，「小說家以眞爲正，以幻爲奇。然語有之，畫鬼易，畫人難。西遊記幻極矣，鬼。以不逮水滸者，人鬼之分也。鬼而不人，第可資齒牙，不可動肝肺。三國志人矣，描寫亦工，所不足者，幻耳。然勢不得幻，非才不能幻，其季孟之間乎？嘗辟諸傳奇，水滸，西廂也；三國志，琵琶記也；若西遊，則牡丹亭之類矣。他如玉嬌梨金瓶梅，另闢幽蹊，曲中奏雅，然一方之言，一家之政，可謂奇書，無當巨覽，其水滸之亞乎！他如七國，兩漢，兩唐如弋陽劣戲，一味鑼鼓了事，效三國志而卑也。西洋記如王巷金家神說謊乞布施，效西遊而愚者也。至於續三國，封神演義，等，如病人囈語，一味胡談；浪史，野史。等，如老淫吐招，見之欲嘔，又出諸雜刻之下矣。王弇山先生每稱羅貫中三遂平妖傳，堪與水滸頡頏，余昔見武林舊刻本止二十回，開卷卽胡員外逢畫，突如其來，聖姑姑不知何物，而張鸞，彈子和尙，胡永兒及任吳張等，後來全無施設，方諸水滸，未免强弩之末。玆刻回數倍前，蓋吾友龍子猶所補也。始終結構，有原有委，備人鬼之態，兼眞幻之長。余尤愛其以僞天書之誣，兆眞天書之亂，妖繇人興，此等語大有關係。卽質諸羅公，亦云靑出於藍矣。使弇山獲覩之，其嘖賞又當何如？書已傳于泰昌改元之年（案卽公㕑一六二〇）。子猶宦遊，板毁于火。余重訂舊，叙而刻之。子猶著作滿人間，小說其一斑，而玆刻又特其小說中之一斑云。」

墨憨齋新編新列國志 存。（日本有藏本）

鹽谷温，論明之小說三言及其他說道書有明金閶葉敬池梓行本，封面裏記着有：『正史之外，厥有演義，以供俗覽。然非庸筆能辦。羅貫中小說高手，故三國志與水滸並稱二絕。列國兩漢，僅當具臣。墨憨齋向纂新平妖傳。及明言，通言諸刻，膾炙人口。今復訂補二書。本坊懇請，先鐫列國，次當及兩漢，與凡刻迴別，識者辨之，金閶葉敬池梓行。』

壽寧縣志二卷 未見。

同治蘇州府志卷一三六藝文說『馮夢龍：壽寧縣志二卷』。

燕都日記 未見

據鹽谷溫說。

中興實錄 未見。

據鹽谷溫說。

中興偉略 存。（有日本正保三年刻本。）

案正保三年，即唐王隆武二年，公歷一六四六年。

據鹽谷溫說，『引中有恭逆唐王監國，閩守關廣一隅，之句，題爲七十二老臣馮夢龍恭撰。』

春秋衡庫三十卷。未見。

四庫全書總目提要卷三十說，『春秋衡庫三十卷，（浙江吳玉墀家藏本）明馮夢龍撰。夢龍字猶龍，吳縣人，崇禎中，由貢生官壽寧縣知縣。其書為科舉而作，故惟以胡傳為主，雜引諸說發明之。所列春秋前事後事，欲於經所未書，傳所未盡者原其始末，亦殊晋雜。」

明史藝文志『馮夢龍春秋衡庫二十卷。』

朱彝尊經義考卷二百六說『馮氏(夢龍)春秋衡庫三十卷(又附錄二卷)存。劉芳喆曰，(夢龍，字猶龍，長洲人。)』

同治蘇州府志卷一三六藝文說，『春秋衡庫二十卷。』

春秋指月　　未見。

智囊補自序說，『余指月，衡庫諸書。』

福寧府志卷十七，『所著有……春秋指月。』

同治蘇州府志卷一三六藝文說，『馮夢龍：春秋指月』

別本秋春大全三十卷　　未見。

四庫全書總目提要卷三十說，『別本春秋大全三十卷，(內府藏本。)明馮夢龍撰。是書雖以春秋大全為名，而非永樂中官修之原本。其體例惟胡安國傳全錄，亦間附左傳事蹟，以備時文捃摭之用。諸家之說，則僅略存數條。其凡例有云，「大全中諸儒議論，儘有勝胡氏者，然業已宗胡，自難並收，以亂耳目。是不亦明知其謬而為之歟？」

同治蘇州府志卷一三六藝文說，『馮夢龍別本春秋大全三十卷。』

四書指月　　未見。

福寧府志卷十七說『所著有四書指月。』

牌經十三篇　存。(續說郛本)

這書署名「吳龍子猶。」十三篇：卽論品篇第一；論吊篇第二；論發篇第三；論捉放篇第四；論門篇第五；論破篇第六；論留篇第七；論隱篇第八；論忍篇第九；論還篇第十；論應篇第十一；論損益篇第十二；論勝負篇第十三。

酌元亭主人編的照世盃卷四說：「金有方又是那路貨，每日攛他在馬吊場中去吊。文光便稍稍將贄禮送與吊師。那吊師姓劉，綽號賽桑門，極會妝身分，定要穆文光行師生禮。賽桑門先將龍子猶十三篇教穆文光。」馬吊紙牌，明末大約是狠通行的，而龍子猶牌經的盛行，又可以由這段話見出。

馬吊腳例　存，（續說郛本）

署名「吳龍子猶」。序說；「鬭法利病，經中言之最悉。其規條似吾杭逵勝，故从吾杭損益。」內容分十段；一絲起；二名目；三牌式；四坐次拍數；五買注；六鬭百老法；七吊法；八看賞法；九免鬭；十開注。

折梅箋　未見。

據鹽谷溫說，馮夢龍著有這書。

除上所述外，鹽谷溫說，「西漢演義，盤古誌傳，有夏誌傳，五朝小說，等，也說是訂補或纂訂過。」又天然癡叟所著石點頭，是曾經馮夢龍作序，作評的。

附記：這文於倉卒中作成，以備嶺南學報催稿，卽行付印。其中有需檢閱的書籍，如墨憨齋傳奇定本十種，風流夢，古今笑史，等，都以僻處一隅，未能找得，甚爲抱憾。至古今小說，喩世明言，醒世恆言，中興偉略四書，在日本皆有傳本，而這裏所說，只據譚谷溫論明之小說三言及其他一文，亦殊自以爲未足。案馮夢龍雖然在他當日通俗社會上頗得一般民衆的歡迎，以及書坊間的看重，而在文壇上，却未曾有什麼狠大的名譽。最近，白話文學的提倡，三言的發現，一般人對他，似乎另換出了一付面孔來，由他的曲本與短篇小說的貢獻，大家似不能不承認他的文學上無成見的眼光，而且更不能不給他在文學史上重要的地位了。這文列舉所知，似乎較現在一般人所說的爲詳？補苴罅漏，更待來日。大雅君子，尙其教之。民國二十年五月二十八日，鑾祖記于廣州僑商寓樓。

參考書：一

牌經　馬吊脚例（續說郛本）

增補平妖傳（石印本）

智囊補（石印本）

情史（石印本）

今古奇觀

李玉：一笠庵四種曲

沈德符：野獲編

東海鬱藍生：曲品

高奕：新傳奇品

朱彝尊：明詩綜

靜志居詩話

經義考

明史藝文志

四庫全書總目提要

李漁：笠翁文集

李拔等編：福寧府志

謝古梅等編：福建通志

焦循：劇說

楊恩壽：詞餘叢話

梁廷枬：曲話

王國維：曲錄

吳梅：顧曲麈談

許之衡：戲曲史

魯迅：中國小說史畧

鹽谷溫：中國文學概論講話（孫俍工譯本）

楊昌蘇：硯耕緒錄

J'onng Pao , vol. xxlv. 1926.

明馮夢龍的生平及其著述續考

容肇祖

我既在嶺南學報發表『明馮夢龍的生平及其著述』一文。未印出時，即承莫天一世丈告以董康先生所著書舶庸譚有說及馮夢龍的著作。 印出後，又承周作人先生來書敎正，并錄示笑府序全文。 師友之助，感紉至深。又于坊間購得香月居顧曲散人太霞新奏一書， 所錄馮夢龍散曲至夥。課餘之暇，類聚所得，綴成此篇， 用補正前篇的缺失。疏漏之處，諒未能免，惟大雅君子不吝賜敎是幸。

一•馮夢龍的生平補述

馮夢龍又號『姑蘇詞奴』。（任訥曲諧卷三）曾與妓侯慧卿暱。後失了該妓，有怨離詞，爲南呂繡帶兒散曲。（見太霞新奏卷七）茲錄其詞于下：

怨離詞（爲侯慧卿）　　　　龍子猶

繡帶兒

離情慘何曾慣者，特受這個磨折。終不然我做代缺的情郎，你做過路的妻妾。批頰。早知這般寃債誰肯惹。被人罵做後生無藉。靑樓裡少甚調風和弄月，直恁遶魂靈，依依戀着傳舍。

其二　（換頭）

作業。千般樣牽腸掛肚，怎做得順水浪一瀉。沒見了軟款趨承，再休提伶俐話帖。悲咽。倘將飛燕用間也。你想不想舊時王謝。心兒裡知伊冷熱。只奈何得少年郎，淸淸捱着長夜。

太師引

他去時節也，無牽扯。那其間，酥麻我半截。自沒個傻字兒見傷犯，也何曾敢眼角差撇。薔薇花臭味終向野。越說起薄情難赦。不信你自看做尋常俠邪。把絕調的琵琶輕易埋滅。

其二

幾番中熱難輕捨，又收拾心狂計劣。慢說道昭君和番去，那漢官家也只索拋卸。姻緣離合都是天判寫。天若肯容人移借，便唱箇諸天大喏。算天道無知，怎識得苦離別。

三學士

忽地思量圖苟且，且少辦勍慜憐豪俠。饒道書中自有千鍾粟。比着商人終是賒。將此情訴知賢姐姐，從別後，我消瘦些。

其二

這歇案的相思無了絕。怎當得大半世鬱結。縱饒書中那有顏如玉，我空向窗前讀五車。將此情訴知賢姐姐，從別後，你也可消瘦些？

太霞新奏于這詞後，記靜嘯齋評云：——

子猶自失慧卿，遂絕青樓之好，有怨離詩三十首，同社和者甚多，總名曰鬱陶集。如此曲，直是至情迫出，無一相思套語。至今讀之，猶可令人下淚。

案鬱陶集今雖不傳，然觀上怨離詞可知馮夢龍對于侯慧卿的情感，又由此可知馮夢龍在未失侯慧卿以前是常涉足于青樓的。太霞新奏所選馮夢龍的散曲，可證爲馮夢龍與朋儕徵逐于青樓中的頗多，如送友訪伎（卷五）序云：——

王生冬，名姝也。與余友無涯氏一見成契，將有久要。而冬迫於家累，比再訪，已閉爲越中某小吏。無涯氏固多情種，索北家伎姓，并其門巷識之。刻日治裝，將訪之六橋花柳中。詞以送之。

又爲董遐生贈薛彥升(卷七)序云：

菩溪董遐周來遊吳下，偶于歌筵愛薛生，密與訂晤舟次。夜半，而生冒雪赴約，情可知已。一別三載，遐周念之不釋。物色良久，忽相遇於武陵，突而弁矣，丰姿不減。余目擊其握手唏噓之狀，因爲詞述之。

又代伎贈友(卷十一)題下自注云：

馮貞玉一郎所歡李生，將委身焉，托余詞道意。

又金閶紀遇(卷十二)序云：——

白氏，爲花館名家，而來姬尤後來之最秀。東山許元燮，則其破瓜之交也。元燮作金閶紀遇傳，自詫奇緣。余譜爲新詞，傳諸好事。來姬，字掌珍，蓋元燮所贈云。珠性圓走，而掌又有翻覆之義，元燮愼守寶矣。佳人難再得，其勿效「章臺柳」往事哉？

又代贈青衣仙呂小令月雲高(卷十四)云：

柳營花陣，舉仙繡毬滾。卿倒着青樓譜，消不起眞幫襯。濟楚青衣，一般兒勝紅粉。人愛的是名兒美，我愛的是情兒順。須知萬紫千紅都是春，難道除巫峽山不是雲。

然而馮夢龍，徵逐于妓館時，有一事最可紀的，太霞新奏卷十二選有他的青樓夢仙呂步步嬌一首，玆錄其詞於下：——

青樓怨(有序)　龍子猶

余友東山劉某，與白小樊相善也。已而相違。則倩予往道六年別意，淚與聲落。匆匆訂密約而去。去則復不相聞。每瞯小樊，未嘗不哽咽也。世果有李十郎乎？爲寫此詞。

步步嬌

蕭索秋風秋葉舞，想遍悲秋賦。流光轉吟徂，把燕約鶯期，置在何所。搔首悔當初，沒來由便把真情訴。

桂花徧南枝 （桂枝香鎖南枝）

我是眞思眞慕，捱朝捱暮。隨他冷口譏嘲，兀自熱心問護。到如今可疑，到如今可疑，眼見六年辜負。有甚弱水炎山，故把行人阻。影也無，風也無，待向夢中尋還無。

柳搖金

山男朱戶，香盜懶鋪，風月興全疎。行雨空懷楚，遊魂欲繞吳。何幸相如醒病再訪蕭當壚。聽他訴出衷情，果是原非特故。甘來苦盡，似草偃重甦。今夜裏慢叙歡情，先將愁數。

園林好

不道是鸞交久孤，不道是魚雁久逋。不道是桃源重渡，更不道便登途，更不道又萍浮。

江兒水

不做美的天方曉，不知心的舟又促，眼睜睜無計留交甫。把近來愁緒上當年簿。為暫時歡送上無窮路。喜則喜東風分付。還愁薄命紅顏，經不起從前擔誤。

玉交枝

收羅歌舞，待雙雙飛鳴帥都。甘為淡飯荊釵婦，不羨他艷抹濃塗。洞庭湖道深，好做淚眼圖。莫釐峰高聳，只當癡愁堵。咬唇牙傷殘口朱，耐黃昏靡穿繡襦。

玉抱肚

想人情朝暮。自當時拚成敗局，為甚的故劍重求，多應是活念難枯。從今死守漸臺符，良夜迢迢倍揣摩。

玉山供（玉抱肚 五供養）

語言吞吐，向人前精神強扶。不禁支露尾藏頭，沒遮攔蝶喚蜂呼。 忙中醉裡，猛可的名兒錯呼。論不得人譏侮。怎支吾，酒筵將散日將晡。

三學士

業債生憎，甚日了除。使多少問卜嗜蛈。終朝留斷無魚雁，及至傳來話總虛。一片熱心渾不悟，還依舊是薄倖夫。

解三醒（此入仙呂）

受盡他幾年孤苦，博得我一夜歡娛。自那日叮嚀送別羞回步，眉皺了未曾舒。枉殺我朝來倭佛頻撮土，枉殺我暮夜逢人倩寄書。愁無措，論相思滋味，堪做痴巫。

川撥棹（以下歸本調）

難憑據，算前程已矣乎。寸心兒怎寄飛奴，寸心兒那寄飛奴。撕雲箋先將淚汚，等他時癡殺奴，撇他時痛殺奴。

僥僥令

只愁同草腐，待飛去少雙鳧。密約在新秋，秋將老。每日把瘦容顏問小姑。

尾聲

陽臺遍把襄王慕，一見拚將身命殂，也落得個烈性稱呼。

太霞新奏于這詞後記云：——

子猶又作雙雄記以白小樊爲黃素娘，劉生爲劉雙，卒以感動劉生爲小樊脫籍。孰謂文人三寸管無靈也？

由上所記，可知馮夢龍不惜拋巨大心力爲文，以玉成白小樊與劉某之好。其自爲人，雖對付妓女，亦能有終始可知。鄒嘯齋說他自失慧卿，遂絕青樓之好．事當可信。太霞新奏卷十有馮夢龍誓妓一首，可據為失慧卿後絕跡青樓之證，其詞如下：——

誓妓　龍子猶

集賢賓

盟山誓海誰亂譁。似敗約鴻溝，東掩西遮空費手。弄得箇兩邊僝僽。章臺問柳，李王孫如何傳授。真出醜，塞不住旅雜多口。

黃鶯兒

風雨掉孤舟，病懨懨為甚留。只為胸間未解青絲扣。把歌樓舞樓，翻做花仇酒仇。少年塲差落他人後。請伊收，雙行急淚，別向有情流。

簇御林

從今去，一筆句。瑞香花，各有頭。姻緣限滿三合湊，便相見不似當初厚。免躊躇，隨伊即溜，做不得滿江愁。

尾聲

熱心腸，休窮究。強因親，到底是膠綢繆。拚箇謝卻青樓不去走。

又太霞新奏卷十一有他的端二憶別一首，為失慧卿後週年之作。其詞如下：——

端二憶別　（有序）　龍子猶

五月端二日，即去年失慧卿之日也。日遠日疏，即欲如去年之別，亦不可得。傷心哉！行吟小齋，忽成商調。安得大喉嚨人，順風唱入玉耳耶？噫！年年有端二，歲歲無慧卿，何必人言愁我始欲愁也！

黃鶯兒　（以後每曲帶黃鶯兒後三句）

端午烘融天，算離人恰一年。相思四季都嘗遍，榴花又妍，龍舟又喧。別時光景重能辦，慘無言，日疏日遠，新恨與舊愁連。

集鶯兒 （犯集賢賓）

隔年，宛似隔世懸。想萬愛千憐，眉草裙花曾婉戀。半模糊，夢裏姻緣。情深分淺，攀不上嬌嬌美眷。 謝家園，桃花人面，教我詩向阿誰傳？

玉鶯兒 （犯玉交枝）

想紅樓別院，剪新羅成衣試穿。昨朝便起端陽宴。偏咱懶赴遊舡。三年艾怎醫愁病痊，五色絲歲歲添別怨。 怪窓前，誰懸糊虎，又早喚醒我睡魔纏。

羽林鶯 （犯簇羽林）

蒲休剪，黍莫煎。這些時，不下咽，書齋強自開消遣，偶閱本離騷傳。 弔屈原，天不可問，我偏要問天天。

貓兒逐黃鶯 （犯貓兒墜）

巧妻村漢，多少苦埋冤。偏是才子佳人不兩全。年年此日淚漣漣。 好羞顏，單相思，萬萬不值半文錢。

尾聲

知卿此際歡和怨？我自愁腸不耐煎，只怕來歲今朝想更顛。

任訥散曲概論卷一書錄，說太霞新奏十四卷，天啟七年刊。案天啓七年即公歷一六二七年，馮夢龍是年年五十四。則馮夢龍暱侯慧卿事，必在他五十二歲以前，或為他的少壯時的軼事可知。

馮夢龍受知於熊廷弼，盧前曲雅後附論曲絕句，于馮夢龍，說道，「何必掛枝傳姓字，熊公巨眼始知人」。志遠編掛枝兒附錄有馮夢龍一條未知引自何書，茲錄于下：——

熊公廷弼，當督學江南時，試卷皆親自披閱。閱則連長几於中堂，鱗攤諸卷於上，左右置酒一罎，劍一口，手操不律，一目數行。每得佳篇，輒浮大白，用誌賞心之快。遇荒謬者，則鈔劍一廻，以抒其鬱。凡有儁才宿學，甄拔無遺。吳中馮夢龍亦門下士也。夢龍文多游戲。掛枝兒小曲與葉子新鬥譜，皆其所撰。浮薄子弟，靡然傾動，至有覆家破產者。其父兄羣起訐之，事不可解。適熊公在告。夢龍泛舟西江，求解於熊。相見之頃，熊忽問曰：「海內盛傳馮生掛枝曲：曾携一二册以惠老夫否？」馮跼蹐不置辭，唯唯引咎，因致千里求援之意。熊曰：「此易事，毋足慮也。我且飯子。徐爲子籌之。」須臾，供枯魚焦腐二簋、粟飯一盂。馮下箸有難色。熊曰：「晨選嘉肴，夕謀精粲，吳下書生，大抵皆然。似此草具，當非所以待子者。然丈夫處世，不應於飲食求工，能飽餐麤糲者，眞英雄也。」熊遂大恣咀啖。馮啜飯七餘而已。熊起入內，良久始出，曰：「我有書一緘，便道可致我故人，毋忘也。」求援之事，並無所答。而扶一冬瓜爲贈。瓜重數十斤，馮傴僂祗受。然意甚怏怏。且力不能勝。未及舟，即委瓜於地，鼓棹而去。行數日，泊一巨鎭。熊故人之居在焉。書報未幾，主人即躬謁馮，延至其家。華筵奇截，妙妓清歌，咄嗟而辦。席罷，主人揖馮曰：「先生文章震煥，才辨珠流，天下之士，莫不延頸踵，願言覯止。今幸親降玉趾，是天假鄙人以納履之緣也。但念吳頭楚尾，雲樹爲遙，荊柴陋宇，豈足礙長者車轍哉？敬備不腆，以犒從者。先生其無辭！」馮不解其故，婉謝以別。則白金三百，盈舁至舟中矣。抵家後，則聞熊飛書當道，而被訐之事已釋。蓋熊公固心愛龍子，惜其露才炫名，故示菲薄，而行李之窮，則假諸途以厚濟之，怨謗之集，則移書以潛消之。英豪舉動，其不令人易測如此。

案沈德符野獲編卷二十五時尚小令條說道：

嘉隆間乃興鬧五更，寄生草，羅江怨，哭皇天，乾荷葉，粉紅蓮，桐城歌，銀紐絲之屬，自兩淮以至江南，漸與詞曲相遠，不過寫淫媟情態，畧具抑揚而已。比年以來，又有打棗竿掛枝兒二曲，其腔調約畧相似，則不問南北，不問男女，不問老幼良賤，人人習之，亦人人喜聽之，以至刋布成帙，舉世傳誦，沁入心腑。其譜不知從何來，眞可駭嘆。

野獲編卷二十五說馮夢龍于萬曆三十七年(一六〇九)，見他有鈔本金瓶梅，慫書坊以重價購刻，不果。這時與印行掛枝兒時候相差或不甚遠？計萬曆三十七年馮夢龍年三十六，掛枝兒刋布成帙，或出馮夢龍之手，則熊廷弼索觀掛枝兒的傳說，事或可信。

又案明史二百五十九熊廷弼傳，廷弼以萬歷三十六年(一六〇八)巡按遼東，………在遼數年，聽勘歸。四十七年(一六一九)起大理寺丞兼河南道御史，宣慰遼東。四十八年允廷弼告歸。天啓元年(一六二一)六月，廷弼入朝，復起用爲兵部尙書右副都御史經畧遼東。是則馮夢龍往見熊廷弼之時，爲萬歷四十七年(一六一九)前數年，或萬歷四十八年至天啓元年間。卽馮夢龍四十至四十八歲間事。馮夢龍因作馬吊牌經而致受人攻訐。故此亦有傳馬吊爲始于馮夢龍的。褚人穫堅瓠十集卷一葉子條說道：——

古惟扯張鬬虎，至馮猶龍始爲馬吊。謂馬四足，失一不可行。故分四壘，各執其八，而虛八爲中營，主將護之，以紀殿最。定賞罰。無陣者，謂之赤足。部中惟百萬簪花，上國之將相也，猶齊之管晏，鄭之僑肸，魏之信陵，雖臣而威震主矣。……

又褚人穫堅瓠九集卷四，有記馮猶龍抑少年一事，可以見馮夢龍的豪飲與捷才，玆錄之于下：——

馮猶龍先生，偶與諸少年會飲。少年自恃英俊，傲氣凌人。猶龍覺之，擲色，每人請量。俱云不飲。猶龍飲大觥曰，「取全色。」連飲數觥。曰，「全色難得改取五子一色。」又飲數觥。曰，「諸兄俱不飲，學生已醉，請用飯而別。」諸少年銜恨，策日，做就險令二聯，俟某作東，猶龍居第三位，出以難之。令要花名人名回文。曰，「十姊妹，十姊妹，二八佳人多姊妹，多姊妹，十姊妹。」過盃曰，「行不出，罰三大觥。」次位曰，「佛見笑，佛見笑，二八佳開口笑，開口笑，佛見笑。」過猶龍。猶龍曰，「月月紅，月月紅，二八佳人經水通，經水通，月月紅。」諸少年為法自斃，俱三大觥。收令亦無。猶龍曰，「學生代收之。」曰，「並頭蓮，並頭蓮，二八佳人共枕眠，共枕眠，並頭蓮。」諸少年佩服。

案褚人穫為長洲人，與馮夢龍同鬮蘇州，書作于清康熙壬申（一六九二）前，距馮夢龍之死，亦不過相距五十餘年。鄉里傳說，事或可信。

馮夢龍于詞曲上用功甚勤，吳梅先生顧曲塵談以為他「用力之勤，不亞於沈詞隱（璟）」所說甚是。從他的墨憨齋傳奇定本看，每曲之中，細訂板式，眞是煞費苦心。然而馮夢龍在魏良輔創的崑腔盛行之後，加以稟承沈璟南曲譜韻律的楷模，那時說曲的文章必推梁辰魚，韻律必稱沈璟，夢龍承其風氣，以驚才絕艷之妙筆，守宮調字叶之準繩，任訥說他「乃明末梁派之中堅，」（散曲概論卷二流別章）言誠非過。馮夢龍雙雄記自序中，有赤憤當時南詞的荒濫，慨乎言之的，可以見他的細訂板式，改竄名曲之深心，其畧如下：——

詞家于今日，僉謂南音盛，北音衰，蓋時尚則然，余獨以為不不。北音幸而衰，南音不幸而盛也。夫北詞暢于金元。雜劇本勾欄之戲，後稍稍推廣為傳奇，而南詞代興，天下便之。那劉蔡毅而後，坊本彗出，日益濫荒。高者濃染牡丹之色，遺却精神；卑者學畫葫蘆之樣，不尋根本。甚至村學究手撚一二椿故事，思漫筆以消閑；老優施腹爛數十種傳奇，亦效顰而奏技。中州韻不問，但取口內連羅；九宮譜何知，只用口頭活套。作者逾亂，歌者逾輕。調問別乎宮商，惟憑口授，音不分乎清濁，只取耳盈。或因句長而板妄增，或認調差而腔並失。弄聲隨意，平上去入之不精；識字未眞，唇舌齒喉之無辨。語云：「苟而習之，白首不解，」南詞之謂歟。而世多耳食，謬謂南詞易，北詞難。嗚呼！南詞豈獨易哉！時尚在南，而爲南者多。時尚不在北，而爲北者少。爲南者多則易之，爲北者少則難之。易南而南之法已壞，難北而北之體猶存。由此言之，南非盛，北非衰也。孰幸孰不幸，亦可知也已。

任訥曲諧卷三有「子猶論南詞」條，引這文後，評說道：——

余謂文學之行藏，亦猶人焉，舍用之間，必不可強，行也不足喜，藏也不足憂。行而能進益者，其行或可喜。若因行而易、因易而壞者，則爲文計，毋寧藏之，足以保其眞。奚必以行于此一時，方足爲文榮哉？榮之不足，壞之有餘，猶硜硜爲文爭行藏于世俗之中，文而有知，不哭亦啻矣，又豈但南北曲間之消長爲然哉？惟所謂南詞者，在散曲中成績極壞。子猶此論，固明于責人，而亦另有味于責己之處矣。

馮夢龍的散曲，不能逃出他的時代的色彩，每每輕改舊曲，未嘗不可非議。然而他爲沈璟派中的人物，勤勤于訂正律韻，務使可施于歌場中，亦有他自己的用心。說他這一派，「其文爲聲而發者多，爲文而發者少、」以及「有補于聲音者鮮、爲害於文字者多」（任訥散曲概論派別章）、未嘗不可以；然而不能祇以他的體派棄之也。馮夢龍的散曲在當時，頗得一些很好的稱譽，如太霞新奏卷十于他的有懷一首後評道，「子猶諸曲，絕無文彩，然有一字過人，曰眞。」又卷六在王伯良闊恨後引慢亭歌者(袁于令)云：「詞才天賦不同：梁伯龍以豪爽；張伯起以纖媚；沈伯英以圓美；龍子猶以輕俊；至于秀麗，不得不推伯良。」任訥以爲「歌者與龍子猶接近，龍乃明末梁派之中堅，沈溺此中，既深且久，道黑爲白，指鹿爲馬，固無足怪。」散曲概論卷二派別章）任氏最不喜南詞套曲，其言不免偏激。然而他對于這派人的小曲，亦有時不能不稱譽。馮夢龍的小曲，存于太霞新奏中的只得六首，除前已錄代贈青衣一首外，今全錄于下：——

桂枝香　（譜掛枝兒詞）

鞋兒低掛，覷着那人簷下。立心高喚丫鬟，故意兒兒說話。要你聰明人自思，聰明人自思，你緣何驚訝。便倒把街頭發跨。為冤家，我倒不怕人瞧破，你另兒膽怎薄。

一江風　（譜掛枝兒詞）

恨冤家，寫着他名兒掛，對着窗兒罵。怪貓兒，錯認鵲兒抓。碎紛紛，就打也全不怕。你心虧做事差。貓兒也恨他，我不合錯把貓兒打。

梧蓼金羅　（客枕偶成）

梧葉兒 有口難開謗，寂寞向繭房，做火逗銀缸。水紅花 偶推窗，又被寒風撇幌。謾把新醅澆悶，消盡我舊鋒芒。只索沉醉獨眠床也囉。柳搖金 千思萬想，枕冷衾涼，好夢難成，只聽得一更更漏聲淒愴。皂羅袍 二更纔罷，三更正長，四更捱過，五更怎當。鼓槌兒都打在我心頭上。

玉胞肚　（贈書

頻頻書寄，止不過敍寒溫，別無甚奇。你便一日間千遍書來，我心中也不嫌聒絮。書呵，原非要緊好東西，為甚一日無他便淚垂？

江兒水　（偶述）

郎莫開舡者，西風又大了些。不如依舊還奴舍。郎要東西和奴睡。郎身若冷奴身熱。且受用而今這一夜。明日風和，便去也奴心安帖。

上引數首中，江兒水與玉胞肚二首，任訥曲諧卷三備載之，而略有數字改易。（江兒水一首改「偶述」題為「留客」，改「舡」為「船」，「奴」字盡改作「儂」，「受用而今」改「消受今朝」。玉胞肚一首，「書來」改作「郵來」。「原非」「一日」之前俱增「你」字，「無他」作「遞來我」三字。惟散曲概論卷二所引江兒水一首，除「舡」改作「船」外，餘都不改。）他說江兒水一首是「諧旣樸質，情亦真摯」。玉胞肚一首是「癡語亦可人意」。我以為前人許馮夢龍的散曲為「真」，為「輕俊」，從這些小曲看去，眞無愧了！

二．馮夢龍的著述續考

馮夢龍的散曲

來香月居顧散曲人評選太霞新奏十四卷，選有龍子猶所作的散曲共二十二首，中有套數十六首，小令六首。另經他改訂的十七首。茲特列全目于下。俾印單行，是在後之好事者。

一．情僊曲　（仙呂二犯傍粧臺）　（見卷一）

二．送友訪伎　（中呂顏子樂）

三．擬贈戒指　（中呂粉孩兒）　（以上見卷五）

四．怨離詞爲侯慧卿　（南呂繡帶兒）

五・爲董遐周贈薛彥升　（南呂懶畫眉引）
六・怨夢　（南呂大勝樂）　（以上見卷七）
七・有懷　（商調集賢賓）
八・嘲妓　（商調集賢賓）
九・閨怨　（商調山坡羊）　（以上見卷十）
十・端二憶別　（商調黃鶯兒）
十一・代伎贈友　（商調金絡索）　（以上見卷十一）
十二・金閶紀遇　（雙調錦堂月）
十三・東帖兒　（雙調鎖南枝）
十四・青樓怨　（仙呂入雙調步步
十五・長恨曲　（仙呂入雙調步步
十六・贈蕭子居楓緣代作　（仙呂入
見卷十二）

以上套數

十七・辦掛枝兒詞　（仙呂桂枝香）
十八・代贈青衣　（仙呂月雲高）
十九・辦掛枝兒詞　（商呂一江風）
二十・客枕偶成　（商調梧葉金羅）
二一・防書　（仙呂入雙調玉胞肚）
二二・偶述　（仙呂入雙調江兒水）　（以上見卷十四）

以上小令

此外馮夢龍改作或訂正的，有下列各曲：——

一・無名氏嘲妓　（仙呂入聲甘州）　（見卷一）
二・宿曲春思　（羽調勝如花）
三・史叔考弁中懷清源胡姬　（正宮錦纏道）

四・陸包山閨怨（正宮漁燈兒）（以上見卷三）

五・梁伯龍酬妓王桂父（南呂香遍滿）（見卷六）

六・史叔考春閨（南呂針線箱）

七・商瑞南郊行見麗人（南呂太師引）（以上見卷七）

八・祝希哲咏花朋四友（越調祝英臺）

九・唐伯虎夜思（越調亭前柳）（以上見卷九）

十・商瑞南代妓送友（商調二郎神）

十一・方氏秋閨曉思（商調集賢賓）（以上見卷十）

十二・無名氏春思（商調金梧桐）

十三・馮千秋擬孫娘綉鞋歸戲賦（商調金梧桐）（以上見卷十一）

十四・沈伯英秋思（仙呂入雙調步步嬌）

十五・俞君宣別思（仙呂入雙調步步嬌）

十六・無名氏思情（仙呂入雙調步步嬌）（以上見卷十二）

十七・張伯起寄情（大石調小令石榴花）（見卷十四）

宛轉歌　未見。

太霞新奏卷十龍子猶閨怨商調山坡羊曲後記云：「此係墨憨齋刪本，與舊刻宛轉歌不同」。

又卷十一龍子猶端二憶別商調黃鶯兒散曲上眉批道：「此與宛轉歌舊刻不同，舊止黃鶯兒二曲。」

又同卷有龍子猶代伎贈友商調金絡索散曲末附記道，「宛轉歌原注云：「譜所載末云，一聲叫得淒凉，愁鎖在眉尖上」……」

任訥散曲概論卷一書錄，列散曲的別集，有「宛轉歌」下注馮夢龍」三字，又說「見太霞新奏」。

任訥曲譜卷三有「龍子猶宛轉歌」一條說他：……「會取古今

傳奇佳者，删改鐫刻之，名墨憨齋定本十四種。自作者有墨憨齋傳奇四種。散曲集名宛轉歌。」

肇祖案馮夢龍的散曲集，在他生前已有刻本。刻本出後，又復自有删定。故太霞新奏有與明與宛轉歌不同的。

墨憨齋訂本雙丸記傳奇，（前未著錄，今補。）

任訥曲諧卷三「齒雪餘香」條，說道：「墨憨齋訂本傳奇內有史槃雙丸記一種。」　肇祖前曾引吳梅先生顧曲塵談，知馮夢龍彙集删改之傳奇共計十四種，而所知的名目，只能列出十三種。故說：「他日當為補列」。今從任訥曲諧得知史槃雙丸記一種亦有墨憨齋訂本。十四種之數，其目大致已全，未審與吳先生所知有無出入？又任訥曲諧卷三「龍子猶宛轉歌」條亦謂「曾取古今傳奇佳者，删改鐫刻之，名墨憨齋定本十四種」任先生所說十四種之目，又未知其目與我所舉的有出入否？

墨憨齋訂本新灌園傳奇，（前已著錄）。

黃文暘曲海總目提要卷九說：「崇禎間長洲人馮夢龍改定本也。其大旨以推食贈衣定盟，為君王后識英雄於困頓之時。乃是女中俠丈夫本領。而不及於私，以成君王后之美。雖與史記稍不合，卻得立言之體。　案戰國策「襄王解衣免服，逃太史之家為溉園。君王后，太史敫氏女，知其貴人，善事之。田單以即墨之城破亡餘卒，破燕兵、紿騎劫，遂以復齊。遽迎太子於莒。立之以為王。襄王即位，立君王后以為后。」但云「善事之，」未嘗如史記之竊衣食而與之私通也。夢龍蓋以國策為本耳。　序云「法章亡國之餘，正孝子枕戈，志士臥薪之日。不務憤悱圖思，而汲汲焉一婦人之是獲，少有心肝，必不乃爾。且五六年間音耗隔絕，驟爾黃袍加身，父仇未報、不一置問、而惓惓訊所私德之太傅，又詎有心肝乎哉？君王后千古女俠，一再見而遂失身，即史所稱與之私，譚何容易？而王孫賈子母忠義，反棄置不錄。若是，則濮闐而已，私偶而已。濮闐私偶，何奇乎而何傳乎？伯起先生云：「吾率五兒試玉峰，舟中無聊，率爾弄筆，遂不暇致詳。」自余加改竄，而忠孝志節，種種俱備，庶幾有關風教而奇可傳矣。」總評云：「舊記惟王蠋死節，田單不肯自立二事，差強人意。餘只道淫，未足垂世。新記法章念念不忘君國，而夜祭之孝，討賊之忠，皆是本傳絕大關目。君夫人不失節，尤得爲賢者諱之義。寶鏡世子故物，借此取巧，方成佳話。」又云「不誅淖齒，君仇不報；不臣服三晉發衝諸國，君仇亦報之未盡。得末折點破，始無遺漏。」又云，「舊本臧兒牧豎，率皆備員，未足發笑。且牧豎掉尾而出，殊覺草率。請觀新劇，冷熱天懸矣。」 又云「田將軍迎立，在世子不無突然。今添臧兒途遇一折，前後血脈俱通。且於下折夜深歸甇甇苟餬，亦有照應。」 戰國策，「王孫賈年十五，事閔王。王出走，失王之處。其母曰，『女朝出而晚來，則吾倚門而望；女暮出而不還，則吾倚閭而望。女今事王，王出走，女不知其處，女尚何歸？』王孫賈乃入市中，曰，『淖齒亂齊國，殺閔王，欲與我誅者袒右。』市人從者四百人。與之誅淖齒，刺而殺之。此賈母訓忠，王孫討賊二折事也。」

墨憨齋訂本酒家傭傳奇 （前已著錄。）

黃文暘山海總目提要卷九説：「係明鰈人陸無從，欽虹江合撰，同郡馮夢龍更定。傳李燮爲酒家傭事，全據正史。」又引後漢書李固傳，梁冀傳，馬融傳，不具錄。

墨憨齋訂本量江記傳奇 （前已著錄）

黃文暘曲海總目提要卷九說：「佘聿雲原編，馮夢龍更定。記樊若水過江事。（聿雲，池州人，若水鄉人也，姓未詳。）」又引宋史南唐世家，不具錄。

墨憨齋訂本精忠旗傳奇　　（前已著錄。）

黃文暘曲海總目提要卷九說：「演岳飛事，杭州李梅實草創，蘇州馮夢龍改定。夢龍云，舊有精忠記，俚而失實，識者恨之。從正史本傳，參以湯陰廟記事實，編成新劇，名曰精忠旗。精忠旗者，高宗所賜也。涅背誓師，岳侯慷慨大節所在。他如張憲之殉主，岳雲，銀瓶之殉父，蘄王諸君之殉友，施全，隗順之殉義，生死或殊，其激於精忠則一耳。編中長舌私情及森羅殿勘問事，微有粧點。然夫婦同席及東窗事發等事，史傳與別紀俱有可據，非杜撰不根者比。方之舊本，不逕庭乎？」又分說各節，引證頗多，不具錄。

墨憨齋訂本雙雄記傳奇　　（前已著錄。）

黃文暘曲海總目提要卷九說，「明馮夢龍改本也。其始不知何人所撰。記前總評云：世俗骨肉參商，多因財起。丹三木之事，萬曆庚子，辛丑間實有之。是記感憤而作。雖云傷時，亦足警俗。按夢龍，崇禎間人，去丹三木事未遠。而原作者又在夢龍之先，當是目擊時事而為此記者。其事今無可考據。劇中所云丹生，名信，字亞之，吳之東山人，與友劉雙幼相契善。其叔丹三木者，本兇徒也。妻每勸其分析家貲，三木不從。其妻因而病卒。三木恨妻之為信而死，又慮終欲分析其產，必欲置信於死地，遂鳴於官，并其友劉雙者，功鍛鍊入獄。後倭寇起，許罪人可疑者立功贖罪。信與雙素諳兵畧，從征擒賊，以功授正千戶，官至征東將軍。按劇中留姓者，想亦有其人。勦倭係實事，惟龍神授劍，及救丹倩之變，度劉雙之叔等事，應是撰出關目。二女男裝，亦屬點綴。至劉雙所娶妓黃素娘，亦無所據。其曰雙雄者，丹倩劉雙俱以武力顯也。」

墨憨齋訂本萬事足傳奇　（前已著錄）。

黃文暘曲海總目提要卷九說：「明馮夢龍撰。其劇前總評云：「舊有萬全記，詞多鄙俚，調復不叶，此記稍飾情節而文之。」按劇中云：「陳循高穀，共學于周禮。循一日偶見土地神，戲書數字貶之。土地求解於其師，得免。妻梅賢淑，以循無子，為之娶妾。循不從，乃乘循醉進之。後與高穀同年及第。穀就試時，道中夜宿古廟，聞女子哭聲，問之，乃父母鬻之以賽神者。穀救出之。會神至，穀挺劍與之鬭，中之，神嘯而走。女不願歸，穀因留之為妾。而其妻妒甚，妾寄居道觀。後為勢豪逼娶結訟。適穀同年顧愈為推官，乃責勢豪而釋妾。時已生子，顧為挈妾入京師，歸于穀焉。按陳循責高穀夫人，係實事。其餘關目，係假借點綴。古廟救女，借用郭元振事。醉後進妾，借用西華氏事。貶土地，借用劉崇之事。」又引證頗多，不具錄。

墨憨齋訂本夢磊記傳奇　（前已著錄）。

黃文暘曲海總目提要卷九說：「會稽人史槃撰。吳縣人馮夢龍重訂。演文景昭夢神仙示以磊字，云，「婚姻富貴，皆由于此，」因名夢磊。劉逵，蔡京，蔡翛，朱用臣雖係同時，其情節非實也。燕人碑云，述媚謝瓊仙。此云，文景昭，並無所据。略云：當塗諸生文景昭，字允明，寄于蘇州，與友鄭彬約遊虎丘劉園。劉園者，戶部侍郎劉公路之園也。公路名逵，隨縣人，觀察江南，愛吳門山水，遂家焉。蔡京專權，乞休林下。

有女亭亭才貌無雙。繼母韋氏甚悍，不愛其女。遠嘗得奇石，高四丈餘，玲瓏可愛，旁有一路，直達石頂，乃構小軒，曰「拜石」以貯之，時憩其上。節屆花朝，景昭晝寢，夢玉城仙史白玉蟾以畫一軸示之，軸上止書一「磊」字。曰，『功名伉儷，皆在于此。』乃寤。不能解。與彬約同遊，彬有他事不果。景昭獨詣遠園，徙倚奇石之上。遠至，邀景昭坐，劇談相契，愛其才品，以女許之，遂指石為媒妁。景昭退，遠與韋氏言之，韋大不愜。中州蔡鷯，與蔡京聯宗，聞遠女美，偕韋氏弟曰子春者，同入園中，見女在焉。往前揖之，女與婢秋紅諾而入。鷯囑子春力主其婚事。適遠奉詔起中書侍郎，同知樞密院事，恐其妻為梗，潛攜女適景昭而贈之百金。韋氏聞之恚甚。子春受鷯託，因謀劫婦女歸以嫁鷯。女堅不從。母亦無可如何。乃以秋紅紿為女以嫁鷯。時景昭妻被奪去，倏書託彬入京求救于遠，遂移寓于彬宅。夜詣遠家，欲探一信，杳然無蹤　徘徊月下。內監朱用臣監滁州酒稅，道過蘇州，月下遇景昭，談吐相賞，詢得其故，意甚不平。用臣嘗忤蔡京，是以外貶，其性鯁直，遂令僕從偽作迎親人，用花轎擡廟中泥神，俟鷯迎娶，便僕與爭道，乘鬧易轎，昇送景昭寓。用臣卽入京復命。鷯及轎，見泥神大駭。子春謂鷯女上轎，其姊所知，中途被劫，事出意外，姊必訴于官。乃嗾鷯亦赴京就試，俟姊訪知無從得鷯，庶可省唇口也。秋紅至景昭寓，景昭啓轎視之，非復巳妻，詢其故。秋紅以景昭為鷯，不敢以實告。景昭見誤認為蔡，亦不敢以實告，權留寓中，未嘗犯也。時蔡京立元祐黨人碑，復遣朱沖子勔為觀察，兼管應奉局，採蘇杭花石。勔遣入京，而諂勔，又上疏論京。徽宗不懌，使遠出使高麗。勔出都，京及戶部尚書劉貴等郊餞。鄭彬持景昭書，誤投于貴。京乃知景昭為遼婿。貴拆書覺其誤而還之。彬始知遼出使，復南歸，以復景昭。抵池河驛，與蔡蘧遇，蘧嘗已娶遼女，而詭稱景昭已歿。彬悲不勝，遂欲南歸。蘧勸偕入京就試。時朱勔至蘇，聞遼園有奇石，突入強取之。夫人及子春抗不肯予。勔怒，並執繫獄。遼女惶急，欲詣景昭求救其母，至則寂然無人。聞景昭嘗其友鄭彬居第八家，遂急往叩，適景昭出，造遼園探妻信。秋紅啓扉見亭亭，驚問其故。亭亭謂秋紅已與蘧甚暱，而秋紅則告亭亭云共牀異枕，情不相通，不可以救母事語彼。乘其未至，兩人同逸去。附內監舟以北。景昭抵遼園左右，不得眞信。及歸，又失秋紅。遂入獄探韋氏。始知昇歸者，乃其婢也。韋氏重景昭之義，卽以家事託之 許他日覓女歸，復諧伉儷。遼至高麗，其國王向風納貢。蔡京察上意頗向遼，欲與修好，會典試入闈，拔蘧第一，而移他人卷以為文景昭，擢居第二，以示修好于遼之意。鄭彬亦擢第十。亭亭秋紅附舟至都，與彬遇于卜肆，占景昭事，彬迎兩人至己宅居之，不知景昭之未試也。徽宗在鸚鵡樓觀梅，倦而假寐，夢司馬光，蘇軾等訴黨人碑之屈，醒而覺前失，立命毀之，幷捕朱勔治其罪，而用金牌召遼入中書。與景昭詣京師，見遼，景昭以未入闈，不欲冒名中式，具疏陳奏，遼復奏劾京罪。乃以「文運昭功石，」為題，令景昭與蘧並一作賦。景昭稱旨擢大魁，黜蘧卷于後，綴名榜末。鄭彬邀蘧至家，使秋紅見之，不相識。及景昭至，亭亭出見，相對感慟。而秋紅出見之，卽前所誤認為蔡郎者也。於是以亭亭為妻

秋紅為妾。朝廷不直蔡京，但以中景昭非惡意，僅奪其中書之職，以開府儀同為太乙宮使。而進遼官為僕射云。案馮夢龍

當崇禎時，以文知名于時。文震孟爲吳中宗匠，夢龍輩蓋其所獎拂也。震孟天啓壬戌科狀元，釋褐後，即以建言能歸，名震天下。其座師內閣何宗彥，湖廣隨州人。劇中劉邊，隨縣人。影照居然，又擢狀元。當是指震孟耳。狀元姓文者亦惟震孟一人」。又引證頗多，不具錄。

墨憨齋訂本楚江情傳奇　　（前已著錄）

黃文暘曲海總目提要卷九說：「馮夢龍所改袁韞玉西樓記也。增删情節之處，悉見自序。　原劇，胥長公之妾名輕紅，今作袁寶兒。寶兒後爲池同之妾。又原劇池與趙不將，俱爲胥長公所殺，今以翻案。　自序云：「此記模情布局，種種化腐爲新。訓子嚴於繡襦，錯夢幻於草橋。即考試最平淡，亦借以翻無窮情案，令人可笑可泣。但有幾處未妥，必當竄定者，胥長公一世大俠，於謀一婦人何有，乃計無復之，而出此棄妾之下策，豈惟忍心哉，其伎倆亦拙甚矣。長公與叔夜素昧平生，戀妓亦無關大事，何必仇爲乃爾。池趙二生，即與叔夜有隙，亦何至謀殺，且旅店逢俠而遂委腹心乎？此又事之萬萬不然者也。合通記觀之，不過欲描佳人才子相慕之情而已，忽而殺一妾，忽而殺兩生，多情者將灰心焉。余不得不爲闢此大創。看梅折便山洪寶，既便收科，又伏池生故人之案。至易姬折竟用洪寶兩全其美，池公子即此了局，葛藤盡去。　第二十一折係全改，原劇係名曰俠概爲胥公自敘，今作歌館買駿，白云：「錦帆樂府，是江南解元于叔夜所作，傳有刻本。同年李貞侯作序。」將所以伏半劇之案。自敘云：「觀劇須於閑處着眼，買駿一折，似冷，而梅花衙衕之有寓，馬之能致千里，叔夜貞侯之才名，色色點破，爲後來張本，此最要緊關目。」趙不將不惟不殺，且與李貞侯共為媒，與原劇絕異。自序云：「趙不將但不合人情耳，其罪不至絕交。末折勸婚偕好，稍仿樂道德收科。然必如此結局，方是一團和氣。」」

墨憨齋訂本風流夢傳奇　　（前已著錄。）

黃文暘曲海總目提要卷九說：「即柳夢梅，杜麗娘事。馮夢龍據牡丹亭本改竄成編也。夢龍敘云：「若士先生，千古逸才，所著四夢，牡丹亭最勝。麗娘之妖，夢梅之癡，老夫人之軟，杜安撫之古執，陳最良之腐，春香之賊牢，無不從筋節竅髓，以探其七情生動之微。獨其填詞不用韻，不按律，即若士亦云：『吾不顧捩盡天下人嗓子。』識者以為此案頭之書，非當場之譜，欲付當場敷演，即欲不稍加竄改而不可得也。若士見改竄者輒失笑，其詩曰，「醉漢瓊筵風味殊，通仙鐵笛海雲孤，總饒割就時人景，卻愧王維舊雪圖。」若士既自護其前，而世之盲於音者又開才人之筆，一字不可移動。是慕西子之極，而并為諱其不潔，何如浣濯以全其國色之為愈乎？余竊用其略，僭刪改以便當場。梅柳一段因緣，全在互夢。故沈伯英題曰「合夢」。而余則題為「風流夢」云。」劇中與原稿大異者，柳夢梅說夢一段，移至第八折內，在麗娘夢後，改名夢梅。二夢嚙合，似有關目。至二十六折夫妻合夢，柳生麗娘各說　夢，與前照應，亦與原稿婚走不同。梅花觀中小道姑，改為侍兒春香，因小姐夭亡，情願出家與石道姑侍奉香火，亦似關目緊湊。餘則刪繁就簡，移商換羽　大同小異。」

墨憨齋重定永團圓傳奇　　（前已著錄。）

黃文暘曲海總目提要卷十九說；「永團圓：此與一捧雪，人獸關占花魁，皆蘇人李元玉所撰。時人合名之曰一人永占。而此劇與人獸關又皆說悔親事。蓋當時實或有之。……………又馮夢龍改本小有異同。」

墨憨齋新定詞譜　未見。

太霞新奏卷一陳蓋卿中秋咏桂犢皮襖套後評云：「入聲廿州第六句，以金釵記「平生幸讀書幾行，微名幸登龍虎榜」爲正。行榜用韻，幾字虎字仄聲，方叶。琵琶記，高堂巳添雙鬢霜，四曲俱不用韻，然第六字必用仄，蓋韻可偸而調必不可改也。近來作者都不解此。墨憨齋新定詞譜，巳辨之詳矣。」靜𣎴案由此可知馮夢龍有墨憨齋新定詞譜一書，即新撰的九宮曲譜。這書又簡稱爲「墨憨齋新譜，」據太霞新奏發凡說道：——「玆選以宮調分卷，其中犯調，一依九宮譜分注。又有譜之所未備者，參之墨憨齋新譜。疑者釋而訛者正，早諸歌壇，即周侯必爲首肯。」又說：「墨憨齋新譜謂入聲在句中可代平，亦可代仄。若用之押韻，仍是入聲。此可謂精微之論。」又說：「曲之襯字，歌時搶帶，各自有法，皆括出細書，亦有傳訛襲舛，以襯爲正者，俱依墨憨齋新譜査定。」太霞新奏說及墨憨齋新譜的，尙有數條，玆列于下：——

卷二：沈伯英假情後記：墨憨子云「四時花，即四季花，亦即金鳳釵，宜以和風扇柳藹烟，一曲爲法。時曲「愁殺閨人天」稍異，不知何本？決非出知音者之手。末句「奈天遠地遠山遠水遠人遠」那有此句法，特好奇者爲之耳。詞隱不知駁正而復效顰何也？（詳見墨憨齋新譜）」

卷三：王伯良酬魏郡穆仲裕內史後記：墨憨齋評云「時曲雲雨阻巫峽一套，共四曲。每曲尾帶玉芙蓉一句。其首曲，「鎭月櫃書」四字，仍屬刷子序本調，止宜仄仄平三字。而作者襯一

「眉」字，遂誤後人不已。唱者旣漫然作兩頭板，而詞隱瑕之，又誤以爲此句宜臓玉芙蓉。不知玉芙蓉乃五字，非四字也。且三曲皆止帶一句，而獨首曲多一句，亦無此格。大抵舊時散曲，多率意妄作，必不可輕信。伯其首曲，亦爲泥古所誤。譜載二曲，一用「嘆古今」三字，一用「但有個」三字，實一體，而詞隱誤以爲二。余新譜有辨。 雁過聲第七句，本該五字一句，第二字不必韻，譜有二古曲可證。因時曲「空教人易老」，偶「教」「老」二字同韻，後人學之，遂主于押韻，幾成二句矣，此亦模倣時曲之誤也。宜以琵琶記「開知餓與荒」爲法。 五字下二韻，惟白練序有此句法，他曲皆無。」

卷五：沈伯英秋懷評云：「風流隨一曲，彷荆釵記，「若提起舊日根芽」曲而作。原名漁家燈。末三句剔銀燈無疑，而前段絕非漁家傲，有誤後學。墨憨齋新譜查出前四句兩休休，中三句紅芍藥，定名爲兩紅燈，今從之。」

龍子猶擬贈戒指後記：墨憨齋新譜云：「擲破地錦花，拜彩樓記「那時節不了咱和你。」「那時」只二字。拜月亭「繡鞋兒」三字。「鞋」字乃襯字也。板仍該點在「兒」字上，而下用截板。時俗于「繡」字上添腰板。姑兩存以俟知音者。」

此外太霞新奏引墨憨子，墨憨齋，墨憨主人，墨憨齋主人的評語，尚有十五條，（卷三，一條；卷八，一條；卷九，一條；卷十，二條；卷十一，三條；卷十二，三條；卷十三，一條。）疑爲引自墨憨齋新譜？茲不具錄。

鬱陶集 未見。

太霞新奏卷七有龍子猶怨離詞，註云「爲侯慧卿。」末記詞噱齋評云：「子猶自失慧卿，遂絕青樓之好，有怨離詩三十首，同社和者甚多，總名曰「鬱陶集」。」

笑府三十卷　存。

董康書舶庸譚卷一，引日本內閣書目云：笑府十三卷　，（墨憨齋，清本。）」

笑府鈔錄二卷　存。

董康書舶庸譚卷一，引日本內閣書目云：「笑府鈔錄二卷（墨憨齋，清本。）」我前次說的，「疑譚概後易名爲古今笑，或又稱爲笑府，據谷溫所說，不免重複之誤？」 眞是我的錯過。周作人先生對于我說的這一點，曾來信糾正；他的來信說道：「所說及古笑史一書，弟曾有之，蓋即談槩之節本。至于笑府則另有其書，聞日本內閣文庫及大連圖書館均有，似笑林廣記之類。敝處有日本翻刻節本兩種，大約只原書十分之一二，而錄有馮氏原序，茲抄錄一通呈覽，乞察入。」 盛誼足感。茲特錄笑府序于下。　笑府序：「古今來莫非話也。話莫非笑也。兩儀之混沌開闢，列聖之揖讓征誅，見者其誰耶？夫亦話之而已耳。後之話今，亦猶今之話昔。話之而疑之，可笑也；話之而信之，尤可笑也。經書子史，鬼話也，而爭傳焉；詩賦文章淡話也，而爭工焉；褒譏伸抑，亂話也，而爭趨避焉。或笑人，或笑於人；笑人者亦復笑於人，笑於人者亦復笑人。人之相笑，寧有已時。笑府集笑話也，十三篇猶曰薄乎云爾。或閱之而喜請勿喜，或閱之而嗔請勿嗔，古今世界一大笑府，我與若皆在其中供話柄。不話不成人，不笑不成話，不笑不話不成世界。布袋和尙，吾師乎！吾師乎！墨憨齋主人題。」

談槩三十六卷　存。

前著錄說「未見。」日本內閣書目列有這書。（見董康書舶庸譚

卷一)

情史類畧二十四卷　存。

情史前已著錄。情史爲這書的簡稱，完全卽是一書。我新購有嘉慶丙寅年刊本，首頁題「情史」二字，每卷首行標題皆作「情史類畧」四字。總目下題「江南詹詹外史評輯。」日本內閣文庫有這書，亦稱爲「情史類畧。」(見董康書舶庸譚卷一)

新列國志一百八回　存。

前著錄未說回數，今據董康書舶庸譚引日本內閣書目補。

春秋衡庫三十卷，附錄二卷，備錄一卷。存。

前著錄說「未見」，董康書舶庸譚引日本內閣書目有之。江南通志一六五，本傳說，「所著春秋指月，衡庫二書，爲舉業家所宗。」

春秋定旨參新三十卷　存。

前未著錄，今據董康書舶庸譚引日本內閣書目補。

中興實錄二卷　存。

前據鹽谷溫說著錄，未載卷數。今據董康書舶庸譚引日本內閣書目補。

王陽明出身靖亂錄三卷　存。

前未著錄，今據董康書舶庸譚引日本內閣書目補。

楚辭句解評林十七卷，附錄一卷　存。

同上。

折梅箋八卷　存。

前著錄據鹽谷溫說，未知卷數。今據董康書舶庸譚引日本內閣書目補。

警世通言八本　存。

前著錄說「未見」。案董康書舶庸譚卷四說道！「閒倉石新由鄉回，於午後一時偕小林往訪於上野院，院在黑谷境內。……其所藏說部數種內，明板警世通言爲內閣文庫所無。序係天啟甲子臘月豫章無礙居士題。有圖甚精。卷目有缺佚塗改，前後易置處，而書實完足。爭氏誤以二十五卷中縫卷目藥號仍作三十四卷，相承而下。閱者不察，徑以竄改，殊可發噱耳！目錄與斯文雜誌所載微異。（發祖案斯文雜誌所載，卽鹽谷溫所著論明小說三言及其他一文，及附宋明通俗小說流傳表。其警世通言目錄，卽依舶載書目錄出的。）或雜誌據別他刻著錄也。今記之如後。……」發祖案目錄前已載，不復錄，記其微異者于下：——

樂小舍拚生覓偶（原注：「偶」斯文雜誌作「喜順」。）

王堂春落難逢夫（原注：斯文雜誌作，「卓文君慧眼識相如。」

旌陽宮鐵樹鎮妖（原注：斯文雜誌作，「葉法師符石鎮妖」

附錄：——

太霞新奏十四卷　　存。

任訥散曲概論卷二派別章說，「龍子猶于太霞新奏中對沈氏（璟），有詞家開山祖師之稱焉。」（頁四十二）案太霞新奏卷一于沈伯明周生別妓賦此紀情一首之後跋云：「詞隱先生（沈璟）爲詞家開山祖。」末有聲明爲墨憨主人语，則太霞新奏編纂者之言。任訥指爲龍子猶于太霞新奏中言之，不知何據？任氏下文又附註說道，「選太霞新奏之顧曲散人，疑卽龍氏。」（龍子猶）（頁四四）一武斷之，一疑擬之，眞未知所是者？董康書舶庸譚卷一，說「以余所見，龍子猶有改定傳奇十一種，又太霞新奏若干卷，中附圖甚精。」似亦指太霞新奏爲馮夢龍所作。鑾祖案說太霞新奏爲馮夢龍所纂，未見證據，不敢妄從。特爲附錄，以待攷訂。

掛枝兒 存

志遠掛枝兒序說道：「提起這本小小册子的掛枝兒，使我憶起牠的作家馮猶龍。………這本掛枝兒，有人說是明時流行民間的歌曲之一，不是馮氏的創作；不過馮氏搜集這些歌曲，纂爲一集，或且至多把這些歌曲加以修改與潤色罷了。現在掛枝兒原本，業已失傳，——也許尚有孤本流落在人間——我們所見的只是浮白主人的選本，姑無論原作者的姓名無從稽考，就是全集的面目無從瞻仰。我們固然不能斗胆的咬定掛枝兒是馮氏的手作；但在我們未找得確定的證據以前，我們只好暫依一般人的見解，姑且認爲馮氏的作品罷了。」

五朝小說 存

莫天一先生曾舉示一舊刋本五朝小說，封面首頁大字書「正續太平廣記，」板格頂上書「五朝紀事」，格內右旁有「馮猶龍先生輯」六字。末有印章二，一爲「有文堂」，一未盡可辨。全書板近漫漶，疑有文堂書坊得五朝小說舊板，或根據傳聞，而題之爲「馮猶龍先生輯」；或託名于「馮猶龍」以廣招徠者？

民國二十一年三月七日

參攷書：——

香月居顧曲散人：太霞新奏 （石印影明刻本）

褚人穫：堅瓠全集，（木刻袖珍本）

江南通志

王文暘：曲海總目提要（董康校訂，大東書局印本）

董康；書舶庸譚（大東書局印本）

任訥：散曲概論（散曲叢刋，中華書局印本）

任訥：曲諧　（同　上）

盧前：曲雅（開明書局影印本）

掛枝兒　（華通書局印本）

汪輝祖先生著述考

楨

一，傳略

汪輝祖，字煥曾號龍莊，晚號歸廬，浙江蕭山人。父楷，官河南淇縣典史，娶妻方氏無子，側室徐氏生君；旋方氏卒，繼妻王氏，君生十一歲而孤，二母撫且教之，君才識聰敏，年十七，補縣學生員，年二十三，以家寒佐幕，練習吏事，凡三十年，所佐凡十餘人，皆深相契合。遇事之疑難紛淆者，先生一覽便能得其要領，往往引禮經以析疑獄，皆足厭服群情，協于人心法制之至當。爲治之假，輒讀書，年三十九舉于鄉，又七年成進士，乙巳出宰湖湘，治事廉平，尤善色聽，剖繶發條。不爽錙銖，所決獄詞，皆曲當有神明之頌，振興人材；激勵薄俗，兢兢焉煦民以仁，董民以義，感孚之以誠與信，俾積罷之邑，蒸蒸向化，而不自知，乃甫踰載，即引疾去，莫克其大用，識者惜焉。解組後，閉戶却掃，積書數萬卷，校勘著述以自樂；貧至不名一錢，當事者招之，則辭以疾，嘉慶元年詔舉孝廉方正，邑人以君應，君辭而不就，惟與其師韓城王文端公（葆醇）簡牘往返，商榷吏治及學術，瞻懷民瘼，尤惻惻切，于讀書治心行己素位之學，歷數十年如一日，嗚呼，先生其偉矣，年七十有八歲而卒。

二，著述考

1. 著述者

題衫集　三卷未見刻本

公于乾隆三十五年時所作，嘉慶元年夏，悟墟檢故篋得之，請公編定者，名以題衫集者，蓋以紀念公之夫人王宜人者。當宜人去世之前數日，尚爲公製汗衫，故公徵詩繪圖以志哀也。病榻夢痕錄云：

「四月十四日，家人至，知王宜人病亟，十五日到家，已帷堂兩日矣，宜人于初八日得病，病作之前，爲余製衫，余因作題衫詩四首，並繪圖記事，錢塘潘中書德園作王宜人傳，並寫寄衫圖見贈，同人題二圖詞甚夥。」

題衫集之內容，蓋爲是類作品，其中公自作之詩四首云：

「衫成在曛黃，疾作自夜午，卽今衫儼然，製衫人何所。寬窄洽稱身，裁量想手附，痛絕寄衫詞，恩義憑記取。不着違婦心。屢着恐易腐，一年着一回，庶幾歷中古。我生衫在笥，我死衫入土，衫灰心不灰，同穴魂相語。」

公之哀王宜人也可謂至矣。

雙節堂贈言集　二十八卷家刻本

公幼秉二母慈訓，恪守未敢少違，及中殿試，公母王太宜人棄養，公報丁憂，將返里，從座師友勸留京，成服受弔，得詞甚夥；撰考妣行述，周海山先生爲之作墓表。邵二雲先生爲之撰墓誌，都爲雙節堂贈言集；就正于羅臺山先生，一再校，書遂成。得仕驥復以汪氏世德傳見贈，以並入于集內，析爲二十八卷，附錄一卷，王宜人傳存焉。乾隆四十四年付梓。

雙節堂贈言續集　二十二卷（附明雙節堂卷跋墨蹟）家刻本

贈言集付梓後，復遍徵名流贈言，以期二母之不朽，公嘗有詩紀其事云：

「……二母心誰筆墨傳，烏私非此若爲憐，錦囊卷帙天涯共，坐詠行哦三十年，」又云「……千金一字寫松筠，共厲孤兒善守身，」又云：「公卿何處無東閣，不爲微詞不到門，……」又云：「百牘千函往復還。封題稽拜液痕斑，……」又述二母之守節

云：『冰雪精神文字留，莫笑傳家無長物，宦箴人樣是貽謀，

此蓋贈言續集之內容也，病榻夢痕錄紀成續集之經過云：

『蓋自乙酉乞言以來，面求者無論，四方仁人君子，聞名而不相識者多懸二三知交輾轉徵之。稟乞稠疊，至再至三，或至八九，不得爲止。垂三十年，不啻萬有餘函，群公答扎，及鈎存墨跡，幷未上石者，裝成五十三册九軸，什襲珍藏，以詒後人。』

是書乾隆五十九年梓成，末附明雙節堂卷跋墨跡，夢痕餘錄云：

『往歲丙午，以文（鮑廷博）贈前明雙節堂卷跋墨跡，稱詩文若干，高大王父侍御公乞名卿碩儒之筆，以闡揚二母貞懿云云，末題七代孫曾省識，詩文既佚，侍御及二母名氏里居俱不可考，余以事類吾母，附刻贈言續集。』

雙節堂贈言三集　十四卷　公卒後家刻本

夢痕餘錄云：

『余病後數年，荷二三知好，轉乞鞶雅，寄賜雙節詩文，分類彙編，通得十卷，又書札四卷，爲贈言三集，倩友纖正，交兒輩收貯，續得隨時補錄，俟余沒後付梓。』

嘉慶十年，公以四十年雙節詩文交鮑以文先生，刻碑鏤版。（夢痕餘錄）

嘉慶十一年，公復讎校之，命鏡鈺二孫撿字典，其慎可謂至矣。

雙節堂贈言墨跡　十册家刻石印本

是書乃贈言墨蹟，都爲一帙，刻石以誌之。病榻夢痕錄云：

『是歲（乾隆五十八年）雙節堂贈言墨蹟十册石刻成』

雙節堂庸訓　六卷家刻本

是書爲公敎其子孫治家持身涉世之所作也。公晚年扃戶養痾，日讀顏氏家訓袁氏世範，

與兒孫講求持身涉世之方，或揭其理，或證以事，凡先世嘉言懿行，及其生平師友淵源，時時樂爲稱道者，口授手書，久而是袠，删與顏袁二書詞指復沓者，爲綱六，爲目二十九，釐爲六卷，冠以雙節者？自以爲獲免於大戾，稟二母之訓所得也，乾隆五十九年梓成，分授諸人。

越女表微錄　五卷續錄一卷家刻本

是書爲公五十一歲時所撰，凡節婦烈女，嘉言懿行，足爲後世法者，錄而記之以示來者。病榻夢痕錄曰：

「丙申推兩母遺志，徵紹興節孝事實，至是（乾隆四十四年）得山陰會稽蕭山諸暨餘姚嵊縣凡三百五人，呈藩司國公桂轉飭各縣，備案扁表，……是年（四十五年）具蕭山縣節孝貞烈事實，呈惺園師，請給扁旌，並于節孝祠廡，補主以祀，纂越女表微錄五卷，鏤版分贈節孝後人，仍續採上虞新昌二縣。

乾隆五十年，公又採節孝人續之，病榻夢痕錄曰：

「是年（乾隆五十年續採上虞新昌及山陰蕭山縣節孝，共七十四人事實，呈督學竇公光鼐行各縣扁表，並纂續表微錄一卷，附前錄後。」

嘉慶八年，復增續錄一卷，夢痕餘錄云：

「續越女表微錄一卷，共五十三人，皆奇窮極苦，或已久死俱錄存之。」

嘉慶十一年，又重纂之，夢痕餘錄曰：

「六月，重纂越女表微錄，往歲癸亥作續錄，復有以事狀聞者，故再編次入錄，共六十有一人。」

北行日記　一卷未見刻本

是書爲公入京謁選時所錄者，時在丙午，公年五十七歲，買舟北上，沿途作記，除臨別懷舊作品外，多記江北災情，如哀老丐詩孺子女詩皆存記內。

九史同姓名略　七十二卷附補遺四卷家刻本現存廣雅叢書內

公集錄九史同姓名者，依韻府而列姓之前後，因字典而排名之次第，共析爲七十二卷，題名曰九史同姓名略便于檢點者也，公自序於其端云：

「九史者，新舊兩唐書，新舊兩五代史，宋遼金元四史，欽定明史也。往歲丁酉，始得讀舊唐書，其所叙姓名，間與新唐書詳略不同，隨讀隨錄，用備參考。嗣讀舊五代史鈔本，亦如之，循是而讀宋唐各史無不摘寫而已。閱歷代說部，多有採錄同姓名者，寥寥不過數人，數十人而止，余寅同姓名錄，號稱博雅，旣正史外，旁及他書，而史所紀載，轉闕焉不詳，竊不自揣，欲盡讀史記而至南北史通錄成書，猝猝謁選人，未遑卒業，爰就九史所摘姓名之同者，先爲彙錄，置之行篋，丁未備官寧遠，退食餘閒，取而訂之，始得姓若干，得名若干，凡同姓名者二萬九千有奇，姓依韻府，名依字典，手繕成册，區爲七十二卷，名之曰九史同姓名略。

乾隆五十五年付梓，（病榻夢痕錄卷下），附補遺四卷公跋于末曰：

「九史同名略鋟版之後，養疾匡沙，重讀九史過，得補遺四卷，旣還里門，遂付剞劂，比撿遼金元三史，又得蕭氏三人，耶律氏十人，增補之，久病健忘，漏佚何啻什一

公于著書可謂克盡其詳矣

藍淀雜記　一卷再記一卷未見刻本

公五十九歲時奉聘入閩，士民祖送導于道，公所記者蓋此行之所見聞耳，公著有試院述懷詩六首，其中有句云：

「瀟瀟染鬢幾俄延，過眼安能信了然，不是承恩先一第，多應逐隊試三篇，

當時科場，已改舉子三場試藝，而取士則擯老門生，專取才氣風華者，故公有感，曾有云：『某中正時，已近四十，設爾時本房師專取少年，則某且不得爲房官矣』。題爲藍毫雜記者，蓋所記多屬此類事耳。

乾隆五十四年公官寧遠，恩科奉調入闈，定榜後，與孫遲所編修樓陳舊欵，相得甚歡，撰藍毫再記一卷，其書懷詩有句云：

『白髮今年添幾許，藍毫有約待重研。』

此蓋藍毫雜記之所以再乎?!

史姓韻編　六十四卷家刻本

是書爲公佐治之假，合二十四史——止于明史——所紀載之人，標姓彙錄，依韻分編，便于檢點，迄乾隆五十五年稿成即付梓，公自序其端曰：

『年四十有八始得內版二十一史，及舊唐書明史通二十三種，五六年來，佐治餘功，以讀史自課，顧目力短澀，不能盡百頁。又善忘，掩卷如未過眼，每憶一事，輒輾轉檢閱，曠時不少，計欲摘二十三史中紀載之人、分姓彙錄，依韻編次，以資尋覽，因就列傳之標名者，先事排纂，則鮑君以文先我爲之，第其書史各爲袠，體例未定，且前明監本間與內版微有參差，遂迄作稿本，合二十三史爲一編，詳加考校，闕者補之，復者刪之，一人見二史三史者，分行注之，同姓者，書其官藉別之，凡期有七月，手錄甫竣，邵編修二雲以新舊五代史抄本見寄，復次弟增補，爲卷六十有四，而題其端曰史姓韻編。』

胡適先生再談談整理國故云云。

6

「……蕭山汪輝祖，用畢生精力，著一部史姓韻編，省却後人不少腦力」，旨哉斯言，按史姓韻編一書，不但省學者之腦力，實讀史者唯一經濟時間之工具，而當時學者，目之爲愚笨作品，殊不知即今日求學需要之利器也，公豈止爲循吏哉!?

乾隆五十五年稿成即付梓。

善俗書　一卷家刻本寧遠縣衙刻本存遺集內

公初蒞寧遠，舊俗尚未盡善，嘗次弟諭示禁，至庚戌始彙爲善俗書一卷，鏤版頒行，士民稱便，公之用心亦良苦矣。（病榻夢痕錄）

舂陵褒貞錄　一卷家刻本

公六十二歲時所撰也，錄往日在寧遠道州兩任，扁表幽隱節孝婦女事跡，編輯成册，鐫成即寄寧道，以備修志時採入，（病榻夢痕錄）公之對於節孝婦女獎勵提倡，無微不至，秉其二母之遺志，亦此書所成之一因乎?

學治臆說　二卷家刻本現存讀畫齋叢書內

是書于乾隆五十八年脫稿，而公自序于其端曰：

『自道州引病僑居長沙，閒以吏事相商榷，第四男繼培錄閱，積久成帙，比還里門，姻友將謁選，入輒來問途，男繼坊又隨聽而錄之，長夏無事，兩男各奉所錄以請曰：「大人嘗著佐治藥言，爲學幕者言之，今言吏之爲治，有非藥言可該者，盍寫定版，以申藥言之蘊」，……坊培固請不已，因思余之佐治實竊且拙，而藥言六十餘則，則過爲師友許可，其諸言有一得不以人廢乎，遂取所錄，手爲別擇，汰其複于藥言者，取其可與藥言互參者，區分條目，得一百廿四則，析爲二卷，……故就數十年目見耳聞，憑臆以說，止于州縣之治，且止于州縣長行之治，他如水利荒政，治之未親歷者不妄言，鄭明工程，治之有專條者不贅言，言其常不敢及其變，言其經不敢通其權，繁雜瑣碎，詞義顯淺，學者或當節取焉，神明于治者，非余所能知，非余所能言也，詮次既定，題其端曰：學治臆說』

乾隆六十年，安陽田鳳儀付印五十本，給所屬官幕，王保醇與公書云：『學治臆說，以同人任民社者得此，可以啟發識見，勉爲良吏，行之一方一方之人被澤無窮。』

其書之見重于當時可知矣。

續學治臆說　一卷家刻本現存讀書齋叢書內

學治臆說稿成之次年，公之同門友歸安慎習嚴，選河南夏邑令，假道不遠數百里，因佐治藥言而渡江相訪，公更出臆說商定，燒燭劇談，引前緒而申之，別後叉手疏得五十則，因續付剞劂，此蓋續集之所以成也。

學治說贅　一卷家刻本現存讀書齋叢書內

公序自云：『比來戚友急公報國，多以幕令自效，下問致治之方，老病惛廢，更無新得，且言貴可行，謹就佐幕服官時，素所留意最簡易者，彙計十則，即前所書版摺，以備遺忘一條，引而申之，乃官須自做，眞實之一道，至福孽之辨，勤怠之分，時臆括前說，而切言之，近乎贅矣。五男繼培，錄稿請付臆說後，援授之梓人。』

王保醇與公書曰：『續增十數則，益見周密，讀之者惟恐其盡，豈有辭費之嫌，』『是豈說贅所宜題乎？

佐治藥言　二卷家刻本現存知不足齋叢書內

魯仕驥云，

「汪君龍莊，精于吏治，自其少佐人，歷三十餘年，今將謁選，而自爲之著佐治藥言，以授學者，……是書固佐治之藥石，而吾尤以此觀君之所以自爲也。」

公自序于其端曰：

「王晴川以告養去職，余亦行將從官，孫甥蘭敢將有事讀律，請業于余，因就曉昔所究心者，書以代口，而題其端曰，佐治藥言，良藥良言，苦口而利于病，或未必無裨乎？」

鮑廷博跋於末云：

「佐治藥言四十則，汪君煥曾游幕之學也，……今時身自爲治，錄素所自訣者，授其甥孫君蘭敢，余從蘭敢處假而讀之，大旨律己以立品爲先，佐人以盡心爲尚，以儉爲立品之基，以讀爲盡心之資，讀律以裕其體，讀書以通用，乃知佐治之不易如此，而益嘆煥曾之所以到處有逢迎者非無本也。」

此蓋佐治藥言之所以著也，乾隆六十年，安陽田鳳儀，印有百五十本，分給所屬官幕，王蔭醇先生亦于京師刻印千本，（病榻夢痕錄）

續佐治藥言 一卷家刻本現存知不足齋叢書內

鮑以文跋於末曰：

「續佐治藥言二十六則，惓惓然條省事之目，申棘手之戒，綴以微應，而自著而省所由及，懷形之錄，蓋仁人之用心深摯矣。」

公自跋于末云：

「余既書佐治藥言四十則，示甥孫蘭敢，歸里後，偶有記憶，又得二十六則，皆館中所躬行，而習言者，命兒子繼坊，錄草寄甥，繕入前編，從事處所近報果，特以相規行益自勉也。」

佐治藥言二集，皆存知不足齋叢書內，誠佐治者所必讀之書也。錢仕驥述著者之大旨云：

「夫君子之佐人，與其自爲一也。爲吏之道：安靜不擾，樞輻無華，遇事加慎詳焉，不已而用刑罰，其哀矜惻怛之意，寓於訊讞精核之中，此所以爲慈惠之師也，今君之所以著者，大旨不越乎此，而其要尤在以義正己，而即以義處人。」

公佐幕，凡三十餘年，而身旁所置幕學之書，百無一二，而所讀者爲經史，故其能引禮經以析疑獄，疏通證明，皆足壓服羣衆非刑法使然也，宜乎人稱之爲理學循良也。

二十四史同姓名錄　一百六十卷家刻本

是書爲公取諸史中同姓名者，輯錄成帙，嘉慶元年稿始成，是年公以疾靜養於歸廬，少愈乃命繼壕編二十四史同姓名錄，得總目十卷，公手能執筆，重複校訂，共分編一百六十卷，得姓名一萬四千五百有奇。

乾隆六十年十一月二十日，初稿成，（病榻夢痕錄）

嘉慶二年二月，又重訂覆校之，遂成定本。錢竹汀先生序其端曰：

「……廿四史同姓名錄者，蕭山汪君煥曾所著。蓋取諸史中同姓者，類其名而列之，或專傳，或附傳，悉附注其下，略述事實，以備稽考，凡著于錄者，四萬六千餘人，于是正史之人物瞭然如指諸掌。其名同而族異者，具可溯其源而不雜，廁既厭事，以予稍涉史學，貽書屬其端。」

遼金元三史同名錄　四十卷家刻本存廣雅叢書內

三史同名錄者，不以姓爲區別，只以名之同者錄之而成者也，嘉慶元年時，是書始有八卷，（夢痕餘錄）嘉慶四年一月時，始有二十二卷，公答王葆醇先生書云：

『遼金元三史，名易混淆，某又錄三史同名二十二卷。』

二月初八（嘉慶四年）公扶杖強起，校補三史同名（夢痕餘錄）七月纖培校覆三史同名，增益幾倍，並敘錄爲卷四十，公從之（夢痕餘錄）

嘉慶六年，始付梓，八閱月而成，公自序於其端曰：

『……錄同姓名者，辨其似，至遼金元三史則不能復以姓統名，蓋遼金諸部，各有本姓，史文或繫或不繫，元之蒙古色目，例不繫姓，故惟以名之同者錄之，以此變例，餘錄二十四史姓名。漢姓差備，既卒業，取三史同以國語命名者，重爲編輯，遼金則以名爲綱，而以異姓者分以列之，元則以蒙古色目，及遼金部族爲主，而以漢姓附存之，首字以韻相次，次字以部相從，訂其異同，各爲次第，復旁考五代宋明諸史，以資參證，草稿初就，未疾未瘳，予纖培續加刪補，凡音近字別，轉輾相同者輒移部附於初見條後，其名之互異，及姓之或繫或不繫者，悉考著之，體例加詳，增益幾倍，錄遼史同名五卷，金史 名十卷，元史二十卷，異史同名各止一人，及一史已有同名而他史別出一人者 爲總錄三卷，五代史宋明史人名之合三史者，爲附錄二卷，統三十有九卷，甕付初繕稿，就正嘉定錢竹汀，宮詹，多蒙教益，輝祖老病健忘，見聞綫渺，纖培又淺學薄植，未能博採羣書，審定疑似，雖屢加校覆，其間誤分誤合，終未必免，特以螻蟻餘景，稍寄精神，不忍棄置，用附剞劂，質諸大雅，庶幾訂譌證缺有以徵信於來哲云。』

章學誠三史同名錄序云：

『……龍莊是書蓋三易其稿，再涉寒暑，有苦心矣，前人謂元有五伯顏，或廣至有九伯顏以爲詳矣，今龍莊所考，蓋同名伯顏幾二十人，視前人所考，不啻倍蓰，此則書之精詳不可不著者也，』

公之精博可知矣，

元史本證　五十卷家刻本

公以元史事跡舛闕，音讀岐異，故有元史本證一書以正之，嘉慶三年，公始草元史本證，四年公答王葆醇書云：

『上年元史繁猥，擬爲本證一書，尚未輟功，』

嘉慶六年，稿甫定，夢痕餘錄云：

『先是元史本證分證誤，證遺，證名，三門，草稿甫定，未及覆勘，繼培試竣，今重校訂，每門皆有增補，成五十卷，十月（六年）望日，開雕』

嘉慶七年，二月二十日，梓成，（夢痕餘錄）自序於其端曰：

『余錄三史同名，閱元史數周，病其事蹟舛闕，音讀岐異，思欲略爲釐正，而學識淺薄，衰病侵尋，不能博考羣書，旁搜異事，爲之糾謬拾遺，因於課讀之餘，勘以原書，疏諸別紙，自丙辰創筆，迄于庚申，流覽無間，剩取浸多，遂彙爲一編，區以三類，一，證誤，一事異詞同文叠見，較言得失，定所適從，其字書爲刊寫脫壞者，弗錄焉，二，證遺，散見滋多，宜書較略，拾其要義，補於當篇，其條目非史文固有者，弗錄焉（如藝文志國語解之類，）三，證名，譯無定言，聲多數變，輯以便覽，藉又類求，其漢語之彼此訛舛者，弗錄焉，凡斯數端，或舉先以明後，或引後以定前，無證見則弗與指摘，非本有則不及推詳，爰取陳弟毛詩古音攷之例，名之曰本證，彙者三史同名錄草稿初成，子繼培後爲增補，因將證名一門，並令校錄，有及証誤証遺亦錄之，時賢訂元史者，錢宮詹先生，考異最稱精博，戊午暮秋，始得披讀，凡以本書互證爲鄙見所未及者，悉採案詞，分隸各卷，不辭諂於竊取，幸免恥乎攘善，自維桑榆景迫，梨棗功艱，強記日疏，求正益切。去夏同名錄竣工，隨取是編，重加排比，付諸剞劂，非敢規前人之過，衒其所長，庶逮聞大雅之言，補吾所短。」

舟見錄　一卷（公在日即佚失）

病榻夢痕錄云：

『丁丑偕胡公辦理船差，作舟見錄一卷，自第一號沙飛，至小划船七十餘種，詳記名目，制度，可資考訂，不知何人攫去，念之悵然。』

紀年草　六卷未見刻本

獨吟草　一卷未見刻本

以上二書，爲公自二十一歲，至三十一歲時之舊作詩文稿，嘉慶元年夏，公之子培壕撿故簏得之，請先生編定者，病榻夢痕錄云：

『長夏無事，培壕撿故簏，得舊作詩文雜稿，請余編定，余學殖荒落，詩文無師法，詩自庚午至庚辰，曾編紀年草六卷，刻獨吟草一卷。』

辛辛草，四卷未見刻本

爲公四十二歲至五十二歲時舊作詩稿，亦嘉慶元年夏，培壕請編定者。

岫雲初稿　二卷未見刻本

爲公五十七歲舊作詩稿，亦爲嘉慶元年夏編定者。

楚中雜永　四卷，（此卷數見碑傳集循吏汪輝祖傳，他處則無，病榻夢痕錄只存書名而無卷數

，）未見刻本

爲丁未至辛亥公官湖南時舊作詩稿，亦嘉慶元年夏培壕請編定者，題以楚中雜詠者，以湖南爲楚地故云耳。

聆愁符詞草　二卷未見刻本

爲公自十七歲至二十歲少時詞類作品，公云：『不能協律』並云『後不復爲綺語』蓋有之耳。亦爲嘉慶元年夏編定者。

以上六種，公于病榻夢痕錄記之云：

『自庚午至庚辰，曾編紀年草六卷，刻獨吟草一卷，庚寅有題衫集三卷，辛卯至辛丑，有辛辛草四卷，丙午有岫雲初稿二卷，辛巳至庚寅，壬寅至乙巳，俱零散失編，丁未至辛亥，楚中雜詠亦未編定，壬子歸田，更寥寥矣，詩餘則聆愁符詞草，二卷，皆丙寅至己巳六作，不能協律，後不復爲綺語。』

龍莊四六稿　二卷未見刻本

亦爲嘉慶元年所編定之舊作文稿，病榻夢痕錄曰：

『文則龍莊四六稿二卷，皆代人應酬之作，自爲亦復無多，乙未以後，始學爲散古文，未合作者法度，所專攻者，八股，而揣摩瑪屋，不免抄襲雷同，所存者，不過數十篇。』

策拾　十卷未見刻本

病榻夢痕錄云：

『撰策拾十卷，手錄至除夕晉定方畢，』又曰：『策拾十卷，多拾前人唾餘，絕少心得。』

是書未見刻本，而他書又無關於此書紀載，故所知止此。

貽穀燕談　五卷未見刻本

夢痕餘錄云：

『病風後可以握筆，幸得成書數種，去夏以來，作貽穀燕談，記見聞近事，約四五卷，……先大人居官廉平仁厚，能造福以遺後嗣，余閱事五十餘年，所見牧令及幕客，善不善報應無纖毫爽者，每錄于燕談，以示來許。』

嘉慶八年稿成。

讀史掌論　十二卷未見刻本

廿四史希姓雜　四卷未見刻本

過眼雜錄　四卷未見刻本

以上三種，未見刻本，皆公平時隨手劄記，癸亥八年，命其子繼培等，編寫而成，時公巳年七十有四歲矣，夢痕餘錄云：

『復令兒輩編寫二十四史希姓錄四卷，讀史掌錄十二卷，過眼雜錄四卷，皆平時隨手劄記者。』

歷科會元墨

夢痕餘錄云：

『舊輯歷科會元墨至辛丑而止，令繼培採甲辰以後墨卷補之，後人苟能揣摩，庶不負余苦心也。』

元史正字　八卷未見刻本

公讀元史時，嘗取明南北監本以校新刻本，頗有異同，因錄之而排比先後，釐為八卷，題為元史正字，夢痕餘錄云：

「鄰讀元史嘗取南北監本以較新刻本，頗有異同，撰元史正字，草稿未定，閏月（八年閏月）精神稍強，因排比先後，釐爲八卷。」嘉慶八年寫爲定本。

歸盦晚稿　八卷（文二卷詩六卷）未見刻本

夢痕餘錄繼坊等補紀曰：

『府君自前丙寅後，每歲皆有詩稿，或數歲一編，歸田十餘年，草稿叢複，夏日刪定，詩六卷文二卷。』

病榻夢痕錄　二卷家刻本

公之自撰年譜也，是書爲記自公生至六十六歲之事蹟，公慨韶華之易逝，懼沒身而名不稱，取鴻爪留痕之意，因于病發後，口述其生平事蹟，逐年分條，一一錄出，藉以考鏡得失，識涉世之不易，陳保身之艱難，以自儆儆後，丙辰年夏月。稿成受梓，公自序于其端曰：

『去冬嬰末疾，轉更深劇，自分必死，恐無以見先人於地下，循省舊事，不已于懷，向之所忘，今迺歷歷在心目矣，會感夢中案冥事，益信一言一行各有臨鑒，人春以來，病體稍閒，口授培壕兩兒，依年撮記，至今夏而止，坊試禮部還，復命其重加排比，析爲二卷，題其端曰：病榻夢痕錄東坡詩云：『事如春夢了無痕』，余不敢視事如夢，故不免于痕，雖然夢虛也，痕實也則誠，誠則毋自欺，硜硜之守，實即在此，書其端以告子孫，稗知涉世之艱，保身之不易也。』

按是書爲公口授，培壕筆記而成其初稿，繼坊歸重加排比而成是書，非公之親手著作也

夢痕餘錄　一卷未見刻本

是書爲續前編而作者也。自六十七至七十七歲，爲公紀錄，七十八歲一年，則爲繼坊等補錄者也，夢痕餘錄補記曰：

『先府君自錄行事止此，時爲嘉慶丙寅正月朔旦，至丁卯三月府君棄養，中間十有三月，不復命筆，不孝繼坊等當府君精神稍勝時，間請續記，府君笑而不答，坊等不敢瀆也……不孝等若不補綴紀錄，無以徵府君修身，俟命全歸。所受之終事，謹按錄中體例續書，仍退一格，以示區別云。』

自六十七至六十九三年稿成時，公自識于端曰：

「丙辰病榻命兒輩詮次夢痕錄訖。夏月輒受梓人，蘇息三年，幸能握管，縈迴近事，手自劄記，始於七月繼前錄也。前事敘事，此多纖言，親知之答問，有關事務足與藥言聽說補訓相參者，具存之，冬爲歲餘，餘齒冬矣，歲杪付兒輩鈔，開春上版，嗣是以往，餘年知幾，大夢之覺，再疾聽天，隨錄隨刊，其痕斯在，故不繫「病榻」而謂之夢痕餘錄云。」

按是書有時爲公親筆所錄，有時命兒輩代筆，由前引二段內可知矣，王葆醇先生與公書云：「病榻夢痕錄、獨辨真，事尤足以證其生平之判斷，」蓋狹義之批評耳，

2.代人校訂

垂範集：

追遠錄　三卷　詳紀世系墳墓祭田及誌表銘贊者。

表節錄　三卷　爲紀節婦者。

闡孝錄　二卷　爲紀孝子者。

壽言錄　二卷　乃顧堂母氏壽言。

以上四種通名之曰乖範集，張顧堂先生請公編定者，病榻夢痕錄云：「河曠令張顧堂（力行）湘潭人，介仙圃以禮幣來奉先人行誼文字，屬余校定，蓋張氏世多隱德，顧堂曾大母馬以節旌，大父峴亭先生（纘緒）邑人稱張孝子，故藝林投贈之詞甚夥，余爲分類編次，其詳紀世系墳墓祭田，及誌表銘贊曰追遠錄，三卷，紀節婦者，曰表節錄三卷，記孝子者，曰闡孝錄二卷，而附以顧堂母氏壽言二卷，曰壽萱錄，通名之曰乖範集，凡六閱月序而歸之。」時乾隆四十六年也，

3.選錄者：

辨體鈔存　八卷

詞律選鈔　四卷

二書爲公二十一二歲時手錄，爲便於誦讀者，夢痕餘錄曰：

「辨體鈔存八卷，詞律選鈔四卷，二十一二歲手錄，皆兎園册耳，」

三，結論：按阮元爲公傳論於末曰：「君循吏也，然孝子也，廉士也，」余謂公亦大著述家也，王傑醇與公書曰：「年兄文學政事，兼擅其長，」考公生平著述，凡四十餘種，皆爲吏者之寶鑑，治史者之工具，而後人忽之，甚至鄙其史學著述，爲粗笨工作，不足爲貴，此所以阮元爲公傳稱公爲「循吏」也，張文襄於清朝著述家姓名表，不列公之名，非偶然耳，今世學者，知索引學之重要，於是公之書乃見重於學術界，如胡適先生云：「著一部史姓韻編，省却後人不少腦力，」者是也，余有志搜輯公之著作久矣，積廿累月，間已成帙，名其篇爲「汪輝祖先生著述考」，「自問才疏識陋，乖舛遺漏，在所不免，」大雅君子，惠而教之，幸莫大焉。

一九三二，五，四，北平輔大

李越縵先生著述攷

王重民

會稽李越縵先生宗許鄭之家法，有徐庾之藻飾，文苑儒林，兼而有之，在清代學者中，可稱後勁。顧造作滿家，當時行者，近數十年來家始將稿悉售諸北平圖書館。民國[illegible]得越縵堂遺書，余即司整理之役，迄茲蔵事，三年之中，計成書十四種，校定者復若干種，共百十萬言，先生學業之大端，略具於是矣。以遺著多未經先生手訂，茲撰爲著述考一文，於諸家輯刻本亦爲論列，世之留意先生之學者，或亦有取於斯歟？二十一年九月一日。

越縵堂讀史札記三十卷　王重民輯錄　北平圖書館鉛印本

史記札記二卷

漢書札記七卷

後漢書札記七卷

按越縵堂日記，知先生本擬爲後漢書集解，如同治十一年十四日記：「韓注後漢書第四十卷孝明八王傳」，二十五日記：「韓注後漢書第四十一卷李尙王喬左傳」，二十六日記：「韓注後漢書第四十二卷崔駰等傳」。一跋惠棟後漢書補注亦有余欲爲後漢書集解之言，而平步靑氏所作先生傳，亦稱有後漢書集解若干卷，稿不傳，不知有無成書。

三國志札記一卷

晉書札記五卷

宋書札記一卷

梁書札記一卷

魏書札記一卷

按王先謙等合撰魏書校勘記一卷，崔浩傳至劉顯宗傳校語出先生手。余逐錄札記時，據原校本與對，俱詳揭跋校勘記有長沙王氏刻本，廣雅局本。

隋書札記一卷

南史札記一卷

北史札記三卷

乾隆紹興府志校記一卷　蔡冠洛輯錄　民國十九年鉛印本

按館藏先生手校府志原稿卷四十七後有朱筆一行云：「同治八年春社日畧閱一過，用朱筆識之。」是先生校是書在同治八年家居時也。又祥琴室日記云：「隨手攷訂李亨特乾隆府志、徐光梅嘉慶山陰縣志，以朱墨界點注之。二志於近時尚爲佳志，而體例紛紀，記載踳駁之處，蓋已不勝言，後有作者更難知矣。即以兩志中各一事言之，李志鄉賢中收入鄒維璉，蓋誤以江西之新昌爲浙之新昌也；徐志人物中收入金漲，蓋誤以山陽爲山陰也；此皆顯著事而如此，他可知矣。其大者之謬也，李志於鄉賢外又立宦績，而乖體例所收又甚猥雜；徐志以土地人民政事三目爲全書之綱，既非志體，而門類又多混淆。」（同治八年正月二十二日）故先生有志重修，曾從修郡縣志畧例八則，今收曾刻越縵堂駢文及文集中。

又按逐錄尚屬詳實，唯卷三十一李唐卿下「不待問榜」誤爲「不待訪問榜」。不待問爲人姓名，原書木字模糊，誤認爲不字，又於待問二字間加一訪字，逐錄者作聰明矣。

又按同治八年二月初六日祥琴室日記有論人物志四大病，洋洋數千言，應逐寫書後作爲附錄。

山陰縣志校記一卷　俞奇曾輯錄　民國十九年鉛印本

按俞跋稱編寫時據王子餘手抄本，茲以校館藏原校本，頗多遺脫。卷十八諸條，竟全未收入王氏所亦未見全書歟？卷二十三「剖竹」一條，不見於原校本，蓋爲士氏迻抄時所羼，而余氏編錄未加分別，遂誤爲先生校語也。茲依原例迻錄卷十八校語於下，望再版時併補爲原帙。

賀道養　卷十八　術藝釋老

賀道養工卜筮經遇工歌女人病死爲筮之曰此非死也天帝召之歌耳乃以土塊加其心上俄頃而蘇　案此出南史儒林賀瑒傳梁書瑒傳中不載其事最荒誕無理道養乃儒者精於春秋與人左傳正義中兩引其說宜入列傳中而刪此一事

王叔文　卷十八　術藝釋老

王叔文德宗時以棊詔傾識書德宗詔在東宮陰結天下名士後廢陵王監國貶渝州司戶參軍明年誅死　案叔文事當爲之洗雪入之列傳歷引范氏仲淹及國朝田氏雯陳氏祖范全氏祖望馮氏景諸家集中語以闡發之不得僅以本傳以棊待詔一語遂入術藝也

陸升之　卷十八　術藝釋老

凡容星一二語見他書者皆宜總爲一傳括之

張爾葆　卷十八　術藝釋老

仕爲揚郡司馬朱氏朱石門當作仕爲揚州府同知其朱氏　案此人見張岱三不朽圖贊郡司馬之稱固可笑朱氏二字亦敘事中所無且朱石門亦不知何人也

費傑　卷十八　術藝釋老

仕至郡守當爲仕至知府

金軺 卷十八 術藝釋老

此傳文尤不通 精保嬰術當作精瘠術尤善治小兒 不計財利不避寒暑不先富後貧當作不計財利不以貧富爲先後 吾欲使貧家子稍受半錙惠耳當作吾爲貧者惜此費 遇有危症貧不能服參者竟自備寄投劑中或竊典以償官錢即如數代償之當作有劇病不能得上藥者或自携往密投劑中人有竊妻償官錢者即如數代償之

附案卷十六末頁『是志出歙縣朱存庵比部之手，較有條理』云云一大段爲先生校是書跋語，應移卷首或附卷末。又書衣蔡子民先生署爲乾隆山陰縣志校記，按是志實修於嘉慶時應改署嘉慶山陰縣志校記。

蘿菴游賞小志一卷 說庫本

按是書記咸豐四年先生蘿菴養痾游賞事，據日記實同治二年八月間所追記也。自序稱同治元年似是偶誤，王志鈞先生假得舊抄本頗多勝處，如「丁巳二月」一條，『唯禹穴及蘭亭耳，蘭亭去城稍遠』說庫本脫去「耳蘭亭」四字便失本意。余有校本待印。

越縵堂讀書記二卷 重民輯錄 載北平圖書館月刊第一卷二三四六期

按余所輯者，均從越縵先生所批校原書迻錄。友人周雲青先生付就日記評閱群書各條，輯爲越縵堂讀書記十卷即散入所著四部書目總錄中，無單行本。

越縵堂日記五十一冊 商務印書館石印本

按今所知日記原有七十二冊半，而當時付印者，僅此五十一冊。孟學齋以前十三冊，今在玄同師處，北平圖書館即可代付影印；荀學齋以後八冊當時爲樊樊山取去拒未付印。今樊山歸道山，遺書尚未清理，但詢之樊山友人，多謂已不可究詰矣。

越縵堂日鈔二卷 古學彙刊本

按孟學齋日記甲集自序云：『予著越縵日記，起甲寅訖今，編爲甲集至壬集，得十四冊二十八卷，當取其攷據議論詩文蹤跡稍可錄者，分類晉之，以待付梓。』今未見傳本，當是未曾着手，而紹興公報文藝雜誌中國學報相繼節刊，但僅數頁或數十頁，均不及古學彙刊爲最之多。其開端十數條，爲印本日記所無，疑錄自沈悅名所藏半冊內。

又按光緒四年正月二十五日日記云：『鈔段茂堂明世宗非禮論第四首，皆論後漢世祖立四親廟事，其言頗有踳駁處，爲之辨正，存蘿菴日鈔中。』二十九冊頁三十三下。此所謂蘿菴日鈔，似又在日記以外與日鈔相似者。

越縵堂文集十二卷　重民輯錄　北平圖書館鉛印本

按全集文百三十四首，余從越縵堂日記新古文辭類稿本續碑傳集及王書衡先生假得越縵叢稿所裒錄。據日記先生所爲古文，尙有李氏辛酉殉義傳書後同治十三年十一月三十日。七十二候表跋光緒六年八月十三日。金人避諱考詩四始說光緒七年二月十九日。交阯交州名始考八年三月二十五日。翁叔平師六十壽序十五年四月三十一日。等數十篇，俱未見。續訪所得，俟再爲續集。

又按禹城新聞社印有越縵堂文鈔，余未見，疑或有在搜輯以外者。

又余年來續輯，又得十五篇，茲列其目於下，容待刊布：

春星草堂集序　致胡雲楣書六通　答友人書　許大令山房文鈔與湯編修書後　跋說文佚字攷　說文古語攷補正跋　舊聞證誤跋　題師竹堂駢體文　寒松閣詞跋　汪文勤墓誌銘　策問

湖唐林館駢體文鈔二卷　光緒十年刻本

按光緒十二年四月十六日日記云：『得何竟山福州書，寄來湖塘林館駢體文十冊，是甲申歲竟山從孫子宜得傳抄本爲刻之閩中者。文止二卷，中有已刪去及未改定之作，且多誤字，然其意可感。』四十六冊頁三十六上，甲申爲光緒十年，是付梓二年後，先生方得見之。又十四年七月二十九日記云：『竟山已於五月中病沒。竟山名澂，山陰諸生，於予爲後進，其識余也在乙丑已後。其攝浦城於孫生子宜處得十餘年前所抄余駢文一冊，亟爲開雕，且屢來求全集，將次第刻之。去年冬重致書申前請，余方作書報之，而已爲古人矣悲夫！」

湖塘林館駢體文鈔二卷 王先謙刻十家四六文鈔本

按光緒十三年九月二十四日日記云：「儷生爲寫積年駢文三十七首，去其昔沈蒲玉先生文集殘本後五首，共三十二首，已得紙七十番，即以寄王益吾學使刻之。」（四十八册八十八頁下）茲檢刻本只三十首何也？殆王氏又有刪削歟？此爲先生手訂，與光緒甲申刻本多不相同，故爲分別著錄。計兩本同者十八篇，甲申刻本不同者十二篇，十家四六文鈔本不同者十二篇，除複重兩刻共四十二篇。曾氏輯刻駢體文統收入之。

越縵堂駢體文四卷附散體文一卷 曾之撰編．曾樸校 常熟曾氏虛霸居刻本

按曾氏敍錄，稱稿本係王弢甫先生從日記中錄出，持與日記相校多有異同，且不載於日記者甚多。如上弢甫工部綠楊夢影圖小序見於光緒六年九月初六日日記，（三十四册八十四頁下）。與刻本異同甚多，此當據王氏家藏稿。又宗室博爾濟吉特夫人芸香館詩集序不見日記，以原集先生手寫序文照之大有刪訂。誥司命文見同治三年十二月二十三日日記，（五册十五頁下）。先生自注云：「此文本必刻，」而集內所收與日記所載幾無一字同者，則據改作。殷君歸姬墓誌銘見同治十三年十一月三十日日記，（二十一册九十三頁下）。字句亦多不同，而刻本附先生甲戌（同治十三年）十二月初一日鐙下自記一則，則刻本所據爲修改稿，是所據稿有善有不善，應商榷處甚多。

又按書內誤字，誠如曾氏所謂：『誤文闕字，屬目皆是！』余有志改編，暫未暇及。如答陶子縝孝廉書云：『自夏秋迭雨，幾備流災，食米逾珠，屑粿抵玉，』食米屑粿相儷爲句，日記作皀米，即粒米，此顏氏家訓勉學篇所謂蜀士呼粒爲逼，三蒼說文皀皆訓粒者也，寫者不通小學，校者又未罟出，而所謂字體從說文悉仍其舊者，又未然也。送米肯夫侍講視學湖南序末注云：「以下闕，」此文見光緒四年十月十二日日記，（三十册八十二頁上），補錄如下：

上闕貂履之聽下誦子衿之元皇在昔邛公宗伯持節武昌杞梓罷收芸夢縉入輦堂之隊遙彼於鯤庭玉尺之藉私傳於

燕賀指南北之亦因時前後之使是三月花開一門韵喜長沙地與侯史石舜紳之迴庭京雒秋高想登車之忼慨

白華絳跗閣詩初集十卷 光緒十六年刊本 一 掃葉山房石印本

霞川花隱詞二卷 二家詞鈔本（光緒二十八年刻）

越縵生樂府外集一卷 載小說林第二三期

越縵堂詩話三卷 蔣瑞藻編 徐珂校 商務印書館鉛印本

未刊者

說文舉要 稿本

丁福保說文目錄云：「稿本，內有訂正臣叀良三字解等。」按同治五年四月初八日日記云：「治說文，以私臆訂正臣叀良三字，原解具所著說文舉要中，茲不載。」（七六頁廿六下。）正與此合。余曾函詢友人周雲青君，據云稿本不過三數頁，蓋係未成之書。

又同治七年閏四月十三日日記云：「閱將和說文字源集注，其言漢碑蟲字皆作虫，蛇者蟲之類，𢈈者蛇之類，許君於它下注曰虫也，上古草居患它，故相問無它乎。此虫字不當讀作𢈈，古人艸尻不獨患𢈈也，此說近是。與予向所論虫蛀蟲它四字義合，見說文偶得。」（十冊頁十八上。）十四年三月十八日日記解卣字，又云：「說詳余所著說文偶得。」舉要偶得俱是草稿，或先名舉要，後更名偶得歟？

杏花香雪齋詩二集十卷 稿本 王氏輯錄

按白華絳跗閣詩初集自記云：「自光緒乙亥以後，爲杏花香雪齋詩二集，當次第寫出之。」蓋先生有志未成，而平步青作傳，亦應列其目也。余聞某公言，蘭陵氏有從日記輯錄本，自作聰明，任加評語，余因發憤重輯，圈點一仍日記之舊，爲十卷。

未見傳本者

明謚法攷　皇朝謚法攷

同治六年二月日記，屢稱校錄明謚，光緒二年正月十五日又稱：『自十六歲讀左傳，即喜攷古人謚，輯自周至明爲一小冊，出入褒貶之，今老矣猶惓惓不置。』十一年二月七日又記編錄皇朝謚法攷，九日始訖。平步青所作傳有明謚無清謚，據日記似明清兩謚法攷俱有成書。

國朝儒林小志

同治三年二月初五日日記云：『纂香國朝儒林小志，艸創稍有端緒。』（三冊頁二十下。）又十三年正月十四日日記稱『歲壬戌予輯國朝儒林小志。』壬戌爲同治元年，則是書創始於同治元年，三年稿方粗具也。

正名二十篇

復陳盡卿書云：『正名三十篇，頗自負爲內聖外王之學，足以繼明夷待訪錄日知錄而起，須俟身後始出。』

附案平步青李慈銘傳稱所著有十三經古今文義彙正音字古今要略越縵經說後漢書集解北史補傳歷史論贊補正歷代史贊閏史唐代官制雜鈔宋代官制雜鈔元代重儒攷南渡事略國朝經儒經籍攷軍興以來忠節小傳柯山漫錄桃花聖解庵樂府若干卷，今俱未見傳本。越縵經說據復王益吾書，光緒十二年八月間尚未寫出；其國朝經儒經籍攷與國朝儒林小志，桃花聖解庵樂府與越縵生樂府外集，未知是否即爲一書？余紹宋致守和師信稱諸書今俱藏會稽李氏後人嗣又來信稱尚未獲見，而日記未記諸書纂著經過，則恐均未成書，故附識於後。

又紹興先正遺書有茹敦和周易二閭記三卷，周易小義二卷，均係先生校訂，因非撰著，亦附識於此。

姚復莊先生著述考 四明訪書記之二

錢南揚

小引

晚清劇曲之學衰頹極矣，迨王（靜安）與（瞿安）二先生出，斯學始復顯。丁此衰世，有人焉究心曲學，其成就足與二先生相頡頏者，伊何人？鎮海姚復莊先生也。顧先生著述什九未刊，沈霾空谷，厥名不彰，良可惜也。爰就見聞所及，著之于篇，挂漏之譏，所不免已。二十年六月時寓鄞月湖竹洲上。

傳略㈠

姚先生，諱燮，字梅伯㈡，鎮海人也。生于清仁宗嘉慶十年（一八〇五）。生周歲，未能言，而識字二百餘，坐大父膝頭，手指無謬者。有客過其父，先生方五歲，索佩璲不與，而啼，客笑曰，『能作燈花詩，當與汝。』琅琅賦五言二韵，客大驚，解佩璲而去。先生以絕人之資，讀書恒十行下，自經傳子史至傳奇小說，以旁逮乎道藏空門者言，靡不覽觀。弱冠補縣學生，宣宗道光十四年中浙江鄉試榜舉人。翌年三月入京，出其才交天下名士，士無不知鎮海姚先生。遊覽閱歷日益多，交益廣，撰述益富，才益奇。十六年下第南歸，館于蘇州某氏。廿一年夏，妻吳氏卒。秋，英兵陷鎮海，絜家避地鄞西百梁橋者一年。資用乏絕，嘗冒雨徒步走慈谿，求助于同年馮五橋（雲濠）備嘗艱苦。

廿三年夏，大病幾死，養痾鄞之報德觀，忽大曉悟，取生平綺語十數種摧燒之，自號復莊；嘗衣道服，爲人懺悔。

廿四年再試春闈，仍不第。蓋先生于戊戌庚子，亦曾二度入京，至此已公車四上㊂矣。遂息影邱園，絶意進取。

文宗咸豐十年，象山歐星北（景辰）倡紅犀館詩社，延先生爲祭酒。不及一年，以寇難輟。

穆宗同治三年（一八六四），先生卒，年六十。

注㊀此文據蔣敦復所撰墓誌銘，及徐時棟所撰詩傳，更參以復莊詩問紅犀館詩課。

㊁先生別署甚夥，梅伯復莊而外，有上湖生大梅疏影詞史，因所居有上湖草堂大梅山館疏影廔也；又有楚橋二石古梅山民等。

㊂蔣氏墓誌銘謂「三罷未會」，然考諸詩問曾四度入京也。

著述考

今樂府辭五百卷

稿本未刊，今藏鎮海小港李氏。

此書彙集元明清三朝之戲曲，以視臧氏元曲選，毛氏六十種曲、卷帙之富，奚止倍蓰。惜無緣寓目，一詳究竟耳。慈谿馮孟顓先生伏跗室藏有鈔本鮫綃記盤陀山臨凡引，及清素堂刊錦香亭，皆姚氏故物；錦香亭封面更有先生親筆題字，恐即從今樂府辭中逸出者也。

今樂攷證五册

稿本未刊，舊藏甯波林氏大酉山房書舖，今歸某某三氏。

此書仿馬氏經籍考例，作者分代排列，次爲曲目，末采諸家評論，兼及作者世系行狀。原書未分卷第，亦無序跋目錄，蓋係初稿，猶未寫定也。今撮錄其內容如左：

今樂攷證㈣

緣起　戲之始　雜劇院本傳奇之稱　元以詞曲取士　部色　班　南北曲　今曲流派

西曲　小曲　山歌　陶眞　連廂　齣　賓白　科介諢　鬼門　開場　打箱

今樂攷證

緣起　樂府渾成譜目（即宋元詞譜）　北虜達達樂曲　工尺　砌末行頭　傀儡　舞

說書　樂器

今樂攷證

宋劇　官本雜劇段數　院本名目

今樂攷證

著錄一　元雜劇凡五十七家

今樂攷證

著錄二　元雜劇凡二十六家　無名氏二百四十一種　元劇總論

今樂攷證

著錄三　明雜劇凡四十六家

今樂攷證

著錄四　國朝雜劇凡七十三家　無名氏八種　附無名氏燕京花部劇目

今樂攷證

著錄五　金元院本凡四家　無名氏六種

今樂攷證

著錄六　明院本凡四十二家

今樂攷證

著錄七　明院本凡四十五家　無名氏五十五種

今樂攷證

著錄八　國朝院本凡四十一家順康雍朝

今樂攷證

著錄九　國朝院本凡五十六家乾隆朝

今樂攷證

著錄十　國朝院本凡九十九家　焦氏曲考所載無名氏一百八十七種　笠閣評目無名

氏四十七種　補無名氏十八種

退紅衫傳奇八卷

梅心雪傳奇八卷

右兩種見駢儷文榷二編蔡鴻鑑序文。未刊。

馮氏伏跗室藏有先生手寫傳奇稿一册，僅三數齣，亦無傳奇名目，蓋未竟之稿也。

疎影樓詞

晝邊琴趣二卷

吳淞賡唱一卷

剪燈夜語一卷

石雲唫雅一卷

附孫家穀種玉詞一卷

清宣宗道光十三年，慈谿葉氏爲之出資刻行，有馮登府姚儒俠二序，葉元堦等題詞。

疎影樓詞續稿一册

稿本未刊。藏大酉山房。

卷首有蔣敦復序文，書眉亦有蔣氏評語。案，蔡氏駢文序有疎影樓詞續鈔四卷，未知卽此種否

玉篴樓詞二卷

玉篴樓詞學標準八卷

苦海航樂府一卷

琴譜雅音九奏一卷

右四種見蔡氏駢文序。未刊。

復莊詩問三十四卷

道光二十六年，會稽孫氏爲之出資刻行。

此書爲編年體，卷一至卷五爲癸已以前作，卷六卷七甲午，卷八卷九乙未，卷十卷十一丙申，卷十二卷十三丁酉，卷十四至十六戊戌，卷十七卷十八已亥，卷十九卷二十庚子，卷二十一至二十三辛丑，卷二十四卷二十五壬寅，卷二十六癸卯，卷二十七至二十九甲辰，卷三十至三十二乙巳，卷三十三卷三十四丙午，共詩三千四百八十八章，附八十一章。徐時棟詩傳云，『某伯自言有詩萬餘首，遴之至三千，可以視古無媿色。』（煙嶼樓集）其作品可謂夥矣。卷首有孫廷璋序文，及諸家評語。

紅犀館詩課八集

附丹山倡和詩海山小集分韻詩

案，此書經先生鑒定者，中擬作甚多，先生丙午以後詩，既未見傳本，賴此略存百一耳。

西漚櫂謌一百首
鈔本未刊。藏大酉山房。
案，蔡氏駢文序作八卷。
瑤想筞詩一卷
蚶城遊覽倡和詩一卷
右二種見蔡氏駢文序。未刊。
復莊駢儷文榷八卷
清文宗咸豐四年，象山王氏爲之出資刻行。
復莊駢儷文榷二編八卷
咸豐十一年，亦王氏刻。
前編文共一百十二首，二編一百二十五首，共二百三十七首。二編卷首有蔡鴻鑑同治十三年序文，卷末附蔣敦復墓誌銘，蓋重印時增入也。
散體文酌十二卷
息遊園雜籑八卷
課兒四子書瑣義一卷
胡氏禹貢錐指勘補十二卷

夏小正求是四卷

漢書日札四卷

四明它山圖經十二卷

案此書作于道光廿二年壬寅，詩問卷二十五有僦居鄞江橋村絳山樓匝月撰它山圖經即事三章示主人朱立洪並徐兆蓉鄭星懷兩文學。

蛟川耆舊詩繫三十二卷

搿繭錄一卷

洋煙述考八卷

狙史八卷

右十一種見蔡氏駢文序。未刊。

大藏多心經注三卷

此書成于道光廿三年癸卯，詩問卷二十六有注大藏多心經三卷成簡青湘道人七律一章。

玉樞經注

此書成于道光二十五年乙巳，詩問卷三十一有注道藏玉樞經成繫之以詩。

題任渭長人物十二幀

此畫今藏蛟川周氏。

徐氏詩傳云，「客中金盡不得歸，拉雜畫數十紙投有力者，旦日視之，策馬行矣」。謚先生亦解畫者。

(四)案：每篇前均冠以「今樂攷證」四字，蓋預備填卷第者，共十三篇，應是十三卷。而蔡氏駢文序作十卷，不知何據。

全謝山先生箸述考

蔣天樞

『清代浙東學派，與吳皖學派不相非；其精闢不逮，而以致用爲歸。自梨洲季野而後，其鉅子曰四明全謝山。謝山於明末遺事紀載最詳，故國之感，往往盈紙；南雷學統，此其一線也。』—（任公先生近三百年學術史料六講。）先生承梨洲季野之後，沐其餘風，故其人格其思想，與晚明遺民在同一立場。然先生之生，去明亡且六十年，身世之感，與黃萬迥殊。故其表章先德，表彰晚明遺民，搜羅參梓故實，完全非於家庭中所感受；南宋七百年來掌故之學，所以萃於先生也。生平箸述，皆偏於搜集材料。故輯佚之功，多於發明。增修宋元學案，訂補之勤，什百倍於梨洲，而校治水經注，用力尤久，其功轉晦。長沙王氏至視爲僭書，亦可唏矣！身後零丁，手稿流落，半歸淪亡，疑似之誣，爭執頻多。爰輯爲箸述考一卷，詳箸其用功次第，並倣朱氏經義考之例，略加考證。或存或佚，名以撰述先後爲次；年代已無可考，則以類附。計存者十四種：

公車徵士小錄

讀易別錄

困學紀聞三箋

句餘土音

續甬上耆舊詩集

宋儒學案

漢書地理志稽疑

七校水經注

經史答問

鮚埼亭集

鮚埼亭詩集

鮚埼亭外集

甬上族望表

孔門弟子姓名表

又存者僞書一種：

年華錄四卷

未見或已佚者計十九種：

甲申野史類鈔四十一卷 未見

滄田錄 未見

翁洲寓公詩小傳 未見

讀史通表 佚

歷朝人物世表二十卷 佚

歷朝人物親表錄 佚

唐遺臣一卷 佚

歧國方鎮表口卷 佚

三國志補注 存疑

詞科摭言四卷 未見

石經考四卷 未見

天一閣碑目 未見

眞隱觀志 佚

雙湖小志 佚

四明洞天舊聞 佚

湖語 佚

錢忠介年譜口卷 未見

張蒼水年譜一卷詩話二卷 今本非原作

蕭山毛氏糾繆十卷 未見

先生著述，其可知者如此而已、友人謝剛主告余：海鹽朱逷先先生家，藏有謝山所編甲申野史彙編一大函，傳鈔本，此書見莫氏郘待藏書志，而謝山及門從未道及，以俗語碌碌，未獲借觀，不知果謝山所手纂否邪？稿本流落，倘多所未見，海內學人，肯直其缺落，尤企望焉！二十年冬附識。

公車徵士小錄 不分卷見蘇陰唯錄存寶森正雅集製用書目下有此書近經王某刊入四庫東方小品內

案：鮑診碑句：乾隆元年廷試鴻博，全太史撰公車徵士小錄八卷，今刻本不分卷數，自序：科舉節目，有出自官者，有出自私者。東觀奏記：鄭顥知舉，宣宗索科名記，顥奏祠部員外郎趙璘采訪諸家科目，撰成十三卷，始武德元年，至大中十年，敕付翰林，並著為例，以後逐年編次。唐志又有崔氏顯慶登科記五卷，姚氏科第錄十六卷，李氏登科記二卷，此即廟堂所以備科名故事者；即今禮部春試，直省秋試所有進呈試錄是也。至於同年小錄，同歲名諸書，則在下者所輯，以志一時同岑之盛；即今春試所有齒錄是也。詞科之在唐、宋，投牒請試，先獻所業，於典未為甚隆。國朝則出自大臣之薦剡，而以鶴書致之，月給戶部之金，以當試期，是漢人公車門待士之制也。予作詞科摭言於己未百八十六徵士，已仿高允徵士頌之例，詳爲書之。其接今科，則尚未能遽成書也。乃先取同薦諸公姓氏里居世系，合爲一錄。考漢晁家令、唐張獻對策，皆先序其舉主，故於是錄亦以舉主先之。夫公車之辟，出於尋常公舉之上，則是錄固非春秋科目二簿之比，而要其所以爲公車重，以無負大對者，當何如與！乾隆元年，歲在丙辰，九月之朔，甬句東全祖望題詞。

跋詞科之薦，旁求至四年，內外大臣亦有矜慎未汲荐者。其得薦者二百六十七人，較之己未爲盛：蓋翰詹則惟退閑舊臣豫之。其餘內自曹郎舍人而下；外而牧令，以暨進士，鄉舉，明經，上舍，秀才，布衣，靡不有焉。然其中有辭不至者，有已升外吏四品以上免試者，有已邀館選免試者，有以例不符，爲部議所格，不果徵者，有病逝者，有雖赴徵而以病不試者，有持服者。其豫試者，僅二百二十人爾。其中又有以外吏早至，不及待臨軒之期而先試者，有後期待續試者，皆詳見予摭言中，茲不能盡備也。諸公雖或來或否，而予及與通縞紵之驩者，幾十之八。其有予所不盡知，或雖交而不能得其年齒世系之詳者，則附見之於後。昔巽巖李氏譏蔡元翰所輯唐制舉科目圖，祇據舊唐書爲底本，不免脫遺，古人網羅散失如此。然則予之爲是錄也，豈徒以爲一時朋徒之職志，其亦將來藝文簿目之一種也夫！丙辰九月之望祖望再書冊末。

案：是錄首萬經而終裘枚，以齒爲敘。然九沙格於部議，未應徵。隨園詩話云：乾隆丙辰召試博學鴻詞，海內薦者二百餘人，年最高者萬九沙先生，最少者爲枚。全謝山庶常作公車徵士錄，以先生居首，枚著尾。己亥，枚還杭州，先生之少子名福者，持先生小像索詩，余題一律，有「當年丹詔召耆英，驥尾龍頭記得清」之句，蓋爲此也。

讀易別錄三卷　知不足齋叢書本　又抄本[illegible]外集中亦有此書

自敘云：嗚呼！諸經之中，未有如易爲後世所錄者：舊史之志藝文，蓋自傳義章句而外，或歸之蓍龜家，或五行家，或天文家，或兵家，或道家，或釋家，或神仙家，以見其名，雖繫於易，而實則非也。彼其專爲傳義章句者，諸家之徒居十九焉。今取其所自出之宗，暨其流衍之派，盎然別而列之；而彼傳義章句之無當於經，蓋不攻而自見矣。是舊史衛經之深心也。予嘗綜其槩而言之，大半爲圖緯之末流；蓋自乾坤鑿度諸書既出，其意欲貫通三才，以依託於知來藏往，廣大悉備之典，遂妄以推測代前知之學。而卜筮者竊而用之，始有八宮六神納甲納音卦氣卦候飛伏諸例。其外則爲太乙九宮家，遁甲三元家，六壬家，所謂三式之書也。三式之書早見於春秋之世，伶州鳩已言之矣；而或謂圖緯始於西漢之末，亦考之未審也。三式皆主於象，于其中又衍爲星野風角二家；又推之節氣之變爲律曆家，律曆之分爲日者家，合星野風角時日以言兵事，則爲兵家；又以仰觀者俯察爲形法家；其在人也，爲祿命家，爲卜家，爲相家，若占夢家則本周官所以掌之太卜者，又無論也。更有異者，以陰陽消長之度，爲其行持進退之節，爲丹鼎家；丹鼎之於卜筮，豪不相及也。已而其先亦遁中亦託之易；然自唐以前，援易以入於卜驗之門者居多；自唐以後，則易半道教所有，是亦一大變局也。夫必欲以支離之小道，插據聖人之經，是亦文周所不能禁而究之則於易何有哉？雖然，諸家之託於易，原其初不過借易以自文，其說而非習者之說，可以明易也。其以人之傳義章句之中者，說經之罪也。近日有作經義考者，不察舊史之例，槩取而列之於易，則所以亂經者莫甚於此；愚故列圖緯於篇首，而以諸書附之，略說其門戶之異同，以見其必不可以言經也。若夫舊史所載，間亦有分析未盡者，並爲改而正之，庶乎使正閏之不淆云。

自序(二)云：昔者聖人作易，以通神明之德，以類萬物之情，于是以蓍龜前民用。然古之重龜也甚於蓍；尚書洪範篇：「七稽疑，建立卜筮，乃命卜筮，曰雨，曰霽，曰蒙，曰驛，曰克，曰貞，曰悔，凡七。卜五，占用二，衍忒。立時人作卜筮，三人占，則從二人之言。」是雖並舉卜筮言之，而五卜皆龜之用，故其下文有龜從筮逆，而無筮從龜逆者。周禮掌龜之官凡五：有太卜，有卜師，有龜人，有華氏，有占人；而又有占夢一官，亦爲太卜之屬。掌蓍之官，祇一筮人，以掌九筮之名，雖與太卜同掌三易之書，然凡國之大事，必先筮而後卜，又必使占人既筮。若春秋傳雖先卜而後筮，而仍以卜爲重，故云筮短龜長。其輕重之不同如此。自孔子作易，始以幽贊神明，闡蓍之德，而即大衍之策，極其圓神之用，蓍之顯於古也，蓋自孔子始也。自漢而降，猶然重龜：漢文帝本紀：「羣臣迎王於代，王命卜之，兆得大橫」，是大事卜也。東方朔傳：「諸數家射覆，朔乃別蓍布卦而對」，是小事筮也。漢官儀：「太史令之屬，二人筮卜，二人易筮，一則「卜之官多於筮也」。後漢書梁后紀：「太史卜兆得壽房，又筮得坤之比」，一則卜筮猶並用也。唐書六典：「太卜令卜筮之法，一曰龜，二曰兆，三曰易，四曰式」，則猶以卜先筮也。自一行以大衍爲蓍得其數，伊洛諸公出而法遂大備，蓍之顯於今也，蓋自一行始也。蓍學既盛，龜學遂失不傳，近儒作經義考者，其於易部既錄蓍書，而去龜書；予謂記有曰：「易抱龜南面」，鄭康成曰：「易官名，即太卜」，則太卜直以易名其官，未知何其忘之也。然又考內史志中所載龜書之多於蓍書者十九，而大都皆漢唐人之作，則皆溺於壬遁之說者，故不敢登之經部，而別錄之，是蓋史所見之精也。爰取以附之別錄之末。

案：此書爲糾正朱彝尊經義考而作，雖爲目錄之屬，而能將易之原流作有系統的分出，以史的眼光治經，與清代專講家法者不同。然先生於易別無專箸，此則早歲雜治經史時所作。

又案：外集答鄭崗谷宮贊論朱氏經義考帖子，討論此事，義例甚詳，與讀易別錄中相發明。

又案：答鄭崗谷書，係在雍正十二三年居京師時。公車徵士小錄：「年三十二歲，治易經，」則讀易別錄計亦成雍正十年後。

又案：外集黃梨洲易學象數論序後：「若其談總象，予頗多以爲不然者，則別見於予說易之書」，先生駁梨洲說不見此書中，是於易易有箸述，今不傳。

又案：抄本外集所附讀易別錄前尚有讀易序錄一文，知不足齋所刻讀易別錄不載，通行本內外集均無之，今附錄於此：

「納蘭成德氏所聚經解，易爲最多，其外尚有陸希聲，郭京，邢璹；宋定安胡先生，歐陽兗公，東坡先生，沙隨先生，誠齋慈湖二楊先生，林栗，曾穜，王莘叟，李過，鄭師尹，李椿，張行成，鶴山先生，深寧先生，東發先生，陳友文，方實孫，靜齋先生；元黃鎮成，李公凱，李恕，熊良輔，鄭綺，皆流傳箸名於世。今以永樂大典合之，亦多有爲引用所未及者，蓋當日文淵閣無此書也。然其中未見之本則幾相半：若河南史徵周易口決義六卷，司馬溫文正公易傳三卷，陳忠肅公了齋易說一卷，李莊簡公光讀易老人解說十卷，丹陽都聖與絜易變體義十六卷，長樂先生鄭雍傳家易十一卷，卦辭旨要六卷，韓亭田與蘅畸學易蹊徑二十卷，山齋先生易祓周易總義二十卷，金華鄭亨仲剛中讀易窺餘十五卷，都昌馮厚齋椅易輯注，輯傳，外傳，共五十卷，節齋先生蔡淵周易經傳訓解三卷，卦爻辭旨口卷，吳陳寧極深清全齋讀易編三卷，長樂趙虛舟以夫易通十卷，建安張中谿清子大易附錄集注十一卷，眉山李謙齋杞易詳解二十卷，大名齊伯恒履謙易本說六卷，寧德陳石堂普易解口卷，龍山陳宏易童學問一卷，天水趙靜之善譽易說二卷，郭東山易解一卷，朱祖義易句解十卷，黃巖陳澤雲應潤爻變易蘊四卷，及蘭溪陳子才相周易宜說，泰和曾傳道貫學易變通，吉水解求我蒙易經精蘊大義，陳謂河圖易象本義，胡震易衍義，則雖見於史志書錄，而絕不可得矣。至楊瀛易尚四通，趙與迥易道說，張應珍，趙琏，易解，蘇起翁讀易紀，姑汾遁叟識類指迷實論之易撮要，與說之易疑問，陳玉易辨疑，無名氏易象通鑑，易纂，則並其名亦爲史志書錄之所希見：（楊瀛以下朱竹垞經義考皆無之）。因即鈔爲一編，而另識其目於此，使予得以數年無事，遍鈔諸經遺乘滯穗，豈非經苑之賜，昔儒有知，其當友相予也」

困學紀聞三箋 通行集證本

乾隆六年辛酉，先生三十七歲。秋，在揚，寓馬氏畬經堂，成困學紀聞三箋，臨川李穆堂來試金陵，先生渡江視之。遂循遊金陵故迹，仍回江都。冬初，臨川萬孺廬亦至邗上，見先生所箋，以爲在閻百詩何義門二家之上。

案：王氏困學紀聞，四庫所著錄者，爲閻何二氏本。世所通行者，則黃岡萬氏集證本，道光五年翁元圻輯注本，於先生所箋釋，均全載其中，另有閻何全三箋合刊本。

自序：深寧先生文集有二十卷，今世不可得見；其存者玉海，部帙甚巨，尚有附刻於玉海之後者十餘種，而碎金所萃，則爲困學紀聞。顧其援引書籍奧博，難以猝得其來歷。太原閻徵君百詩，嘗爲之箋；已而長洲何學士義門又補之。斯二箋者，世宗憲皇居潛藩，皆嘗充乙夜之覽。潛邱詳於考索，其於是書最所致意。義門則簡核，而欲高自標置，晚年妄思論學，遂謂是書尚不免詞科人習氣。不知己之批尾家當，尚有流露此箋未經洗滌者。歲在辛酉，予客江都，寓齋無事，取二本合訂之。冗者刪簡，而未盡者則申其說；其未及考者補之，而最正其訛謬者，又得三百餘條。江西萬丈孺廬見之，以爲在二家之上。予舉殖荒落，豈取與先輩爭入室操戈之勝；况莫爲之前，予亦未能成此箋也。胡身之謂：「小顏釋班史，彈射數十家無完膚；而三劉所以正小顏者正復不少」，是書雖經三箋，然闕如者尚多有之，又安知海內博物君子不有如三劉者乎？予日望之矣。乾隆壬戌二月既望後學全祖望撰。

句餘土音三卷　嘉慶十九年六月刊本　又宣統三年國粹學報重刊本

案：此書先生卒後兩月，門下董秉純爲之編次，而冠原序於首。

董譜：乾隆七年，先生四十八歲。夏四月，與同邑陳南皋、錢芍庭、李甘谷、胡君山、董純軒爲眞率社，舉重日之會，藍觴一旬再舉，至十月，得詩三百餘篇，皆枌社掌故，題曰句餘土音。後則定爲句餘唱和集。

案：先生自乾隆二年冬由京歸里，除服後即不再出，而有志於鄉邦掌故之收集。此書凡三卷，皆先生舉眞率社時之作。多五言古詩。後又取其中之什一，爲唱和集，故詩集中與句餘土音中詩有相複者。上中卷乃與同里友人遊覽故跡，間及掌故名物之有關桑梓者。光緒鄞志，多取材於此。下卷乃槩、操、饒歌、雉露詞之屬，係取前明節操義烈諸軼行納之歌詠，與文集中所表章者，可互相證明。

徐時棟跋句餘土音稿本：全謝山句餘土音稿本一冊，余以賤值得之賈人。首尾稍漫漶，中亦多蠹蝕，又裝訂錯亂不可讀。道光乙亥五月，始爲排比補綴重裝之。煥然改觀，足寶貴矣。此本不知何人所錄，字亦端好，而先生以淡墨塗改乙注之，書眉紙尾，幾無隙處。鳴鶴虞氏故跡一紙，則全出先生手，欹斜飛動，自然名貴。先生既歿，其高第弟子董小鈍刻是書，即據此爲本。卷中有校勘而與塗改之筆不類者，小鈍書也。原本無東鈍軒詩，而小鈍增之。鈍軒，小鈍父，欲彰其親，故以意增入；而他日付刻，終復削去。以是見前輩於師長箸作，其矜愼不苟如此。

又案：眞率社即在乾隆七年冬中輟，先生旋以事北上赴維揚。臨行前曾自爲句餘土音敘，述宋後浙東詩社源流極詳。

自序：「吾鄉詩社，其可考者，自宋元祐紹聖之間，時則有若豐清敏公，鄞江周氏，嬾堂舒氏；而寓公則陳忠肅公，景迂晁公之徒與焉。建炎而後，汪太府思溫，薛衛州朋龜，王宗正珩，相與爲五老之會，以孝友倡鄉里敦睦之俗，而唱酬亦日出。乾道淳熙之間，丞相魏文節公杞，史公忠公浩，並歸田。張武子，朱新仲，柴張而，皆其東閣之彥。寓公則王季嘉，葛天民之徒與焉。綠野平原，篇什極盛。慶元嘉定而後，楊文元公簡，袁正獻公燮，樓宣獻公鑰；寓公則呂忠公，多唱和於史滄洲碧沚館中。顧諸公以道學爲詩，不免牽意，獨宣獻不在其列耳。同時高疎寮，史友林，別有詩境，則從事於苦吟者也。史穉宅之兄弟，偕僧埼，趙侍郎汝楳輩，在湖上又爲一社。咸淳而後，湖上之士不見用，韓部尚書高衡孫，軍器少監陸合，知汀州汪之林而下四十餘人，一月爲一集，顧其作少傳者。宋之亡也，遺老自相唱酬，時則深寧王公爲主盟；陳西麓工詩，寓公則舒閬風，劉正仲之徒咸預焉。已而有陳子翬，鄭奕夫，徐本原，章豐諸君尉之清容學士之家居也，鹿溪山人袁以兄弟相應和；而蔣遵路輩皆爲故家之良。其後則鄭以道，蔣敬之，王遂初稱繼盛焉。是宋元三百年中，吾鄉社會之略也。人代日遠，微文微獻，誰有若正考甫其人者？然而荒荒流落，尚可收拾：予嘗欲爲李杲堂肖甫補甬上耆舊錄，首於此三致意焉。明之詩社，一舉於洪兵部，再舉於屠尚書，三舉於張東沙，四舉於楊汭陽，五舉於先宮詹林泉之集，是則杲堂敘之詳矣。六舉則甲申以後，遺老所爲：林評事荔堂有九人之敘，寓公余生生有湖上七子之編，高隱君鼓峯有石戶之吟，其中詩稱極盛；而尚未有人輯而匯之者。承平而後，詩盟中振，鄭高州寒村，周郎墨農，山姜補修，謝闇齋秀才，仇堂舒廣文，後村諸公爲一號。胡京兆鹿亭，張大令計山諸公又爲一號。雖其才力名有所至，未盡足以語古人；然要之高竹規矩之所寄也。數年以來，前輩凋落，珠槃之役，將以歇絕。余自京師歸，迍邅荼苦，未能爲詩，除服而後，稍理舊業，與諸人有真率之約，杯盤隨意，決月數舉，而有良於鄉先輩遺事，多標其前目以爲題，雖未能該備；然頗有補志乘所未及者。其敢謂得於斯文，亦聊以志枌榆之萃故耳。會余有葉食之行，未能久豫此會，同社諸公因哀集四月以來之作，令余弁首，余爲述舊聞以貽之，而題曰土音，以志其爲里社之音也。乾隆壬戌冬十月謝山全祖望書。

句餘土音補注六卷，鄞馬陳銘海注　民國十年壬戌吳興劉氏嘉業堂刊本

案：今所傳陳氏補注，乃吳興劉氏嘉業堂刻本。據劉氏跋，原書爲舊鈔本，凡卅二卷，劉氏得之於書肆中，乃芟削繁蕪，釐爲六

卷而刊行之。光緒鄞志藝文目下有陳銘海何餘土音補注，無卷數。藏徐時棟煙嶼樓。案何餘土音一書，本爲徵文考獻之作，佚聞遺事，非類比材料，難驟明晰。陳氏此注，大抵取資於志乘，旁參史實及私家人物傳，誠一方之掌故也。

續甬上耆舊詩百二十卷　光緒三十一年上海國粹保存會國粹叢書一百四十卷本　民國七年鄞四明文獻社據定海謝氏露藝館本鉛印本

案：光緒末，順德鄧實刊行國粹學報於滬上，介馬幼漁借鄞縣湖西聞氏藏本甬上耆舊詩付印，名爲一百四十卷，而存詩僅十之一二，訛錯尤多。前後亦無序跋。四明文獻社所印謝氏本，係據煙嶼樓徐氏所錄，又旁參他本，經會稽孫德祖，鎮海虞總聰，及敬芬，鄞縣董沛，劉鳳章，汪受祁等，同爲校勘，繕寫成帙。後歸其壻梁秉年。越十餘年，梁氏復假陸校本及馮貞羣家藏董編本，重爲校補付印，時民國七年也。今將關於此書撰箸始末、稿本流傳始末、各家校錄本始末之文字，節錄附後，以見箸述之難，而流布之尤難也。

陸敬身墓表：「敬身糾合里中詩人李封若，周半農，共爲甬東詩括一書。三百年之風雅，始有所萃。其後李杲堂本之，以爲甬上耆舊集。……」

林荔堂阡表：「先生晚年與徐霜皋緝甲申以來枌社死事諸公，各爲小傳，而取其生平之有系於名節者附之，曰正氣錄。然杲堂於同時諸公，亦嘗有所輯著，以忌諱，故稿藏於家，久而失之。……」

增補宋元甬上耆舊詩序：「李隱君杲堂，於甬上耆舊，自謂用功多矣；顧宋元諸公所遺者多，殆未見其集邪？杲堂向范侍郎天一閣求宋元人集，乃史忠定王鄮峯漫錄，在閣中有二部，而亦失之；袁清容公荷花詩，載在宋文鑑，而亦失之；陳西麓之詩，或行於世，而亦失之。舉此三者，其餘可知矣。先生嘗手蒐宋元甬上詩一十六卷，以補杲堂之缺，至數十家，命不肖曰：吾所見書不能備，汝可隨所見續之。不肖學殖荒落，衣食奔走，無以仰副先公之意，謹再拜序之。……」

董秉純年譜：「乾隆九年，甲子，先生四十一歲。選定李杲堂內稿，及西漢節義傳及蹈武先生殘集，於是有續耆舊詩之纂，偏搜諸老遺集。十年乙丑，續甬上耆舊詩集。杲堂先生耆舊集，斷紳終於萬曆，先生續之，並及本朝，凡百六十卷，（董秉純家君七旬乞詩文啟謝山先生續耆舊詩一百六十卷，所記卷數與年譜同。貞萃云：衣德樓李氏藏本目錄，亦作一百六十卷。」

分任同社諸公及門下諸子鈔錄。人爲立傳，視杲堂加詳焉。於是桑海之移徵，太平之雅集，凡爲鄉黨所敬恭，而光芒有未闇者畢出。眞大有功於名教者也。十一年丙寅，仍錄耆舊詩二十年，乙亥，先生五十一歲，五月，疾甚，曹恪人含淚欲進參而無力，繞乃以耆舊詩稿本質之有力者，（月船之族人盧青厓抱經樓）得叁千兩進之，神氣甚振。秋七月，先生卒。

董氏外集題辭：「先生續甬上耆舊詩七十卷，國朝甬上耆舊詩四十卷，皆排定目錄，鈔十分之八而未畢，存盧敦論鎬，未修畢。」（光緒鄞縣志藝文即據此卷數著錄）

鄞志：「爲繩先，號巽亭，雍正十三年副榜。全祖望自京師歸，繩先時過從，爲忘年交，嗣留續甬上耆舊詩，爲手鈔全帙。」爲抄本亦歸盧月船，鎬藏於其族人盧青厓抱經樓，質八十卷，以謝三資爲殿。無清代詩，丙辰夏抱經樓書爲上海書賈重價購去，是本歸吳興劉氏嘉業堂。

慈水馮貞群云：余家藏本署受業弟子董秉純編次，凡續明詩七十卷，國朝詩四十卷，知爲董氏定本。曩在甬上市肆見藍絲欄鈔本殘集三十冊，書口有雙韭山房字樣，假校與董本合。又見甬上陳時夏所藏，亦係董本。

蔣樗菴續耆舊集題詞：「……先生念自明迄今又百餘年，不亟爲蒐訪，必盡泯滅，乃徧求之里中故家及諸人後嗣，或閟不肯出者，至爲之長跪以請。其餘片紙隻字得之繩箔塵壁之間者，紛次收拾，儼成是本……往往姓氏已淪狐貉之口，一經選錄，其詩傳而人亦與之俱傳。迄今若耆碩，如若嗒貞松無不須見鬚眉，畢露芒角，較杲堂所選十卷且數倍之。近時諸詩人亦循索其已刻未刻之藁，點定而諸次爲書，故凡八十卷，命蒲帶數人分錄。爲史巽亭皆手抄全部，今歸盧月船，與盧望謹壺小繩各得草本分藏。先生既殁，與同學五易所有錄所未備，而八十卷並成完集。今距先生選詩又四十年，諸門人老死殆盡，鑰幸僅存，乃摩挲昏眼，整葺故紙，案先生原目，排其先後。此外又抄得先生內外集百卷。他若所箸經史與地之書，尙數十種；沈沈篋底，未克繕寫傳布，俠抱猶在。讀太玄者，謂必待後世有子雲，以窺先生之闡揚前哲爲何如哉！茲歷丙辰冬杪校閱此集畢，輒書數語於卷首。弟子蔣學鏞識。

馮貞羣云：據黃惟煊跋：蔣本向藏鄭氏二老閣，今閣中藏書散佚，不知是本流落何處。

又云：謝山原本實未定之稿，有有傳無詩者，有有詩無傳者。身後門人各以己見參訂成書，故卷帙多寡，篇什增損，各家藏本互有異同。

徐時棟校本續甬上耆舊詩跋：「……舊本口錄，不知出何人手，文義乃索合不順；又往往與本書相刺謬，竊嘗隨之三校，既完，將重付裝潢，謹爲整正，稍可觀覽……」

貢定蘭校補本自序：「……向見抱經樓盧氏所藏葛巽亭手錄佳本，經先生點定，其中有錄而復去者，有塗改者，有添注者，有零紙附黏者，頗爲完善；而國朝之詩失其大半，爲可惜也！他如城北周氏所藏明六十卷，國朝四十卷，其總目爲大備；惟詩傳甚略。吾友王子雲驤及內兄徐子竹餘所藏詩傳稍詳，合之腰帶河洪氏所藏，可稱完本。盧氏所失，三家俱備；而洪尤較備於王徐。第蔣樗菴題詞云：書成凡八十卷，而洪本又爲樗菴所編，至四十卷而中止，未了之案，恨不能起先生而問之。既從杠橋盧氏得一本，閱其書，爲先生草創底本，有諸卷所絕無者。他本詩傳俱無，今得一卷；其餘得增一二首，十餘首者，不可勝數。惜其間旁黏背注，多遭鼠傷蟲蝕，不堪卒讀。丙子秋，因集諸本，屬友人錄之，閱二寒暑乃畢。其總目先後，悉依周本，而卷仍未編次，約得明詩七十卷，國朝詩四十卷。先錄盧本之所有，而以諸本足之，有諸本所分而茲合者，便觀覽耳」

黃維煊跋：「……先生高弟，如蔣樗菴、董小鈍、盧月船暨葛君巽亭，皆有鈔錄。蔣本向藏鄭氏二老閣，葛本向藏盧氏抱經樓。道咸之間，兩罹兵燹，故家圖籍，散亾殆盡。奸佑因之影射，任意割裂，恃無考證，詭取重値。是本爲從祖楚生先生借葛本鈔錄，亂離遷徙，幸而獲存。同治丙寅，先生孫心一從弟持以歸予，酬其値而受之，細加紬閱，較時下所購，面目迥異，增多十之六七，最爲完善之本。……顧卷帙繁重，無力開雕，爰集寫官重錄全函，姑誌數語，藏案以待……」

陸廷黻校本自序：「……謝山先生自翰林改官後，作書謝家，尤留意枌榆掌故；續甬上耆舊詩，或稱八十卷，或稱百十卷，暨爲先生未定之書。其手藁藏抱經樓盧氏，黃仕楚生手鈔之，復從他本補所未備，路傳先生後得其先人舊本于太常家。余家舊亦有是書殘本，歸田後思稍稍補之，聞城西草堂徐氏（即烟嶼樓三校本）所藏，是否爲是本，烟一類不知落誰人之手。及門梁逆湖水部所得，卷首有吾師柳泉先生題詞，疑即此本。而太常之子俊生剛府，後于市肆見之，因據兩家本爲底本，佐以他本，彼此互校，闕者補之，複者刪之，合爲百四十卷……」（此序署光緒戊申七月）

馮貞羣云：陸本以黃本爲主，編次略參謝本，復從他本補所未備，鈔成完帙，擬刻未果。

梁秉年序目後記：吾鄉全紹衣先生以浙東碩學，任一代文獻之重，是編輯於晚年……適聞佚事，爲野乘所未見。習鑿齒襄陽記，元裕之中州集，二者兼之矣。稿甫成而先生歿，門下蔣樗菴、董小鈍、盧月船、張望槎諸公各錄副本，詳略互異，別風淮雨，日久沿訛。道光戊戌徐柳泉舍人因而釐正之，三校既舉，繫以題詞，同光之際，外舅鎮海謝適齋廣文據徐氏所編次者，參考他本，錄成全書，及任金華學官，攜之行篋，未遑付雕，身後幾爲有力者所得。余在甥館久，深知外舅一生心血萃於是編，爲償其値而保存之。吾師陸鎮亭編修亦得黃氏鈔本，集諸家舊藏，招及門分別校錄，曾假予所藏謝本詩目，參訂成帙，曾是書之印行非一日矣。吾鄉藏是書者，以謝陸兩本爲最完備，而馮君貞羣孟顓留心掌故，所搜儲舊本又不止一家。年來時局變更，余垂垂老，深恐長此沈霾，無以竟後死者之責，爰發大願，謀刊斯編，出所藏雲蓀館謝氏本，假陸氏本，重加校勘，復得馮君隨時考訂，余率賢兒恭豫校字之役。卷多費鉅，則集同人函請邑長奉陽王君理孚，商撥地方餘款，藉資開始，而以將來售書所入，彌補刷印之資。始事丁巳仲秋，竣工戊午歲杪，其難如此！

今案：四明文獻社所印者，舊詩續集卷首有考略一卷，敍述所獲各種稿本，計所據之本凡十一：一爲謝山手稿本，一爲蔣樗菴編輯八十卷本，一爲春雨樓董氏編次續明詩七十卷國朝詩四十卷本，一爲巽亭蔣氏月船盧氏藏八十卷本，望槎張氏藏八十卷本，烟嶼樓徐氏三校本，楚生黃氏輯錄明詩七十卷國朝詩四十卷本，一爲鎮亭山房陸氏一百四十卷校補本，一爲國學保存會一百四十卷本，一爲雲蓀館謝氏校補百二十卷本。蓋此書既爲保存一地文獻之作，謝山未及寫定，及門諸子各以已見參訂成書，鄉里後學，又各以所獲稿本互相校補，故其異同有如此者！其稿本流傳，已略見於所錄敍跋，今所印行之本，則以謝氏本爲主，而以蘋亭山房陸氏、伏跗室馮氏二本參校，凡謝本所遺，悉爲補錄，較鄭氏所印材料多數倍，可謂爲完帙矣。

又案：楊鳳苞秋室集二南彊逸史跋載謝山甬上寓公詩小傳，已收入此書內

續修宋元學案一百卷　道光十八年慈谿馮氏刊本　道光丙午何紹基重刻本　光緒五年長沙龍氏重刊本

梨洲先生神道碑：「晚年於明儒學案外，又輯宋儒學案、元儒學案，以志七百年儒苑門戶，尚未成編而卒。」

乾隆十年，先生四十一歲，春二月，至慈谿，祭梨洲於鄭氏之二老閣。鄭性子隨之（性長子名大節，性次子名仲節，字發之）屬先生續成宋元學案（見詩集自註）先生有詩云：「黃竹門牆尺五天，瓣香此日尚依然，千秋兀自續薪火，二徑勞君盼渡船。消寒欣永日，挑燈講學憶當年。宋元學案多宗旨，肯令遺書歎失傳。」

鄭南谿性與沈鑠城書：「一年前中丞（廣東巡撫楊文乾）在甬，屬其節略覓黃梨洲先生所著宋元明儒學案，且欲刊之。其宋元底本已失，梨洲之孫證孫取之淮陰楊氏，久而復得。」又黃千秋（梨洲第五孫）明儒學案跋：「副泮英言廣撫楊公介子求欲刻之，與閱語合將書往而泮英殁，未幾而中丞亦殁，故宋元底本遂致遺失，後日謝山先生所修補者，殆即取之淮陰久而復得之本歟。」案謝山先生與鄭南溪交最密，所見南雷集手稿及碑本集均在鄭氏二老閣，謝山撰南溪墓志所謂：「其表章南雷黃氏之學，不遺餘力，四方學者，或訪求南雷之書，不之黃氏而之鄭氏；黃氏諸孫，訪求簿錄，亦反以南溪爲大宗」者是也。南溪與沈鑠城書在乾隆七八年間，則取之淮陰楊氏之宋元學案，南谿家必有副本；或證孫所取回之原本，即藏諸鄭氏。顧慈谿馮雲濠云：「梨洲僅舉大要，其子耒史始編輯之，其稿皆歸之吾邑南谿鄭氏，而旋失，梨洲之孫證孫復得之淮陰楊氏，厥後吾郡全謝山先生續修之，然自南谿卒後，鄭臨之僅以續補宋元學案相屬，必以梨洲稿本付之先生。則先生補學案時所見之底本，或得諸鄭氏者也。

乾隆十一年，丙寅，家居。至建縣山，訪宋儒蔡西山公墓烈亭，已頹，復捐葺。夏四月，北行赴揚，舟抵梁溪，有道南祠下雜作云：

「楊門學派盈天下，我愛堂堂論子才，一語六龍安穩渡，豈公手挽魏公回。」又云：「文簡文孫木石賢，文章載道亦巍然；如何史禍消沈後，流落荒芒總不傳。」

蕺山相韓舊塾記：「莊節之集，予但從永樂大典中見之，而世上無有。予續南雷宋元學案，旁搜不遺餘力；蓋有六百年來儒林所不及知，而予表而出之者……」

舟中取南雷學案未成之本，編次序目，重為搯定。有詩云：「關洛源流在，叢編細討論，芒芒洄薪火，渺渺見精神。世溯原伯魯，吾慙諸少孫，補亡雖兀兀，誰與識天根。」抵揚館馬氏畬經堂，纂學案。

寶甑集序：「予客揚州，館馬嶰谷齋中，則與竹町共晨夕。竹町居東頭，予居西頭。予方修宋儒學案，而竹町終日苦吟，時各互呈其所得。」

乾隆十二年，春，至杭，晤趙谷林。北行赴吳，遂至金陵，訪方望溪。夏，返杭，寓筠莊，修宋儒學案。九月，與厲樊榭再為邗上之行，仍寓畬經堂。得不寐疾。陳竹町以為慮用其心之過。

乾隆十九年，先生五十歲。居揚州畬經堂，治水經注。兼補學案。次年秋，先生卒。

校刊宋元學案條例：是書刱自梨洲黃氏，標衆數案，未盡發凡；至謝山全氏修補之，乃有百卷序錄之作，即是書之凡例也。梨洲原本無多，其經謝山續補者，十之六七，故有梨洲原本所有而為謝山增損者，有梨洲原本所無而為謝山特立者，有梨洲原本而謝山惟分其卷第者，有梨洲原本謝山分其卷第而特為立案者。至於學派諸小傳，有梨洲有傳而謝山修之加詳者，有梨洲無傳，並無其名而謝山特補之者。又云：謝山原底未全，有采錄文集粹語而其傳已佚者，有事載史策未及作傳而僅舉其名者，有再傳三傳之門人有傳而其師反無傳者，有略稱於兩學案而本卷反失其傳者。是書修補，謝山兼為修宋史而作，故有宋史所略，而是書列傳加精詳，語多本之永樂大典，其中經濟著述，間或采入，蓋聖門列四科意也。

先師任公先生云：「宋元學案，黃梨洲草搬，僅成十七卷，其子耒史綜有補葺，亦未成：謝山於黃箸有案者增訂之，無案者續補之，淜爲百卷本。今本則其同縣後學王梓材所綴訂，而其體則謝山之舊也。是書雖屬梨洲搬始，成之者實謝山。謝山之業，視梨洲蓋難數倍：梨洲以晚明人述明學，取材甚易；謝山既生梨洲後數十年，（案：謝山之生，去梨洲之卒十一年。）而所敘述，又爲梨前數百年之學，所以極難。據董小鈍所撰年譜，則謝山之修此書，自乾隆十一年起，至十九年止，十年間未嘗輟。臨歿尚未定稿，其用力之勤可想。拿這書和明儒學案相比較，其最易看出者：第一，不定一尊：各家各派乃至理學以外之學者，平等看待。第二，不輕下主觀的批評：各家學術，及並時人及後人批評者，廣搜之以入附錄；長短得失，令學者自讀自斷，著者絕少作評語以亂人耳目。第三，注意師友源流，及地方的流別：每案皆先列一表，詳舉其師友及弟子，以明思想淵源所自。又對於地方的關係，多所說明，以明學術與環境相互的影響。以上三端，可以說是宋元學案比明儒學案更進化了。至於所採材料，頗有失於太繁，我想，這是因爲謝山未能手訂全稿，有許多本屬長編，未經刪定。後有學者，能再修正增刪，才算完成全未竟之志。」

餘姚縣志（十七）引葉其蓬曰：梨洲先生既成明儒學案，又上溯宋元諸儒，並輯學案，未成而卒。季子主一先生繼之。四明全謝山先生又繼之，迄未成編。最後四明王孝廉梓材，依全氏百卷序錄，一再校補，始成完書。初校本刻於慈谿馮孝廉雲濠，重校本刻於道州何太史紹基。何刻最爲精審，雖字盈百萬，無訛俗體。惜未幾板燬於火，翻刻及別刻，殊少善本矣！王氏又有宋元學案補遺百卷，尚未刻行。近人胡適之先生，藏有王氏補學案稿本。

案：王氏校宋元學案時，所據者凡四本：一爲二老閣鄭氏刊本，王氏云：「謝山先生蓋又以學案謀刻於鄭氏，第所刻止序錄與第十七卷，橫渠學案上卷。序錄爲謝山先生定本百卷之次，首尾完密。月船盧氏所藏底本亦有序錄，其文多異，又少序錄者九，蓋其未定稿也。橫渠學案原本完全，故序錄而外，先以是卷付刻。其第十八卷已刻數版而輟，蓋刻於謝山末年，謝山卒，而其事亦寢矣。又，馮雲濠云：二老閣鄭氏校刻梨洲宋儒學案卷十七標云：男黃百家編，門人楊開沅顧諟分輯。序錄與第十七卷，並標後學全某續修，鄭大節毛德基校。一爲月船盧氏所藏底藁本，一爲槎湖蔣氏所藏底藁本，一爲餘姚黃氏校補本。

王梓材月船盧氏所藏稿本附記：謝山先生卒，其書多歸同邑抱經樓盧氏。學案之稿，亦雜入其中。月船字配京，乾隆癸酉舉人，抱經之宗子，而先生之高弟也。任平楊學諭，卸家歸，取學案於抱經宗人，而稿已不全，因手錄之。謄寫者半，未及謄寫者半，而月船又卒。月船和姚江黃稚圭（梨洲元孫名璋號大谷字稚圭）見贈原韻南雷王學源流長亭林夏峯遙相望甬上先賢多入室蕺山俎豆侍岑香小泉翁既不可作（謝山嘗自稱古山社小泉翁）典型無復知中郎遺書散沒孰收拾末學執卷增彷徨區區校勘力未及敢效束晳補詩亡思幸藉下雅客助我當僕求友聲何期楚澤老孫子枉顧不勞置鄭莊黃芽白茁正蔓忽見秀幹方崇強秋雨閑門共商擁足本擬擬鈔堂從今刻意庶可昭告成五緯重輝煌其藁與謄本，蓋度藏於月船家者，已八十年。始月船外孫黃支山桐孫，嘗以是本携至安徽康中丞節署，徧訪皖江諸子，謀完是書，未果。中丞移節廣東，又訪學海諸子，亦未獲克任校讎者。旣，支山自粵歸，過江西十八灘，行篋墜水中，惟藏是書之篋獨浮水面。月船之孫卓人茂才杰愈寶藏之，不輕以示人，已而其家被竊，箱篋俱空，而學案一箇，棄置屋外，蓋是書之得存者，亦云幸矣！

又案：月船先生所藏謝山手稿，字跡稠密，而月船未及謄寫者三百餘頁。其中又有梨洲先生季子主一手鈔本，而謝山修補之跡宛然可據者數本。又陸門諸子小傳，謝山筆跡稍異，蓋與臨川李氏論陸氏學案時所寄，月船與梨洲後人相往還，又以共成學案是任，故主一鈔本有在盧氏者。

梨洲七世孫直屋跋云：先遺獻公于明儒學案外，又輯宋元儒學案，尚未成編而卒。命季子主一公編輯之。其後謝山全庶常又續修之。大父（意即黃千人）曾向全氏索觀而不得。全氏歿，配京盧氏寄示底藁二十册，續寄序錄一卷，大父得之，欣同拱璧，晚歲里居，爲之抄輯者有年。無如展轉抄寫，多有闕略舛誤，而全氏手筆，又多蠅頭細草，零星件繫，幾不可識別。先君子歸田後，復爲之正其舛誤，補其闕略，併其繫件，命直屋抄錄而次第之，是書始克成編。

王梓材蔣氏稿本後記：梓材謹案：蔣氏藏本，後歸樗巷孫塤甫藏，材瀚甫又歸之同邑阮明經訓，願其本多與盧氏本複，然其不複者，如張南軒弟子李悅齋𡋯傳，徐宏文弟子趙時隱希館傳，謝山箸錄甚詳，吉光片羽，皆可寶貴，不得以殘本少之。其本帙尾有六十卷之目，是謝山未定序錄時之目，或即未史所編之目也。

漢書地理志稽疑六卷 嘉慶九年歙南朱氏得醒草堂刊本 又伍崇曜粵雅堂叢書本

自序曰：志於禹貢職方詳矣，秦罷開位，然後世郡縣之稱，而言之頗略，且多舛焉。顧是言三十六郡者，無不展轉錯出，以王厚齋胡梅磵二先生之審覈，而不能正也。近者顧宛溪之地學，亦王胡之流也，而沿譌如故。今參取顛末，更審定之。

案：董氏編謝山年譜，不及此書。先生答陶稺中編修論江省志稿書云：「水經之南江，即漢書之南江，特未有取兩書而爲之疏證者。」答陶氏書約在居京師時，則其時先生已有志爲輿地之學。晚年瘁力於水經注，上徵班氏地志既有感於其中之踈舛，乃有稽疑之作。外集東趙東潛討論諸水帖子云：「及讀郭氏山海經注，方知沮水乃泜水之譌。何以知之？郭氏曰：『今泜水出中邱西山窮泉谷。』則知漢志誤以泜爲沮，原非別有沮水也。千年誤字爲之一豁。其說另見余漢書地志稽疑中。」是時先生廣篤於校治水經注，而地理志稽疑已有成書，蓋稽疑乃水經注之佐業，且其創始也。又案：是書以漢志爲綱而參證載籍，審訂疑誤，治地學者之最初步工作也。

朱文翰漢書地理志稽疑刊本原起：班氏志地爲書只數十翻。顧王迹既遠，地名迭經改易，剏乎故秦，極於新莽，即斷代自漢，又復郡國紛糅，能罔不恆；自非淹貫全編，融燭四表，斤斤壁守，馴致謬悠。既究其本根，詎敢加之繩削，以史才之淵雅，罔地志所權輿，而一源十流，從而聚訟者且紛如也。迄後千六百餘年，浙東全謝山先生稽疑斯作，互勘旁推，折中衆說，通洞密至，成一家言；與前據故籍，剌撮成書者迥別，可謂勤且力矣。案先生鮚埼亭集有門下士董秉純所輯年譜，生平精力所萃凡三書，曰七校水經注，曰增修宋儒學案，曰困學紀聞三箋。水經注近已版行，頗聞困學三箋亦有大力負而趨者，學案則年譜著其目，未知書之存否。如稽疑一種，恰有寫本，又爲年譜所不載，作者似是鄞學之餘緒，然實爲履絢之碩記。先生年纔逾艾而逝，且無子，其自定文稿，垂歿寄庋於揚州馬氏之藏書樓，身後藏書悉歸同邑盧氏。箸述滿家，風流頓歇，嗟乎，惜哉！頃歲在昭陽，予以文字之役，再遊山陰，同客有邦友揚君錫隄名家邦者，乃謝山再傳高弟，時爲余纜述四明文獻淵源，一夕慨然發秘沒，得是書共讀之，歎其精到。中如彰郡一條，據《漢志》，以彰郡不在秦三十六郡之數，標指彰字爲衍文，以爲是地非郡，卽谷及裴駰、劉昭，亦漫無佐證，蓄疑久之。先生考秦皇紀，證諸書秦置之誤；據漢高紀定爲三郡之一，進韋昭說，斷吳王濞傳豫章昔彰郡之譌，著鑿誠陳，洞然不惑。一臠亦知大味矣。余恐展轉傳鈔，逸滋譌脫，爰乞得兩書，並爲釐訂刊而行之，而書其原始如此。

又伍崇曜跋：何子貞太史龍泉寺檢書圖記則謂阮文達以先生是書與胡朏明禹貢錐指並稱其推崇也至矣。

（未完）

全謝山先生箸述考（續）

蔣天樞

七校水經注四十卷補遺一卷附錄一卷 光緒十四年無錫薛叔耘刻 長沙寧波崇實書院

趙校水經注釋參校諸本下引全氏雙韭山房舊校本，鄞全侍郎元立，孫天叙，亦官侍郎，從孫吾騏，三世校之。今翰林祖望其孫也。

又引全氏祖望七校本，四明全謝山翰林，取諸本手校於篁庵，謂道元注中有注本雙行夾寫，今混作大字，幾不可辨，蓋述其先世舊聞。斯言也，余深然之。河洛濟渭沔江諸篇，經注混淆，臥病中忽悟其意，馳書三千里至京師告予，予初聞之，通夜不寐，竟通其說，悉加改正。今秋下榻春草園之西樓，各出印證，宛然符契，舉酒大笑，因製序焉。

贈趙東潛水經注序：（此序約在乾隆十八九年間）「……予家自先司空公，先宗伯公，先贈公，三世皆於是書有校本。故予二十以後，雅有志於是書，始也衣食奔走，近者衰病侵尋，雙韭山房手校之本，更是迭非，未得卒業。……」

新譜：乾隆十三年戊辰，先生四十四歲，冬在揚。始校水經注。取馬氏小玲瓏山館所藏柳大中本，趙琦美本，孫潛夫本，參校之。乾隆十六年扃杭之篁庵，仍校水經注。以書扃歸安沈炳巽，假其校本，炳巽攜其藁及董訥夫之本至杭，相與討論浹旬。夏五月，五校本水經注卒業。董孟如例言：題辭序目皆作於此時，所謂大小字本也。乾隆十七年壬申，在粵。故疾發，仍朝夕治水經注不輟，時已七校。董孟如水經注例言：七校於粵，則以經文頂格，大注亞一格，小注亞二格，取舊本水經注，剪裂黏綴，以為底本。時主講端溪書院，其所黏之紙，皆書院卷。董譜：十八年七月歸里養痾，猶以水經注未卒業，時時檢閱。十九年春，維揚故人招往養痾，赴之。過杭，下榻趙氏春草園，為趙一清製水經注序。秋至揚，就醫居寓經堂，仍治水經注。新譜：乾隆二十年，先生五十一歲。病甚，病中猶時以水經注為念，忽悟得洵波二字為芍陂二字之誤文，而玫泄水合濡水，乃入芍陂而非從出，為之焦思累日。秋七月，先生卒。

吳眉珊傳鈔雙韭山房書目：五校水經八本，六校水經六本，七校水經四十本，又清常道人校水經八本，沈炳巽校水經二套十六本，趙校水經十四本，又小山堂校本水經注八本，又珠筆批點李長庚本水經注八本，又山海經水經合刻十六本，又八本。

董譜謂先生校治水經始於乾隆己巳夏；而五校本題辭則云庚午夏卒業於錢唐：如始於己巳，則不應庚午即有五校本？先生贈趙東潛水經注序：「年二十以後，雅有志於是書」此陳勵所以疑董譜謂始於己巳者有舛誤也。然先生校水經，究自何年始，則已無可考。

清初校治水經者，有顧亭林，顧宛溪，閻百詩，胡朏明，黃子鴻諸家，而皆無傳者。其作大規模之整理工作，而且最爲有功者，當首推謝山先生。先生有五校本，六校本，七校本，用力最勤。先生水經之學，實淵源於其先世，趙東潛水經注箋釋引用各家本下有全氏三世舊校本，又有全氏祖望七校本，可證也。而論者或謂先生所謂先世校本乃係託言，則誣辭矣。自戴趙兩校本大顯於世，沈炳巽水經注集釋訂譌，趙一清水經注釋，均著錄於四庫，而先生之功轉晦。纂四庫總目提要者據趙氏所引，謂「寧波全祖望始自稱得先世舊聞，謂道元注中有注本，雙行夾寫，今混作大字，幾不可辨。……祖望所云先世舊聞，不識傳於何代？載在何書？殆出於以意推求，而詭稱授受。」等語相訶斥。此其言出於戴氏，固無所怪也。及趙戴相因之爭起，浙東承學之士，大爲不平，遂盡發其覆。道光中，王梓材得七校稿本，以屬平定張石舟校定，刻於山右楊氏。論者謂王氏往往據戴改全，學者反不甚信其書。後董覺軒得殷樵殘抄本，據題詞及王校本悉心校讐，以復先生之舊。光緒十四年薛叔耘官甯紹兵備道，取而刻之。此亦公論在人心之所不能泯者。光緒十八年，長沙王益吾刊合校水經注，於全校屛而不錄，曰：「全氏七校水經注，晚出浙中，慈谿林頤山斥其僞造，抉摘罅漏至數十事，頃歲刊行，茲編一字不敢闌入。」且爲之和會其詞，曰：「世爭視大典原文，見戴校與趙悉合，疑爲弋取；然聖明在上，忠正盈廷，安有此事？趙氏覃精極思，廣搜旁證，合契古籍，情理宜然；特以數十年攷訂古心，一旦爲中秘所掩，因之俗論紛孶。……諸家聚訟，如段茂堂、魏默深、張石舟，各執一詞，存而不論可也。」王氏之宏量，及其矜愼不苟之態度，固爲可佩，然林氏之所見者，爲王梓材所定本，且戴氏因人之爭，亦無所解於張石舟之言也。觀王靜菴先生聚珍本戴校水經注跋，可以釋然矣。學問公器，斤斤於互相辯護之爭執，本屬無謂，然創始之功，固不忍前賢心血之終歿也。

謝山先生治水經注，自七校後，曾否寫爲定本，實屬疑問。董秉純鮚埼亭集外編題辭：「先生七校，移易經文，諸錯簡重定，剪綴分黏大半，而先生卒。今各依題跋所摘而整理之，當可成就。予以任之蔣孝廉學鏞，竟未克爲。」謝山卒時，秉純侍側，遺箸一竹笥歸之，不應有清寫本而不獲見，倘欲以黏貼本任之蔣學鏞，以完成之。光緒鄞縣志藝文下有七校本水經注四十冊，云藏馮氏醉經閣。馮氏所藏，乃得之於山湖林氏者。林氏之先有名廷熊者，受業於蔣樗菴學鏞，爲謝山再傳弟子。王梓材得林氏盧氏諸鈔本（林本後歸馮氏醉經閣）彙錄之，以寄張石舟，刊於山右楊氏叢書，未及畢事而止。此所謂王氏校本，其源出於蔣樗菴，意即董秉純所謂以任之蔣學鏞者也。光緒中董覺軒得殷樞殘抄本，亦七校清本之僅存者。殷樞，字大中，爲謝山弟子，勤於抄書。董氏所得殷氏殘抄本，意即殷樞受業謝山時，就七校黏貼本所重錄者。覺軒據殷本，及出自抱經樓之盧氏殘本，以核王本，王本往往據戴改全，與先生自作題辭相背戾，乃據殷本及盧友烜殘抄本河水五卷，重加校訂。今薛氏所刻四十卷本，即董氏重定本，所謂更定王氏以復先生之舊者也。

王梓材重錄七校水經注前跋

其定本固當爲大力者負以趨。石舟告予曰：「趙氏水經之刻，後於東原；東原箸書，多竊據他人，而趙刻出於東潛之子，其參校則假手於梁處素耀北兄弟。始緣東潛之子以算學受知於畢秋帆尚書，尚書求東潛水經之書，其子恐不得當，購求謝山定本以足之，此即朱文翰所謂大力者也。（朱氏語見漢書地理志稽疑序。）幸而謝山校本題詞具存，猶可以案趙戴二家竄據之跡，遂爲辨誤，以發其覆。

張石舟全氏水經注辨誣

今世之讀水經注者，必主戴震本；次則趙一清本。稽案兩家於此書皆不爲無功，至鑿山通道，則謝山全氏之力爲多，兩家皆拾瀋於全氏者也。一清治水經，謝山屢稱之，（題詞曰：杭人趙一清瑰奇淹雅，極多考證。）而其書至乾隆丙午始刊行，在戴本既行之後十三年。（戴本刊於乾隆甲午）然戴氏則必嘗窺見全書及趙書，而竊據潤飾以爲己有也。戴以校正此書博世名，膺懋賞，其最得意者兩端：一曰據永樂大典原本也，一曰分別經注不相牽混也。大典弆翰林院，獲見者少。穆於辛丑之秋，幸得親窺秘書，用明以來水經本校出一部，（卽明知其僞，亦必照改。）勘驗戴書，始覺其詐。老友王君臒軒告予曰：謝山稿本今尙存十數冊，藏鄞之月船盧氏。穆問：可致否？臒軒曰：試爲子訊之。盧氏重臒軒請，別倩書手傳鈔十卷，幷謝山題辭目錄一卷，於甲辰春附公車寄到。余用以合校兩家，然後知戴趙皆竊據謝山書。卽分別經注之說，亦權輿謝山。戴但整比加密耳。謝山之功不容沒，則戴趙之學不可不辨。

四庫全書總目，水經注四十卷，永樂大典本，此卽戴震所校上之本也。武英殿用聚珍板印行。提要曰：是書自明以來，絕無善本，惟朱謀㙔所校盛行於世，而舛謬亦復相仍。今以永樂大典所引，各案水名，逐條參校，非惟字句之僞，層見疊出；其中脫簡，有自數十字至四百餘字者。稽案今翰林院所弆大典，乃嘉靖中照南京原書重繕之本，水經在卷一萬一千一百二十七至一萬一千一百四十二，水字韵內十六卷，今合爲八巨冊。（乾隆中抽去閱葉，率合兩卷爲一冊）其餘江河淮濟諸韵中，一一細檢，更無徵引水經之處。（大典引書原無定例，然全部收在一處者，便不復散見各韵。）然則戴所據校之原本，卽此八巨冊矣。乃云：各案水名，逐條參校，何耶？永樂時所據，自係宋元舊槧；而移寫草率，譌文脫句，層見疊出，大典蓋較他刻本爲尤甚。今以通行舊本校之，大略不殊，間有一二字，皆無出舊本上者。戴氏已大半據改，偶有改之不盡者，則以先橫各書於胸中，反謂大典爲誤，不足據也。「如漢改樓蘭爲鄯善，河水篇凡六處，俱作鄯鄯，（兩文俱從邑，世業堂本同。）以義定之，鄯鄯蓋卽鄯善，從長之義，國名，故增邑於旁，猶山水字偏旁之例耳。善長所見漢書如此，宋元舊刊水經注如此，至爲佳證，豈可因今本漢書下一字不從邑而謂舊本爲誤乎？又如河渠書王吳河水注水兩結皆引作王吳，（舊本皆然大典同）爲吳爲吳，誠難臆定；然校存異文則可，要不得據史注以改酈注，而戴氏皆未及致思也。」至提要所云脫簡有自數十字至四百餘字者；此又八巨冊中絕無之事。戴氏特大典秘書，學者無從窺見，遂敢造言欺人，以掩其盜竊前人之跡，居心殆不可問。戴校每曰：近刻譌某，夫近刻譌云者，對原本不譌而言也；原本何指，指大典本也。而予以原本校之，其出於大典者半，其出戴氏之校改，乃攘他人所校以爲已校者，亦半，原書俱在，世必更有獲見之者，取以相照，戴氏之詐立即見矣。

段茂堂撰戴氏年譜曰：水經注自北宋以來，無善本；（案提要云明以來無善本者，爲回護大典本地也；此云自北宋以來無善本者，爲戴校昂發僞也。然謝山云水經自開闢時已不可問，則茂堂此說乃是相傳定論）先生讀此書久，得經注分別之例有三：一則水經立文，首云某水所出，已下無庸再擧水名，而注內詳及所納羣川，加以採摭故實，彼此相雜，則一水之名，不得不更端重擧。一則經文敍次所過川縣，如云東過某縣之類，一語實賅一縣，而注則沿溯縣西以終於東，詳記所經委曲。經據當時縣治，善長作注時，縣城流移，是以多稱故城，經無有言故者也。一則經例云過，注例云逕，不得相渻。（今案以過逕別經注本始於趙一清）得此三例，迎刃分解，故能證經注之互譌云云。又與梁曜北書謂更誤刪羨功之細，區別經注乃功之大，東原灼知而刱爲之也。段案：茂堂惟以分別經注爲戴氏一人之刱獲，故疑今行趙本純屬參取戴書爲之，而謂梁氏昆仲爲侵戴而助趙。今案謝山題詞曰：經文與注文頗相似，故能相溷，而不知熟玩之則固判然不同也。經文簡，注文繁；簡者必審擇於地望，繁者必詳及於淵源；一爲綱，一爲目，以此思之，蓋過半矣。此分別經注刱始謝山之堅據。謝山歿，無子，書稿存門人家，戴氏從何處窺見，雖不可推測；（趙之謙曰戴東原曾至寧波）然以直隸河渠書事例之，則此君之好盜人書，素性固然。茂堂乃曰：東原氏之德行，非盜竊人物以欺主上及天下者也。其然？豈其然乎？一淸與謝山同治水經，大注夾注既從全本，則其分別經注，亦必從全氏無疑。故茂堂戴氏年譜亦不敢固持前說，而調停其詞曰：趙書正字句及剖析地理最詳，而更正經注一如戴本者：蓋趙精詣絕羣，鄞全謝山太史七校是書，深窺秘奧，兩公交最深，或閉戶暗合，或麗澤相取，而其說往往與先生同，是可知學問深醇，即未相謀面，所言如一。且趙書經錢塘梁處素校刊，有不合者，據戴本以正之，故今二本大段不相同者少也。（以上皆段語）然茂堂畢竟只見趙書，未見全書，故重復申辨如此；假令早見謝山題詞，又何能爲其師諱乎。段與梁曜北書後所舉注誤爲經四條，一河水又西逕罽賓國北，一又西逕四大塔北，一河水又東逕皮山國北，謂凡若此等戴分注校語甚詳，何以趙氏不置一詞？今案此三條，謝山早已釐歸於注，趙用全本，故不復加案。猶於卷首全氏七校本下顯言之曰：謝山謂河洛濟渭沔江諸篇經注混淆，臥病中忽悟其義，馳書三千里至京師告予云云：若戴氏竟久假不歸，用以詫於世，曰此我之獨得也，茂堂曰：僕從遊日久，未嘗言有所聞之也，此語亦足坐實戴氏罪狀耳。至第四條所舉：河水又東，洮水注之一節，尤謝山得意之筆。題詞中旣特箸其說，經文下又加校曰：此條經文洮水入河，而第十六條又有洮水入河，則兩洮水矣。胡渭因改此之洮水以避之，不知此條是經文，以下十五條皆注，則正是此條洮水之釋文，非別有一洮水也云云：戴氏其有所聞乎，無所聞乎？恐百喙而無以自解矣。

最可異者，謝山謂經注混淆，止於河濟江淮渭洛沔七篇，而戴所改正者，亦止此七篇。此七篇余祇見謝山所訂河水五卷，今以題詞覈之，謝山曰：予所訂河經文不過五十三條，而戴本經文亦只五十六條。（蓋孟如云此五校所訂定改七校本河水亦五十六條淮水十二條沔水十九條）謝山濟水三十二條，戴三十四條；謝山江水二十二條，戴二十四條；謝山淮水八條，戴十四條；謝山沔水十八條，戴二十條；（蓋孟如云今案實二十五條張氏誤記又渭水十五條洛水十條全數同）以河水一篇準其餘六篇，雖所訂未必一一相同，要其發凡起例，謝山實爲讀水經者啟其蓬心。故謝山之功，必不容沒也。又題詞此節後有注曰：一百十七篇中，漳水獲水泗水三篇尙各漏一條，乃是偶誤，非若七篇之寸寸分裂也。（此三篇皆未見）而戴氏於濁漳篇亦刪正經注相連「之漳水焉」四字，於獲水注「又東經蕭縣南，睢水北流注之」十二字，改注爲經。於泗水經「又東逕山陽郡」六字，改經爲注。其卽謝山所稱各漏之一條與否，亦約略可知矣。（今案此三條全氏於濁漳篇首云有羨文今改於獲水改注爲經於泗水改經爲注與戴本悉同）

戴本河水第一篇物理論曰：「河色黃者，衆川之流蓋濁之也。」校云：此十六字，當是注內之小注，故雜在所引爾雅之間，書內如此類者甚多。又括地圖曰：「馮夷恆乘雲車，駕二龍，」校云：此十三字，當是注內之小注，故雜在所引山海經之間。

穆案：謂酈君作注，有大注，有小注，有注內注，乃眞全氏之拗論，趙一淸從之，戴幷此說而剿襲之，亦不云前有所承也，何哉？謝山謂道元注中有注，題詞明箸其說，曰：「是言也，前人從未及之者，首發之先司空公，實爲拗獲。其後先宗伯公始句出爲朱墨分其界，先大父贈公又細勘之，至予始直分繕寫爲大小字，作爲定本。（據此知盧氏所藏乃割裂稿底，非定本也）所謂得之先世舊聞者如此；而提要顧深斥之曰：「所云先世舊聞，不識傳於何代？載在何書？殆出於以意推求，而詭稱授受。」夫明言先司空、先宗伯、先大父，何爲詭稱授受？明言實爲拗獲，何嘗謂古有如此水經注本？皆言題詞蘊蓄，趙書略標大旨，不能明晳，戴氏既掊不肯言，書局亦遂含胡下斷耳。

乾隆間，直隸總督方恪敏公嘗延趙氏撰次直隸河渠書一百三十卷，繼復延戴氏刪定爲百有二卷，會恪敏薨，書未奏上。夫經始箸書甚難，踵事修書稍易，古今之通義也，然其功皆不容沒。戴氏乃不欲自居於易，遂深沒一淸草創之勞，雖以茂堂從學之久，其與論此書者非一端，亦不聞戴氏更有藍本。直至何元錫從小山堂寫其副本來，然後知戴書即趙書。茂堂重復申辨，而其盜據之跡卒不可掩也。戴氏既據有趙書，乃於唐河卷中附趙廬奴水攷一篇曰：「杭人趙一淸於地理之學甚核，嘗遊定州，爲州牧姚立德作廬奴水攷，並附於右」云云，一似趙氏絕無與於此書然者，作僞顯然，可爲鄙歎！茂堂又曰：「趙雖精於地理，而地理之學尙不及戴，文章之學亦不及戴，」此語良然。然不得因其學不相及，遂謂盜據之無傷。使戴氏標明原本而刪之補之，豈不甚美，何乃爲此穿窬之行乎！尙論者所爲深惡其人，懸爲世戒也。

程易疇五友記：「國家大集四庫全書，東原與纂修，官翰林，所校太傅記，水經注，方言諸書，皆編入全書，而水經注更邀御製詩冠之籍首。同時有趙一淸者，亦治是書，校釋酈注，所得多於東原，其書出，人皆珍異之。然東原書能以經之下互於注者，出而還之於經；注之上互於經者，擇而歸之於注，於此益見東原之不可及。」穆案：程氏以趙書與戴書並論，殆不能無疑於戴，否則，如今官校本，趙氏之美，戴俱有之，又何多於戴氏之有然？仍以校正經注之功歸之，則亦知有趙書，不知有全書也。晦顯有時，竊意謝山精神必不遂歸冥滅，世有得其定本而板行之者，所夕望之矣。

戴氏謂水經爲三國時人作，此語亦本謝山。見題詞

戴氏自訂水經注次序，以江河分二大綱，即謝山南瀆北瀆之說而稍變通之。見目錄

趙一清以書末日南水亦爲一篇，今行趙本猶然。謝山謂是乃斤江水篇之附錄，舊目不可非。戴氏官私兩本俱合斤江日南爲一篇。

茂堂稱戴氏因胡朏明有北碟溪之說，霍然大悟，將經注劃清。穆案：辨南北碟溪之說，正是謝山事。鮚埼亭集卷三十四有水經碟溪帖子柬槇亭一首，其證甚明。然謝山集向無刻本，直至嘉慶甲子，餘姚史夢蛟始爲刊行，宜戴氏之敢於掠攘耳。

若夫趙水經之刻也，則嘗聞其說於鹿邑徐松坪丈矣。丈盛德君子，不妄議論人，告余曰：乾隆乙巳丙午間，畢秋帆中丞巡撫河南，有奏銷積案，欲不任胥吏，得一明算之人詳核，以聞。東潛之子載元以貲爲州大梁，或薦其知算，畢召入，連下數十籌，欽欽立辦，畢大賞異，以此登梓刻。未期歲，擢知歸德府。鹿邑歸德屬，徐數以應試至郡城，故知其刻水經事極詳。初畢之梁書於載元也，載元急遣僕走浙中，恐文書或不當畢意，以巨貲購謝山本，而倩梁履繩玉繩兄弟合併修飾之。朱文翰作謝山漢書地理志稽疑序，所謂「水經校本有大力者負之以趨」是也。乃畢既爲趙書作序，載元仍延梁氏兄弟於署任校刊事，即今行趙氏本也。今以盧氏所藏謝山稿底校之，其蹤襲之跡，仍可一一覆案。然是載元及梁氏兄弟之過，不應追罪一清，蓋與戴氏之躬行篡竊者有間矣。

又如河水篇又東過榆中縣北條，又東過天水北界條，至河目縣西條，又東北過東阿縣北條，又東過茌平縣西條，又東北過高唐縣東條，全本皆注，此從傳鈔本，恐不足據。趙本戴本皆經，此或梁氏兄弟傳戴以改趙，如茂堂云云也。今案榆中縣北天水北界二條，全氏作注，河自縣西東阿縣北茌平縣西三條，全氏實作經，張所云傳鈔者誤也。至高唐縣一條，全氏於下又另出經文，故以此條爲注，與戴趙不同。長壽津下「河之故瀆出焉」六字，委粟津下「左會浮水故瀆」六字，浮水至東武陽入河下「又有漯水出焉」六字，全趙皆經，戴則注。佚篇十三篇，謝山總綴書末，趙附相比諸卷之後。水經伊水出南陽縣西，謝山加校曰：「案南陽，郡名，非縣名也。元和郡國志引此文作南陽魯陽縣西，趙一清本

從之，不知自秦以來無魯縣魯縣之名，但見於左氏耳。予參攷之，乃南陽之魯陽也。據此，是全本較舊本增魯陽二字，趙本較舊本但增一魯字也。而今趙戴兩本俱作南陽魯陽縣，戴本下加校曰：案近刻脫魯陽二字，而不言何本不脫，何故增此二字，其為取全本甚明。若今行趙本則又梁氏兄弟據兩本增之耳。得此一證，案驗愈分明矣。

案：先師任公先生於東原百年生日紀念曾撰東原著述考，辨戴氏竊趙之誣，謂「……東原必非穿窬竊谷懋堂，又豈妄語者？竊以趙戴之於此書，皆用過十年苦功，造詣各臻其極；其治學方法，又大略相同，閉門造車，出門轍合，並非不可能之事。茂堂尊師太過，以為似此絕詣，非東原莫能及。讀趙書，瞠眙之餘，乃誤疑燿北。又因茂堂揚戴抑趙，引起反動，終有石舟默深之反脣。實則兩皆失之也。」案任師此時尚未見石舟辨誣及觀堂先生戴校水經注跋（任師云魏默深為趙鳴不平，張石舟穆似亦有此說。據徐時棟烟嶼樓集云，然張氏月齋集中無此文。案：此文附刻全校水經注後，光緒鄞縣志藝文門有刪節）。故尚欲為戴氏平亭。實則張氏之文，出於謝山手稿出世之後，而戴氏之攘功已不可隱也。

王觀堂靜庵聚珍本戴校水經注跋

壬戌春，予於烏程蔣氏傳書堂見永樂大典〇四册，全載水經注河水至丹二十卷之文。因思戴校聚珍板本出於大典，乃亟取以校戴本。頗怪戴本勝處全出大典本外，而大典本勝處，戴校未能盡之；疑東原之言不實。思取全趙二家本以校戴本，未暇也。既而嘉興沈乙菴先生以明黃省曾刊本屬余錄大典本異同，則又知大典本與黃本相近。先生復勸余一校朱王孫本以備舊本異同，亦未暇也。癸亥入都，始得朱王孫本，復假江安傅氏所藏宋刊殘本十一卷半，孫潛夫手校殘本十五卷，校於朱本上；又校得吳琯古今逸史本。於是於明以前舊本沿襲得窺崖略，乃復取全趙二家本，并取趙氏朱箋刊誤所引諸家校本以校戴本，乃更恍然於三四百年諸家釐訂之勤，蓋水經注之有善本，非一人之力也。更正錯簡，則明有朱王孫，國朝有孫潛夫、黃子鴻、胡東樵；釐訂經注，則明有馮開之，國朝有全謝山、趙東潛；捃補逸文，則有全趙二氏；考證史事，則有朱王孫、何義門、沈繹旃；校定文字，則吳朱孫沈全趙諸家皆有不可沒之功。戴東原氏成書最後，遂奄有諸家之勝，而其書又最先出，故謂酈書之有善本，自戴氏始可也。戴氏自刊酈注，經始於乾隆三十七年，（見孔葒谷序。）而告成，則在其身後。所校官本刊於乾隆三十九年，逮五十九年，趙氏書出，戴氏弟子段茂堂訴其與戴書同也，於是有致梁曜北二書，疑梁氏兄弟校刊趙書時，以戴改趙，道光甲辰，張石舟穆得謝山鄉人王雘軒梓材所傳鈔全氏七校本，乃謂戴趙皆襲全，而於戴書攻擊尤力。至光緒中葉，薛叔耘刊全氏書於寧波，於是戴氏竊書之案，幾成定讞。然全校本初刊時，校刊者已謂王梓材重錄本往往據戴改全，林晉霞頤山尤致不滿，至詆爲贋造。於是長沙王氏合校本，遂不取全本一字。然薛氏所刊全本，實取諸盧氏林氏所藏黏綴底本，及段氏所藏清本，非專據王梓材本，未可以其晚出而疑之也。余疑以大典本半部校戴校聚珍本，始知戴校並不據大典本，足證石舟之說。（惟石舟謂提要所云脫簡有自數十字至四百餘字者，此大典絕無之事，今案卷十八渭水注中脫簡一頁四百餘字，大典實有之，張氏此說未諦）又以孫潛夫校本及全趙二本校之，知戴氏得見全趙二家書之說，蓋不盡誣，何以知之？趙氏本書，即曰梁處素兄弟據戴改之矣，然其朱箋刊誤中所引之全說，戴氏何以多與之合邪？全氏之書，即曰王雘軒據戴改之矣，然全本校語及所引趙氏校語，戴氏又何以多與之合也？夫書籍之據他書校改者，苟所據之原書同，即令十百人校之，亦無不同，未足以爲相襲之證據也。至據舊本校改，則非同見此本，不能同用此字，如柳大中本，孫潛夫本，謝山見於揚州馬氏者，東潛則見謝山傳校本。渭水注中脫簡一葉，全趙據柳孫二本補之，戴氏自言據大典本補之，今大典原本具在，戴氏所補乃不同於大典本，而反同於全趙本，謂非見趙全之書，不可矣。考全氏書未入四庫館，趙氏書之得箸錄，當在東原身後，而其書之入四庫館，則遠在其前。案浙江採集遺書總目，成於乾隆三十九年，其凡例內載浙江進書凡十二次，前十次所進書目通編爲甲乙至壬癸十集，而第十一第十二次所進者，則編爲閏集；今考趙氏水經注集釋及沈釋旃水經注集釋訂僞，其目均在戊集中，則必爲第十次以前所進書，亦必前乎三十九年矣。而東原入館，在三十八年之秋，其校水經注成，在三十九年之冬，當時必見趙書無疑。然余疑東原見趙書，當在乾隆戊子（三十五年）修直隸河渠書時。東原修此書，實承東潛之後，當時物力豐盛，趙氏河渠書稿百卅卷，戴氏河渠書稿百十卷，並有數寫本，又趙校水經注，全氏雙韭山房錄有二部，則全氏校本趙必有之，水經注爲纂河渠書時第一要書，故全趙二校本局中必有寫本無疑。東原見之，自必在此時矣。至㢡訂經注，戴氏是否本諸全趙，殊不易定。據段氏所撰東原年譜：自定水經一卷，繫於乾隆三十年乙酉；段刋東原文集書水經注後一篇亦署乙酉秋八月。此篇雖不見於孔氏刋本，然段氏刋文集及年譜，均在乾隆壬子（五十七年），其時趙書未出，趙戴相襲之論未起也，則所署自當可信。而東原撰官本提要，所舉㢡定經注條例三則，至簡至賅，較之全趙二家說尤爲親切。全說見五校本題詞趙說則附見於朱箋刋誤卷末則東原於此事，似非全出因襲。且金字文虛中、蔡正甫、明馮開之已發此論，固不必見全趙書而始爲之也。余頗疑東原既發見此事，遂以酈書爲已一家之學，後見全趙書與己同，不以爲助而反以爲讐，故於其校定酈書也，爲得此書善本計，不能不盡採全趙之說，而對於其人其書，必泯其跡而後快。於是盡以諸本之美歸諸大典本，盡掠諸家㢡定之功，以爲己功。其弟子翼過尊其師，復以意氣爲之辨護，忿戾之氣相召，遂來張石舟盜竊書之譏，亦有以自取之也。東原學問才力，固自橫絕一世，然自視過高，鶩名亦甚。其一生心力專注於聲音訓詁名物象數，而於六經大義，所得頗淺。晚年欲奪朱子之席，乃撰孟子字義疏證等書。雖自謂欲以孔孟之學還之孔孟，宋儒之說還之宋儒，顧其書雖力與程朱異，而亦未嘗與孔孟合。其箸他書亦往往述其所自得，而不肯言其所自出。其生平學術出於江愼修，故其古韵之學，根於等韵；象數之學，根於西法，與江氏同；而不肯公言等韵西法，與江氏異。其於江氏，亦未篤在三之誼，但呼之曰婺源老儒江愼修而已。其治酈書也亦然：黄胡全趙諸家之說，戴氏雖盡取之，而氣矜之隆，雅不欲稱述諸氏。是固官書體例宜然，然其自刋之本，亦同官本，則不可解也。又：戴書簡嚴，例不稱引他說，然於序錄中亦不箸一語，則尤不可解也。以視東潛之祖述謝山，謝山之於東潛，稱道不絕口者，其雅量高致，固有間矣。由此氣矜之過，不獨厚誣大典本，抹殺諸家本，如張石舟之所譏；且有私改大典假託他本之迹：如蔣氏所藏大典本第一卷有塗改四處。河水一：「遐記綿邈」二字中惟辶辶二偏旁係大典原本，叚貌二字，皆係刮補，乃從朱王孫箋。今官本作經記綿邈當是再改之本又：「令河不過利」，令字大典作今，乃從全趙二校本改今字下半作令。「天魔波旬」，大典與諸本同，乃改天字首筆作夭，以實其校語中天妖字通之說。河水二：

「自析支以西，濱於河首，左右居也。」大典諸本同作在右居也，乃從全趙二本，改在字爲左。（全趙從孫潛夫校）蓋戴校既託諸大典本，復慮後人據大典以駁之也，乃私改大典原本，以實其說。其僅改卷首四處者，當以其不勝改而中止也。此漢人私改蘭台漆書之故智，不謂東原乃復爲之。又戴氏官本校語除朱本及所謂近刻外，從未一引他本，獨於卷卅一，卷卅二，卷四十中，五引歸有光本，今核此五條，均與全趙本同。且歸氏本久佚，惟趙淸常何義門見之，全氏曾見趙何校本，於此五條，並不箸歸本如此。孫潛夫傳校趙本，其卷四十尙存，亦不言歸本有此異同，以東原之厚誣大典觀之，則所引歸疑亦僞託也。凡此等學問上可忌可恥之事，東原肯爲之而不顧，則皆由氣矜之一念誤之。至於掩他人之書以爲己有，則實非其本意，而其跡則與之相等。平生尙論古人，雅不欲因學問事傷及其人之品格；然東原此書，方法之錯誤，實與其品格相關，故綴論及之，以爲學者戒。當知學問之事，無往而不當用其忠實也。甲子二月

經史問答十卷　乾隆三十年乙酉杭州萬福鄞縣蔣學鏞等刻本　文集附刊本　阮氏學海堂經解刻本只七卷　浙江第二次進呈書目中有經史問答四冊十卷

案：此書無先生序跋。董秉純外集題詞：「先生少年刻志經史之學，多與同學質證，散見於簡帖題跋及後從遊多所問答，遂合編爲經史問目。」蔣學鏞鄞志稿作經史問答錄，名雖小異，實即此一書也。又案：先生刻源九曲詞載有雙韭山房答問錄，光緒鄞志據之與此兩列，意即此書原稿本之小異者也。乾隆五十九年，阮芸台督江浙學政，曾爲之序；挹崇極至，有云：經學史才詞科三者，得一足以傳，而鄞縣全謝山先生兼之。元視學至鄞，求二萬氏全氏遺書及其後人；慈谿鄭生勳以先生經史答問呈閱，往返尋繹，實足以繼古賢啓後學，與顧亭林日知錄相埒。吾觀象山慈湖諸說，如海上神山，雖極高妙，而頃刻可成，萬全之學，則如百尺樓台，實從地起，其功非積年精力不可。噫！此本朝四明學術所以校昔人爲不擢迂遠也。

鮚埼亭集三十八卷　四部叢刊景印本　抱經樓書目作五十卷　嘉慶九年甲子姚江史夢蛟借樹山房刊本

案：論者謂鮚埼亭集爲杭大宗所竄竊，此爲著述界一大疑案，今爲辨白。而將記杭堇浦及道古堂所載序均爲附列。

董編年譜：「乾隆二十年，辛亥，先生五十一歲。正月，手定文稿，删其十七，得五十卷。命純暨同學張炳，盧鎬，全藻，蔣學鏞鈔錄。

病亦無所增讀也。五月，文蒸錄成，先生已不能循閱，命純憑坐琅誦，先生聽之，遇有錯誤，猶爲指畫。六月二十日，呼純至榻前，命盡檢所著述，總爲一大篋，命純曰：好藏之。而所鈔文集五十卷，命移交維揚馬氏叢書樓。七月十二日，乃遣元隨賴高齋赴及遺書告之維揚。」

董編全氏世譜：先生文集，手自編次，命純繕寫，甫畢而先生謝世。純致書錢唐杭董浦先生，求序其端，且請作志狀；董浦以書來，命述先生世系，純因述全氏世譜冠於集端。年譜：「而所託董浦之志，竟不報命；所遺馬氏文集十冊，亦歸董浦，索之再三，而終不應。是則可爲長痛者矣！」

案：董氏謂「致書董浦求序及志狀，且述世譜冠於集端；」似求杭氏作序時，嘗以文集貽之。而年譜又謂「所遺馬氏文集十冊亦歸董浦，」豈歸杭氏者有二本耶？

史夢蛟序目後記：謝山先生鮚埼亭集，嘉慶癸亥八月，夢蛟在杭州紫陽書院，從沈松門大令得之。松門得之杭董浦編修，云是謝山手定本，間綴評點，乃董浦筆也。小鈍撰年譜，言先生臨歿，以集五十卷寄揚州馬氏叢書樓，後歸董浦，索之不可得見。又言先生集共一百二十卷，自四十卷至四十九卷，爲經史問答。是書雖出杭州，然止三十八卷，合之經史問答，以校五十卷尙缺二卷。先生尙有外集五十卷，詩集十卷，統計亦不足百二十卷之數，疑傳鈔多所佚闕，松門遽歸道山，不能問其詳也。

煙嶼樓集記杭董浦（陳康祺記聞二筆與此略同：）鎭海夏君佩香，讀道古堂集至鮚埼亭集序而疑之，曰：聞董浦與謝山爲執友，今其文乃抑揚呑吐，若有甚不滿於謝山者，何也？一日，以質諸予。予歎曰：甚矣！君讀書之精也。則請爲君詳言之：始，二人以才學相投契，最爲昵密；客京師維揚，無日不相見，諧笑辯論，相服相稱歎，數十年無間言也。旣而謝山先生應東粤制府之聘，往主端溪書院，董浦同時在粤東，爲粤秀書院山長。謝山自束修外，一介不取；雖弟子以時物相餉，亦峻拒之。而董浦則捆載湖州筆數百萬，乞粤中大吏函致其僚屬，用重價强賣與之。謝山貽書規戒，謂此非爲人師所宜爲者，不聽。謝山歸以告揚州馬氏兄弟；他日，董浦至馬氏，秋玉昆季甚詰責董浦。馬氏鉅富，爲董浦所嚴事；聞言不敢辨，而怨謝山切骨，而謝山不知也。謝山既卒，其門弟子如蔣樗菴、董小鈍諸公，念其師執友莫堇浦若者，乞之銘蒃，堇浦乃使來索遺集，諸公與之，久之無報章。疑之，嚴索還遺集，終不報。既而，堇浦所爲道古堂文集雕本出矣，諸公視其目，有此序，忻然讀之，若譽若嘲，莫解所謂；又細繹之，則似謝山有敗行也者，皆大驚怪。又徧觀其他文，則竄謝山文爲已作者六七篇。於是乃知堇浦之賣死友，而不知其所以賣之之故。既而，有自維揚來者，道其詳於樗菴，始恍然大悟。嗚呼！已則非人，而怨直道之友，不聽已耳，而又修怨於身後；至以筆墨昌言攻擊之，而又逆料鮚埼亭集之必無副本，即有之，而謝山無後，諸弟子皆貧困，必不能付剞劂，而遂公然剽竊之爲已有。嗚呼！可謂有文無行之小人也已！其後樗菴館慈谿鄭氏，其弟子書常鈔鮚埼亭集既完，取堇浦所序，冠之卷首。樗菴見之，大怒，乃手記堇浦負謝山始末於其序後。此本歸吾家，故得詳述之如此。余嘗見堇浦與遊集，有以湖筆餽某官詩，知樗菴之言不虛。且樗菴固不作妄語者，余讀鮚埼文不熟，不知堇浦所竊爲何篇，蕙覎軒於鮚埼雖未能成誦，亦約略通之，顧未見道古。道古予家有之，當屬蕙覎軒翻閱指示我，而未暇也。雖然，樗菴但知堇浦竊謝山文而復詆之，而不知竊水經注校本而復詆之者，尚有戴東原也。樗菴與丁小疋論東原文集，謂其論性之過，而許其學；若見其所校水經注，又將唾弃之矣。東原之勦竊，平定張穆石舟已詳言之，余採其言入鄞志藝文謝山著作之下，而堇浦之事，但見樗菴手稿，其文集未之有也，故因及君之問而總述之。

道古堂集全謝山鮚埼亭集序：謝山全氏，有其鄉先輩浚儀、慈谿兩先生之學，而才足以振其濬，口能道其胸之所記，手能疏其口之所宣，牢籠穿穴，糅雜萬有，其勿可未也已！雖然，僕竊聞之：德產之致也精微，禮之內心也；德發揚詡萬物，其外心也。德勝文，厚積而薄發；文不勝德，侈言無驗。華言而不實，多言而躁之數者之過，謝山微之。謝山其知惕矣乎？高一世之才而不聞道，經郛史廓，壹切聑販，析揚皇荂，升歌於清廟，諸子縉紳，被袨於嚴廊；於五行爲妖，於文詞爲罪。僥才貧學，怖河漢而驚鬼神，淵粹之儒，逐其笑矣！夫詩以抒情，情蕩則詞溺；文以中理，理屈則詞支。苟有胸而無心，曷克己而復禮？張衡自觳於皮傅，莊生取譬於輙蹊，往蹇來連，諸均苓耳。謝山志銳而氣充，豨洩章句小生，獨以僕爲鹽石，僕雖重挫，其得已於言乎？浚之乎詩書之源，不敢夸毗以炫世；遊之乎仁義之廣，不敢堅僻以眩聖。煩言碎詞，皆有根核，美章秀句，無假藻釆，區區之誠，如是而已。至於平昔研辨之文，已見集中，茲則不復以贅也。

案：謝山文集，以年譜世譜考之，除手稿外，當時似有兩清寫本。謝山卒時，門下所謄錄者，既已歸之揚州馬氏矣，而董小鈍復又承董浦之命，纂全氏世譜冠之集端，則此本必非寄馬氏之本審矣。蓋門下不以先生之命而謄錄，其正本既已屬之他人，不應別無錄副也。謝山卒後，展轉流落，歷時五十年，始得刊刻（乾隆二十年卒，嘉慶九年刻。）及董小鈍之撰年譜也，（乾隆三十六年辛卯，謝山卒後之十五年。）於杭董浦之不應墓志銘及作序之請而怨之；且以所存於馬氏之文集亦歸董浦而不見還也，間致微詞，讀者於此已不能無疑矣。光緒間，鄞縣徐時棟撰記杭董浦一文，則董浦既盜謝山之集，而又為文以誣謝山，董浦之竊人書，幾成定讞。然予反復於此，誠不能無疑：董浦之於謝山，其交非泛泛者，以細故而怨毒終身，似出於人情之外。果如徐氏所云，則謝山有友如此，相交二十餘年而不知，為不智。而董浦亦誠斯文之敗類，而友朋亦將無復可信者矣。徐氏於杭氏竊書始末，謂得之於謝山門下蔣樗菴，樗菴曾詳記其始末於謝山集端；顧此集則歸於徐氏，世無從見之也。然即徐氏之所記，而核之事實，正不盡然：徐氏謂全杭之結怨，為在粵時事，今案：謝山以乾隆十八年秋由粵北返，十九年秋再至揚，二十年秋，謝山卒，馬秋玉亦前十餘日逝世。而杭董浦則十九年冬始北返，二十一年四月乃至揚。此時不特謝山卒，而秋玉亦卒。則徐氏所謂：「謝山貽書規戒董浦，不聽。謝山歸，以告揚州馬氏兄弟。他日，董浦至馬氏，秋玉昆季甚詰責董浦。馬氏鉅富，為董浦所嚴事，聞言不敢辨；而怨謝山切骨，而謝山不知」者，純屬言也。乾隆十八年春，先生臥病於粵，董浦渡江視先生疾，酬贈甚歡，別後遂成永訣。先生卒後，董浦有傷逝詩，猶云：「硯北心斯在，江東氣類孤。遺書非一卷，付托所忠無？」又：董浦詞科掌錄，是科徵士中吾有友三人，皆據天下之最：太鴻之詩，稚威之古文，紹衣之考證考穴，求之近代，罕有倫比。其友情始末於此可見，又何見其「恨謝山次骨，而謝山不知也」邪？以徐氏之意：董浦既怨謝山於身後，於是並其集而沒之，且竊謝山之作為己有，且作結埼亭集序以詆諆謝山，使讀此文者，反疑謝山有敗行。則董浦之處心積慮，可謂陰險之尤。然案之又殊不然：今道古堂集刊於乾隆四十年，其時堇浦已先卒。鮚埼亭集序與鄭筠谷詩鈔序，蓮塘詩序，春暉堂詩鈔序，送袁子才序相先後，皆作於乾隆元二年間，而謝山答姚薏田書「有日者據燕陳作定為三十二卷」之言；答姚氏書在雍正十三年秋，次年（乾隆元年）春，謝山與堇浦谷林等大會於京師，則道古堂集中鮚埼亭集序乃乾隆元二年京居相倡和時之作也。又案：乾隆六年，先生在邗江過萬孺廬詩：「士安如見外，誰復定吾文。」自注：「孺廬遂為予敘拙集。」故序文中有云：「謝山志銳而氣充，糞溲章句，小生獨以僕為鹽石。」「謝山有其鄉先輩浚儀慈谿兩先生之學，而才足以振其滯，口能道其胸之所記，手能疏其口之所宣，牢籠穿穴，糅雜萬有，其勿可及也已」等語，均對後進口吻，而非謝山死後之言也。至文中有褒奬掖進之詞，則堇浦長謝山十歲，固亡年諍友之言，又何見其若譽若嘲者哉？徐氏更以所見堇浦粵遊集中有以湖筆餽某官詩，謂堇浦捆載湖州筆數百萬乞粵中大吏用重價強售之僚屬事為不虛，今觀道古堂全集中嶺南集卷一有以湖筆貽耿上舍蒙以石栗見詶復用前韻答之詩，卷二有耿上舍有濦殄之約忽出盟廚移詩責之詩，除此二首外，別無所謂贈湖筆詩者，徐氏據此即以為堇浦貪汚售筆之實證，則甚乎其入人罪也，無所不至矣！且堇浦固非毫無介操者，堇浦自乾隆初年棄官歸里後，即不復再出，晚年行徑與經濟生活，與先生無大異。乾隆十六年，清高宗南巡，謝山與堇浦俱在吳中迎駕，高宗詢堇浦作何生涯，堇浦以買賣破銅爛鐵對，堇浦居杭州橫大方伯里，里中半市破舊器物者，堇浦以實對也。厥後，迎駕者多有錄用及賞賜，獨堇浦及謝山寂然。則其寧甘拙守，不肯奔競之氣骨，與謝山無不同，而謂其肯載數萬枝湖筆於數千里外，以求重值邪？其道亦可謂至拙矣。竊意：謝山既卒，門下士急欲為之得一穿中之石，以詳謝山生平志行之所在，而環顧謝山老友，莫堇浦若，於是即以此任望之堇浦。而堇浦年老矣，血氣既衰，則畏懼之心恆多，所謂各省採進書以及銷書燬書之事，蓋皆在乾隆三十五六年間，而堇浦晚年之所親見也。則堇浦不敢揭謝山之志，且深藏謝山之集而不敢出者，固宜。董小鈍蔣既於此怨堇浦之無以應其請，為負死友；而謝山之集，堇浦又沒收而不見還，遂深疑之。惡堇浦者，以市井相罵之態，造為此說，展轉變幻，遂成徐氏之言，徐氏又恐人之不肯信，乃謂得之蔣學鏞之手疏，於是杭氏遂無所逃罪矣。以杭氏之學即盡去道古堂集，猶可不朽，又何必竊至友六七篇文字以自重哉。謝山與堇浦相處二十餘年，生平以學術相切靡相質證，而身後顧蒙不白之獄，此眞可爲友道懼，豈特後人寒心昔賢蒙垢而已！爰急爲辨之。

鮚埼亭詩集十卷 道光十四年慈谿鄭喬齡箋經閣刊本　光緒十六年慈谿董佐宸重刊本

年譜：乾隆二十年乙亥，先生五十一歲。三月，删定詩稿，自辛酉（乾隆三十六年年三十七）以前盡去之。辛酉以後，收其十之六，得十卷。頹唐病筆，尚有改塗者。

李慈銘鮚埼亭詩集手跋：先生自嶺南歸後，次年即卒。此集爲病中所自編。董小鈍撰先生年譜，謂粵歸以後有詩十餘首，不能成集，遂不復存也。惟先生卒於乙亥七月，其子昭德先於三月中殤，先生有哭子詩十首，爲詩之絕筆，是當附載於後，而竟亦未收，則小鈍諸人之過矣。

李氏又云：先生之詩，大抵直抒胸臆，語必有本，質實之過，亦傷蕪儽。然其大者多足以補史乘，徵文獻，發潛闡幽，開者興起。其次賦物致典，亦可佐雅詁資韵談。即題序小注，皆非苟作，不當以字句工拙之間求之者也。（李氏手跋語在光緒己卯，其時董氏本尚未刻）

案：鄭氏刻本，謂出自甬上黃氏所藏董小鈍校本，而參之以屠氏及鄭南溪二老閣諸本以互證之。句餘土音中有東鈍軒一首，乃小鈍以意增入，刻句餘土音時，終復削去之。今鄭刻本，卷一，凡句餘唱和集中詩俱缺，而獨有東鈍軒一首，又有毘陵題惲日初先生象一首，案之編次，或係他集之所羼入。今四部叢刊本無之。四部本係景印無錫孫氏所藏抱經樓鈔本，原鈔本有四明盧氏抱經樓藏書小印，即光緒鄞志所據以著錄者也。

奉化孫鏘董刻本跋：吾友佐宸文學出手校全謝山鮚埼亭詩集，將重付梓，乞予覆審……予讀至二卷，夜與谷林坐談倪文正公一詩，「我過始寧淚滿襟」句上疑脫一句，因商定墨訂七裕。鄉里中王生出抄本鮚埼亭詩集相示，急檢二卷，則向所疑脫乃「竹耶墨耶雙消沈」七字，不覺爲之狂喜，愍借歸來，與佐宸互相參校。蓋所據刻者爲鄭氏箋經閣本，而鈔本則有甬上陳晴皋小序，而魚山王柳汀梓所手錄也。小序云：「書窗無事，搜羅采訪，得先生所作等集，刪緊就簡，釐爲十卷，仍名之曰鮚埼亭詩。」案年譜末云「先生刪定詩稿以辛酉以前盡去之，收其十之六，得十卷，頗唐病筆，尙有改塗者。」陳氏乃欲自居搜索之功，不亦誣歟！今合兩本參之，惟第一卷互有異同：箋經閣本有題柳堂姬人劉氏玉香圖一目，而鈔本連上哭萬編修丈九沙詩，則不可通也。此下鈔本有句餘唱和集十四首，而箋經閣本無之，豈嫌與雛本句餘土音重見故刪之歟？又東鈍軒一詩，鈔本闌入句餘唱和集中，烟嶼樓集跋句餘土音所謂小鈍以意增入而付刻終復刪去者也。……又毘陵題惲日初先生集後一詩，則鈔本無之，是非互異。逐卷參稽題目及分注，亦多補入。間有鈔本空格，鄭氏臆塡者，亦略改一二，義可兩存，則一仍其舊。……

案詩集子目卷一辯琴集下有句餘唱和集，乃先生自刪取句餘土音中之十一。見董譜。今鄭氏董氏兩刻本，祇有東鈍軒毘陵題惲日初兩首，惟四部叢刊景印抱經樓本爲足本。計：訪南溪入鸛浦坐雨即賦南溪家園（此爲總題）以下句餘唱和集凡書帶草堂，二老閣，半生亭，石叟居，大椿堂，西江書屋，一隅閣七首。雪嶠和尙雙髻香行，復壁篇，羊山吟，鷗波道人漢書歎，阿育王山晉松歌五首。下乃次以刻本中之東鈍軒。下有雙湖竹枝詞八首，再疊雙湖竹枝詞八首，而無毘陵題惲日初先生集後一詩。餘均與刻本同。

董氏鮚埼亭詩集序：（此序見同鄉張伯英家藏抄本鮚埼亭詩集，此本出于盧氏友炬，序文各本均無，故全錄入。）先生詩集，丁巳以前無存本；戊午至庚申，接丁內外艱廢業。辛酉九月始有詩，至壬戌春盡，共得六十一首，曰辯琴集，以方除服也。重四後，始舉眞率社，詩最多，至歲底，得三百首，曰句餘唱和集。癸亥正月至八月，得七十四首，曰虬骨集；蓋先生是年四十，有詩曰：「酒醒夢斷四十秋，病骨不勝骨愈虬」故以名集也。九月，買棹將之維揚，途中得詩四十七首，曰杪秋江行集。十月假館維揚馬氏，至歲暮得詩五十七首，曰七峯草堂唱和集。甲子，得詩五十四首，曰五甲集。蓋先生以甲申生，是年爲四十一，則五甲也。乙丑得詩五十四首，曰抄詩集，以方竄選兩上者舊詩也。丙寅正月至春盡，得詩七十七首，曰百五春光集。於是又有維揚之行，舟過吳門，爲吳中故人牽挽，夏半始解維，得詩五十九首，曰吳船集。自六月抵維揚，冬盡乃歸，得詩一百首，曰韓江唱和第二集。丁卯正月至五月，得詩九十六首，曰湔兒棄餘集，以寓吳下，有小奚胠篋而逃也。六月返武林，至九月，得詩一百二十一首，曰吳山消夏集。自是至次年四月，得詩一百八十七首，曰漫興集。漫興集，以方病不寐，醫者謂當靜攝，於是掃除一切，自謂隨意得之者也。自五月至八月，得詩八十二首，曰望歲集，其時米價太昂，人情洶洶，憂世之作爲多也。九月，紹守延主蕺山講席，至歲暮歸，得詩七十七首，曰采蕺齋集。己巳正月至三月，得七十首，曰西笑集，以聞大金川叛首乞降，而東南米價亦漸減，先生自注云：春盡初逢此笑口也。四月至七月，得詩七十五首，曰雙韭山房夏課，是年以暑甚不出遊，家居度夏也。自此至次年春半，得七十一首，曰帖經餘事集，蓋蕺山諸子以所業求先生鑒定，無暇爲詩也。庚午三月至十二月詩，不知何以無存，本予方欲詢之張兄瑤暉，求先生底稿，而瑤暉死，家又遭回祿，遂無可問矣！辛未正月至次年二月，得詩五□□□曰病目集，先生自題其上曰：左目已盲，右目亦□□□□□放，從此遂與筆墨緣絕，故詩較他時最少也。壬申春杪，兩廣制府以天章山長來聘，遂入粵，已而大病，次年夏，遂辭歸，得詩一百十六首。端溪門士黃文，謝天申，梁新共梓之，留於粵中。先生詩已刻者，惟此集。抵家後，病目甚，遂不復作詩。乙亥二月，與子晃齋天，作哭子詩十首，則絕筆矣！總而計之，凡一千八百五十六首，皆刪定之本也。五月，先生知不起，取諸本就牀前以禿筆句之，淡墨模糊，尚有更定者，至六月望而罷，已不能舉筆矣！更半月而先生逝，純亟捧全集歸，思錄爲定本，以□□□人，而開卷腹痛，執筆泫然，旋錄旋止，忽忽十年，今歲春盡，始得卒事。乃重檢之，凡得十卷，共存古今體詩八百四十六首，蓋不及前本之半，純不敢妄有所增，皆先生手定云：乾隆三十一年丙戌晦日，門弟子董秉純謹識。

卅　韓江雅集十二卷　馬氏小玲瓏山館原刊本　案此書並非先生所編

案：此爲乾隆八年先生在揚，與胡期恆，唐建中，程夢星，馬曰琯，汪玉樞，厲鶚，方士庶，王藻，方士㢈，王曰璐，陳章，閔華，陸鍾輝，張四科，史鱵，楊遹，僧高翔等分詠倡和之集。至次年秋止，後又增姚世鈺，張世進，杭世駿等，爲揚州詩社最盛之期。此年十二月先生歸里，故後此集讌皆不預，而卷四以後遂無先生詩。所謂行庵文讌繪圖以記，即此秋事。及先生刪定爲七峯草堂唱和集，編入詩集中卷三，或去或存，先後次序，與此書亦多不同。

金陵移梅歌序「廣陵近有唱和之集，胡都御史復翁與其里之詩人相與過從之作，而寓公如厲徵君樊榭輩皆豫焉。已選定數卷行於世。今年秋杪予至廣陵，諸君半遊擕山未返，已而畢至。馬君嶰谷半查，方自白下移古梅一十三本植於七峯草堂之陽，即予所假館地。方君西疇擕榼就予，同席者唱和中人也，予拈移梅爲題，在席各賦七言古詩一章，裒成一卷，同人即令開雕。惟花之名貴者皆自愛，故不得賢地主以爲依歸，或蕉萃而不榮，而不得學士大夫之賞玩，亦無以振發其神魄，今兼而有之，吾將爲梅慶所遭也。乾隆癸亥十月望後一日，雙韭山民全祖望。」

鮚埼亭外集五十卷附讀易別錄孔門弟子姓名表不分卷　鈔本　藏國立北平圖書館

案：此爲謝山門下董秉純原編本，世已不經見。卷二至卷六多與今行刋本不同，卷十八多十洲記一文，而檢書中則無之。又書眉識語，有董秉純所識，有蔣學鏞所識，亦有後人加入者，頗難識別。

董秉純題詞「謝山先生易簀時，以詩文稿付純藏弆，手定凡六十卷，（案此謂內集五十卷，詩集十卷）其餘殘篇剩簡及重出未删之作，幾滿一竹笥。純泣拜而受。先生喪畢，細爲搜檢，粘連補綴，又彙爲七十卷。其中與正集重複及別見於他作者，幾十之四。擬重删定，以多先生手書，不忍塗乙，思更繕寫，衣食奔走，卒卒未及。歲丙戌，（乾隆三十一年）館東村邱氏之松聲柏影樓，課徒之暇，手抄得三百餘紙。後復南北歷碌，作輟無定，雖船唇驢背，無弗挾與偕行，而竟未能蕆事。今丙申（四十一年）春，判郴州，地僻政簡，署中寂靜，日課字四千，四閱月而卒業，於是重爲釐定。……先生之作皆枌榆掌故，舊史所闕，無一不有補於文獻，非聊爾銘山品水，可聽其去留者。蓋先生之作，所以得去者有二：少年刻志經史之學，多與同學質證，散見簡帖題跋及後從游多所問答，遂合編爲經史問目行世。歸里時，倡眞率社，拈鄉里宋元故跡及勝國革除節義諸公爲題，得詩三百餘篇，而從前考索之作，皆爲複見，此所以不列於正集也。然簡帖所及，或不盡此一事，傳記志銘題例既別，詳略不同，而文筆與詩思各有所長，豈得彼舍此。故是集雖已略有删節爲五十卷，而去取仍未定，當翻正集及詩集審校，其全文相類，或意義已盡者，竟去之。或題義同而紀載議論有異，或文筆可獨存，則仍存之。……嗟乎！先生箸述，不下三十餘種，今存者雖詩文正集，集外一百十五卷，續甬上耆舊詩七十卷，國朝甬上耆舊詩四十卷。然皆排定目錄，鈔十分之八而未畢。若宋儒學案，序目雖定，全未發鈔；水經注用功最勤，經七校，俱有更正。其第七校擬移經文諸錯簡重定，剪經分粘大半，而先生卒。今若依題跋所摘而釐理之，當可成就。予以任之蔣孝廉學鏞，竟未克為。耆舊詩及學案，存盧敎諭鎬，亦未修舉。其餘若詞科摭言，漢書地理志稽疑（辨證？），四明族望表，雙湖志，雖存而多不全。若讀史通表，歷朝人物世表，親表，竟無片紙隻字，或疑原未有作，顧沓上沈東甫已曾見之，不知其何謂。予之鈔此，歷十有一年，且方以為得就正修正之始，蓋傳書之難如此！先生生平，於前輩詩文集，冥搜博羅，露纂雪抄，不啻飢渴之於甘美，即此集中借書求鈔書諸箚帖，可以感發而興起；而表揚先哲，眷念同儕，山陽之笛，思舊之吟，無歲不有。今自先生之歿，二十有二年矣：穿中片石，卒無應者！而遺書之飄蕩岌岌（抄本作矻矻）有不可知之勢，至使予隻輪孤翼，皇皇於車塵馬足之間，卒以案牘餘勞，完此委付；天或假年，猶當再為復審；否則籍年以報先生於地下，其不在斯乎？夫亦重可慨也矣！（抄本作夫）乾隆四十一年，丙申，秋七月，受業董秉純書於粵西那地州官署。

鮚埼亭集外編五十卷 嘉慶十六年辛未刊本 四部叢刊本 今刊本乃汪氏據董蔣二本重編原稿藏鄞縣盧氏抱經樓

蕭山汪繼培鮚埼亭集外編序目後記：（抄本無此文。今刻本無署名，茲據耆舊集序跋知出自汪氏）全謝山鮚埼亭集外編五十卷，門人董小鈍手鈔於那地州判官署。小鈍既歿，同門蔣樗菴重加審定，更正篇卷，較有條理，惟詞句刪潤過多，間有失其本意者。今所校錄，一以董本為主，敍次則從蔣本，其董本所無，補以蔣本者，注於目錄之下。董本以讀易別錄，孔子弟子姓名表，別為附錄一卷，蔣本則編入第五十卷。今案：讀易別錄，自為一書，鮑氏業刊入知不足齋叢書；弟子姓名表，體例粗具，似非定本，故不入梓。先生他所撰著，七校水經注，就簡端行際細書夾注，叢殘錯雜，理董為難；宋儒學案，以補梨洲之遺，梨洲後人華陔大令，復為纂輯，僅有手稿。續甬上耆舊詩，國朝甬上耆舊詩，皆未竟之緒，譌脫亦多。四明族望表，篇袠寥寥，不能單行。公車徵士錄最先刻，漢書地理志稽疑，朱泗滄比部刻於鄞縣。經史問答十卷，杭州萬氏雕版，今歸餘姚史氏。文集三十八卷，史氏撰杭堇浦侍御家藏本寫樣，或云即先生求序於侍御，秘而不出者。然與年譜所言文集五十卷之數不符，疑未能明也。原書中有蠹蝕，史刻悉仍其舊，第二十八卷脫去李元仲別傳，亦未校補。此外詩集十卷，句餘土音六卷，出自先生手定，如能彙付剞劂，俾傳奕禩，所望於四方同志之士矣。

附全謝山文鈔十六卷 宣統二年庚戌上海國學扶輪社印本

案：國粹學報有儀徵劉光漢師培撰全謝山別傳，於謝山之表章晚明節義，推挹最力，此鈔本文集亦即編於其時，乃清季應運之產物也。卷首有歸安王文濡序。

甬上族望表二卷 嘉慶十九年甲戌刊本

案：族望表分上下二卷，雖以表名而非旁行斜上格式，同姓而不同宗者，分爲系屬。凡各姓來鄞，始於何時，以及節行位望學術源流，詩文世業，均爲載及，後來鄞志所取材也。

先師新會梁先生云：全謝山四明族望表，實鄞志中主要之創作，前此各方志無族望表者，謝山此篇出，章實齋復大鼓吹之，同光後之方志多開此門矣。

孔門弟子姓名表 附鈔本鮚埼亭外集第五十卷後不分卷 藏國立北平圖書館 並見二老閣書目

案：此書無刻本，附鈔本外集後。光緒鄞志二老閣所藏鮚埼亭集鈔本，附孔門弟子表一卷，若刻本內外集中無此表也。

又案：今抄本載此表祇六葉，根據史記，家語，石室圖，古史攷，四書下三書有異同，則各於其下注明之。凡三書皆同者六十七人，史記家語同者六人，史記石室圖同者二人，石室圖家語同者二人，三書各異者凡九人。先生自記其後曰：司馬遷文翁王肅三家各有異同，其陳亢琴牢見於論語，要是史記遺編。蘇軾古史攷補列傳之缺，作七十九人，是矣；獨是林放申棖論語亦有，亦何獨失之？良未及石室圖耳。公伯寮乃讒愬之人，孔子不責其非而云命，當非弟子。自疑雖始自譙周，古史考亦似意疑，其鄡單，懸亶二人無從辨據。單亶形異而音相近，家象音異而形相近，若鄡與懸則迥殊矣！棄取實難！又鄭國乃薛邦之說，張守節注史記明言之，恐不宜以鄭國爲正。若申党，應卽申棖，音相近耳，既轉爲黨，又轉爲堂矣。容蒧有作容葴，皆傳寫之誤，石室圖兩見之。且遽伯玉必非弟子，以此相較，文翁似較疎矣。無怪子由不與論列也。張璁特尊家語，以致秦冉不祀，蓋彼錯認爲孔壁故物耳。

年華錄四卷 嘉慶二十年刻日新堂藏版卷端有硃印並附定價每册計七折銀三錢二分當係書估所刻 初印本藏北平圖書館又上海商務印書館翻印本

原序云：「丙子夏，余寄跡金臺，齋頭無事，日永如年，惟與蠹魚作緣。偶思人生自穉而壯，壯而老，其間升沉不同，彭殤各異；或妙齡而早遇，或皓首而成名，或盛德不獲期頤，或庸才每臻上壽，俯仰陳跡，皆足爲興感之資！於是采輯舊聞，攷稽載籍，由一歲以至百歲，咸備列焉。正史之外，佐以百家，廣覧旁搜，手抄箚記，積而成帙，顏之曰年華錄。雖不足當大雅之林，然以備觀覽，庶幾博奕猶賢之意云爾。所恨讀書不多，不能無挂漏之病，惟俟博綜君子，俯而教之，幸甚幸甚！謝山全祖望自序。」

案：此書凡四卷，署全祖望紹衣輯，嘉慶二十年刋本。近商務印書館得初印本重爲刋印，殆以爲不見於著錄，必謝山先生失墜之書也。去歲國立北平圖書館亦購得一原刻本，以爲得所未見，急假觀之。初亦意爲謝山早年讀史之作，諦審之，知非謝山所著。其一，不見於先生內外集及友好集中，門下董秉純撰年譜，蔣學鏞撰傳，均不言及，光緒中鄉後學董覺軒修鄞志，搜索先生遺箸尤力，是書既刻於嘉慶中，不應不一見之。卷首有自序，謂丙子夏居金臺時所輯，攷先生生於康熙四十四年乙酉，卒於乾隆二十年乙亥，生平竟未遇一丙子，一爲卒後之一年，一則康熙三十五年，而謝山尚未生也。原刻本序文爲手寫，後並鈐有謝山印，則又不應有誤寫誤刻，而序文之傷逝年華，感懷榮枯，亦謝山生平所不樂道者也。卽此數端，則是書出於僞託甚顯。此殆謝山身後箸作稍見於世，門族零落，手稿展轉不可問，無知者雜撰此書，託之謝山，而又并先生生卒年月不一攷查，則亦拙於作僞者也。謝山遺箸文集有竊據之疑獄，水經注有私纂之鉅案，今又有此冒託之僞作，學者身後箸述之厄，殆莫謝山先生若矣！

甲申野史類鈔四十一卷 丁禹生有舊鈔本署國朝全祖望輯近海鹽朱逷先先生亦藏有鈔本

是書子目凡毛霦平叛記二卷，無名氏圍城日記十卷，顧苓金陵野鈔十四卷，難臣紀略一卷，錢名世四藩本末四卷，陳盟閣臣事略一卷，楊陸榮殷頑錄六卷，吳應箕剝復錄六卷，吳嶽清流摘鏡六卷。

滄田錄 未見無卷數

董譜：雍正三年，先生二十一歲。授徒於童嶴。先是先生曾王父王父皆避兵於是，先生益參攷舊聞成滄田錄。

案：童嶴在鄞縣城東五十里東錢湖之東。明末魯王監國浙東，甬上節義所萃，事敗後或避難亡命萬山中，先生管江林秀才壙石志：「由管江而東爲童谷，是爲吾先人再世避難之區，其于秀才之事，蓋所目擊而唏噓！」先生之表章晚明節義，大都得之家世傳聞。

又案：此書原稿不知是否尚存，而董孟如修鄞志時已不見，或竟佚失矣。外集奉萬西郭門魏白衣息賢堂集書：「所下門白衣死事顛末，在拙著滄田錄中，原有節略一通，但苦不甚詳悉，要其大略則可攷耳。」

又案：秋室集南疆逸史跋引全祖望聖田錄，不載卷數，謂爲專記魯藩者。聖當爲滄字誤。此書久佚，不知楊氏曾見原稿本否。

翁洲湡公詩小傳 見秋室集南疆逸史跋五 不載卷數 未見

讀史通表口卷 佚

董譜：「雍正四年，先生二十二歲。古今通史年表大約作於是年。」又外集題詞：「若讀史通表，歷朝人物世表，親表，竟無片紙隻字，或疑原未有作；顧哲上沈東甫已曾見之，不知其何謂？」董氏始終未見此書，故年譜中并其名亦誤。先生於三書皆有叙，當必有成書。沈東甫卒於乾隆二年冬，而先生別東甫在元年，則東甫見先生之書，在居京師時也。先生以雍正十年赴京，隨行携書甚多，居京師凡五年，及其歸也，曾孺人以產女留京，先生隻身返，或其時遺於京師，或爲友人假去，故三書均淹沒，而弟子若董秉純，均未得見也。

自叙云：在昔周秦之世，百二十國各有寶書，而又別有太古以來年紀，則後世之年表也；世本，則後世之世表也，皆與正史相輔而行，是以旁行斜上之譜，太史公猶及見之，遵以作史。夫旣易編年爲記傳，則表尤重；何也？本紀世家總全史大綱；其初如羣雄割裂合并之際時，其繼如百官策拜罷免之事跡：紛綸雜糅，是非列行縈紆，縮字韓書，卽善會通者不能舉其要也。以志而論，宜若不關於表；然予觀班氏百官公卿表，勳階資格，一一詳列，而後儒及其人之遷除，是表中有志也。其所載章采之制，又兼輿服一門。蔚宗於東漢百官表去，遂詔崔寔延篤之表爲志，則遷除缺如矣。宋藝文志尙有東漢百官表一卷晉荀綽作百官表，當屬舊史十八家所有，而唐人去之，遂以無徵。新唐書方鎭表，亦所以補地理志之不備；以視五代史職方考，詳略懸遠。吳縝曾作江左方鎭年表不知尙有存否又有五代三衙將帥年表然則表固有足以兼志者，而志不可以去表也。其餘功臣諸王外戚恩澤諸表，封爵之籍，賴以不混。故馬氏節路諸表，載入封建攷中。雖新唐書宰相世系表世多詬其無補，然未嘗不與宦氏志相表裏也。列傳所載更繁，甲乙互混，前後迭移，大路以表正之。或者名薄功微，行事旣不少槩見，姓氏又莫可附麗，卽藉本表以當附傳，卽與有傳者，功中事實，傳中之所未備，亦多於表見之。故吳江朱處士鶴齡謂：史旣無表，則傳不得不多；傳愈多，事愈繁，而其中或反有漏者不舉者。然則史之於表，其所繫爲何如也。至於列朝史例，不必相沿，其因革離合之間，當折衷以用之。太史公依受命譜作秦楚之際月表，班氏并入異姓諸侯王表，而月表之旨遂晦，後世不復有作月表者，皆班氏之失也。漢魏隋唐之交，不以月計之，何能瞭然！新唐書宗室世系表，通敍諸房支葉，然唐自天寶以前，帝子之封王，王子之封公者，並有世爵可稽，不比於宋天家子姓，原以傳爵爲重，不當混列。遼史謂公主不應作傳，不知唐以安樂太平之故，故特置之。其餘史祇應如蔚宗附之末，而槪爲表，則又無謂也。惟屬國藩部表，足與四夷列傳證明，爲古人所未有，而交聘往來，古禮攸存，又國事攸繫，皆當追補。元史三公之表，但須歸諸宰相，而以樞密院御史臺增入之。世有作通史者，以檮昧之例求之，當百世不易也。予初讀二十一史，卽取諸表諦視，路得其蘊蓄之所在，以爲是固全史之經緯，如肉貫串，非徒取充口耳朗誦三桓七穆以自詡者。因思盡爲綜覈，獨成一書，但各史之未具者，多以萬處士斯同所補爲據，而萬氏之書，尙多缺路，因爲稍稍續葺，更得若干。其於前人所已有，爲疏證而審核之。或間遇訛錯，則仿溫公考異之例，路加訂正，聊以充讀史者之目錄。

歷朝人物世表二十卷 佚

自序云：歐陽公表宰相世系，讀者多以爲繁費無補；不知唐以前重族姓，至劉宰相之力爲之講明：歐公蓋有見於杜正倫李義府寡恥之徒，故作此以別原委。蓋范宣子之言世祿，雖不可以當不朽，而於數典忘祖，則古人笑之。是可以見族姓之重，原不自過江始也。況故國之有世臣，非徒喬木之謂。封建旣亡，諸侯王之表不作，而紀其系望以昭開國承家之旨，君子尤於此感世運焉！余撰讀史通表旣竣，別作歷朝人物世表二十卷，合二千餘年之王侯將相卿尹牧守凡累世有見於史者，卽牽連志其人，代而儒林文苑亦附見焉。其或陵陸無可書則雖蔭襲之烜赫，門第之高華，概削不錄，惜蕪文也。讀者披覽之下，若者家聲世接，若者穢惡代傳，若者隕宗，若者幹蠱，是亦春秋之意矣！予友鄭筠谷檢討嘗語予：「科舉旣盛，世家將替，卽有明一代可見。」予於宰相傳中，枚舉如崑山之顧，闔門伏節，禾中之錢，兄弟死事，凡十數家，欲爲勝國系望生色。嗟乎！以九世之卿族，預累朝之佐命，此世家之極盛，而陽原子弟之所嗤，不知讀王謝世表者以其言爲然否也？

歷朝人物親表錄□卷 佚

自序云：六朝重親表支系，其見於史家者：晉人有中表實錄，齊人有永元中表簿，梁人有親表譜，是蓋當時頗別氏族之學，所藉以相羽翼者。平原謂天子以之定流品，士大夫卽以之通婚姻也。三唐以後，科舉盛行，於是世人不尙譜牒，而此種書籍亦俱廢棄。予謂爾雅於宗族之末，卽以內外戚黨繼之，蓋數者雖非骨肉之親，而其於五倫也，如經之有緯。故國家一代盛衰之運，學業氣數，强半由此而分。雖其中薰蕕雜出，未嘗不有參錯，然大略可覩也。予旣撰歷朝人物世表，因復仿前人之例，作古今親表錄以輔之。其締姻帝室得預戚里者，列之於首；次則內外大臣，皆以其於國事有關而推之；至於儒林文苑。因記魏楊遵彥謂魏收修國史，論及諸家支葉親姻，過於煩碎，頗與前史之體不合。收以中原喪亂，譜牒遺佚，是以具書其派；斯亦宏長舊聞之意，未可以穢史竟黜其言。至予之所葺，直以古今人物起見，非徒以存諸家之系望，似較當塗更進一義。而其書又孤行正史之外，幷以遵彥所言爲嫌也。其間或參加議論者，大率皆前人未發之隱；如荀文若結連於常侍，不特朗陵公世德之衰，而可以見東京党錮之餘氣節漸以墜地，不特投身藩府而知之也。張延賞不受李晟之昏，則大歷以後朋党之萌芽也。荆公之有蔡卞，其人本殊途，而竟以成新法横決之禍，是又遇會之有嘿主其間者也。旁魄縱覬，固不得以籍目之書蔑之矣。且夫江左河北之習過甚，乃至天子厭之，爲之改定甲乙。猶有所謂禁昏之家，支柱牢固，是眞極重難返之勢。若夫遭逢百六之世，離亂搶攘，有如周伯仁之母，則是錄也，其所惑不既多乎哉。是錄一以正史爲主，其金石之遺文，別集之錯見者，亦附入焉。蓋溯淵源之道脈者，必推原於鄭向陸誅，而愛山谷之詞翰者，餘慶流於徐俯。是雖正史之所不書，要不謂非名敎中之佳話也已。

唐遺臣一卷 佚

案：此書撰箸時期無考，並諸蔣傳及光緒鄞志均不及之，意久佚矣。

案：外集跋韓侍郎致光贈吳顚尊師詩：「予嘗以歐陽公唐書歎天佑天復後無節義之臣，推原於白馬淸流之禍，士氣喪盡，有以致之。然恐當時尙有其人，特遭五閒喪亂，遂失之耳。因追爲裒集，補作唐遺臣一卷。」

又案：內集遲追山二廟碑：「歐陽公以五代少全節之士，深以爲恨。推原其故，謂自白馬淸流之禍，士氣喪而人心壞。吾以是時天下崩裂，文獻脫落，蓋亦或有其人而世竟泯然未之知者。如唐自司空圖、韓偓、梁震、羅隱而外，尙有如許儒之不屈於梁王居殿之不屈於吳，朱葆光、顏蕘、李濤之不屈於楚，孫郃之不屈於吳越，黃岳之不屈於閩，張鳴、梁昊之不屈於漢，皆不媿爲唐之貞士，而史臣失載。嘗欲合爲一卷，以補歐公之憾。且以閏漢之短祚，而劉昌嗣者，完名衡嶽之下；志士之待表章者，可勝旣乎！」

岐國方鎭表口卷 佚 見答沈東甫問李茂貞地界柬

三國志補注口卷 佚

水經注附錄引王膄軒云：吳眉珊孝廉鈔雙韭山房書目，而題其篇端，謂錄自謝山太史手稿本。又稱：太史平定之書，如三國志補注，七校水經注之類，約略具備。案：杭大宗有三國志補注，此當係吳氏誤記。

乾隆元年，先生三十二歲。在京。是夏應詞科至京者先後已二百餘人，先生皆與之修同譜之好，以故其人之學術文章，約略識之。乃爲詞科摭言一書，取同荐諸公姓氏里居及所著書入之，而上及於已未（康熙十八年）百八十六徵士，仿高允徵士之例詳書之。

詞科摭言四卷 未刻。蔣學鏞撰謝山傳作四卷，董譜作三卷

案：此書未見。據秦小硯已未詞科錄凡例：「余嘗見全謝山詞科摭言，止載一等五十人，及同試之高士奇、勵杜訥二人，加中書銜王方穀等七人，特賜中書銜杜越、博山二人，其餘同徵諸公俱缺。」而董氏年譜亦云：「先生於乙卯爲詞科摭言一書，其體甚博，已成大半。會被放，未得卒業，僅成前後姓名及舉主及試錄三卷。」

石經考四卷 未刻。見蔣學鏞撰謝山傳

案：內外集中關於石刻題跋甚多，而石經考顛末之見。乾隆元年丙辰，堇浦應鴻博至京，以所著石經考異示先生，且索先生文字。關於諸經刊石本末者，以十餘科答之。所與杭氏討論石經文，皆在此時。石經考或即是時之作。

天一閣碑目 佚

乾隆三年，先生家居，重登范氏天一閣，搜搨金石舊拓，編爲天一閣碑目。

案：今傳本天一閣書目後附碑目，嘉慶中阮元所刻。阮氏序謂碑目乃錢辛楣修鄞志時所編；錢之修鄞志，在乾隆五十二三年間，去先生編此目時已五十年矣。錢氏碑目自序：「海鹽張芑堂以摹石鼓文寓范氏，而侍郎之八世孫葦舟，亦耽書法，二人者朝夕過從。因言天一閣石刻之富，不減歐趙，而未有目錄傳諸世，豈非闕事？乃相約撰次之。拂塵祛蠹，手披書覽，幾及十日，去其重複者，凡七百二十餘通，并記撰書人姓名，俾後來有考。」

自序：天一閣書目所載者，祇雕本寫本耳，予之登是閣者最數，其架之塵封衫袖所拂拭者多矣。獨有一架，范氏子弟未嘗

登硯。詢之乃碑也。是閣之書，明時無人過而問者，康熙初，黄先生太沖始破例登之；於是崑山徐尚書健菴聞而來鈔。其後登斯閣者，萬徵士季野；又其後則馮處士南耕而海寧陳詹事廣陵纂賦彙，亦嘗求之閣中。然皆不及碑；至予乃清而出之。其拓本皆散亂，未及裝爲軸，如棼絲之難理；予訂之爲目一通，附於其書目之後。金石之學別爲一家，古人之嗜之者，謂其殘編斷簡亦有足以補史氏之闕。故宋之歐劉曾洪王，箸書裒然；而成都碑目，一府之金石耳，尚登於宋志。近則顧先生亭林，朱先生竹垞，尤其最也。年運而往，山巔水澨之碑，未與高岸深谷消沉剝落；幸而完者，或爲市利之徒，鬻其石而市之；人則好事者之收弆，良不可以不亟也。范侍郎之喜金石，蓋亦豐氏之餘風，但豐氏萬卷樓石刻，有爲世間所絕無者：如唐秘書賀公章草孝經千文是也，而今不可復見，惜矣！侍郎所得雖少遜，然手自題簽，精細詳審，幷記其所得之歲月，其風韵如此！且豐氏一習古篆隸之文，卽欣然技癢，僞作邯鄲淳蜚文字以欺世；侍郎則有淸鑒而無妄作，是其勝豐氏者也。惜乎鼠傷蟲蝕，幾十之五！吾聞亭林先生之出遊也，窮村絕谷，皆求碑碣而觀之；竹垞亦然。今不煩搜索，坐擁古懽，而乃聽其日湮月腐於封閉之中，良可惜也。予方放廢湖山，無以消日力，挾筆硏來閣中，撿識欵識，偶有所記，亦足慰孤另焉。而友人錢唐丁敬身，精於金石之學者也，聞而喜，亟令予卒業，乃先爲記以貽之。

眞隱觀志 佚 見句餘土音注

雙湖小志 見續甬上耆舊集題詞及外集題詞

四明洞天舊聞 見蔣樗菴續甬上耆舊集題詞 佚

湖語口卷 見蔣樗菴耆舊集題詞

錢忠介公年譜口卷 未見

年譜引：「忠介公事跡，自乙酉（明福王弘光元年，清順治二年。）六月以前，皆譜以年；乙酉六月以後，至戊子（明永明王永曆二年，清順治五年。）皆譜以月。蓋此三年中事跡繁多，但譜以年不能盡也。史記年表之外別月表；今亦彷其例，卽於年譜之中，寓月譜焉。戊子六月以後，無所用譜矣。而直引之，附記其諸弟殉節之年；及同事諸公殉節之年，以至於立後之年，至丙戌。蓋歎忠介至是始有後，亦幸其至是終有後也。二綫之寄，㴩恭其勉之矣！

案：先生編次錢忠介年譜，於乙酉至戊子間最悉。而復下引及忠節諸弟殉節同事諸公殉節之年，其意可知。蓋忠介卒後，其諸弟仍奔走謀興復，同起事之六狂生董志寧、王家勤、華夏，以戊子謀翻城應翁洲，不克。家勤、夏死之。陸宇鼎以癸卯（康熙二年）謀應海上，逮死。至同事亦相繼死，忠介之事無人繼之矣。所謂乙酉六月以前，皆忠介早年事：忠介，崇禎丁丑進士，嘗知太倉州，又嘗署崑山，署崇明，考最，遷刑部員外郎。丁父艱家居。乙酉五月，南都破。六月，清兵下浙。忠介方居憂東吳丙舍中，聞訊痛哭，遂起兵於鄞。以閏六月十八奉箋迎魯王監國。次年夏（丙戌五月），以浙東頒詔之爭，憤事不可為，棄軍之翁洲，不三旬而浙東亦破。由海道入閩，閩又破，乃避難於福清，展轉文石海壖之間，祝髮以免物色。其題壁詩云：「一下猛想時，身世不知何處，數聲鐘磬裏，歸途迢在這邊。」識者以為非緇流也。丁亥六月，魯王至琅江，公入覲。戊子六月初五，忠介卒於琅江。次子翹恭先亡。公卒後，四弟肅圖（御史），五弟肅範（檢討），挈公長子兆恭依劉忠藻於福安，城陷，肅範死。（順治六年己丑四月十三日，年二十九歲）肅圖以兆恭走翁洲。庚寅六月，（永明王永歷四年，順治七年。）兆恭亦死，忠介絕後。又七年，（戊申七月）九弟肅典以義死於年。又一年，七弟肅遴（職方）亡命佯狂，死於崑山。忠介五弟，七弟，九弟皆死，所存者祇四弟肅圖耳（明監察御史）。忠介卒後二十餘年，（康熙十五年丙辰）肅圖生子㴩恭，以為忠介後。康熙三十一年壬申，肅圖亦卒。清室至是已大定矣。先生所謂「以至於立後之年至丙戌」，頗不可解。案：忠介以乙酉起兵，次年為丙戌，至康熙四十四丙戌，為一周甲。謝山先生之生，在康熙乙酉。丙戌，謝山二歲，豈先生以己之生為大可白忠介之志者乎？

張蒼水年譜一卷詩話二卷　佚　今世傳蒼水譜乃會稽趙之謙重編

案：張尚書集序：「嗚呼！古來亡國之大夫，其意必淒楚鬱結，以肖其身之所涉歷；蓋亦不自知所以然者也。獨尚書之箸述，噌吰博大，含鐘應呂，儼然承平廟堂巨手，一洗亡國之音。故開公之序，欲以尚書所作，而卜鼂巇之可返，此其故良有不可能者：

尚書之集，翁洲薇門之史事所徵也。……身可死，集不可泯。殺其身者，梁父亢父所以成一代之純忠；存其集者，祝融吳回所以呵護十九年之心氣，夫孰非天之所為哉！乃為詮次審定，又為作詩話二卷，年譜一卷，以詳其集中贈答之人與其事云。」

又案：清末國學保存會所印蒼水集，後附有年譜，乃會稽趙之謙所編。之謙與董孟如為同時。之謙自序：「原譜出於鄭氏(勳)，鄭氏言得之姚江黃氏(鄭氏原跋：全應常所為張尚書年譜詩話，勳常見之，而未及錄，忽忽十餘年，重見年譜於姚江黃氏，附錄詩話，亟假歸手鈔，旬餘而畢。)董君孟如(沛)修鄞志時，嘗據以校正。之謙乞孟如假寫以歸，今反覆讀之，有大疑焉。」趙氏疑出自鄭氏之本乃係譌託，而別編為年譜一通。故原編年譜及詩話今俱不可見。

蕭山毛氏糾謬十卷 見毛檢討別傳

蕭山毛檢討別傳：「……先贈公在時，西河之集未盡出，及其出也，先君始舉遺言以教予。於是發其集，細為審正，各舉一條以為例，則其中有造為典故以欺人者，有造為師承以示人有本者，有前人之誤已經辨正而尚襲其誤而不知者，有信口肊說者，有不考古而妄言者，有前人之言本有出而妄斥為無稽者，有因一言之誤而誣其終身者，有貿然引證而不知其非者，有改古書以就己者，先君皆口授之予，因推而盡之，皆為蕭山毛氏糾謬十卷。……乃因述贈公之言而附入之，卽以為西河別傳，雖然，西河之才，要非流輩所易幾，使其平心易氣以立言，其足以附翼儒苑無疑也，乃以狡獪行其暴橫，雖未嘗無發明可采者，而敗闕繁多，得罪聖教，惜矣！」

案：謝山於淸初學者，最不滿於李榕村及毛西河，有書毛檢討忠臣不死節辨後及檢討別傳兩文，詆之甚力。會稽李慈銘手批鮚埼亭集，頗不以為然，謂「篇中所列西河諸誤，誠不能為之解，……謝山乙部之學固精於西河，至甲部則中可容數十人焉。」然不能謂謝山疏於經學而所糾正者為不當也。

棲霞牟默人先生著述考

許維遹輯

傳畧

先生諱庭。初名廷相。字陌人。號默人。棲霞縣人。乾隆乙卯科優貢生。任觀城縣訓導。以病去官。里居舉鄉飲大賓。曾祖恢廩貢生。祖之儀增生。父祖庠生。先生配楊氏。子二。長扆庠生先卒。次房蒸慶戊寅科舉人。任長清縣教諭。（馬邦舉撰墓銘）先生性卓犖。抗懷好古。不受束縛。（祭鐵李文）與同邑郝蘭皋友善。蘭皋每有著述。輒與商榷。（郝氏曬書堂文集增先生評語甚多）嘗謂反語非始於孫叔然。舉漢書應劭服虔注爲證。蘭皋引以爲然（全文見曬書堂文集反語考）爲諸生時。以制舉文受知于趙鹿泉先生。稱爲山左第一秀才。又以經學受知于阮尚書芸臺。題先生書齋曰橫經精舍。

墓銘故其登州雜詩曰。有士始橫經。研經室四集然運蹇不遇。屢躓棘闈。至有試竣之日。主司携其落卷入都。極力吹求。徧示同人。意在暴揚其短。雪泥屋雜志王東槐序。武進臧在東以著書老不遇。與先生同。孫淵如稱爲南臧北牟。在東每自詡以得與先生並稱爲榮幸。先生學無不窺。經史諸子。隨文定正。墓銘兼明算術。尤好今文尙書之學。一時名士若江南汪中輩。多有書往來辨難。淸史列傳後先著書五十餘種。出挹不自足。未嘗黑板。稿藏于家。遭寇亂亡佚大半。遺編零落。幸而得存。又不獲見定本。徒使後賢滋疑名實。豈不重可哀也。引公年表趙之謙記

已刊者

禮記投壺算草（湖州刻本與周公年表合册）

周公年表

維遹案福山王戶部懿榮有重刻單行本鈔本雪泥書屋雜文亦載此表與王序所稱掖縣林氏舊藏手稿漢陽葉氏鈔本畧有增損。

雪泥書屋文稿（未見）

維遹案先生族姪所序雪泥屋志（即雪泥屋遺書目錄初名）謂刋制義文百篇于恩縣學署目錄中所謂雪泥書屋文稿也。（據鈔本雪泥屋遺書目錄）

雪泥屋雜志四卷（目錄未載卷首有王東槐序卷末有先生哲嗣房序）

黄縣丁鳳池云。逃人明府諱房。爲先生仲子。刻此書于江右。裝訂甫藏。即遭髮逆之變。板遂燬于兵燹。明府告歸。行至膠州而卒。書亦散失。有人琴俱亡之歎。予從陳兌卿處得舊藏鈔本。乃借而錄之。

維遹案此書傳本甚尠。愚所見者爲武林朱贇田舊鈔本卷首朱氏誌云。右雪泥屋雜志四卷。又附雜文五篇。予于友人丁咸亭孝廉案頭見之。因携以歸。遣書胥照錄一過。咸亭告余曰。陳兌卿者。招遠茂才先生之嫡甥也。尚有先生遺文四卷藏于家。異日當求之。案咸亭。卽鳳池之字。是朱氏迺据鳳池鈔本照錄。朱氏復有手鈔本遺文雜文二種。之三書愚先由孫先生蜀丞處獲見。知爲東方文化委員會所藏。以鄉先達平生心血所在。愛不忍釋。遂請同邑姜叔明學長兄轉託鄉前輩柯蓼園老人借而錄之。雖遺編數冊。不足以窺其偉業。然保存之責。實屬後生。否則流入異邦。卽欲求之。亦徒興歎耳。

未刊者

學易錄 據雪泥屋遺書目錄李蒓客桃華聖解盦日記以下凡未註明者同此

乾隆五十八年六月望日識曰。易之爲書。盈虛消長而已。而學者有先天後天之說。後天者卽今六十四卦經傳是也。先天蓋河圖洛書。立卦之本原。子曰。假我數年。五十以學易。可以無大過矣。五十圖書之數也。今此學無傳。而希夷所得。康節所傳。以爲卽五十之學者未敢信也。然即令六十四卦經傳居而安焉，樂而玩焉。與時偕行，寡過之要，實不外此。然則先天後天亦未必異也。夫六十四卦發明蘊奧至詳也，今尙不能而空談圖書，自謂已得之，愚恐其無是理也。孔子作傳依以釋經，今不能明而乃別設道理解剝卦爻，自謂得文周之意，益無是理。是故愚之學易，不得于卦爻者求于辭，不得于經者求于傳，一爻未明，六爻不敢從也，一卦未融，六十四卦不敢通也。本意不爲欺人，欲慊于吾心而已矣。往見談易者率自許以知道，愚不敢傚也。

易彖辭，文王所作，卦下辭也。夫子作十翼，解卦辭者爲彖傳，象辭，周公所作，爻下辭也。左傳韓宣子適魯見易象，曰：吾乃知周公之德可證象辭是周公所作也夫子作十翼解爻辭者爲象傳○文言者孔子所作文言傳爲十翼之一經上乾六爻全載此文皆稱子曰又繫辭傳引文言亦稱子曰明爲夫子作也梁武帝云文言是文王所制非矣繫辭傳文言雖皆夫子之文章亦有門人所記述者故稱子曰得相引據○說卦傳蓋夏商之閒易家舊說相傳夫子錄存之亦十翼之一○序卦傳夫子就文王衍易卦次爲之作傳與伏羲卦序雖不盡同亦十翼之一也○雜卦傳亦夏商之間師說相傳夫子錄存之爲十翼之一亦爲古說未可廢也從雪泥屋雜志錄出以下凡未註明者同此

合批周易底本案先生與牟灕坡合批今藏在日照王獻唐先生處

尙書小傳

嘉慶紀元之二年。歲次丁巳。三月二十八日後序曰。右書二十八篇。本孔子刪存之數。無闕逸。其既刪者。或別行。遭秦火後無傳焉。惟既刪也。故孟子議其所不可信。取二三冊。若孔子所存二十八篇無不可信者。吾嘗念之矣。曰古有不信之史。載筆失實。則聖人刪之。刪之者。念後世有好古者將害之也。世有僞造之書。其失實爲害百倍于不信之史。而聖人既遠。世儒不敢議。有議者亦不敢信。可不恨哉。吳楚僭稱王。揚雄非聖人而作經。罪不大于莽操狐媚以居天位。皇甫謐鼠伏以造古文。然世儒畏之如聖人。有異論如畔父母。何也。誠不能知其僞也。古之事我不目見之也。古之語我不耳聞之也，夐乎遠哉，我奚以知其僞，我見其文非二十八篇之文也，事可僞設，文不可僞工，如人面焉，醜者不可學而妍，妍者不可貌而秀也，此吾所以不讀梅頤書也，吾既以文知其僞者，又以文知其眞者，此二十八篇眞孔子之舊矣，然而文章與古師讀不明，轉生異說，則其失實爲害，復與僞造之書不大相遠，我奚以知其眞哉，我以是讀之情深而文美者，是說必得其眞者也，以是說讀之情湮而文不順者，是說必失其眞者也，以此求之，百不一失，既樂其文章之盛，因得辨古事于渺茫，不啻我方目見而耳聞之也，此吾所以讀伏生書者也，

牟房謂，尚書小傳者，即同文尚書，蓋未定稿時之名也，又謂題曰

後序。則書前當更有序。而初草失墜。不可考矣。又案序稱二十八篇。用伏生篇目之舊也。同文尚書多得三篇。

同文尚書（案山東省立圖書館有傳鈔本壬申春恩赴濟曾見此書獻唐先生茲囑恩校正以便付梓因事未果）

牟房云。案是書脫稿於道光辛巳春日。隨時繕寫。頗多更正草稿末頁有鄭康成書贊曰云云。共一百九十九字。蓋將爲序而未完也乎。澤如新逐以絕筆。嗚呼痛哉。謹將原文並三十一篇小序備錄如左。

鄭康成書贊曰。孔子撰書乃尊而命之曰尚書。尚者上也。言若天書。然尚書緯璿璣鈐曰。因而謂之書。加尚以尊之。漢書藝文志有周書七十一篇。本注曰周史記。師古注曰。劉向云周時誥誓號令也。蓋孔子所論百篇之餘也。今之存者四十五篇矣。余按此則孔子所論書之餘。亦號周書。其名相混。故加尚以爲別。謂所尊尚之書。非謂若天書也。墨子明鬼篇曰。尚書夏書。其次商周之書。據此知春秋六國時已有尚書之名矣。僞孔安國尚書序曰。伏生以其上古之書。謂之尚書。若伏生始謂之尚書。而墨子何以稱之乎。

同文尚書三十一篇序

夏書四篇

夏史追述二帝之治作堯典。

夏史追述禹平水土之功作禹貢。

夏史追述虞五臣之績作臯陶謨。

禹伐有扈．將戰．作甘誓．

商書八篇

成湯以農月伐夏．將戰．作湯誓．

盤庚將遷於殷．大臣不從．激令衆民號謼阻事．盤庚遞敎告之．作

盤庚之誥三篇．

武丁之祭豐於禰．彤日雉雊．祖己因而進諫．作高宗彤日之訓．

紂以淫戲將亡．而不知自懼．外臣祖伊作西伯戡黎之誥．

箕子勸微子出奔．微子謀於樂官太師疵少師彊．遂行．太師作微

子之誥．

商紂既滅．箕子以所傳夏禹九疇之學．授周武王．作洪範．

周書十九篇

武王伐紂．將戰．作牧誓．

成王卽位．周公避流言而居豳．成王感風雷之變．迎周公歸．史叙其事作金縢．

成王旣迎周公歸．乃布告諸侯．命周公攝稱王．東伐管蔡武庚．作大誥．。

周公攝王．旣誅管蔡．黜殷命．踐奄君．歸至洛邑．命殷遷民．作多方．

周旣黜殷．召公不悅．欲告歸．周公譬解留之．作君奭之誥．

成王始代殷爲天子．周公次序官政．作立政之訓．

成王田獵飲酒過聽．而責怒人．周公諫之．作無逸之訓．

周公營洛邑。命庶殷作多士之誥。

周公營洛邑。命衛康叔慎罰安民。作康誥。又命康叔禁民湎酒。作酒誥。成王命康叔專用德惠治民。不用威刑。周公以爲有德而無威。不可以禁姦而保民也。故又作梓材之誥。召公聞梓材之誥。有不悅用德之言。懼開好殺之漸。乃因周公以進戒成王。勸王以殷民祈天永命。作召誥。

周公自洛邑歸。請成王都洛。而自請老。成王欲留公治洛。公不可。於是成王先至洛。以秬鬯康周公。公感王之盛禮。乃從於洛而受命焉。史叙其事。作洛誥。

史叙康王即位之禮。作康王之誥。

魯公征淮夷徐戎將戰作費誓。

穆王命甫侯修刑書誥四方諸侯作甫刑之命。

晉文公誅叔帶納襄王王命爲伯賜之圭鬯弓矢作文侯之命。

秦穆公得百里奚以告國人用之爲相作秦誓。

尚書百篇序證案

嘉慶癸亥三月序曰東晉梅頤所上僞古文尚書不足辯已惟是書序百篇。鄭氏所注本而稍移其次或恐其書雖僞其序自眞。好古者所當愼擇而信守之與。曰否不然也孔壁古文可考於今者獨有司馬遷之書。遷年十歲誦古文作史記盡載古文之學有書者存其訓詁。無書者存其篇名。斯誠好之至也。史記儒林傳曰。

孔氏有古文尚書安國以今文讀之因以起其家逸書得多十餘篇蓋尚書滋多於是矣既言得多十餘篇而本紀不載此必朽折散絕摩滅之餘篇有數句句有數字文義不可復知所謂逸書者也今考史記所載篇名六十有三除伏生所傳二十八篇外有五子之歌胤征帝誥湯征女鳩女房一篇典寶夏社中𦉪湯誥咸有一德明居伊訓肆命徂后太甲訓三篇沃丁咸艾太戊原命盤庚二篇高宗之訓太誓武成分殷之器物微子之命餽禾嘉禾賄息愼之命康誥豐刑畢命䢼凡三十五篇而已其餘斷殘不屬不可復載猶時時見於他說者則有鄭注禹貢引胤征尚書大傳引帝誥引盤庚劉歆三統歷鄭注書序典寶皆引伊誥三統歷引武成

畢命豐刑。鄭注畢命引逸篇有册命霍侯事。注咸有一德引伊陟臣扈曰。若此之類。並爲逸書。其文或多或少。或可讀或不可讀。皆著錄爲篇。雖可整計約有十餘。至如女鳩女房之類。僅有篇題絕無逸句。則不以入篇數。故止曰得多十餘篇。爾漢書藝文志依劉歆讓太常博士書。以爲得多十六篇。不知十餘爲莫絡大計之詞。而確言十六。袁宏漢紀又誤爲六十。皆不可據。總之言古文篇數者。惟史記爲得其眞也。史記雖言多十餘篇。然逸書不可傳讀。可傳讀者仍是伏生二十八篇。而得岸然自別爲古文之學者。蓋此二十八篇。又自有古文之訓故與今文家異。漢書儒林傳謂司馬遷嘗從安國問故。其書載堯典禹貢洪範微子金縢諸篇。多古文說。今考史記所載微子金縢信可異聞。至堯典禹貢洪範卽與今文無異。但皆用訓故代經文。以存古義。此乃班固所謂古文說也。故藝文志曰。書者古之號令。號令不立。則聽受施行者弗曉。古文讀應爾雅。故解古今語而可知。後漢書賈逵傳曰。逵數爲帝言古文尙書。與經傳爾雅故訓相應。然則所謂古文學者。三十五篇之目與十餘篇之逸書。以存古爲可慕也。二十八篇之故訓以讀應爾雅爲可貴也。而史記盡載之矣。故訓之繁而猶存之。況其書乎。今文既習見而皆存其篇。況古文之多得者乎。逸書稍可讀者皆存之。況其篇名乎。今百篇之序不見於史記者有三十七。則可知百篇序非安國之所傳也。先漢言古文者不言百篇。惟世傳太常蓼侯孔臧與從弟安國書有百篇之說。其書正史所不載。疑後人附會之妄作也。史記孔子世家於詩則云三百五篇。於書則不言篇數。但云序書傳。上紀唐虞之際。下至秦繆。編次其事。蓋不能知其全也。漢書藝文志則云孔子纂書。凡百篇。而爲之序。言其作意。此卽浸尋於東漢古文之說。然猶遠稱孔子纂書之事。非指言見有古文之數也。及其言見有古文之數。則曰尚書古文經四十六卷。爲五十七篇。此依劉歆七畧爲數。卽歆所見中古文之篇卷也。以史記所載六十三篇計之。每一題者爲一篇。則太甲三篇爲一篇。盤庚三篇爲二篇。康誥酒誥梓材三篇不別言作。則亦一題也。止爲一篇。以六十三篇省六篇。是爲五十七篇。每一序者爲一卷。

則湯誥咸有一德明居三篇共序爲一卷伊訓肆命徂后三篇共
序爲一卷咸艾太戊二篇共序爲一卷高宗肜日及訓二篇共序
爲一卷太誓牧誓二篇共序爲一卷餽禾嘉禾二篇共序爲一卷
多士無逸二篇共序爲一卷召誥洛誥二篇共序爲一卷豐刑畢
命二篇共序爲一卷以五十七省十一則爲四十六卷與藝文志
之言古文篇卷宛如符合藝文志本於七畧七畧本於中古文是
史記與中古文合矣劉歆移書讓太常博士曰陳發秘藏校理舊
文博問人間則有膠東庸生之遺學與此同此言庸生與中古文
合是史記與庸生之學亦合矣安國古文上於秘府者爲中古文
傳於都尉朝者爲庸生之學而皆與史記合故知百篇序非安國

曾文正公著述考

王蘧常

余生十有五年。 家大人授以文正公家書家訓曰。是循是則。入德之基也。明年又得文正公日記。於是始知學。始知佔畢之外。尚有所謂學者。益自勵。常竊效文正公之所爲作日記以自律。由是益求公之遺書以與公之日記相印證。求公之所致力。十二年來。蘧常之少知學問。皆曾先生啓之也。去年既輯先生論學雜鈔六卷成。益覺其學之廣博。近所傳傳忠堂遺書。實不能盡其什一。因廣徵遺著。凡得四十餘種。成此篇。其不可徵者。尚不知凡幾。其不著於竹帛者。又不知凡幾。嗚呼盛矣。而今之稱先生者。每曰事功不知其深思遠慮。固有出當日事功萬萬者。而所成者廑此。又豈先生之所願任。或更以文學稱之。而不知其學固無所不包。今之所傳。特大山之一豪芒。以此量先生。又豈知先生者乎。雖然先生之廣博如此。而世惟以事功文學傳世。固爲無知矣。而先生之闇然自守。詎匪尤不可及哉。茲分次其著述於下。而附論之傳考覽焉。

易象類記 一卷

案是書作始於同治十年冬。是年十一月十二日日記云。夜將周易之象及常用之字分爲條類別而錄之。庶幾取象於天文地理。取象於身於物者。一目了然。少壯不學。老年始爲此搴淺之舉。抑何陋也。可知此書梗概。又咸豐十一年正月十一日日記云。夜將易經彖辭爻辭中相同者分類編出。以資互證。則此書之發端不自同治十年矣。

周官雅訓雜記

讀儀禮錄一卷

案此係王益吾先謙集書眉札記而成。刻入皇清經解續編中。

冠禮長編一卷

案此係曾氏家訓長編中之一部。依劉氏別裁之例別出。下放此。

禮記章句校評

案此書作始於同治五年五月間。五月十四日日記云。閱禮記章句。十月□□日日記云。夜又批船山禮記二條。余閱此書。本爲校對譌字。以便修板再行刷印。及覆查全書。辨論經義者半。校出錯譌者半。蓋非校讎家之體例。然其中亦徵有可存者。船山禮記卽謂章句也。

左氏分類事目

案黎庶昌文正公年譜云。同治四年十月。公讀左氏傳。記錄分類事目。

論語言仁類記一卷

孟子類編

案此書作始於同治二年冬。是年十一月十八日日記云。溫孟子。分類記出。寫於每章之首。如言心言性之屬。目曰性道至言。言取與出處之屬。曰廉潔大防。言自況自許之屬。曰抗心高望。言反躬刻厲之屬。曰切己反求。似放朱子孟子要略而作。年譜繫於同治二年十一月十三日。下云。公日課於晡後披閱詩古文詞。讀誦經子一卷。時讀孟子。分四條編記云云。

校刊孟子要略五卷

案要略爲朱子所編。久佚。漢陽劉茮雲（傳瑩）自金履祥孟子集注攷證中輯得之。劉氏廬能排比次第。先生因放近思錄之例。疏明分卷之大指。俾讀者一覽而得。於道光廿八年十月中校刻行世。

訓詁小記

雅訓雜記

案年譜。同治二年七月下云。公編錄訓詁小記。雅訓雜記。每日記錄數則。以爲常課。今王定安讀書錄卷二有詁訓雜記。或卽所謂訓詁小記乎。

附

□氏□□曾文正公論小學書注一卷

案此書見坊間某書目中。忘其作者姓氏。徧查不得。姑記於此。待他日補之。

通鑑大事記

案此未成書。年譜同治十一年正月二十三日云。自上年定以每日讀資治通鑑。隨筆記其大事。以備遺忘。是日已至二百二十卷。因病輟筆。卽謂此書也。又考咸豐九年十一月十七日日記云。溫左傳。以余往年讀通鑑之法行之。擇其事要而警策者記之。所謂讀通鑑之法。或卽爲此書嚆矢乎。

歷朝大事記

藩部表

案以上兩種皆曾氏家訓中之一部。

鹽漕河工水利賦役成案□□卷

案公嘗謂古人無所謂經濟之學。治世之術。壹衷於禮而已。秦文恭公蕙田五禮通攷。綜括天下之事。而於食貨之政稍缺。乃取鹽課海運錢法河堤各事。鈔輯近時奏議之切當時務者。別爲六卷。以補秦氏之所未備。年譜系之三十八歲。又四十一歲年譜云。公兼攝刑曹。職務繁委。值班奏事。入署辦公。蓋無虛日。退食之暇。手不釋卷。於經世之務。及本朝掌故。分彙記錄。凡十有八門。當卽此書。然攷文集卷一。孫芝房侍講芻論序云。嘗欲集鹽漕賦稅國用之經。別爲一編。附於秦書之次。以世之多故握槧之不可以苟。未及事事。而齒髮固已衰矣。序作咸豐十年六月。公五十歲矣。時猶未成書也。

近代學術類編

案年譜三十八歲下云。採國史列傳及先輩文集中誌狀之屬。分門編錄。條分近代學術。用桐城姚氏之說。以義理攷據詞章三者爲目。依類彙輯之。今未見。疑未成。亦未有定名。姑標此名備攷。

批諭奏章百二十卷

政蹟批牘二十四卷

案以上兩種。舊同藏兩江總督衙門。其後先生弟子合肥李鴻章。選刻奏稿三十六卷。（案李瀚章曾文正公全集序云卅二卷不符）批牘六卷。卽傳忠局全集本也。先生弟子無錫薛福成編奏議則只十二卷。（正編十卷補編二卷）

五百家姓

案此書係繼清初費九煙之作而加以擴張。凡單姓雙姓共五百家。而字則二千餘。蓋每句首冠以姓。其下卽引一先賢事實以注之。年譜不載。見錢塘徐仲可（珂）清稗類鈔著述類。

曾氏家訓長編

案此書作始於道光二十二年。采輯古今名臣大儒言論。分條編錄。分修身齊家治國三門。子目三十有二。未成。道光二十二年十二月二十日家書云。前立志作曾氏家訓一部。後因采擇經史。若非經史爛熟胸中。則割裂零碎。豪無綫索。至於采擇諸子各家之言。尤爲浩繁。雖鈔數百卷猶未能盡收。然後知古人作大學衍義衍義補諸書。乃胸中自有條例。自有議論。而隨便引書以證明之。非翻書而遍鈔之也。由此可略攷其剏始之大槩。已成者有朱子小學冠禮長編歷朝大事記藩部表等。文集朱子小學書後云。右小學三卷。世傳朱子輯。觀朱子癸卯與劉子澄書。則是編子澄所詮次也。其義例不無可訾。然古聖立教之意。蒙養之規。差具於是。蓋先王之治人。尤重於品節。其自能言以後。凡夫洒掃應對飲食衣服。無不示以儀則。因其本而利道。節其性而使縱。規矩方圓之至也。既以固其筋骸。劑其血氣。則禮樂之器。蓋由之矣。特未知焉耳。十五而入大學。乃進之以格物。行之而著焉。習矣而察焉。因其已明而擴焉。故達也。班固藝文志所載小學類。皆訓詁文字之書。後代史氏率仍其義。幼儀之繁。闕焉不講。三代以下。舍佔畢之外。乃別無所謂學。則訓詁文字。要若揆古者三物之敎。則訓詁文字者。亦又其次焉者乎。仲尼曰。行有餘力。則以學文。繢事後素。不其然哉。余故錄此編於進德門之首。使吾弟子姓。知幼儀之爲重。而所謂訓詁文字。別錄之居業門中。童子知識未梏言有型。動有法。而蹈非彝者尠矣。是編舊分內外。內編尙有稽古一卷。外編嘉言善二卷。采掇頗淺近。亦不錄云。得此則修身門中之子目。猶略能考見。根此以推就已成者論之。朱子小學在修身門。

則冠禮長編當在齊家門歷朝大事記藩部表當在治國門。惟子目則已不可知矣。上除朱子小學外皆經先生編纂。依例別出。

樸目雜記

案是書分小學、修齊、禮、兵、經濟、詩文、凡六門。年譜繫在同治五年五月。

附

王氏定安求闕齋讀書錄十卷

案此書爲公弟子王定安輯自書眉及劄記而成者，卷一二爲經、三四爲史、卷五爲子、卷六至卷十爲集、

王氏定安師訓彙記

案此書亦輯錄公所爲經史平注、性質與讀書錄同、

饋貧糧

案此取劉彥和語。係雜記之屬。備獺祭者。與日記不同。與下數種皆先生供職京曹十四年中所記。未見。

茶餘偶談

案此書蓋亦雜記之屬。而亦按日記者。作始於道光十八年。公方二十八歲也。未見。

過隙影

案道光十九年。公二十九歲始爲日記。逐日記注所行之事及所讀之書。名曰過隙影。已佚。

緜緜穆穆之室日記

案此記始於咸豐元年。蓋放程子讀書日程。其說云。自戒懼而約之以至於極中而天地位。此緜緜者自謹獨而精之。以至於極和而萬物育。此穆穆者。由靜以之動也。由靜之動。有神主之。由動之靜。有鬼司之。終始往來。一以貫之。每日自課以八事。曰主敬。曰靜坐。曰屬文。曰作字。曰辦公。曰課子。曰對客。曰復信。觸事有見。則別識於其眉。今其書亦多闕失。所謂緜緜穆穆之室者。劉芙雲所爲公署齋額之名也。原曰敦德敦身緜緜穆穆之室。

求闕齋日記三十四卷

案此書卷數從年譜。先生日記除上數種外。尚有咸豐初載由衡州治軍東征克武漢戰彭湖入守章門。凡此數年隨筆記注。均已闕失。唯自戊午以後（咸豐八年六月）迄於同治壬申（十一年）二月易簣之日。所書日記。無一歲一夕之間。無一點一畫之苟。即此已可覘公學養之深矣。今坊間傳刻之石印本始於辛丑。即道光之二十一年。辛丑至丁巳十二年間。多有闕失。大約即緜緜穆穆之室日記等之殘編賸簡也。原本頗平隲當世人物。而記事則簡略。王湘綺（闓運）嘗欲學裴松之之注輔志。見其所爲序中。及付印。公後人懼觸當世忌諱。凡涉及平隱處。皆抹去之。故今所見本。多衍文也。案清稗類鈔著述類亦云、湘鄉曾氏藏有求闕齋日記、皆文正所手書、宣統紀元滬上將付石印、中頗有譏刺朝政抑揚人物處、或見之者曰、此信史也、意欲摘錄、以卷帙浩繁而罷、及印本出、重覽一過、則譏刺朝政抑揚人物之處皆刪除盡淨矣、

附

王氏啓原求闕齋日記類抄二卷

案此書爲公弟子湘潭王氏所輯、共分十類、曰問學、省克、治道、軍謀、倫理、文藝、鑒賞、品藻、頤致、遊覽、蒐摭、書籍略盡、自謂皆托於朱子類語之義、能一句一字悉出於公之自記、不敢於中有所增損、然其中尚多割裂、幷記年月亦有舛錯、仍當以原本參之也、

梁氏啓超曾文正公嘉言鈔一卷

案此書從文正全集中書札家書家訓日記文集五種摘鈔、其他散見他種遺著則不及見、

黎氏庶昌曾文正公年譜十二卷

案黎氏自敘云、竊嘗近年所親爲記其大略、自道光中葉以暨、天地干戈、廟堂咨歎、二十有餘年、人才之進退、治亂之始末、時事得失之林、龜鑑所在、而吾公所以樹擘建績光輔中興者、或歸諸朝廷、而成功甚奇、或發端巨難而取效甚遠、或任人立事、爲衆聽所駭怪、而徐服其精、或爲國忘軀、受萬口之詆訾而所全實大、凡若此類、不敢絀焉、

王氏定安曾文正公大事記四卷

王氏定安求闕齋弟子記四十卷

案此書敍公平生言行、猶氏彭孫曾文正公學案

古文辭選

案咸豐二年正月日記云。思詩既選十八家矣。古文當選百篇。鈔置案頭。以爲揣摩。因自爲記。曰。爲政十四門。爲學十五書。鈔文一百首。鈔詩十八家。年譜繫之元年。云是歲選錄古文辭百篇以見體要。譌。

經史百家雜鈔二十六卷

案是書初名曾氏讀古文鈔。作始於咸豐初年。至咸豐九年。始纂定類目。是年十月二十七日日記云。夜將古文抄一目錄。分爲十一屬。分陰陽以別文境。其一屬之中。爲體不同者。又分爲上編下編。明年二月。始行編錄。閏三月二十二日纂成。見譜閱時凡十年。其所以審愼營度者至矣。十一屬之說。先生夙所主張。曾爲說以釋之。曰。文章流別。大率十有一類。著作敷陳。發明吾心之所欲言者。其爲類有二。無韻者曰著作。辨論之類。有韻者曰詞賦。敷陳之類。人有所著。吾以意從而闡明之者。其爲類一。曰敘述。注釋之類。以言告於人者。其爲類有三。自上告下曰詔誥。檄令之類。自下告上曰奏議。獻策之類。友朋相告曰書問。牋牘之類。以言告於鬼神者。其爲類一。曰祝祭。哀弔之類。記載事實。以傳示於後世者。其爲類有四。記名人曰紀傳。碑表之類。記事蹟曰敘述。書事之類。記大綱曰大政。典禮之類。記小物曰小事。雜記之類。凡此十一類。古今文字之用。盡於此矣。其九類者。佔畢小儒。夫人而能爲之。至詞賦敷陳之類。大政典禮之類。非博學通識。殆庶之才。烏足以涉其藩籬哉。（見雜著卷一）更於雜鈔敍例與姚氏之說相校而論之曰。姚姬傳氏之纂古文辭。分爲十三類。余稍更易爲十一類。曰論著。曰賦。曰序跋。曰詔令。曰奏議。曰書牘。曰哀祭。曰傳志。曰雜記。九者余與姚氏同焉者也。曰贈序。姚氏所有而余無焉者也。（案雜鈔亦選四篇爲韓愈贈鄭尚書序、李愿歸盤谷序、送王秀才塤序、歐陽修送徐無黨南歸序、入之序跋類中、）曰敍記。曰典志。余所有而姚氏無焉者也。曰頌贊。曰箴銘。姚氏所有。余以附入詞賦之下編。曰碑誌。姚氏所有。余以附入傳誌之下編。論次微有異同。大體不甚相違。後之君子。以參觀焉。其後更立三門以隸十一類。曰著述門。論著類、詞賦類、序跋類隸之。曰告語門。詔令類、奏議類、書牘類、哀祭類隸之。曰記載門。傳誌類、敍記類、典志類、雜記類隸之。其說至精而不可易。至約而不可加。至分陰陽之說。本書尙未顯著。至古文四象。而其說始闓。第於日記亦曾詳論之。曰吾嘗取姚姬傳先生之說。文章之道。分陽剛之美陰柔之美二種。大氐陽剛者氣勢浩瀚。陰柔者韻味深美。浩瀚者噴薄而出之。深美者吞吐而出之。就吾所分十一類言之。論著類詞賦類宜噴薄。序跋類宜吞吐。奏議類哀祭類宜噴薄。詔令類書牘類宜吞吐。傳志類敍記類宜噴薄。典志類雜記類宜吞吐。其一類中微有區別者。如哀祭類雖宜噴薄。而祭郊社祖宗則宜吞吐。詔令雖宜吞吐。而檄文則宜噴薄。書牘雖宜吞吐。而論事則宜噴薄。此外各類。皆可以是意推之。（見咸豐十年三月十七日日記）所謂經史百家雜鈔者。其敍例曰。村塾古文有選左傳者識，者或譏之。近世一二知文之士。纂錄古文。不復上及六經。以示尊經也。然泝古文所以立名之始。乃由屛棄六朝駢儷之文。而反之於三代兩漢。今舍經而降以相求。是猶言孝者敬其父祖而忘其高曾。言忠者曰我家臣耳。焉敢知國。將可乎哉。余抄纂此編。每類必以六經冠其端。涓涓之水。以海爲歸。無所於讓也。姚姫傳氏撰次古文。不載史傳。其說以爲史多不可勝鈔也。然吾觀其奏議類中。錄漢書至三十八首。詔令類中。錄漢書三十四首。果能屛諸史而不錄乎。余今所論次。采輯史傳稍多。命之曰經史百家雜鈔云。此書先生弟子合肥李鴻章校刊行世。

（待續）

曾文正公著述考續

王蘧常

經史百家簡編二卷

案亦稱古文簡本見本書序及年譜序云咸豐十年。余選經史百家之文都爲一集。又擇其尤者四十八首。錄爲簡本。以詒予弟沅甫沅甫重寫一册請予勘定乃稍以己意分別節次句絕而章乙之。間爲釐正其謬譌。平騭其菁華。又十年閏三月日記云。余所編經史百家雜鈔編成後。有文八百篇上下未免太多不足備簡鍊揣摩之用宜另鈔小册選文五十首鈔之朝夕諷誦庶爲守約之道可參看也。此書李鴻章校刊之。

古文四象四卷

案四象之說。先生晚年所發明。蓋由桐城姚氏陽剛陰柔之說（見姚氏復魯絜非書）而更進一解者。陽剛陰柔。爲先生夙所究心。嘗讀易經繫辭。而思文章陽剛之美莫要於湧直怪麗（案湘鄉王氏啓原求闕齋日記類抄、誤作憤湧直怪、此依先生墨迹本正。）四字陰柔之美莫要於憂茹遠潔四字（見同治二年九月廿三日日、記）既又易爲雄直怪麗。茹遠潔適從而爲文以贊之。詳見同治四年正月廿二日日記。至六月初一。遂有有氣則有勢。有識則有度。有情則有韻。有趣則有味之論。（見家訓）至十九日乃發四象之說。以喻其子曰。氣勢識度情韻趣味四者。偶思邵子四象之說。可以分配。其後與其子紀澤紀鴻。迭有論述。並立古文四象表。範圍曲成。橫豎相合。又謂四象表中。惟氣勢之屬太陽者。最難能而可貴。古來文人。雖偏於彼三者。而無不在氣勢上痛下功夫。見同治四年七月初三日家訓。此先生由陰陽而悟四象之分之始末也。明年正月。始定古文四象目錄。其正月初六日與其弟沅甫書云。古文四象目錄。鈔付查收。所謂四象者。識度卽太陰之屬。氣勢卽太陽之屬。情韵卽少陰之屬。趣味卽少陽之屬。其中所選之文。頗失之過於高古。弟若於此四門而另選稍低者。平日所耆者。鈔讀之。必有進益。但趣味一門。除我所鈔者外。難再多選耳。更於四屬中各析爲二屬。太陽氣勢分爲二屬。曰噴薄之勢。跌宕之勢。少陽趣味。曰詼詭之趣。閒適之趣。太陰識度。曰閎括之度。含蓄之度。少陰情韵。曰沈雄之韵。悽惻之韵。則又由四而八焉。先生此書。蓋以古文境詣立論。非傅會於易說。更非宋儒所謂太極之說。學者不察。馴至索隱行怪。則墮魔障矣。桐城吳至父汝綸。先生弟子也。其記古文四象後云。古文象都四卷。往時汝綸從文正所寫藏其目次。案吳氏曾語吾師唐蔚芝尚書云、初文正寫定四象後、不以示人、一日往見公、方讀小冊子、遽揜藏而起、余以語張濂卿、竊怪之、後公佗出、塗私至其處、見此冊、則四象本也、乃卽鈔寫其篇目、佗日與公論文、偶及四象之分、隱合公旨、公遽大咲曰、君竊我枕中祕矣、然非敢祕也、未定之論、未敢遽以語人耳、此可想見前輩風趣。　公手定本。有圈識。有平議。皆未及鈔錄。其後公全集出。雖鳴原堂論文。皆在此書。獨無有。當時撰年譜人。亦不知有是書。意原書故在。終當續出。今曾忠襄惠敏二公。皆久薨逝。汝綸數數從曾氏侯伯二邸。求公是書。書藏湘鄉里第。不可得。謹依舊所藏目次繕寫成册。其平議圈識。俟他日手定本復出。庶獲補完。自吾鄉姚姬傳氏。以陰陽論文至公而言益奇。剖析益精。於是有四象之說。又於四類中。各析爲二類。則由四而八焉。蓋文之變不可窮也。如是。至乃聚二千年之作。一一稱量而審定之。以爲某篇屬太陰。某篇屬太陽。此則前古無有。眞天下偉大觀也。顧非老於文事者。驟聞其語。未嘗不相與驚惑。文之精微。父不能喻之子。兄不能喻之弟。但以俟知者知耳。此楊雄氏所以有待於後世之子雲也。公此編故自謂失之高古。夫高古何失。世無知言君子。則大聲不入里耳。自其宜矣。文者天地之精華。自孔氏以來。已豫識天之不喪斯文。後之世變。雖不可測。知天苟不喪中國之文。後之君子。讀公此書。必有心知而篤好之者。是猶起姚氏曾氏相諾唯於一堂也。豈不大幸矣哉。今此書坊間已有輯印本。（上海有正書局）惟予從吾師唐蔚芝尚書處。得見吳氏目錄。尙書蓋親得之吳氏者。與坊本頗有異同。（案較坊本多康王之誥仲孫遬卒兩篇。篇次亦有不同。）坊本不知何本。疑未盡足據也。又案少陰情韵之屬。所錄詩八十首中。頗有情韵二字所不能包者。公漫不分別。頗疑猶爲未定之本。後考同治七年六月三十日日記云。將詩經分別與觀羣怨之屬。臚爲八類。共八十篇。開單將其鈔出。以備風詠。則錄詩之初。並不以入四象。四象目錄定於同治五年。見上與沅甫書。則詩經八十篇之入。心在同治七年六月以後。其初目必無是也。蓋晚年附入以備風詠。未必遽以爲定。後人崇其未定之本。固謬。據其未定之本以律公。則尤謬矣。四象之說。其後得先生弟子武昌張𢊾卿裕釗而益昌更以二十字分配陰陽曰神氣勢骨機理意識脈聲陽也味韻格態情法詞度界色陰也蓋卽以桐城姚氏所謂神理氣味文之精也格律聲之粗也之說引而申之者也然分析過細反涉支離不如先生之能見其(編者案此句有缺原稿如此)　吾師唐蔚芝尚書亦著有古文陰陽剛柔大義闡曾氏之法而卑之無高論實取公另選稍低之旨其書曾刊於前上海南洋公學書未大行人罕知之

十八家詩鈔二十八卷

案十八家者曹子建(植五古)阮嗣忠(籍五古)陶淵明(潛五古)謝康樂(靈運五古)　鮑明遠(照五古)謝玄暉(朓五古)王右丞(維五律)孟襄陽(浩然五律)　李太白(白五古七古五律七絕)杜工部(甫五古七古五律七律七絕)韓昌黎(愈五古七古)白香山(居易七古)李義山(商隱七律)　杜牧之(牧七律)蘇東坡(軾七古七律七絕)黃山谷(庭堅七古七律)　陸放翁(游七古七律七絕)元遺山(好運七律)　也所選都古近體詩六千五百九十九首初名曾氏讀詩鈔作始當在道光末咸豐初咸豐元年七月日記云詞章之學吾之從事者二書焉曰曾氏讀古文鈔與曾氏讀詩鈔卽謂經史百家雜鈔與此書也下又云皆尚未纂集成帙然胸中已有成竹至明年正月卽謂詩既選十八家(見日記)　則大綱已具於是年纂成在何時已不可確指又案公文集卷二聖哲畫像記云余抄古今詩自魏晉至國朝得十九家與十八家不符所謂國朝一家亦不知爲何人疑晚年所重定蓋記成於咸豐九年正月

據年譜然今所傳本仍只十八家也。待詳。年譜作三十卷。今所傳李鴻章校刊本爲二十八卷。又案是書於子建嗣宗淵明康樂明遠元暉六家。平注獨詳。據王定安三十家詩鈔凡例。則六家原有別編。今以三十家詩鈔中之六家取校此書中之六家。篇數平注竟無一不同。疑此書六家平注本以別行。後乃附入。故與其他不相稱如此。又案楊氏彝珍三十家詩鈔序。五言肇興自漢魏至齊梁其間逐臣羈客。內有憂傷悲苦之鬱積。適激解乎物會而形爲感喟。以舒惋戀忠悱之情。然往往多爲庾詞。以變眩迷亂其本意。讀者常苦之。吾鄉曾文正公深閔焉。因取子建嗣忠淵明康樂明遠元暉六家詩。別編爲一帙。間加平注。詳博精審。能補鄉來注家所不及。非其精神與諸作者相馮依烏能具此神解。至其輔世翼敎之旨。亦卽寓其中云云。卽謂此書之六家平注。今以其已收在詩鈔中。故不別出而附詳於此。

附

王定安三十家詩鈔六卷

案是書蓋王氏推廣先生六書詩鈔之旨於先生所選六家外益以仲宣、公幹、安仁、茂先、士衡、太冲、景陽、越石、景純、延年、希逸、宣遠、惠連、元長、文通、休文、彥昇、彥龍、仲言、叔庠、子愼、子堅、季碩、子山二十四家、亦略加詮釋、世人多以爲先生纂、蓋誤。

六家詩鈔

案年譜云。公選錄古詩之得閒逸意者。自陶淵明至陸放翁六家。爲六家詩鈔。未克成書。考是書作始於同治十年冬。是年十一月二十九日日記云。閱陶詩全部。取其尤閒適者。記出。將鈔一册。合之杜韋白蘇陸五家之閑適詩。纂成一集。以備朝夕風誦。洗滌名利爭勝之心。可以得其大概。是年十二月中。正在選纂杜詩。十二月初六日日記云。閱杜詩選其閒適者。而杜之五七古絕少閒適一種。廑就其自然者擇取一二。渠固知道君子有德之至言。故余抄閑適詩。不能祧杜氏而不錄也。至明年二月。先生卽薨。故年譜云。未克成書。

又案先生同治六年與李眉生書云。詩中有一種閒適之境。專從胸襟著工夫。讀之但覺天機與百物相弄悅。天宇奇寬。日月奇閑。如陶淵明之五古。杜工部之五律。陸放翁之七絕。往往得閒中之眞樂。白香山之閒適古調。東坡過嶺後之五古。亦能將胸中坦蕩之懷。曲曲寫出。又是年三月家訓云。凡詩文趣味。約有二種。一曰閒適之趣。詩則韋孟白傅均極閒適。而余所好者尤在陶之五古杜之五律。陸之七絕。以爲人生具此高淡襟懷。雖南面王不易其樂也。疑此書之作。已發其此時矣

古詩四象

案此書亦公晚年所選。年譜不載。同治七年四月三十日日記云。余昔年鈔古文。分氣勢識度情韻趣味爲四屬。擬再鈔古近體詩。亦分爲四屬。而別增一機神之屬。機者無心遇之。偶然觸之。姚惜抱

謂文王周公繫易彖辭爻辭。其所象亦偶觸於其機。假令易一日而爲之。其機之所觸少變。則其辭之取象亦少異矣。余嘗嘆爲知言。神者人功與天機相湊泊。如卜筮之有繇辭。如左傳諸史之有童謠。如佛書之有偈語。其義在可解與不可解之間。古人有所託諷。如阮嗣宗之類。或故作佛語以亂其辭。唐人如太白之豪。少陵之雄。龍標之逸。昌黎之奇。及元白張王之樂府。亦往往有神到機到之語。卽宋世名家之詩。亦皆人巧極而天工錯。徑路絶而風雲通。蓋必可與言機。可與言神。而後極詩之能事。余抄詩擬增此一種。與古文微有異同。又是年六月二十日日記云。夜分氣勢識度情韵機趣工律五者選鈔各體詩。將曹阮二家選畢。則又將機神改爲機趣。删趣味一類。而易以工律。今未見傳本。惟十八家詩鈔五言古詩中。嘗刻四類字。朱印本書之下。（案初印本如此，其後亦墨印矣。）曰氣勢識度情韵工律。而無機神之說。則猶是蚤年說也。吳至父有輯本附古文四象後。其書不傳。吾亡友江寧夏祥生雲慶亦有輯本。曾就商於予。身後散佚。亦不可得見。近蘧常復從十八家詩鈔中輯出。但先生書名未定。姑著之云爾。

求闕齋文集十二卷

案先生於文極自負。咸豐十一年正月日記云。余於古文一道。十分已得六七。與易芝生書亦云。平生於古文辭。鑽研頗開。差有敝帚之獲。夙歲好揚雄韓愈瓌瑋奇崛之文（見覆吳子序書）以光氣（見咸豐元年七月十七一年十一月同治元年八月日記及咸豐十一年正月家訓 音響見咸豐十年十月十一年十二月日記及書牘覆吳子序書。為主。又深究乎陰陽剛柔之美。論文服膺姚姬傳氏。以義理詞章攷據並重。自謂粗解文字。由姚先生啓之。既又效法相如、孟堅、司馬遷。合揚韓為五家。更求精於小學。見同治元年五月日記 晚年竺好揚馬班張之賦。見同治六年二月日記 嘗謂國朝大儒如戴東原錢辛楣段懋堂王懷祖。其小學訓詁實越近古。直逼漢唐。而文章不能追尋漢人深處。欲以戴錢段王之訓詁。發為班張左郭之文章。見同治元年三月家訓 其文之致力大較如此。蓋以漢賦之聲色氣味。運於散文之中。奇偶誤綜。而偶多於奇。複字單誼。雜厠其間。厚集其氣。使聲采煥而戛然有聲。奇偶云云用近人李詳語。 故能靡撽漢京。俾倪唐宋。非特遜清三百年文章之冠冕而已。黎庶昌稱其擴姚氏而大之。並功德言為一塗。挈攬眾長。轢歸掩方。跨越百氏。將遂席兩漢而還之三代。使司馬遷班固韓愈歐陽修之文絕而後續。賫非所謂豪傑之士大雅不羣者哉。蓋自歐陽氏以來。一人而已。王先謙亦稱其以雄直之氣。宏通之識。發為文章。冠絕今古。先生弟國荃嘗戲稱為古文國手。皆深有所見。非濵為誇言也。然先生自謂古文一道。能知之而不能為之。又言昔年自詭為知文。而曾不一動筆為之。不可恃也。又謂不能竭智畢力於此。匪特世務相擾。時有未閒。亦實志有未專也。此後精力雖衰。官事雖煩。仍發竺志斯文。以卒吾業。其不自足如此。故雅不欲存稿。嘗諭其二子曰。余所古文。黎黎齋鈔錄最多。頃渠已照鈔一分寄余處存稿。此外黎所未鈔之文。寥寥無幾。尤不可發刊送人。不特篇帙太少。且少壯不克努力。志亢而才不足以副。刻出適以彰其陋耳。先生薨後。其二子始料檢手澤。門人李鴻裔、黎庶昌等復爲蒐輯於知故之家。凡得文十二卷。（見年譜）其後李瀚章刻之。分三卷存一百四十五篇。不知與十二卷本有無出入。今不可詳矣。此集最早爲黎編兩卷本。凡六十七編其後黎氏以示常熟張瑛。瑛就其次序均爲四卷。刻之。故又有四卷本。

求闕齋詩集四卷

案公詩蚤年五古學文選。七古學昌黎並兼及蘇黃。五七律學杜兼肄遺山義山。（見道光二十三年六月初六日及二十五年三月初五日日記。）自謂短於七律。同光以後。自課五古專讀陶潛謝眺兩家。七古專讀韓愈蘇軾兩家。五律專讀杜。七律專讀黃。七絕專讀陸游。（見同治元年三月日記）而讀先生全集。似於黃尤有深契。詩字多宗之。其題彭旭詩集後有云。大雅淪正音。箏琶實繁響。杜韓去千年。搖落我安放。涪叟差可人。風騷通肸蠁。造意追無垠。琢辭辨屈彊。伸文揉作縮。直氣摧爲枉。自僕宗涪公。時流頗忻鄉。女復揚其波。拓茲壃宇廣。其明證矣。五古有詩參學左太冲、鮑明遠。七古幾全步趣山谷。如題毛西垣詩集後、送淩十一歸長沙等篇。蓋逼肖者。近時言詩者。西江一派、特盛。公實道之。晚年守道彌貞。於詩專永閒適之境。詩工亦愈臻高絜恬淡矣。李瀚章刻本分三卷。存古今體詩二百餘首。年譜著四卷。

論文肊說一卷

案見公書札卷四。與劉霞仙書云。論文肊說當錄出以汚尊册。然決無百葉之多。得四十葉爲幸耳。

鳴原堂論文二卷

案此係先生選漢唐以來迄於淸代名臣奏疏十七首。輕述義法。間加詮釋。以詒其弟沅甫者。公論爲奏疏之言曰。必有平日讀書學道。深造有得。實有諸己。而後獻諸君。又必孰於前代事跡本朝掌故。乃爲典雅。嗚呼斯言盡之矣。今雖時遂世異。而其說終不可易。鳴原堂者。取詩常棣少宛脊令之旨。以喻兄弟之急難。與相戒免勖云爾。初沅甫屬王定安校刊之。既李鴻章又以之刊入傳忠堂全集中。

書札六十卷

案舊存兩江總督衙門。

尺牘五十卷

案此存家中者。李瀚章校刊全集時。合上書札選刻三十三卷。

家書二十八卷

案此書全集中無之。

家訓二卷

案以上書扎家書家訓三種。多指陳時事。尙論學術。最有裨於後學。

雜著二卷

案此書李鴻章所輯刊。卷一凡記一篇。筆記二十七則。又十二篇。課程十二條。日課四條。章程六種。卷二凡營規告喩之屬二十九篇。

右都三十八種

別裁三種。　校刊一種。　附十種。

（完）

書報副刊

方玉潤著述考

向覺明

我小時候讀詩經用的讀本是毛詩鄭箋。詩經讀完了，大部分仍是茫然。民國八九年間，在南京聽王伯沆先生講詩經，往往妙緒紛綸，豁然開朗。王先生講說之餘，常提到方玉潤的詩經原始，稱道不置；後來在王先生那裏看到原始，才明白王先生的議論全是得力於方氏的書。我之知道方玉潤，始於此時。民國十一年回湖南，在長沙市上得到方氏的鴻濛室詩文集一部。民國十四年才買到雲南叢書本的詩經原始。民國十七年在上海一家書鋪裏又見到方氏所著寫好待刻的書稿底本，以價昂未購，後來不知流落何處。

前兩年得到方氏的鴻濛室墨刻。今年四月在西安又看到方氏的星烈日記彙要刻本同日記的原稿三十餘冊。自己也不知道是甚麼原故，同方玉潤的著作會如此的有緣！

方氏著述甚多，有鴻濛室叢書三十六種，其見知於世是近十餘年來的事。不過近人大都只稱道他的詩經原始，而於他的生平同其他著述很少提及。星烈日記彙要卷首有他自輯的年表兩卷分年分月分日，記載行事甚為詳盡。他的日記稿本裏也有他的著述目錄，並常常記有綱要。這都是研究方氏生平同著述的資料。方氏在詩經學同其他學問上的地位，可以讓別的博雅之士去仔細評量，我只把他的著述就所知者略為敘述，這對於要知道方玉潤的人，或者不無微補。

按方玉潤，號友石，又號黝石，雲南寶寧人。據方氏所撰預擬墳東阡表，他生於嘉慶十六年辛未。祖天錫，父凌瀚。凌瀚四子，長即玉潤，次玉樹，次玉銘，次玉筠；樹筠均早逝。玉潤卒年不可考，其預擬墳東阡表撰於光緒六年四月，我所藏的鴻濛室文鈔於此文後有添寫的宋體字一行，開始於「亦越明年。」明年即光緒七年，是玉潤最少當活到七十一歲，也許不只此數；惜無他証，只好闕疑。玉潤娶雷氏，在滇中納姬胡氏，後來服官陝西隴州，又於同治六年五月納姬人史氏。有子思勤，思元，思濟，思恒，思極，大約俱史出。勤元濟恒俱早夭。

玉潤在咸豐五年乙卯以前，蹤跡不出雲南一步，那時洪秀全據有金陵，天下大亂，不可終日。玉潤生在那個時候，自然耳濡目染留心於經世致用之學。到咸豐五年，遂決意赴荊楚大營投効。於是由滇而黔，由黔而蜀，由蜀而楚。先後寄食於王國才錦堂李孟群鶴人的幕府之中；此後展轉於吳頭楚尾之間，總凡三入湘軍，歷易主人，終以所遇不合，稍停即去。（咸豐十年，曾一度入曾國藩幕，不數月，又棄去。）又自安徽經湖南到廣東，打算回滇，阻於兵亂，仍復北反，經河南到北京。北京小住，大約是在同治元年的時候。此後以至

年春，俱隨友人寄寓於房山大城諸縣。三年夏銓選隴州，遂入潼關，十月始到隴州。自此以後，以到光緒七年，都在隴州。那時正值回亂之後，玉潤防地長寗驛已焚燬淨盡，不能到任，不得已只好寄寓州城。這十幾年在邊陲佔一有名無實的冷官，他的一片用世之心至此大概是消磨淨盡了。因此他在隴上拆聲集的自序裏說；

佐隴今八年矣。不惟廨宇全非，即人民亦多散盡，雖有實心何存實政，況又無政可存耶？……不得已開戶傭經藉消歲月，亦間與諸生講道論文，不過聊避素餐之誚，

但是他的功名心並未死絕，所以六十初度偶成的詩裏有「小有文章留宇宙，都無福命到公卿」之句，把他的心事和盤托出。看來這位先生的窮途末路，可嘆亦復可憐了。玉潤的暮年不甚清楚，預擬歸東所表有「今擬告歸，不知天命何如，人事何如」之語，疑終成虛願。大約不是終老隴上，便就客死長安，所以他的日記稿本藏書（我在西安曾得到他所藏的聚珍本嶺表錄異，後鈐友石寓目朱文章，都散落在那裏。

鴻濛室文鈔金石文中有方氏板茂庄田碑記，是玉潤自記其在板茂地方庄田的情形。庄田地廣十餘里，招佃戶三十家，此外還有阿科庄田。由此看來，玉潤即或不能算是位闊公子，也可當得席厚履豐四字。萬方煦的鴻濛室文鈔序上說玉潤的著作。

博大縱橫無不備。雖未能純乎中道，顧自往往俱有特識；要爲不向古人頤下乞氣者。先生其覇於文矣！

王柏心的序也以俊傑之士相稱。玉潤爲人大概是才氣縱橫，抱負不凡，而又不拘小節，所以往往狎伎，在詩集中常有投桃贈芍之辭。他的學問方面實在也很廣。他的星烈日記彙要從日記中分類選入，其中經濟一門內有治道，選舉，農桑，河渠，財用，屯田，牧令，荒政，兵策九項；游藝一門則天文，地理，醫藥，卜筮，祿命，風鑑，書法，繪事，鐵筆，音樂，槍法，騎射，無所不能。王柏心也說他的文章「猶長於論兵及形勢。」「下蜀江入楚入皖入江右入豫州，干諸閫帥，皆一時鉅公偉人；爲條上攻討機宜，臨陣指示成敗。」然而玉潤畢竟是一個席厚履豐出身的文人，善於放言高論，紙上談兵。他於咸豐十年四月初二日見了左宗棠，共談時務，左氏以爲「近日楚將中多樸誠士，再誠實以生智慮者，其人必可大用。」玉潤在日記中記了這一次的合談，並加以批評道：其言亦有所見。然天下才有自誠而明，亦有自明而誠者，未可以一概論。要在用之者何如耳。

這種好高騖遠的聰明人的議論，自然不爲主張誠樸主張穩紮穩打的曾國藩所賞識。方玉潤之在曾國藩幕府中不得意而去，其歷

因應由於此大概說來方玉潤之爲人同王闓運所傳的嚴咸差不多都是那一個時代的產物，二人的不同者壽數有脩短因而造詣有深淺耳。

閒話不提，如今且一述方玉潤著述的大概。玉潤在同治四年的日記末子曾有鴻濛室擬著叢書目錄，其書名爲

○太極元樞
易經通致評解
易卦變圖說補
書經通致評解
詩經通致評解
禮經通致評解
春秋通致評解
四書通致評解
易緯新編 太元 潛虛 附太極 泰律
書緯鴻文
○詩緯所正集 古詩 唐詩
禮緯會通
史緯直削
歷代四科名賢傳
四科言行錄
乾象鉤元雜記
○坤輿圖險新編
○皇極明史卦驗
○運籌神機智略
○平賊廿四策
○中興論
○上時帥書
○運籌神機守略
○運籌神機戰略
○技藝圖
騷壇俎豆
○評點杜詩
風雨懷人集
○本朝十二家詩選 梅村 簡齋 阮亭 心餘、初白 甌北 荔裳 船山 愚山 茳灣 竹垞 歐齋
○鴻濛室文鈔
鴻濛室詩鈔
○星烈日記
○心學日記
○元學存眞
○地學存眞 巒頭折衷、羅經疏補
命學存眞
○相學存眞

數學存眞
月影甕光錄
評點聊齋志異
評點紅樓夢傳奇

他在目錄之後有一段按語：

右共三十六種與在湖南所訂之目微有不同；學問隨時增長，故志向與年變遷也。其圈頭者皆已成書。憶自壬子冬至今歲週一紀，除卦驗一書爲前所著外，已獲成書廿一種，爲時亦不算虛度。但不知此後歲月可能統觀所成，爲宇宙添一家言否？吾翟立德言功，均已讓諸他人，惟此區區之言一端，差能權操自己。倘再蹉跎，甘心暴棄，則三不朽之謂何。恐與草木同腐而已矣！乙丑元夕。

我所看到的星烈日記稿本湖南部分並未及此事，故其在湖南所擬的鴻濛室叢書目錄如何，無從知悉。今就此目而言，如詩經原始即不見此目，四科言行錄至丙寅年改名爲歷代四科衍緒，書緯鴻文到後來大約改名爲書緯，詩緯所正集則後成唐詩緯；大約後來還有所訂正，不過三十六種的詳目却已不甚可考了。今以乙丑年目爲據，就刻本星烈日記彙要，日記稿本鴻濛宧文集諸書，略考各書內容梗概如次。

32 太極元樞（存否不可考）

鴻濛室文鈔卷一太極叢說中收有太極元樞總說一篇。此書大約是玉潤居大城時所寫成的。星烈日記卷六，十二月初一日日記曾說到此書的內容：「自八月抄擬著元樞一書，今甫兩月餘，亦已告成。擬分三卷：上卷言天道，中卷言儒理，下卷則天文地理，旁及兵術元功，所謂率陸者尚其理，修炁者尚其氣，制作者尚其象，卜筮者尚其占，原同而用異者也。書中一圖一說，說有不盡，則附以雜說。圖仿易象說法八家，雜說略似語錄；滙三體而爲一，則是書之創格耳。其曰太極元樞者，以天下萬事萬物，無不各有一太極在，故執太極可以爲萬化樞也。蓋古人書應天下事，必先有一主宰於心。然後可以順應而曲當。主宰即太極也，此元樞一書所由作也。

易經通致評解
易卦變圖說補正（存否不可考）

易經通致解大概沒有成書。易卦變圖說補正初名易卦變圖說。補文鈔卷二有易卦變圖說補正序。據序此書大概就武林沈氏所刊易卦變圖說而予以補正。序有云「爰依原序列圖，分繫傳辭於下，俾知卦序有定，勿容紊亂，如此。更分卦逐解，補圖於後，本錯綜以取大象，參卦變而窮意旨。更遠取諸物，近探文象，觸類以旁通，不泥一象，不拘典要，唯以求合卦象者爲是。雖不知於古聖序卦之意有當否也，其亦庶乎可以告無罪於漢宋諸儒者矣！」

書經通致評解

後來成書與否不可考。

詩經通致評解

後來成書與否不可考。

詩經原始二十卷 同治辛未隴東分署刊本雲南叢書本 (今存)

詩經原始卷首有同治辛未小陽月朔日玉潤所作自序，此書開雕於隴州也始於是年。按星烈日記彙要卷三同治八年己巳七月初五日的日記裏曾述及計劃著作詩經原始的梗概，以爲「詩無定解，臆測者多，故較他經尤爲難釋。愚擬廣集衆說折衷一是，留爲家塾課本，名之曰原始，蓋欲探求古人作詩本旨而原其始意也。其例先始詩首二字爲題，總括全詩大旨爲立一序，題下如古樂府體式，而不用僞序，使讀者一覽而得作詩之意。次錄本詩，亦仿古樂府一解二解之例，而不用興也比也惡套，庶全詩聯屬一氣，而章法段法又自分疏明白也。詩後乃總論作詩大旨，大約論斷於小序集傳之間，其餘諸家亦順及之。末乃集釋名物，標明音韻。本詩之上眉有評，旁有批，詩之佳處亦點亦圈，以清眉目，然後全詩可無遁義，足以沁人心脾矣！」後來的詩經原始，其雛型早已完成爲此時了。

同治辛未刊本詩經原始列於鴻濛室叢書三十六種之三，其第一第二兩種爲何書，今無可考。

禮經通致評解

春秋通致評解

四書通致評解

以上三種後來成書與否，不可考。星烈日記彙要卷三至卷五有論禮經春秋以及四書的注甚多，玉潤的宗旨由此可以窺見大體。

易緯新編 太元 潛虛 太極 泰律

後來成書與否，不可考。所謂泰律，大約即指玉潤同鄉葛見堯著的泰律篇而言。見堯生當明季，其書金正希，焦澹園，董見龍諸人俱有序。金正希的序見同治元年五月廿七日，星烈日記中極致推重之意。星烈日記彙要卷二十七音樂丁卯九月廿四日日記曾略述此書大概，以爲「古來言音樂者，皆以律求音，先生獨以音求律，黃鐘大呂等字，人皆以爲律名，先生獨援周禮以爲陰陽之聲，與五音相交洽，足以括天下之聲，而開合平仄一一消歸有倫，故能契造化於形聲，吞吐陰陽，翕翕元氣，上而與夔龍師曠，契合無間也……」並錄其含少論一篇。大約以陰陽變易說樂理，與太玄諸書性質近似，故玉潤置之於易緯新編之中。

書緯鴻文

書緯 (今存)

書緯是否即書緯鴻文後來的改名，今無可考。書緯已有成書民國十七年，我在上海中國書店見到書緯寫成待刻的清繕大約是四冊以價昂未購如今不知歸於誰氏。鴻濛室文鈔收有書緯自叙一篇有云「因即據漢後諸史博稽而愼擇之纂爲斯編命名書緯非敢謂上讀聖經亦將使後之王者尙論古先，善善從長且有以見世道之隆替惟人心可以特移今雖不古若而未始不可以古若也則庶幾乎帝可三而王可四豈不盛哉」

詩緯所正集 古詩唐詩（存否不可考）

詩緯所正集大約只成唐詩緯一種那是同治二年癸亥在大珹時所寫成的。全書計分爲風雅頌三體七十二門二十八卷，內中風體六卷雅體二十卷頌體二卷。鴻濛室文鈔卷二有唐詩緯自序心烈日記卷一癸亥六月初三日日記之「何以緯名以別於經亦將繼諸經後也。」窺方氏的意思以爲分詩爲風雅頌三體最爲賅括三百篇而外無代無此三體他打算「先從唐人編起然後溯而上之」庶幾古今宋詩的淵源可以粲然大明。同月初二日日記說，「余以風雅頌體分選唐詩。先成風詩六卷中復別爲二十一門曰宮詞曰閨闈曰春情曰秋思曰四耦曰豪遊曰綺懷曰宮怨曰棄捐曰惜別曰離恨曰寄遠曰漂泊曰感舊曰歎老曰悼亡曰孤栖曰節烈曰田家曰遊仙曰感諷」（此下尚有一大段解釋從略。）七月十六日唐詩緯編成又曰，「小雅三十八門曰述懷勵志閒適量物遊矚宴集贈答呈獻旌揚勸勗尋訪遊藝技能覩遺器用詠史送別涉遠覊旅寄懷登臨憑弔放歌邀請退休灾變亂離軍戎邊塞靈跡異景感事傷懷叙述讌詞謁祭哀輓隱逸共　十卷。自述懷至詠史中間皆士大夫往來贈答游宴讌娛之辭爲正小雅自送別至隱逸皆時事變遷人生愁苦之狀故爲變小雅又成大雅二卷亦分十二門曰朝會廟陵德瑞勳烈封拜燕饗賚賜侍直遊幸巡狩扈蹕使命巡狩前半以上朝政清明天下承平爲正大雅巡狩下半以後正變參半六時世爲之也唐一代詩各體咸備獨無頌詩僅以白居易七德舞一章附於大雅之末聊備其體行當廣爲搜羅以成全書。」在六月十九日的日記裏曾說明唐朝一代頌體所以少之故以爲「唐詩風體甚多頌體極少蓋其時競尙風華而國家又無大功德可述故詩人略而不言世所傳者惟香山七德舞諸篇亦非用於郊廟者是風雅未已而頌聲成輟。噫可以觀世道矣」至於何以分七十二門二十八卷，方氏在六月十八日的日記裡有一段說明以爲風雅頌三體共七十二門分編二十八卷卷以象經星二十八宿門以象月令七十二候合之則一百成數以太事上應天象這是五行家的說頭。

續緯會通

史緯直削

以上二種成書與否不可考。

歷代四科名賢傳

同治十年十一月十一日玉潤時在宿松因閱闕里文献考有慨於歷代「從祀孔廟者大概多以講道論學者爲重」孔門原以德行言語政事文學四科設敎，而後來只重德行遺棄其餘三項，其悖聖門初意，所以他想力矯此弊，「本夫子四科之意，收古今名臣賢儒傳分類而互輯之，纂爲成書，名曰歷代四科名賢錄。」這一部書大約只有一個理想，始終沒有編成。

四科言行錄

歷代四科衍緒（存否不可考）

四科言行錄是否成書，不可考。按鴻濛室文鈔卷二有歷代四科衍緒自者，以爲：「爰即漢初以迄明季諸儒列傳，摘其言行卓然可師，不離乎聖道者，分爲四科，各錄數則並系鄙論其後，以爲私淑孔孟之一助。是書也只崇實德，不尚虛聲。故雖嘗從祀廟堂而無實行可紀者黜之，其不必定從祀廟堂而大德不踰者錄之。非好異也，以爲天下古今之公論固如是耳。」大約四科言行錄一書後來定稿易名爲歷代四科衍緒，並且已有成稿了。

乾象銅元雜記

成書與否，不可考

坤輿圖隘新編（存否不可考）

此書成於同治四年乙丑，玉潤在這一年三月初八日的必烈日記裏曾記到此書的大概說「余舊有江淮籌備要編一書，然僅爲江淮言耳。後足跡漸廣，所歷關隘尤多，因並圖之。自客臘中旬至今凡三閱月，合之舊圖，共獲圖六十，編爲二卷。其未圖而無緊要者尚二三十圖，俟有所獲，再爲續編。雖未能編覽寰區，而爲戰守所必爭者因已十得三四。名曰坤輿圖隘新編，亦舉其隘者而圖之耳。」

皇極明史卦驗（存否不可考）

探元錄

酌經錄

咸豐十年九月十一日的星烈日記裏曾提及這三部書，以爲「余初在濵嘗有志講學而苦無同志，故着探元錄酌經錄明史卦驗諸書。後此事遂廢。明史卦驗雖亦成書，而未能校訂，探元酌經則尚未成編。」星烈日記彙要卷三癸亥九月十六日日記曾摘錄酌經錄中關於書經語數則，可見此書一斑。其他二書不可考。

運籌神機智略（存否不可考）

平賊廿四策（今存）

中興論（今存）

上時帥書（今存）

運籌神機守略（存否不可考）

運籌神機戰略（存否不可考）

技藝圖（存否不可考）

智略守略戰略三書而外還有藝略，總名運籌神機。藝略大約後來括入戰略之中，故乙丑目錄不載。運籌神機一書當是玉潤在雲南時所著，同治十年入曾國藩幕，曾以呈覽。曾國藩有篇序甚爲稱賞，說「運籌神機一書精力畢萃。戰略守略藝略三編雖多輯古人之說，而自具經緯，別立條目，即一器一技亦必繪畫分明。至智略一編，則窺天地之奧，誠鬼神之情，冥心孤往，所得獨多。」運籌神機一書至今存否不可知。平賊廿四策與中論上時帥論三篇今俱存鴻濛室文鈔中。平賊廿四策作於咸豐六年，時在李孟羣幕府，那時清軍圍攻武漢正緊之時，咸豐八年玉潤去安徽，在弋縣小住，又加修改，由其門人李嘉樂諸人爲之付刊。二十四策爲：廣幕府以重兵權，扼險要以爭地利，破資格以守才能，愼召募以選精兵，習戰陣以精紀律，鍊技藝以充膽量，明賞罰以示無私，和將士以期共濟，習水軍以遏賊勢，調漕督以助兵威，定征期以收勇效，治貿易以絕奸細，廣屯糧以濟軍餉，重五金以紓國用，辦游勇以除殘害，嚴關隘以禁橫行，懸重賞以求行間，寬脅從以分賊勢，修備禦以守城池，築村堡以防土寇，聯保甲以清戶口，練鄉兵以保民命，選守令以重司牧，砥人心以復元氣。玉潤親歷行間，以見聞作根據而成此廿四策，這於研究太平天國一代的史事不無可以證益之處。中興論成於同治元年寓居房山之時。玉潤在此論引言云，「壬戌孟冬寓房署時皖南賊勢甚張，江淮諸軍尚少捷音，征西大帥束手無策。輿言時事，曷勝浩歎。乃爲是論」此論所言爲討賊、求賢、理財三大端，於討賊主統一指揮權，於求賢主仿孔門四科以立取士之方，理財主生發儲聚量度撙節覈實變也，上時帥書中上曾國藩者三，曰論學，曰論用人，曰論天下大局，與董子中一書。

騷壇俎豆

評點杜詩（存否不可考）

本朝十二家詩選 梅村 阮亭 初白 蘀裳 愚山 竹垞 簡齋 心餘 甌北 船山 芷灣 默齋（存否不可考）

風雨懷人集

以上四種，除評點杜詩十二家詩選玉潤自云成書外，其餘俱不可考。即所謂成書之二種也不甚可考，是烈日記彙要卷十一至卷二十二悉論韻語，玉潤對於杜老同清代十二家的評論，於此可以窺見一斑。

鴻濛室文鈔（今存）

鴻濛室詩鈔（今存）

文鈔爲鴻濛室叢書的第二十八種，詩鈔爲叢書的第二十七種。文鈔第一集收有太平叢說，著述弁言，當今名將傳（多隆阿、王鑫、李孟群、王國才）鴻濛室金石文，中興論，上時帥書；第二集即平賊二十四策。詩鈔前集咸豐辛酉春刊於長沙，後集同治甲戌夏刊於隴州，一共是三十卷。卷一至卷四爲俯仰集，都是道光廿年到咸豐三年的詩，卷五爲問天集，是咸豐四年到五年的詩都是未出雲南以前所作。卷六爲僑襟集，出雲南以後作。卷七爲江漢從軍集，咸豐五年到七年在李孟群幕府時所作。卷八爲皖豫從軍集，自咸豐七年離開李孟群幕府輾轉於安徽河南之間所作。卷九爲渡江集，咸豐八年合肥城陷以後，流轉以至光州所作。卷十爲暫息集，寓光州作。卷十一爲浮湘集，咸豐九年到長沙以後再入湘軍幕所作。卷十二爲桃花潭集，咸豐十年離曾國藩幕府以後又入湘軍，復行辭去寓於宿州所作。卷十三爲湘帆再轉集，咸豐十一年從湘入粵擬回雲南所作。卷十四爲望洋集，咸豐十一年留粵時所作。卷十五卷十六爲北轍集，從粵入京作。卷十七爲房山集，咸豐十一年至同治元年隨楊卜臣寓房山作。卷十八爲平舒集，同治二年至三年春隨楊卜臣寓下城作。卷十九爲入關集，同治三年入陝西作。卷二十爲隴上拆聲集，同治三年至十三年佐隴州時所作。光緒以後的詩，似乎都未收入。

星烈日記（殘存一部分）

心學日記（殘存一部分）

星烈日記彙要（今存）

光緒元年冬，玉潤在星烈日記彙要的自序上說，「乙卯五月出滇，迄今廿有一載，逐日所記積二百餘卷，不下七千餘條。」這所謂二百餘卷大約總括星烈日記與心學日記而言。我今年在西安所見的玉潤日記原稿共三十五冊，今歸國立北平圖書館，恐還不到原來十分之一。在這三十五冊中，一大部分是屬於所謂星烈日記，凡二十七冊，又一小部分是屬於所謂心學日記，凡八冊。「星烈」「心學」（亦作心烈）果何所取義，今不之知。二書不知原本若干卷，星烈日記今存卷十至卷十三凡四冊（咸豐六年二月初一日至上月二十九日），卷二十至卷二十六凡四冊（咸豐六年十二月初一日至七年五月三十日），卷六十一至卷一百凡十九冊（咸豐十年閏三月初一日至同治二年五月三十日）。心學日記今存卷一至卷二十四凡八冊（同治二年六月初一日至同治四年五月）。星烈日記彙要卷首有乙卯後從軍江淮及游歷南北年月日表，以此對勘北平圖書館藏日記原稿，其存佚各卷可以一目瞭然。到光緒元年，玉潤遂將兩種日記「分門擇要，另彙成冊，用備參稽，」是爲星烈日記彙要，爲鴻濛室叢書的第三十六種，凡四十二卷，而彙要之開雕於隴東分署則始於同治十二年夏天。玉潤的日記範圍正當咸豐五年至光緒元年，太平天國由極盛而至於滅亡之際，他曾三入湘軍，歷游南北，有許多大戰他都親歷其境（如淸軍之圍攻武漢，宿松之戰等）並且親預攻守的謀劃，日記中記載甚詳，對於幷時將帥據其見聞，常有批評之處。所以研究太平天國一代的史事，這部日記中當有不少異聞佚事可供我們參考。可惜日記原本缺失過多，其中如武漢之戰，宿松之戰的日記現今都只存一二年實是一大憾事。然而一鱗片羽，還是不無可採之處，如咸豐六年日記所說圍攻武漢時戰歿於漢陽的女將李泰貞的事蹟，他書所紀即無如此之有聲有色，本末備具。楊秀清勸圍攻武漢諸清軍將帥書的梗概也見於咸豐六年四月十一日的星烈日記之中。同月十三日日記又係有李孟群鵒嘆篇中所載道光二十七年十二月桂平生員王大作等發馮雲山案一稟以及馮雲山呈訴府控府批同賈縣令詳文。這都是研究太平天國史事的好材料！

元學存眞（存否不可考）

地學存眞 巒頭析衷 羅經疏補

命學存眞

相學存眞（存否不可考）

數學存眞

據乙丑擬目，元學存眞相學存眞兩種玉潤已有成書。其稿存否，今不可知。星烈日記彙要卷二十三至卷二十五彙錄日記中論天文地理醫藥卜筮祿命風鑑諸項，玉潤在這一方面的言論，可見一斑。

月影饕光錄（存否不可考）

據乙丑擬目，玉潤此書已有成稿，今存否不可知。卷謂月影饕光錄果是何書，如今無從知悉，咸豐十一年二月廿七日的星烈日記卷七十二記及同治四年正月廿六的心烈日記卷二十都提到此書，大約總是一種言情綺麗之作。

評點聊齋志異

評點紅樓夢傳奇（存否不可考）

評點聊齋志異，據乙丑擬目並未成書，評點紅樓夢已成。玉潤對於聊齋志異和紅樓夢的見解，在咸豐十年十二月二十八日的星烈日記（丑七十）中曾發揮一二，可以參看。意思平平，無甚可喜之論。

鴻濛室墨刻（今存）

鴻濛室墨刻成於光緒五年，故不見乙丑擬目。墨刻之末有玉潤的識語，「以上雜臨歷代鐘鼎彝器款識共十八頁，既無倫次，復乏考据，只取章法長短參差配合，便於書寫屏冊而已。識者諒諸！」玉潤於鄭板橋的字最為心折，取法乎下，我們真的只有原諒他！

以上所採玉潤著作共得四十三種。乙丑以後一定另有增訂，惜無可考，只好分別著錄為上。

我在上面已經說到方氏同曾國藩見解不合，因此托故辭去。關於這一點玉潤自己也知道，他在咸豐十年九月十四日的星烈日記裏曾記有一段作學論而未成的話，

講樂自朱子後道已大略，元明以來學者或出或入，皆不能出其範圍。本朝考据家乃欲拔其識而樹以已幟，庸可得乎？姚姬傳出，調停於義理考据詞章三者之間，近代學者翕然從之，蓋

亦善於立教也。唯河洛一傳，未有所歸，故余欲引其端，以與天下學人推闡其緒而名譽既殘，學術尤陋，誰能信之！當今道學唯滌帥是歸，乃先擬此篇，冀求訂正。然滌帥所學，務求實踐，一切高深之論，在所弗尚。此篇雖出，恐亦在擯斥之列。而當今講學，舍滌帥更無從質正，奈何奈何！」

在玉潤上曾滌帥論學書中曾講到他的懷抱。他以為「河洛蘊蓄雖精，而其大要則不過理氣象數四者而已。」他頗有志於闡發此學，「纂秦古以來衛道之書符乎河洛者萃為一編，分別理氣象數四端，以闡夫子不言之道，為聰明穎悟者啟其機而導之，庶使其自明而誠，有所從入不致昧厥旨歸也。」玉潤分入道的方法為三，曰穎悟，曰討論，曰實踐。討論實踐，俱是自明而誠；穎悟則是自誠而明。換一句話說，所謂自明而誠即是注重經驗，由經驗以歸納出原理來；自誠而明則是注重形而上的探討，由形而上的認識以來即證世間經驗。玉潤以穎悟為入道的最高着手方法，又以河圖洛書為即夫子不言之道。他所說的河洛之學，全是一派陰陽五行家的話頭。他也知道曾國藩的主張是「以義理為質，躬行是勵，守程朱之繩墨，參馬鄭之宏通，折衷姬傳，私淑望溪，又將以所學範圍天下，胥歸實踐，而一切高深神奇之論，在所弗尚。」同自己的路數不對。但是那時候曾氏負天下重望，除去曾氏以外，別無出路，所以玉潤仍然希望「泰山不以其高而棄坵垤，大海不以其深而遺細流。」曾國藩的日記裏曾記到玉潤，而並未加評語，推想起來，大約對於

玉潤頗欲予以挫折，玉潤狂傲成性，不能忍受，便絕裾而去了。

在隴州時，玉潤曾仿宋朝胡瑗的辦法，列舉四科學程以告學生。他分四科為性道、經濟、文學、游藝四齋。玉潤頗不以顏習齋為然，而四科學程似與習齋約略相同。不過習齋注重實行，而玉潤之四科仍以口耳之學為主，注重書本上的知識，尤其是太極通書西銘正蒙皇極經世一類縹渺玄虛的書的研討。這去習齋太遠太遠了！

民國二十二十一月十四日作

朱 子 著 述 考

金雲銘

朱熹著述自宋迄今，其流傳者固甚多，而散佚不傳者亦不少。蓋晦翁著述等身，時有草創未完之本，未及删正刊削，即行棄置亡失。間有未定草稿，其名稱自屬未定，有易名至數次者，故其與故舊往來書札，門人問答中嘗有提及書名，然而遍考書目，竟無其書，蓋多未定之初名或別名也。茲篇皆就其傳本，或曾經前人收存證實者錄之，他皆從略，並就其範圍，分為撰著，編次，注釋，校刊，及朱子著述經後人代為編次而成者，別其部居，末附後人研究朱子之著作，以供探究朱學者之參考焉耳。

1，朱子撰著之書

周易本義十二卷四册。據貴池劉氏玉海堂景宋本。是書以上下經為二卷，十翼為十卷，共十二卷。前有易圖，後附筮儀五贊，與明永樂中割裂朱書，附於程頤易傳作四卷者不同。又有寶應劉本從古齋重刊宋本附有呂氏音訓，惟不載九圖及筮儀。又康熙五十年曹寅刊本，皆佳本也。熹作此篇蓋以補程傳之不足，因程學偏於言理，而未言數，故於篇首冠以九圖，為講易之立場。

易傳十一卷。是書目見宋史藝文志卷一，陳直齋書錄解題及文獻通考。四庫云為未定稿，恐已佚。惟涂溍生文集有跋朱氏易傳一文，則當時實有傳本可知。

古易音訓二卷。是書目見宋史藝文志。朱竹垞經義考云未見。謝啓昆小學考云已佚。惟近見朱氏經學叢書有是書，宋咸熙輯，為嚴重民重校本，可見其尚在。

易學啓蒙四卷（宋志作三卷，文獻通考作一卷），茲據御兒呂氏刊朱子遺書本及通志堂本。是書共分四篇，（一）本圖書，（二）原卦畫，（三）明蓍策，（四）考變占。蓋熹以易為卜筮之書，故既推羲文之意作周易本義，又懼學者未明厥旨，乃作此四篇，以象數為立場。按是書於明時有長沙知府山陰季本者，以朱子啓蒙仍有郭雍舊說，未盡聖人彰往察來之旨，乃作蓍法別傳二卷。

蓍卦考誤一卷。是書見朱竹垞經義考卷三十一。其自序考誤云，『揲蓍之法見於大傳，雖不甚詳，然徐讀而徐究之，使其前後復互相發明，則亦無難曉者。但疏家小失其旨，而辨之者又大失焉，是以說愈多而法愈亂也。因讀郭氏（雍）辨疑為考其誤』云。

元亨利貞說一篇，損益象說一卷。目見福建藝文志引黃幹跋云，『晦庵先生以授學徒江君季先，季先以示其同學，黃幹三復敬玩，刻之臨川縣學，以勉同志』云云。

詩經集傳八卷。宋史藝文志，書錄解題等皆作二十卷，（按此應為胡一桂本）。今本併為八卷。朱熹於經學其用力最勤者除四書外即為詩經。其解詩不滿前人箋註，以懷疑態度，不主毛鄭之說，而以國風中之鄭，衛等二十四篇，爲男女淫佚之作，謂詩序不足憑信，爲後人杜撰，先後增益湊合而成，可謂獨具隻眼矣。惜其尚爲時代環境所支配，未敢離經，故其說每不甚徹底，然心下未嘗無怏怏，觀其與呂伯恭書云『詩不知覺作如何看，近來看得前日之說猶是泥裏洗土塊，畢竟心下未安穩灑脫』。

詩序辨說一卷。是書係文公受鄭樵詩傳辨妄之影响，乃一變毛鄭之說將詩大序，小序別爲一篇，而辨之，稱爲詩序辨，或附於詩集傳之後。見朱子遺書本。

儀禮經傳通解三十七卷。是書係熹晚年罷黜之後絕筆之作，大要以儀禮爲本，分類附疏，而以小戴諸義，各綴其後，其見於他篇可互爲發明者，皆附於經或附於義。自卷一至卷二十三爲家禮五卷、鄉禮三卷學禮十一卷，邦國禮四卷中缺書數一篇。自卷二十四至卷三十七爲王朝禮十四卷，係草創未完之本，故用儀禮集傳集注之舊名。其未完喪祭部分後由其門人黃幹及楊復等續成，有儀禮經傳通解二十九卷。現有通行本。又按該書陳氏解題作古禮經傳通解二十三卷，集傳集注十四卷，謂爲其子在刻之南康。

儀禮釋宮一篇。經義考云『存』。按是篇已收入朱子文集雜著卷內。或云是篇實爲李如圭所作，編文集者誤收入朱集其說詳見福建藝文志，及四庫總目。

明堂圖說一卷。是書目見經義考云『存』。

鄉射疑義一篇。見仝上。

壺說一篇。經義考云『存』。按投壺爲古代遊戲之一種，太平御覽云，『古者投壺擊鼓爲節，帶劍十二，倚十八，狼壺二十，劍驍七十八，三百六十籌得一馬』。

深衣制度一卷。目見經義考，云存。按深衣爲古服制之一，大抵曲裾圓袂，衣裳幅數連續，所謂『續衽鉤邊』是也。朱子病其古制之蕩然，乃取家禮考正之，故其晚年所服有異。福建藝文志云朱子所著，名深衣考，是書爲王普所著。又按深衣考一卷，見於八卷本家禮。

大學章句一卷或問二卷，中庸章句一卷或問二卷。直齋解題云，『其說大略宗程氏，會衆說而折其中，又記所辨論取舍之意，別爲或問以附其後，皆自爲之序。至大學則頗正其脫簡闕文。按章句後則另與語孟合成四書章句集注。

論孟或問三十四卷。中論語二十卷孟子十四卷。有朱子遺書本，與論孟精義有別，其體裁係以問答式解明其義理所在。

論語詳說八卷。朱彝尊經義考云已佚。初名訓蒙口義，真德秀西山集有論語詳說序可考。

孟子要略。是書爲熹晚年之作，有葉賀孫及陳時舉所記語錄可考，孟子於宋以前向列子部儒家，與荀子並稱。自宋儒理性之學興，始升孟子以配論語與學庸共稱四書。今是書已佚不可考。年譜考異云『要略又名指要一名要指蓋一書也，書今不傳』。福建藝文志引眞德秀序云，『太守陳侯既刊文公朱先生論語詳說於郡齋，又得孟子要略以示學者曰先生之於孟子發明之也至矣，其全在集注，而其要在此篇………』云云。

孟子問辨十一卷。經義考云孟子問辨『存』。

伊雒淵源錄十四卷。是書記周敦頤以下交遊門弟子言行，爲宋人談道學宗派門戶之首書，尤爲治學術思想之要籍。書有元蘇天爵序。至明謝鐸又有伊洛淵源續錄六卷，蓋即續朱子之作也。起自羅從彥至王柏止共收二十三家。

釋奠儀式一卷。是書目見宋史藝文志。按該書現有指海本，作紹熙州縣釋奠儀圖是也。此書熹凡三易其稿，此爲紹熙五年最後定本。四庫總目有考釋頗詳。

舜典象刑說一篇。目見經義考卷九十三云『存』。

九江彭蠡辨一篇。目見經義考卷九十四云存。

致正武成次序月日譜　目見經義考卷九十五書類云存。

西銘解義。　是書成於乾道八年冬十月，在綱目完成之後，蓋因橫渠張子之西銘，朱子爲之發明其義，文集有西銘後記可考。亦見張子全書。

太極圖說解，通書解。是二書因周濂溪之太極圖及通書四十篇而作，朱子以其『言約而道大，文質而義精，得孔孟之本源，大有功於學者』，二程性命之學且由之出，恐後世失其微旨，不知有所統攝，乃爲之傳解。文集有太極通書後序，太極圖說後記，再定太極圖說後記，再定太極通書後序，通書後記，題太極西銘解後諸篇可考。有朱子遺書本，元刊本，及宿刻巾箱本。

小學六卷。熹既發揮大學以開悟學者，又懼其失序無本，乃輯是書使培其根以達，以達其支。凡內篇四，曰立教，曰明倫，曰敬身，曰稽古。外篇二，曰嘉言，曰善行，所以示修身齊家治國平天下之道也。書成於淳熙十四年現存版本頗多。按陳氏解題作四卷誤。

童蒙須知一卷。福建藝文志引熹自序云，『夫童蒙之學始於衣服冠履，次及語言步趨，次及灑掃涓潔，次及讀書寫文字及雜細事宜，皆所當知，今逐日條列成編名之曰童蒙須知』云云。

政訓一卷。福建藝文志引彭韶序云，『文公閒與門弟子問答時政皆指示病源親切的當，讀之使人凜然知懼』。

雜學辨一卷附記疑一卷。是書係熹斥當代諸儒如蘇軾，蘇轍，張九成，呂希哲等之經解雜說流入佛老者。有朱子遺書本。

困學恐聞編若干卷佚。年譜（王本）云『先生嘗以困學名其燕坐之室，因目其雜記之編曰困學恐聞。文集有困學恐聞編序。

朱文公遊藝至論若干卷已佚。是目見錢謙益絳雲樓書目惜其書盡付一炬，無從知其內容。

琴律說，不分卷。目見福建藝文志譜錄類。按是書已收入文集。

2，朱子編次之書

孝經刊誤一卷。是書爲熹據其懷疑之精神，反對孝經爲孔子所自著，擯其首節爲孔子曾子問答之言，爲曾氏門人所記，其他則爲後人所傅會。乃依據古文分考經爲經一章傳十四章，删改舊文二百三十三字，不存其說於注以就己說，此後儒所以不滿於刊誤也。　現有朱子遺書本及學苑本。

論孟精義三十四卷。凡論語二十卷，孟子十四卷。是書成於乾道八年，時年四十三歲。是書後名要義又改名集義，蓋取二程之說而附以張橫渠，范氏，呂希哲，呂大臨，謝氏，游氏，楊氏，侯氏，尹氏九家之說而成。見朱子遺書本。

論語要義若干卷佚。文集有論語要義序云，「熹年十三四時，受二程先生論語說於先君。未通大義，而先君棄諸孤，中間歷訪師友……遍求古今諸儒之說合而編之，誦習既久，益以迷眩……乃慨然發憤盡删餘說，獨取二先生及其門人朋友數家之說補緝訂正以爲一書，目之曰論語要義」云云。按是書爲不傳本，疑即論語集義之未定稿。浙江採集遺書總目有論語集義十卷寫本。

孟子集注十四卷。目見宋史藝文志。據朱熹答蔡季通及答何叔京書皆有持及孟子集解恐即是書。其成書當在孟子精義之前。

資治通鑑綱目五十九卷。是書係朱熹因司馬光之資治通鑑爲之編成綱目。或云惟凡例一卷出於熹之手定，其綱皆其門人趙師淵等依凡例而修，而熹時加訂正。全篇以春秋書法寓褒貶，讀之亦可見考亭學派思想之一斑。按宋史藝文志又有資治通鑑綱目提要五十九卷。蓋是書嘗刻於溫陵，別其綱謂之提要。廬陵所刊，則綱目並列不復別也。

五朝名臣言行錄十卷，三朝名臣言行錄十四卷，據四部叢刊景海鹽張氏涉園藏宋刊本。是書直齋書錄解題作八朝名臣言行錄二十四卷是也。前五朝載太祖至英宗五十五人，後三朝載由神宗至徽宗四十二人，皆南渡以前人也。其南渡以後一百五十三年，另由李朋溪所續錄，亦僅止紹熙以前，其紹熙以後則由清強汝泰所補編，有道光刊本。

二程遺書二十五卷附錄一卷。是書爲程子門人所記，全書所錄雜出并行，間頗爲後人竄易，熹乃編次而去取之，使成精粹。蓋熹之學間接得自二程，茲編該書，足表彰其師說也。今通作程氏遺書。

二程外書十二卷。是書初爲程氏遺書二十五篇，皆諸門人所記，然於二程之語，多有遺漏，熹乃取諸集錄，參伍相除，得百五十二條，分爲十二篇，以其取之雜，或不能考其所自來，乃名爲外書云。

近思錄十四卷。是書爲朱熹與呂祖謙同撰。淳熙二年。取周敦頤，二程，張橫渠等之書，擇其切要者六百二十二條，撮其梗概以便初學。蓋朱子之學，傳自李侗，羅從彥，而間接本於程頤之「涵養須用敬，進學在致知」二語，而確立其哲學系統。茲編皆錄北宋諸子之精要語錄而成，爲當時最新思想，故稱近思錄。後建安葉采作近思錄集解十四卷，係取朱書參以升堂紀聞及諸儒辯論删編而成。

上蔡語錄三卷。謝上蔡名良佐，字顯道學於程子之門，是篇本爲其弟子曾恬胡安國所錄，熹初得吳任寫本一篇，後又得吳中版本一篇皆曾恬所記，最後又得胡安國本，以相參校，版本獨多出五十餘章，至詆程氏，以助佛學。熹乃爲之删去，初不過以理推知其決非上蔡語，然未有左驗，亦不知其出自何人也。後由其友呂祖謙得江民表辨道錄一篇讀之，則盡與向所削去之五十餘章合，然後知其爲江氏所著，而非謝氏之語也。見文集，謝上蔡後序。

延平答問一卷附錄一卷。該書爲朱熹與其師李侗往來論學問答之書札，附錄一卷則爲熹之門人取其師論侗之語及祭文行狀等編輯而成。有朱子遺書本，及道南三先生遺書本。

古今家祭禮二十卷。目見元馬端臨文獻通考及宋史藝文志（按宋志作二十家古今祭禮二卷有誤）。陳氏直齋書錄解題云，「朱子集通典，會要所載以及唐，本朝諸家祭禮皆在焉，凡二十卷。又詳見年譜考異卷一。

家禮五卷，附錄一卷。汲古閣有宋刊本，楊復注，與今世行本不同。元刊本纂圖集注作十卷，劉垓孫增注，劉璋補註。昭文張氏有纂圖集註文公家禮十卷題楊復附刊，劉垓增注，爲錢遵王家物，張氏又有景宋刊本十卷。又鄭鎬岳仿宋本、康熙辛已汪氏刊本，明邱文刊本多所更定非原書，編爲八卷，近有洪氏刊宋本，詳見邵亭知見傳本書目。絳雲樓書目亦收有是書。按王懋竑白田草堂雜記著有家禮考，謂是書非朱子所作，反覆辨論其文甚長。近人陳石遺先生之石遺室書錄考該書實爲朱子之作，謂朱子平生著述甚多，時有未及删正不甚自珍，故亡失亦不甚惜，然此書實是朱子稿本，故其季子與勉齋安卿諸人序之跋之，載於行狀年譜，且瞿氏鐵琴銅劍樓書目所云之宋刊本，前有朱子手書自序之文字，尤非他人所能僞云云。按是書版本甚多，八卷本者，通禮及冠昏喪祭各一卷圖一卷，深衣考一卷，附錄一卷。七卷者不計附錄之謂，五卷者又去圖及深衣考也。

四家禮範五卷。目見宋志，通考及書錄解題云係張栻朱文公所編司馬，程，張，呂四家之書，建安劉珙爲刻於金陵。

朱氏家禮　卷。目見陳氏直齋書錄解題。

朱氏世譜一卷，目見絳雲樓書目。按熹有婺源茶院朱氏世譜後序一文諒即指是編。

3，朱子註釋之書

四書章句集注十九卷。是書有大學章句一卷，論說集註十卷；孟子集註七卷，中庸章句一卷，爲朱熹於經學中致力最勤之書，而合論，孟，學庸稱爲四書亦自熹始。蓋朱子之學實以四書爲基礎，所以殫精悉力從事訓釋，剖析毫釐，故於該書後又撰四書或問三十九卷，論孟精義三十四卷，中庸輯略二卷，其他如大學集解，大學詳說，孟子集解，四書音訓等目散見於往來書札者甚多，惜皆不傳未可得見。或皆爲集註之未定初稿歟。

論語訓蒙口義若干卷佚。訓蒙口義序云，『先生既編論語要義，以其詳於義理而略於訓詁，非啓蒙之要，乃本之註疏以通其訓詁，參之釋文以正其音讀，然後會其說以發其微，一句之義繫之本句之下，一章之指列以本章之左，間又附以已見以取便於初習之意也。』按玉海藝文志及經義考以是書又名論語詳說，姑兩存之。

朱文公百古圖小學注解。目見鉛謙益絳雲樓書目，未詳何書。張子全書十五卷。是書爲朱子註釋橫渠張子之書。讀之亦足知朱學之根本，及理氣思想之大略。

楚辭集註八卷，辯證二卷，後語六卷。是書朱子以原有之王逸章句及洪興祖補註，皆詳於訓詁名物，而忽於大義微言，乃於治經窮理之餘，爲之粗加隱括，釐爲八卷，以貫其『文以載道』之旨，蓋亦自况其晚年不受知於君，而感慨其徒蔡季通，呂子約等之死於貶所之作也。舊版本頗多，倘有通行本及掃葉石印本等。

3, 朱子校刊之書。

書古經四卷序一卷。是目見陳氏書錄解題，謂爲侍講朱熹晦庵所錄，與序仍爲五十九篇以存古也。按此書疑即臨漳刊本四經之一，文集卷八十二中有書臨漳所刊四經之後一文可考。四經者書，詩，易，春秋也。

臨漳刊本詩經。熹以毛公序冠於篇首，病世人只知有序，不知有詩，乃爲之更定，刻於臨漳。有後序一編見文集。

詩風雅頌四卷序一卷，是目亦見於陳氏解題謂爲朱熹所錄，以爲序出後世，不當引冠篇首，故別爲一卷。

春秋經一卷。是書爲朱熹於臨漳所刻四經之一。按熹於春秋獨無論著，此本以左氏經文刻之。文集中有跋一篇。

四子四卷目見宋志小學類。按此應是在臨漳所刊四子書，蓋即今之四書也，朱子以前無此名。

中庸輯略二卷是書熹因石子重之中庸集解繁雜乃爲刪定，初附於章句之末，後仍別行。有朱子遺書本及明嘉靖呂信卿刊本。又康熙乙卯石佩玉刊本，前有朱序，鼓山碑記及石子重傳略，陳大典及石佩玉序另訂一册。

陰符經考異一卷。自署鄒訢蓋假名也。是書本爲唐李筌僞作，熹以其時有精管語，因加以參證考定。有朱子遺書本，指海本，紛欣閣刊本。

周易參同契考異一卷。是書係熹於晚年，與蔡季通共同校正。年譜卷四餞別蔡季通於淨安寺條，引語錄云『蔡自府乘舟就貶，過淨安寺，先生出寺接之，坐方丈寒暄外無嗟勞語，以連日所讀參同契所疑扣之，蔡應答瀏然………明日獨與季通會宿寒泉相與訂正參同契終夕不寐』。現有朱子遺書本，指海本等。署名空同道士鄒訢。

校正禪月詩三卷。唐陳點具明著。

書凡四十九篇。朱子因其文多奇澀僞謬，乃爲之校正，有禪l書序一篇可考。略謂『(昌晦)潔身江海之上，不汚世俗之垢紛，夾輯舊聞以爲此書，雖非有險奇放絕之行，瓌怪偉麗之文，然其微詞感慨實能發明理義之致，而有功於名教亦可謂守正循理不惑之士矣』云云。

周子通書遺文遺事一卷。是書爲朱熹集周敦頤遺文刊於南康，目見陳氏書錄解題。

朱文公校昌黎先生文集四十卷，外集十卷，遺文一卷，八册。四部叢刊景元刊本。是書卷首有朱子序，其所著韓文考異本別行，王伯大取以散入本文，良便檢尋。

韓文考異十卷。韓集諸本每互有異同，熹於六十八歲時始詳加考訂，勒爲十卷。其體例但摘正文大旨，而以所考夾注於下，爲別行本。此外又有別本韓文考異四十卷，外集十卷，遺文一卷，朱子原本，王伯大重編，版本頗多。詳見郘亭知見傳本書目。

5，朱子著述經後人代爲編次而成者

朱子五經大全。明黃越校訂，康熙間刊本中分易經大全二十卷，書經大全若干卷(原缺)，詩經大全十五卷，禮記大全三十卷，春秋大全三十七卷。目見叢書書目彙編。

朱子六經圖十六卷。刊本清知縣桐城江爲龍輯，是書因朱子六經圖之舊，復取四書圖參訂異同，以附於後。目見浙江採集遺書總目。

晦庵經說三十卷。是書爲宋黃大昌王于一編次，經義考云「未見」，恐已失。郡齋讀書志稱是書爲易說啓蒙三卷，大易問答二卷；尚書問答三卷，毛詩問答一卷，禮記問答一卷中庸問答二卷，大學問答二卷，周禮春秋問答一卷，論語問答並拾遺八卷，孟子問答並拾遺並孝經刊誤四卷，附太極問答，西銘解義問答三卷，共爲三十卷。凡六經要旨論孟奧義悉可以類而求之。案是書董鼎書傳輯錄纂注作武夷經說。千頃堂書目作黃大昌撰。

朱子五經語類八十卷，清錢塘程川郿渠編雍正刊本。是書分易四十卷，書九卷，詩七卷，春秋三卷，禮二十一卷，門分部居頗便參考。

朱文公易說二十三卷。見通志堂經解本。是書爲文公適孫書鑑(子明)取語錄中之論易者會粹而成，多與本義，啓蒙相發明。書林清話引瞿目云淳祐壬子建陽縣齋刻晦庵先生朱文公易說二十三卷，蓋卽是書。

書傳集說七卷。是書爲熹之弟子黃子毅集其師之遺說而成。目見宋志，(作書說)，直齋書錄解題(作晦庵書說)，文獻通考及朱竹垞經義考。按熹於書經獨缺訓傳，無專著之書。只文集有二典，禹謨，金縢，召誥，洛誥，武成諸篇有解其他皆散見於語錄。其主張則對於東晉晚出之古文尚書及孔安國尚書傳加以懷疑，指斥其僞，實開後世明清學者辯僞之端。及其晚年始口授其徒蔡沈使作書傳，有書傳集解十二卷，分別今古文之有僞。其後明梅鷟，清閻若璩惠棟等始據之作尙書考證，辨明僞孔，蓋熹實開其端。

文公詩傳遺說六卷。見納蘭成德刻通志堂經解。是書亦熹之適孫鑑輯語錄文集及其親聞於文公之論詩者，別爲是篇。鑑有後序見經義考卷百零八。

朱子四書語類五十二卷。是書爲清周在延就朱子語類中專取關於四書之語錄別爲刊行，未加增損考訂。按續通志文志作八十卷，或是別行本待考。

四書朱子異同條辨。清李沛霖，李兆恒同訂，康熙壬午刊本。中分大學三卷，中庸三卷，論語二卷，孟子十四卷。

論語語類二十七卷。宋潘墀編。目見直齋書錄解題及文獻通考。經義考云佚。

朱子資治通鑑綱目集覽五十九卷。王幼學編。目見書林清話引孫記。

朱子全書六十六卷。有清內府刊本及古香齋袖珍本等。是書爲康熙五十二年李光地等奉勅撰。係合語類及文集二部而成。因語類一書，係門弟子記錄，中間不無歸誤冗複。其朱理文集一部則是其平生議論問答。應酬，雜著，奏牘等粗細兼收，令覽者苦其煩多，故合其二書，撮精取要，以類相次，大抵以論學爲編首，蓋以朱子所論小學涵養之方，大學進修之法，使學者先知此，然後進而可以讀四書詳誦而與聞乎神妙精微之蘊，故次以四書，六經而繼以性命道德，天地，陰陽，鬼神之說。至於篇末之志狀碑誄，奏牘移文詩文，詞賦等之有關於談經論學者則存之，出於應求徇請紀遊者皆略焉。

朱子遺書一百三卷。是書爲叢刻之類，內含初刻近思錄十四卷，延平答問一卷，後錄一卷，雜學辨一卷，附錄一卷，中庸輯略二卷，論孟或問三十四卷，伊雒淵源錄十四卷，上蔡語錄三卷，論孟精義二十四卷，易學啓蒙四卷，詩序辨一卷，孝經刊誤一卷，參同契注一卷，陰符經注一卷。

朱子遺書十卷。目見絳雲樓書目，瞿氏鐵琴銅劍樓書目云，至正元年辛巳刻，昭文張氏存有殘本。按是書爲元人節錄，朱熹太極圖，通書，正蒙，西銘各解及易啓蒙，家禮，律呂新書，皇極經世，陰符經，參同契各注，共十種書刊行。

晦翁學案二卷。見宋元學案卷四十八，四十九。黃宗羲原本。是篇首爲傳略，次列語錄問答之辭。

論語語類二十七卷。宋潘墀編。陳氏解題作晦庵語類二十七卷，謂爲蜀人以晦庵語錄類成篇，潘墀取其論語一類，增益其未備刊於學宮。

朱子語類纂十三卷。清王鉞取黎靖德所編語類摘取理氣鬼神，性理，論學四門，餘皆不取，四門之外，又各刪存大略，其間附以己說，多穿鑿附會之語。目見四庫儒家存目。

朱子語類一百四十卷。宋黎靖德編。是書集朱熹與門人問答之語，分爲二十六門，有成化九年陳煒刊本，石門呂氏刊本等。目見知見傳本書目。

朱子語略二十卷。是書爲宋楊與立編。姚惜抱文後集有跋語。四庫未收入。目見郡齋讀書志，邵亭知見傳本書目。有道光金陵甘福刊本。

朱子語錄四十三卷。是書爲熹門人等所記。目見宋志子類，郡齋讀書志云係廖德明，輔廣，余大雅，陳文蔚，李閎祖，李方子，葉賀孫，潘時舉，董銖，竇從周，金去偽，李季札，萬人傑，楊道夫，等以下三十三人所記。庚節刻於池陽，黃幹書於目錄之後

朱子語錄一卷。宋順昌余大雅編。目見福建藝文志，按余氏，儒林宗派作上饒人。

晦庵語錄四十六卷。宋李道傳貫之集朱子及其門人三十三家之說。刻於九江。傳本不可考。目見陳氏書錄解題。

晦庵續錄四十六卷。宋李貫之弟成又集黃幹何鎬等以下四十二家及前錄所無者，刻之，合貫前錄，益見賅備云。目見陳氏解題。按郡齋讀書志作晦庵先生語錄四十六卷，謂李性傳序，而刻之鄱陽。

文公語錄。宋晉江楊至編。至爲熹之弟子。目見福建藝文志。

晦翁先生朱文公語後錄二十卷。郡齋讀書志拾遺謂爲王佖所記，黃幹等以下所錄，皆池本（貫池刻本）饒本所未及刊者。

晦菴先生朱文公語續錄後集二十五卷。郡齋讀書志拾遺云爲湯方黃幹等以下二十二人記錄晦菴先生之語也。

紫陽宗旨二十四卷。宋王佖著。四庫總目云其書採輯朱子文集語類，分論人，析理，明經，論事四門。每門又各分子目其中註語有出朱子原書者，亦有由佖所增識者。按內閣書目有佖紫陽宗旨三十八卷，千頃堂書目則作二十八卷。

文公問答錄。建陽吳雉輯。福建藝文志引道光建陽縣志云朱子晚卜居考亭，鄉人作聚星亭，欲繪荀陳遺事於屏，從雉得本。雉考究車服制度，時稱博雅。

郡齋錄。此爲朱子弟子陳淳所錄朱子語錄之一，北溪全集有序云「……隨問所錄，姑以愚鈍不敏，私寓其書紳諸牢之意而已」。

竹林精舍錄。此亦陳淳所錄朱子語錄之一。文公易說曾引精舍紀聞，詩傳遺說曾引精舍朋友雜記，當即是書。按福建藝文志曾引淳後序可考。

玉溪師傳錄一卷，附錄一卷。宋甌寧童伯羽輯。四庫總目云是編所錄朱子語錄，本名晦庵語要，明成化中其九世孫，訓以語類諸本參校補訂改題今名。

朱子語錄類要十卷。宋葉士龍輯。分爲四十八類。目見宋史藝文志補，有元刊本。

朱子抄釋二卷。明呂柟撰。見惜陰軒叢書，道光宏道書院版，是書係取朱子門人楊與立所編語錄，遺其重複，取其切近，抄出一帙，條釋其下，以便初學，爲四子抄釋之一。前有呂序，後有明黃承叙及鄭汝舟跋。

(10) 朱子著述考

文公經世大訓十六卷。明余祐編。四庫目云是書採朱子文集語類二書，分類排纂，爲三十六門，別無一字之發揮云。

朱子語類八卷。是書在張伯行正誼堂全書，目見叢書書目彙編。

朱子語類四纂五卷。朱子語類無下數十種，此篇爲清李光地所輯，其序云，『自始讀語類苦其己多，於是芟冗重錄精要，以備忘遺。』其分類共分十門，即學，師友淵源，學語孟庸，六經，通禮，治道，聖賢諸子異端，歷代，天道，心性命是也，見榕村全書。

朱子文語纂編十四卷。目見四庫儒家存目云，『是書不著編輯名氏，取朱熹文集語類以類相從，不分門目，蓋爲草創未完之本』。

朱子書要。是書不著編輯名氏，亦無卷數，係取朱熹語類，文集鈔撮成帙，前無序目，蓋爲分類編排未竟之本云。目見四庫儒家存目。

近思續錄四卷。清劉源淥著。四庫總目云是書因朱子近思錄篇目，採輯朱子或問語類文集分門編輯，前有康熙辛己，其門人陳舜錫馬恒謙二序。按清張伯行亦有續近思錄十四卷，蓋亦取朱子之語，分隸而爲之註，然自宋以來如近思要錄，文公要語，朱子學的，朱子節要……之類，載籍紛繁，人著一編，然核其大旨，則大同小異耳。

朱子學歸二十三卷。清棗強鄭端輯，係摘錄朱子文集語類中之語，分次之，始論性，終詩教凡二十三類。有康熙癸己自序。見浙江採集遺書總錄及四庫存目。

朱子學的二卷，清丘濬編輯，張伯行重訂。有刊本，民國五年福建經學會排印本。是書係採朱子語錄次爲學的。分上下卷以擬小學，總二十篇以擬論語，上篇自下學以至天德，由事達理而終之以韋齋，所以記朱子生平之言行也。下篇自上達以至斯文由理以散事，而終之以道統，所以記濂洛關閩之學之所由來也。

朱熹辨僞書語一册。近人白壽彝輯語類，文集，詩傳遺說等書之關於考訂僞書謬說者，共四十餘條而成。樸社出版。

朱子讀書法四卷。宋張洪齊熙同裒集朱子語錄之關於讀書方法者刊行，分居敬持志，循序漸進，熟讀精思，虛心涵泳，切己體察，著緊力行六項。分門排比，綱目井然。現有元至順刊本尚存。葉德輝書林清話引陸心源皕宋樓藏書志云咸淳丙寅二年，鄞縣伴官刻朱子讀書法四卷，是爲宋刻本。清王晫亦有集朱子讀書法一卷，見積齋嚴六種本。

白鹿洞規條二十卷。清王澍著。是書取朱子白鹿洞規爲綱，而分類條析，證以經史百家之語。

家山圖書一卷。福建藝文志云朱子撰。四庫全書總目云不著撰人名氏。永樂大典題爲朱子所作，今考書中引用諸說，有文公家禮，且有朱子之稱，則非朱子手定明矣。錢曾讀書敏求記云家山圖書晦庵私淑弟子之文，蓋逸書也。永樂大典尚備載其原文，首列小學本旨，圖中多曲禮，內則，少儀之事，先圖後說，根據禮經，依類標題，詞義明顯，自入學以至成人，序次冠昏，喪祭，賓禮，樂，射，御，書，數諸儀至詳且備。蓋朱子小學一書，詳於義理，此則詳於名物度數之間，二書相輔而行，本末互貫，內外兼資，均於蒙養之學，深有所裨云。

朱子禮纂五卷。是書見李光地榕村全書本。係光地裒集語錄文集中說禮之言而成。其分總論，冠昏，喪祭雜儀五卷。

朱子家禮輯要一卷。清漳浦蔡世遠著。自序有云『伏闕承文公遺澤，又際禮教修明之日，臣庶率由烝遵，顧窮鄉僻壤間，有不見全書，狃於習尚者，用是備考成書，輯其簡要，以合鄉俗之易行』云云。

文公家儀禮節八卷。明邱濬著。藝風堂藏書續記云，『前有朱子原序，及黃幹等諸說。本為五卷本，邱濬衍以圖式，參酌編次。一通禮，二冠禮冠圖，三婚禮婚圖，四喪禮喪圖，五喪葬喪圖，六喪虞，七祭圖，八雜錄』。按汪氏振綺堂書目作四册。

晦庵先生朱文公文集一百卷又續集十卷，別集十一卷，目錄二卷。是書由卷一至卷十為詞，賦，琴操，詩等，大抵多紀遊之作，卷十一至二十三皆應詔，奏劄之類。卷二十四至六十四皆與時人往來書札問答議論時政之屬。卷六十五至七十四皆說經談理讀書雜著。卷七十五至一百皆序，記，跋，銘，祭文墓誌等應酬之作。若與年譜互相參証，則略可窺見晦翁一生行事論學之旨矣。，初刻有咸淳元年建寧府建安書院刻本，見書林清話卷二引陸志。其後版本甚多，茲據四部叢刊影印明嘉靖閩本。又按是書在宋稱大全集只百卷。汪氏振綺堂書目有朱子大全一百卷，三十二册，係清臧眉錫蔡方炳重訂本。

朱子文集十八卷。是書為節略本，見清張伯行編正誼堂全書，左宗棠校正刊本。

朱子文集大全類編百一十卷。是書目見四庫別集存目云係朱熹十六代孫清朱玉編，以朱熹正續三集合而為一，俾諸體各以類從，每體之中又以編年為先後。

朱文公大同集十三卷。是書為朱子門人陳利用輯熹在同安時所作之詩文，至明林希元又加增補。同安於唐時為大同故以名。集目見四庫總目集部存目，及錢氏絳雲樓書目。

朱子論宋文鈔二十卷。清吳震方編。是書取經傳子史，以至唐宋諸家之文，曾經朱子論定者，摘錄成編，皆先列朱子之論，而以其文列於後。目見四庫總集存目。

朱文公經濟文衡十五册。目見絳雲樓書目。按天祿琳瑯六載元泰定甲子（元年）梅溪書院刻馬括類編，標注文公先生經濟文衡前集二十五卷，後集二十五卷，續集二十二卷即是書也。汪氏振綺堂書目云舊題宋滕珙編、或題馮季璣編。其所收爲明正德刊本。

重鍥文公先生奏議十五卷。明朱吾弼編。天祿琳瑯書目云明葉向高序。大抵皆自晦庵集中所抄出者。

朱文公祕興詩，卷數不可考，目見絳雲樓書目。

南嶽唱酬集一卷，附錄一卷。是編乃熹與張栻林用中南嶽紀遊之詩，凡五十七題，附錄一卷，係朱熹與用中書三十二通，遺事十則。目見四庫全書總目集類。按明祝完刊本，朱張唱酬詩一卷即是書。

晦庵詩話一卷。明汝沈綸編。目見絳雲樓及述古堂書目。近見來青閣有傳是書，爲明抄本一冊，索價四十八元。

朱子文說一卷。直齋書錄云熹門人包揚所錄文公論文之語，本爲一篇。

晦庵文鈔七卷，詩鈔一卷。明吳訥編。四庫簡明書目(邵編)云刊本尚存。

晦庵文鈔續集四卷。明俞銑編，係補吳訥所作。四庫存目。

附錄後人研究朱子之書

朱文公年譜三卷。宋李方子編。目見郡齋讀書志云應壯父刻於溫陵者爲三冊，倪灼刻於康廬者爲一冊。按陳氏解題作紫陽年譜，云朱熹門人通判辰州昭武李方子公晦撰。汪氏振綺堂書目作朱子年譜二冊五卷，蓋爲李方子編明李默深增修本也。

朱子年譜一卷。宋袁仲晦著。福建藝文志引道光通志云，朱子年譜宋洪友成刻者稱洪本，閩省刻者爲閩本，明李默刻者爲李本，前有朱子後裔懷蕖序，詔因各本不同，乃訂正重刊。然後以王懋竑本，此本猶多漏略，不能一一精核也。

朱子年譜六卷。清建陽朱世潤編。四庫總目傳記存目云，「世潤朱子十八世孫，朱子年譜舊本明戴銑增之爲實紀，李默修之復稱年譜，又有洪去蕪本，王懋竑本，諸家之中惟王本最精核……是編意主鋪敘，不求考核，故未免蹐訛舛謬。……且以年譜爲名，而年譜僅居三卷，除第四卷爲行狀外，其餘皆褒崇題詠之作，乃占至後四卷，未大於體例亦未協」云云。

朱子年譜四卷，考異四卷，附錄二卷。清王懋竑纂訂白田草堂版。是書爲予中先生歷二十餘年之纂訂，凡易四稿而後定，大抵依明李古沖及清洪去蕪刻本，嚴密而慎深之，正其舛誤，次其先後，凡與各本有所出入者，皆別爲一書，曰年譜考異。其附錄則採朱子最切要之論學語，散見於文集，語錄與年譜有關係者以便參証。

朱子年譜二卷，附錄一卷，清黃中撰。四庫存目云大旨主於頌美無所考證。

朱文公行狀一卷，宋熹弟子黃幹撰。目見宋志卷二。

朱子實紀十二卷。明戴銑編。四庫傳記存目云，是書詳述朱子始末，首曰道統源流，世系源流，次年譜，次行狀，本傳，次廟宅，次門人，次褒典，次讚述，次紀題。

考亭朱氏文獻全譜十二卷。浙江採

集遺書作十册。刊本。是書爲朱子十二世孫明欽縣朱鐘文輯。於萬歷年間重修。溯唐茶院公以來支派纂紀本末，而於文公生平事蹟，及歷代褒典，并後賢紀述搜討郎詳，分爲陸至雜記共十三門，實爲繼朱子之婺源茶院朱氏世譜之作也。

考亭淵源錄三十四卷。絳雲樓書目作十一册。浙江採集遺書總錄作明福建按察使婺源胡直撰。以朱子爲主，先之延平籍溪屏山白水四先生，以發其端。旁及同時之南軒，東萊，復齋，梭山，象山，同甫，君舉諸公，而凡在朱門者共三百八十三人，悉以次錄焉。末一卷錄考亭叛徒三人，則趙師雍，傅伯壽，胡紘也。或云此書本宋端儀初稿，而胡直足成之。

紫陽大旨八卷。清秦雲爽著。是書成於順治辛丑，專爲王守仁朱子晚年定論而作，分八門，一曰朱子初學，二曰論已發未發，三曰論涵養本源，四曰論居敬窮理，五曰論致知格物，六曰論性，七曰論心，八曰論太極。見四庫總目提要。

朱子晚年定論八卷。清李紱編。是編以陳建之書，於朱子之論尚未全，且以語錄爲門人所記，不足爲據，乃取朱子正續別三集，所載自五十歲至七十一歲，與門人答問及講義題詞之類，排比編次，間條附以考證，以成是書。目見四庫儒家存目類，按絳雲樓書目有朱子晚年定論爲別行本，或即王本，待考。

考正晚年定論　清孫承澤著。四庫總目云「是書以王守仁所作朱子晚年定論」，不言晚年始於何年，但取偶然謙抑之詞，或隨問而答之語。及早年與人之筆錄錄之，特欲借朱子之旨以攻朱子，不足爲據。乃取朱子年譜，行狀，文集，語類等書，詳爲考正，逐條辨駁輯爲是編。

朱子爲學考三卷。清連城童能靈著。四庫總目云是編考朱子爲學之次第，分年紀載，而於講學諸書，各加案語，以推闡辨論之。蓋繼學蔀通辨而作也。同時寶應朱澤澐亦有是書，大致皆互相出入云云。

朱子聖學考略十卷。清朱澤澐撰。是編詳叙朱子爲學始末，以攻金溪，姚江之說。目見四庫儒家存目。

朱子文公傳道歷世言行錄八卷。清舒敬亭撰。係取朱子言行彙爲一編，目見四庫傳記存目。

讀朱隨筆四卷。清陸隴其撰。有康熙戊子張伯行正誼堂刊本，並爲之序。按是書係取朱集除劄記詩賦二十九卷不加發明外，自三十卷至一百卷旁逮別續諸集，究研討搜，務見其精意，並於條條之末，綴以按語數言。

近取編二卷。明胡繼宗著。四庫云是編取朱子要語，纂成二卷，名曰近取篇，謂取諸日用切近之語，以救宗金谿(王守仁)之弊云。

朱氏傳授支派圖。已佚。宋王力行著。力行字近思，朱子弟子，是目見福建藝文志。

朱子學派。近人謝无量著。中華書

(14) 朱子著述考

局本。是書第一編爲序論，分三章，第一章爲子朱傳畧，二章爲朱子學術之淵源，第三章爲關於朱子之評論，第二編爲本論，分四章(一)朱子哲學，(二)朱子倫理學，(三)教育說，(四)古今學術評論。末附朱子門人及宋以來朱子學畧述。

本文重要參考書，除本校圖書館所藏朱子之著述外，尚有下列各書

郡齋讀書志二十卷宋晁公武撰
直齋書錄解題二十二卷宋陳振孫撰
宋史藝文志八卷志補一卷，元脫脫修
文獻通考經籍考七十六卷元馬端臨撰
經義考三百卷清朱彝尊撰
福建藝文志七十六卷附錄四卷陳衍修。
郘亭知見傳本書目十六卷清莫友芝撰
四庫全書總目提要二百卷清紀昀撰
浙江採集遺書總目十册清鐘音等奉勅撰
皕宋樓藏書志一百二十卷陸心源撰
絳雲樓書目抄本二册錢謙益撰
鐵琴銅劍樓書目廿四卷常熟瞿鏞撰
振綺堂書目四卷汪曾唯編
書林清話十卷葉德輝著
宋元學案清黃宗羲原本。
朱子年譜王懋竑白田草堂本
朱子文集一百卷四部叢刊景明本

曾鞏的生平及其文學

熊翘北

我們國度裏，四川和江西兩省，是常常產生大文學家的，推原其故，與山水不無相當的關係，李太白得峨山的俊逸，陶淵明似匡廬之清幽，有宋一代，三蘇父子饒盡了峨眉的奇秀，正宗派的歐陽修，和怪傑王安石，也各有其靈氣所鍾，歐陽修可以代表贛水的紆徐，鄱湖的廣大，王安石象徵着內地峯嵱的雄峭險拗，介於歐王之間，還有一個大作家曾鞏，他的文學是如何孕育出來的呢，現在把他作一個有系統的記敘：

先生字子固，生在豫章之東一個城邑，叫做南豐，那裏有深約五六尺的盱江，滿積着細沙，一泓蔚藍的清水，環繞在城的西南，幾千家樓台住宅散佈着，從遙遙望去，恰像一個谷形，出南門過渡，行里許，得一石巖，有亭有屋，相傳為先生幼時讀書的所在，風景非常雅緻，右上長流着清淺的甘泉，四圍綠樹成陰，花草雜生，左邊靠近南台，有一座七層無頂古塔，前面正對軍峯，三峯鼎立，儼然天生成的筆筒筆架，（若軍峯為撫建著名的大山，高度不亞五老香爐，懸崖斗壁，盤立雲際，幾百里外即可望見，記得我十六歲時曾登臨一次，有詩云：「已到軍峯第幾峯，白雲踏破迅生風，盱江曲曲流銀線；怪石峨峨接碧穹；夜宿山巔星斗動，醒看塔頂彩花紅，地靈自昔鍾人傑，曾鞏文章一代雄」。）

先生既然陶醉在這種優越的自然環境裏面，更加天性聰敏，讀書數百言脫口成誦，十二歲試作六論，言辭很是壯偉，十六七歲就窺探六經的奧旨，對於古今有價值的作品，異常愛好，出語便能驚人，遠近無不知道先生的名字，喜游歷，西北經行陳蔡睢許淮泗到了京師，東面橫渡長江運河，過五湖和封禺會稽諸山觀風於東海，南方浮舟揚子江，由漢口達洞庭湖，轉鄱陽湖，上大庾嶺，經過廣東的珠江，至南海為止，因得交游四方豪傑，開擴心境，所以能造就其後來的偉大。再進而追述先生的家學淵源：

祖父致堯，是太平興國的名進士，做過泉蘇揚鄂諸路州的官，人民都很愛戴，所為文章，不外研究治亂得失興衰的大道理，吐詞閎深儁美，長於議論，父易占，也舉天聖進士，守如皋玉山二縣，因據貲案斷賂不與，罷歸，從此閉門十二年，著了時論三十篇，對於國家用人行政都有很好的意見發表，替成攜將先生同進京師，將求施展其所學，可惜至南都就病死了，先生秉著祖和父的傳授，那時刻不忘繼承其遺志，而發揚光大的。至於師友：

歐陽修在當時前輩中獎就後進的心思，最為熱烈，他很賞識先生的文章，先生中了嘉祐二年進士，得以進身朝廷，都是歐陽修薦引的力量，他每對人說：「過吾門者千百，獨於得子固為喜」。而先生也推崇他為：「一代文章伯，三朝社稷臣。」十分表示其傾慕感激的誠意。

王安石與先生同鄉，認識最早，先生十八歲那年，遊太學，在京和師安石見面，就結成了知己，不久安石從淮南解假歸臨川省祖地，親自到南豐拜訪先生，互相縱談唱和，不勝相得，先生屢次寫信介紹於歐陽修處，極力將贊他的文學，見地，和政治天才，中年安石掌執國家政權，自覺宋室諸制度有許多不適用，應該改革，主張推行新法，先生起初未嘗反對，不過後來弄到一意孤行，排斥君子，登進小人，就很痛恨，觀於安石二次罷相，神宗召見先生，所答：「安石勇於有為，而吝於改過」。一番說話，乃針對著安石失敗的病原，而深致惋惜的。

先生為人忠正剛悖，進退取舍，必度於禮義，並不熱心富貴，他是主張做大事，而不必做大官的，嘗說：「古之人為一鄉一縣，其德義惠愛，尚足以薰蒸漸澤，今大者專州，豈嘗小其官而不事也。」不然，好友安石，位居宰相，兩弟曾布，職貴中朝，要是肯俯就的話，何患不炙手炎炎，變為一等紅人呢？外出十餘年，歷任越州通判，知齊福明亳滄諸州，先生所至，最注重的工作，是訪問民間疾苦，剷除豪強盜賊，齊州曲堤周氏，世代貴族，資財雄厚，擬於江南王謝，有子周高，恃勢作惡，欺殺平民，奸淫婦女，無所不為，別的官吏側目不敢究問，先生下車，首先拿他按法治罪，章丘悍民，結黨成群，號霸王社，掠劫村落，搶劫囚犯，都任意做去，先生雷厲風行，緝獲三十一人，流配遠方，部境賴以肅清，又創保伍法，稽查居人行旅，出入經宿，都有簿籍記載起來，假使遇著盜賊發現，老百姓鳴鼓爲號，互相援救，土豪由是不敢妄動，直至家不閉戶，道不拾遺，治績何等優良，移守福州的時候，兼轄兵馬，該地股匪大盜，時常出沒擾亂，人民不堪，有許領周恩，朝廷已經赦罪招降，但不敢來，他盜更自相疑惑，復合聚呼嘯，聲勢浩大至延數州，先生用計羅致他，其餘黨羽，歸順的歸順，自殺的自殺，被擒的被擒，從此客商行山宿海如在城市一般，後來留居京師，神宗以先生史學見稱士林，付以五朝大典，改正官制，拜中書舍人，死後追謚文正，著有元豐類稿，隆平金石集史，這些著作，都是先生一生精神的結晶。

大家都知道先生的文學，在唐宋古文復興是八大家之一，說到這裏，就不得不推究此種文學之所以成立，和復興運動的起原因，爲中國古文學，自司馬遷揚雄而後，已成絕響，晉魏六朝以來，士大夫專尙淸談，耽於老佛的虛無，文選派「四六體」盛行一時，至隋初唐而登峯造極，但流弊所趨，作者只知堆砌簡澀，修飾表面，內容簡直不成樣子，沒有一點學理和情感，韓愈看到此種文學的沒落，很想挽回頹風，高唱復興古文，推尊儒教的論調，至宋歐陽修出，更顯明的掛起衛道的旗幟，極力要變更當時文體，將雕琢浮靡的陋習，一齊掃蕩，以完成韓愈的大業，先生是他最早的一個同志，後來蘇王爾風興起，這種運動就蓬蓬勃勃，不可遏止，他們主張有三：（一）宗法六經，（二）語須自出，不必模倣。（先生與安石書；「歐公云，韓孟文雖高，不必似之也，取其自然耳」。）（三）表情以氣，不用排偶。先生對於宗法六經的工作，做得尤其透澈，一部元豐類稿，寫景抒情的文字，極其少見，多數篇章，都是原本經傳，表彰先聖的論述。

關於風格方面，古文學可分二派：韓蘇以氣勢取勝，貴在奇崛；歐陽以神理取勝，貴在爲水，先生初時所作，也是標驁奔放，雄渾瓌偉，後經歐陽修的陶鎔，纔逐漸歸於平淡自然，而轉爲陰柔之美的，讀過歐陽修示吳孝伯詩：「吾始見曾子，文章初亦然，昆侖傾黃河，渺漫盈百川」就可知道他作風轉變的由來。編校書籍，本來是一件很煩重的任務，先生在內廷費了九年的功夫，從事研究，常自比劉向，確實有些相像，所做的目錄序十一篇，把他開典藏的古今書籍，加以搜羅，擷其大略，著其要旨，正其謬誤，辨其得失，遇有微言疑義，又復闡明剖析而引歸於道。這種絕大的貢獻，開學術界未有之創例，誠算考據精詳，不朽的名著。他如踵翠祕閣諸序，宜黃筠州二學合記，說古說得出，唐賦說勢籍篇，論治亂論得好。我最喜雜識二則，記富弼處說勝宗諒，恐得罪杜衍范仲淹，左右做人難，及狄青破儂智高，能料勝敵於事先，立意固然新穎，筆法又很矯健委曲，大概是壯年時期的傑作，總之先生的長處，是能運用古文學修辭法，來做說理文，而卓然自成一家，最適恰的評語，爲「溫醇典重雍容平易」八個字。

詩詞一道，先生卻非余乎，固然不能使十七八女郎，對曉風歌楊柳月；就是叫關西大漢，敲銅琶鐵板，唱大江東去，也覺不稱，集中所有古風諸作措詞雖然典重，每每道學氣太深，律絕更少可觀，但如「隴上雨餘看麥秀，桑間日永聞蠶眠。」「家家買酒清明近，紅白花開一兩枝。」等句，亦自膾炙人口，先生序李白詩集，說他「中於法度者寡」，推究先生詩學之所以不高明，正是「法度」「文以載道」這幾種思想在那裏作怪。

贊道：先生學行嚴正，文章也是如此，上可接論孟的傳統，下足爲明淸宋濂歸有光方苞姚鼐曾國藩諸人的圭臬。「什子文章世希有，水之江漢星之斗。」除了先生，又有誰敢當受呢。

研究

詞人柳永及其作品(一)

蘇鴻瑀

小詞在五代數十年中以西蜀和南唐爲中心，早於入宋之前，在一羣詞人鏤玉雕瓊的筆下，完全由野生的狀態蛻化而成爲精妙淵雅的合樂的「小詩」了。這時的小詞，不但受綺筵公子和繡幌佳人的眷戀，視爲一種淸妙之辭，用來助歌時嬌嬈之態；而且風雅的人們，也將它當做讌集時娛賓遣興的妙品。在個人的抒情上，則如李後主當他富貴時雖酷愛它，卽在愁苦中也捨不了它以遣其亡國的哀思。這樣長期的受帝王及其豢養下的臣僚們共同的鍛煉，一方面自然消滅了小詞自身所固有的野生的氣味，完成典雅化的過程；而另一方面亦於潛移默化之中，漸漸地打破了士大夫歧視的觀念。因此，入宋以來，「曲子詞」的種子，遂由江左移植中州。在富庶昇平的環境中繼續地繁殖下去。晏殊乃開國初盛世的宰相，歐陽修是當日的名公鉅卿，他們都不鄙薄詞，都用它來遣興。雖然王安石初爲參知政事時，曾以『爲宰相(指晏殊)而作小詞，可乎？』來致問於同僚，這一批執政諸公對詞的態度雖尙不一致，但是已有人公開地給塡詞的晏殊辯護(見東軒語錄)。而且亮直彙又嫉惡太甚的王安石，也只是和緩地在笑語着而已。卽他自己也有絕妙好詞流傳於人間。

但是小詞雖獲得正統派的文人學士的收容，當做文學上新興的體裁。然而從它的內容看來，顯然是一種「詩餘」——卽被詩擠下來的題材，而後藉詞來表現。以致宋初的詞於意境上是異常狹隘的；而詞之形式的短小，又轉過來成爲加重意境狹隘的因素。開始粉碎了詞的形式上的桎梏的，那是十世紀末至十一世紀前半葉重要的詞人柳永。此種形式的推進，使宋詞走進新的境地，擺脫了五代詞人的作風的籠絡及一切的羈絆，因而後來的詞人，得在形式所允許的條件下，成功了更雄肆，更委婉的作品。

然而詞的長短以至句度音韻等，是概以婉轉遷就於樂譜爲準則，以鑄成其獨特的外形美。故詞的形式，常隨聲曲的發展而演進。而此二者的演進，並非平行，或聲曲在前，歌辭緊接於後，實際上文人創作的歌辭時常遠遠地落在聲曲的後頭。這就詞體的發展和配合詞的燕樂之演進史比較而觀之，是立卽可以瞭然的事。只將詞之一體——慢曲，就其聲曲與歌辭之發生追溯它們的起源，則唐朝中葉之時，已有慢曲了(王灼碧雞漫志：『唐中葉漸有今體慢曲子。』)。但是唐人的慢詞絕少，如杜牧之八六子，鍾輻之卜算子慢，以至五代時薛昭蘊之離別難，尹鶚之金浮圖，李珣之中興樂；姑無論只是略具慢詞的雛形而已；其最早者也不出晚唐，且都不過是文人間一爲之，故像曇花一現地也就中絕而不見了。事實上唐末五代以至宋初的詞人，所塡的詞調，大致是不出教坊記之範圍；文人所採用的詞調又都陳陳相因，闋數雖多，然不同的調名只有二三十種而已。

可是聲曲的發展，則日演日繁。宋初詞人雖純依前代人所塡過的舊調以鑄新詞，而宋史樂志載當時聲曲發達之情形，言太宗時教坊已有急慢諸曲達幾千數。比崔令欽之教坊記所錄的雜曲二百七十八種和大曲四十六種，已多出好幾倍了。加之不被教坊採用者，尙有許多民間自作的新聲(樂志：『民間作新聲者衆多，而教坊不用也。』)。這種情形，到那所謂『中原息兵，汴京繁富；歌臺舞席，競睹新聲。』的仁宗一朝，當更「變本加厲」。觀此，朝野間自十世紀後半葉以來，舊曲新聲的繁富，已是達到空前的盛況：如唐朝用於君臣會宴以助歡的回波樂詞，只六言四句而已；至宋仁宗時其每宴必有的「樂語」之組織，已變成爲非常複雜的排場。春秋兩宴，又各不相同。卽民間對於聲曲的娛樂，從樂府雅詞的集句調笑看來，已進步到採用重疊一詩一詞的辦法以詠歷代的美人；而開始時則尙有用四六式的文句組成的「致語」，接着有「口號」(七絕一首)，臨末則又有「放隊」(也是七絕一首)。次序井然，首尾完整，足徵聲曲的發展已呈現着繁冗化的要求。此時一闋的小令，當然毫不能滿足一般人的慾望。加之同一詞調的反覆(集句調笑中所用的詞調只是一種短曲而已。)，總不及曼聲而歌的長調。慢曲既然已有悠久的歷史，此時其聲韻當演化爲更繁聲流麗的曲子。又在這「競睹新聲」的時代，民間必然地產生了洞解「配合聲詞」之理的製歌者。於是，在士大夫的眼中就成爲淫冶歌曲到處猖行的世界。

柳永，就在這樣的「一種世界」出現到我們的詞壇，而幸運地獲得了「慢詞之創始者」的榮譽。他在他所屬的以科舉爲進身之階的一羣中，是較與「下層民衆」接近的一個詞人。而在文字技巧的涵養上，他又是超出於民間自己創造出來的文士。這樣就客觀地規定了他成爲一座橋樑，將民間新興的曲子詞引入當時以顯貴的文人學士爲中心所構成的詞壇，而注給以活躍的生命力。中國的文人一向是守舊的，尤其是顯貴的文人。他們所以不甚鄙薄小詞：蓋因小詞見於花間集中的，已有『詩客曲子詞五百首』(花間集序)，足見蜀地文士無不爲此，而且相當地經過一翻的典雅化了。入宋以來，他們也就「習焉不察」，視爲一種珍貴的新形式，以便寫其豔情佚樂的「私生活」。他們卽有時感覺到不足表現較複雜的情緒，或不夠盡娛賓遣興的功用；但是仍還可以分寫爲兩三闋的小令。何況表現在詞中的大致是不可告人的「私情」，也樂得隱約其辭。否則，也可以如歐陽修運用十一闋的採桑子詠西湖以「聊佐清歡」。加之紅樓小宴的筵席中，月色柳下擁姬妾的淸唱，小令乃是再適合不過的體裁！他們又都擁有古近體詩豐富的素養，可以靈活地運用它來表現生活。

然而柳永捨了詞更無其他的學問，這使他得以專誠致力於詞。他是一個不走紅運的才子詞人，而這正是他在詞史上佔了比溫庭筠更崇高的地位的祕密。因爲他的倚紅偎翠的生活，是迫於一種因功名路上失意，而又有某種浮淺的慾享樂主義的觀念引誘他去寄身在「綺羅叢中」，以求生之安慰的結果。然而綺羅叢中正是新聲的製造所！見於樂章集及續添曲子中，柳永所塡的共有一百五十三曲。可是除習見的調名之外，其中只有傾杯樂一調，或者卽是太宗所製的新曲（宋史樂志：『太宗洞曉音律，前後親製大小曲，及因舊曲翻新聲者，總三百九十。……太宗所製曲，乾興以來通用之。』），餘者最有可能的猜測，當然是民間的新聲。柳永雖因失意無俚而流連曲坊，然終於因而懂得不是歐晏輩所得領略的新聲。不僅如此，從唐寫本雲瑤集雜曲子看來，民間的慢詞的雛形，早已流行於唐開元天寶之間，此種因聲以定詞的經驗，到了柳永之時，無疑地已積聚着豐富的「遺規」，這也是歐晏輩無機會以學習的。而柳永彙而有之。固然，畫墁錄所載的詞壇的逸話（『柳三變旣以詞忤仁廟，吏部不放改官，三變不能堪，詣政府。晏公曰：「賢俊作曲子麽？」三變曰：「祇如相公亦作曲子。」公曰：「殊雖作曲子，不曾道「綵線慵拈伴伊坐」。」柳遂退。』），也許證明着顯貴的文人非不能，而是不爲（綵線慵拈伴伊坐一句，出於柳之一百字體的定風波，此乃淫冶謳歌中的一調，若歐陽修之定風波，則皆作六十二字體。）。可是若太宗的御製中亦有大小曲之「大曲」，然而現存的歐晏集中，所謂長調者，不過一二闋耳（如瑤池燕，醉翁吟）。須將何以自解？因此，慢詞的法規，也是從柳永而始奠定下來。也只有柳永始得有所依榜，而初次地肆爲長調。柳永以他的天才，給粗製的慢詞加以深造，一直迫到『教坊樂工，每得新腔，必求永爲詞，始行於世。』（葉夢得避暑錄話）他在詞的造詣，已是達到不可侮蔑的成功的境地了。

柳永旣是眞實的慢詞的創始者，那末，從聲律上來研究樂章集的特點，是不容我們忽略的。然而合詞的燕樂，已成爲廣陵散了。這使我們失去了一種重要的尺度來爲柳詞評價。而且因「詞樂」的淪亡，有些屬於外形美的特點，也完全地消失。可是對於柳詞的評價，首先就需要觸到這上面來。他的詞所以能流行得廣，甚至『有水井處卽能歌柳詞』；他的影響所以能橫絕一世，雖蘇門的諸君子亦不能逃其渲染；而排斥他的，也唱他的詞。這其中的一個總的原因，是要從聲律中去尋找的。但是，如今我們只能就詞以論詞，和根據前人的成說，而標出幾種柳詞在聲律的特點：

從上面的敘述中，我們已知道柳詞的調，大致皆是民間的新聲。新聲繁，故調多；而又因是新聲，故絕不限於普通文人所熟習之調。新聲尤多長調，於歌臺舞席上曼聲而歌之，故樂章集中幾全爲慢詞。如果我們更從另一方面來考察它，則我們可以看出柳永又是一個不守已成的寇式的詞人。而專以追逐可歌的樂譜爲主。如瑞鴣鷓本是七言八句類乎律詩的詞。東坡所塡的，也是採取此種的格式。然而柳永所塡者，有八十八字體（寶髻瑤簪嚴粧巧），有六十四字體（天將奇豔與寒梅），有五十五字體（吹破殘煙入夜風)三種，而無一闋作七言八句。胡仔在苕溪漁隱叢話一書中謂瑞鷓鴣(七言八句)當時『猶依字易歌』，可見宋時已無人知用瑞鷓鴣的樂譜來歌七言八句體者，故歌時感覺困難。是以柳永不採用唐時留下來形式，而自己倚聲以鑄詞。同時他又是隨着聲曲的發展，而改變其形式。這可以從鳳歸雲得到證明：見於唐寫本的雲瑤集雜曲子中的鳳歸雲，皆作兩片八十餘字，而樂章集中只有兩片一百十七字及三片一百字兩體。無論鳳歸雲乃新曲而採用舊名，非關聲曲之發展；瑞鷓鴣乃因唐時之歌譜的亡佚，柳永所依的皆是新調；然柳詞注意與活的音律之穩協還是一樣的。

因此，從這點做引線，我們可以指出柳詞的第二種特徵，即是無不可歌，而且聲韻之美，是超出於同時的其他詞人。北宋的詞，自然無不可歌，但是有程度上的差別。瑞鷓鴣已不易歌，東坡還繼續地塡着；樂在當時的情形下，乃是很容易消失和遞變的東西，而文人塡詞，百年後與百年前的格式還是一樣，這裏難保沒有不可歌的詞混雜着。而且倚聲鑄詞，稍一不愼則立即「落腔」，若如東坡者，更不必論矣。他是只求遣興，而不怕折壞歌者的嗓子的詞人。可是柳永非但注意協律，而且是於倚聲之理深有所悟。李淸照論詞最堅持協音律爲首要，不協律則非詞而是詩，而且是『句讀不葺之詩』；但是對柳永的詞在協律上則不得不推崇之。她譏笑晏殊歐陽修蘇軾諸人的詞，以爲『皆句讀不葺之詩』，這也給我認定柳詞是無不可歌的這一特徵，獲得了有力的根據。試引洞仙歌爲例，則東坡所塡的兩闋，均八十四字體。而永所作的洞仙歌，則只有一百二十六字體(佳景留心慣)，一百二十三字體(乘興泛蘭舟)及一百十九字體(嘉景況少年)三種。根據一般的可能的猜測，柳永是爲求聲韻之美的緣故，乃不同於東坡所塡的；或者柳永所依的調是另外的一種流行的新聲。但是即就其所自作者觀之，柳永乃是不斷地追求協律，故婉轉遷就於樂譜而增減其字句，變換其聲韻。這種作詞的態度，自然使柳詞的聲韻之美，獲得了同時的詞人所不得望其項背的結果。

這類的論斷，在目前古樂淪亡的狀態下，自然是很難避免有臆度的危險。但是，由於此種從聲律上的探求，可以給我們了解柳詞在當時社會上各階層的集團中會有了那樣偉大的魔力，最根本的原因，也就是因爲任何時代的新聲，無不是活的，可歌的，爲人人所喜的。而柳永用他在文藝上的天才及其素養，做出了多量的聲韻美的詞，故得流傳於自帝王的樂工以至妓女的嘴上。

如果我們注意上引的例證，則立即發覺柳詞的格式即就其所自塡的，同一調名者字句亦參差不齊。瑞鷓鴣，鳳歸雲以至洞仙歌都莫不皆然。今更引十三調以爲例證：

傾杯樂(禁漏花深)	一〇六字
又(皓月初圓)	一一六字
又(樓鎖輕煙)	九五字
鶴冲天(黃金榜上)	八八字
又(閑窗漏永)	八三字

望遠行（繡幃睡起殘粧淺）	一〇四字
又（長空降瑞）	一〇六字
臨江仙（渡口向晚）	七四字
又（夢覺小庭院）	九三字
又（嗚呵撼碎都門曉）	五八字
安公子（長川波瀲灧）	八十字
又（遠岸收殘雨）	一〇四字
又（夢覺清宵半）	一〇三字
竹馬子（登孤壘荒涼）	五二字
又（向此成追感）	四八字
祭天神（歎笑筵歌席）	八四字
又（憶繡衾相向）	八五字
歸去來（初過元宵三五）	四九字
又（一夜狂風雨）	五二字
定風波（佇立長隄）	一〇四字
又（自春來慘綠愁紅）	一〇〇字
女冠子（斷烟殘雨酒微涼）	一一一字
又（淡煙飄薄鶯花謝）	一〇九字
燕歸梁（織錦裁篇寫意深）	五十字
又（輕躡羅鞋掩絳紗）	五二字
迷神引（一葉扁舟輕帆捲）	九七字
又（紅板橋頭秋光暮）	九六字
夜半樂（凍雲暗淡天氣）	一三四字
又（豔陽天氣）	一四六字

以上十三調字數的參差，少者雖只一兩字；然如臨江仙一調最長者與最短者相差三十五字，安公子相差至二十四字之類，是絕不能以「偶然」釋之。差兩字者如望遠行，乃其總數如此，而其每體各片的字數的分配，則一〇四字體分爲五十三字與五十一字兩片；另一體一〇六字，則爲五十二字與五十四字兩片的總和；此中或增或減定必與音律有關。蓋因

「凡同一調名而句度參差，平仄亦不甚嚴整者，往往爲較先之作品，或文士深通樂曲者之所爲。以其人恆與樂工接近，其或移宮轉調，聲詞配合，可以互爲參詳，非若純粹文人，祇能依一字之成規，或曾經他人嘗試塡過之舊例，斤斤於字句之出入，且特別注意於精巧之技術也。」

——龍沐勛：詞體之演進

這種的解釋，對於柳永的作品可謂最恰切的。移宮轉調的現象，上列各例，雖沒有標明，但是樂章集中每種調名均有隸屬某宮某調的注釋，移宮轉調而另譜新腔者，一檢即是；至如腔調同而宮調不相同者，有若傾杯一入黃鐘羽（水鄉水氣），一入大石調（金波淡蕩）。雖然詞的形式受制於樂，但深通樂理者即可不過受形式的束縛。然而懂樂理者不只柳永一人，北宋的周美成，南宋的姜白石，都是善於倚聲度曲的詞人，但是每調皆有一定的法規，而柳永則不然。這種原因，該是樂工「始得新聲，即命製詞，迨後發見曲調中之缺點，從而變更節拍，變移宮調，永亦復

爲另製新詞，以求吻合完善之新曲。」（龍沐勛）故有以致之。此種參差的現象，同樣地也反映出創始者的姿態。他似未曾有意於開闢詞體的疆域，而只知逐絃吹之音，寫其牢落的懷抱，或自抒其情，或應樂工之請求，或以之求功名，然而終於繼溫庭筠在詞體的演進上奠定了慢曲的基礎。詞體至柳永而後堂廡始大，自此之後，短令也就漸漸失去了獨佔詞壇的霸權，一直到了南宋，遂由詞體中之主幹，降爲別枝，而首開風氣者，乃純是一個詞人的柳永！

可是歷來言詞者，很少提及三變，王觀的詞集，且以「冠柳」名之。追溯慢詞的源頭，大都言至美成而始工。周之詞，未必較永高明，但是周詞宗之者多，永則反是。這裏主要的結癥全在乎柳詞的俗。後代的詞人追踪柳永的，可謂「無人」，即蘇門的秦七黃九，雖事實上有多少受永的影響，可是也諱莫如深。但是「雅俗之辨」，是很難言的。這不單純指形式或內容，而是包括二者以分雅俗。姑留於下文論之。但是追踪者所以無人的緣故，首要雖在柳詞的俗；而在聲律上則因柳永塡詞，無一定的法規可守，也是後來的人很少去追念他的原因。夢窗的詞，雖樂亡而後人按其四聲，尚可爲「合律」的詞，而柳詞則不然。蓋柳永雖能作合律之詞，不能遺可守的「舊例」。

如果我們轉而留心柳永的表現法，則一種直寫實說的手腕，是普遍地存在於將近兩百闋的詞中。他缺少了通常一般文士蘊藉含蓄的措辭，和所謂寄興深微的習慣。我們且把他的望海潮引來，據說這詞曾引起金主亮投鞭渡江的雄心：

東南形勝，三吳都會，錢塘自古繁華。煙柳畫橋，風簾翠幙，參差十萬人家。雲樹遶隄沙，怒濤捲霜雪，天塹無涯！市列珠璣，戶盈羅綺，競豪奢。重湖疊巘淸嘉。有三秋桂子，十里荷花；羌管弄晴，菱歌汎夜，嬉嬉釣叟蓮娃。千騎擁高牙，乘醉聽簫鼓，吟賞煙霞。異日圖將好景，歸去鳳池誇！

從此詞中，我們可看到他只將眼中見到的繁華景色，詳密地直敍出來。而此種的直敍，只是直接反映景色的結果，並不誇張或用富麗的詞藻以增強之。同樣地也缺少了「情景交煉」的意趣，更無論寄興；他只是直率地加上了『異日圖將好景，歸去鳳池誇！』兩句作結。又如六么令前片云：

澹煙殘照，搖曳溪光碧：溪邊殘桃深杏，迤邐染春色。昨夜扁舟泊處，枕展當灘磧。波聲漁笛，驚回好夢，夢裏欲歸歸不得！

這也只是直道眼前景。除臨末藉以引起後片的題意之外，他不曾用後片的題意——『傷行役，思念多嬌多媚』的情緒，主觀地先溶入在春溪的景色中，仍還是直寫而已。此等手法，如將有名的夜半樂（凍雲暗淡天氣）作爲具體的例證，則更容易理解直寫實說的手法，是柳詞的特點。在夜半樂中，前半闋幾乎完全看不到傷離的情緒，苟非於過片處用「到此因念」四字一轉，我們將當它是一幅描寫細膩的秋江圖，其中繪有商旅，漁人，遊女與行客，乃中世紀水上交通的要道之沿江風景，誰能逆料得到那是一個被阻歸期的行客之所見呢？

這種直寫，並不限於寫景，其抒情亦然。每當遇到觸景傷懷的時候，他會質實地告訴你是怎樣一種風景，怎樣一種懷抱，可是景與情是一在身外，一在心內，界限是分明的，他並不將它融化起來。所謂直寫實說的手法，在此類的作品中，得到了典型的表現。像上面談及的六么令與夜半樂的後片，接着他就率直地訴說他的情懷了。在寫景時他不求寄興，在吐露情緒時他也不蘊藉含蓄，而是振筆直書。是故當他失意而沉溺聲色中時，他寫了『忍把浮名換了淺斟低唱』，但是他也不掩飾『綺陌紅樓，往往經歲遷延』，不過是因「未名未祿」所致，那種更真實的情緒。

但是直寫實說是不能限於上列的例證的。那些只是作單純的客觀描摹，或是「即景生情」的作品。一般地說來，即如八聲甘州（對蕭蕭暮雨灑江天）也還是直寫實說，像『對蕭蕭暮雨灑江天，一番洗清秋。漸霜風淒緊，關河冷落，殘照當樓。是處紅衰綠減，苒苒物華休。惟有長江水無語東流！』此類的詞句，仍然是「着實」之語，不過多了帶感情的筆調。如果我們進一步地去說明它，也可以借用「意境」二字，亦即所謂「作品中的世界」是也。我們假定像人間詞話所說的，有一類是大詩人所造之境——造境，另外一類是寫境這兩種，則柳永當是一個寫境中的直寫實說者。如戚氏：

晚秋天，一霎微雨灑庭軒；檻菊蕭疏，井梧零亂惹殘煙。悽然望鄉關，飛雲黯淡夕陽間。當時宋玉悲感，向此臨水與登山。遠道迢遞，行人淒楚，倦聽隴水潺湲。正蟬吟敗葉，蛩響衰草，相應喧喧。　孤館度日如年。風露漸變，悄悄至更闌。長天淨，絳河清淺，皓月嬋娟。思綿綿夜永對景，那堪屈指，暗想從前！未名未祿，綺陌紅樓，往往經歲遷延。　帝里風光好。當少年日，暮宴朝歡；況有狂朋怪侶，遇當歌對酒競留連。別來迅景如梭，舊遊似夢裏，水程何限?! 念利名憔悴長縈絆。追往事，空慘愁顏；漏箭移，稍覺輕寒；聽嗚咽畫角數聲殘。對閒窗畔，停燈向曉，抱影無眠。

這是樂章集中最長的一闋。觀其結構謹嚴，層次分明，章法上的開闔變化等，慢詞法則，實早具備於柳詞中，不必待美成出而後始工。但是這裏將它引來，只爲加強說明我們的論斷是接近事實。雖長如戚氏，也還是「從實招來」的一首不假借於「造境」的直寫實說的詞。吳梅在詞學通論品評柳詞大部是「直率無味」，實未得柳詞的佳處。直率是有的，而無味則不見得。然柳詞的直率，實由於「直抒懷抱」的寫作態度而來，而此種直率的態度，決定了他採用直寫實說的手法，因他只求吐露真情實感，故也就不刻意去「造境」。也可以說，他是不會造境的詞人。他的直寫是『能狀難狀之景，達難達之情』（馮煦）的直寫；他於直寫之中，又能寓以開闔縱橫的筆力；即所謂『密處能疏，纍處能平」（馮煦），故其詞多得舖敍的佳處，很少有堆積之病。也就是有人言其詞「語意妥帖」的緣故。

自然，我他不能說是沒有例外的，像木蘭花慢云：

倚危樓竚立，乍蕭索，晚晴初，漸素景衰殘，風砧韻冷，霜樹紅疎。雲衢，見新雁過；奈佳人自別阻音書。空遺悲秋念遠，寸腸萬恨縈紆！　皇都暗想歡遊；成往事，動欷歔，念對酒當歌，低幃並枕，翻恁輕孤。歸途，縱凝望處：但斜陽暮靄滿平蕪。贏得無言悄悄，凭闌盡日踟躕！

這類的作品，在樂章集中形成了一種「別格」，但是爲數甚少。可謂近少游「風流蘊藉」的作風。

（未完）

詞人柳永及其作品(二)

蘇

此外每個讀過樂章集的人，都會因闋數之豐富，更感覺到在內容上異樣的單純，重複；概括言之，幾乎不出羈旅行役之辭與閨房淫媟之語的範圍。大略同樣的一個感慨，是或詳或簡出現於好幾闋的詞中。有的甚至是全然相同的。但是，我們有時並不會感覺太過重複的煩厭，而且不厭他「舊闕重彈」。這也是柳詞在藝術上最大的成功處。這裏根本的原因，自然是每闋詞中所內涵的眞實的情緒在挑動我們，可是不同的表現方法也佔了很重要的因素。此點不用旁求他證，只看上面引過了的幾闋，就可明白：他雖然在六么令與夜半樂的後片，告訴我們幾乎同樣的感慨，但是他先把我們引入在純然的景色中，這就是他掩飾單調的內容祕訣，使我們於無形中也受其蒙蔽了。更將夜半樂與戚氏一較，則前者景與情分寫，後者則情景雜糅。這雖是普通常見的手法，但是柳永依靠其身歷的眞實的情緒，而運用得非常的成功。茲將夜半樂及六么令的片，引錄於此：

凍雲黯淡天氣，扁舟一葉，乘興離江渚。渡萬壑千巖；越溪深處，怒濤漸息，焦風乍起，更聞商旅相呼。片帆高舉，泛畫鷁翩翩過南浦。望中酒旆閃閃，一簇煙村，數行霜樹。殘日下，漁人鳴榔歸去。敗荷零落，衰楊掩映。岸邊兩兩三三，浣紗遊女；避行客，含羞相笑語。　到此因念：繡閣輕拋，浪萍難駐，後約丁寧竟何據?!慘離懷，空恨歲晚歸期阻。凝淚眼，杳杳神京路，斷鴻聲遠長天暮。

——夜半樂

展轉翻成無寐。因此傷行役；思念多媚嫵，咫尺千山隔。都爲深情密愛，不忍輕離拆。好天良夕，鴛帷寂靜，算得也應暗憶？

——六么令

其次，我們來探求柳詞在意境上是否也盡了開拓之功？這幾乎是很少的。他的作品除了一部份與典雅的風度相反的「俚踏近俗」的作品以外，從題材的本質上看來，是超不出「花間」的範圍。只是較縱橫恣狂而已。慢詞的功用，是未曾因柳永而發揮開去，這只有蘇軾才開始去竪起革新的旗幟，而後詞體一如詩體，凡可入詩者皆可入詞。然而柳永是新的，他一反五代以來詩壇上的風氣，無論是景是情，在柳永筆下的都是較複雜而又新穎得可喜。這是由於他的一生的經歷與其他詞人相去頗遠。雖云「才子詞人自是白衣卿相」，但是在實生活上到底是不會相同的。他時常不斷地奔走川陸，但是他既無名公鉅卿的門下可投，生活自然得不到安定，他在奔走中不過是：『路遙川遠多行役，往來人，隻輪雙槳，盡是名利客』（歸朝歡）中的一個吧了。故他時常在「厭行旅」，「傷行役」的心情中度他的歲月。因此，在這一方面他留給我們許多的好詞。像輪臺子：

一枕清宵好夢，可惜被鄰鷄喚覺。忽忽策馬登途，滿目淡煙衰草，前驅風觸鳴珂。過霜林，漸覺驚棲鳥；冒征塵遠況，自古淒涼長安道！

又如塞孤：

一聲鷄，又報殘更歌。秣馬巾車催發。草草主人燈下別。山路險，新霜滑。瑤珂響，起棲烏，金鐙冷，敲殘月。漸西風緊，襟袖淒裂。

這都是寫陸行的。若水路的行役。更是多見，該是柳永的足跡所及之地，偏於東南一角。茲錄一闋爲例：

歎笑筵歌席輕拋嚲。背孤城，幾舍煙村停畫舸。更深釣叟歸來，數點殘燈火。被連綿宿酒醺醺，愁無那。寂寞，擁重衾臥。又聞得，行客扁舟過。逢窗近，蘭棹急，好夢還驚破。念平生單棲蹤跡，多感情懷，到此厭厭向曉披衣坐。

——祭天神

此類寫行役的作品，再加上了那些傷離念遠的，備寫身世的，可以說柳詞已不在少數，誰也不能夠說柳永只是寫淫媟歌詞的作家！除已見於上引各例外，更摘舉兩闋：

夢覺小庭院，冷風淅淅，疎雨瀟瀟。綺窗外，秋聲敗葉狂飄。心摇！奈寒漏永，孤幃悄，燭淚空燒。無端處，是繡衾鴛枕，閒過清宵。蕭條！牽情繫恨，爭向年少偏饒。覺新來憔悴，舊日風標。魂銷。念歡娛事，煙波阻，後約方遙。還經歲，問怎生禁得，如許無聊？

——臨江仙

望處雨收雲斷。凭闌悄悄。目送秋光，晚景蕭疎，堪動宋玉悲涼。水風輕，蘋花漸老。月露冷，梧葉飄黃。遣情傷，故人何在？煙水茫茫。難忘文期酒會，幾辜風月，屢變星霜。海闊山遙，未知何處是瀟湘。念雙燕，難憑遠信。指暮天，空識歸艎。黯相望，斷鴻聲裏，立盡斜陽。

——玉蝴蝶

然而只因他是一個慣於行役生活的詞人，故有許多別緒槃廻在他的詞中。雨霖鈴（寒蟬淒切）一闋，是選詞的人所不會漏掉的。他可以說是無時不在羈旅之中。但一個羈旅的人而又是名利途上的失意者，自然最容易感傷，懷念與追思。所以這三種情緒，也就錯綜地表現在他大部份的作品中。柳永以一個舉子的資格，遊學於汴京，當然爲的是企圖在功名路上博得一官半職。可是他的詞名雖大，但是在功名路上反而是一種障礙（見各書的記載）。因此爲了暫時忘記痛苦，他索性沉溺於聲色中。他的感傷也就常放情笙歌與倚紅偎翠的昏迷中發出。這樣的生活繼續下去，自然又使他懷念的只是綺羅叢中曾經相識的溫柔人兒；他所追思的，也就不外是柔情千縷的當日的情景；而永遠地緊記着「自家的傷感」了。他的悲歎的記憶所及，也就只得落到一些所謂狂朋怪侶，或高陽酒徒這類搭串他的衰頹生活的脚色。生活構成了他的作品的內容，而他也毫不掩飾地吐露出來，一直使他的詞被詛爲「詞格不高」。

聲色生活對於柳永的詞，既是有了巨大的關係，而且通過了他的一生，無時不在聲色中過生活。故我們又不得忽略它。自然我們不必要詫異或追問柳永怎樣去開始，因爲卽是當日的一種風氣，像在黃庭堅秦觀諸人的作品中，其少年時的創作，情調可以說完全與柳永相同，只是後來他們都因生活的關係而改變了作風；而柳永則因應試塲上失意而變本加厲起來。但是當他唱着『黃金榜上，偶失龍頭望』（鶴冲天）時，也是一時的狂語，所以一有機會，就冀圖用詞以獲得帝王的垂靑。然而在這一方面的企圖，無疑地是失敗了。卽作品本身的價値，也是異常的低下的。如醉蓬萊（漸亭皐葉下），送征衣（過昭陽），永遇樂（薰風解慍）（天閣英遊），御街行（燔柴煙斷），以至巫山一段雲各闋均是。可是慢慢地他終於在哲學上找到安心立命之所，他以爲：『屈指勞生百歲期，榮瘁相隨，利牽名惹逡巡過。奈兩輪玉走金飛，紅顏成白首，極品何爲？』（看花回）所以他在尾犯中就更具體地認定：『似此光陰催逼，念浮生不滿百。雖照人軒冕，潤屋金珠，於身何益？一種害心，力圖利祿，殆非長策。除是恁點檢笙歌，訪尋羅綺消得！』從此種對於生的態度出發，他留給了我們許多淫媟之詞。這中間他雖也中過進士，得到小官職，有一個時期或者因『又豈知名宦拘檢，年來減盡風情。』然而那種『虛位久』（木蘭花慢）也就迫得他叫出『遇名都勝景且淹留，贏得蘭堂醞酒，畫船携妓歡遊！』（仝上）。而索性利用薄倖以過恣狂遊蕩的生活了。

然而這類所謂淫冶之詞，事實上我們不能認定都是柳永有意做的。有一部份應該是「應歌」之作。這有三層理由：（一）當時詞尙未完全和民間脫離，故庭堅少年時在佛家看來有「以筆墨勸淫」之罪，秦觀亦然；觀其此類的詞之作風皆力求淺顯近俗卽可知矣。而偏重豔詞，爲民間需要新詞最急者，乃妓館或其他遊樂之場所故然。這是普遍的風氣，在文人尙未飛黃騰達之時，而又較放浪者，常是「應歌詞」的作者。黃秦二人，作應歌詞時殆均非居留京師之日（如秦當是少年時在淮揚一帶所作），富庶的汴京，此風自然更盛。(二)『永爲舉子時，狂遊狹邪，善爲歌詞，教坊樂工，每得新腔，必求永爲詞，始行於世。』(葉夢得避暑錄話)此乃有明文的記載的證據。(三)從其作品的本身看來，屬於此類的歌辭，大部份都是淺顯近俗；且又方言俚語很多，這在他類詞中則無之。此當係柳永有意獲得這一部份的聽者——一般涉足聲色歌舞之場所的顧客，和使妓女樂工們易於記憶的緣故。如柳初新(東郊向曉星杓垂)乃明明恭維舉子的作品，苟非應歌，則柳永是絕不會有此類的歌辭。可是捨此之外，自然有一部份的豔詞，是眞實地反映他的「狂遊狹邪」的生活。豔情的作品，在詞中是早就存在的，但是他那種直寫實說的手法，和極盡舖敍的作風，一到豔詞的製作上，就形成爲大胆的備寫親昵狎暱之狀的格調。不單是鬬百花(滿搦宮腰纖細)，玉女搖仙珮(飛瓊伴侶)，晝夜樂(洞房記得初相遇)(秀香家住桃花徑)諸長調如此，即短短的一闋小令，亦一反五代宋初蘊藉的作風。如菊花新云：

欲掩香幃論繾綣，先斂雙蛾愁夜短。催促少年郎先去，睡鴛衾圖暖。　須臾放了殘鍼線；脫羅裳，恣情無限。留取帳前燈，時時待看伊嬌面。

我們統觀柳詞屬於「閨房淫媟之語」此方面的作品，也可以說稍流於淫蕩，但上面提及的此類的諸長調，從作品的本身立論，實在充滿了縱橫狂恣的筆力，而且充分地表現出某種頹唐的放浪的神態，從他所企圖的目的來說，柳永是成功的。屬於此類的詞甚多，摘錄兩闋於此，前者以見柳永描寫之細膩，後一闋顯示其抒情之綿密。

自春來慘綠愁紅，芳心是事可可。日上花梢，鶯穿柳帶，猶壓香衾臥。暖酥消，膩雲嚲，終日厭厭倦梳裹。無那恨薄情，一去音書無箇。　早知恁般麼，悔當初不把雕鞍鎖。向雞窗只與蠻牋象管，拘束教吟詠。鎮相隨，莫抛躲！針線閒拈伴伊坐。和我，免使少年光陰虛過！

——定風波

夢覺透窗風一線，寒燈吹息。那堪酒醒，又聞空階夜雨頻滴？嗟因循，久作天涯客；負佳人幾許盟言，更忍把從歡會，陡頓翻成憂戚?! 愁極。再三追思：洞房深處，幾度飲散歌闌，香暖鴛鴦被。豈暫時疎散，費伊心力？殢雨尤雲，有萬般千種相憐惜。到如今，天長漏永，無端自家疎隔。如何時，却擁秦雲態？願低幃昵枕，輕輕細說與：「江鄉夜夜，數寒更思憶。」

——浪淘沙慢

柳詞的內容，大概略盡於上面所論述的。然而還有一點：即柳永因羈皇都頗久，而他的生活，又是接近於裝飾太平盛世的佚樂韻事。故他對於因經濟繁榮而帶來的中世紀都市的景色，引起了無限的讚賞與陶醉；而留在詞中的，便有了許多描寫金碧輝煌的都市之作品。特別是節令的時候，其汎寫皇都者，如玉樓春(昭華夜醮逢清曙)等五闋。寫皇都的夜景者，如長相思：

晝鼓喧街，蘭燈滿市，皎月初照嚴城。清都絳闕夜景，風傳銀箭，露暖金莖，巷陌縱橫。過平康，款轡緩聽歌聲。鳳燭熒熒，那人家未掩香屏。

又如傾杯樂（禁漏花深）則寫元宵，笛家（花發西園）則寫王孫遊樂等。

最後我們還要一提的，是柳永的小令。玉田在詞源中論令曲云：「詞之難於令曲，如詩之難於絕句……有有餘不盡之意始佳。」而柳詞之特色，簡言之，全在於「盡」字。小令篇幅甚短，更是使柳永無從發揮其縱橫狂恣的筆力。是故永之小令，實乏佳作。然間亦有頗得小令之佳緻的篇什，如蝶戀花（獨倚危樓風細細）是。但此闋或認作六一居士之詞，但如少年遊云：

長安古道馬遲遲，高柳亂蟬嘶。夕陽島外，秋風原上，目斷四天垂。歸雲一去無蹤跡，何處是前期？狎興生疎，酒徒蕭索，不似少年時。

風格也與蝶戀花一樣。然這種的小令，可以說是樂章集中的「別調」，非常之少。餘者如竹馬子（登孤壘荒涼）（向此成追憶）以及寫皇都的玉樓春之外，大抵都很率近。也可說柳永對於小令是不擅長的。但是見於樂章集中的幾乎都是長調，柳詞的佳處也在彼而不在此，實無礙於柳永在詞史上崇高的地位。

如上所述，我們也就很容易解決上文留下來的雅俗問題。在正宗派的詞人看來，協律雖有重要的條件，使詞之成爲詞，協律是不可少的。但是柳詞雖協律，然在內容上頗不雅純，尤多俚俗的監諳，而他作詞又缺乏一種從容不迫的審美的和諧的態度。魯直與淮海因其後來的盡棄少作，故正宗派對之很少有「微詞」。而柳永則不然，終其身不改其給文人學士討厭的作風。言情寫景必盡而不蘊藉含蓄。換言之，即太淺露質實，這和清空騷雅的詞境，可謂相去甚遠。從而柳永的眞實的評價晦暗而不彰。然而柳永究竟是一個不走紅運的文士，雖然在詞尚未完全脫離民間的當日，受較廣的社會層的人民的愛戴，但總還是能寫「楊柳岸曉風殘月」的詞人。他的遭遇終於使他在民間的詞與文人的詞兩個壁壘的中間，巍然獨立；而在詞體的演進上，他又是立下了很大的功績。只要是從詞的正宗派的環套中跳出來的人們，對於柳詞是不能不給予優良的評價的。柳詞的俗，大體上是由於社會中階層的不同所產生的審美的觀念的歧異而來的，樂章集雖也有惡濫拙劣的作品，但是有如同正宗派的詞集中也多枯槁無味的作品一樣。然而詞到底是雅醇的合樂的韻文，柳永的詞也就終於成爲永遠是死去了的詞中的「別調」！

一九三四，十，廿九。

梁廷枏著術錄要

冼 玉 清

順德梁廷枏先生,字章冉,號藤花亭主人。生於嘉慶元年,卒於咸豐十一年。(1796--1861)於李黼平為學生,於陳澧為前輩。學問淹貫,箸述宏博,而於史學尤精。其箸作關於史學者:有南漢書十八卷,南漢書考異十八卷,南漢文字四卷,南漢叢錄二卷,謂之南漢叢書;南越五主傳三卷,南越叢錄二卷,謂之南越叢書。又越華書院紀略四卷,東坡事類二十二卷,惠濟倉志一卷,皆屬於史學範圍者。關於海外者:有粵道貢國說六卷,蘭崙偶說四卷,耶穌難入中國說一卷,合省國說一卷;謂之海國四說。關於藝術者:有鏡譜八卷,書畫跋四卷,蘭亭考一卷,碑文摘奇一卷,書餘一卷,金石稱例四卷,續一卷。其屬於詞曲者:有曇花夢雜劇一卷,江梅夢雜劇一卷,圓香夢雜劇一卷,江梅雜劇一卷,統曰四夢。曲話則論曲之作也。其詩文:有散體文初集十卷,駢體文集三卷,詩集四卷。關於防守及夷事者:有夷氛聞記五卷,粵海關志三十卷,海防彙覽四十二卷。關於經學者:有論語古解十卷。其他則有東行日記一卷,澄海訓士錄一卷,江南春詞補傳一卷。其種類之多,範圍之廣,實近世所僅見也。余以鄉邦先達,流風在人。故搜其遺書,為撰概要。而散佚還不易覯。四夢惟北平圖書館有之,藤花亭十種則番禺汪兆鏞先生所藏,其餘則見於番禺徐紹棨先生之南州書樓,香山黃佛頤先生之種蘿草堂,及嶺南大學圖書館。

書凡三十五種，除惠濟倉志，關亭考，及澄海訓士錄，未經見不著錄外，其餘皆所親見者也。各書編次以成書之年月爲先後，亦有數種年月闕如者，則以原刻未明載也。

金石稱例四卷，續編一卷：嘉慶二十三年成書，藤花亭十種本。

卷一國制類，官屬類；卷二姻族類；卷三喪葬類，文義類；卷四時日類，二氏類。上始商周，下迄五季，蓋仿陳氏集古錄，趙氏金石錄例而作也。

續編成於嘉慶廿四年，分類七，同前書。既病前書之未備，因廣搜宋元遼金舊拓，就中可採者得若干條，別爲一卷附焉。

自序云：「古人最重稱號之學，爾雅風俗通方言詳矣。然非今昔互殊，卽南北迥別。…稱謂之間，習焉不察，博雅君子，且將譏誚於其後。然經史冊籍，日資翻閱，倘易參稽。金石則散落山水荒僻。或古所存而今已亡，或前未見而後始出。拓藏未富，則證據益難。此金石稱例所緣起也。…春來無事，發閱藏碑，積爲此帙。區分七類。始三代，迄五季而止。每條先標大意，繼以原文數語；渺者缺之，他書可考者補之。中有互証發明者，附以按語別之。此又例中之例也。戊寅初秋五日序」。

論語古解十卷：道光三年刊，藤花亭十種本。

廷枏成此書時僅二十八歲。所謂古解者，卽取漢唐諸家之說之與朱子異者，用存古義之一線。溯自元明以來，學者祇知墨守朱說，而不問其他，觀此書知廷枏讀書上下千古，眼光甚銳，不同人云亦云之輩也。至書之內容，祇摘句加解，幷非全解，論語本文每句一行，解則低二格。所引解經諸家，有鄭玄，馬融，孔安國，王肅，皇侃，包咸，何晏，王弼，李充，殷仲堪，衞瓘，陸德明，韓愈，李翱，范甯，郭象，孫綽，李嶠，王朗，服虔，欒肇，江熙，琳公，繆播，熊埋，張憑，陳羣，邢昺正等。

自序云：「今夏溫論語畢，取自漢迄唐三十餘家之說，擇與朱子集注異者；依次排纂。彙得十卷，名曰古解。既卒業，客見而詆之曰：「集注純粹精當，今所引乃與之異，不蚍足歟？於古奚益？」廷枏曰：「不然！朱子之撰，精義也。」或問：「凡說之行世而不列此者，皆無取已乎？」曰：「漢魏諸儒，正音讀，通訓詁，考制度，辨名物。其功博矣！所以求聖賢之意，在彼不在此。推斯音而論，諸儒之見，雖非盡大醇無疵；然未嘗不足為學者廣見聞之一助。況其中又可與宋儒互相發明？即科舉家亦不能盡廢。非若孫氏示兒編，鄭氏意原等書之務求新刱，去古益遠者。比且江大和所集十三家中，如衛瓘，繆播，欒肇，郭象，李充，孫綽，各有專箸而不傳。其散止見於皇氏義疏。顧其書復散佚在南宋，集注已無徵引。國朝竹垞西河兩先生，於羣經博極考據，獨未獲一見皇疏而詳論之。幸際休明，久遠湮沒之編，應運復出。自宜合之漢唐諸說，薈萃成書，存古義之一線。用彰稽古右文之盛。豈可因有異朱注而概等弁髦乎」？客曰：「然」。遂書為序。

曇花夢雜劇一卷。

此劇乃為毛西河先生之姬曼殊而作。自序云：「毛先生文字之及曼殊者，有葬銘，別誌，舊碑，及回生記。廷枏乃取其本事，略為陶鑄，撰成此劇。情真事當，可免猥演之弊。惟末折南北合套，南詞向不押入，今純用入韻者，噍殺之音，非此不達。且南詞本無正韻，故古人於合套之曲，欲諧奏之畫一，必以周氏北韻通之。至劇中之人，各有本品服色。今惟以便服上場，誌諱也」。

第一折敘曼殊姓張，初名阿錢，江表人。隨父來燕。父為豐臺花匠。

曼殊年十六歸媵西河先生。有夙慧。後名爲陳檢討其年所改定。一日曼殊夢神召其歸家，醒後心痛，自恐不能永年。

第二折敘曼殊以夢告西河，感傷零涕。乞爲畫留視圖，徧徵題咏。使世知有曼殊其人曾侍西河先生者。曼殊又諷西河排駁斥朱熹太甚。

第三折敘毛夫人自鄉來京，性奇妒。西河慮家庭多事，乃遣曼殊於墳園。馮老中堂乃西河之師，深恐曼殊磨折，乃勸其改適。曼殊不從，痛哭氣絕。後得葛醫生用藥治愈。

第四折敘曼殊流逝，任辰旦，周清原，尤侗，陳維崧合聚毛宅，商量分作詩詞傳贊，以輓曼殊。并題其留視圖。已而曼殊之婢金紱兒亦殉主死。因謀附葬焉。

江梅夢雜劇一卷。

此書全述梅妃閩人江釆蘋之事。按雜劇之梧桐雨，院本之綵毫記，皆演開元天寶遺事，然全以楊太眞爲主；不及江妃，殊爲憾事。廷枏乃取材於兩唐書及唐人所撰江妃傳，演爲此劇。內分四折：

第一折敘梅妃被選入宮，初邀殊寵。及爲楊妃所譖，遂遭棄置。乃作樓東賦進呈御覽，欲回上心。

第二折敘唐明皇閱賦有感。適番使進珍珠，乃密封一斛賜之。妃以寂寞長門，珍珠無用，不受。明皇根觸舊情，乃偷幸梅妃於翠華西閣。

第三折敘安祿山起兵犯闕，欲竊大寶，且圖楊妃。豈知楊妃已隨乘輿西狩，賸梅妃冷守孤宮。祿山涎其美，欲得之。江妃不從，被殺。

第四折敘上皇還宮後，眷念梅妃。夢神乃引其夢中相會。妃告以殉難時爲祿山瘞葬於溫泉旁之梅林，乞恩改葬。上皇乃命高力士到梅林掘出遺骸改葬之。

圓香夢雜劇一卷。

有饒沅序，畸農跋。藕香水榭訂譜乾記云：「曲絢爛極矣，而聲律復諧：四夢外別張一幟。（按四字疑係三字之誤）第一二折實自貉鑄莊生所作李姬傳，可稱天衣無縫。餘間以粵管方言，從粵人口吻；於例無譏。至洋灑萬言，兩日而稿脫，敏捷之才，所未聞也。周氏中原音韻止爲北曲而設，故主人初稿南詞用韻於不可通者多爲叶音。既乃自嫌參差，更歸一律云」。

第一折敘莊達偶遊平康，與珠江名妓李合煙相戀。時莊生須赴京應禮部試，李姬設筵祖餞，并告以其兄自潮陽來信，邀返家園；此後相見無期，惟有誓以身守。生亦允以場完卽當南歸，誓不相負。

第二折敘莊生惘惘出門，秋風穩穩。一夕夢李姬已玉殞香消，求其作傳，並贈以連環香墜。生悵然整歸櫬。

第三折敘莊生南歸，果得李姬死耗。卽延靈徹和尙設壇追薦，姬果超生衆芳花國。

第四折敘雙星渡河之夕，楊卿草，詠煩伯與莊生扶乩請仙，生求與李姬相見。衆芳國主欲提醒莊生，乃令姬告生云：「我我我已斷將愚海星風一夜叉，非非非比俏紅顏褰舜華，休休休把痴情枉亂放李。當眞要醜形骸出現耶？待燭昏沈拜見你姐姐！」莊生駭然，癡念遂絕。

斷夢緣雜劇一卷

自序云：「有人焉：所合所離所歡所悲，一如斯夢也者。於永訣之後，迴想從前蹤跡，自以爲夢。旣以爲夢，因遂夢之。寫其離合悲歡之致，悉如其眞。所遇悉夢人，所言悉夢事，所往來悉夢地，不雜以醒後一語，則居然眞境矣。先是曾他人酒杯撰江梅夢，圓香夢，曇花夢三雜劇，業師李太史謂宜更添其一爲小四夢,諸爲未卽作。秋賦新返,有所感憶,輒爲斯劇,師命彙附於所著書後。」按此爲四夢最後之作。

第一折敍嶺南高仰生偶得奇夢,至烟波深處;遇女子陶四眉。嗣後一月中夢凡數次,歡洽備至。一夕高生再至,陶氏閨友李月廬劉雲孄適來,因置酒爲高生洗塵,並以餘杯當祖餞。高與陶皆有地久天長之想,不以祖餞爲然。

第二折敍高生一別經旬,渺無消息。四眉乃買舟往訪,不料去後高生適來,遂成參商之局。

第三折敍四眉去後,囑李月廬劉雲孄代其守家。並謂高生到時,必留之俟其旹返。高生果到,以四眉外出尋彼,乃卽歸家,冀獲會晤。

第四折敍土地爺爺依新頒律例,須將做夢之人及夢見何事,詳申管夢衙門。夢王査知陶四眉與高仰生夢裡互相尋覓之事,欲點醒之。乃召二人相見。惟彼此見面亦不認識。夢王乃告以彼輩原係幻緣。恩情旣遂,緣分漸疏。及至夙債償淸,夢緣亦斷。所以彼來此往,兩下難逢。錯錯相因,尋尋不巳。不特夢中之夢,再見無由;就使當面,亦自家錯過。可知緣爲情生,情隨緣滅。自此消除孽障,解脫情絲。兩念皆空,大家同覺可也。陶高兩人遂警悟焉。

曲話四卷:初刻四卷本,道光五年刻籐花亭十種本

此書有初刻四卷本,道光籐花亭十種刻本五卷,曲苑本五卷。第五卷爲後增,皆論西廂者;將初刻本卷末甲申臘鐙跋記更移在卷五之末。卷一敍述淸朝曲家及其作品。卷二論曲之作法,間有考據,及摘出古今曲本之同名者。卷三爲歷代名曲之批評與欣賞。卷四論曲律曲譜及曲之音調。

卷末，甲申臘盡自記云：「余幼喜讀曲，今成癖矣！消愁遣悶，殆勝小說。每欲即所見各爲點論，未果也。春初遊鼎湖，阻風肇慶。孤篷悄坐。輒雜憶而隨記之；了無倫次。歸乃補綴成帙」。

按甲申即道光四年（公元一八二四），是年廷枏二十九歲。廷枏所作雜劇：有曇花夢，斷緣夢，江梅夢，圓香夢四種，而圓香夢作較後，据藤花亭散體文有曇花夢，江梅夢，斷夢緣三種序，而斷夢緣序中嘗欲再撰一種，俾成四種。則圓香夢爲其所欲再撰以完成四種者也。又按李黼平曲話序，謂廷枏作曲話之前，已有圓香夢。則四種之作，可證爲皆在曲話著成之前，皆二十九歲以前之作也。

又按粵人鮮言曲者。廷枏少年能手，殊足驚奇，不知實有家學淵源也。廷枏有族父梁森，乾隆中服官浙中。高宗第五次南巡，森奉檄恭辦梨園雅樂。先期命下，即以重幣聘王夢樓（文治）塡造新劇，一年而成。共得九折，皆即地即景爲之。曰：三農得澍，龍井茶歌，祥徵冰繭，海宇歌恩，燈燃法界，萬岳丹爐，仙嫗延齡，瑞獻天台，瀛波淸宴。愼選諳伶色佳者充之。迎鑾期屆，在西湖行宮敬謹供奉。每演一折，先用黃綾底本恭呈御覽；輒蒙褒獎，賜予頻仍，森亦緣此陞官矣。（見曲話卷三）据此則廷枏曲學，似受梁森影响也。

南漢書十八卷，道光九年刊，藤花亭十本種。

南漢偏國短祚，少載筆之士，紀纂荒缺。胡賓王興亡錄久佚不傳，周克明撰國史未覽。其粗具崖略者，宋路振九國志，淸吳任臣十國春秋而已。吳書惟南唐吳越較詳，南漢紀傳事蹟旣不能悉備，尤復譌駁錯出。近人南漢春秋又祗錄吳氏舊文，故千餘年來，勒爲專書，如馬令陸游之南唐，錢氏之備史，曾未之見。廷枏少住光孝寺，拓讀兩鐵塔題衍，與吳書多不合。是時已思別著成一家言。以科擧因循弗果。近年繙閱藏帙，遇事涉南漢者，輒首尾錄存巨冊。道光九年己丑，杜門取所積書萃而條理之，釐爲本紀六卷，列傳十二卷，共十八卷，考異如其數，而義例附焉。此書之作；大抵根據正史通鑑與地諸書，旁及說部金石，事同則採其古，事異則採其詳。說有不可通，則旁推曲引，務求必當。至單詞片語，散存羣籍，苟於史例無礙，亦並綴補靡遺。若一事而牽涉數人，雖以所主分詳畧，而敘次不得不複。此固古史所難免，書之病不在此。三閱月輟食以之，而成是書。

內本紀六卷：第一烈宗劉隱；第二第三高祖劉巖一二殤帝劉洪度；第四中宗洪熙；第五六後主劉鋹。有唐失馭，烈宗父子以裨校起家；破賊立功，不數年封王南越。高祖繼之，遂建大號；所招用多中朝名下士，規模畧有可觀。乃不思節費保民，而窮於土木，暴性濫刑，寵姍好，啓逸豫，始基壞矣。殤帝荒縱，蕭墻禍起。中宗篡弒得國，封兇逆爲功臣，戮無辜如草芥。甚至天潢宗姬，瀆淫後宮，倫常既乖，滅亡可待。後主冲齡嗣服，昏愚奢淫。閹官盜權，百姓塗炭。宋興，猶得全首領以歸魏國土者，幸也。

次爲列傳十二卷：第一后妃傳，爲代祖武皇后韋氏，段氏，高祖皇后馬氏，及殤帝生母趙太妃，謝侑儀，中宗妃李麗妃，後主李貴妃，李美人，盧瓊仙，波斯女媚豬奴，司花女素馨，離非女子及李蟾妃等。南漢之興，實自外家援引之力。韋氏排羣議而歸烈祖，惟猜段氏而殺其所生於襁褓，蓋閨房之內，不能正厥始矣。高祖馬后，正位十七年而薨，於是趙太妃謝侑儀豐爭妍獻媚，寵冠一時，乃殤帝甫立而賊臣弒之，覆巢取卵，哀鳴無及矣。中宗嬪御，雖以周親，禽獸目之可矣。後主則宮闈淫穢，所以國必亡矣。

列傳第二諸王公主傳：叙高祖子耀樞，龜圖，洪昌，洪熙，洪雅，洪澤，洪操，洪杲，洪暐，洪邈，洪簡，洪建，洪濟，洪道，洪照，洪政，洪益。中宗子璇興，慶興，保興，崇興。後主子守節，守正，守素，守通。烈宗女增城公主，高祖女清遠公主，某公主，素馨。高祖封諸王子，必因其地以爲爵，並稱傳不再世，而能之，囚之，酖之，殺之。後主亦蹈父覆轍，桂王首及於禍。宗盟剷削淨盡，故宋師南征，遂勢如破竹也。

列傳三至八爲諸臣傳：自趙光裔至李氏凡五十六人。趙光裔等皆中朝舊胄，竭心力以佐開國規模。及其國亡，則君雖昏暴，猶有慷慨殉死節之臣，則史乘之光也。

列傳九至十爲宦官傳：自吳懷恩至樂範凡十四人。南漢宦官初三百人，浸積而千餘人，至二萬人有奇。所列數人乃稍行古來宦官之道者矣。

列傳第十一方外傳：凡二十二人。南漢後主招方士煉藥以求長生，求長生而盡置其赤子於死地，國遂以亡。

列傳第十二叛逆傳四人，外傳四人。此皆叛逆於漢而歸命於宋者。

南漢書考異十八卷：道光九年刊，藤花亭十種本。

將南漢書中可疑之地名，人名，事蹟，引册府元龜，薛氏五代史，新唐書，舊唐書，歐氏五代史，十國春秋，五國故事等，比較其異同，而從最詳確者。

卷一烈宗紀，卷二卷三高祖紀，卷四中宗紀，卷五卷六後主紀，卷七后妃傳，卷八諸王公主傳，卷九至十四諸臣傳，附女子傳，卷十五十六宦官傳，卷十七方外傳，卷十八叛逆傳及外傳。

南漢文字略四卷：道光九年刊，藤花亭十種本。

文錄：卷一文九篇，卷二文十二篇。詩錄：卷三詩四十八首，卷四詩文附錄七首。

南漢叢錄二卷：道光九年刊，藤花亭十種本。

南漢書撰成，尙多軼文雜事無年可隸。且例不得入紀傳者，隨手錄之，集得兩卷，略爲類次。其已見南漢書及考異所經引者，則不復重收。雜引舊文，故曰叢錄。

書餘一卷：道光十年首夏刊，藤花亭十種本。

此書乃廷枏少年集周代彝鼎銘文之百字外者得十餘種。取諸家釋文校其異同，審訂字畫，以定於一。略疏舊解於後而除其訓詁之穿鑿者內周齊侯鎛鐘銘，周召鼎銘，周散氏盤銘，周收敦銘，周師𩡧敦銘，周穆公鼎銘，周龍敦銘，周寅簋銘，周卯敦銘，周頌鼎銘，周秦盄和鐘銘，周敔敦銘，周晉姜鼎銘，周師𣪘敦銘，周師酉敦銘，周邾敦銘，周寰盤銘，周㝨彝銘，及周召伯虎敦銘。

自序云：「廷枏十四五時卽癖嗜鐘鼎文字，家藏宣和博古圖錄，晨夕摩挲不能少釋。甲戌冬（嘉慶十九年）於羊城市購獲搨本商周銅器銘約百餘種；半爲博古錄，薛氏欵識，呂氏考古圖，王氏嘯堂集古錄，及阮氏積古齋欵識諸書所收。日合各本對勘而互考之，証以家世所藏古器，幾於廢食之幷廢焉。竊謂古人作彝器，銘功烈，必自叙其册命之詞，以示子孫，以昭明德。周世尙文，其詳者且數百言；辭義古懿，每同誥誓。是蓋尙書之支流餘派。……今集周器之百字外者得十餘種，名曰書餘。……固不敢擬之誥誓也。然其實則與周書同古矣」。

跋云：「右書餘一卷，余弱冠時所錄。棄篋笥十餘稔矣。今春南漢書剡竣有餘板，并附梓所箸碑文摘奇後。原錄以器分先後，今乃以文之多寡爲次焉」。

碑文摘奇一卷：滕花亭十種本。

此書乃摘碑文中之奇字而成。內引漢碑三十八通，共八十八字。魏碑一通，一字。北魏碑三通，共十九字。東魏碑六通，共五十九字。北齊碑十三通，共九十五字。北周碑一通，共三字。隋碑三通，共十六字。唐碑三十通，共百又十六字。五代碑四通，共十六字。宋碑九通，共三十字。遼碑一通，一字。金碑三通，共八字。

東坡事類廿二卷：道光十年自刊本。

卷一總類：卽極詳之列傳。卷二親屬類：先世之屬二十一條，兄弟之屬八條，妻妾之屬十五條，諸子之屬十二條，疏遠之屬六條，姻戚之屬五條。卷三知遇類：主知之事二十一條，恩賜之屬七條，稱舉之類十六條。卷四服官類：政事之屬三十條，論議之屬十九條，稱薦之屬二十四條，劾責之屬九條。卷五六嫌怨類：案獄之屬六十二條，彈劾之屬九條，遷謫之屬二十六條，黨禁之屬八條。卷七文學類：學術之屬十四條，學問之屬十六條，讀書之屬三十一條。卷八交友類：賞識之屬三十一條，交遊之屬六十五條。卷九日用類：食之類二十九條，飲之屬十九條，居室之屬廿九條，耕田之屬五條，疾病之屬十三條，喪葬之屬九條。卷十器物類：送餽之屬七十七條，文房之屬二十三條，服用之屬九條，珍玩之屬十二條，雜物之屬八條。卷十一遊覽類：山之屬二十條，水之屬十五條，寺觀之屬二十三條，園亭之屬十五條，城野之屬三條。卷十二遊戲類：閒情之屬十條，戲謔之屬四十八條。卷十三幻異類：前生之屬四條，身後之屬五條，記夢之屬四十一條，鬼神之屬六條。卷十四技藝類：書之屬五十五條，畫之屬十四條，品書之屬十二條，品畫之屬十三條，醫卜之屬六條。卷十五方外類：道家之屬十二條，釋家之屬四十八條。卷十六詩文類：詩之屬二十五條，文之屬十二條，詞之屬十一條，品詩之屬六十三條，品文之屬十五條。卷十七八九考証類：詩考之屬百五十條，文考之屬四十二條，詞考之屬十八條，詩文總考之屬三條。卷二十評論類一：詩評之屬七十三條，文評之屬三十五條，詞評之屬十六條，詩文總評之屬三條。卷廿一評論類二：書評之屬六十條，畫評之屬十二條。

大抵此書體例，自序已詳。而是書之價值，則何仁鏡已為指出。因擇錄二序於後，以資參考：——

自序云：「東坡先生事類編成，得卷二十有二。十七卷以下（考証類）皆後人細論先生詩文書畫，於事蹟無關。然義可相通，故附書末。所收書自正史以迄說部詩話及節引本集之事，因文見者；每條明著書名題目，畧為次第。至一事而互有同異，則以所主分歸各類，或數條彙歸一處，使易參稽，不復更為考證。其原文或泛及他人他事，與此書兩無關涉，又或連載詩文，而行事反晦者，均以意節之。刋竣因著其例而復次其目焉」。

何仁鏡序云：「唐而來，學士大夫，其聲名鉄人耳目，大抵以先生為最。第其行事散見羣籍；書卒不易，則檢閱為難。其彙為一編，如明人所撰外紀，又多陋畧。諸家集註，非關詩文，無所徵引。且止引證時事，詮釋本文，自不免刪割原書，及援此失彼之弊。顧欲賅巨細，具本末；非博採舊聞，使事以文見，文以類從，不足燦然成一大觀也。今歲歸自京師，吾友梁書章冉出示近所纂東坡事類二十二卷。

於先生之逸事與其文章風節;凡官之所以黜,黨之所以分,交遊之所唱酬,仕宦之所歷歷,莫不綱舉目張,若指掌,若列眉,其事又多出余耳目外者。於是益歎先生之大,而復愧余三十年來所見所聞之仍未廣也』。

南越五主傳三卷:道光十三年自刻本,民國廿三年自明誠樓叢書本。

卷一南越一主武王趙佗。卷二南越二主文王趙胡(佗孫)。卷三南越三主明王趙嬰齊(胡子),南越四主明王趙興(嬰齊子),南越五主明王趙建德(嬰齊長子)。

自序謂:『尉佗王南越幾及百年,自行號令,大事之可紀述者必多。然當時別無紀載傳後,陸賈南越行紀今固不可得見。由漢而來;南越廣衡二志及錄異,代答,草木狀諸編,不過偶舉一二軼事。傳廣州先賢者:陸劉兩家,又僅見唐志黃氏書及歐氏百越先賢志。雖斷自漢,而於南越舊事尤屬寥寥。故佗之立國,反以史記漢書尤爲粗具始末。今從二千年遺文散佚之後,欲爲南越記,更極難而無當矣。然雜簡錯陳,互有牴牾。流覽所及,每不能釋諸懷。如王剪平東越,而方輿紀要以爲南越爲誤。讀史記王剪傳,任囂先由萬人城徙番禺,佗自龍川入繼之。而黃佐通志誤謂至佗始徙近南海,再徙番禺。水經注又謂佗徙萬人城。又呂嘉之反,史記漢書通鑑年月並有參差。玉海滅南越月日亦與史漢異。呂后命周竈陳濞討南越叛,見文帝書,而史記漢書並遺濞。韓千秋攻越見史記,而輿地紀勝誤引南越志作田千秋。趙光,佗同姓;亦見史記,而粵述以爲佗孫。此類不可枚舉。尤可疑者,陸賈孤身遣使;而元和郡縣志乃爲賈饑逼佗都十四里,築城待佗。又賈至佗即稱臣,而聖爽志乃謂因佗未降,禱山神在僭佗遊錦石山時。理不可通,而古蹟儼在。

恨不得南越行紀，一破千秋之疑。生長是邦，悱憤若此，安用考據爲哉？久欲摭拾殘缺，輯爲成書，折衷歸於一是。既以賸語單詞，苦難貫串。中止者屢矣。今夏習浄訶林，行篋蕭帙，簿有所攜，輒試爲之，自佗以下得傳五篇，畧有證明，附之夾註。其餘散見群帙，堪資考訂者，則次叢錄二卷。雖不能如南漢書考異之條分縷晰，顧自束髮迄今二十餘年，所見書大略具是；終以不獲旁搜博採爲嘐嘐而無如何也」。

龍官崇跋謂「南越五主傳三卷，順德縣續志本傳及藝文畧並稱作二卷者誤也。書中引用史傳，或頗省改，不盡皆遵本文。凡諸古字重複古言，輒變書今體。此固因時，撰著者之常，不足疑也。獨其引淮南王安上書瘅熱輒書作痺熱，干界乃作于界。意其始誤認干爲于，因復改今字作於。疏畧之病，不無可掎。考漢書嚴助傳載：安書言南方暑濕，近夏瘅熱。顏師古注：瘅，黄病，音丁幹反。又藝文志載五臟六腑瘅病十二方，而別於五臟六腑痺十二病方。三十卷下注云：痺，風濕之病，音必二反。可証瘅痺二病，了不相混，黄帝內經言之詳矣。安書又言越人欲爲變，必先田餘干界中。顏注於此句下亦明引韋昭曰：「越邑今鄱陽縣」。據此則干界實越之邑名。安可遽斷干字即爲助詞之于乎？假令作者別有證明，宜亦詳之夾注，何乃默聽妄臆如此？是眞不解也。其書掇拾舊事，亦間有牴牾。如卷三五主傳稱，僕（按即楊僕）兵先薄梅嶺，南越守嶺將卒潰敗；嘉（即呂嘉）命裨將庾勝築城戍守云云。而原注則引嶺海賸稱「僕遣裨將庾勝兄弟戍此嶺」。又引南康記云：「前漢南越不賓，遣監軍庾勝者討之。築城於此。今案其所撰南越叢錄亦載保昌縣志一條，稱漢樓船將軍楊僕出豫章擊南越，裨將庾勝城而戍之云云。參稽互察，知原文嘉字原爲僕字之僞，殆由一時筆誤歟?然書出一手，不應前後矛盾若此。又注中伏波校蘇宏得建德一條，稱引自南越先賢志。考四庫全書總目著錄明歐大任百越先賢志四卷，最與自序所謂歐氏百越先賢志者厥名則符。顧此注則稱南越者，願就蘇弘屬南越人名之。猶顏師古注漢書儒林傳總敘引衞宏治定古文官書，序稱官書，而於伏生傳注內引此則則稱衞宏所定古文尚書序。蓋衞宏所定官書，非止一種。此亦就宏所定尚書之小序名之，似歧而非歧也』。

南越叢錄二卷:道光十三年自刻本，民廿三年龍氏自明誠樓叢書本。

此書無目錄無章節。蓋捃摭羣書之言越事者以成編，或以類相從，或隨意摘纂。書成於道光十三年六月十日。原刻有誤者，龍刻都為訂正。

自序云:『南越傳，漢書全用史記。司馬遷生孝武時，事方目覩。論者謂史記之成，多取陸賈新語等書。則賈所撰南越行紀，當時自無不見。而傳中止詳其興滅之由，及代傳之故，挈其大綱。於南越國中一切治人行政之事，曾未之及。豈賈書但記出使始末，詳此而畧彼耶?抑史體簡潔，有所棄而弗錄也。自史記而外，若西京雜記之屬，每有一二條可徵引;顧多混舉。南越無年可繫，又或事實瑣細，不得載記，及引而未詳者，別次叢錄，彙得二卷。佗据三郡，本因秦舊。漢志謂此秦所置郡太大，稍復開置。今考武帝平南越所置之九郡，雖非盡佗故地。然志止以南海鬱林日南，當佗桂林象郡南海三郡。合三郡所屬，縣不過二十又三，戶不過四萬七千有奇，口纔二十三萬。核與秦戍五十萬人之數不符。固無論舊有土著，又經百年生聚也。且佗築城在今仁化縣，舊為曲江縣地;而志以曲江屬之桂陽郡。築白鹿台在今新興縣，舊為臨允地，而志以屬之合浦。錦石山在今德慶州，佗嘗偕陸賈遊此;舊為端谿地，而志以屬之蒼梧。知元鼎開置時，多以佗所屬地分隸別郡。志之疏略，固不待言。但當時地理，古乏專書。舍此更無徵引。今姑錄備考而已』。

龍官崇跋云：『此書爲例踳駁，不明一體，故曰叢錄。每條之末，各著出典，亦間附考證。核所引諸書，稱目既多混省，（如書中引唐李吉甫元和郡縣志，省呼郡縣志，引宋樂史太平寰宇記省呼寰宇記等）出處復恒誤注。（如書中載禱告泰一一條，本史記孝武本紀之文；而原注誤標作漢書武帝紀。又始用雞卜一條係史記孝武本紀之文，而原註誤標作通鑑等。）璺瑕珠纇，往往而有。至沈懷遠之南越志，裴淵之廣州記，今已久佚，亦并援引及之；蓋儻從類書鈔撮者，未必果獲見原本也。考南中志見晉常璩所撰華陽國志中，原係一篇之目。是編載孝武時通博南山一條，註乃標南中志而不一題璩書，舍本稱末，未免爲例不純。又秦城一條，註云：「出桂海虞衡志」。覆按范成大桂海虞衡志並無此語，惟范氏所撰驂鸞錄中有云：「二十七日赈經略安撫使印，自此趨府二十七里至興安縣，十七里入嚴關。兩山之間，僅容車馬；所以限南北。相傳過關卽少雪有瘴。二十三里秦城，秦築五嶺之戍，疑此地是」。而閔敘粵述亦載秦城一則；謂「秦城在興安縣西四十里，有秦王廟。始皇帝二十三年，築以限越者；遺址石甃尙存。其西南亦有越城。秦城北二十里有嚴關，兩山夾峙，中容一馬」云云。今按顧祖禹讀史方輿紀要稱：自嚴關而南二十里，爲古秦城云云。下文因引范成大曰：「秦城相傳秦始皇發兵戍五嶺之地」。城在湘水之南，融灕二水間，遺址尙存，石甃無恙。城北近嚴關，群山環之，鳥道不可方軌。秦取南越，其地爲桂林象郡；而戍兵乃止湘南，蓋嶺之喉襟在是。稍南又不可以宿兵也。尋繹其文，知顧氏所引蓋本驂鸞錄，並參以粤述之文也。作者乃以顧氏所引范成大語為出自桂海虞衡志，而不知其實摭取於驂鸞錄而誤；復不辨讀史方輿紀要之文，而遽以羼入范成大語中，尤誤之誤矣。其述安陽王神弩事，僅錄太平廣記；而交州外域記，及晉太康地記，詳其始末，信徵乎古，反不見收。述尉佗献桂蠹事，即錄玉海引南越傳；而粤西偶記評其品味，證成於今，復不見採。是胥失觀於眉睫之前者。至所考庾嶺梅嶺方位名稱之始，頗與嶺南雜記所紀相合。所辨溱水湞水經流分合之源，間與曲江縣志所勘略殊。大率推論地理，古今時有異同，要非身至焉者莫悉也。編中附才鬼一則，可以為怪異矣」。

廣東海防彙覽四十二卷：道光十六年刻

卷一：三海路圖；分東路圖，中路圖，西路圖，南澳圖，澳門圖，及虎門圖。卷二：輿地一，通論，險要。卷三四：輿地二，三，險要。卷五：道里，沿海，各營。卷六：職司一，文員。卷七：職司二，武員。卷八：營制一，裁設。卷九：營制二，兵額。卷十：財用一：俸餉。卷十一：財用二，積貯，經費。卷十二：方畧一，通論，船政一。卷十三至十七：方畧，船政二，三，四，五，六。卷十八至廿一：方畧，戎器一，二，三，四。卷廿二：方畧十一，操練。卷廿三四：方畧十二，十三，巡哨一，二 卷廿五至廿七：方略十四，五，六，緝捕一，二，三。卷廿八九 方略十七，十八，軍政一，二。卷三十：方畧十九，防城。卷三十一三十二：方略二十，廿一，礮臺一，二。卷卅三：方略廿二，保甲。卷卅四卅五：方略廿三，廿四，禁奸一，二。卷卅六至卅八：方略廿五至廿七，馭夷一，二，三。卷卅九：事紀一，晉至明。卷四十：事紀二，明。卷四十一，四十二：事紀三，四，清。

書有凡例十二則，其一云：『廣海三路，說防明中。東括惠潮，中圍廣州，而欽高雷廉瓊，幷居西境。自乾隆丙辰，西路首缺上下，爰創四路之名。迨嘉慶庚午，東路踵繼區分，又著五路之目。……茲溯厥開宗，沿稱舊段。首潮始瓊終，東先西後』。其二云：『茲編略古詳今，舉新証舊。史乘而外，彙敘官書，例則所存，旁搜吏牘。先舉省政之專用，次及海澨之通行。凡上達之章，下頒之令；按年順月，件繫條分。痛刈冗間，期歸簡淨。又海洋專政，督部攸司，時有會銜，統諸首列』。其三云：『外臺秘要，太平廣記諸書。摭萃叢編，沿源作者。茲倣其例，凡引用羣籍，具註書名。斷取數言，倘徵出典。間見異辭，量增考証。偶一事兩門可入，必繫在至先。倘有條而無類可歸，則存諸附按』。其四云：『艙艅以火攻制勝，遠近幷取銜堅。江海以水陣圖操，深淺均資利涉。此編凡薰煙噴藥之方，伏泯泅波之具。下迄拋船泊澳，分隊合綜。為之逐繪形模，暢徵圖說』。其五云：『古今地志，首載端在圖經。今自潮陽以迄瓊何，劃判內外洋名。起東路而遞中西，錯列城臺式度。可分可合，不複不遺。他若虎澳對峙雙門，雲陸跨連兩界。欲明要害，特補專圖。錄海圖第一』。其六云：『岫港沙礁，紛殊界屬。府廳州縣，隱館嵌疆。以通說統識宏綱，更按邑徐圖細目。使環洋扼阻，展卷分明』。其七云：『粵地幅員統三十八營之內。汎防所屆，步尺堪尋。且列戍開屯，畫疆置守。平員四至，各衛一隅。將昭全粵之藩籬，先別諸營之界限。數原不忒，類各相從。錄道里第三』。其八云：『建官稽古，義取相維。況鎮標營協，設有專官。將備弁員，數歸更僕。會典祇書駐劄，茲並追述沿革之由。政考止列銜名，茲推記汎防之所。錄職官第四』。其九云：『外海內河，兩殊營分。此編於故額新添，祇存見數。總憑年代，晰著事由。錄營制第五』。其十云：『會典載匠工俸廉，不著心紅薪炭。載兵丁餉米，不著爽白銀錢。今紀緊方隅，例期詳盡。至若經費藉捐輸之入，積蓄通飛挽之窮。榆莢苟可泉流，萑苻因而餞淨。錄財用第六』。其十一云：『船政所統，厥類多端。至戰艦務先求利械，火器號首要軍需。故戎器次焉。又況則撫著並收之效，權衡藉濟變之宜。故操練巡哨，緝捕次焉。若戰守選昭勸惰，功過攸別勸懲。故軍政又次焉。自明以來，愼嚴所衛。復界而後，密綴臺墩。故所城礮臺又次焉。且口岸孤荒，易接通濟。蛋漁出沒，頗資巡防。故保甲禁奸又次焉。通典述邊防，兼錄外國。輿圖志地理，末附南夷。故馭夷終焉。錄方略第七』。其十二云：『我朝風敎涵濡，波臣效順。封守愼固，海宇肅清。失業者或阻饑而嘯野，亡命者或畏法而跳梁。他若化外顚蒙，罔識天朝體制。妄有干請，轉瞬而輒悔輕狂。偶犯科條，彈指而旋形慤愫。每述釁開，輒昭炯戒。錄事紀第八』。

按編輯海防彙覽職名：總裁盧坤等四人，監修吉恒等六人，督修李振翥等三人，提調鄭開禧等四人，采輯蔣明遠等三十一人，纂修陳鴻墀等五人，校對朱鳳梧等五人，收掌熊景星等二人，繪圖儀克中等二人；而梁廷枏僅居纂修五人中之一。其實此書乃廷枏一手編成者也。按梁廷枏廣東海防彙覽後序附識云（見藤花館駢文卷一，二十頁）：『先，是書成於道光丙申；（十六年）多至百餘卷。陳舍人（鴻墀）志，而余一手所為也。徵引既博，不免有小異大同。覆閱自嫌繁衍。請於鄧嶰筠制府，薦集四君子者（吳石華，曾勉士，林月亭，儀墨農）商而節之；仍令余始終其事。故節後再有去留如今編。余撰例言并以是跋詳其緣起曲折之故。甫定而林少穆尙書奉命以海事來，索閱稱善。於是制府仍依敏肅御志有恭錄進呈之議，則此跋體裁弗協，印裝時遂自除去。而今稿偶存，附識於此，他日有所考焉』。

又按：現本海防彙覽無此跋，因預備進呈故除去。無此跋，人遂不知為梁廷枏一手所為。特為考定如此。

又按：此書草創於道光十四年，成於十六年。其大畧見梁廷枏海防彙覽後序云（藤花亭駢體文卷一頁十九）：「廣東海防，沿洋聿推要領。自涿州盧敏肅公府開百粵，薄海波恬。將貽後矩之循，肇創新編之纂。昰次甲午（道光十四年），以嘉善陳範川舍人（鴻墀）綜提全局，僧舉分修。旋以探擷倘疏，遂巡遂輟。乙未七月，廷枏甫從簪筆，而公適報騎箕。今制府江寧鄧公，節鉞來臨，規模丕啓。驟聞斯舉，樂覩厥成。手檢叢殘，躬為提命。逮明年四月，粗成卷第，遽付胥鈔。蓋入局至斯，沿秋溯夏。其閒抽毫暝寫，發牘晨披。踰歲而僅閱半年，緝圖而兼資六法。舍人復剋期告蕆，極意求詳。遂乃擿詣嚴牘，質陳疑竇。請招學博嘉應吳石華，南海曾勉士，番禺林月亭，孝廉儀墨農迭勤校勘，滙訂紛岐。會吳儀所事弗終，同時溘逝；僅與林曾兩學博撰茲成帙，寘厥支辭。部居稍事更移，節段復加敍併。篇存十九，商畧再三。同局既昕夕弗遑，不才亦始終厥事焉」。

粵海關志三十卷：道光十八年修

關權即昔日之互市，海關與番舶相通，又兼周官懷方訓方匡人撢人象胥各官所掌，職司綦重，故特纂志書，以昭法守。卷一，皇朝聖訓：—載順治六年，八年，康熙四年，二十五年，雍正元年，二年，七年，八年，十三年，乾隆二年，六年，七年，三十七年，嘉慶十七年，十九年，及道光三年各上諭。卷二至四，前代事實：—自漢，六朝，唐，宋，元，明，各代互市之事實，輯其久散典籍者以資考鏡。卷五六，口岸：—凡各關徵稅及巡查之地，必須題報有案者，方准責成員役。粵海關所轄海口尤多。今遵會典所載粵海關口岸名目，就其地勢爲圖，以便查覈。卷七，設官：－自康熙二十一年吳興祚起至道光九年鄧廷楨止，凡三十八人，載職官表。清代凡釐定關榷，官制有兼管有簡充，惟廣東粵海專設監督，重其任也。至分司其事，大關澳門則設防禦，其餘五大總口，幷置委員，復有稽澳夷寬其納者。今以建置始末，吏役額數書於篇，各官在任年月系之表。卷八至十三，稅則：－旣設稅額，則有貨額。課額有正有羨。道光十四年前，任督盧坤奏比較近年粵海關徵銀歲多至一百六十餘萬兩有奇。而商民晏如，外夷歡悅。今輯稅則一門：先之以事例，繼之以正稅，比例估値，而以各口岸稅課，歷年征稅，各口旺月，與夫耗折平碼征存，撥解歸公例終焉。其一爲康熙廿三年以後歷朝事例；其二爲稅則，內分衣服，用物，雜貨，船料四項爲正稅。又各物比例，及估値例，及各口稅貨總目；其三自乾隆十五年起至道光十七年止各口歷年征稅。卷十四十五，奏課：－海關設典守之官，嚴出納之令。先之考覈，察其贏餘，終於報解，稽其延緩，故此門以考覈報解爲二子目焉。卷十六，經費：－粵海關正稅盈餘，每年報解部餉外，官司之養廉取之，吏書之火足取之，胥役之工食取之，又以補兵餉，備緝捕，資修船。此門因分其類目曰養廉，曰火足，曰工食，曰雜支，曰籌撥，而以捐助考覈附焉。卷十七，禁令：－各關皆有禁令，大端不越官吏商販二者。官吏之禁令，或在於徇玩，或在於苛勒。商販之禁令，或在於漏匿，或在於逗留。其中闌入闌出之物，稽查尤嚴，而鴉片煙查禁尤厲。故備載新章，以肅功令。內分官吏徇玩苛勒禁令，商販漏匿逗遛禁令，入口船料之禁，軍器火藥之禁，金銀制錢之禁，銅之禁，鐵及白鉛之禁。米，茶，大黃，絲斤，綢緞，棉花之禁，及鴉片之禁。卷二十，兵衛：—輯近口之營弁，砲台，船額，兵數，爲兵衛一門，凡自內洋迄黃埔，凡夷船經由之道之必歸防範者，具載營員，界址，所城，舟艦，兵額，砲台，而以各營季報附焉。卷廿一至廿三，貢舶：—內分暹羅國，荷蘭國，意達里亞國，博爾都噶爾雅國，英吉利等國。其貢舶之來，皆免征稅。卷廿四，市舶：—分內呂宋國，小呂宋國，哦喇嘶國，米時哥國，噶喇巴國，瑞國，嗹國，咪唎㗄國，㖌芝喇國，馬塔喇國，㗁啁國，蘇喇國，雙鷹國，單鷹國，臨國，咪哮哩國，吡喇啲國，數閉盧國，甚波立國，咕咪哐國，嚧哐國，啞咻國，越南國等。其專以市而來者，貨應徵則徵之。卷廿五，行商：—行商卽古之舶牙，專辦夷船貨稅，及爲夷商代置貨謂之行商。卷廿六至廿九，夷商：—乃夷人以澳門爲根踞地而與內地通物商者，此門載明其來源，交涉，及我國所定之限制。卷三十，雜識：—內輯海中雜占；如占天，占雲，占風，占霧，占電，水醒，水忌等，與潮信洋面之異同，自廣州之潮與欽廉雷州及海中港澳與東洋南洋之水潮相比較，以資考覈。

江南春詞補傳一卷：道光十八年刊本

內和江南春詞作者小傳四十篇。江南春詞原作和作附後。廷枏自序云：「明正嘉間，吳下諸賢追和倪高士江南春詞凡三十八人，得詞百十有四闋。吳縣袁邦正都爲一集。乾隆江南通志著錄藝文所謂江南春詞集者是也。其後顧起元朱之蕃又各續和八闋。朱公復合以袁氏所輯並原唱二闋爲之楷錄一過。舊藏揚州馬氏，輾轉遂爲仁和趙氏所得。今歲桐城方君東樹取呈制府鄧公題詞，其後適觀察董翠南，方樵都轉亦有賡作；制府乃屬廷枏影摹付之梓，俾永厥傳。竊以原錄止人存姓字，其里居，官爵，與夫行蹟本末，未及詳載，誠爲缺事。爰爲搜羅放佚，書萃而條貫之，各成小傳。文襚事雜，不嫌瑣屑，蓋與史體異也」。

小傳人名爲倪瓚，沈周，祝允明，楊循吉，徐禎卿，文徵明，唐寅，桑悅，王守，王寵，王穀祥，錢穀，皇甫涍，文嘉，彭年，袁表，袁褧，袁袠，陸師道，袁褒，文伯仁，袁袞，金世龍，陳沂，顧璘，沈大謨，張之象，王逢元，陳時億，景爵，顧峙，顧聞，黃魯邱，嚴賓，景霽，文彭，顧源，路永昌，顧起元，及朱之蕃。

東行日記一卷：道光二十一年刊本

廷枏得陳仲雲戴醇士保舉儘先選用。道光二十年九月，掣得潮州府之澄海學。二十一年春二月文至，會夷役滋擾，未及投牒試驗。殆事稍定，已在夏中。廷枏乃於五月十八日詣梁楚香方伯驗看。二十八日詣怡樾亭中丞試驗，辰入午出。中丞囑其抵任後仍旋省，定於九月還省。乃於六月初三日奉母陳太孺人妻潘同行，至二十一日始抵步。是役凡行三百九十里，經鹿步滘，石龍，博羅，惠州府城，河源，青溪，龍川，岐嶺，興寧，嘉應州，而至潮州。此編乃記行蹤所歷；凡山川，風土，人物，古蹟，以及旅途之險阻，賓朋之往來，無不縷敘。其中引喻而加以考訂，紀敘而參以辨說。熊沅謂其「筆能鑄鐵，吻縱瀾翻；晉澤藪則晰及源流，論車輪則遠徵堤堨；視梯田而識肆人之利，觀堰水而知澤龍之勦。水利農田，幷有資乎實用，風舲月榜，尤無負乎冥遊。索環不過百篇，包封已臻千古」。亦可見其推崇備至矣。

有熊沅駢文長序。

越華紀略四卷：道光廿三年刊

越華書院其始實城內名園，鹺商者購而潤色之。鹺賈子弟列舍讀書其中，乾隆廿二年成立，與粵秀端溪鼎足而三；一時人文蔚起。道光中，房舍以次傾圮，修復無力；有司復假之以備行署，生徒常苦播遷。道光十六年，廷枬監理斯院。因採搜遺佚；取其點綴之名勝，建置之年月，與夫經費之出納，條件之頒佈。上自院長名氏履籍，下迄諸生科第歷官，分類別門，輯爲是紀。廷枬自謂事皆見行，辭無修飾。稿脫於辛丑夏，即發棚爲澄海之行。至癸丑再校一過，補所未備，次其目而鋟諸板。

卷一：房舍，甄別，課額，官課，院課。

卷二：啓館，經費，別欵，錄遺。

卷三：祀典，設官，規條。

卷四：景物，故事。

耶穌教難入中國說鈔本：不分卷數，道光廿四年著

首溯彼教之起源，始摩西以至於耶穌基督。以下推論行教之意，言其如何傳入內地，如何詮譯聖經要旨，在粵東會城市集之地按戶遺送。以下列敘彼教故事；自阿當，夏哇，挪亞，洪水爲災；以至拉撒，阿伯拉罕，約瑟，法魯，大辟，瑣羅門諸君；傳六十一世至耶穌。復歷敘耶穌自生至死之蹟，及門徒之傳教，與教中之受洗領餐等事。復敘其教所以流衍，因耶穌門徒多出外傳教。並言明耶穌教與摩西教之不同，及復活審判之說與摩西教之最不同。又援據史傳，見彼教支流，先自歧出。如大秦教摩尼教祆教，皆從耶穌教而來，而皆與耶穌教相混相出入

最後由梁氏暢加論斷。謂「天堂地獄」原與釋氏同宗，而其傳教心跡，仍與釋氏大同小異。至釋氏以輪迴受生爲賞罰之究竟，而耶穌則以復活受審判爲究竟，此最不可通者也。何也？蓋人死葬久則骨化塵土，安能如耶氏之說各賜以靈神使相與永存不壞？至謂除至善至惡各歸天堂地獄外，餘則並存世間，至此無生無死。夫宇宙亦安得有如許廣大

幅員，覈此開闢至今恆河沙數不仙不鬼之類乎？將使齊其貴賤於一致乎？抑此中爲之區別其等次乎？將日日羣居安處於廖廓之表乎？抑各與以神通復責以職守乎？將使生前之父子兄弟夫婦朋友遇之漠不相識乎？抑仍以類聚乎？卽就其說而問之，天果將來有齊集審判之日，不知遲至何代而後舉？又將何地以處此遍滿寰宇待審判之靈魂？卽審判矣，試問分列左右俟判之魂，當時加以問答，能使遍聽而共喻否？中國以無後爲不孝，而耶氏雖絕嗣而不許人有妾媵，是又內地難行之事矣。中國聖人，敎人爲善。至於敎人畏天不敢褻天者，初無日事禱告之文，惟還一念之善，與耶敎之私禱獻媚而祈其福庇者，不可同年而語矣。至於傳敎士來華所識者，皆內地商賈者流；徒知求利，無所据以祛其疑。若夫周公孔子之道，儒林碩彥，衍其支流；相與講明而切究者，斑斑可考。其入人也，方且洽肌膚，淪骨髓，甚深且久。耶敎安能搖而奪之』？以上乃梁氏論耶敎難入中國之理由。最後梁氏亦贊歎敎徒能拘守聖經，卽此殷殷勸人之意，亦出於視人如己之一念眞誠，而不自憚其煩也。又按梁氏海國四說序謂：『耶敎之爲書也淺，淺則不耐人思索；其爲事也虛，虛則徒令人疑惑。雖素講因果者，猶將空文視之。且其敎主之種種奇能異蹟，姑無論僅從數千百年後得諸傳聞。就令事事不誣，不過中國道流之戲幻耳！是書先詳彼敎之委曲，而折衷之以聖道。并其所習聞之說，考證焉而明其所出，而後其敎可聽與方外并傳』。

余讀是書後，深服梁氏對於耶敎歷史之深入透徹，瞭如指掌。其論列新舊約之敎，尤非一切翻譯聖經所能逾出。論耶穌敎文字最佳之書，當推此矣。

合省國說三卷：道光廿四年刻本

合省國卽美洲合衆國。其著此書動機，見自序云：「廷枏奉勅纂粵海關志，分數貿市諸國。惟美利堅立國未久，前賢實缺紀載。案牘所存，又多繫市易禁令。間有得於通事行商所口述者，亦苦紛雜難爲條緒。欲專著一編不可得。兩年憂居，有以其國人新編合省志略册子示者，初習漢文，而未悉著述體例者之所爲。因合以前日書局舊所採記者，稍加訂審苯成帙，略如五國故事，吳越備史，而詳覈有加焉」。

卷一，列舉五大洲之名及各洲位置。宏治五年八月初三，意大利人哥倫布得西班牙酋給與大船一，小舟三，往尋新大陸。抵美利堅居五閱月而歸。至宏治十年，其國亞墨理哥者再督舶循故道往，留居最久。因卽以亞墨理哥名其地。後半百年，英吉利得之。其後逐漸開闢，大率皆英吉利，法蘭西，荷蘭三國人，而意大利，西班牙，瑞典則時來時去。初其地本有土著十餘萬人，以力弱隸拙，各國遂先後劫以兵而分裂其地。萬歷中，英吉利女王主國，頗慈惠，乃許教士挈其徒侶出居新地。至占士王，卽所闢地爲省，遴設七人治之。以後英人漸次得地凡十三省，各有城，人近百萬。分設總制官曰督曰撫者治之。法蘭西又以人來居新陸之北，設壘置礮。英人與抗，卒毀礮壘而逐奪其地。市易饒裕，稅課充物，相安無事者七八十年。

卷二，言英國設公司爲貿易，而征稅極重，茶尤甚。乾隆四十一年，茶船到新大陸者幷逐於土番，或爲居民擲茶水中，其所餘寄棧倉者，二三年無人過問，公司耗貲無算。英人復欲懲以威力，幷欲收回前所命官之印。又增遣兵弁巨艘掠貨船燬城壁。居民不堪命，乃共推華盛頓爲兵首，備糧置艘自衞。越三年，乃合諸省爲國曰合省國，自立首領，不受英節制。英人復嚴促兵戰，相持六七年，至乾隆五十三年乃各厭兵而息戰。各省衿耆乃會議起華盛頓隨宜權理，議定立國規條，行總統制，定官制刑制，設濟貧院，立學校，議國例十七條，州縣省國不得相犯。復立諸國通商法，分致於所往來諸國，由是法蘭西，荷蘭，瑞典，葡萄牙等國皆爲招徠。以下歷敘合省國之經緯度，山脉，河流，及地勢等。

卷三，言合省國奉耶穌教，用英吉利文字，通行新聞紙，有鉛印活字板，入書藏看，婚配自由。又述土番高健，體色如紅銅，耐勞，重信，善獵，好戰，及合省國人如何教養引導之。下又述合省國之仁會，戒酒會。又敘日常禮節，衣服，飲食，居室，音樂，繪畫，與夫機器紡織，動物，植物，礦物，皆臚列無遺。卷末言其貿易之日進，及氣候之不同焉。

按：梁廷枏極心儀於合衆國之法制，觀其序文云：「余觀於米利堅之合衆爲國，行之久而不變，然後知古者可畏非民之未爲虛語也。彼自立國以來，凡一國之賞罰禁令，咸於民定其議，而後擇人以守之。未有統領，先有國法。法也者，民心之公也。統領限年而易，殆如中國之命吏，雖有善者，未嘗以人變法。既不能據而不退，又不能擧以自代。其擧其退，一公之民。爲統領者，既知黨非我樹，私非我濟；則亦惟有力守其法，於瞬息四年之中，殫精竭神，求足以生去後之思，而無使覆當前之餗斯已耳。又安有貪侈凶暴以必不可圖之位，必不可再之時，而徒貽其民以口實者哉」？

粵道貢國說六卷：道光廿四年刊

清代外夷入貢者，其入貢道路，例按海洋遠近，分隸沿邊各省宗伯掌之。由廣東入貢者，惟暹羅，荷蘭，西洋所屬意大里亞，博都噶爾雅，以逮英咭唎諸國。每屆使舟至境，大吏以聞，輒奉俞旨，燕勞有典，伴送有官。此書溯考舊章，就諸國貢道之例出廣東者，各舉其入貢之期，奉貢之物，敕詞之褒獎，賜予之便蕃，悉著於篇。卷一二，入貢條例：以順治元年至乾隆五十六年上諭爲準。其曾遇經入貢，歷敘隋煬帝大業三年(607)，元成宗元貞元年(1295)，明太祖洪武三年(1370)，成祖永樂二年(1404)，憲宗成化十八年(1482)，孝宗弘治十年(1497)，神宗萬歷六年(1578)，思宗崇禎十六年(1642)，清順治九年(1652)，十六年(1659)，聖祖康熙三年(1664)，四年(1665)，九年(1670)，十二年(1673)，二十三年(1684)，四十七年(1708)，五十九年(1720)，世宗雍正二年運來米石在粵發賣，七年(1729)，高宗乾隆元年(1736)，十四年(1749)，二十二年(1757)，三十一年(1766)，四十六年(1781)，五十年(1785)，五十二年(1787)，五十五年(1790)，五十九年及六十年(1794－1795)，仁宗嘉慶元年(1796)，六年(1801)，十四年(1809)，十九年(1814)，二十四年(1819)，宣宗道光三年(1823)，七年，九年(1827,1929)，十年，十一年，十四年，十七年(1830, 1831, 1834, 1837)入貢之事。

卷三，荷蘭國：荷蘭卽明史外國傳之和蘭，此卷歷敘清順治九年(1652)，十三年(1656)，康熙五年(1666)，二十五年(1686)，高宗乾隆元年(1736)，五十九年(1794)，入貢事。其貢物大抵爲馴象，孔雀，龍涎香，犀角，象牙，豆蔻，桂皮，檀香，樟腦，冰片，硫黃等，而我國所賜者爲玉如意，蟒袍，綾羅綢緞，瓷器，瑪瑙，紙墨，鼻煙，繡品等。

卷四，西洋諸國：廷枏謂西洋在西南海中，明初使鄭和遣使西洋，始知有其地而未詳。至明神宗萬歷九年，(1581)其民利瑪竇至澳門，清聖祖康熙六年(1667)西洋國遣官入貢。以後歷敘九年(1670)十七年(1678)，五十九年(1720)，高宗乾隆十八年(1753)各次入貢。其貢品大抵珊瑚珠，照身鏡，鳥鎗，嗶嘰絨，自鳴鐘，琥珀，洋刀，香水，氈毯等。

卷五六，英咭唎國：此卽海國見聞錄之英機黎，職方外紀之諳厄利。清康熙間始來通市，雍正七年以後互市不絕。二十二年，部議不準其赴浙貿易。於是皆收泊廣東。二十七年奉上諭，準夷船酌量配買五千斤，蠶湖絲三千斤。五十七年英人以前年皇帝八旬萬壽未及叩祝，今遣臣進貢，請由天津停泊赴京，許之。貢使請派人留京管理其人民及買賣，不許。以後歷敘六十年及嘉慶元年入貢事。末次使臣不願叩跪，故覲見之日，兩使皆稱患病。仁宗亦不收其表文，祗領貢物數件，而厚賜賞物，使其回國。彼國貢物爲天文，地理，音樂，大表，地理運轉全架，天球，地球，測天儀，西瓜礮，銅礮，玻璃燈，自來火，千里鏡，大小鎗，鋼刀，羽毛呢絨等。我國賫回者有蟒袍，綾羅綢緞，漆器，瓷器，茶葉，藕粉，冰糖，哈密瓜，鼻煙壺，香爐，大小荷包，玉器，葫蘆瓶，布匹，玉如意等。

意大利亞國：首章敘利瑪竇來華，及其徒龐迪我，熊拔三，王豐肅等如何傳天主敎，羅雅谷及湯若望等如何助纂崇禎歷書，皆足資參考。以下歷敘雍正三年(1725)，五年(1727)兩次入貢事。所貢如玻璃，洋刀，銅日規，鼻烟盒，漆，照身鏡等。

博爾都噶爾雅國：按語謂此國居英咭唎之東南，佛蘭西之東北，意大利亞之南，周境七百里。有二學，曰阨物辣，曰哥應拔。歐羅巴高士多出此學。以下歷敘淸雍正五年(1727)，乾隆十八年(1753)入貢事。其貢物大抵多璖瑯盒，鼻煙，洋緞，洋布，洋刀，長短鎗，香水，葡萄酒等。而我國賫回蟒緞，漆器，瓷器，紙，墨，綾，羅，綢，紡，緞，絹，等物。

按博爾都噶爾雅卽異域錄之博爾都噶里牙。香山林謙所著國地異名錄以爲卽布路亞，又卽葡萄牙。

蘭崙偶說四卷鈔本：道光廿六年著

此書所言蘭崙即今之倫敦，以英京之名代表英吉利國。全書皆述英國之事也。

卷一，溯英吉利國之紀年，而以中國朝代層遞考證；謂其有國之年次足紀述者，蓋自加力牛拉始，時在漢哀帝間也。以後歷敘革老，尼羅，腓得利亞，尼爾瓦，阿得利安，彼耳地挪士諸皇；及哥耳氏時代之能究天文日食，干士但天之傾心信耶穌教，以至尼波爲土蠻所滅。由加力牛拉以來，至是凡四十有八王，歷二百又九年，當自漢明帝至宋齊間也。繼此則腓士葳西安，時國爲羅馬所據，至撒孫時，西耳得乃得復立。至幾阿巴勒凡七主，歷百十有六年，大抵起梁迄隋之際也。由唐以來，則爲開尼義勒，篤信耶穌。至艾安凡十八主，歷二百九十六年，大抵終唐之世矣。其在五代時，則有以得空者，甫即位即與北敵搆釁；至以得門爲客因人所殺；凡九主，歷百十有六年，大率始五代至宋眞宗天禧乾興間矣。自西耳得乃至此，相繼四十四王，共五百二十八年；撒孫所據之國於是終。此後遂爲客因所據矣。客因王加怒地乘亂據有是國，歷三王二十四載，復爲撒孫所有。奮撒孫王之子以得空號認聖者繼位，凡三王、歷二十七年，而後撒孫復有之國，亦於是終。哪耳曼人號未廉者據之，遞回回人，至以得空第三，以火礮勝法蘭西，在位五十年。由加怒地至此凡十主，三百四十一年，大抵自宋乾興至元順帝至正之末矣。利查以得嗣位，至女王馬利，凡十一主，歷百八十有九年，大率當明初至嘉靖之中矣。嘉靖三十六年，女王依里薩伯立，慈惠清潔，歷傳查理第一第二以至雅治第三，乃奪亞美利加地，華盛頓拒之，血戰數年，英人乃聽其自設統領，立爲合省國，乾隆四十九年事也。乾隆中，英人取東印度，道光十八年女主維多利亞即位，英國日以富强云。

卷二，述英國初為意大利亞所據。至唐德宗貞元十五年，委屑司部落有伊未者始復併合之。英吉利之名實始於此。至宋眞宗咸平三年，領墨國加納王來攻又屬焉。後誘殲領墨，公舉一王，至顯利第二，乃先後得愛倫，斯葛蘭兩地。又信奉耶穌教，開港通商云。以後述其境界形勢位置及所屬。至萬歷十二年，女王依里薩伯使人就亞美利加海岸開墾。繼開新英嵛。至乾隆二十九年，英吉利遂據有其地。不十年，以加征稅餉及重征茶稅，人民離心。四十三年，十三區合議自立首領為合衆國，選華盛頓為帥，條列英吉利之凌虐者十八事，告於鄰邦，然後專力與英戰，血戰數年，合省國遂與英吉利稱敵，不復受其轄屬矣。以後叙其征服至印度，至道光六年復取緬甸。而南洋羣島則嘉慶中所得也。

卷三，叙英國之設官分職，征稅，商業，等。乾隆五十六年，英國入貢。以後英人又助土耳其拒俄羅斯，英俄遂交惡。

卷四，言英人賣鴉片與中國，道光二年廷議禁之。英兵乃入擾內河，求香港為市地。又分擾江浙，遂開五口通商。以後叙英人得阿非利加洲及澳大利亞洲。又叙其國婚姻，風俗，歲時，服飾，形體，禮制，及官爵，工藝，刑訟，娛樂，教育，宗教，考試，歷算，繪畫，書院，博物館，新聞紙，輪船，火車，醫藥，銀幣，仁會，喪葬，等事。

藤花亭鏡譜八卷：道光二十五年初刻年，民國廿三年順德龍氏鉛印本

廷枏家頗有收藏，個人亦續有購入。據鏡譜自序云：「余家非素豐，而先人所貽以蕃衍者，惟金石文字之是嗜。古器因累有所蓄。嘉慶己庚之歲，避洋匪徙居，旋復見背，舊存殆不可問。猶幸所蓄漢唐諸鏡數十具，巋然尚留篋中。緣是有譜錄之思。十年來僑寓會城，每就故家購

得一二；復從儒次諸君，易其所有。久則數半於前』。

其編次方法亦見自序云：『今春服闋，不欲遠出就驗。爰以其暇，取乾隆六年工部尺與今布政司所常用權碼，量衡其廣狹輕重之數，依其質製銘識，一一記錄，旁推博引，考證以定其時代，畧如考古之例，卽拓本摹繪其原形，而說以系之。(按原書本有拓本，刻本則無矣)。復用宣和例，以銘識之有無，次卷第之先後。自漢終明，成譜八卷』。

其收藏標準，亦見自序云：『當先子之彙收諸鏡也。凡面見青翠斑駁者輒棄之。以謂鏡鼎尊彝，假積綠以徵古可也。鏡不可照，則失鏡之用，則非美銅精鍊之所出。此言與儀徵師所謂精金氣不外洩，必無青綠者，殆若合符。予續收時，雖未獲盡汰彼存此。顧守此意以事搜求，因遂見多購少，積之固匪易易』。

其作書本意見自序末云：『夫唐人僅得一鏡，猶舉其神異之故，述之成書。今以百有餘器之偶聚一時，不及此薈萃而考證之，一旦過眼雲煙，已非己有，悔將何及！仰亦爲先人羞乎？是則區區錄譜之本意耳』。

卷一至卷四，錄有銘者：內漢十有七器，晉二器，六朝三器，隋一器，唐二十有三器，南唐一器，宋十有八器，明二器。

卷五至卷八，爲無銘者：內漢凡三十有二器，六朝一器，唐二十有八器，宋九器。

此書說明非常精細：如直徑尺寸若干？重量若干？邊厚若干？花紋如何？鑄法如何？紐形如何？銘文如何？色澤厚薄如何？文字與別鏡之比較如何？皆詳爲論列，並博引以爲考證。

然原本字句頗有訛舛，援據亦間有舛亂。謙龍官彙跋云：『騶氏鏡說內引士冠禮祝詞：「令月吉日」，訛作「月令月吉」。班固西都賦「乃杓怒而少息」，訛作「拘想」。幽通賦倒作「通幽」之類，更僕難數。引屈原九章則誤綴於昭帝冠詞夾註中。凡此皆梓人之妄，不足怪也。至引曹植思婦賦云：「何層雲之沈結兮？悼太陽之潛匿。雨淋涔而累注兮，心憤悁以慄瘁」。考曹子建集無之。復徧檢太平御覽以下諸類書，及歷代賦彙等集亦無之。吾友黃秩南君於康熙字典「瘁」字注中覓遇焉。惟館臣引作思婦賦爲異，究未知何所據也。又禽鼠鳥蟲箭鏡說內引皮日休詩「時鬭鼫鼪鼠，飛上千丈松」。考廣韻十五，青出鼫字，云：古螢切。鼫鼪斑鼠。玉篇鼠部鼫下云：公熒切，斑鼠；則其字斷爲從鼠鼫聲無疑。且與全唐詩所錄皮日休縹緲峯詩本文筆畫正合。今書作從鼠同聲者，蓋刻誤也」。

簃花亭駢體文集三卷：道光廿九年自刻本

卷一：銘贊記序跋十八篇，卷二：序九篇，表三篇，疏二篇，啓二篇，小引二篇。卷三：書五篇，對策十篇，文二篇，辨誌一篇。

自序云：「少爲駢文，於樊南頗有癖嗜。弱冠棄而爲科舉，爲辭章，爲詞曲，爲金石考據之學。今則一事無成，徵獨此道然也。蹭蹬嶺海，潦倒寒官。終鮮巨題，以副其傳。近尤習嬾，不復作獺祭伎倆。空疏之病，輒復自知。存此數篇，供人一噱而已。道光己酉人日識於會城粵秀講院西之有所不爲齋」。

此書有足與梁氏其他著作相發明者：如觀卷一海防彙覽後序及凡例而知此書乃梁君一手編成，讀卷三與蔣雲樵太史書而知道光廿一年辛丑夷氛告警，會城及各地之震動；與四郊盜賊之乘時起事，各村鄉民之嚴籌保衞，及各家奔徙避地。

簃花亭散體文初集十卷

卷一論，卷二序，卷三跋，卷四書事，題識，卷五傳，卷六書，卷七記，卷八墓誌，卷九行狀，考，卷十策，雜文。

藤花亭詩集四卷

鄧廷楨序謂：『學博詩，初未嘗拘守一家，然其氣昌而不狂，其聲和而不險，其驅使蘊藉，而不失爲纖佻爲餖飣。故雖學蘇似蘇，學韓似韓，而猶是我用我法，不以古人面目易我神氣，汨我性靈』。

至於廷枏爲詩，不過視爲著述餘事，並不如他人之致力，而仍能卓然有成，則筆妙也。鄧廷楨序云：『顧學博嘗自言‘唐宋諸家，止從髫歲趨庭之暇，畧一繙覽。其後思以著述見，此道實已置之。偶有吟咏，不過隨觸而得，曾無古稿一二之可以憶誦，舊矩正自茫然’。卽斯語按之，則所謂別才妙筆，固有天授』。

按：此集無刻書年月。鄧廷楨序謂：『學博旣告歸，出所爲詩四卷郵書索序』。則此集當爲告歸後所刻。

藤花亭書畫跋四卷：民廿三年龍官崇重刊本

此書有咸豐五年初刻本。板心四週雙邊上魚尾：上題書名，中縫記卷頁次第。每半頁八行，大小字均二十。著錄名蹟題識以大字，前人跋尾以小字，乃復作夾行焉。自跋亦夾行小字，特低一格以示別，此其例也。凡名蹟所書，篇章繁，與夫文辭習見者不錄。是不錄篇文，固亦跋語之一端，初非舊蹟之所有。顧原本於文不錄詩不錄篇語，亦併刊作大字。今重印本於此類概易以小字，與跋同歸一體，義較允洽。而行款字數，亦因不得不稍變其舊。至於絹素尺量分寸之所紀，則更易以尤小之字。庶乎洪纖悉舉，疏密巧相配焉。

按廷枏收藏，傳自先世。其族祖善長字崇一號燹庵者，著述甚富；嘗爲白水令，擢建寧同知，抵任僅八月而卒於官；積金石文字六巨簏，盡歸澹緣先生（卽廷枏父）。而宗族先達數歷南楚及兩浙，所得者又彙而歸焉。澹緣有兄彝字禮秉號三峯，亦侈聚宋元名蹟；日與黃廷授，黎未裁，佘應占，梁拱璠，呂臏羽，呂荔帷，諸名士講貫書畫源流。未幾三峯又遽逝。則廷枏之收藏，其層疊積累，非一時一地所有如此。藤花亭書畫跋自序云：「先子弱冠，卽逍遙作嶺北遊。閱數年所歸，則篋笥恆有所攜。廷枏少孤，陳太孺人督課舉業嚴。藏件僅以歲三伏出曝獲飽觀，餘日則戒不令發覽。比馮孟師來館而後，一一爲錄次作者時代，略指其師承源流，迭迭傳流之緒，因勸隨其時力，從容補積。於時稍稍萌集錄之志。近年監課會城，當路諸公，暨所交搢紳碩彥，憐其篤好之癡，而先世手澤之尚能守也，每割所愛相贈。所居越華講院，又適與儒次諸君子爲比鄰，偶値困乏，知無流俗子毋期限，而又酬當其値也，輒卷以來。歲節縮脩水之入，而猶苦不給。厥後率以出省門僅不復道。及告歸養，雖蕭然行槖，而卷軸夾册反褒然可觀。里中父老相與目笑謂：性情一如乃翁也」。觀此則三世積貯，賞鑒至豪，至廷枏始著於錄耳。

至其撰跋，亦非草草者。自序云：「廷枏嘗聚唐以來論書畫家言，合官私無慮數十種。自家法淵源以迄夫流傳宗緒鑒別收藏題識裝璜之屬，各爲之薈萃綜覈，參互考證，以意會其通。當其心有所嗜，雖窮日夜疲神竭志，曾不自知，亦不復自悔。垂四十年於茲矣。省居人事遝雜，頗非所安。稍獲餘閒，兩女必啓櫝渝茗，就明鏡紅雲樹閒窗研墨濡毫以待。胸中塵垢，至是頓消。目爽心怡，全神畢注。故隨見必有所觸，隨觸必有所言。或考其人，或論其事，或卽其法矩以證其流派，或因其片紙而及其生平。語無常宗，文無定體。積時旣久，得跋凡若干篇。嘗以長夏編次爲書，各增記其印章尺度卷冊幅軸，以類相從。高至盈尺，爲卷三十有二。將付梓而兩女夭折，檢拾無人，置之久矣。今重來省次，偶出省覽，病其嘗之過煩也，删而存此』。

按所謂删存者，由三十二卷删爲四卷也。惟續修邑志本傳及藝文畧幷稱作五卷，想但據廷枏之孫佽侯太史錄出之採訪册耳。

按龍官崇重印序云：『卷一卷二幷彙列手卷，其三則夾册焉，其四則立軸焉。惟第四卷目中尙刖存廷枏筆錄諸識題凡四十五事，或書於楣端，或識於烏絲闌內，潰墨縱横，爛然在眼，似皆當年未經刊入者。爲揣其故，殆以卷軸後得，或嫌時人染翰，故未著於編歟』。

夷氛聞記五卷：同治十三年刊本

此書不署作者姓名。民國順德縣志本傳失叙此書。淸史列傳卷七十三（民十七年中華書局排印本）梁廷枏傳，及汪兆鏞嶺南畫徵畧卷八（民十七年排印本）梁廷枏傳均著錄。則此書必梁氏之作無疑。所以不著姓名者，當之深切恐冒忌諱也。其內容由前明入澳門起，迄英人因禁煙藉釁議欵開五港後，迄廣東阻遏入城止。所有內外臣工之奏牘，處事禦夷之得失，解叙極爲明晰。中以漢奸鮑聰等狡計貽害，及內地宜廣種罌粟，應由英人先行禁絕印度栽種，爲此書關鍵，洵留心時務人哉？祁𡎴徐廣縉督粤時，廷枏嘗在幕府，襄辦團練；故有材料以著此書。

書中無目錄，無章節，不便於擇讀而宜於詳覽。

廿三年除夕脫稿於嶺南大學

明張燮及其著述考

薛　澄　清

(一)張燮生平事蹟考

張燮之先世——張燮個人之生平——張燮之友朋.

張燮，明末福建龍溪人，明史無傳，惟康熙龍溪縣志文苑傳中有其小傳一篇(註一)，謂其「字紹和，廷榜之子，萬曆甲午舉人，聰明敏慧，博極羣書………」云云。又漳州府志亦有張傳(註二)，茲合併此項材料并自他項史籍所得者，將張燮生平事蹟，分下列三點書之：甲，張燮之先世；乙，張燮個人之生平；丙，張燮之友朋。

康熙龍溪縣志張燮傳，謂張燮爲廷榜之子，唯張氏先世尙有可考者，茲述之如下：

查明漳浦黃道周爲張燮之友(註三)，今黃漳浦集中有二文，一爲「萊峰張先生暨配林儒人墓碣」，及一爲「張氏譜題詞」(註四)，讀之俱可以考見張氏先世之情形，茲斷自張燮曾祖書之：

1. 詳見康熙龍溪縣志卷八頁三八。
2. 詳見漳州府志卷廿九人物頁七。
3. 詳見黃石齋年譜上頁六。年譜附列在黃漳浦集中。編著者爲莊起儔氏。石齋弟子洪思氏亦有黃氏年譜，畧同。
4. 此二文俱見黃漳浦集中，上文見卷廿七頁廿八，下文見卷廿八頁五四。

燮曾祖爲誰?張綽是也,道周謂其『事孝宗爲尚書郎』(註五),考之於乾隆龍溪縣志(註六),在宦績傳中吾人可以讀得張綽小傳,傳謂:綽爲弘治癸丑進士(西一四九三),張燮之曾祖也云云。據此,張綽爲燮之曾祖,吾人可以深信無疑也。

張燮父廷榜,據康熙龍溪縣志清介傳中廷榜傳(註七)謂『字登材,與兄棟齊名,成甲戌進士,令太平,慎獨簡任,爲民講律令,設鄉約,簡賦役………』。考之黃道周張大夫墓表(註八)謂廷榜爲『萬歷甲戌進士(西一五七四),爲太平令………』云云,道周又稱:廷榜字春宇,生嘉靖乙巳(西一六零九),卒年六十五,子一,張燮是也。

道周與康熙龍溪縣志言廷榜之字不一,道周謂「春宇」,志謂「登材」,以史料性質言,道周自較可信,然此亦未可必,因古人好多名號,或者張廷榜當時有別字,亦未可知,故志所言,不妨存之。

今進而言張燮本人之生卒年:

查此點,漳州府志,康熙乾隆兩龍溪縣志俱未明言,今茲所得,亦係根據黃道周集而得來者。黃道周張汰沃(按卽指張燮,詳見下)哀詞(註九)有言曰:

『崇禎庚辰祓禊之月,紹和張先生考終於正寢,粵月朔日壬子,其友黃道周乃來自梁山,拊棺慟哭,爲哀辭以告於先生曰………』。

5. 詳見黃漳浦集卷廿八頁五四。

6. 詳見乾隆龍溪縣志宦績傳頁廿四。

7. 詳見康熙龍溪縣志卷八頁十六。

8. 詳見黃漳浦集卷廿五頁三十四。

9. 詳見黃漳浦集卷廿七頁三十三。

按崇禎庚辰爲崇禎十三年，卽西曆一六四零年也。燮以以是年卒，唯以何年生歟？玆再考黃道周「張烟叔集序」(註十)，則此問題便可解決矣。

序云：『予斤斤守經六十年矣，………不執筆於文人之前，………烟叔少紹和一歲，予少烟叔十歲，………紹和已歿，而烟叔皤首，方興余尋先聖之微旨，考前賢之索蹤………』。

査道周生於萬曆十三年（西一五八五）(註十一)，道周少烟叔十歲，烟叔少紹和一歲，是紹和先道周十一年而生，卽生於萬曆二年（西曆一五七四年）也。紹和生於一五七四年，死於一六四零年，是紹和享壽六十七歲也。

在此，吾人有應注意者：紹和生於一五七四年，時其父廷榜年爲三十，廷榜成進士，亦同在該一年也。追後，廷榜死於一六零九年，時紹和年三十六云。

關於廷榜史蹟，倘有二事補誌：

乾隆龍溪志(註十二)云：『風雅堂在開元寺左，明里人張廷榜別墅，萬曆辛丑（西一六零一）改爲詩社，諸名流時往來唱和焉』。據此，廷榜晚年（距其死前八年）曾與其子燮在漳結社吟詩也。（關於詩社事，容下文再詳之。）

黃道周亦云(註十三)：『………大夬（按卽指廷榜）林居益嗜古，將少

10. 詳見黃漳浦集卷廿一頁十七。

11. 黃石齋年譜上頁一。

12. 詳見乾隆龍溪縣志卷十一古蹟頁二。

13. 詳見黃漳浦集卷廿五頁四十四張大夬墓表

宰，高太史，鄭司農，徐職方，戴侍御，時與聘君（按卽指張燮，詳見下），爲元婁之會，因就大夫所居，側度擅游焉』。

張燮之先世及其生卒年既知矣，玆再進而言其生平事蹟：

康熙龍溪縣志張燮傳謂：『燮聰明敏慧，博極羣書』，漳州府志亦稱其聰明異常，『十歲通五經』（註十四）。燮之先世，世代書香，曾祖爲進士，父亦爲進士，燮稟質優異，天資聰慧，固非無因也。

黃道周謂燮爲廷榜獨子，是燮無昆仲也。燮有否姊妹，待考。道周固未明言，但據此以定燮無女兄或女弟，則似不妥，因古傳文例，提人子而常不及其女也。

以下論燮之學歷及其性格：

康熙龍溪縣志燮傳稱：燮以萬曆午舉於鄉，萬曆甲午，卽西曆一五九四年，時燮二十一歲也。查諸選舉志（註十五），同燮於甲午年中舉者，倘有洪時蕃等七人，主榜者爲王毅。此八人中，惟洪時蕃以丁未成進士，餘並未有上進者；龍溪縣志選舉志進士表中暨進士題名碑上皆不見燮名，然則燮以舉人終其身，無可疑也。四庫提要之言可信，若夫王庸氏謂燮爲龍溪進士，是必筆誤也（註十六）。

燮生平好游山水，黃道周謂其『游覽天下名山』（註十七）；乾隆龍溪縣志亦稱其『游吳越三楚，所至皆有詩』（註十八）。燮游吳時，同鄉周起元仲

14.　詳見漳州府志卷四九紀遺中頁廿六。

15.　詳見康熙龍溪縣志卷七選舉志中頁十九。

16.　詳見『宋明間關於亞洲南方沿海諸國地理之要籍』，載史學與地學第一期。

17.　詳見黃漳浦集卷廿五頁四十五。

18.　詳見康熙龍溪縣志卷廿一雜記頁十九。

先官應天巡撫(註十九);漳州府志謂燮嘗日卽客其幕下也。對於此事,漳州府志幷載有逸聞一則(註二十),其內容如下:

『海澄周公仲先,爲應天巡撫,適張紹和游吳,客其幕,一日偶論次周文襄撫吳狀,仲先曰:「文襄以治行勝,顧人品尙未十分」。紹和問其故,仲先曰:「文襄與王振往還」。紹和笑曰:「文襄不與王振往還,安得撫吳十年乎」?仲先曰:「吾則異於是」。其後仲先以忤璫得禍,有謂紹和曰:「周公起家省元,聯第甲科,致身中丞,當是地靈所鍾,胡一旦缺陷乃爾耶」?紹和叱之曰:「吾漳二百年來金紫相望,獨以身殉國者寥寥,今乃仲先忠臣孝子,天地正氣,此是鍾靈之最者,子反以爲缺陷耶?」』

讀此,可以見燮之性格!道周謂其「志高」,誠然也!

以下述燮之友朋:

燮在漳結社吟詩事,上已略言之。此事康熙龍溪縣志張燮傳亦載之(註廿一),其言曰:『結社芝山之麓,與蔣孟育,高克正,林茂桂,王志遠,鄭懷魁,陳翼飛稱七才子』。所謂『結社芝山之麓』之『芝山』,卽龍溪縣治西北之芝山。據志云,開元寺在芝山之麓,建於唐朝(註廿二)。燮詩社(原爲其父別業)在開元寺左(見上),故亦可謂燮結社於芝山之麓也。

燮詩友名單,龍溪縣志燮傳所舉,與道周所提,(見上)一一對照之,道周所謂蔣少宰,卽龍溪縣志中之蔣孟育也,高太史卽高克正,鄭司農

19. 明史卷二四五有周起元傳。

20. 見漳州府志卷四八紀遺中頁十九。

21. 見康熙龍溪縣志卷八頁三八。

22. 見漳州府志卷十一古蹟頁二。

卽鄭懷魁(註廿三)。此外，據黃道周林深州傳(茂桂)中洪思註曾，尙有薛道譽等，亦皆爲燮之吟友也(註廿四)。洪爲道周弟子，編有黃漳浦年譜，其曹可信也。龍溪縣志所謂『七才子』，當無社友限於七人意，想謂此七子乃社中之中堅人物耳。

七才子雖多有詩集，(張燮著述，則詳於後)然至今失傳，求整部已不可得，惟朱彝尊：明詩綜(註廿五)及鏡愰：明詩歸(註廿六)各錄陳翼飛詩若干首，又龍溪海澄兩縣志藝文志中亦錄有高克正詩若干首，有心者選取而讀之可也。

燮生年友朋，除上述外，可考者，尙有：遊歷大家徐霞客氏(註廿七)，名詩家陳眉公(繼儒)，閩省曹學佺，藏書家徐𤊹氏(註廿八)，與晉江何喬遠氏等五人。何卽編著「閩書」與「名山藏」者，箸述豐富，何氏尙有「皇明文徵」一書，編成於崇禎三年(西一六三零)，據書首「參較姓氏」，見得燮名，知燮曾助何氏編箸此書也(註廿九)。又何與燮尙有一事極有關係，卽何嘗於崇禎十年薦燮於朝，預修實錄是也(註卅)，後事雖不果，而「徵君」之稱，

23. 康熙龍溪縣志卷八頁三十七有鄭傳，又海澄縣志卷九頁二十二有高克正傳，又據康熙龍溪縣志卷七頁五，知鄭爲萬曆十七年進士。

24. 見黃漳浦集卷廿五頁十一林深州傳。林深州卽林茂桂。

25. 詳見朱彝尊明詩綜卷六十頁十七，朱氏對陳詩頗重視，明詩綜共錄陳十五首。

26. 詳見鍾惺明詩歸卷五陳翼飛詩。

27. 詳見丁文江編：徐霞客先生年譜三十年，譜附印在商務印書館出版徐霞客遊記上册。

28. 根據漳州府志卷五十頁十二。

29. 詳見皇明文徵書首參較姓氏頁四。

30. 詳見武宗山藏。

却加諸燮身上矣(註卅一)。又道周常以汰沃稱燮,「汰沃」當是燮之別號或別字也(註卅二)。

燮所居曰「霏雲居」,道周由漳浦來漳州,卽寄寓於其家也。道周有文記之,描寫極詳,燮與道周,龍溪縣志稱其友情『尤好』(註卅三)。燮死,道周有文弔之。燮子凱甫死,道周亦爲之作墓表,其書曰:『八九歲歌詠酬答,流覽百氏,自是長進,動與道叶,十三歲而詩成,十六歲而成其文章,自吾所見,道藝之就,未有若是之迅者也。嗚呼,凱甫不死,明無徐李,凱甫不亡,唐無王楊!』其重視凱甫之實有如此。

燮死後,其子孫情況如何,不可知,余閱龍溪縣志明末以來人物一查,仍無線索可見,惟最後一事可述者,卽燮入龍溪鄉賢祠是也。入祀鄉賢祠者,自唐周匡物始,計七十九人(註卅四),燮爲此七十九賢中之一云。

(二)張燮著述考

張燮著述究有若干種?——現存者若干?——張燮詩文之一斑

張燮死於西曆一六四零年,上文已詳之。燮死後三年,明亡。

明亡以後,淸代龍溪修志以康熙五十六年(西一七一七年)修成之一部爲最早(註卅五),上距燮死年祇已逾七十餘年矣,然龍溪地方志載存張燮著作,却以此志爲最早。査之此志卷八燮傳謂「刻有七十二家文選

31. 黃道周爲燮父作墓表,文中稱燮爲徽君。詳見黃漳浦集卷二十五頁四十四。

32. 黃漳浦集中『與張紹和書』或作『與張汰沃書』。

33. 詳見康熙龍溪縣志卷八頁三十八燮傳。

34. 詳見乾隆龍溪縣志卷四頁五。

35. 主修者爲知縣江國棟等,全書計十二卷六册,今國立北平圖書館有之。

行世』，志中錄存燮著作，唯此一種而已。

迨後，乾隆廿七年龍溪新志又修成焉(註卅六)。查卷廿二藝文志所載燮著述爲『手定七十二家文選』，『霏雲居前後集』。據此，是燮著述在康熙龍溪縣志原來只載一種，今乾隆龍溪縣志又多出一種。康熙乾隆兩志，有此差異，何故歟？此不可不明白之事也：

查乾隆龍溪縣志，書首有楊景素序，序作於乾隆廿七年，即志修成之日也。楊氏有言曰：

『龍溪故有志，殘缺已久，時事遞更，非討論而纂輯之不可，茲燮舊例之十二卷，分爲廿四卷，匡其舛錯，增其未備』(註卅七)。

據此，當日康熙龍溪縣志對於記載張燮著述，確有『舛錯』，故乾隆新志爲之『增其未備』，多得張燮著述一種焉。

然以『博學多能』之燮，只有此二種著述，余終不之信焉，故復求諸漳州府志(註卅八)，結果在漳志張燮傳(註卅九)，得『閩中記』『群玉集』『霏雲集』三種，又在漳志藝文志(註四十)張燮名下著述，再查得兩種爲『東西洋考』與『手定七十二家文選』，漳州府志兩處共得五種，較之康熙龍溪縣志，多出四種，乾隆縣志多出三種，補充可云不少矣。然當時地方志，載錄張燮著述者，尚有福建通志，余翻卷七十四明龍溪經籍一查，然後知

36. 主修者爲知縣吳宜燮等，余所見者非乾隆間原刻本，乃係光緒間重刻本，計廿四卷十册。

37. 詳見乾隆龍溪縣志書首楊景素序頁一。

38. 余所見者爲光緒三年重刻本，計五十卷廿五册。據該志凡例一云：此刻本乃重刻乾隆四十六年所修成者。

39. 詳見漳州府志卷廿九頁七。

40. 詳見漳州府志卷四十一頁九。

張燮著述，除上所列五種外，尚有下列七種，其書目如下：

1.　採鹽諸書　一卷

2.　還魯原始　一卷

3.　居家必備　九十五卷

4.　偶記　十卷

5.　饒吉錄　三卷

6.　北游稿　一卷

7.　藏眞館集　四卷

以上就官修地方志材料，討論張燮著述，茲再就私家材料討論之：

上段不已言之乎？張燮有友曰徐𤊹（見上），按徐氏爲明末福建著述家兼藏書家（註四一），著有徐氏家藏書目四卷（註四二），吾人查其書目，張燮著述，除所載同於地方志之『七十二家文選』及『東西洋考』兩書以外，又有兩種，爲官修地方志所不載者：

一爲『漳州府新志三十八卷』（與徐鑾合著）

又一爲『海澄縣志二十卷』（註四三）

查漳州府志，在宋凡三修，在明凡四修，一修於正德間，一修於嘉靖間，一修於萬曆間，一修於崇禎間，今本漳志卷首錄存所有舊序，諸書雖有不存者，其大概情形猶得考見也（註四四）。張燮等所修，即崇禎本，今見中國地方志備徵目。其書尚存，清康熙魏荔彤再修漳志，對於此志曾參

41.　近人楊立誠著『中國藏書家考略』（民國十八年出版），原書頁七十提及徐𤊹。

42.　余爲所見者鈔本，藏國立北平圖書館，查書目長編（邵瑞彭編）亦云，此書只有傳鈔本，未見刻本。

43.　兩書俱見徐氏書目卷二頁十四。

44.　「在明凡四修」語據漳志卷首頁廿六特通阿補刻漳州府志序。

考引用，讀其所撰康熙志凡例第十八則(註四五)可知也。

又查康熙海澄縣志(註四六)卷之一，載有「海澄縣前志執筆姓氏」，知前志執筆者爲張燮等，余恨舊志不可得，無由考見燮等澄志究如何。然取燮所著東西洋考與今所得及見之康熙海澄縣志一較，如卷十九頁十五所載「採金始末」，又如卷十一頁五所載「海上占驗謠」，俱與東西洋考雷同，一字不差，由此可見康熙志材料係據崇禎海澄志而來，而崇禎海澄志執筆者，燮確爲其中一人，可無疑義矣。

統述上列各種史證，知燮共有著述十四種，十四種之外，余又在北平燕京大學圖書館查得張燮所纂「梁簡文帝御製集」一種，故張燮著述爲余今考知者，結果共十五種，茲列舉之如下：

一 東西洋考 十二卷

二 羣玉集 八十四卷

三 霏雲集 六十卷

四 七十二家文選 三百五十一卷

五 漳州新府志(與徐燮合著) 三十八卷

六 梁簡文帝御製集(纂) 十六卷

七 海澄縣志 二十卷

八 閩中記 未詳

九 採寶緒言 一卷

十 通言原始 一卷

十一 居家必備 九十五卷

45. 詳見漳州府志卷首頁三十四。

46. 計廿卷四册，康熙三十四年刻本，今藏國立北平圖書館。

十二　偶記　十卷

十三　鏡古錄　三卷

十四　北游稿　一卷

十五　藏真館集　四卷

以上十五種，明史藝文志收錄者只東西洋考與羣玉集(註四七)兩種，四庫全書則獨收「東西洋考」而已。東西洋考爲燮名箸，凡稍注意中外交通史者，當無不知有此書，四庫全書著錄以外，尙有近今人士，如王庸，覺明，曾槳仁諸先生，亦嘗介紹其書，不可謂非張燮之幸也(註四八)。

張燮著述，除東西洋考外，最可注意者，尙有「七十二家文選」，此書不可不一述也。

按所謂「七十二家」，據福建通志及徐𤊹書目(註四九)云：爲「漢魏七十二家」，其書共有三百五十一卷，在此時雖『久佚不傳』(註五十)，但明末編選漢魏文者，如張溥之『漢魏六朝百三名家集』(註五一)，及張運泰之『漢魏名文乘』(一名漢魏六十名家)(註五二)，皆曾取燮書爲底本，此讀四庫全書漢魏六朝百三名家集提要(註五三)，及張運泰自序(註五四)，可以知

47.　羣玉集見八史經籍志中明史藝文志卷四頁十九，又東西洋考見同書卷二頁廿九，

48.　王庸文題爲『宋明間關於五洲南方沿海諸國地理之要籍』，登史學與地學第一期(一九二六)：覺明氏文題爲『關於三寶太監下西洋的幾種資料』，登小說月報第廿卷第一號，曾槳仁氏文題爲『中國史乘上之南洋』，登南洋研究第一卷第一號。

49.　見徐氏家藏書目卷四頁一。

50.　詳見福建通志卷七十四頁七。

51.　此書計十函百册，北平燕京大學有之，木刻本。

52.　此書燕京大學圖書館有之，明刻本，入藏貴重圖書室。

53.　詳見四庫全書提要。

54.　詳見漢魏名文乘張運泰自序頁七。

之,不必多贅也。

燮著述十五種中,惟『閩中記』不知其卷數,查閱各家書目,既不可得,又找求他書曾否引用,亦尚未見一點踪跡,此書與「採鹽緒言」等,想稿本已失,或刊行後今已失傳也,姑誌之以待後之發見。

總結上文,得下列三要點:

甲、張燮著述,現存者爲:「東西洋考」「漳州新府志」及『梁簡文帝御製集』等三種;

乙、張燮著述,今已失傳者爲:「羣玉集」「霏雲集」「七十二家文選」「海澄縣志」「閩中記」「採鹽緒言」「通書原始」「居家必備」「偶記」「鏡古錄」「北游稿」「瀛眞館集」等十二種;

丙、張燮著述卷數,總共約七百卷,(不可考者不計),列表如下:

	書名	卷數
1.	東西洋考	12
2.	羣玉集	84
3.	霏雲集	60
4.	七十二家文選	351
5.	漳州新府志	38
6.	梁簡文帝御製集	16
7.	海澄縣志	20
8.	閩中記	(未詳)
9.	採鹽緒言	1
10.	通書原始	1
11.	居家必備	95
12.	偶記	10
13.	鏡古錄	3
14.	北游稿	1
15	瀛眞館集	4
	總數爲	696卷

吾人觀此統計，當有一感想，卽張燮著述，直可謂豐富也。昔者燮友陳眉公氏，嘗嘗有此意發表，其言曰：閩中唯有三著述家，侯官曹學佺，晉江何喬遠，與龍溪張燮是也（註五五）。然則燮眞可當『博學之士』而無愧也。

余考張燮生平及其著述已畢，幷樂就所及見之詩文，附帶介紹於此，聊供同好者之一欣：

甲、淸漳風俗考 見漳州府志卷四七，藝文六，頁七；

乙、圭嶼建塔後更建佛閣及文昌祠天妃宮募緣疏 仝上；

丙、冬日游雲洞 見康熙龍溪縣志卷九頁十九；

丁、題秋圃晨機圖 見丁文江編徐霞客游記卷二十頁九十四；

戊、登九侯岩詩及南詔道中書事等 見詔安縣志卷十二頁九十三；

已、登晏海樓詩 見海澄縣志卷十六頁十六。

55. 詳見漳州府志卷五十頁十二。

王菉友先生箸述考

鄭時

安丘王菉友先生世皆知爲小學家其實先生於書無所不窺一生箸述之富校訂之精道咸以來學者罕有其匹刊版流傳者僅十之三四而已先生歿後遺稿後裔不能世守本館及趙丈孝陸所得最多次則爲武進李君祖年其餘零星小種散歸各藏書家各圖書館者指難僂數今欲將先生箸述作一統計殊不易易也余既與屈君翼鵬同輯先生文集又爲先生編訂年譜擬附箸述考於後年譜甫經草創適本館奎虛書藏落成同人皆有紀念論文王君獻唐謂余曰菉友年譜者菉友學譜也子盍先成箸述考爲書藏紀念後再從事年譜亦事半功倍余韙其言於是獻唐發其秘藏及館中積年所收者以示先是先生曾孫王篤臣君希祜曾以先生箸述錄目相寄乃益以所見所知及各書紀載者成此考其例首爲箸錄次傳本次序跋次故事次批評無者闕之稿粗就又承孝陸丈錄示所藏得按目增入惟未覩原書暇當再請其出原本舉要補入也

周易詳解　卷

王彥侗菉友府君行述（以下簡稱行述）曰讀易歎曰是書爲後儒顛倒割裂而六十四卦之序不索知序卦之意深矣未言譔箸王希祜曰周易詳解存蓬萊吳佩孚子玉處

鄂宰四稿

山東通志（以下簡稱通志）。藝文志四種分錄各類見下。青州府志藝文考（以下簡稱府志）。箸錄無卷數。儒林傳稿。何紹基譔墓表（以下簡稱墓表）。劉耀椿譔墓志（以下簡稱墓志）。行述。皆有錄。咸豐二年壬子鄉甯賀蓉刊本。有咸豐二年自序。山西通志卷五十一古蹟考二曰。叔虞居鄂。今鄉寧也。路史。晉故唐都鄂。夏墟也。世本。叔虞居鄂。左隱六年傳。逆晉侯於隨。納諸鄂。注。晉別邑。宋忠史記注。鄂地今在大夏。括地志（史記正義引）。故鄂城在慈州昌寧縣東二里。謹案昌寧即今之鄉寧也。魏地形志。定陽郡昌寧。延興四年置。有陰陽二城。舊唐志。慈州昌寧。漢臨汾縣地。後魏分置太平縣。又分太平置昌寧縣。（後唐改為鄉寧）舊志云。城南一里有鄂侯故壘。相傳鄂侯南北兩山城。今縣治踞北壘也。時按書名以此。

夏小正正義一卷　通志藝文志箸錄一卷。張之洞書目答問（以下簡稱張目）。注於顧鳳藻夏小正校錄集解條下。無卷數。　有道光二十九年己酉三十年庚戌二序。　福山王氏天壤閣叢書有重刻本。

弟子職正音一卷　通志藝文志箸錄一卷。張目同。　道光三十年庚戌序。　福山王氏天壤閣叢書有重刻本。

毛詩重言三篇　通志藝文志箸錄無卷數。張目一卷。　道光三十年庚戌序。　民國二十四年雙流黃氏濟忠堂有重刻本。

毛詩雙聲疊韻說一卷　通志藝文志箸錄無卷數。張目一卷。　無序。　行述曰。既致仕。專意箸述。作四稿補正。句讀補正。時案。據此又有四稿補正。未見傳本。　民國二十四年。雙流黃氏濟忠堂有

硃儒

六葉 歸子嚴生 子嚴二字已見注中當刪 先生之父先母

其字諸見注中不應其弟獨之

七葉 繼子寔生 子寔又書出之注中

五葉 攷是年譜則丁巳五歲 五葉丁卯十五歲 己巳十七歲

九葉丁丑廿五歲 十一葉仍以其氣多而不書不見其載秋氣多之

丞以有時字

十葉 聖祠遊擊孔昭溁及 將經孔昭潘章師過新

城殺王為素家攻萊州不破而破 聖之崇殘星伯先生不祇

首後字稱謂說耶

卌 留宿復陰 下内云去冬兩過則此何說一宿似当乙轉作

宿留宿意舊歸星室遺留語之宿留

[illegible]案弓矢者[illegible][illegible]兵器獸之青[illegible]朱鳥白虎皆一物也而居北方之元武則二物五藏之心肝脾肺腎二物也而居北之[illegible]則二物也執雜說皆一物也而居北方之權衡則二物皆北方爲威說威於之象故其說合二爲一因此[illegible]矢之[illegible]

兵者徐邈云矛在東戟在南鉞在西楯在北弓矢在中央麋信與范數五兵與之同是相傳說也五鼓者麋信徐邈並云東方靑鼓南方赤鼓西方白鼓北方黑鼓中央黃鼓案五兵兵有五種未審五鼓是一鼓有五色爲當五種之鼓也何者周禮有六鼓雷鼓靈鼓路鼓鼖鼓鼛鼓晉鼓之等若以爲五種之鼓則不知六鼓之內竟去何鼓若以爲一種之鼓則不知六鼓之內竟取何鼓又周禮云雷鼓鼓神祀則似救日之鼓用雷鼓但此用之於社周禮又云靈鼓鼓社稷祭則又似救日食之鼓用靈鼓進退有疑不敢是正故直述之而已檢麋徐兩

雜 十

重刻本．

禹貢正字一卷

通志藝文志箸錄一卷府志著錄無卷數．儒林傳稿．墓表．墓志．行述．皆有錄． 刋本鐫版年月不載．原稿安邱趙孝陸藏． 道光二十九年己酉序． 行述曰讀書欲證訂古文之字後僅成禹貢正字一卷． 藝文志曰卷中依漢志改者如草作屮之類依史記改者如漾作瀁之類依史漢改者如島夷作鳥夷沿于江海作均于江海依說文改者如刋作栞依釋文改者．如納錫作内錫弱水作溺水之類．

儀禮讀 卷

通志藝文志據府志箸錄．府志箸錄無卷數． 墓表．墓志．行述．有錄． 行述曰．讀儀禮作儀禮讀．及儀禮鄭注句讀刋誤．

儀禮鄭注句讀刋誤 卷

通志藝文志據府志箸錄．府志箸錄無卷數． 儒林傳稾．墓表．墓志．行述．皆有錄．行述．詳儀禮讀．

周禮讀 卷

墓表．墓志．行述．有錄． 行述曰．讀周禮作周禮讀．

禮記讀 卷

紀念論文

通志藝文志據府志箸錄府志箸錄無卷數．儒林傳稿墓表墓志行述皆有錄．山東圖書館存手稿殘本止卷九一卷分裝二冊內哀公問仲尼燕居孔子閒居坊記表記緇衣奔喪七篇選錄歷代各家注閒附案語．行述曰讀禮疑陳可大禮記集說鈔疏多誤作禮記讀及一得錄．

禮記一得錄　卷

通志藝文志據府志箸錄府志箸錄無卷數．卷表．墓志．行述有錄．行述詳禮記讀．

四書說畧四卷附敎童子法一卷

通志藝文志箸錄四卷無敎童子法．府志箸錄無卷數．儒林傳稿墓表墓志行述皆有錄．咸豐四五年閒絳州蘭氏刊本敎童子法又有光緒乙未元和江氏刊靈鶼閣叢書本四書說畧原稿遊孝陸藏．四書說畧有序．藝文志曰今觀其書雖爲舉業而作然中多根據古訓精確不磨之說．非專講舉業者所及．

說文鈔四冊

復翟文泉書曰素有櫛比說文兩冊爲珊林借去伊寄來即以呈敎雖謬誤多端亦可省心力又復翟文泉書曰拙作說文鈔一函本係兩冊毛裝珊林兄借去受梅雨乃爲之襯紙作脊甚不稱也其首三卷或於吾兄箸述有角尖之益然此乃弟初讀說文時所纂後見其不成體裁故即自見之刺謬亦多不復刪改．王希祜曰說文鈔四冊舊存黃縣丁佛言處．

說文闕　卷

通志藝文志據府志注於繫傳考正條下．無卷數．府志箸錄無卷數． 墓表墓志行述有錄． 上阮芸臺書曰繼又纂一本曰說文闕每部首一字區分義聲兩類取他部之從之者辨其孰爲正義孰爲借義孰爲正音孰爲變音方薵輪郭未能發揮時按此言所箸之說文闕方具大概未能發揮其奧竅耳行述創去未能發揮四字已不成文理而青州府志藝文考及劉耀椿所撰墓志乃據之刪出方薵輪郭爲一書通志藝文志亦據以箸錄於子部藝術類謬誤甚矣． 行述曰嘗聞府君曰吾箸說文闕說文廣訓二種皆爲友人攜去未成書而無副本不能復作矣．

說文廣訓　卷

通志藝文志據府志注於繫傳考正條下．無卷數．府志箸錄無卷數． 墓表墓志行述有錄． 行述詳說文闕． 王希祜曰說文廣訓爲衛天鵬一飛攜去山西通志卷一百五十六文學錄下略曰衛天鵬字莊游曲沃人少聰穎書過目輒了了爲詩文下筆有奇氣從鄉先生張伯喬受經學年二十安邱王蓁友攝令曲沃從問六書義學益進舉咸豐戊午鄉試歷主鄉寧翼城晉州書院箸有四書說易圖學周易釋例周易中爻表爻象說卦八卦消長左易占學易稿今文尚書五續禹貢錐末說詩錄孔孟詩說詩韻提要春秋歷譜左氏辨譌孝經章句爾雅考正九經遺義藝室經譯談經瑣記讀經句讀最目古音表性理通稽古歷元地理考藝室日記及詩文集行述曰曲沃人之受業者衆

每進謁講學而外無干以私者亦不僅曲沃爲然也惟衛君天鵬晉問府君窮源竟委以告之及返郷寧衛有所函問條答之輒數千言

檢説文難字一卷

刊本鵠版年月不載姪彥佶校字　道光十四年甲午序例序略曰筠在都時李方赤郎中於書肆購一册署曰檢難字法乃桂未谷先生所輯備檢説文難字手書寄贈翁覃溪先生者也欲迻謄之方赤靳弗與今春雪大摯寒匈無事遂自輯之五日而畢十五年乙未又從方赤借未谷先生原本斠訂之序後有記

説文韻譜校五卷

通志藝文志著錄五卷與繫傳考正同條云見葉氏存古堂叢書丁福保説文目錄以下簡稱丁目黎經誥許學考以下簡稱許考著錄卷同　墓表墓志行述有錄　光緒十六年庚寅濰縣劉嘉禾刊本　道光十三年癸巳序例又有十二年壬辰初稿序刊本不載序曰漢陽葉潤臣以説文韻譜相詒又以翁覃溪閣學鈔本相假筠讀之而月不得其要領爰獻疑以諮潤臣云云今已編入文集　劉嘉禾跋略曰從外王父安邱王貫山先生賅洽淹通尤精許學所箸説文釋例諸書博引詳徵折衷至當復出其緒餘校訂此書草創甫成遽焉謝世同人舅氏既刊釋例句讀繫傳校錄三書又取此稿排比編纂錄成五卷冀鐫以行適同里高翰生君蒐訪吾鄉先哲箸述未經墨版者輯爲齊魯遺書屬嘉禾

求其稿遂請於舅氏。得副以示翰生。亟爲從臾付刻。以附三書之後。時按據自序後附記。是書定稿於道光十五年乙未。而先生歿於咸豐四年甲寅。相去二十年。劉序云草創甫成遽焉謝世。非是。

王希祜曰。說文韻譜校濰縣劉瑞甫依原稿鈔刻。原稿歸張野秋尙書。

鈕氏說文新附考校正一卷

丁目著錄無卷數。黎考一卷。光緒十三年丁亥。海寧許湼祥刻於許學叢刻內。道光十三年癸巳序。王獻唐曰。此書原係批於刻本上。舊藏黃縣趙東甫家。後售於賈人。歸北平東方文化圖書委員會。前歲曾見趙藏原本。聞其售出者爲過本。是否不可知。

許學札記四卷

丁存目箸錄四卷。王獻唐曰。益都李明五所收先生手寫鈔箸雜稿七册。內有此書篇目。略與釋例相同。而文多不合。疑爲釋例初稿。彼時署爲此名也。許槤讀說文記旁下曰。王菉友鄦學札記曰。旁溥也。即旁薄。彳部徬附行也。即依徬。人部傍近也。即四傍。今旁傍通用。未有用徬者矣。

說文校議覆勘　卷

行述有錄。行述曰。讀嚴鐵橋姚秋農說文校議。嫌其疏錯。而纂覆勘。

說文繫傳校錄三十卷

通志藝文志箸錄三十卷。又分條箸錄繫傳考正四卷。云見葉氏存古堂叢書。府志箸錄無卷數。

張目丁目黎考箸錄并三十卷。儒林傳稿。墓表。墓表行述皆有錄。趙孝陸藏原稿本。咸豐七年丁巳子彥侗刊本。卷末有彥侗跋。跋曰原稿籤注頗多。其未經乙識者。彥侗不忍節去。列之各條之末。而規墨以別之。與全書之例不盡符者是也。成都有重刻本。并見黎考。道光十四年甲午序。序後有十五年乙未二十三年癸卯題記。

六書蒙拾　冊

趙孝陸藏原稿本。

說文釋例二十卷釋例補正二十卷

通志藝文志箸錄二十卷。無補正。府志張目丁目同。黎考附補正共二十卷。儒林傳稿墓表墓志行述皆有錄。道光二十六年丙午上祁春圃書曰。筠之釋例今已刻兩卷。冬杪或至五卷。工少之故。筠又有四參案。明年三月中旬即屆三參。希冀量移以避之。然即不得避。以致終老窮山。亦必多招工人。於明年畢此書。（鈔本丙午菉友雜箸內載原書如此。其從子彥佶刊菉友肊說後附先生此書。則刪去自冬至於五十一字。蓋以內有四參案語而諱之也。）於乙巳冬。調署曲沃。是丙午刊釋例於曲沃也。內弟膠州高光儒席珍校字。至補正之刊於何年。雖不可考。據咸豐二年壬子致許印林書曰。弟覆閱又有刪補。都錄之得五十餘紙。去冬印書欲刻之。分附各卷。而刻工以有約堅辭而去。則刊於壬子以後矣。丁目云道光二十四年家刻本。又有咸豐九年子彥侗本誤。今有成都御風樓刻本。山東圖書館藏有尺五樓鈔本。許印林說皆未錄入。當是初成之本王獻唐云先大人希澤公言印林原箸有說文答問一書爲菉友借去什九采入釋例釋例既刻印林曰書之菁英已采摭無遺余書亦不必再刻矣因以原本存菉友處書今不傳栁詒徵說文句讀稿本校記曰戊辰冬十月賁院西街萃古山房書肆以王菉友說文釋例說文句讀稿本求沽釋例八册均鈔胥所寫且非足本藍格半葉十行行廿二字版心有說文釋例四字第一册首葉王氏手批此第四次稿本也目錄下有王筠私印菉友手校二印第三册首葉鈐古印八方有許賀印信出門大吉等字又一葉有春山二字白文小方印第四册首葉有王筠之印菉友兩印第六册有淄文印一菉友自書增改者凡二百有八則皆以別紙附箸書內刊本道光十七年丁酉前後二序又有初稿題記刊本不載記曰戊戌携至都以示諸良友則皆賞之爰進而請曰書之必有疵類也自古以然即懸諸國門不能增損者今日視之亦殊多可議况如筠之陋劣乎幸諸君子不我遐棄則請爲正之正之而是則筠將竄入如其非也將更相與往復焉夫今日而讀古人之書幸見其誤恨不得相告語也豈可以得相告語者而默不一言耶幸聞吾過則我進矣即我友駁之者或過則我重言以盡其意而我友亦進矣孰如沒世之後有指摘我者而我不得受其益也黟縣俞理初正燮先閱之小加刪削未有駁難且曰吾有牝牡驪黃之賞此沈博絕麗之書也又許爲作序以事不果遂行矣又於記後書曰陳念庭金城許絜傳校錄而於釋例尙有不足乃未正一事而去日照許印林瀚詳閱之又曰筠心雖不蓬而腹則甚儉偶檢古籍爲鄙見所闇合者則采錄於下

或足正其謬者。則應時改定。又賴諸君子匡其不及。各出其思心。而助以腹笥。總期於古有徵。協義而協。或少免世人之指摘乎。乃道州何子貞紹基。子穀紹業。獨不肯相助。何也。豈鄙之爲無足置議邪。倘將將伯呼之。道光二十五年乙巳。致許印林書曰。弟喜張山來幽夢影一書。許多名人助之。拙箸乃將伯無應者。惟大兄一人耳。近又惠正幾許。弟已删改許多。大略定矣。一二年內將刻之。不能俟河之清也。又壬子致許書曰。并呈教釋例一部。想公車在都。不至再誤矣。助此書者。惟大兄一人。不知肯再爲駁正否。　儒林傳稿曰。釋例云者。即許書而釋其條例。猶杜元凱之於春秋也。其目曰六書統說。曰指事。曰象形。曰形聲。曰亦聲。曰省聲。曰一全一省。曰兩借。曰以雙聲字爲聲。曰一字數音。曰形聲之失。曰會意。曰轉注。曰假借。曰彣飾。曰籀文好重疊。曰或體。曰俗體。曰同部重文。曰異部重文。曰分別文。累增字。曰疊文同異。曰體同音義異。曰互從。曰展轉相從。曰母從子。曰說文與經典互易字。曰列文次第。曰列文變例。曰說解正例。曰說解變例。曰一曰。曰非字者不出於說解。曰同意。曰闕。曰讀若直指。曰讀若本意。曰讀同。曰讀若引經。曰讀若引諺。曰聲讀同字。曰雙聲疊韻。曰挩文。曰衍文。曰誤字。曰補篆。曰刪篆。曰迻篆。曰改篆。曰觀文。曰糾徐。曰鈔存。曰存疑。其自指事至列文變例。皆論篆籀。其自說解正例至雙聲疊韻。皆論說解。自挩文至末。則皆肊說。其存疑數卷。則訂許氏之誤。兼訂段氏玉裁之誤。曰存疑者。謙抑之詞也。其例目失之繁多。論說或有穿鑿。不無遺憾。然其精確之處。有非他人所及者。

文字蒙求四卷

通志藝文志箸錄四卷附志箸錄無卷數丁目箸錄删光典補注本四卷黎考卷同墓表墓志行述有錄　道光十八年戊戌陳山嵋寫刊本名字學蒙求二十六年丙午又加改正刊於鄉甯始易今名黎考有鮑氏刻本　道光十八年戊戌序序後丙午附記　山東圖書館藏咸豐二年壬子再改本書面手題曰人苦不自知知之而又護前更謬矣偶然繙閱輒加改正是亦知新也壬子二月菉友記卷一三葉氏字注四葉止字注七葉米字注九葉酉字注又册字注十三葉兆字注卷三一十二葉奴字注二十四葉盟字注三十一葉反字注五十葉邃字注計改十處

訂補桂氏說文部首讀一卷

通志藝文志箸錄一卷　藝文志曰此書爲桂馥家傳寫本王筠補訂光緒己丑諸城尹彭壽爲之刊行卷端載筠道光庚子序　道光二十年庚子序序曰說文解字部首在許書序內原無句讀況自唐以後增減顛倒不可枚舉小徐有部敍篇蔣氏有部首表皆据形系聯發明其誼未明讀法余者許書有年其部首祇能强識兹爲桂氏家傳寫本其五百四十文皆從大徐次第惜蠹蛀過半難以意改又取苗氏本證之但求其誼貫不狃於韻叶句用圈而讀用點不易識者以楷文音之所以便初學也適尹怡堂孝廉公車來京問字於余且將歸以課其子余既以字學蒙求示之復以是寫本屬其錄出携歸俾學僮潛心熟讀庶可爲入許學之初挽矣道光二十年歲在庚子三月安邱王

鎸書於都門

正字略一卷

通志箸錄二卷。府志箸錄無卷數。墓表。墓志。行述。有錄。道光九年乙丑。先生就辨正通俗文字。改其譌文。補其未備。即以字畫多少爲次。用便稽考。名曰增訂字體辨譌。書之者霑化范承煦春旭。校之者益都陳山嵋雪堂。樂陵張汝瀛仙洲。介休楊煦和亭爲之鋟木。此第一刊本。十二年壬辰。又檢廣韻增三百字。復校正初刻之誤。和亭復欲付梓。乃浼雪堂書之。名曰重訂正字略。此第二刻本。十三年癸巳。安岳周曷瀇星舫。得其本重刊於温邑。周之鄉人余栴臯用大楷繕寫。體例一遵元本。略加辨正。附於下方。此第三刻本。十八年戊戌。銅仁楊承注鐵菴訓先生曰。君再校正。我當刊之。於是詳加釐訂。更爲補苴。其不能決者。決之日照許瀚印林。反覆籀視。其不安於心者。固已少矣。乃再倩雪堂書之。鐵菴刊之。名曰正字略定本。晉江陳慶鏞頌南跋其後。此第四刻本。後又覺其誤。乃復加增改。凡三十事。壽陽祁淳甫爲之正三事。二十三年癸卯。復倩雪堂書之。二十五年乙巳。刊於鄉甯縣署。仍名正字略定本。此第五刻本。二十七年丁未。中州郭鑑庚又取定本爲之校刊。通志藝文志即據郭刊本箸錄。此第六刊本也。　道光九年乙丑。十二年壬辰。十八年戊戌。二十五年乙巳。四序。十三年癸巳。周曷瀇序。十九年己亥陳慶鏞跋。藝文志曰。霑化范承煦跋云。有前作相沿未合六書。如臾之當從乙。瓶之當從并。發之當從矢。刑法。㓝殺之本不通用。謚法本從益。謚乃後人羼入說文而今反以從兮爲正指不勝屈改從駭俗始知干祿字書魯公非不能盡用古法特以隸書自有體制未可以客氣與也據郭刊本時按他刊本皆不刊此序　李明五藏正字略初稿王獻唐藏增訂字體辨譌清寫本又藏正字畧定本硃筆校改本序第二葉後半二處書內第十葉後半六行一處第十三葉後半四行一處第二十二葉前半三行一處第二十六葉後半一行一處第三十一葉前半二行一處又後半三行一處第三十三葉後半四行一處第三十七葉後半二行一處又五行一處第四十葉前半五行一處第四十七葉前半五行一處第五十二葉後半六行一處第五十五葉後半一行一處第六十二葉前半五行一處皆自筆又三十七葉後半二行一處子彥侗校

說文句讀二十九卷附錄一卷補正三十卷

通志箸錄三十卷又別條箸錄補正一卷府志箸錄三十卷無補正張目丁目同黎考有補正共三十卷　儒林傳稿墓表墓志行述皆有錄　行述曰咸豐二年六月以歷年徵課完全復調署曲沃先是府君積所入俸金刻文字蒙求一卷說文釋例二十卷續刻補正附各卷之後及是說文句讀成曲沃之薦紳如張君子特崔君紹㣉張君鶴書王君恩耀蘇君廷紳輩皆慕府君之學慫恿邑人爭助以資畢工以書償之是自序作於道光三十年庚戌而雕版於咸豐二年壬子書篆者爲博山蔣其崙校字者爲曲沃蘇仰伊韓錫齡張伯翹許琳宋洪業張鶴書李元亮蘇廷紳韓子康邊鉅賢裴肆仇連驤崔紹㣉楊恆郭瀚衞家駒王恩照王恩耀受業呂寶筍蘇廷直衞天颸張鳳梧郭受祺

武鄉魏懸晉安邱王馳超翼城焦鷹鳳鄉甯鄭晉泰受業王席珍丁目云同治四年刻本乃據子彥侗進呈之年誤補正爲咸豐九年己未子彥侗刊本彥侗與孫藍田玉山校字卷末有彥侗跋語全書又有光緒八年壬午四川尊經書局重刊本今又有上海商務印書館影印本柳詒徵南京國學圖書館藏說文句讀稿本校記曰句讀稿本首二冊篆楷皆工書第三冊夾注作行楷據蕖友批知爲陳雪堂手筆第四冊以下篆籀及許君說解皆用刊本翦貼其引段桂之說及自爲說皆行書第四冊前有自記一則云初次創稿祇欲離句而已自雪堂頌南迫使通纂之後嬾于再寫即將所輯典故書之原稿之眉後乃倩人寫之比復加檢點殊多疏漏改至再三故首三冊皆他人所書此冊以後則皆初稿矣後來又改之使小吏通錄一部今尚存案頭三次稿則呈祁淳父先生四次稿今已付梓矣覆視之尚有不如意處甚矣箸述之難也咸豐三年二月二日蕖友記又記云後半本割成書而黏之取其省事也所有從字皆不改以吾雪堂自能改之也全書印章凡六第一冊張穆序第一葉紅格右上角鈐陰文方印一曰九龍山之左兩虎阜之右宋官疃王氏本書卷一第一葉漢太尉南閣祭酒許氏記一行之左鈐淄漢字徐溝縣印一其下安邱王筠撰集一行之右鈐陽文王筠信印一陰文鄂邑長印一第三冊第一葉目錄前有陽文眞卿二字方印下題云道光二十七年丁未得此印魯公之物也寶之第十冊首葉安邱王筠撰集一行之右鈐陰文宋官疃王氏一印陽文蕖友一印餘冊皆無印記亦無其他收藏家之印記是書每冊面葉均題說文句讀某篇第一冊

又有題識兩行曰此以下三本乃初稿既改因倩人書之要之總算初稿第四册以下每卷書眉皆有朱墨筆題記創稿月日自首至末逐日書之觀其日程大率少則一葉多則四五葉而日課二三葉其常也又曰今刻本每卷祇題安邱王筠撰集而稿本每卷均題益都陳山嵋晉江陳慶鏞平定張穆訂正惟平定張穆訂正一行逐卷皆以白紙簽黏其上蓋菉友後來惡石州之爲人故削去其名至刻書時祇於自序及凡例內載雪堂頌南而石州則不之齒矣　刊本道光三十年庚戌序稿本有二十四年甲辰張穆石州序刊本削去序又見㐆齋文集曰居今日言說文必衆稱曰段桂桂書卷帙大傳鈔梓校皆不易能有其書者少段書行世垂三十年苟取讀之無不人人滿其欲去實則瑕瑜所在夫自有眞讀者以無主之匈浮游遇之不獨攻爲妄攻即守亦妄守安丘王貫山先生初治說文段書尚未行融會貫通既精既熟乃得段書而持擇其然否以語人多駭不信而先生之學則因以益密精神所獨到往往軼出許君之前本古籀以訂小篆據遺經以破新說瓜分豆剖衞交徑錯於諸言說文者得失如監市履豨而況其肥瘠也生平精詣所萃在說文釋例一書標舉鄭暖扶翼表襮之功視段桂爲偉穆每用夸於人曰貫山之於說文如亭林之於音韻後有作者補苴爲匡救焉可矣必無更能過之者也先生齒長於穆二十年而強顏拂飾之引以爲友久益親需次都門課授多暇竊請曰古人箸書將使不知者知之則今人注書亦將使不讀者讀之桂書邈頗有大力者謀爲刊行工既旬矣以有所撓而罷（稿本原文作爲宵人所撓而罷菉友批其上云宵人指汪孟慈原注名喜孫後改喜荀孟慈意恐未谷奪茂堂

之席也不知未谷去茂堂甚遠惟嚴鐵橋足以奪其席次之則我耳時按陳慶鏞說文義證序曰楊廉訪以增已於濟上開雕一冊尋以遷任事不果行張序謂此詳後說文義證條下段書多逞臆武斷不便初學曷更釐爲善本以詒世之治許學者乎先生諾之於是仍取資段桂及所箸釋例翦枝存幹日課一紙始一終亥再期乃畢顏其耑曰句讀以爲是初學讀本云爾夫許君追原制作文字之初恉而說之解之宜乎學許君之學者亦必推本其所以如此說如此解而籀繹疏通之宋元人好訾說文今人好尊說文尊之者之愈於訾不待辯要其爲皮傅破瓶之學則一何也說文經六朝人之迻寫唐明字科試人之割裂李陽冰諸人之變亂徐鼎臣合集書正副本羣臣家藏本之改定幾於百孔千創而時賢乃銖銖比附一似親炙洨長而得其手定之本也者獨非惑歟句讀之纂也先生以七事相諸曰說文正文九千三百五十三今溢六十二文重文千一百六十三今溢百十三文嚴可均議刪重文未刪正文不知此蓋說文續添中字字林中字後人羼入也故刪正文之有據者一也一字兩見大徐率目在後者爲重出審部居定去留如否爲不之孳育吁爲于之孳育二也前人引說文多附益於說文之外牝牡驪黃都所不計故或得其義而失其詞今即詞以求其義之所主三也許君說形說義說音皆歸一貫今人或自爲說如蒐人血所生因字從鬼也引者譌作地血或遂欲據改之則好奇而不顧其安四也許君所引經文字體句限多異今本固有譌誤增加而其爲古本者甚多今人或疵瑕之不潛心也五也說解有許君創始者如后身偊煊諸字前無古人其實故訓固然援經義以表許君之識正前人之誤六也爾雅說文互爲表裏而景純作注

乃適得爾雅謨本。而曲爲之說。如葑曰須從。即釋草之須葑蓯。葑須雙聲。葑從疊韻。短言之爲葑。長言之爲須從。雅文謨倒耳。翰曰天鷄。即釋鳥之韓天鷄。既屬羽翰之翰。何緣更入釋蟲。翰即曲禮之翰音。韓則字林所謨載。今則本許義以證郭本郭說。七也。然非先正其句讀。則或雜蕪不成句。闕佚不可句。凡讀者所深諱不言。皆不讀者之話柄矣。或問許書句讀古無知之者乎。曰否。禔安福也。李善注難蜀父老引云。安也。璧瑞玉環也。慧苑華嚴音義引云。瑞圭。范應元注老子引云。瑞玉也。疐礙不行也。徐鍇祛妄篇引云。礙也。宙舟輿所極覆也。爾雅釋詁疏引云。舟輿所極也。唐宋人蓋皆知之。故但指引一句。今人反疑爲挩佚而據增。爲謬也。書成。先生出宰鄉寧。瀕行。以句讀之作。發端於穆。屬即條列緣起。弁之書首。昔王景文在太學。與九江王阮齊名。阮曰。聽景文談。如讀酈道元水經。名川支渠。貫穿周帀。無有間斷。咳唾皆成珠璣。穆研思酈注有年。曾未得其脈水尋山之奧。而傾倒先生箸書。則較阮殆又過之。敢即以阮之頌景文者頌先生。世有讀其書者。乃知蒙之不阿也。道光二十有四年冬十有一月朔日序。稿本張序後。先生手書曰。石州于說文頗淺。故屬詞多支綴。不能達我之意。此本書訂正之友已列石州。而刻本刪去者。渠見此書而作色曰。無所訂正而虛列此名。何也。我猶耐之。後來高席珍赴都。我致書石州。託買書數種。渠已取直于席珍。而又取直于春圃先生。先生書來言之。我雖驚訝而未決也。比席珍返轡。以石州索直之書相示。乃審知其實。遂上復春翁。鳴其實友而絕之。計書到時。春翁已奉命出使甘肅。不久而石州卒。設我再知其將死而惑。亦不絕之矣時按菉友於道光二十四年甲辰春出宰鄉寧是冬十一月張石州爲作說文句讀序備極推許二十六年丙午夏菉友爲蘇賡堂廷魁撰父乙鼎記及上祁春圃書並見菉友肊說及時與屈君萬里同編菉友文集內有道及石州處亦無不滿之語至二十七年丁未校石州箸顧亭林年譜乃中多訕笑譏諷見本文顧亭林年譜校勘記考不似菉友往時校書心平氣和之常度疑與石州之隙即起於此時而石州是年致許印林書曰菉友處尙平平釋例已刻二卷云今年畢工頃寄正字叚及文字蒙求到京鄉寧人頌之如神君可以見儒效矣又一書曰菉友去秋分校得元上游相待極優乃亦不無量移之望眞是難說弟略有信去而報書極少有亦不過五六行辭令都不明瞭不解何遂不暇如此吾兄春間寄我之信弟已寄去矣尙未得回札也二書皆山東省立圖書館依眞蹟錄出本月齋文集未收所云釋例已刻二卷及乃亦不無量移之望皆菉友上祁春圃書中語其書略見本文說文釋例考內且可證石州二書之在丁未也又二十九年已酉正月石州作追懷文友詩有句曰安丘自注王菉友何姚小學宗月齋詩集卷四是歲冬而石州卒是石州之於菉友除怪其覆書淡漠而稍疑之外似始終服膺無間言者石州之爲人豪放不羈詳祁春圃所作文集序內其無所訂正之語或一時戲言而重取書直直同市儈亦似與其人不類且春圃既以其事書達菉友矣必亦心薄其爲人初不以姻親祁撰月齋文集序曰余與石州同鄉姻戚也而迴護之也顧爲之作文集序又盛稱道之不遺餘力何邪而菉友亦盛德君子非妄入人罪者其言之鑿鑿持之有故則又何說邪趙孝陸丈言渠藏有菉友致友人某書手稿全篇皆痛詈石州也儻他日得見其稿則此重公案或可釋然矣　儒林傳稿曰又箸說文句讀三十卷

雖多釆金壇段氏曲阜桂氏之說.然獨闢門徑.折衷一是.初不依傍於人.不可謂非許氏之功臣.二家之勁敵也.

附錄 有序.

說文部首表 丁目箸錄無卷數.梨考箸錄曰校正蔣氏說文字原表一卷. 天津金氏有刖刻本.道光二十三年癸卯後記. 附錄序曰.說文部首表所以發部首相次之故.特以不能羼入正文.而附於此.故先之.

嚴可均許君事蹟考 附錄序曰.次以許君事蹟考.紀先師之始末也.時按.錄自說文校議.

嚴可均說文校議 附錄序曰.次以嚴氏校議.毛氏桂氏所輯錄.以爲羽翼也.又記曰.余於此書用之幾盡.其通論一書者不便載於逐字下.附記於此.

毛氏節錄 時按.節毛扆所撰附汲古閣刻說文解字後者.

桂氏附錄

桂氏附說 時按.此兩種皆錄自說文義證者.

小徐說文繫傳系述

大徐校定說文序

大徐等進說文表 附錄序曰.終以小徐系述.大徐敍表者.二徐於說文雖疏.然後人得見此書.則

其功也。小徐書成於南唐。大徐書成於北宋。以說文爲主。故不嫌以弟先兄。

說文彙字

益都李明五藏手稿本。　抄集說文各字。以六書分類。

周虢季子白盤釋文一卷

濰縣丁稼民藏鈔本。今收入屈萬里鄭時同輯王葆友先生文集。　祁寯藻馒䜱亭詩集卷二十七曰。君傾與何子貞爲余撰祁大夫字黃羊說。又與張石洲釋虢季子白盤銘見示。時按此文作於道光二十三年癸卯。

韻彙校一册

行述有錄。　趙孝陸藏手稿本。山東省立圖書館藏鈔本。序曰。沈果仲名道寬。浙江鄞縣人。與吾弟簡爲同年友。余未得識之。乃見拙箸正字畧。即爲說正十餘事。郵書以示。並示所箸韻彙。是不可不以木瓜報也。爰校以詒之。

刻鵠軒集古錄一册

山東省立圖書館藏手稿本。　雙鉤周至漢古銅器款識十二事。雙鉤漢印九事。諸城王戟門藏器款識。墨拓本四事。多手釋於紙之空隙處。蓋隨手輯錄之本也。

十六國史畧二册

通志藝文志據王氏鈔送書目箸錄云十六國春秋校本無卷數　濰縣丁稼民藏鈔本無序　記晉末十六國事首錄王任菴讀書叢殘一篇次錄晉書載記次撰十六國總論次以晉帝紀年分隸十六國事於各年之下　王希祜曰十六國春秋記略陳和齋存

史記校一卷

通志藝文志箸錄一册府志箸錄無卷數　墓志行述有錄　趙孝陸藏原稿本今有北平故宮博物院攝印本　道光八年戊子序十一年辛卯績溪胡竹邨培翬序稿爲胡手書於一箋上後有竹邨胡培翬印　印黏附稿本卷首通志藝文志曰孫葆田書後畧云是册蓋其讀史記時隨筆札記自敍云偶讀史記取漢書校之中多異文或史記傳譌或漢書傳譌或漢書改史記而是亦有改之而非者又云恐輒此册或不箸其是非蓋恐以是爲非以非爲是也其虛心如此然如殷本紀辨商紂既自焚武王必不斬之秦本紀論武王誓師止曰其于爾躬有戮秦用商鞅始立罪及三族之法大義攸關如此類者不可枚舉間亦考論音義與文字詳略非有心得者不能道其是非得失則讀者當自能辨之

北史論畧

濰縣丁稼民有印本

顧亭林年譜校一卷

山東圖書館藏手稿本　首行祇題顧譜二字計校五十七條乙去一條中多塗改當爲隨校隨錄之本每條上有冠以某葉者有用流俗號馬字以記葉數者次序亦不順遞蓋未定之草本也　首一葉亭林象校曰題曰亭林先生中年以前小像所謂此處無銀三十兩者此之謂也石州若湊出中年以前四字爲冠服道地耳可謂拙矣順治二年七月王師下崑山先生是時即爲本朝人是年卅三歲耳以石州好假爲少年推之則十餘年後先生乃當有髭即以常人推之卅三歲亦但當有口上之髭不當有頷之須蓋先生不忘故君終身如此冠服也自高宗朝賜前明死事諸臣謚立二臣傳大義炳如矣即使今日有中風狂走之人吠先生於朝亦必無它慮石州枉費心機也卅年前我識桐城人甚多其俗死者以巾歛（原注，乃大老非常人也，其詞曰，死後見先人，恐爲先人所詫，亦殊可笑，未聞孔子冠辱也，）嘉慶初年乃用本朝冠服者居其半亦未聞怨家訐之破棺戮尸也六十一葉六月十七日戌時校曰此字又見矣不知石州胸中何雅俗雜揉如此八十五葉潼商道胡猬菴校曰注云元譜何猬菴未詳可知胡字是改筆既改即不必存何猬菴未詳五字於此等處見石洲沾沾自喜病痛不小就上各條觀之可證菉友校此書在與石洲決裂之後而石洲刻顧亭林年譜後列參訂諸人有菉友之名實先生未預其役也又按先生於道光二十五年冬調署曲沃二十七年夏調署徐溝校九十三葉有云去年我攝曲沃篆云云則校此書當在二十七年署徐溝時也

馬首農言校勘記一冊

鄭時藏鈔本。自序曰安邱王筠曰在昔周公陳無逸曰先知稼穡之艱難孔子假周公之才之美。而風雅所載周公之作反覆田事津津若有餘味唐魏之風言稼穡樹蓺諸詩多出於在位之君子。孔子删詩獨有取焉壽陽古馬首邑爲晉祁氏七邑之一其俗勤儉務農至今猶有古風淳甫夫子幼從京宦弱冠入官未嘗親田畝而其所箸馬首農言十四篇諄諄於土物之宜耕耘之候纖悉必備蓋本詩書艱難勤儉之訓而以約旨卑思隱其詞於一邑之中信乎士食舊德農服先疇祁大夫之遺澤長久引而勿替也筠家帶經而鉏者十餘世叚見此書逢其故業故樂而校之校畢並跋。

祁寯藻鏝飢亭集卷二十七曰葵友爲安邱巨族選鄉寧令精通六書箸有說文解字釋例二十卷。說文句讀三十卷與肅寧苗氏夔同以研究許書見假苗專心聲韵葵友博大精深辭尙體要余藏段氏手校集韵副本付爲校勘多所糾正馬首農言余里居時所輯亦爲辨正數十條癸卯歲八月十日淳甫記。

葵友雜箸一册

行述有錄。趙孝陸藏手稿本山東圖書館藏鈔本戊戌一册丙午一册時藏鈔本不知何年一册。皆隨筆札記經義掌故異聞瑣事及書牘草稿等。行述曰其他子史諸書讀而有得必劄記之。或識於書眉嘗曰前人謂讀書而無筆記滿幅非我書也然讀書不破萬卷不敢妄下雌黃讀書能破萬卷尤不敢妄下雌黃矣成葵友雜箸葵友肊說蛾術編凡三書。

徐溝筆記二卷

通志藝文志據府志箸錄府志箸錄無卷數。墓表墓志行述有錄。趙孝陸藏手稿本三冊。行述曰二十七年夏調署徐溝近省而當衝積牘多於曲沃所夕靡暇三月乃理府君殫力爲之仍不廢讀書成徐溝筆記二卷。

菉友臆說一卷

通志藝文志箸錄一冊府志箸錄無卷數。墓志行述有錄。光緒二十二年丙申冬姪彥侶刊於武陽學署靈鶼閣叢書有重刻本藝文志曰按卷尾刊丙申仲冬姪彥侶校於武陽學署一行則自記云今夏即丙申夏也時按卷首自記曰余自四十歲後或學而有得或思而有得每輒札記之今夏檢之祇得近十餘年所記即使隸都錄爲一本以便省循再改正焉考道光十六丙申先生五十三歲而此書卷末載道光二十六年丙午上祁春圃書時先生已六十三歲都錄此書當在是年所云祇得近十餘年所記者乃四十至五十所札記皆不存也又考王氏世譜彥侶生於道光二十三年癸卯同治庚午丁卯並科舉人官朝城縣教諭則刊此書之年必爲光緒二十二年之丙申無疑去先生之歿已四十二年而藝文志以爲自記之今夏即刊書之丙申實屬大誤即此小事可證考證之學須如老吏斷獄確定不拔若掉以輕心遽下論斷則無處而非紕謬矣。行述詳菉友雜箸下。

藝文志曰按册中雜論經子及小學金石又有記本朝掌故者如謂宮殿合脊時必置佛經一

部及金寶人燕又謂列巽作衣留其兩幅與衣同貯每衣此衣則置此兩幅風日中以備兩袖破時用此易之其色同也又謂己亥冬折布遵丹巴呼圖克圖來朝皇上垂足若將起者伊趨而前抱皇上之脛而止賜坐其坐下御坐一寸凡此諸條皆典章之要足裨國聞

蓀友蛾術編二卷

通志藝文志箸錄二卷府志箸錄無卷數　儒林傳稿墓表墓志行述皆有錄　咸豐九年子彥侗刊版受業孫藍田玉山校字彥侗跋書後曰先大人嘗曰子孫於祖父遺書不能繼修者即以原本發刻亦佳此書甫屬艸稿因與玉山先生校而刊之　無序　藝文志曰蓋鎸晚年隨筆記錄之本間論經義及瑣事不專講許學而發明許書者居其大半故列之小學類中上卷論孫奭孟子音義一條多前人未發之蘊下卷謂今人好說文遂成習氣一條亦切中晚近小學家流弊時按上卷各條雖釋經義者為多下卷則國語漢書楚詞文選旁及雜家小說至說文廣雅僅數條而已後殿以弔慶霖文致多隆阿書記朱次琦事各一篇實仍雜箸之體列之小學類殊覺未安

附遵聞錄二卷　博山蔣其崙箸　行述曰博山蔣君其崙在署為記室性伉直善篆書輯府君口談筆記為遵聞錄二卷

潛游小草一冊

通志藝文志集部據王氏鈔送書目箸錄　時按此當為先生二十三歲以前隨其父約齋先生官

安徽潛山縣時所作

清詒樓草二卷

通志藝文志據王氏鈔送書目著錄曰詒清樓稿二冊。行述有錄。濰縣丁稼民藏王彥佶裒集雜文鈔本一冊不知即此種否今已全部收入邱萬里鄭時同編王紫友先生文集內。行述曰有清詒樓草二卷。王希祜曰詒清樓稿二本前存姚柳屏先生手時按復巾翠微書云舍下清詒堂亦求賜書一額據此當以清詒為是。藝文志曰買春詩話云朝鮮巾翠微構一亭曰桑間眼界平闊田畦井井亭下小屋足以容膝扁曰耕讀齋庭植梧柳成列牆外有圃種藥幾品曰壽民圃門外數弓之地溪流一帶溪邊有石可坐四五十人壁立如屏山繞其後臨水可以釣魚登臯可以呼鷹故名其壁曰結繩岩洞溪行數百武有槲林繁陰可愛築壇於下懸鵠而射名曰揚觶壇安邱王紫友孝廉筠各紀以詩詩極豪邁如天馬行空不可羈靮傳播鷄林當使紙貴矣

帖括一卷試帖一卷賦二卷

行述有錄。山東圖書館藏二冊計制藝五十五篇試帖詩五十二首爲子彥侗手鈔本無賦

覆瓿集一卷

通志藝文志據王氏鈔送書目著錄一冊。行述有錄。鄭時藏有覆瓿集臘稿鈔本僅詞十首內三首字句脫落與調不合又闌入南唐韋莊憶羅月一首後附七律詩一首不知何人所輯詩及詞

之完整者今已收入王菉友先生文集．

清飴堂燈謎一册

山東圖書館藏手稿本．

覆瓿社謎一册

山東圖書館藏手稿本．咸豐六年子彥侗跋曰右先大夫菉友公所製燈謎數百．爲侍先王父約齋公官安徽時之所作也．

清詒堂零稿一册

山東圖書館藏手稿本．册題讀書雜志．係就先生手稿零紙雜貼而成．

文選詩摘句一册

益都李明五藏手鈔本．

集腋集一册

益都李明五藏手寫本．

王菉友先生文集四卷

魚臺屈萬里翼鵬．諸城鄭時爰居同輯．共分八類．文一百一十五篇．後附古近體詩四首．詞六首．子目錄下．一策．策一．（道光元年辛巳恩科試卷．鄭時藏鈔本．）策二（同前）．策三（同前）．策四（同前）．策五（同前）．二論辯．劉太尉祠位次議．

彥信輯本，即丁稼民藏本，後同。十六國總論。丁錫田藏十六國史略鈔本。心手口說一。道光十八年戊戌。山東圖書館藏筠友雜箸鈔本。心手口說二。同前。祁大夫字黃羊說。道光二十二年壬寅。一鐙精舍甲部稿附錄。學論。彥信輯本。今本經字多俗體論。山東圖書館鈔本。文字通別說。同前。蘇子瞻武王論郭靑螺管蔡論辯。筠友肊說刊本。三序跋書余秋室干祿字書後。道光六年丙戌。山東圖書館鈔本。史記斠序。道光八年戊子。山東圖書館藏史記斠鈔本。史記斠後序。同前。書朱文藻說文繫傳考異後。道光九年乙丑。說文繫傳校錄刊本卷三十。增訂字體辨譌序。道光九年乙丑。王獻唐藏增訂字體辨譌鈔本。按此即正字略初稿。重訂正字畧序。道光二十年壬辰。本書刊本。說文韻譜校初稿序。道光十二年壬辰。山東圖書館鈔本。說文韻譜校序例。道光十三年癸巳。本書刊本。鈕氏說文新附考正序。道光十三年癸巳。許學叢刻本書刊本。檢說文難字序例。道光十四年甲午。本書刊本。說文繫傳校錄序。道光十四年甲午。本書刊本。說文釋例序。道光十七年丁酉。本書刊本。說文釋例後序。本書刊本。說文釋例後序。道光十八年戊戌。圖書館藏筠友雜箸鈔本。正字畧定本序。道光十八年戊戌。本書刊本。文字蒙求序。道光十八年戊戌。本書刊本。說文部首讀序。道光二十年庚子。山東圖書館鈔本。馬首農言校勘記後序。道光二十三年癸卯。鄭時藏本書鈔本。蔣氏說文部首表校正記。道光二十三年癸卯。說文句讀刊本附錄。說文句讀附錄小序。道光二十三年癸卯。說文句讀刊本附錄。校祁刻說文繫傳題記。道光二十三年癸卯。山東圖書館藏過錄本。訂正薛氏說文答問疏証跋一。吳甌影印手訂本。訂正薛氏說文答問疏証跋二。同前。訂正薛氏說文答問疏証跋三。同前。訂正薛氏說答問疏証跋四。同前。重刊正字畧定本序。道光二十五年乙巳。本書刊本。校段氏汲古閣說文訂記。山東圖書館藏過錄本。韵彙校序。道光二十八年戊申。山東圖書館藏本書。夏小正正義序一。道光二十九年己酉。鄂宰四稿刊本。禹貢正字序。道光二十九年己酉。本書刊本。夏小正正義序二。道光三十年庚戌。鄂宰四稿刊本。弟子職正音序。道光三十年庚戌。同前。毛詩重言序。道光三十年庚戌。同前。說文句讀序。道光三十年庚戊。本書刊本。跋孫淵如重栞宋小字本說文。山東圖書館鈔本。書王建極撰吳升任陽午傳後。彥信輯本。四書說畧序。本書刊本。四書說畧後記。同前。菉友肌說序。本書刊本。鄂宰四稿序。咸豐二年壬子。本書刊本。節園詩稿序。咸豐二年壬子。鄭時藏鈔本。

菊逸先生遺集跋。鄭時藏鈔本。四贈序送光壽堂先生序。嘉慶十年乙丑。彥信輯本。題單廉泉南遊圖。鄭時藏鈔本。贈中翠微先生序。道光七年丁亥。鄭時藏談艸鈔本。代體仁閣大學士總理刑部南石盧公七秩晉三壽序。代李方赤作。道光十二年壬辰。趙錄稹藏手稿本。例封太安人陳母王太安人六十晉六壽序。趙錄稹藏手稿本。觀祜字叔厚說。道光十八年戊戌。彥信輯本。問經堂序。道光十八年戊戌。山東圖書館藏戊戌菉友雜箸鈔本。題紡績圖。道光十九年己亥。彥信輯本。五書臆復單廉泉。彥信輯本。復馬臥盧先生。道光七年丁亥。說文繫傳校錄刊本卷三十。復汪孟慈。彥信輯本。復翟文泉。同前。復中翠微先生。同前。致張芸心。道光九年己丑。同前。

復翟文泉一。彥信輯本。復翟文泉二。同前。復翟文泉三。同前。復翟文泉四。同前。復翟文泉五。同前。復翟文泉六。同前。復翟文泉七。同前。復翟文泉八。同前。復翟文泉九。同前。復翟文泉十。同前。復翟文泉十一。同前。復翟文泉十二。同前。復翟文泉十三。同前。復翟文泉十四。同前。復翟文泉十五。同前。復高子奇。鄭時藏行述鈔本。致翟文泉。道光十二年壬辰。彥信輯本。復翟文泉。道光十三年癸巳。同前。致翟文泉。道光十二年壬辰。同前。復翟文泉。道光十六年丙申。山東圖書館藏真迹本。上阮芸臺先生。道光十八年戊戌。山東圖書館藏戊戌菉友雜箸鈔本。答聯玉圃。道光十八年戊戌。菉友肌說刊本。復旭樓。道光二十五年乙巳。山東圖書館藏真迹。致許印林。道光二十五年乙巳。山東圖書館鈔本。上祁春圃先生。道光二十六年丙午。山東圖書館藏丙午菉友雜箸鈔本。致王雨田。道光二十六年丙午。同前。致馬訓溪。山東圖書館藏真迹。致多雯溪。咸豐二年壬子。菉友蛾術編刊本。致許印林。咸豐二年壬子。山東圖書館鈔本。六傳記。盧中菴先生逸事。彥信輯本。方制軍軼事。同前。記郭茂華。同前。記李四。同前。揚州汪氏兩孝子事畧。同前。義僕申徙萊傳。王氏族譜刊本。記朱十襄。

菉友蛾術編刊本。焦文起傳。咸豐三年癸丑。鄭時藏抄本。七雜箸。自箴。王獻唐藏許瀚書真迹。自題畫像。安邱逸人記。彥侶輯本。周銑季子白盤釋文。道光二十三年癸卯。丁錫田藏抄本。硯銘爲張石洲題。廣倉學宭印本。父乙鼎記。道光二十六年丙午。菉友肊說刊本。鄭康成先生畫象記。咸豐三年癸丑。安邱學宮石刻本。八哀輓汪孟慈母朱太宜人誄。道光十二年壬子。彥侶輯本。弔慶伯耆文。咸豐元年辛亥。菉友蛾術編刊本。附覆瓿集賸稿古近體詩四首詞十首。

以上自箸書及勘訂他人書離原書別行者。

段玉裁詩小學

趙孝陸藏本。

陳奐詩毛氏傳疏

趙孝陸藏本。

多隆阿毛詩多識

行述曰。平陽山長多雯溪隆阿太守所聘也。遂於學箸毛詩多識。府君爲之訂正數百事。　王彥侗記毛詩多識闕本後曰。毛詩多識。長白雯溪公之遺稿也。公諱多隆阿。館于平陽太守何公幕中。性好學。與先大夫蓁友公爲文字交。先大夫知鄉寧縣。去府百八十里。郵書商確。剖析疑義。殆無虛月。公以所箸此書相質。先大夫手校一過。愛其博核。使小胥繕寫副本。仍原稿歸之。癸丑八月。髮匪陷平陽。何公殉城。而公遂殉友矣。次歲甲寅。先大夫解組。未行。歿于署中。侗扶柩歸里。葬後。發篋虔書於格後。因曝書檢視此書。忽少後二册。韓問迄不可得。因自咎不能什襲而藏。致公遺書亦逢阨運。可慨也已。今春有大司成盛伯兮先生昱。淵博好古。聞此書于尹伯圜。索觀之。欲留吉光片羽。銳意付手民。使侗記其𩐭𡴀。侗不敢自文其過。謹述之。光緒十年歲次己酉仲夏。安邱後學王彥侗記。

張爾岐儀禮鄭注句讀

趙孝陸藏本。

周禮

山東圖書館藏本。

禮記集說

趙孝陸藏本。

閻若璩四書釋地

王希祜云。

經典釋文

趙孝陸藏本。說文句讀凡例曰。經典釋文。通志堂本。朱文游以宋本校之。余又以景宋鈔本及儀禮刊誤。余仁仲公羊傳本校之。

臧琳經義雜記

山東圖書館藏本．朱筆校訂十七條．

王引之經義述聞

通志藝文志子部日知錄校條下云．經義述聞校八册．原注殘缺．見王氏鈔送書目．山東圖書館藏手校殘本．存卷三至卷七．卷十五至卷十九．卷二十二至卷三十二．共二十一卷．安邱王氏亦家藏一殘本．所存卷數與館藏者畧同．然均爲先生手筆．非過錄者．是可異也．校語有朱有墨．於王氏說多所訂正．非徒勘字句之譌奪也．

爾雅疏證

王希點云．時按．疑爲郝懿行爾雅義疏之誤．

汲古閣刻說文解字

王獻唐藏高本達過錄本．

段玉裁汲古閣說文訂

山東圖書館藏過錄本．係益都李明五有先生手錄本．非雲堂原鈔．後記曰．雲堂六弟鈔此．俾筠識正．以筠淺識．不能概知其是非．謹就鄙見所及．點識其旁．不知者空之．以待再酌．茂堂細則極細．粗則極粗．能見人之所不能見．亦誤人之所不肯誤．分別觀之．取益多矣．

說文解字讀本

劉耀椿王菉友先生墓志曰。往時嘗借先生說文讀本。其書眉行間。可容筆處。朱墨燦然。褊隘則以籤記畢之。

段玉裁說文解字注

趙孝陸藏本。　益都李明五藏說文段注抄手寫本。

汪氏說文繫傳

王希祜云。　時按。此爲汪啓淑刻說文繫傳。繫傳有數刻。趙孝陸有藏本。不知爲何刻。

祁刻說文繫傳

山東圖書館藏姚棚屏過錄本。　王獻唐輯入說文繫傳三家校語抉錄。載館中季刊。近丁仲祜說文詁林補編採入。　題記曰。道光癸卯七月。桂竹孫詳代假朱竹君先生家藏鈔本校之。又曰。原本有題吳西林說者。其不題者。蓋即竹君先生說。又曰。筠之初校此書也。於兩本之異者。但一其旁而書朱本之字於眉。或書於本字之側。後來或曰某作某。或曰某朱作某。初無一定之例。要之所改皆竹君先生本。或出己見。則必有識別。又曰。甲辰五月。又以汪刻及大徐本校之。幾無區別。然凡直改而未言出某本者。即竹君先生本也。書之以告後人。又曰。此書改竄已多。不妥。甲辰五月。山西藩憲喬見齋先生以此書使筠校之。乃知近來又有刻改本。蓋出吳承諸人手。何其謬也。十一月初三日。以上均在原書祁序後。　又曰。朱竹君本二卷。脫誤太多。不可句讀。茲擇一二有用者記之。不詳書也。八月十七日。（在二十一卷後葉。）又曰。右一卷既以今大徐本改之。又以私意改之。甚矣其慎也。（在二十五卷後。按此指顧千里校本。即祁刻所據者。）

朱文藻說文繫傳考異

書朱文藻說文繫傳考異後曰。右考異二十八卷。附錄二卷。杭州朱文藻䇿自序於後。朱竹君先生藏本。李方赤比部借鈔。而屬筠書其篆文。即隨手校正。譌者墨改之。原書訛者朱改之。時案朱竹君原本現藏山東圖書館。

桂馥說文解字義證

許瀚答楊至堂書曰。丙戌丁亥之間。瀚在京師。爲李方赤觀察分校此書。同人厭其蕪雜。欲從事刪汰者甚衆。鄙意亦云然。獨安邱王菉友筠孝廉以爲未可輕議。李璋煜致菉友手札眞迹曰。說文未審校畢否。又送上原本鈔本各十冊。篆文可不須寫。以其書主明春正月即出京。恐校不出耳。又一通曰。昨見丹泉（時按。即顏懷珠。曲阜縣人。）言及說文原主二月底來京。欲將原書取回。無多光陰。卷帙尙有數冊。敢乞吾兄赶緊一校。學課完時。到弟處或與雪堂一商。亦可校幾冊也。誠恐赶不出。則前功廢矣。行述曰。於靈石楊墨林尙文則以其喜刻書而交之。桂未谷說文義證。府君五校正之。得墨林先生鎸刻以傳。時按未谷先生說文義證原稿存曲阜孔孝廉倩華家。（楊以增致許印林書。）道光六年丙戌。許印林先生計偕入都。攜有鈔本。（陳慶鏞說文義証序。原文藏籀經堂類稿十一。）李方赤迻鈔一本。菉友印林爲方赤分校者。蓋此鈔本也（見上印林答楊至堂書方亦致菉友札）葉東卿藏本當亦鈔於此時十九年己亥陳頌南假葉氏本復鈔之二十二年壬寅頌南門生楊子言又依頌南本鈔一本二十三年癸卯聊城楊至堂以增議刻此書於濟南（說文義證序）延印林董校勘之事至堂徇衆人之議力主刪汰印林擬校例寄之一曰刪二曰補三曰改舉例二十條原文載攀古小廬雜箸內（又見楊以增致許印林書）初汪孟慈薦汪梅邨管小異使與印林同校孟慈既見校例乃阻楊之刻此書印林是歲致菉友書言其事曰所論桂書誠是弟初意亦如此辦而楊公爲衆論所撓屢以書屬刪正不得已乃定前例如此則刪亦無多仍是不欲刪之意也不料大拂孟慈意與南來二位朋友（自注汪梅邨管小異）大翻云汝等本由我薦來何以不依附我而依附許印林遂奮筆批詳桂書以寄楊公迨楊公以其所批者示弟弟始知之儒林循吏孝子傳中人作事乃如此一何可笑幸楊不信其言弟現仍照常校理茲延沭谷先生之孫同校今年寫完未必校完祇惜楊公遠升又不能即刻耳（墨迹）然終於僅刻一册而罷（說文義證序）至堂收義證不刻時其致印林書曰未谷先生說文想已校勘錄出聞此書已有人在江南付梓未知確否吾輩刊行之意原爲闡揚起見既有人刻吾輩又何必再勞剞劂似與爭名耶此蓋因有撓之者故爲其說考孟慈所以撓之之故菉友云乃恐沭谷奪茂堂之席也（詳前說文句讀條張程序注）道光二十五年乙巳楊子言之兄墨林尚文毅然肩刻是書張石洲爲寫書印林渙其再任校讐（說文義證序）頌南書達其事於菉友菉友致印林書曰頌南書來言楊墨林欲刻說文義證弟已極力慫慂□大兄亦當有鼎言墨林是勢利小人如肯爲此

則當敬佩之．大兄校義證已畢邪．抑甫有幾卷邪．此本今存何處．弟勸頌南屬墨林即刻此未校之本．亦無可奈何之法．（山東圖書館鈔本．）二十九年己酉．乃設書局於江蘇贛榆縣之青口鎮．以刻義證．蓋以印林素有疾．得養痾里門也．（楊鐸許印林先生傳．張穆日照許肅齋先生壽序．）中間墨林曾中於浮言．欲收書不辦．以蓁友言而止．咸豐二年壬子．蓁友致印林書曰．弟赴省道出靈石．迂道五里即到墨林家．前以訪鄭浣薌先生至者二次．因伊以所刻書見贈也．去冬往返皆過之．往時言欲收書不辦．泛言之也．返時又問大兄之爲人．因悟其意．蓋以石州卒後．（時按張穆卒於道光二十九年．）家（時按以下文許書證之．家字似爲負字之訛．）累千金以爲乾沒其資也．因告之曰．此吾鄉之有學有行人也．彼亦不復言．（山東圖書館鈔本．）三年癸丑．印林復蓁友書詳述其校書刻書之經過．讀其復書．則當時情形盡如目見．今錄書之全文如下．蓁友大兄大人閣下．去年四月．舍親蕭丹林自都回．揹到手書並大箸一函．銀十六兩．拜領之餘．感鏤曷極．時未谷先生書．刻尚未竣．正在萬分忙迫．又展轉兩三月．完工而七差八錯．修改太費心力．直抵中秋．眉目稍清．弟自前歲八月．選滕縣訓導．至此已一年．催提考驗．至再至三．倉黃收拾赴省．以十月半到任．家父年八十四．數年來動履須人．不能迎養．弟隻身如滕．作速退計．念今春院試．稍得薪水資．即歸去．乃學憲考至沂郡．聞江寧揚鎮失守．頓生變計．艸艸出進．十餘日遁東府去矣．而弟自正月中旬濕痰舊証發作．清明後轉劇．殆有院試．亦不能送．調理兩月有餘．總未豁然．今已告退．定望後旋里．抽筋拔髓□□．赤手空拳而去．甚可笑也．弟校桂書．凡所徵引．必檢原書．而原書未□．不盡同．則所據本異．

亦或據他書轉引然因此而發其譌謬者衆口口口口（時按雖空四格不必闕四字蓋艸書大小不等也下同）有脫落數十字者有云查某書者有約略恍惚口口口語留待核正而未及者有口口不錯而桂君親筆改訂反大謬者有初稿已具而醉墨淋漓塗改不成文理者蓋書太浩博成非一時難免舛誤至於篆文且脫數十有脫而不知者有因誤脫遂而誤脫者不知何以至此先經江南諸名士校訂醜謬百出不可言狀弟校桂書復校校校桂書者之謬既勞且憒殊難爲情幸校不及半未同遭屠戮耳今勉强告竣其不安於中者尚多不知何日能得廓清也弟刻桂書負累千有餘金（自注至皇先生河平六百默深二百呂和田一百朱子良一百馮春野一百周子堅五十）然弟前後領楊墨林千九百金（自注石州手京平千五百子貞手市平四百）若按字數工程實在計算祇此千九百金且有餘剩而弟所稱貸雖歸實用竟無從報銷是眞無可如何之事也蓋初啓工在清江弟方爲潘芸閣先生（時按芸閣名錫恩安徽涇縣人嘉慶辛未進士道光二十三年任南河河道總督二十八年以病回籍見安徽通志）辨史籍攷不能兼顧亦不可兼顧特請揚州薛田二公（時按薛疑薛壽字介伯田不知何人）專司其事每位束修月十金火食四金道光廿七年四月起五月弟大病八月旋里越歲三月弟病稍愈力疾赴清江察看則校將及半刻近三卷（自注卷一刻卷三卷十二刻未了）又刻漢碑錄文四卷刻工雖粗糙尚可將就核其所校則黑白顚倒任意删改任意呵斥直以桂君爲小學生而已爲老先生因思就此刻成桂書毀矣翻不如無刻之爲愈也不得已辭謝二公暫且停辦及盤帳已去六百餘金矣時芸翁告病收還史籍攷不辦弟就彭雪帽同年館帶病校書每日無多至廿九年春校勘粗就病體亦漸健乃重謀開工而揚州刻工爲前

校書者把持南京刻工．又爲揚州刻工阻隔．掯不肯來．五月乃親赴南京聘刻工．值大水．刻工皆逃散．宛轉託人到桃紅山覓五十人．約六月到浦．七月開工．預支六十金作衆工安家及路費．急回浦預備房舍器具．六月十三日到浦．接家信知家父大病．呼弟速歸．乃即夜作書．著人送南京辭衆工且勿來．隨後聽信．星夜馳歸省家父．病尙可支持．而未易速痊．遂朝夕不能暫離矣．延至九月南京來信云．衆工不能久待．已半散去．不速開工．□盡散矣．又與約先來十餘人到舍下辦理．至十一月得信云．□□江南山東價例不同．若來山東須另議．且前所覓工已盡散．不□追．奈何．（王獻唐藏手稿眞迹．時按．原稿至此下闕．）即上所述．桂書乃成於印林一人之手．菉友除爲李方赤對校鈔本外．並未從事於此．行述所載．殊失實．今特辨正之．

六書正譌

趙孝陸藏本．

嚴可均說文校議

趙孝陸藏本．

錢氏說文

王希祐云．　時按．錢氏書成於先生以前者．有錢大昕說文答問．說文統釋．錢坫說文解字斠詮．答問先生勘訂者．爲薛傳均疏證本．見後．統釋當時未録木．此殆說文解字斠詮與．

王氏說文

王希祜云。土懷祖箸。時按。王念孫有讀說文記十餘葉。今刻入許學叢刻內。他未見。

鈕玉樹說文

王希祜云。時按。鈕氏有說文解字校錄。說文新附考。說文段氏注訂三書。先生所箸說文新附考校正。已見前。此不知爲何種。

苗夔說文四種

王希祜云。

薛傳均說文答問疏證

遼陽吳氏藏本。今依原本景印。前後有先生手書四跋。跋後記曰。石州四弟前使筠校書。筠黏籤書之老目眵昏。不欲塗鴉其書。且備躊駁易改削也。石州雅不欲。故校此書直書於眉。且盡書其前後餘幅。其不爲此書發者。亦書之。所有舛誤。當告我也。吳甌撰提要曰。甘泉薛子韻說文答問疏證六卷。陳石士初刻於閩中。繼有史吉雲刻本。劉孟瞻刻本。劉刻徇張石舟李月汀意。多所訂改。此本以劉刻校史刻。乃石舟手蹟。劉刻未淨者。石舟復續删之。王菉友先生又重爲校改。手書於眉。廓清芟落。與陳刻直如兩書。此書林怪例。而前輩治學眞實。亦於見一斑。道咸之際。（時按。當云道光間。）菉友石舟與李月汀許印林許珊林諸先生。遇善本。多互爲校訂。余曾見諸先生會校桂氏義證底本。斜摘之處不可枚舉。反復討論。精研入神。以是蔚爲風氣。一時爲許學者。無能逃其月旦。自段茂堂後。王氏繼爲斯學宗匠。有以夫。是書首尾有菉友二長跋。（時按實乃卷末三跋。卷首一跋。惟卷末第一跋。係爲此書而發。餘則泛論說文。石舟一跋。）皆極精。菉友所謂依傍成書者。心思必苟。目光必短云云。雖爲薛氏發。亦學者之通蔽矣。

江聲釋名疏證

王希祜云。

王念孫廣雅疏證

趙孝陸藏本。

許瀚古今字詁疏證

山東圖書館編輯排印本。王獻唐叙曰。各條之後。又多隸入安邱王菉友先生按語。殆疏證譔成。菉友校閱所加。

汗簡

王希祜云。

佩觿

王希祜云。

顧藹吉隸辨

趙孝陸藏本

廣韻

王希祜云.

唐韻

王希祜云. 王獻唐曰此書疑即廣韻或因顧亭林舊說題爲唐韵彼時尙無唐韵眞本傳世也.

段玉裁手校集韻

見上馬首農言校勘記考.

韻會舉要

王希祜云.

一切經音義

趙孝陸藏本. 說文句讀凡例曰衆經音義莊氏校本謬誤甚多.

李氏蒙求補注

山東圖書館藏本.

姚祖恩史記菁華錄

山東圖書館藏本.

郝懿行山海經箋疏

　王希祜云．

列女傳校

　趙孝陸藏本．

王照圓列女傳補注

　王獻唐藏姚栁屏過錄本．山東圖書館季刊第一期內有牟祥農輯錄本．

十六國春秋校本

　通志藝文志箸錄云見王氏鈔送書目．

安邱縣志

　明萬曆刻本北平文殿閣書莊購去．

顧炎武天下郡國利病書

　趙孝陸藏本．

宣和博古圖

　趙孝陸藏本．

郝懿行荀子補注

李璋煜致先生手札眞迹曰郝蘭皋先生荀子補注前與靈懸時（按靈懸曹元詢字元詢榜名業字嘉貨安邱人道光元年舉孝廉方正廷試一等以知縣用）議刻未果茲已刻半袟欲求吾兄細校付梓不敢負死友於地下也吾兄古道照人雖與蘭皋先生無平生之雅當必樂爲此舉耳又曰三卷刻成印出呈校其顯然訛謬涉於俗者乞改正若可從者則不必再改緣板已刻空補也然必使前後一律方好一切乞吾兄酌定是幸

顧炎武日知錄

通志藝文志據王氏鈔送書目箸錄日知錄校一十四册　王希祜云棻友公少年抱經世之學所以批注顧寧人日知錄特詳此書尙存

通志藝文志據王氏鈔送書目注於日知錄校條下曰蒿菴閒話校一册　趙孝陸藏本

張爾岐蒿菴閒話

鄭復光周髀經淺注

趙孝陸藏本

鄭復光鏡鏡詅癡

山東圖書館藏本　行述曰歙縣鄭浣香復光客於墨林家府君見其鏡鏡詅癡愛而交之曰此用心人所不廢觀也

棋經

山東圖書館藏本．

黃丕烈刻士禮居叢書

王希祜云．

錢熙祚刻守山閣叢書

王希祜云此書歸朱仰田先生．

楚詞

趙孝陸藏本．

朱彝尊詞綜

王希祜云．

張惠言詞選

王希祜云．

萬樹詞律

趙孝陸藏本．

董解元西廂

趙孝陸藏本．

以上勘訂各書．

鄭康成著述攷

陳家驥

鄭君之學，承兩漢之盛，總今古之要，既精博矣；而又旁求多藝，至老不倦。故其著述繁富，蔚爲洪寳。自羣經緯候以至律歷刑法，莫不有作。史志所載，無慮數十種。惜年遠代湮，十不存一。其遺說散見者，至宋王應麟始爲裒輯。淸儒因之，遂多增補。吉光片羽，尙可窺尋也。玆故就其所見，略爲論次。若詩禮注存，尋檢易曉，固不尙夫煩稱。其亡佚者，則有資於攷定。故稍博引，以存其概。蓋爲絕續之際，不可不詳也。

夫博習親師，古之所以爲教。鄭君游學周秦之都，往來幽，幷，兗，豫之域。其在位通人，處逸大儒，得意者咸從捧手。故能博物多識，造述斐然。而或者乃訾其雜，謂不顓於經術。蓋拘墟之見耳。夫經者衆藝之所歸。易乃卜筮，書道五行，禮有考工，春秋志災異。豈獨精微疏遠恭敬比事之教而已哉？試以王制一篇推之：其言爵祿，則職官志也；其言封建九州，則地理志也；其言命官興學，則選舉志也；其言巡狩吉凶軍賓，則禮樂志也；其言國用，則食貨志也；其言司馬所掌，則兵志也；其言司寇，則刑法志也；其言四夷，則外交志也。故不通五經，不能明一經；不習衆藝，不能究一藝也。故學不厭其雜，雜而不能識其要，以會其通，斯足病耳。若鄭君者，注律即所以注禮，治緯即所以治經，今古則義取其長，圖譜則用以御繁。詎得以雜目之哉？自魏晉祖尙玄虛，而儒生失其所守。重道賤器，沿以成風。易言形而上者謂之道，形而下者謂之器。然儒家實不賤器。如六藝之有射御書數，孔子稱周公爲多藝是也。後世舍器言道，自是漸染玄風。以言注疏，則失之顓固；以言性理，則流於空虛。而學術遂以衰竭，無復漢志之大觀矣。予考鄭君著述，深有慨焉！

（一）

經類上

147

周易注（經義考云「佚」）

（著錄）七錄十二卷，釋文敘錄十卷。（錄一卷）隋志九卷，舊唐志同。新唐志十卷。馮椅云：「鄭氏易，隋志九卷，唐志十卷，不知何緣增一卷」。騏案釋文云錄一卷，疑易注本九卷，合錄一卷爲十卷。故或題九卷，或題十卷，非有所增也。崇文總目云一卷，所存僅文言，序卦，說卦，雜卦四篇。中興書目亡，陳晁兩家，皆不著錄。則亡於南北宋之間。故晁說之，朱震尚能見其遺文。而淳熙以後諸儒，即罕所稱引矣。

（輯本）王應麟周易鄭康成注一卷（江甯藩庫玉海本，明胡震亨祕冊彙函本。津逮祕書姚士粦本）盧見曾云：「浚儀王厚齋應麟始裒羣籍爲鄭氏易一卷」。袁鈞云：「今所傳王氏輯本，是後人增益成之者。玉海有周易鄭注，明胡震亨刊集解，本取王氏所輯，除已見集解者爲附錄。原輯尙可考見。乃其比次，既非鄭第，又不詳所據之書。時或參用兩書，不明所出，有乖傳信」。盧文弨云：「姚叔祥更增補二十五則。」

惠棟鄭氏周易三卷（盧氏雅雨堂叢書本）鄭康成易一卷（畢氏經訓堂叢書易漢學本）。四庫全書總目提要云：「初，王應麟輯鄭玄易註一卷，雖殘章斷句，尙頗見漢學之崖略。然皆不著所出之書，又次序先後，間與經文不應，亦有遺漏未載者，棟因其舊本，重爲補正。凡應麟所已載者，一一考求原本，註其出自某書，明其信而有徵。其次序先後，亦悉從經文釐定。復採搜羣籍，上經補二十八條，下經補十六條。繫辭傳補十四條，說卦傳補二十二條，序卦傳補七條，雜卦傳補五條。移應麟所附易贊一篇於卷端，刪去所引諸經正義論互卦者八條，而別據玄周禮太師註，作十二月爻辰圖。據玄月令註，作爻辰所値二十八宿圖。附於卷末，以駁朱震漢上易傳之誤。雖因人成事，而考核精密，實勝原書。」

孫堂鄭康成周易注三卷，補遺一卷。（漢魏二十一家易注本）案孫堂序云：「雅雨堂刊本內尙有譌脫者，有未注書所出者，堂因爲之正其譌，補其脫，注其所未注者。幷有所出不一書，元注未備列者，今備列之，其古文之異於今文者，則別爲補遺一卷，附錄惠氏元書之後，蓋不敢與惠書相亂故也。」

張惠言周易鄭氏注三卷（陳鱣盧文弨孫志祖刪校本）

丁杰周易鄭注十二卷（陳氏湖海樓叢書藏綳堂叙錄本）案盧文弨序云：「近者歸安丁小疋孝廉復因胡氏惠氏兩本，重加考定，舉向來以鄭注易乾鑿度之文羼入者，爲刊去之，以漢書注所云鄭氏，乃即注漢書者，非指康成。又於字之傳譌者，如小畜之輿說輻，當作輹。夬之壯於頄，當作頯。一一正之。又王氏次序，本多顚錯。胡氏惠氏雖迭加更定，而仍有未盡，今皆案鄭易本文，爲之整比，復摭補其未備者若干則。扶微振墜，使北海之學，大顯於世。」

孔廣林周易鄭氏注十二卷（鄭學本通德遺書所見錄本）

袁鈞鄭氏易注九卷（鄭氏佚書本）案袁鈞序云：「孔沖遠云：『十翼：上彖一，下彖二，上象三，下象四，上繫五，下繫六，文言七，說卦八，序卦九，雜卦十。鄭學之徒，並同此說』。而據魏志高貴鄉公紀帝問博士淳于俊云云，則鄭易自坤卦以下，皆如乾卦之例，特退文言傳於繫辭傳後耳。沖遠之言，尚非其實，今用鄭第編輯，各注所據。依隋志爲九卷。」

黃奭通德堂經解周易注不分卷。黃氏逸書考本　案黃氏亦改文言從下繫後。

（概要）朱震云：「鄭氏傳馬融之學，多論互體」。王應麟云：「以互體求易，左氏以來有之。凡卦爻二至四，三至五，兩體交互，各成一卦，是謂一卦含四卦，繫辭謂之中爻，所謂「八卦相盪，六爻相雜，唯其時物，雜物撰德」；是也。唯乾坤無互體，蓋純乎陽純乎陰也。餘六子之卦，皆有互體。坎之六畫，其互體含艮震，而艮震之互體亦含坎。離之六畫，其互體含兌巽，而兌巽之互體亦含離。三陽卦之體互自相含，三陰卦之體亦互自相含也」。吳仁傑云：「鄭康成易，省去六爻之畫。又省去用九用六覆卦之畫，移上下體於卦畫之下。又移卦名於兩體之下。又移初九至用九爻位之文加之爻辭之上。又合彖傳象傳於經，於彖傳加彖曰二字，於象傳加象曰二字」。代淵云：「彖與大小象，諸卦本同乾卦例，皆於六爻後相繼而列之，聚爲一處。至鄭康成王弼注時，謂彖與大象本論卦體，故置六爻前。小象在釋爻，故各退在逐爻後，使人易曉。惟留乾卦不移者，用存其本體，令後世知之」。

（平議）淳于俊云：「鄭合彖象於經，使人易了」。魏志高貴鄉公紀王應麟云：「何休見鄭玄注易，謂其道出繫表」。見玉海虞見曾云：「往余讀五經正義所采鄭易，間及爻辰。初未知爻辰爲何物。及考鄭注周禮太師，與韋宏嗣昭注周語，乃律家合辰，樂家合聲之法。蓋乾坤十二爻左右相錯，乾鑿度所云，「間時而治六辰」，故謂之爻辰也。漢儒說易，並有家法，其不苟如此」。雅雨堂鄭氏周易序李鼎祚云：「鄭多參天象，王全釋人事。易道豈偏滯於天人哉」？周易集解張惠言云：「荀宋雖費氏，而宗之者不及馬鄭。以馬鄭主於人事，而不及易家變動之說。王朗父子竊取馬鄭，而棄其言禮言卦氣爻辰之精切者。王弼祖述王肅，而並棄其比附爻象者。于是空虛不根，而道士之圖書作矣」。易義別錄

（承學）李延壽云：「鄭玄並爲衆經注解，大行於河北。魏末，大儒徐遵明門下講鄭氏所注周易。遵明以傳盧景裕及淸河崔瑾。景裕傳權會，郭茂。權會早入鄴都，郭茂恒在門下教授。其後能言易者，多出郭茂之門」。隋志云：「鄭康成王弼二注，梁陳列於國學，齊代惟傳鄭義。至隋王注盛行，鄭學寖微，今殆絕矣」。駿案南朝自東晉時已惟立王弼。雖齊代王儉用陸澄之言，王鄭並行，然說易者如

伏曼容，朱異孔子袪，張譏咸宗王氏，尙玄學。孔穎達稱「江南義疏，十有餘家，皆辭尙虛玄，義多浮誕」。（周易正義序）是也。

（附記）朱震云：「康成始以彖象連經文，王弼又以文言附乾坤二卦。自康成而後，其本加彖曰象曰，自弼而後，加文言曰。至於文辭連屬，不可附卦爻，則仍其舊篇。淳于俊曰：『康成合彖象於經，欲使學者尋省易了。孔子恐其與文王相亂，是以不合』。（費氏之後，易經上下離爲六卷，繫辭而下合爲三卷。是以鄭注九卷。）王弼雖宗莊老，其書固鄭氏書也」。

案漢書藝文志云：「易經十二篇，施孟梁丘三家」。龔向農云：「十二篇下當脫經二篇三字。十二篇者古文也，二篇者今文也。今文祇有下經，故志所載周王孫，服光，楊何，王同之傳，施，孟，梁丘之章句，皆二篇，自王弼引彖象文言附於經文，而經傳遂淆。或以爲始自鄭玄，蓋據魏志高貴鄉公紀。然細繹紀文，高貴鄉公發問之意，謂彖象不與經連，而鄭之注文與經連耳。且所謂彖象不與經連，正是據鄭本言之。淳于俊對語，鄭玄合彖象於經云云，蓋史駁文。釋文叙錄引七錄周易鄭玄注十二卷，是鄭注未合彖象之證。其一作九卷者，蓋六朝人依王弼本併之」。

附　易贊　易論（宋王應麟輯有易贊之文。）

孔穎達周易正義云：「鄭玄作易贊及易論」。案經義考有康成書贊。而書序正義云：「鄭玄避序名，故謂之贊」。則書贊非別一書，止是書之一序耳。書疏又引康成書論，蓋皆在書注九卷之中，無容別出。然則易贊易論義亦與同。鄭珍以經疏他書既皆特舉，故仍出易贊書贊之目，然於易論書論則又遺之，例亦非是。今標易贊易論以坿易注，書贊書論以坿書注，既存其目，復著其說於此。期來者有所考定焉。

尙書注（經義考云「佚」。）

（著錄）隋志九卷，釋文叙錄新舊唐志並同。顧炎武云：「馬融鄭玄注古文尙書，載於唐書經籍志。則開元之時尙有其書而未嘗亡也」。驥案宋志始不著錄，其亡亦南北宋之間乎

（輯本）王應麟尙書鄭注十卷（學津討原本，孔廣林增訂。）古文尙書馬鄭注十卷（岱南閣叢書本，問經堂刊本、古經解彙函本，孫星衍補輯。）

孔廣林尙書鄭氏注九卷（通德遺書所見錄本）

袁鈞鄭氏尙書注九卷（鄭氏佚書本）

黃奭通德堂經解尙書古文注九卷（黃氏逸書考本）

案王應麟鄭氏書注輯本，孫詒穀疑惠定宇託名，非深寧所輯。然孔廣林孫星衍並據以增補，故於王氏則著兩家之本。

（概要）書堯典正義云：「鄭玄於伏生二十九篇之內，分出盤庚二篇，康王之誥，又泰誓三篇，爲三十四篇。更增益僞書二十四篇，爲五十八。」侯康云：「按鄭所增益者，乃眞古文，非張霸僞書。孔疏誤。鄭雖增此二十四篇，而作注則仍止三十四篇。馬季長所謂『逸十六篇，絕無師說』。十六篇即二十四篇，蓋合九共九篇爲一也。故馬鄭諸儒，皆不注之也」。

（平議）虞翻云：「鄭氏所注尙書，以顧命「康王執瑁」，古同似同，從誤作同。既不覺定，復訓爲杯，謂之酒杯。「成王疾困，憑几洮頮」爲濯，以爲澣衣成事。洮字虛，更作濯以從其非。又古大篆「丣字讀爲柳。」古柳丣同字，而以爲昧。「分北三苗」，北古別字，又訓北言北猶別也，若此之類，誠可怪也」。侯康云：「按此四事，近王鳴盛，江聲，孫星衍、汪家禧，方觀旭、方廷瑚，趙坦皆申鄭難虞」 高貴鄉公云：「鄭玄云：「稽古同天，言堯同於天也。』王肅云：『堯順考古道而行之。』二義不同。仲尼稱『惟天爲大，惟堯則之。』堯之大美，在乎則天。順考古道，非其

志也。」王應麟云：「鄭康成書注，間見於疏義。如作服十二章，州十二師，孔注皆所不及。」又云：「康成云：『祖乙居耿，後奢侈踰禮，土地迫近，山川嘗圮焉。至陽甲立，盤庚爲之臣。乃謀徙居湯舊都。上篇是盤庚爲臣時事。中篇下篇是盤庚爲君時事』；正義以爲謬妄。書禆傳云：『鄭大儒，必有所據而言』」。

（承學）李延壽云：「齊時儒士，罕傳尙書之業，徐遵明兼通之。遵明受業於屯留王聰。傳授浮陽李周仁，及渤海張文敬，李鉉，河間權會。並鄭康成所注，非古文也。」案此所謂古文，蓋指僞孔而言。隋志云：「梁陳所講，有孔鄭二家，齊代唯傳鄭義。至隋，孔鄭並行，而鄭氏甚微」。

卅　書贊經義考云「佚」，案諸家鄭氏尙書注輯本尙略有輯存。　書論孔氏尙書正義引

案書贊即書序耳，與書論當並在書注九卷之中，無庸別爲一書。鄭珍依經義考另標書贊之目，今並書論而坿書注後。

尙書大傳注經義考云「佚」。案陳振孫云：「大傳凡八十有三篇，當是其徒歐陽張生之徒雜記所聞，然亦未必當時本書也。印板刓闕，合更求完善本。」王謨云：「據陳氏云云，明此書宋時尙有板本。而朱氏經義攷直以爲佚，則并此刓闕板本，俱未得見。」

（著錄）隋志三卷，釋文敘錄新舊唐志宋志並同。孔廣林敘錄云：「前漢藝文志云：『今文尚書經二十九卷，傳四十一篇。』蓋經與傳皆每篇一卷矣。鄭君序大傳亦云：『凡四十一篇，㮣詮次爲八十三篇。』蓋注文繁多，編簡積重，每篇分爲上下，凡八十二。加序目爲八十三。仍篇自爲卷也。隋經籍志始云三卷，不知誰氏所幷，抑或隋志本作八十三卷，轉寫者誤脫去八十，亦未可知。」

（輯本）孫晴川尚書大傳三卷八識本　案盧文弨云：「尚書大傳三卷，宋志猶存。近代學士大夫多不聞有是書。吾鄉孫晴川氏之騄嘗於羣書中鈔撮薈萃，以求合於前志之數。其用力可謂勤矣。」然其蒐討頗多略誤之處。如洪範五行傳不逮文獻通考之詳而其間反有以向歆之文闌入。又或誤取尚書逸篇。信創始者之難爲功也。

盧見曾尚書大傳鄭氏注四卷，補遺一卷。雅雨堂本。又增盧文弨續補遺及考異各一卷。　案盧見曾自序云：「此書元時尚存，前明未聞著錄。僕留心訪求，近始得之吳中藏書家。雖已殘闕，然五行傳一篇首尾完具。列撰補遺一卷。」孔廣林云：「宋晁公武讀書志云：『今本四卷，首尾不倫。』近德州盧氏得之吳中書藏家者正四卷。或即晁公武所云首尾不倫者與？」盧文弨云：「吾宗雅雨先生訪求此書，爲刊而行之。文弨得之以校孫氏之書，其詳備實勝之。至篇目有互異，編簡有先後，則皆出於掇拾之餘，而非復隋唐以來之完書。然求其所闕佚者，殆亦尟矣。其間傳寫異同，蓋所不免。因爲作考異若干條。」

孔廣林尚書大傳注三卷，序目一卷。通德遺書所見錄本　孔廣林敘錄云：「此錄以鄭注爲主，故無注之傳，非見於鄭他注所引者，亦置弗錄焉。」案陳壽祺云：「孫本多殺舛，孔氏善矣，而分篇强復漢志之舊，非也。其他譌漏猶不免焉。」

袁鈞尚書大傳注三卷鄭氏佚書本　案鈞序云：「今本四卷以大傳爲二卷，五行傳略說各爲一卷。云得之吳中藏書家。今取大傳注訂正之，依隋志爲三卷。」　尚書五行傳一卷鄭氏佚書本　案鈞序云：「舊列大傳中，稱鴻範五行傳。案大傳自有鴻範傳，此當別是一書。」　尚書略說一卷鄭氏佚書本　案鈞序云：「舊唐志有尚書暢訓三卷，新志作一篇。暢訓之名，其即略說之譌與？原列大傳中，今別爲一卷。」

黃奭通德堂經解尚書大傳注不分卷，黃氏逸書考本。

陳壽祺尚書大傳定本五卷左海全集本。　案壽祺序云：「隋書經籍志唐書藝文志崇文總目郡齋讀志書並著錄三卷。唐志別出暢訓一卷，疑即略說之譌。舊唐志直云尚書暢訓三卷伏勝注，繆甚。近人編輯有孫晴川本，盧雅雨本，孔叢伯本。今覆加稽覈，揭所據依，稍參愚管而爲之案三卷。首爲序錄一卷，其所芟除，別爲訂誤一卷。」又云：「末載漢書五行志，綴以它書所引劉氏五行傳論三卷，總爲八卷。」今定本仍爲五卷，其洪範五行傳三卷，別爲卷次，未與大傳相雜也。

（概要）中興書目鄭康成序曰：「蓋自伏生也。伏生爲秦博士。至孝文時，年且百歲。張生歐陽生從其學，而授之。聲音猶有譌誤，先後猶有差舛。重以篆隸之殊，不無能失。終後數子各論所聞，以己意彌縫其闕，別作章句。又特撰大義，因經屬指，名之曰傳。劉子政校書得而上之，凡四十一篇。至玄始詮次爲八十三篇。」見玉海卷三十七。晉書五行志云：「文帝時，宓生創紀大傳，其言五行庶徵，備矣。」宋書五行志云：「伏生剏紀大傳，五行之體始詳。」陳壽祺云：「伏生之學，尤善於禮。其言巡狩朝覲，郊尸迎日，廟祭族燕，門塾學校，養老擇射，貢士考績，郊遂采地，房堂路寢之制。后夫人入御，太子迎問諸侯之法。三正之統，五服之色，七始之素，八伯之樂。皆唐虞三代遺文，往往六經所不備，諸子百家所不詳。」

（平議）陳壽祺云：「伏生大傳條撰大義，因經屬指。其文辭爾雅深厚，最近大小戴記七十子之徒所說，非漢諸儒傳訓之所能及。康成百世儒宗，獨注大傳，其釋三禮，每援引之。及注古文尚書洪範五事，康誥孟侯文王伐崇戡耆之歲，周公克殷踐奄之年，咸據大傳以明事。豈非閎識博通，信蓿聞者哉？」

尚書音經義考云「佚」。

（著錄）七錄一卷。案隋志云：「梁有尚書音五卷，孔安國，鄭玄，李軌，徐邈等撰。」釋文云：「爲尚書音者四人，孔安國，鄭玄，李軌，徐邈。案漢人不作音，後人所記。」元朗謂漢人不作音，以及語始於叔然耳。不知厥末劉德亦音漢書，服虔通俗文悉用反語。並在叔然以前，而與鄭君相接。則鄭於諸經當有音切。叔然亦從鄭受學，不得以在前爲疑也。

附尚書義問經義考云「佚」

（著錄）七錄三卷，鄭玄，王肅，及晉五經博士孔晁撰。隋志云「亡」。

（附記）侯康云：「經義攷謂『此書乃孔晁采鄭康成及肅，參以己見者，則當屬之孔晁，不屬鄭王。』然無顯證，姑錄之。補後漢書藝文志

毛詩箋經義考云「存」。

（著錄）隋志二十卷，釋文敍錄，新舊唐志並同。案自唐修正義用毛詩鄭箋，遂少單注之本。淸四庫書目惟著毛詩正義四十卷。淸金門詔撰補三史藝文志於金有毛鄭詩經一部，天德三年國子監印定。

（概要）六藝論云：「注詩宗毛爲主。毛義若隱略，更爲表明，如有不同，便下己意。使可識別也。」

（平議）朱子云：「詩自齊魯韓之說不得傳，而天下之學者盡宗毛氏。毛氏之學傳者亦衆，而今皆不存。則推衍其說者，獨鄭氏之箋而已。」歐陽修云：「鄭氏於詩，其失非一。或不取序文，致乖詩義。或遠棄詩義，專泥序文。或序與詩皆所無者，時時自爲之說。」又云：「康成之學，長於禮而深於經制。至於訓詩，乃以經制言之。夫詩，性

情也。經制，迹也。彼以禮訓詩，是按迹以求性情也。此其所以繁塞而多失者與？」黃震云：「毛詩注釋簡古，鄭氏雖以禮說詩，於人情或不通，及多改字之弊。然亦有足裨毛詩之所未及者。」

毛詩譜經義考云「存」。

（著錄）釋文敍錄二卷，舊唐志同。新唐志三卷，宋志同。 案敍錄云：「徐整暢，太叔求隱。」隋志三卷，吳太常卿徐整撰。又二卷，太叔求及劉炫注。竊疑徐整撰當是徐整暢之譌。暢隱並同注義，徐整蓋暢鄭譜。

（補本）歐陽修鄭氏詩譜補亡一卷附詩本義。通志堂經解本歐陽杰列本。 案修序云：「世言鄭氏詩譜最詳，求之久矣，不可得，雖崇文總目秘書所藏亦無之。慶曆四年奉使河東，至於絳州，偶得焉。其文有注而不見名氏。然首尾殘缺，自周公致太平以上皆亡之。其國譜旁行，尤易譌舛。悉皆顛倒錯亂，不可復序。初，予未見鄭譜，嘗略考春秋史記本紀。世家年表而合以毛鄭之說。爲詩圖十四篇。今因取以補鄭譜之亡者。足以見二家所說世次先後甚備。凡補譜十有五，補其文字二百七，增損塗乙改正者八百八十三。而鄭氏之譜復完矣。」

戴震鄭氏詩譜攷正一卷未見 案吳騫云：「歐陽公得殘本於絳州。手爲寫補其亡。書亦三卷。爾來行本止一卷。非特注不可見，即正文亦頗多譌闕。休寧戴東原先生復爲攷正。予得而讀之，其疏闕處則亦不免。」

孔廣林毛詩譜一卷通德遺書所見錄本 案廣林序云：「依詩正義錄譜序一篇，譜十六篇，而單詞隻句見諸徵引者，則坿錄于末。更摘正義所敍君及世某，詩某君時作。鄭左方中以此而知者，分注每篇之下。旁行譜固亡而不亡也。」

王謨詩譜不分卷，漢魏遺書鈔本 案謨序云：「孔氏毛詩正義於國風雅頌卷首皆引鄭譜。必其時此書尚有傳本，歐公何以云『崇文總目秘書所藏亦無之』也？又此序云『所得絳州本首尾殘闕，自周公已上皆亡。』今其文具如正義所引。歐公豈未之見，而又何以云云也？蓋由此書有圖有譜，絳州本亦祇有譜無圖，故歐公既用已所爲圖，以補鄭氏之亡。而於其譜殘缺，仍取孔氏正義以補正之。故自以爲完書，列入唐志。今文獻通考及朱氏經義考所載鄭氏詩譜，蓋即歐公所訂之本。非徐整太叔求二家所注書譜也。然其書今亦未見，故仍從正義采錄，以存此書目。凡爲譜十有五。」

馬驌詩譜三卷繹史本 案袁鈞云：「永叔所稱補譜十有五者，即所補十五圖是。圖譜對文則別散則義通。今三頌無圖，是永叔本又殘缺。馬氏繹史補之，十五圖乃全。」

范家相詩譜三卷案未見

袁鈞詩譜三卷鄭氏佚書本 案鈞序云：「今取正義本列於前，繼以正義所述鄭遺說，繼以歐補圖及說。他若馬氏范氏所考次，與歐補異，即與正義所述鄭遺意異。既輯鄭書，非鄭意者概所不取。又正義本見他引者，據補二十字。餘異同並載本文之末。尚有零星散見止稱詩譜者七處，凡九十字。亦推其文義，以次補入。於是鄭氏譜乃更完矣。依唐志爲三卷。

黃奭毛詩譜一卷通德堂經解。黃氏逸書考本

丁晏鄭氏詩譜攷正一卷六藝堂詩禮七編本，頤志齋叢書本，花雨樓叢鈔本　案張壽榮云：「自唐正義分割以冠篇首，而鄭譜之舊不可覩，自宋歐陽公得絳州本，以其殘闕爛滅爲之增損改易，有補亡之作，而鄭譜之舊，益不可覩。山陽丁晏合正義譜歐譜二者，重爲排比鈎稽，案定辨論。誤者正之，脫者補之，著詩譜攷正，以還鄭君之舊，更上溯厲王，下訖定王，別爲總譜。藉以窺見詩亡由來，所以餉益學者深矣。」

吳騫詩譜補亡後訂一卷拜經樓叢書本　案騫序云：「爰從各本重加校定，而稍參以鄙見，爲詩譜後訂。非敢自謂能盡心於鄭氏之學，若夫源流之淸濁，風化之芳臭，庶幾或得其梗概云爾。」

胡元儀毛詩譜一卷續淸經解本　案元儀序云：「北宋之時，其譜竟亡。歐陽永叔稱得殘本，爲之補缺。今發其書，舛駁殊甚。戴氏東原亦訂詩譜，所正者僅檜鄭同譜，王居雅上二事而已。淮安丁晏重加補綴。別爲總譜略近鄭意，猶未善也。反覆譜序所云，灼知其例，爰加訂止。補其所可補，缺其所已缺，敢云復鄭之舊，庶幾不遠矣。」

林伯桐鄭氏詩譜攷正一卷修本堂本。　案未見

馬徵慶毛詩鄭譜疏證一卷馬鍾山遺書本。　案未見

吳隊章毛詩譜註一卷漢魏遺書鈔本。　案未見

毛詩音經義考云「佚」

（著錄）新舊唐志十五卷　劉昫云：「鄭玄等注」，新志亦題「鄭玄等毛詩諸家音」。陸德明云：「爲詩音者九人：鄭康成，徐邈，蔡氏，孔氏，阮侃，王肅，江惇，千寶，李軌。」

周官禮注經義考云「存」

（著錄）隋志十二卷，釋文敘錄宋志同。新舊唐志十三卷　案唐修正義用鄭注。賈疏文繁，乃析爲五十卷，新舊唐志，著錄同。淸四庫書目則四十二卷，提要云「不知何人所併。」

（平議）王炎云：「鄭康成注經，以緯書亂之，以臆說汩之。」徐氏云：「鄭注誤有三：王制，漢儒之書，今以釋周禮，其誤一。司馬法，兵制也，今以證田制，其誤二。漢官制皆襲秦，今引漢官以比周官，小宰乃漢御史大夫之職，謂小宰如今御史中丞；如此之類，其誤三」。

周官音經義考云「佚」

（著錄）釋文敘錄一卷，新舊唐志並三卷。

（輯本）馬國翰周禮鄭氏音一卷玉函山房輯佚本。　案國翰序云：「從釋文及韻補纂經音辨所引裒輯」。

儀禮注經義考云「存」

（著錄）隋志十七卷，釋文敘錄新舊唐志宋志並同。案淸四庫書目著儀禮注疏十七卷，提要云：「內府藏本」。此乃鄭注卷數之舊，而今行之注疏本，則析爲五十卷者也。

（平議）陳澧云：「以漢儒經學之盛，而注儀禮者，自后蒼曲臺記之後，惟鄭君一人，蓋群儒無能爲此者，馬季長亦

但注喪服而已」。隋志云：「古經十七篇，惟鄭注立於國學。其餘並多散亡，又無師說」。

儀禮音 經義考云「佚」

（著錄）七錄二卷，隋志云「亡」。釋文敘錄一卷。

喪服經傳注 經義考云「佚」

（著錄）隋志一卷 案釋文敘錄云：「鄭注，周禮，儀禮，禮記，並列學官；而喪服一篇，又別行於世」。

（坿記）侯康云：「本在十七篇注中，當時蓋自別行，故隋志複出」。案馬融王肅並注喪服，則喪服之在漢季，本自別行。唯鄭君此注與十七篇中喪服注有無異同，則不可知。姑從隋志，而並著焉。

喪服譜注 經義考云「佚」

（著錄）隋志一卷 鄭珍云：「唐後亡」。

（坿記）胡元儀云：「隋志：『梁有戴氏喪服五家要記圖譜五卷』。五家不知所指。五家五卷，蓋一家一卷也。標題以戴氏為首，則戴德始為喪服譜矣。喪服譜一卷，必是戴德之所作，故鄭氏為之注」。

喪服變除注 袁鈞云：「戴德有變除篇，鄭為之注」。案諸家稱述，每與鄭君自撰不別。

（著錄）舊唐志一卷

喪服變除 袁鈞云：「又別自撰喪服變除一卷」。

（著錄）新唐志一卷

（輯本）王謨喪服變除 漢魏遺書鈔本

洪頤煊喪服變除一卷 經典集林本

孔廣林喪服變除一卷 通德遺書所見錄本 案廣林序云：「變除者喪服之大節也。大戴著有變除篇，鄭君為之注，又別自撰喪服變除，蓋有不然戴傳者也。今其存者無幾，而於「既襲三稱」，乃云「扱上衽」，即與戴傳云「始死扱上衽」不同，則其它不合者蓋亦多矣，惜不可得見其全也，變除注所見者止一條，坿錄於後」。

袁鈞喪服變除一卷 鄭氏佚書本 案鈞序云：「襄次之，僅得九條注二條坿焉」。

黃奭喪服變除 黃氏逸書考本，又高密遺書本

馬國翰鄭氏喪服變除一卷 玉函山房輯佚本 案國翰序云：「隋書經籍志有喪服譜一卷，唐書藝文志無喪服譜而有喪服變除一卷。隋志之譜疑即唐志之變除，蓋因大戴之書而申明之。或其書中衍為圖譜，故隋志取以標目歟？今佚，唯杜佑通典引之，作鄭玄變除，茲據采錄。又禮記檀弓雜記間傳注中亦引變除禮文，而說其義，孔穎達正義亦每於變除引鄭以為佐用，此亦佚說可以參攷者也。並輯錄之以貽世之嗜鄭學者」。

胡元儀喪服變除校定一卷

喪服紀注 案書志有馬融喪服紀一卷，故鄭君為之注。

（著錄）新舊唐志一卷 鄭珍云：「先有馬融喪服紀一卷，其喪服別為此

習者，不知所紀何事。唐人經疏無一引及之也。

（增記）佚康云：「隋志有康成喪服經傳注一卷，本在十七篇注中，唐志又有康成喪服紀注一卷，亦即喪服經傳注也」。案此葢以喪服紀注不見隋志，而致疑。鄭珍云：「康成諸書，見唐志而隋志未見著錄者，此及喪服變除，禮議，箴左氏膏肓，發公羊墨守論語釋義，詩緯，九旗飛變，文集，詩音，周官音凡十一種。攷唐志所載六朝以上書，隋志原多未見。葢隋大業之末，祕書散亡者衆。其於康成書，宜有此遺失。不得以隋志所無，致疑唐志也」。其說是矣。

禮記注經義考云「存」

（著錄）隋志二十卷，釋文敘錄新舊唐志宋志同。案清四庫書目著禮記注疏六十三卷，提要云「內府藏本」而今行之注疏本，則爲七十卷。其鄭注單行者，有相臺五經本。

（平議）李覯云：「鄭康成注禮記，其字誤處，但云，『某當爲某』，玉藻全失次序，亦止於注下發明，未嘗便就經文改正。此葢尊經重師，不敢自謂己見爲得」。衞湜云：「鄭氏注禮，雖間有拘泥，而簡嚴該貫，非後學可及。嘗讀朱文公中庸章句以戒愼其所不睹，恐懼其所不聞，與莫見乎隱，莫顯乎微，爲兩事。剖析精詣，爲前所未有。今觀鄭注已具斯旨」。郝敬云：「小戴記四十九篇，大都先賢流傳，後儒補緝，非眞先聖之舊。而鄭康成信以爲仲尼手澤。遇文義難通處，則稱竹簡爛脫，而顚倒其序。根據無實，則推夏殷異世，而逃遁其說。節目不合，則游移大夫士庶之間，而左右兩可。解釋不得，則託爲殊方語音，而變換其文，牽強穿鑿，殊乖本初。葢鄭既以記爲經，不敢矯記之非；世儒又以鄭爲知禮：不敢議鄭之失；千餘年所以卒昏然耳」。驥案鄭於記文脫衍失次，考核綦詳。義有未安，亦爲注明。非無矯正之功，特不率意輕改，重失其眞耳。至於殊方語音，夏殷異制，亦莫不義據確然，何可輕議？

禮記音經義考云「佚」

（著錄）七錄一卷，隋志云「亡」。釋文敘錄一卷，舊唐志二卷，新唐志三卷。案舊志云：「鄭玄注，曹耽撰」，新志云：「鄭玄注，曹耽解」，舊志曹耽撰，當從新志作曹耽解，葢曹耽就鄭君所注之音，而解之，不得云撰也。

（增記）胡元儀云：「鄭君三禮音，隋，唐志所載，卷各不同，葢數目字易誤。惟陸氏釋文云：『三禮音各一卷』，則陸氏目見其書，信而可徵者」。

三禮目錄經義考云「佚」

（著錄）隋志一卷。新舊唐志並同。案隋志云：「梁有陶宏景注一卷，亡」。則此蓋無陶注者。

（輯本）王謨三禮目錄漢魏遺書鈔本

孔廣林三禮目錄一卷通德遺書所見錄本　案廣林序云：「禮序及目錄，並見儀禮，周官疏，禮記正義。隋經籍志唐藝文志並云三禮目錄一卷，禮序不著目。廣林謹案錄者錄經題之義例。序者序訓故之指歸錄在目下，序則弁端。史記太史公自序前漢書叙傳其前篇序也。本紀以下叙傳即錄也。釋文首卷名曰序錄。知三禮目錄七十二篇，前冠禮序以總會之，序與錄固毗連焉。特以目錄標題耳。釋文序錄引禮序文亦稱目錄，尤其明證」。

袁鈞三禮目錄一卷鄭氏佚書本　案鈞序云：「凡七十二篇。鄭於論語有弟子目錄，則此亦自有一書者。釋文序錄引禮序亦稱目錄，采輯之，冠於篇首。」

臧庸鄭氏三禮目錄一卷鄦齋叢書本

黃奭三禮目錄通德堂經解。黃氏逸書考本　案此書亦有禮序文。

（增記）鄭珍云：「唐孔沖遠撰禮記正義，賈公彥撰周官，儀禮疏，並以目錄分附篇題下首疏解之，世遂無單行本」。

三禮圖經義考云「佚」

（著錄）隋志九卷鄭玄及後漢侍中阮諶等撰。

（輯本）馬國翰三禮圖一卷玉函山房輯佚本　案國翰序云：「杜畿傳裴松之注引阮氏譜『武父諶』，字士信。徵辟無所就，造三禮圖，傳於世。』隋志『三禮圖九卷，鄭玄及後漢侍中阮諶等撰』。蓋鄭注三禮，遂爲之圖，故阮因鄭圖而修復之故，世只稱阮諶三禮圖。隋志推本鄭氏而題之也。」

（增記）清四庫總目提要云：「驗勘鄭志，玄實未嘗爲圖。殆習鄭學者作圖，歸之鄭氏」。鄭珍云：康成著書，元不盡見鄭志目錄唐劉知幾據以駁孝經注，已非確證；而謂鄭氏不作禮圖，恐尤未然！鄭圖後經阮諶，夏侯伏朗，梁正，張鎰，隋開皇迭有修改。聶氏又參校六本，定爲今傳之三禮圖。本非盡出鄭手，自然多失鄭意。亦不得以此易唐前舊說也。特今聶圖中唯雞彝及舟是遵據鄭圖，有明文可見。其他皆無從甄別矣」。

增五宗圖

（考記）胡元儀云：「吳志薛綜傳云：『綜定五宗圖述』，而不言卷數。通典卷七十三引薛綜述鄭氏禮五宗圖一條。蓋鄭君曾有五宗圖，薛綜述明鄭義，而爲之注。不曰注而稱述也。隋唐志皆不著錄五宗圖，竊疑五宗圖即鄭君三禮圖中之一圖，薛綜述之，乃別行於世耳」。案錢大昭侯康顧櫰三諸家補志及鄭珍鄭學錄亦不取錄，故著增焉。

春秋左氏分野經義考云「佚」

（著錄）七錄一卷，隋志云「亡」。

春秋十二公名 經義考云「佚」

（著錄）七錄一卷，隋志云「亡」。

增春秋左氏傳注 未成，以授服虔。

（考記）六藝論叙春秋云：「玄又爲之注」。宋均詩緯論序云：「我先師北海鄭司農春秋孝經，唯有評論，又春秋緯注云：「爲春秋孝經略說」。世說新語載鄭欲注春秋傳，尙未成，與服子愼遇宿客舍，盡以所注與之，遂爲服氏注事。然則鄭於春秋，合當有注。特以未成，即授服氏，故宋均謂其唯有評論或略說；而袁鈞於鄭氏佚書輯春秋傳服氏注十二卷，謂存服所以存鄭，服氏書出於鄭，即鄭學也。容有小異，大指蓋不殊矣。

增春秋左傳音

（考記）胡元儀云：「按鄭君左傳音諸書皆不載。惟賈昌朝羣經音辨足部：『蹲，聚也。才九反。春秋：蹲甲而射之，鄭康成讀』。于此一見。余蕭客古經解鉤沈即以爲鄭君左傳音」。案顧櫰三補志亦據著錄。

孝經注 經義考云「佚」

（著錄）釋文叙錄云「十八章」。隋志云一卷，新舊唐志同。

（輯本）孔廣林孝經注一卷 通德遺書所見錄本　案廣林序云：「明皇注多依鄭義，間亦用其注文。凡詞句見諸釋文者，文同無疑，即大書之。否則分注經文之下，示弗質也。釋文所出注文，雖半句或一二字，亦必錄之，不敢略也。」

袁鈞孝經注一卷 鄭氏佚書本　案鈞序云：「陸氏作孝經音義據鄭氏解。其條例云：『孝經童蒙始學，特紀全句』。故凡經文外所釋皆鄭注也。唐玄宗注邢疏於襲鄭者必曰『此依鄭注』。合二書參之，往往而合，兼他所徵引鄭注，尙可十得七八。陸氏疑孝經注與康成注五經不同。而細案之，實未見其不同也。」

臧庸堂孝經鄭氏解輯一卷 經籍通纂本

陳鱣孝經鄭注一卷 涉聞梓舊本

嚴可均孝經鄭注輯一卷 怡蘭堂叢書本，咫進齋叢書本，經籍通纂本

洪頤煊孝經鄭氏解補證一卷 案李慈銘云：「臧氏所輯，密于洪氏。而體例謹嚴，則洪爲優。」

王謨孝經注 漢魏遺書鈔本

日本國本孝經鄭注一卷 附補證一卷，見知不足齋叢書　案李慈銘云：「錢同人序雖舉其孝治章以昔訓古，見公羊傳疏。聘問天子無恙諸語，見太平御覽聖治章上帝者天之別名也。見南齊書禮志，號困學紀聞，凡三條合于鄭義，洞非杜撰。然其他文辭多不類鄭君，故阮文達深疑之。」

皮錫瑞孝經鄭注疏二卷 自刊本，中華書局本　案錫瑞序云：「自明皇注出，鄭注遂散佚不完。近儒臧拜經、陳仲魚始裒輯之。嚴鐵橋四錄

堂本最爲完善。錫瑞從葉煥彬吏部假得手鈔四錄堂本，博攷羣籍，信其爲是鄭君之注。乃竭愚鈍，據以作疏。」

（著記）唐會要：開元七年四月七日，左庶子劉子玄上孝經注議曰，「謹案今俗所行孝經，題曰鄭氏註。爰自近古，皆云鄭即康成。而魏晉之朝，無有此說，至晉穆帝永和十一年及孝武帝太元元年，再聚羣臣，共論經義。有荀昶者，撰集孝經諸說，始以鄭氏爲宗。自齊梁以來，多有異論。陸澄以爲非玄所注，請不藏於祕省。王儉不依其請，遂得見傳於時。魏齊則立於學官，著在律令。蓋由膚俗無識，故致斯訛舛。然則孝經非玄所注，其驗十有二條：據鄭君自序云：『遭黨錮之事，逃難注禮。黨錮事解注古文尚書，毛詩，論語。爲袁譚所逼，來至元城，乃注周易。都無注孝經之文，其驗一也。鄭玄卒後，其弟子追論師所著述，及應對時人，謂之鄭志。其言鄭所注者惟有毛詩，三禮，尚書，周易，都不言鄭注孝經，其驗二也。又鄭志目錄記鄭之所注，五經之外，有中候，書傳，七政論，乾象曆，六藝論，毛詩譜，答臨碩難禮，駁許愼異義，發墨守，箴膏肓，及答甄子然等書。寸紙片札，莫不悉載。若有孝經之注，無容匿而不言，其驗三也。鄭之弟子，分授門徒，各述師言，更相問答，編錄其語，謂之鄭記。唯載詩，書，禮，易，論語，其言不及孝經，其驗四也。趙商作鄭先生碑銘，且稱其所注箋駁論，亦不言注孝經。晉中經簿周易，尚書，尚書中候，尚書大傳，毛詩，周禮，儀禮，禮記，論語凡九書，皆云鄭氏注，名玄。至於孝經，則稱鄭氏解。無名玄二字，其驗五也。春秋緯演孔圖云：『康成注三禮，詩，易，尚書，論語。其春秋，孝經，別有評論』。宋均於詩譜序云：『我先師北海鄭司農』則均是玄之傳業弟子也。師所著述，無容不知。而云『春秋，孝經，唯有評論』。非玄之所注，於此特明，其驗六也，宋均孝經緯注引鄭六藝論敘孝經云：『玄又爲之注』。司農論如是，而均無聞焉。有義無辭，令余昏惑。舉鄭之語，而云無聞，其驗七也。宋均春秋緯注云：『玄爲春秋，孝經略說』，則非注之謂。所謂『玄又爲之注』者，汎辭耳。非事實。序春秋亦云『玄又爲之注』也。寧可復責以實注春秋乎？其驗八也。後漢史書，存於世者，有謝承，薛瑩，司馬彪，袁山松等，具爲鄭玄傳者。載其所注，皆無孝經，其驗九也。王肅經傳，首有司馬宣王之奏。並奉詔令諸儒注述孝經，以肅說爲長。若先有鄭注，亦應言及，而不言鄭，其驗十也。王肅著書，發揚鄭短。凡有小失，皆在聖證。若孝經此注，亦出鄭氏，被肅攻擊最應煩多而肅無言，其驗十一也。魏晉朝賢，辨論時事。鄭氏諸家，無不撮引。未有一言引孝經之注，其驗十二也。凡此證驗，易爲考覈。而世之學者，不覺其非，乘彼謬說，競相推舉」。宋書陸澄傳：澄與王儉書云：「世有一孝經，題爲鄭玄注。觀其用辭，不與注書相類。案玄自序所著衆書，亦無孝經」。陸德明經典釋文叙錄云：「孝經注與康成注五經不同」。王應麟困學紀聞云：「康成有六天之說，而孝經注云『上帝，天之別名』。故陸澄謂不與注書相類」。孔穎達禮記王制疏云：「孝經注：『諸侯五年一朝天子，天子亦五年一巡狩』。按鄭注尚書：『四方諸侯，分來朝於京師，歲徧』。則非五年乃徧。孝經之注，多與鄭義乖違，儒者疑非鄭注，今所不取」。侯康云：「按以上諸說，多疑鄭注。然劉氏十二驗中，據鄭志諸書皆不言注孝經，則范史本傳亦不言其注周官。唐史承節撰碑亦不言其注論語。秉筆偶疏，未爲典要。（說本錢侗。）此數事不足疑也。又按王肅好發揚鄭短，而無言攻擊孝經注。然郊特牲疏引王肅難鄭孝經注『社，后土也』。之文，是肅未嘗無言，此一事亦不足疑也。王伯厚以『上帝，天之別名』。一語，謂與六天之說不符。攷禮大傳注云：『孝經曰：「郊祀后稷以配天」。配靈威仰也。「宗祀文王於明堂，以配上帝」，汎配五帝也』。然則上帝者，五帝之總稱。天即五帝中之一帝。郊祀之天，非圜丘之天，故云『上帝，天之別名』。與鄭生平宗旨不背，此說亦不足疑也。至謂與鄭他經注不類，今不盡可攷。然康成箋詩，不同注禮。鄭志諸說，每異羣經。博雅通儒，固宜有是。亦無可疑也。宋均孝經緯注引鄭六藝論序孝經云：『玄又爲之注』。此即康成注孝經之明證。而宋均又云：『均無聞焉』者，意注未卒業，不行於世故耶？」

太平寰宇記：「沂州，費縣南城。後漢書『鄭玄漢末遭黃巾之難，客于徐州』今孝經序，鄭氏所作。其序云：『僕避難於南城山，栖遲巖石之下。念昔先人，餘暇述夫子之志，而注孝經』。蓋康成胤孫所作。今西上可二里許，有石室焉，周迴五丈，俗云鄭康成注孝經於此」。（御覽卷四十二同。）鄭珍云：「唐劉肅大唐新語云：『梁載言十道志解南城山引後漢書云鄭玄避黃中之難，至蓋胤孫所作也』。證知御覽此條，出於梁載言。其首原有『十道志曰』四字。太平寰宇記沂州費縣下又系鈔梁志言，而改末句作俗云『是康成胤孫注孝經處』，殊失其原。今御覽傳本脫首四字，竹垞朱氏直以爲後漢書。而詡『范史無此文，未知爲袁山松華嶠之書，抑薛瑩之書』。脫誤之本，惑人如此」。王應麟云：「鄭氏注，相承言康成作，鄭志目錄不載，通儒皆驗其非。開元中，孝明纂諸說，自注以称二家，然尚不知鄭氏之爲小同」。皮錫瑞云：「鄭小同注孝經，古無此說。自梁載言以爲胤孫所作，王應麟遂傳會以爲小同，梁蕃以孝經鄭氏解，多疑非康成，故調停其說，以爲康成之孫所作。又以序有『念昔先人』之語，於小同爲合，遂擬此論。案鄭君八世祖崇爲漢名臣。祖沖，亦明經學，周禮疏曰：『玄，鄭沖之孫』。禮檀弓疏，皇氏引鄭說稱鄭沖云：『小記云：「諸侯弔必皮弁錫衰」』。則此弁經之衰，亦是弔服也』。皇所引是鄭志之文，蓋鄭君稱其祖說以答問。然則鄭君之祖，必有著述。序云：『念昔先人』，安見非鄭君自念其祖，而必爲小同念其祖乎？鄭珍旣以小同之說，不足爲信。又謂康成客徐州，已六十六歲。注是晚年客中之作。侯小同長，始檢得之。則猶爲梁載言所惑」。

（平議）王儉云：「鄭注虛實，前代不嫌，意謂可安，依舊置立」。司馬貞云：「荀昶集解，具載此注。其序以鄭爲主。是先達博選，以此注爲優。且其注縱非鄭氏所作，而義旨敷暢，將爲得所其數處小有非穩，實亦未爽經傳。孔傳，近儒妄作。其注『用天之時，因地之利』，謂『脫衣就功，暴其肌體，朝莫從事，露髮塗足。少而習之，其心安焉』。與鄭氏所云：『分別五土，視其高下。高田宜黍稷，下田宜稻麥』。優劣懸殊，曾何等級」？

（承學）隋志云：「梁代安國及鄭氏二家，並立國學，陳及周，齊，唯傳鄭氏。至隋王邵訪得孔傳，後遂著令與鄭氏並立」。釋文敘錄云：「世所行鄭注，相承必爲鄭玄。案鄭志及中經簿無，唯中朝穆帝集講孝經，云『以鄭爲主』。古文孝經世既不行，今隋俗用鄭注十八章本」。

論語注　經義考云「佚」

（著錄）隋志十卷，釋文敘錄新舊唐志同。

（輯本）王應麟論語鄭氏注二卷　碧琳瑯館本　案袁鈞云：「東吳惠棟託名，或曰江寧嚴長明僞託，詭言自秦中鈔得者」。陳鱣云：「近有集鄭注古文論語二卷，託名王應麟，鄭注非古文，且其所收亦未盡也。」

丁杰論語鄭氏注　未見。　案宋翔鳳云：「鄭康成注論語十卷，又論語弟子目錄一卷，全書久佚。晉邑惠徵士棟始有輯本。嫁名於宋王厚齋者也。歸安丁小雅杰，孔幼髯廣林又博采而增益之。」

孔廣林論語注十卷　通德遺書所見錄本

袁鈞論語注十卷　鄭氏佚書本　案此依王應麟本增補。

王謨論語注不分卷　漢魏遺書鈔本

臧庸論語鄭氏注　未見　案宋翔鳳云：「武進臧西成庸輯錄最後。翔鳳此本刻於乾隆癸丑歲，至嘉慶壬戌歲錄以行人閒，與臧氏同時用力，後覩臧本，善其精審，惜一見之後，遂秘不出，嗣西成歿於京邸，其子能守其遺書，不致湮滅，然江關閒阻，更難借校，回念益友，良用悽然」。

黃奭論語注　不分卷。黃氏逸書攷本，又高密遺書十四種

宋翔鳳論語鄭注十卷　浮溪精舍本。又食舊堂叢書本

馬國翰論語鄭氏注十卷　玉函山房輯佚書本

羅振玉論語鄭氏注　鳴沙石室古佚書本

（概要）何晏云：「漢末大司農鄭玄就魯論篇章，考之齊，古，為之注」。隋志云：「鄭氏以張侯論為本，參考齊論，古論，而為之注」。陸德明云：「就魯論張包周之篇章，攷之齊，古，為之注」。又云：「鄭校周之本，案侯康云：「經義考引釋文周之二字，作魯論，當從之」，是也。以齊，古讀正凡五十事」。宋翔鳳云：「康成雖就魯論，實兼通齊，古，而於古論尤多，徵信故注中從古讀正魯論者，不一而足。其從齊讀，已不可考。案張侯已用齊改魯，故鄭不復別出。然尋兩家之學，可以得其一二」。

（平議）邢昺云：「康成作注之時，就魯論篇章，復考校之以齊論，魯論，擇其善者而為之」。宋翔鳳云：「鄭作論語序云：『書以八寸策』，此指壁中古文論語。鄭君出於馬氏。馬專用古文，故鄭多從之。古文分子張問從政以下為一篇，而校魯論多知命一章，亦具孔子受命之義。三家唯魯論最為淺率，禹本碌碌庸人，徒以名位得傳其學，致誤後來。幸得鄭君為之釐正，微言所在，可以尋求」。此皆喻其善者，而林光朝云：「何晏序謂『鄭氏就魯論篇章，考之齊，古，為之注』。康成溺于節句，其竄定未必審也」。則又好為詆呵者矣。

（附記）鄭珍云：「今世所傳誦論語，為何晏集解，邢疏本。魯齊古三論，皆不傳。猶賴陸氏音義所載鄭注，得以攷見鄭本。而因以上推古魯二論，下校何本，於今本異同，俱可參互而得。此陸氏之功也」。

論語釋義　經義考云「佚」

（著錄）舊唐志十卷，新唐志一卷。案朱彝尊經義考從舊唐志作十卷，錢大昭補續漢書藝文志，顧懷三補後漢書藝文志並同，侯康則從新唐志作一卷。鄭珍云：「按兩志卷數，差別太遠，一恐十之誤」是。

古文論語注　經義考云「佚」

（著錄）七錄十卷，隋志云「亡」。

（考記）錢大昭補續漢書藝文志於論語注十卷下注云：「七錄作古論語注」。鄭珍鄭學錄亦不著古文論語之目，是並以七錄之古文論語注十卷，即隋志之論語注十卷也。但隋志分述，要當有別。侯康云：「按諸書皆但言康成以齊，

古校正魯論，未嘗別撰古文注。且古文與魯論不同者，亦不過兩子張及四百餘字之異。既注魯論，亦無容別注古文也。然七錄所有，姑存疑。」胡元儀說略同。顧懷三亦謂「案何晏論語集解序：『鄭玄就魯論篇章，攷之齊，古，爲之注』。是玄未嘗別注古文論語也」。並致疑焉。而宋翔鳳云：「鄭無別注古文論語，其所注論，即用古文，故別題古文論語」。以爲調停。予則以爲鄭傳馬融之學，馬注古文論語，鄭氏當亦有述。如注古文尚書，而又注尚書大傳也。否則以古正魯之說，別自爲書，而題名爲古文論語歟？

（承學）隋志云：「梁，陳之時，惟鄭氏何晏立於國學，而鄭氏甚微。周，齊，鄭學獨立。至隋，何鄭並行，鄭氏盛於人間」。

（增記）隋志又有論語九卷，鄭玄注，虞喜讚。胡元儀云：「蓋虞喜取鄭注而發明之，若鄭之箋毛詩然。故不名爲注，而曰讚也。非鄭君別有九卷之注」。

論語孔子弟子目錄　鄭珍云「唐以後，「亡」。

（著錄）隋志一卷，新舊唐志同。案唐志作論語篇目弟子。

（輯本）陳鱣論語孔子弟子目錄　附論語古訓首

孔廣林論語篇目弟子一卷　通德遺書所見錄本　案廣林序云：「論語篇目弟子，自爲一書，故不列論語之末」。

袁鈞孔子弟子目錄一卷　鄭氏佚書本　案鈞序云：「孔子弟子目錄，見史記弟子傳，其書久佚，今所傳古文論語注，託名王伯厚者，後有附錄。乃是東吳惠棟紫僞爲，非鄭書也。竊意鄭書是錄弟子傳人姓名加注，故釋文稱鄭某注，以附論語，後人遂妄加論語字耳。觀集解所引自顏幸以下皆論語無名，知不稱論語，尤不宜稱篇目也。今據弟子傳人姓名字及原有里居者悉錄之。以集解所引鄭君語附。」

王謨論語弟子目錄　漢魏遺書鈔本　案謨序云：「案朱竹垞孔子弟子攷云：『自孔子徒人圖法既亡，（見漢書藝文志）而文翁石室像在顯晦之間。世儒據以考定弟子之籍，惟史記之傳，家語之解而已。』而不言及鄭氏目錄。蓋是書之亡，亦已久矣，故其名次，無得而攷。獨賴裴駰史記集解於列傳下時引目錄證諸弟子籍里，如魯人衛人可攷見者三十有八人，竊意裴氏當日必猶見目錄原書，與史記大略相同。故采其異者注本傳下，其同者不復注也。今故仍依史記弟子列傳名采次錄，而以家語別出三人附載於後，凡七十九人」。

黃奭論語篇目弟子　通德堂經解，黃氏逸書本，高密遺書十四種本案奭序云：「案鄭君目錄，必全列孔門弟子。今所錄止此者，以其餘皆同乎史記也。集解索隱不引目錄者，以其與史記同也。其所引者，特以補史記之缺耳」。

宋翔鳳論語弟子目錄　浮溪精舍本，食舊堂叢書本

馬國翰論語孔子弟子目錄一卷　玉函山房輯佚書本

（概要）案隋志作論語孔子弟子目錄，唐志作論語篇目弟

子，史記集解引亦作篇目弟子。袁氏鈞謂不常稱論語，尤不宜稱篇目，恐未必然。胡元儀云：「按此。書殆如三禮目錄之例，先解二十篇篇名，並及七十子之名字籍貫事實」。殆爲近之。

孟子注 經義考云「佚」

（著錄）隋志七卷。新舊唐志同。案馬國翰云：「本傳不言孟子，或爲鄭學者依託其說爲此書歟」？

（輯本）馬國翰孟子鄭氏注一卷 玉函山房輯佚書本 案胡元儀云：「乃取鄭君毛詩箋及三禮注尙書大傳注所引孟子文及隱括孟子義者輯之也」。是矣，

（概要）洪頤煊讀書叢錄云：「史記五帝本紀：『堯知子丹朱之不肖』。索隱：『鄭玄云：「肖，似也。不似，言不如人也」』。疑即孟子注。」

爾雅注

（考記）胡元儀云：「按鄭君爾雅注，羣籍無徵。唯賈公彥周禮大宗伯疏引爾雅『北極謂之北辰』。鄭注云：『天皇北辰，耀魄寶也』。余蕭客古經解鉤沈以爲鄭君爾雅注，阮文達以爲乃文耀鉤之注。非也。據周禮疏辨五帝大帝之號，三引鄭注，皆先經後注，以此言之，非爾雅注而何」？

（二）

經類下

六藝論 孔穎達云：「方叔機注」。案叔機未詳何人。

（著錄）隋志一卷，新舊唐志同。宋志無。

（輯本）陳鱣六藝論一卷 後知不足齋叢書本，涉聞梓舊本，朱氏經學叢書本 案袁鈞云：「近海寧陳鱣有輯本。據鄭君詩論『注詩宗毛爲主』，又春秋孝經論並云：『玄又爲之注。』是作於注書之後。以證徐彥公羊疏『鄭君先作六藝論訖，然後注書』之誤，是已。顧所收太濫，一書兩引者，未能歸一。又多攔入引書者語，總論與六經之論，往往雜出，失于比次。蓋創始者難爲功」。

臧琳鄭氏六藝論一卷 鄦齋叢書本，拜經堂叢書本

袁鈞六藝論一卷 鄭氏佚書本

黃奭六藝論 黃爽逸書考本，又高密遺書十四種之一

王謨六藝論 漢魏遺書鈔本 案顧懷三云：「近有漢魏遺書鈔采輯鄭君六藝論十九條，尙漏二條」。

洪頤煊六藝論一卷 經典集林本。

孔廣林六藝論一卷 通德遺書所見錄本 案廣林序云：「攷隋書經籍志六藝論一卷，今得若干條而已。先之以總論，而六藝以次敘焉」。皮錫瑞六藝論疏證一卷 皮氏九種本

馬國翰六藝論一卷 玉函山房輯佚書本

（概要）孔廣林云：「六藝論者，猶注書綱領也。大較有四：首敍原始，次論指趣，次敍師承，終述作注之意」。

（平議）馬國翰云：「六藝論多用緯候說；宋儒以是詬議。而敍述經學源流，則非唐以後人所能望其項背也」。

駁許氏五經異義

（著錄）隋志十卷，新舊唐志同。案袁鈞云：「鄭君駁載本傳及鄭志目錄記。隋唐志並連異義爲書，不別載卷數。」宋志無。

（輯本）鄭玄駁五經異義一卷，補遺一卷。武英殿聚珍本，案四庫全書提要云：「學者所見異義，僅出於初學記，通典，太平御覽諸書。而鄭氏駁義則自三禮正義而外，所存亦復寥寥。此本從諸書采綴而成。或題宋王應麟編，然無確據。其間有單詞，隻句，駁存而義闕，原本錯雜相參，頗失條理。今詳加釐正，以義駁兩全者；彙列於前。其僅存駁義者，則附錄以備參考。又近時朱彝尊經義攷內亦嘗引鄭駁數條，而長洲惠氏所輯，則蒐羅益爲廣備。往往多此本所未及。今以二家所采，參互考證。除其重複，定爲五十七條。別爲補遺一卷，附之於其後。其閒有異義而鄭無駁者，則鄭與許同者也。」

惠棟駁五經異義　案袁鈞云：「惠氏棟嘗鈔撮之，未成也。」

袁鈞駁五經異義十卷。鄭氏佚書本　案鈞序云：「今於每條，先異義，次謹案，次駁。駁存而異義闕者，書異義闕。原引言鄭不駁者，載原引語。其未言，書鄭駁闕。彙附正義之釋鄭意者。」

王復駁五經異義一卷，補遺一卷。武億校。問經堂叢書本，食舊堂叢書本，後知不足齋叢書本。

吳省蘭駁五經異義一卷，補遺一卷。藝海珠塵本。

莊葆琛駁五經異義一卷，補遺一卷。案鄭珍云：「依原輯增補。」

錢大昭駁五經異義一卷，補遺一卷。案鄭珍云：「依原輯增補。」

孔廣林駁五經異義十卷　通德遺書所見錄本。　案廣林序云：「異爲篇目，不可悉攷。可見者，止十三篇題而已。今略規其意、別爲區類。節今存者，釐爲十卷，以從其朔。其有異義而駁語不見者，以已意參鄭說補之。正義云『無駁者，以鄭君他說說之。』」

黃昭奭駁五經異義不分卷　黃氏逸書考通德堂經解本，漢學堂刊高密遺書本。

王謨五經異義不分卷。　漢魏遺書鈔本。

莊述祖五經異義纂一卷袁氏貞節堂校本。

陳壽祺五經異義疏證三卷清經解本，左海全集本。　案壽祺序云：「近人編輯，勵存百有餘篇。聚珍板外有秀水王復本，陽湖莊葆琛本，嘉定錢大昭本，曲阜孔廣林本。大抵攟拾叢殘，以意分合孔本條理差優，而强立區類，欲還十卷之舊，非所敢從也。嘉慶戊辰夏，余養痾京邸，取而參訂之。每舉所徵錄尤詳者。若文多差互，仍兩載之。其篇題可見者二十五事。第五田稅、第六天號，第八罍制，三事篇次尚存；其它以類相從，略具梗概，復刺取諸經義疏，諸史志傳，說文通典及近儒著述，與許鄭相發者，以資稽覈。間附鄙案，疏通證明，釐爲上中下卷。」

（概要）袁鈞云：「案周禮疏有異義第五田稅，第六㽛制，尙書疏又有異義天號第六。蓋舊第五經分次，故重出第六之號也。或稱謹案，或稱許愼案，或稱許君案，竝是引書者之辭，原書止稱謹案也。鄭駁或稱鄭駁異義。或稱鄭駁之，鄭辨之玄，或稱玄之聞也，竝是駁義。鄭駁之，鄭辨之者，亦是引書者之辭。尙書「六宗」稱玄之聞也，而祭法疏引鄭駁。春秋「獲麟」稱玄之聞也，而麟趾疏引駁異義，是其證也。」

答臨碩周禮難鄭志目錄記作答臨碩難禮。茲從後漢書鄭傳。臨或作林。

（輯本）孔廣林答周禮難一卷通德遺書所見錄本

袁鈞答臨碩難禮一卷鄭氏佚書本　案鈞序云：「檢諸于詩，禮，左傳疏得六條，七難已居其五，差存梗概。其十論之荅，則無徵焉。」

黃奭答臨孝存周禮難黃氏逸書考本，高密遺書十四種之本

（概要）鄭珍云：「按此書唐後久佚。十論七難，今不能詳。康成所答，其遺文見經疏者，禮記王制內二條，周禮內二條，毛詩內二條而已。唯女巫疏引荅難歌哭而請者，其文首尾完具。詩棫樸正義稱臨碩引詩三處六師以難周禮，鄭釋之云云者，亦足見所荅之一端。閟宮，序官三引，皆是荅此事。王制兩引，無難義而有荅辭。蓋是碩持王制田祿以難周禮，而鄭荅之也。」

（平議）賈公彥序周禮廢興云：「臨存存以爲武帝知周官末世瀆亂不驗之書，作十論七難以排弃之。鄭玄徧覽群經，知周禮乃周公致太平之跡。故能荅臨碩之論難，使義得條通。』

禮議

（著錄）新唐志二十卷

（考論）鄭珍云：「此書隋志舊唐志皆未著錄。考通典卷六十七載伏后敬其父完議，卷七十一又載春夏封諸侯議，必皆采自此書議禮之作，輯成二十卷，可謂詳夥。隋與舊唐皆遺之，何也？」

魯禮禘祫義案唐人稱皆引作魯禮禘祫志。茲從後漢鄭傳。

（輯本）孔廣林魯禮禘祫義一卷通德遺書所見錄本

王謨魯禮禘祫志漢魏遺書鈔本　案王謨序云：「諸經正義多引鄭氏魯禮禘祫志，本傳作魯禮禘祫義。隋志俱不著錄，而別有禮議二十卷。（案隋志無，見唐志）則禘祫志乃禮議中一篇也。」侯康補志從之，著禮議二十卷，而削魯禮禘祫志，錢大昭補志則著魯禮禘祫志而遺禮議。唯顧櫰三補志則禮議與魯禮禘祫義並著之。

盧見曾魯禮禘祫義一卷雅雨堂本，案未見。

袁鈞魯禮禘祫義一卷鄭氏佚書本

黃奭魯禮禘祫義　黃氏逸書攷本，高密遺書十四種之一

馬國翰魯禮禘祫志一卷　玉函山房輯佚書本

皮錫瑞魯禮禘祫義疏證一卷　皮氏九種本

（概要）王謨云：「儒家之說禘祫也通俗不同。或云歲祫終禘。或云三年一禘，五年再禘。學者競傳其聞，是用訩訩，從數百年矣，來竊念春秋者，書天子諸侯中失之事。得禮則善，違禮則譏。可以發起是非，故據而述。」案毛詩正義云：「詩箋及禮注所言禘祫數，經無正文。鄭以春秋上下考校，知其必然。箋注皆爲定解，仍恐後學致惑，故又作魯禮禘祫志以明之。」鄭駁五經異義云：「三年一祫，五年一禘，百王通義，以禮讖所云，故作禘祫志。」馬國翰云：「志引經傳會其通，據明堂位魯用王禮，臚舉春秋言禘祫者以實之。」

箴春秋左氏膏肓

（著錄）隋志十卷，新舊唐志同。崇文總目九卷。

起春秋穀梁廢疾

（著錄）隋志三卷，新舊唐志同。

發春秋公羊墨守

（著錄）隋志十四卷，舊唐志二卷，新唐志一卷。案四庫全書提要云：「隋書經籍志有左氏膏肓十卷，穀梁廢疾三卷，公羊墨守十四卷，皆注何休撰。而又別出穀梁廢疾三卷，注云：『鄭玄釋，張靖箋』似鄭氏所釋與休原本，隋以前本自別行。至於唐書經籍志所載膏肓廢疾二書卷數並同。特墨守作二卷爲稍異。其下並注鄭玄箴，鄭玄發，鄭玄釋云云，則已與休書合而爲一。迨于宋世，漸以散佚。惟崇文總目有左氏膏肓九卷，陳振孫所見本復闕宣定哀三公，振孫謂其錯誤，不可復讀。疑爲後人所錄，已非隋唐之舊，其後漢學益微，即振孫所云不全之左氏膏肓，亦遂不可復見。」

（輯本）王應麟箴膏肓一卷，起廢疾一卷，發墨守一卷。案四庫全書提要云：「此本凡箴膏肓二十餘條，起廢疾四十餘條，發墨守四十條。並從諸書所引，掇拾成篇。不知出自誰氏，或題爲宋王應麟集，亦別無顯據。」

王復箴膏肓一卷，起廢疾一卷，發墨守一卷。武億校。問經堂本，食舊堂叢書本，許鄭遺本書，後知不足齋本　案孫星衍序云：「舊在史館中秘書所鈔存。不知何時人集錄。吾友王大令復及武故令億互加考校，注明所采原書，又加增補。」

王謨左氏膏育（鄭玄箴）穀梁廢疾（鄭玄起）公羊墨守（鄭玄發）不分卷　漢魏遺書鈔本。

孔廣林箴春秋左氏膏肓一卷，發春秋公羊墨守一卷，起春秋穀梁廢疾一卷　通德遺書所見錄本　案廣林序云：「茲輯者膏肓缺箴語九條，廣林以意補之，附注於其左方中　。」

袁鈞箴膏肓一卷，釋廢疾一卷，發墨守一卷。鄭氏佚書本

案鈞序云：「按范甯注穀梁，休說後引鄭君釋，休說即是廢疾。各疏引休說復引鄭箴者，休說即是膏肓之文。墨守鄭有者，公羊休注即同墨守之文。今栞據叢籍一例編收。先載傳文次載何說次載鄭說，何鄭二說不具者，存其目，注明闕字。依公類次。」

黃奭箴左氏膏肓，釋穀梁廢疾，發公羊墨守。黃氏逸書攷本，高密遺書十四種本

吳省蘭箴膏肓，起廢疾，發墨守一卷 藝海珠塵本，而張氏榕園叢書本。守約編係覆刊本

孫馮翼箴左氏膏肓，釋穀梁廢疾，發公羊墨守各一卷

（概要）袁鈞云：「鄭以休攻擊左穀已甚，故于箴釋二書特詳。若墨守之發，不過開休之蔽，非必與公羊為難，其所論說較少。」

駁何氏春秋漢議 經義考云「佚」

（著錄）隋志二卷，舊唐志十四卷，何休撰，鄭玄駁，糜信注。

新唐志十卷。

駁何氏春秋漢議敍 經義考云「佚」

（著錄）隋志一卷

（考記）鄭珍云：「按漢議即後漢書儒林傳稱何休以春秋駁漢事六百餘條，妙得公羊本意者也。康成之駁久亡，唐以前書無一稱引者。」王晳云：「鄭康成不為章句，特緣何氏興辭，曲為二傳解紛，不顧聖人本旨。」

答甄子然書

（考記）鄭珍云：「見鄭志目錄。遺文不見傳疏。此與子然論何事，且無從考。」胡元儀云：「亦不外乎論禮論春古今學之類。」

（三）

緯類

易緯注 胡元儀云「殘闕」

（著錄）七錄九卷，隋志八卷，崇文總目九卷。案舊唐志九卷，宋均注，新唐志九卷，宋衷注。疑新志衷為均誤字。均為康成弟子，於詩書禮樂諸緯，並有其注，則易緯亦當有注矣。以均注九卷證之，則鄭注當亦九卷，隋志八卷與七錄及崇文總目卷數不合。八當是九字之譌。」

（輯本）武英殿聚珍板易緯八種 鄭珍云：「永樂大典鈔叙易緯八種。乾坤鑿度二卷，乾鑿度二卷。稽覽圖二卷。辨終備一卷，僅數十言。通卦驗二卷。乾元序制記一卷。是類謀一卷，坤靈圖一卷，殘闕不完，並武英殿聚珍板印行。」案又有古經解類函本。

盧見曾周易乾鑿度鄭氏注二卷 雅雨堂叢書本 案見曾序云：「此書前明刊本流傳，而多缺誤。玆得之嘉靖中吳郡錢付叔寶藏本，不失舊觀」。

張惠言校錄周易乾鑿度二卷，易緯辨終備一卷，通卦驗二

卷，乾元序制記一卷，是類謀一卷，坤靈圖一卷。鄭學類函本

黃奭易緯鄭氏注 乾鑿度，乾坤鑿度，是類謀，坤靈圖，乾元序制記，辨終備，稽覽圖，通卦驗。 黃氏逸書考本

吳省蘭易緯乾坤鑿度鄭康成注二卷，易緯是類謀鄭康成注一卷，易緯稽覽圖鄭康成注二卷。藝海珠塵本。

孫瑴易緯三卷 古微書，守山閣叢書本 案貫居子云：「諸緯文俱佚矣，惟乾坤鑿度二冊猶存，故不贅錄。通卦驗雖無善本，而散見尚多。他如筮類謀，辨終備，稽覽，坤靈二圖，千百之十一焉。亦曰鼎一臠羅一目。」

（考記）侯康云：「按康成易緯注七錄九卷，隋志僅存八卷，而不詳緯書之名。章懷注樊英傳稱：易緯稽覽圖，乾鑿度，坤靈圖，通卦驗，是類謀，辨終備，凡六篇。玉海引李淑書目，易緯九卷：乾鑿度，稽覽圖，通卦驗各二。辨終備，是類謀，坤靈圖各一。緯書六而卷數九，與七錄及後漢書注皆符，玉海又云：『今三館所藏，乾鑿度，通卦驗皆別出為一書。而易緯止有鄭氏注七卷，稽覽圖第一，辨終備第四，是類謀第五，乾元序制記第六，坤靈圖第七，二卷三卷無標目』。書錄解題載易緯七卷，鄭康成注；即三館之鄭氏注七卷也。又載易通卦驗二卷，乾鑿度二卷，亦鄭氏注；則三館所謂別出為一書者也。據所言是易緯又有七篇，多乾元序制記，而卷數則分為十一。郡齋讀書後志載易緯鄭注亦六篇。有乾元序制記而無乾鑿度，與諸書又復參差。今四庫中從永樂大典采出者七篇，據鄭注言。與宋三館，書錄解題同。卷數不同 四庫書目疑乾元序制記本古緯所無，後人於各緯中分析以成此書。然則易緯篇名，自常以章懷注及李淑書目為合。」鄭珍云：「晁公武謂『乾元序制記，坤鑿度，後漢注七緯無其名，宋人依託為之。』則偽書也。張惠言曰：『偽者二者不足論，坤靈圖，是類謀，辨終備亡逸既多，不可指說。其近完者，稽覽圖論六日七分之候，通卦驗言八卦晷氣之應；此孟京陰陽之學。乾鑿度論乾坤消息，易之大義，條理畢貫。自昔諸儒莫能外之。其為夫子緒論，田楊以來先師所傳習，無疑至其命圖書，攷符應，算世軌，其傳湮絕，文闕不具，不可得而通。亦非學士之所欲通。漢人易學，僅存於今，可以考古師說。如此三書，治易者不可忽也。』」

尚書緯注 鄭珍云「宋以後亡」

（著錄）七錄六卷。隋志六卷，新舊唐志並同。

（輯本）孫瑴尚書緯四卷 古微書。守山閣叢書本 案貫居子曰：「隋史經籍志尚書緯三卷，其目凡五，曰璇璣鈐，曰考靈曜，曰刑德放，曰帝命驗，曰運期授。皆主言天咫地游，帝王運歷之大事。而五逸其三

矣。稍可窺者，考靈曜，帝命驗二文，亦復無篇第；無章次。姑循其義類，而權爲班部。至其叢沓錯笄，不可爲顚委者，雖一語，雖三數語，猶復綴之，以志探頤。」

黃奭尚書緯 考靈曜，璇璣鈐，帝命驗，刑德放，運期授。 見黃氏逸書攷通緯

趙在翰七經緯一卷 經餘必讀本 案侯康云：「按其書及注久亡。趙在翰七經緯盡爲采入。趙氏采運期授注無鄭氏，今攷其所引詩文王序正義一條，云周文王以戊午蔀二十九年受命。但稱注，而無注人名。據正義此條下即引易是類謀注，而繼之曰是鄭意以入戊午蔀二十九年季秋之月甲子赤雀銜丹書而命之也，云云。則運期授此注，亦出鄭注無疑。且與鄭氏他經傳注皆合也。」

馬國翰尚書緯五卷 玉函山房輯佚書本

（考記）案後漢樊英傳注：「書緯，璇璣鈐，考靈曜，刑德放，命帝驗，運授期。」故經七緯篇名，及馬輯分卷，皆樊英傳注。朱彝尊云：「考靈曜之文，大都推步之說，其言無悖於理。隋燔緯書，若此與括地象雖置不燔，可也。」

尚書中候注

（著錄）七錄八卷，案隋志云「今殘闕。」隋志五卷。

（輯本）孫瑴尚書中候一卷 古微書。守山閣叢書本 案瑴序云：「隋志：河洛七經緯合八十一篇，又有尚書中候，洛罪級，五行傳，雜讖等書，則中候屬讖不屬緯矣。今所見寥寥數則耳。握河摘洛僩皆其篇目之遺，用繫厥族。」

趙在翰七緯 福州小積石山房刻本

黃奭尚書中候 黃氏逸考書本

王謨尚書中候 漢魏遺書鈔本

孔廣林尚書中候六卷 通德遺書所見錄本 案廣林序云：「聊取殘文賸句，以宋書符瑞志參校，略爲比次。其篇第以時代爲叙。凡此十八篇，別爲五卷，從其朔也。叙目自爲一卷，爲第六云。」

張海鵬尚書中候五卷 依孔廣林輯校刊。見學津討原本

袁鈞尚書中候注一卷 鄭氏佚書本 案鈞序云：「諸經正義，史記，後漢書注，魏書，南齊書，文選注，通典初學記，事文類聚，御覽，路史等彼所引，十八篇之目，尚可考見，文注則並殘闕矣。」

馬翰國尚書中候三卷 玉函山房輯佚書本

（考記）孔廣林云：「中候者，緯之名也。凡十八篇。鄭君注五卷，今亡。賴詩禮正義，猶得識，備十八篇名。而中候文及鄭君注，散君見群籍，亦尚可窺其大略。特篇次先後，不可復考。每篇中其文亦不能叙次。」胡元儀云：「按中候十八篇：摘洛戒，周官疏 握河紀，契握篇，敕省圖，運衡篇，準纖哲，洛予命，稷起篇，我應篇，八篇皆見禮記疏 儀明篇，南齊書符瑞志 考河命，題期篇，立象篇，三篇

見太平御覽苗興篇，毛師疏洛師謀，詩疏及太平御覽合符篇，詩疏顗期篇，詩疏共十八篇也。」案六藝論云：「孔子得書，定可以爲世法者，百二十篇，以百二篇爲尙書，十八篇爲中候。」尙書正義云：「鄭注中候依運斗樞以伏羲，女媧，神農爲三皇，帝鴻，金天，高陽，高辛唐虞爲五帝。是其與經注異者。」劉昭續漢志注云：「康成有注中候，纔及注禮。」鄭珍云：「以昭言推之，康成注諸緯候，在注經之先。蓋其時俗尙內學，非精圖緯，不名通儒。康成又志在囊括百家，故早歲不免疲神於此」。

詩緯注

（著錄）新舊唐志三卷

（輯本）孫瑴詩緯二卷古微書，守山閣叢書本

趙在翰七緯福州小積石山房刻本　案侯康云：趙氏七緯但有鄭氏汎歷樞注。不應於詩獨遺其二也。

黃奭詩緯含神霧，推度災。汎歷汎。　黃氏逸書考本

馬國翰詩緯推度災一卷，記歷樞一卷，含神霧一卷。玉函山房輯佚書本　案以上諸輯，雖標宋均注，而鄭說亦有時裒輯。

（考記）案後漢樊英傳注：「詩緯，含神霧，記歷樞，推度災也。」開元占經石氏外宮占引詩汎歷樞鄭注，是唐時其書尙存，後乃亡也。

禮緯注

（著錄）七錄三卷，隋志云「亡」。

（輯本）孫瑴禮緯三卷古微書。守山閣叢書本　案瑴序云：「梁，崇文目禮緯三卷。一，含文嘉。一，稽命徵。一，斗威儀。當隋之世，鄭注已佚矣。玆氏得或濫取禎瑞，旁記典文，而詞貧膚蹶，畧拾爲篇云。」

趙在翰七緯福州小積石山房刻本。　案侯康云：「趙氏七緯祇載含文嘉，斗威儀二注，無而稽命徵。然所采詩烈祖序正義一條，以正祭下文者之，即鄭注也。」

黃奭禮緯含文嘉，稽命徵，斗威儀。　黃氏逸書考本

馬國翰禮緯三卷玉函山房輯佚書本

（考記）案後漢樊英傳注：「禮緯，含文嘉，稽命徵，斗威儀也」。胡元儀云：「按三卷之本，屬殘缺之本也。今攷諸書所引三篇之外，有稽命曜，見太平御覽。文命苞，見通典瑞命記，見王充論衡，蔡邕明堂論。凡三篇。則禮緯原不止三卷，今不得而詳矣。」

禮記默房注

（著錄）七錄三卷，隋志云「亡」。

（考記）見太平御覽天部引禮記默房鄭注。

樂緯注

（輯本）孫瑴樂緯三卷古微書，守山閣叢書本

趙在翰七緯福州小積石山房刻本

黃奭樂緯黃氏逸書考本

馬國翰樂緯三卷玉函山房輯佚書本

（考記）孫穀云：「緯以配經也，樂無經矣，復有緯乎？曲記之樂記，周官之大司樂，附禮而見。則樂之緯，亦禮緯之埤而見者也。經籍志三卷，曰叶圖徵，曰動聲儀，曰稽燿嘉，稍有存者。」王昶春融堂集云：「諸書皆不言鄭有樂緯注。然考御覽一引樂緯動聲儀有鄭玄注。則鄭君曾注樂緯，信矣。」侯康云：「趙氏七緯祗載聲動儀注；然所采檀弓正義稽耀嘉注亦鄭注也。正義引鄭氏諸經傳注，往往不名，餘人則名。唯叶圖徵無攷。」胡元儀云：「御覽卷六尙有引鄭注叶圖徵一條。據諸書所引有動聲儀，禮記疏。稽燿嘉，禮記疏。白虎通引作稽燿嘉。叶圖徵，續漢志劉昭注。太平御覽六。凡三篇。」

春秋緯注

（輯本）孫穀春秋緯古微書。守山閣叢書本

趙在翰七緯福州小積石山房刻本

黃奭春秋緯黃氏逸書考本

馬國翰春秋緯玉函山房輯佚書本

（考記）侯康云：「范甯李雲傳注引春秋運斗樞曰『五帝修名三功，修德成化，統調陰陽，招類使神，故稱帝。帝之言諦也。』鄭玄注云：『審諦於物色也。』康按樊英傳注載春秋緯十三，而諸書所引春秋緯注，多出宋均，宋衷，或無注人名。其明標鄭氏者，獨此一條耳。又文選諸淵碑文注引鄭玄春秋緯注曰『遯，去也，』不言緯書之名，未知即出運斗樞注，抑別出他篇，不可攷矣。」胡元儀云：「春秋緯篇目甚繁，有演孔圖，諸書屢見孔錄法，春秋說題辭，元命苞，文曜鉤，運斗樞，感精符，合誠圖，考異郵，保乾圖，漢含孳，佐助期，握成圖，潛潭巴，考曜文，命歷序，句命決，含文嘉，白虎通引春秋含文嘉少陽篇公羊疏引凡二十篇。」

孝經緯注

（輯本）孫穀孝經緯古微書，守山閣叢書本

趙在翰七緯福州小積石山房刻本

黃奭孝經緯黃氏逸書考本

馬國翰孝經緯玉函山房輯佚書本

（考記）案顧懷三云：「東京賦注，太平御覽皇王部並引孝經鉤命決鄭注。」胡元儀云：「按鄭注中庸引孔子曰：『吾志在春秋，行在孝經。』句命決之文也。文王世子注引孝經說云：『諸侯歸，各師於其國，大夫勤於朝，州邑雝於邑。』此援神契之文也。鄭君注經屢引之。而后稷爲天地主，文王爲五帝宗，又鄭君注禮之所主，豈有諸緯皆有注，孝經緯反不注乎？今考諸書惟羅華路史引考經句命決云：『任己感神生帝魁。』並載鄭注云：『任己，帝魁之母，而春秋自命決作任姒，傳者誤也。夫任乃太昊之後，黄帝所封爲己姓。姒氏，夏始有之。』則鄭君曾注孝經，有明徵矣。」

河圖洛書注或題洛書注，或題洛書靈準聽注。

（考記）案河圖洛書七錄二十四卷，目錄一卷，隋志亡，唯河圖二十卷，經義考列其目凡數十種，靈準聽其一也，初學記卷九引洛書云：「有人出石夷掘地代戴成鈐懷玉斗，」鄭玄注曰：「懷璇璣玉衡之道，姚氏以禹胸有黑子如北斗，」又引靈準聽氣五機七云云，鄭玄注曰：「氣五，寓之五行，機七，二十七里也。」羅苹路史亦引洛書靈準聽鄭玄注數語，知康成有河圖洛書注也。

（四）

雜類

漢律章句

（考記）通典：「舊律，其文起自魏文侯師李悝次諸國法著一經。以爲王者之政，莫急於盜賊，故其律始於盜賊。須劾追捕，故曰捕二篇。其輕狡越城，博戲借假不廉，淫侈踰制，以爲雜律一篇。又以具其加減，是故所著六篇而已。然皆罪名之制也。商君傳習，以爲秦相，漢承其制。蕭何定律，除參夷連坐之罪，增部主見知之條。益事律，擅興，廄戶三篇，合爲九篇。叔孫通益律所不及，傍章十八篇；張湯越宮律二十七篇；趙禹朝律六篇；合六十篇。又漢時決事爲令甲以下三百餘篇。案漢書如淳注：「令有先後，故有令甲令乙令丙。」文穎注：「天子詔所增損，不在律上者爲令。令甲者，前帝第一令也。」又司徒鮑昱撰嫁娶辭訟，比爲決事，都目凡九百六卷。代有增損，輕重舛異。而通體連句，上下相蒙。雖大體異篇，實相採入，盜律有賊傷之例，賊律有盜章之文；興律有上獄之法，廄律有逮捕之事。若此之比，錯雜無常。後人生意，各爲章句，叔孫宣，郭令卿，案侯康云：「叔孫宣，郭令卿，不知何時人。晉志敍于馬鄭之前，且謂時其律章句已行，則必後漢人矣。」馬融，鄭玄，諸儒章句，十有餘家，數千萬言。凡斷罪所當由用者，合三晉志作二萬六千二百七十二條，七百七十三萬二千二百餘言。言數益煩，覽者益難。於是詔但用鄭氏章句，不得雜用餘家。」案此文略同晉書刑法志。鄭珍云：「據晉志，康成注漢律，的有明證。而其書之爲目，及爲卷若干，並不見隋志者，志云：

『漢律久亡，故事駁議，亦多零失，』則康成章句，與叔孫郭馬諸家，不特唐初人不及見，即齊梁間人著七錄，七志，已無見之者矣。其書或止注簡，叔孫，張，趙律六十篇，或並注令甲以下，及法比都目，今皆無自詳攷。案前漢書諸侯王表注張晏引律鄭氏說：「封諸侯過限曰附益」侯康謂即康成章句也。

乾象曆注

（考記）范史鄭傳及鄭志目錄並記鄭注有乾象曆。隋唐志不著錄，蓋久佚矣。晉書律曆志云：「靈帝光和中，劉洪攷古今曆法。案其進退之行，知四分曆疏闊。更以五百八十九爲紀法，一百四十五分爲斗分，而造乾象曆。冬至日在斗二十二度，以術追日月五星之行，依易立數，名爲乾象曆。又制日行黃道赤道之度，法轉精密，獻帝建安中，鄭玄受其法，以爲窮極幽微，又加注釋焉，自黃初後，改曆者皆斟酌乾象。」朱子云：「康成考禮名數，大有功，事事都理會得。如漢律曆皆有注，儘有許多精力。」

日月交會圖注

（著錄）七錄一卷，隋志云「亡」。

（考記）胡元儀云：「按晉書律曆志述劉洪作乾象曆云，『又創制日行遲速，兼攷月行，陰陽交錯於黃道表裏。日行黃道，于赤道宿度復有進退，方于前法爲密。』則此日月交會圖亦劉洪所作。鄭既注乾象曆，復注此耳，或云即乾象曆中之一卷，當時別行，亦無明證。」

天文七政論

（考記）案范史鄭傳及鄭志目錄記鄭所注有天文七政論。而隋唐志不著錄，亦久佚矣。

九宮經注

（著錄）隋志三卷

九宮行碁經注

（著錄）隋志三卷，新舊唐志同。案鄭珍云：「舊唐志止稱九宮行碁不言注。蓋誤。」

九旗飛變

（著錄）新舊唐志一卷案舊志云：「李淳風注。」

（考記）鄭珍云：「按九宮，九旗，皆風角占候家之言。康成少好隱術，宜其緒餘有此，唐後皆亡。」

大司農鄭玄集

（著錄）七錄二卷，錄一卷，隋志云「亡」。新舊唐志二卷。

（輯本）盧見曾鄭司農集一卷 雅雨堂叢書本 案鄭珍云：「乾隆間盧氏見曾刻周易鄭注，後附康成集，其首爲風賦，考此賦藝文類聚卷六十八所載，是晉傅玄作，不知何以誤歸康成或因名同，一時失檢。」

（考記）顧櫰三云：『今可考者，有嘉禾頌，亦作嘉瓜頌。戒子書，詩譜序，尚書大傳序，孝經注序，周官注序，論語注序，魯禮禘祫議，皇后父伏完朝賀議，通典引六藝論，答何休，答甄子然，難禮，答臨孝存周禮難，鄭志鄭記答張逸趙商諸弟子問，駁五經異義，自叙，遺令。」案鄭珍述鄭君撰著，自叙，答何休。嘉禾嘉瓜頌，亦另立目。胡元儀以發箴起三書即答何休，非別一書。而詩書諸序，各附於經。六藝論，答臨孝存等，既自成書，不宜雜入。惟戒子書列入集中爲得。䮾案嘉禾嘉瓜頌，自叙並當入集，非自爲書，子尹別出，非也。禘祫議既爲一書，朝賀議當在禮議之中，與六藝論，答臨孝存等，並不宜入集，櫰三所舉，亦未爲得也。

增鄭志

（著錄）隋志十一卷，魏侍中鄭小同撰新舊唐書九卷。

鄭記

（著錄）隋志六卷，新舊唐志同。

（輯本）武英殿聚珍板鄭志三卷，補遺一卷。紀昀校。

秦𡒄鄭志三卷錢東垣，錢繹校。案東垣云：「今本不知誰何所集，四庫全書提要言兩江總督採進。聚珍板刊行，人間絕少。首題鄭小同編，則仍從隋志等書也，其下卷多鄭氏弟子，互相問答語，當是鄭記之文。秦君恩若刊叢書，屬予勘訂。因偕弟繹侗取諸經正義及唐宋說部類書所引詳細校對聚珍板，舊有按語，悉仍其舊。新加按語，特標名以別之，不敢雜也。」

王復鄭志三卷，補遺一卷。武億校。孫馮翼問經堂叢書本，古經解彙函本，後知不足齋本，食舊堂叢書本，許鄭遺書本。

黃奭鄭志黃氏逸書考本。而高密遺書十四種本，始分鄭志鄭記。案以上諸輯，並不分鄭志，鄭記，逸書考猶然。

袁鈞鄭志八卷，鄭記一卷。鄭氏佚書本。案鈞序云：「集鄭志依經類次，末附雜問，凡八篇，鄭記一篇。」

孔廣林鄭志八卷通德遺書所見錄本。案廣林序云：「鄭志八篇，目不可見，據詩甫田正義引尚書志，周官保章氏疏引春秋志，大司寇疏引易志，則依經爲次也。鄭記，申鄭義者也。亦依次錄入。而題增字別之，七經而外，經之以雜問志凡八卷。」

成蓉鏡鄭志考證一卷南菁書院叢書本。

皮錫瑞鄭志疏證八卷，附鄭記考證一卷。皮氏九種本

（考記）後漢書鄭傳云：「門人相與撰玄答諸弟子問五經，依論語作鄭志八篇。」劉知幾云：「鄭之弟子追論師說，及應答時人謂之鄭志。分授門徒，各述師言，更相問答，編錄其語，謂之鄭記。」孝經正隋志經籍志云：「鄭志十一卷，魏侍中鄭小同撰。鄭記六卷，鄭玄

弟子撰。」新舊唐書藝文志云：「鄭玄鄭志九卷，鄭記六卷。」黃奭云：「新舊唐志，動輒疎舛。其以鄭志鄭記即由鄭公手定，此妄言也。殆不足辨。隋志雖根七錄，爲阮孝緒等所考定，似無不可從然遽以鄭志爲出侍中一手，竊恐不然，范蔚宗去漢未遠，必有所本，以爲鄭志八篇，則八篇矣。隋志忽題爲十一卷，將謂此十一卷，爲侍中私志，與八篇之志竝行，必無其事。或者弟子先有八卷成書，侍中簒爲十一，未可知也。否即侍中新續三卷，合前八卷而十一之，亦未可知。至唐志九卷之說，則不知爲後人又併侍中之十一卷而九之，抑佚其二卷耶？總之，謂侍中與弟子互相詪論，或先或後，則可。謂弟子絕不與其事則不可。且隋志亦自言鄭記爲弟子撰矣。三占從二，何況孝經正義及史通無不以鄭志，鄭記悉出弟子。若詩正義之以『鄭記爲鄭沖弟子爲說申鄭之義，非鄭公弟子。』誠所謂單詞孤證，識者譏焉。」袁鈞云：嘗檢諸經正義所引與鄭君問答者，冷剛，張逸，趙商，韋曜，案曜即昭。孫皓，劉琰，田瓊，炅模，王瓚，臨碩凡十人，臨碩，鄭君自有答難禮一書，則鄭志問答止九人。周禮大司寇疏引易志。詩甫田及檢譜三疏竝引尚書鄭志。采芑疏引周禮志。周禮保章氏疏引春秋志。小司徒疏引禮雜問志。竊意其書是以經爲次者。曰雜問志者，諸書引或稱鄭志或稱雜問志，或稱鄭答志，蓋綴于八篇之末，故通謂之鄭志也。又有焦喬，崇精，王權，鮑遺，任厥，崇翱，桓翱，劉德，陳鏗，陳鑠，諸人之問。答者張逸，趙商，田瓊，王瓚，焦喬，氾閣。而焦，氾二人語頗多，顧不見鄭君問答中，要必及事鄭君，與于弟子之列。即所謂『分授門徒，各述師訓，更爲問答』者，乃鄭記，非鄭志也。鄭珍云：「南齊書禮志，永明二年，蔡仲熊議郊與明堂宜異日云：『鄭志云：「正月上章祀后稷於南郊，還明於堂，以文王配。」蓋爲志者失，非玄意也。玄之言曰：「未審周明堂以何月，於月令則以季秋。」』依此可知弟子所述，時有失康成本旨者，亦如程朱語錄矣。」

（存疑）漢宮香方注鄭珍鄭學錄。

（考記）宋張邦基墨莊漫錄：「漢宮香方，鄭康成注。『沈水香二十四銖，著石蜜複湯鬻。銅鐵器皆病香。以指嘗試，飲甲則已。南海賈朝貢一種香木末，如蜜房，色澤正黃，可減甲。以寒水炭四焙之。靑木香十二之一，可酌省之，雞舌香以其子，勿以其母。靑木香用二銖。合擣如麋。沈水得蜜密，烟黃而氣鬱。投初鬻中媒，使相悅。

闔以黃螫蜜隙垎不律地埋之。一月中許，出之。投龍腦六銖，麝損半。一鑪注如芡子，薰鬱鬱略聞百步中人也。今大官加蜜蠟。外家効之，以珠膠。』此方魏道市強記，面疏，以示洪炎玉父，意其失古語。其後相國寺庭中買得古葉書雜鈔有此法，改正十餘字。」鄭珍云：「方與注文辭簡奧，墨莊得之，洪氏復買古抄中有之。則非道輔僞造，無疑。觀此不獨見康成有許多精力，益足信其無一物不知也。」 178

字指侯康補志

（考記）孫志祖云：「隋，唐志無此書，文選注有疑誤。」

史記注顧櫰三補志

（考記）顧櫰三云：「史記前漢書注所載鄭氏音義即此書。或以爲康成注，未敢信也。」

干寶箸述考

新蔡 郭維新

邑志人物門邢卓前出干寶，晉書卷五十二有傳曰：「干寶字令升，新蔡人也。少勤學，博覽書記，以才器召爲著作郎，平杜弢有功，賜爵關內侯。中興草創，未置史官，中書監王導上疏曰：『夫帝王之迹，莫不以書著爲令典，垂之無窮，宣皇帝廓定四海，武皇帝受禪於魏，至德大勳，等蹤上聖，而紀傳不存於王府，德音未被乎管絃，陛下聖明，當中興之盛，宜建立國史，撰集帝紀，上敷祖宗之烈，下紀佐命之勳，務以實錄爲後代之準，厭率土之望，悅人神之心，斯誠雍熙之至美，王者之鴻基也，宜備史官，敕佐著作郎干寶等漸就撰集，』元帝納焉，寶於是始領國史。以家貧求補山陰令，遷始安太守，王導請爲司徒右長史，遷散騎常侍。」「干」或誤爲「于」崇文本作于海寧蔣氏衍芬堂臧宋刊本作干但目則作于，馬國翰玉函山房輯寶周易注序曰「晉書有傳作于寶，隋志亦作于寶，按張淏雲谷雜記引千姓編，干望出滎陽穎陽，宋有干犨，晉有干寶箸搜神記，而以諸書作于者爲字畫之差。凌稚哲萬姓統譜于干二姓，俱收令升，見出騎牆。」項臯謨舊跋云：『令升新蔡人，徙居吳郡海鹽，』又云：『干裔有居海鹽，有居嘉善，以埤埴爲業，干窰鎮由是得名，』是干非于，又可於一字師外得一佐證矣。」維新比者痛邑志之陋略，文獻之凋零，爰輯述邑藝文志攷略，得書四卷，寶箸特多，誠魏晉間所謂通人之學也。第邑志人物本志曰：「寶後隨父移家嘉興，」移家之年，史無確記，晉書本傳曰：「寶父先有所寵侍婢，母甚妒忌，及父亡，母乃生推婢於葬中，寶兄弟小不之審也。後十餘年母喪開墓，而婢伏棺如生，載還經日乃蘇，言其父常取飲食與之，恩情如生，在家中吉凶輒語之，考校悉驗，地中亦不覺為惡。既而嫁之，生子。」寶父之喪，寶及其兄尚未能悉推婢之事，則寶隨父移家之時，最多亦不過四五齡。本傳雖定其為邑人，而實非游息於斯邑也，與著籍之例未合，故別出之，名曰干寶著述考，或於學人不無少補云爾。

周易注（宋志作傳）十卷

【逸。明胡震亨輯本。姚士粦輯本。淸孫堂輯本。丁杰補正姚士粦本。黄奭漢學堂叢書輯本。馬國翰玉函山房輯本】是注「僅三十卦，卦惟乾備六爻，餘止一象一爻而已。要皆自古易類萃中摘抄」（胡氏志林輯本序）。釋文叙錄、隋志、兩唐志、宋志著錄，卷數並同。宋宣和四年蔡攸上其書，「故中興書目尤袤遂初堂書目得著錄。明姚士粦輯干常侍易解三卷，但取李氏集解，而時有疏謬，歸安丁氏杰補正，武進張氏惠言梓入易義別錄，茲據參校而習刊之。」（馬輯本序）「史稱寶好陰陽數，留心京房夏侯勝之傳，故其注易，盡用京氏占候之法以為象，而援文武周公遭遇之期運，一一比附之，易道猥雜，自此始矣。」（易義別錄輯本序）朱氏經義考曰：「干氏易亦無傳，惟散見於陸氏釋文、李氏集解，近海鹽胡氏編鹽邑志林，乃鈔撮其存者刊行之。」胡氏本一卷，姚氏本三卷，丁馬據補正，卷數同。孫氏漢魏易注據雅雨本，漢學堂叢書本，但不及玉函山房本之善。

周易宗塗四卷

【逸。無輯本】隋志夾注曰「梁有周易宗塗四卷，干寶撰，亾。」

周易問難二卷

【逸】隋志夾注曰：「梁有周易問難二卷王氏撰，亾。」姚振宗隋志攷證曰：「按册府元龜云：『晋干寶爲散騎常侍領著作，撰周易問難二卷。』此誤讀本志此一條注文也。明何與譔干氏易輯本云：『干令升有周易宗塗四卷，爻義一卷，問難二卷。』亦誤讀本志。經義攷曰：『干氏寶周易問難二卷，又按隋志有王氏周易問難二卷，疑譌干爲王也，』則又因册府何氏兩說而誤著於錄，誤致其疑也。本志注文率連上下文，易致誤會，然如此一條，前後皆有可證明，尙不甚難辨，此實王氏書非干氏書。」按姚說是也。以諸說展轉滋誤數百年，故仍著於此而引姚說以明之。

周易玄品二卷

【逸。無輯本】隋志：「周易玄品二卷，」册府元龜注釋門：「干寶又撰周易玄品二卷，」經義攷：「隋志周易玄品二卷不注撰人姓名，當卽干氏之書。」全祖望讀易別錄曰：「周易玄品二卷，隋志誤入經部，」姚氏隋志攷證曰：「册府元龜以爲干氏，豈宋初傳本此條下有撰人，今本佚敚耶？本志子部五行家亦有周易玄品二卷，亦不著撰人，疑卽一書，故全氏謂誤入經部。」

周易爻義一卷

【逸。無輯本】隋唐志著錄卷數並同，舊唐志作文義，當爲形近之譌。宣和四年營攸上其書，故中興書目遂初堂書目得著於錄。

毛詩音隱一卷

【逸。無輯本】隋志：「毛詩音隱一卷，干氏撰。亡。」姚氏攷證曰：「釋文敍錄載詩音九家中有干寶，此殆干氏之誤。」

周官禮注十二卷

【逸。清王謨輯本。黃奭輯本。馬國翰輯本】釋文敍錄：「干寶注周官十三卷」，隋志兩唐志作十二卷。王氏漢魏遺書鈔曰：「經典釋文曰『官正以下鄭總列六十職序，干注則各於其職前列之』，如所言則陸氏必猶見干注全書，而賈疏絕不稱引，今鈔出周禮釋文二十六條，毛詩釋文一條，禮記疏一條，後漢書注十五條，通典二條，初學記一條，隋書音樂志一條。」馬國翰輯本序曰：「注本字如挾日作帀日，有握作有幄，胥鳴作骨鳴之類，與鄭本異，蓋參用賈馬之本也。」馬輯本一卷，漢魏遺書鈔漢學堂叢書不分卷。

周官駁難三卷

【逸。無輯本】隋志：「周官禮駁難四卷，孫略撰。梁有周官駁難三卷，孫琦問，干寶駁，晉散騎常侍虞喜撰。」舊唐志「周官駁難五卷，孫略問，干寶荅」。新唐志「干寶荅周官駁難五卷，孫略門」」通志藝文略：「周官駁難五卷。」姚氏隋志攷證曰：「孫略爲虞預之埒，與預兄喜同志隱居不仕者，孫琦始末未詳，殆亦同志友善者。是書蓋干寶孫略孫琦虞喜四家問難合爲一編，本志及七錄所載共七卷，至唐存五卷，或虞喜所撰定也。」

七廟議一卷

【逸。無輯本】隋志夾注：「梁有七廟議一卷，干寶撰。」姚氏攷證曰：「按舊新唐志史部儀注類有晉七廟議三卷，蔡謨撰。疑此一卷即蔡本三卷之佚存者。」按姚說不足徵信

後養議五卷

【逸。淸馬國翰輯本】隋志夾注：「梁有後養議五卷，干寶撰。」馬國翰輯本序曰：「此書芒論列爲人後者養親喪祭之禮，曰議者，集諸儒之議以成書也。」

雜議五卷

【逸。無輯本】兩唐志均有著錄，而隋志無之，疑與後養議書同名歧。秦榮光補晉志入史部政書類通制門。

春秋左氏函傳義十五卷

【逸。淸馬國翰輯本】馬國翰輯本序曰：「春秋左氏函傳義一卷，干寶撰。隋志載春秋左氏函傳義十五卷，舊唐志作春秋義函傳，新唐志作春秋函傳，並十六卷，今佚。孔氏正義引一節，杜氏通典引一節，輯以存典午遺墨。」姚氏隋志攷證曰：「按晉書本傳云：『寶又爲春秋左

氏義外傳，」與隋唐志題函傳者異，未詳孰是。

春秋序論二卷

【逸。無輯本】隋志：「春秋序論二卷，干寶撰。」舊唐志作一卷，新唐志：「干寶春秋議函傳十六卷，序論一卷。」按此書殆卽函傳之序論，當合併著錄。序錄序論卒有二卷者，兩唐志作一卷是也。

晉紀二十三卷

【逸。明胡震亨輯本。清嚴可均輯本。黃奭輯本】隋志別史類：「晉紀二十三卷，干寶撰，訖愍帝。」舊唐志編年類：「干寶晉紀四十卷，」又正史類：「干寶晉書二十二卷。」晉書本傳曰：「寶著晉紀，自宣帝訖於愍帝五十三年，凡二十卷，其書簡略，直而能婉，咸稱良史。」章宗源隋書經籍志攷證曰：「唐志編年類有干寶晉紀四十卷，正史類又有干寶晉書二十二卷，自是重出。」嚴可均輯本在全晉文編內。

司徒儀一卷

【逸】隋志史部職官類：「司徒儀一卷，干寶撰，梁有，隋亡。」章氏攷證曰：「兩唐志作司徒儀注，舊志入儀注類。」按是書馬國翰玉函山房輯佚書中有錄無書，蓋當時佚書隨編隨刊，書未竟而馬氏卒，輯稿遂致散失也。

干子十八卷

【逸。清馬國翰輯本】馬國翰輯本序曰：「隋志儒家注梁有干子十八卷，亾。洪适容齋隨筆載馬總意林引用子書之目有干子，今意林中亦缺。攷杜佑通典載寶駮招魂議一篇，又荆楚歲時記太平御覽並引干寶變化論佚說之存僅此，茲據錄。

正言十卷

【逸。無輯本】新唐志通志略均有著錄。

立言十卷

【逸。無輯本】新唐志通志略均有著錄。

按正言立言，黎榮光補晉志疑係分干子爲二。

搜神記二十卷

【存】隋志「搜神記二十卷，干寶撰。」新唐志小說家類：「干寶搜神記五卷。」崇文總目小說家類「搜神總記十卷，不著撰人名氏，或題干寶撰，非也。」通志藝文略史類冥異部：「搜神記三十卷，干寶撰。」宋志小說家：「干寶搜神總記十卷。」晉書本傳曰：「寶父先有所寵侍婢，母甚妬忌，及父亾，母乃生推婢於墓中。寶兄弟年小不之審也。後十餘年，母喪開墓，而婢伏棺如生，載還經日乃蘇，言其父常取飲食與之，恩情如生。在家中吉凶輒語之，攷校悉驗地中，亦不覺爲惡，即而嫁之，生子。又寶兄嘗病氣絕，積日不冷，後遂寤，云見天地間鬼神事，如夢覺，不自知死。寶以此遂撰集古今神祇靈異人物變化，名爲搜神記，凡二十卷，以示劉惔，惔曰：卿可謂鬼之董狐。」通行本極夥。

干寶集四卷

【逸。無輯本】隋志：「干寶集四卷梁有五。卷」晉書本傳曰：「雜文集皆行於世。」

右計二十種經之部十，三史之部二，子之部四，集之部一。存一種，逸十有九。有輯本者七，無輯本者十三。寶著跨四部，逸存僅此！史志所載，約盡於是矣

二十五年小陽月於河南大學

倪迂存及其著作

何鵬

倪讜字迂存，一字預掄。安徽望江人。他生於清乾隆十五年（一七二一）十一月二十六日，死於道光五年（一八一六）十月二十八日。他的家裏很貧，世以耕讀為生。但是他讀書却是很努力的，很刻苦的。江爾維的倪迂存先生年譜上說：

「君八歲，居大雷岸（望江縣城北），讀書家塾。家貧，讀稍暇，輒驅犢出牧，不與羣兒嬉戲，背誦所業，聲琅琅然。」

「君十四歲，從劉文學狷夫先生讀書於縣城北崇惠觀，……晝夜苦攻，譙樓更卒，每言：「夜半被書聲喧聒，不能眠也。」又覩中庭有石礎，君冬夜彊記誦，輒跪於礎上，手執一編。」

他如此勤奮，這時已能「粗通訓詁」，但仍是「學為時文」，或「肆力時藝」罷了。乾隆已亥（一七五〇）舉於鄉，次年北上，至南京，會見了錢大昕、戴東原、王念孫、翁方綱、丁杰這一班學者，質證鄉學說文古義，他們都深加獎嘆，許以代興。丁未（一七五八）考充景山官學教習，與同館的張惠言、惲子居，和石琢堂、孫星衍、洪亮吉諸人，「考訂經義，暇則為詩古文，互相觀摩。」（江爾維年譜語）於是他「始知載籍之源流，不敢妄下雌黃，臆為點竄」了。（經鋤堂藏書自序）嘉慶己未（一七七〇）成進士，應得縣令，但他笑着說：「五斗折腰，我能為之乎？吾家尚有薄田可耕，江干老屋數楹，藏書充牣其中，吾以終吾身可也。」（姚文田倪先生墓誌銘）於是棄官而歸。當時紀文達和張惠言皆為詩以贈之，都可表現他的為學和做人的態度。紀詩曰：

有官未得甦閒居，魚鳥流連樂有餘；雲路已多千里駿，雪臆且讀十年書。廉峯金石尋蝌隸，檢點緗緗正魯魚；稽古研經今年老，定知白首興如初。

張詩曰：

大雷岸頭有倪生，長髯一尺雙瞳青。讀書往往追許鄭，一字考證窮諸經。拄床撐屋盡積卷，吉金樂石紛紛橫。尤有癖嗜古莫比，考論刀布搜泉名：高陽之金太公貨，肉好分寸詳模形。乾隆年間歲壬癸，與君聯袂游春明；四門博士飯不足，三載共食盤盂傾。君時畜錢苦汲汲，日走街市無時停，徘徊常使僮僕笑，驅遣每令兒童爭；歸來一書訂作譜，商文榷字如渭涇。相如獻賦若未成，五斗薄祿何足營。飄然拂袂歸江汀，余亦遯迹窮南征。長安三月花冥冥，六年重見世事更。龍門老樹枝遽榮，人生得失浮雲輕。……買山何時計迂遠，有田美爾冥歸耕。北風悠悠南雁鳴，作詩遠介將兕觥。明年邏我汎舟去，同折梅花江上行。

從此，他在家一心一意過着讀書著書的生活了。後來死時，年達七十六歲。

他一生的著作，據王引之的倪先生墓表上說：『所著書甚夥，其有裨教化者，則倪氏族約。有裨經濟者，則導淮由天長合肥注江辨。有裨經傳者，則雙聲古訓十卷，古今錢略三十二卷。』

但就我所知道的，此外還有四種：一是迂存遺文二卷，二是雷港瑣記二卷，三是江淮文獻志，四是迂存詩集（卷數俱不明）。這些書，眞非尋常無聊的著作可比，是有傳世的價值的。像古今錢略、雷港瑣記、江淮文獻志，富有漢學家考據的精神；尤其是古今錢略，江爾維的年譜上說：

『君致力此書，凡二十年。於古泉幣之制，纖悉備具：詳其形體，別其眞僞。又考歷代錢之數，靡不臚列瞭如。李大令兆洛謂此書典博，調國用掌三官者，就而考焉。可以知古今沿革得失，因時之宜，定中制，權輕重，爲補救，則其裨於治大矣。』姚文田的倪先生墓誌銘也說錢略『考究形製，辨晰時代，實足爲考古者之一助。』我們知道國內關於貨幣的專著，向來很少；有之，不過是梁啟超的中國古代幣材考等著作，此外文獻通考中的錢幣考，及各史書的平準書、食貨志也略有記載罷了。可惜這部錢略，因他『無力鏤板』只有『藏副於家』而已。不過我們在他的錢略序傳裏（今已收入迂存遺文），還可以看出全書內容的梗概。

至於雙聲古訓十卷，是研究文字學的寶筏，爲阮元的經籍籑詁而後罕見的專書。他的自序裏說：

「余曩有駢字解詁，如張樂、維婁、跅弛、呰窳之類，隨手纂輯，稿本星散，今春編錄成帙，病其太略也。因讀經籍籑詁，依其義類，擴前編而廣之。凡所同未同我同人之類，連文見義，輒於古訓撮要，以備遺忘。至於訓有詳略異同，如五戎、六宮、八風、三公，咸類列之，以備參考。於原書之各見者，彙集之；其或偶佚者，增訂之。錄成以雙聲古訓名之，亦小學隅眾之一助。」

這種方法，與經籍籑詁的「統長言短言而並錄，含本訓轉訓而俱收」的主張，很是相同。不過阮氏全書所收，重在單字。本書則偏重「連語」方面，其體例已勝過以前的一班學者了。王國維先生的古文學中聯緜字之研究曾說：

「聯緜字，合二字而成一語，其實猶一字也。前人駢雅、別雅諸書，頗以義類部居聯緜字，然不以聲爲之綱領，其書蓋去類書無幾耳。……若集此類之字，經之以聲，而緯之以義，以窮其變化，而觀其會通，豈徒爲文學之助，抑亦小學上未有之事業也。」

本書的一部份，固然只可作「類書」之用，但其中大部份確是王先生所說的「小學上未有之事業」了。

迂存遺文雖僅二卷，其中如晛睆黃鳥解、月令中星解、石經源流考、西漢人著述考、雷港源流考等篇，皆博考羣書，歸於精確，是與學術界極有關係的文章。無怪姚姬傳先生要說：「迂存治經術，不規規於辭章，而文氣醇茂，卓然正宗。「讀書破萬卷，下筆如有神。」古人諒如是矣。」所以他的其他著作，在文學史上，均應占有重要的位置。很可惜的是這種種著作，除迂存遺文已刊出外，其他皆藏於家，世人不能得見一面；令有志鄉邦文獻的人，徒增浩嘆而已。雖然吾邑「先輩大都治樸學，不求表暴」（倪文蔚「迂存遺文」書後）但這是與學術界有極大關係的，甚望倪氏後人早日設法將它刊印出來，其功眞非淺也。

二十六、二、十四、於太湖。

張曲江著述考

何格恩

張曲江之著述，除現存之曲江集予已另有考證外，其已佚而仍可考者，有下列七種，玆列舉之如下：

I.千秋金鏡錄五卷：曲江集卷十三（四部叢刊本）進千秋節金鏡錄表云：『謹於生辰節上事鑑十章，分爲五卷，名曰千秋金鏡錄。』舊唐書本傳云：『九齡爲中書令時，天長節百寮上壽，多獻珍異；唯九齡進金鏡錄五卷，言前古興廢之道，上賞異之。（註一）』新唐書卷五十九藝文志儒家類著錄：張九齡千秋金鏡錄五卷。鄭樵通志卷六十六藝文畧所著錄者亦同。然此書久佚，自明以來，坊間所見者皆爲贋作。（註二）其爲明人所贋作者，如嘉靖隆慶兩本，鄧瑗（註三）陸世楷王士禎等（註四）力斥其妄，今已不傳。現存者爲雍正甲寅裔孫世綱等刻本，檀萃(註五)黃子高(註六)譚瑩(註七)等亦辨之詳矣。

註一：徐浩文獻張公碑云：「每天長節，公卿皆進衣服，公上千秋金鑑錄五卷，述帝王興衰，以為鑒戒。」

註二：邱濬瓊臺會稿卷三曲江集序云：「童稚時嘗得韶郡所刻金鑑錄，讀之灼知其偽。」楊起元重刻曲江先生文集序云：「曲江張文獻公集若干卷，海內罕得見之。成化癸巳瓊山邱公始得於館閣羣書中，手自抄錄，梓於韶。韶之有曲江集，瓊山之功也。歲遠板廢，人家藏本罕傳；而贗刻金鑑錄，則市鬻而家有之。」

註三：樂昌縣志八藝文 鄧瓊曲江集後序云：『所惜者金鑑十章，已為楊貴妃所焚；其嘉言善行，不傳於世。今之傳者，乃釋門寺僧假公之名以神其術，非公之言也。知府王瑛信其說而鋟之書，得罪於公甚矣。』

註四：全唐文紀事卷九十二引嵐齋紀聞云：『隆慶間曲江刻張文獻公千秋金鑑錄一卷，又偽撰序表。平湖陸世楷孝山為南雄守，著論辨之曰：「金鑑一書既進明皇，應廣流播；偽序云：「非吾子孫不得記錄，非人而傳，必遭刑憲。」乃似道院秘傳符籙，其偽一。素衣朱襮，原非白丁；赭衣罪服，詎比軒冕？（偽序云：「學則素衣之人為上達；不學則赭衣之人為白士」。）曾是丞相，而此詭舛，其偽二。書成進上，自公手鐫；韓昕魏可，公乃揀選，（偽序云「韓休是子魏可斷之嗣也。韓久歷興亡之際，命為真本，付之魏可云云」）其偽三。此書初進，必已流傳；世遠言湮，遂難搜訪。何須千年，方許流布？（偽序云：「此錄一千年後方布人間云云」）其偽四。非臣非君，非神非仙（皆序中語）文理陋惡，有同鄙俚，其偽五」

。又辨僞表一篇，詞多不錄。此等僞謬，凡畧識之無者，亦不肯爲；而粵中新刊曲江文集，竟收入之。』四庫全書總目提要九十一子部儒家類存目一著錄千秋金鑑錄一卷云：「舊本題唐張九齡撰。案王士禎皇華紀聞曰：「隆慶間曲江刻張文獻公千秋金鑑錄一卷，又僞撰序表。平湖陸世楷爲南雄守，著論辨之。此等謬僞，凡畧識之無者，亦不肯爲；而粵中新刻曲江文集竟收入；故孝山請燬聽火其書，碎其板云云。今此書序中，所謂「非吾子孫，不得記錄；非人而傳，必遭刑憲」。「學則素衣之人爲上達，不學則緋衣之人爲白士」。「此錄一千年後，方許流布」諸語，皆與世楷所指駁者合。士禎又言：「別有金鑑錄一册，乃嘉靖間文獻裔孫張希祖所撰。康熙甲辰曲江令凌作聖重刊。士禎所摘謬妄不經之處，如安祿山爲野豬之精，史思明爲鵰鳥之精，楊貴妃爲白鷳之精；又立子旦爲相王，武后太子先貸中宗，皇后廢之，又名晉宗，又蜀州司戶楊元琰女爲上子壽王妃，今上寵之，賜名楊貴妃；又宮室未娶肅宗也諸語，今亦皆在錄中，則兩本亦大概畧同也。末二章預作讖語，曾及狄青諸人，尤爲妖妄。蓋粗識字義，而又不通文理者所爲，本不足存；以其出於九齡之子孫，恐惑流俗，故存而闢之，俾無獎衆聽焉。』嶺南叢述卷十六張曲江上千秋金鑑錄引霹靂齋筆記云：『今韶州所刻金鑑錄，其第三章報國復興錄云：「唐世鴻業，三遭女禍，五遇佞臣，臣已見三禍矣。今主上又喜驍守珪進營州雜胡阿犖山，母再適安氏，故冒其姓，部落破散，燕媽之鬭逃來，狡黠而生逆毛，後定敗國。又有蜀州司戶元琰女爲上子壽王妃，十年後女官，今上寵之，賜名楊貴妃，舉進入宮，後日女禍又始，三年定實。安祿山者野豬之精也，腹無遺恭；史思明者鵰鳥之精，腦生兩翅；楊貴妃者白鷳之精，指爪純赤，此三人者成國事少，敗國事多。

復有木子雙木楊行金二人入相，佞進國庭。至天寶中安有疏狀之距，范陽千里烟塵，引進契丹，大燕安僭，妃縊馬嵬哭、事承肅宗之人，此時佞爲石兮齡方見，王隱石塵，離而復合也。噫，主濡淚巴山，艱行蜀道，家亡國破，恩已變仇，方嘉愚直。臣慮主上有大難，齡有異借一貫，內載般若茶具緇衣，其至蜀中難還，於梵宇開之，難可釋也。齡不避鐵鉞，隱諱五百年，俟千年後數興廢，見之此章」。按自古讖緯諸書，類多謎語，未有直指如此章者，詞句鄙俚，尤不似曲江大手筆。且天寶年號，既已明白載入，元宗何人，定用此號改元耶？種種可笑，本無足辯，而學士大夫訪求金鑑錄不可得，遂有以贗鼎爲寶物，而形之歌詠者，良可謂無目之甚矣。！』

註五：楚庭稗珠錄卷四粵琲上云：「本集進金鑑錄表將弍百字，而此卷首復有進金鑑錄表，乃四百餘字。毋論文氣不類唐人，卽表首所謂誠歡誠忭」，末云「臣無任瞻天仰聖，踴躍感戴之至」云云，皆後來措大鬧卷語耳。首章云：「孟嘗爲秦相，不協斯高，卽遭貶斥；吳起爲楚卿，不媚李克，幾致僇辱。」旣謬妄可笑矣；而後又云：「惟我皇上云云」，唐人豈有此稱哉？第六章云：「漢之文䏻寵鄧通而辭行特赦，晉之懷帝愛牛鬟而賞以宮人」。他所引詩書多杜撰無稽，不可盡舉。其詞語拙陋，全是學究中策科語。付之集後，用誣古人。至簡端復載歡詩，其一則蘇文忠讀張曲江公金鑑錄有感也。詩云：「遠泝淵源曲水東，猶存文獻舊家風。江南作相何人始？嶺表孤忠獨我公。豈特魏房姚宋上，直追天保卷阿中。幸將殘鑑當前照，千百羣迷頓破蒙。」次則王元之五古一首，其鄙俚不通尤甚。作僞而欲假二公之言以實之，是誠何心也！文莊旣謂灼知其僞，後人復收而存之，豈爲會鑑進哉？」

註六：學海堂二集卷十四黃子高金鑑錄眞僞辨云：「…………然明刻之僞，經欽定四庫全書提要論定，及陸世楷廖燕所駁，可不復辨。近詔刻別有一種，分親賢遠佞敬天勤民明禮樂，愼刑賞，治府兵，選衛將，齊家，修身爲十章，以合五卷之數。復僞撰進表有云：「蓋華封之祝，無事於三；而文皇所寶，尙存其一」。又云：「此金寶不啻長生之至寶丹，此金錄無殊萬歲之金符籙」。此豈唐人語耶？唐人最重朝諱，集中於高祖諱，「淵」字多易以「泉」或「厚」，而錄云「聖德淵深」；太宗諱：「世」字多易以「代」或「祀」；「民」字多易以「人」或「甿」或「萌」，而錄云「不世出之主」，「篤百世而往」，且以「勤民」名篇。高宗諱：「治」多易以理，而錄云：「治益求治」。睿宗諱：「旦」字多易以「日」，而錄云「一旦墜地」。又如東封敕「唐隆」作「唐元」，裴公碑銘大父本名仁基，僅云大父仁，皆避元宗御名；而錄云：「隆達陛下聖神文武」，「於以享萬年之基」。凡此之類，稍有知識，斷不至是。其治府兵一章，多從新唐書兵志錄出，而故竄易其辭。志言「宰相張說乃請一切募士宿衛」，今刪去宰相張說等字；志言「十一年取京兆蒲同岐華府兵及白丁云云」，今改作前年。其刪節處尤多晦澀。至云「復奮制十節度使以總諸鎭之兵，而府兵無復存焉」。是大不然：唐六典公奉勅注上進御者也，其言「兵部郎中一人，掌判簿以總軍戎差遣之名數。凡天下之節度使有八」，無所謂十節度使也。「左右衛大將軍各一人，正三品，折衝府所隸者皆總制焉。左右金吾衛大將軍各一人，正三品，凡翊府及同軌等五十府皆隸焉」。何得遽言府兵無存乎？其選衛將章又言「自魚書旣停之後，兵不兵而將不將」。不知請停魚書，出自李林甫，事在天寶八載；時公歿已九年矣。又徐浩撰公神道碑，稱公此錄「述帝王興衰，以爲懲戒」，似不應攔入姚崇宋璟張說韓休楊範寧。欲鑒後人之信也，於是又僞撰東坡讀張曲江公金鑑錄有感一詩，爲本集所不載；又有王僑謁張文獻公祠得讀金鑑錄一詩，詞意卑淺，皆爲可哂。大抵古來僞書，如牛羊日曆周秦行記及南燼紀聞之類，雖屬託古，尙出唐宋人手筆。此編行文似帖括家議論，本村學究，竟不知曲江集中自有其表，而敢於作僞。要之，詭譎易窮，不足當有識之一笑，則亦何蠹之有哉？」

註七：學海堂二集卷十四譚瑩金鑑錄眞僞辨云：「……唐書兵志言府兵之制最詳曰：「起自西魏後周，而備於隋，唐興因之。」……九齡身居政府，且當府兵之廢未久，而竟不之聞耶？乃曰「若晉平隋法愈襲而權愈替。太宗皇帝平定海內，深思善法，建立府兵。三代以來，治兵之善，莫如我國家也。」雖曰歸美本朝，亦豈容闇沒其眞者？唐六典九齡等奉敕撰也，亦曰：「隋十二衛大將軍直爲武職，位省臺之下」，則十六衛之不始於太宗也明矣！至「二十爲兵，六十而免」以下，則全襲兵志之文，而妄爲增删，無非矛盾者。見有「兵法起於井田」等語，遂衍爲「兵不可不治也，而在乎有節制爲上；制不可不修也，而在乎以井田爲善」之文。所言唐虞以下井田之制，無一能核其實者，乃唯拮沾於諸葛氏之屯田，愈有以知其出於三家村夫子手矣。其謬妄一也。武惠妃之譖太子瑛鄂王瑤光王琚也，在開元弍十四年，賴九齡爭之於下；史稱終九齡罷相，太子得無動。此上千秋金鑑錄也，卽以是年秋八月。「東宮雖尊，不可專政」之語，何自而來？不幾諷元宗以廢立之舉乎？且當是時東宮固未嘗專政也。唐書廢太子瑛傳謂：「瑛於內第與鄂王光王等自以母氏失職，嘗有怨望」。九齡卽有所聞，　匡救維持之不暇，忍作此言乎？後卽以二十五年廢太子瑛等爲庶人，尋賜死。史稱瑤琚皆好學有才識，死不以罪；本傳亦謂「天下之人不見其過，咸惜之」。而謂九齡爲此語，是何異於李林甫「陛下家事」之言，楊洄潛構異謀之譖也！此其謬妄又一也。宇文融言利之臣也。開元中天子見海內完治，偃然有攘却四夷之心。融議取隱戶剩田，以中主欲。利說一開，不十年而取宰相。孟子所謂「上下征利而國危」者，豈不信哉！綱目於開元九年書「以宇文融爲勸農使，」十二年書「復以宇文融爲勸農使」，皆譏也。而九齡顧嘖嘖稱之耶？………而更以爲勸民之美政，以長君之惡乎哉？以綱目於開元十三年書「大有年」，遂傅會爲「歲時豐亨，大有繼書」之瑞，其謬妄又一也。其他舛謬，不勝枚舉。………』

II.講經語錄二卷：據光緒壬辰本曲江集卷首張文獻公本傳著錄。曲江縣志卷四輿地書四祠學政戴熙張文獻公祠記云：『道光二十年四月熙來按科試，公裔明耆等適新公祠，請記於熙。熙來韶則求公集讀之，旣又求公所著講經語錄二卷，已亡失。惜公遺書不能俱存，不足徵熙「公學出經」之言，而猶幸拜公廟，瞻公遺像也。』按語錄盛於宋人，唐初尙少。此書唐志及諸家目錄均不著錄，是否後人僞託，因原書已佚，無從考證。

III.姓源譜韻一卷：據張文獻公本傳。晁氏郡齋讀書志卷九鄭樵通志卷六十六著錄者均爲五卷，陳氏直齋書錄解題卷八馬氏文獻通攷卷二百七著錄者爲一卷（註八）。玉海卷五十唐姓源韻譜一條，旣引晁氏志；而唐百氏譜一條又云：『姓源韻譜五卷，唐曹大宗采諸書述姓氏郡望，以四聲類之。又一本云：「張九齡撰，所存止三卷。」則此書南宋時已有殘缺，其後竟致全佚歟？

註八：直齋書錄解題卷八云：『依春秋正典，柳氏萬姓錄世本圖，据摭諸書，纂爲此譜，分四聲以便尋閱。古者賜姓別之，黃帝之子得姓者十四人是也；後世賜姓合之，漢高祖命婁敬項伯爲劉氏是也。惟其別之也則離析，故古者論姓氏推其本同；惟其合之也則亂，故後世論姓氏識其本異。自五胡亂華，百宗蕩析，夷夏之裔，與夫冠冕輿臺之子孫，混爲一區，不可遽知。此周齊以來，譜牒之學所以貴於世也歟！』

Ⅳ.朝英集三卷：新唐書卷六十藝文志著錄云：『開元中張孝嵩出塞，張九齡韓休崔沔王翰胡皓賀知章所撰送行歌詩。』此集何人所編，張九齡詩有若干首，因原書已佚，無由知其詳也。

Ⅴ.珠玉鈔一卷：鄭樵通志卷六十九藝文略類書內著錄。

Ⅵ.唐初表草一卷，崇文總目卷五著錄。鄭樵通志卷七十著錄者作十卷，「顏師古張九齡等所作」。蓋全書爲十卷，則張九齡所作者祇一卷耳。

Ⅶ.張曲江雜編一卷：宋史卷二零九藝文志著錄。註云「集者並不知名」。曲江縣志卷十藝文云：『按是書已佚，其爲編九齡之文，或記其軼事，無從攷證。黃通志依宋史列之集目，從之。」

此外，最有問題者爲唐六典三十卷。自晁氏讀書志以下，諸家書目所著錄者均題『唐玄宗御撰，李林甫奉勅註。』(註九) 曾鞏元豐類稿 卷三十四 乞賜唐六典狀云：『臣向在館閣，嘗見此書，其前有序，明皇自撰；而其篇首皆曰「御撰，李林甫注」。近得此書不全本，其前所載序同；然其篇首不曰御撰，其第四一篇，則曰「集賢院學士知院事中書令修國史上柱國始興縣開國子臣張等奉敕撰。」蓋開元二十二年張九齡實任此官，然則此書或九齡等所爲與？不敢以疑定也。」程大昌雍錄云：「六典成於開元二十四年張九齡爲相之時，其註成於二十七年林甫當國之日。」(註十) 朱彝尊以爲「其說良是，去小人之銜名，而特書文獻所上可也。」(註十一) 然四庫全書總目仍格於成例，不敢追改。(註十二)總之，六典之修撰，非出於一手；(註十三) 註與本文非成於一時(註十四)。雖不署曲江公名，而公實與聞其事；則考究曲江公之著述者，附著此書於末，不亦可乎？

註九：郡齋讀書志 卷二 著錄云：『唐玄宗撰，李林甫張說等注。直齋書錄解題 卷六，通志卷六十五藝文略，四庫全書總目提要 七十九 史部職官類所著錄者均題『唐玄宗御撰，李林甫奉勅註。』

註十：唐會要卷三十六云：『開元二十七年二月中書令張九齡等撰六典三十卷成，上之，百官稱賀。』按張九齡於二十四年十一月二十七日充右丞相罷知政事，二十五年四月二十日左遷荊州長史，上書時已不在朝，當爲李林甫之誤。玉海卷五十一引集賢記注云：『二十六年奏草，上詔下有司，百寮表賀。至今在書院，亦不行用。』大抵二十六年書成奏草，李林甫又奉勅撰注，加委苑咸參與其事，二十七年奏上。

註十一：曝書亭集卷四十五唐六典跋云『考新舊唐書九齡以二十四年罷知政事，尋謫荊州；是進書之日，九齡久已去官矣。程泰之撰雍錄，謂書成於九齡爲相之日，進御當在二十四年；林甫注成，或在二十七年，其說良是。今本卷首應冠林甫之名，若與九齡無預，後學所當考正。去小人之銜名，而特書文獻所上可也。』明正德十二年蘇郡刊本前有王鏊序云：『蓋開元中張九齡實爲之，其書何可以不傳？則未知後有作者，　將有取於斯乎？』（亦見王文恪公集卷十三）

註十二：四庫全書總目提要卷七十九史部職官類著錄云：『又唐會要載開元二十三年九齡等撰是書。（按唐會要卷三十六云：『開元二十三年正月敕中書令張九齡光祿卿韋縚與禮官，就集賢院撰儀注。』查舊唐書卷八玄宗紀云：『二十三年春正月己亥親耕籍田。』則當時所撰者爲籍田躬耕禮節，與六典無關。）而唐書載九齡以開元二十四年罷知政事，則書成時九齡猶在位，後至二十七年林甫乃注成獨上之。宋陳騤館閣錄載書局有經修經進，經修不經進，經進不經修三格。疑與九齡皆所謂經修不經進者；卷首獨署林甫，蓋即此例。今亦姑仍舊本書之，不復追改焉。』

註十三：大唐新語卷九云：『開元十年元宗詔書院撰六典以進。時張說爲麗正學士，以其事委徐堅。沈吟歲餘謂人曰：『堅承乏已曾七度，修書有憑準，皆似不難；惟六典歷年措思，未知所從。」說又令學士毋煚等檢前史職官，以今式分入六司，以令朝六典象周官之制。然用功艱難，綿歷數載。其後張九齡委陸善經，李林甫委苑咸。至二十六年始奏上，百僚陳賀，迄今行之。』直齋書錄解題卷六著錄云：「按韋述集賢記注：「開元十年起居舍人陸堅被旨修六典，上手寫白麻紙凡六條，曰：理、教、禮、政、刑、事典，令以類相從，撰錄以進。張說以其事委徐堅，思之歷年，未知所適。又委毋煚余欽韋述，始以令式入六司，象周禮六官之制，其沿革并入注。然用功艱難，張九齡又委以苑咸。二十六年奏草上，至今在書院亦不行。」新唐書卷五十八藝文志云：『張說知院委徐堅，經歲無規制，乃命煚毋，余欽，咸廙業，孫季良，韋述參撰，始以令式象周禮六官爲制。蕭嵩知院加劉鄭蘭蕭晟盧若虛，張九齡知院加陸善經，李林甫代九齡，加苑咸。二十六年書成。

註十四：唐六典卷二吏部員外郎條注：有「舊齋郎隸太常，則禮部簡試，開元二十六年隸宗正云云」；而六典本文則以齋郎爲太常寺屬。此本文與註非成於同時之證。大抵本文成於開元二十五年以前，註成於二十七年。

蒲松齡著述攷

何鵬

一 緒言

蒲松齡，號柳泉，字留仙，一字劍臣，山東淄川人。生於明崇禎十三年庚辰（一六四〇），死於清康熙五十四年乙未（一七一五）正月二十二日，享年七十六歲。据張元的蒲先生墓表上說，他小時便「穎悟絕倫」，應童子試時，即爲施愚山先生所器重，常稱其文「剝腐見骨」。他的名著聊齋誌異，大概許多人都讀過的。其敘事簡潔，修辭精巧，在文學史上自有其不朽的價值。可是他的遺著還有許多，因爲生平「阨窮困頓」，未能付梓，故大都不得流傳，實在深可浩嘆！現在我根据近人研究蒲氏著作的心得，及已往他書之記載，做出這篇著述攷，一方面做研究蒲氏著作的人的參考，一方面希望能「拋磚引玉」，將那些湮沒未刊的散稿，繼續發現出來。

二 文集詩集和詞集

据張元的蒲先生墓表裏說，蒲氏有聊齋文集四卷，有叢芸閣聊齋先生遺集刊印本。計文四十六篇。宣統元年國學扶輪社又据前本，分爲二卷，題曰聊齋集。（亦作聊齋先生文集）到了民國九年中華圖書館又根据扶輪社本翻印了一部石印本，書名更作聊齋文集。不過王洪謀（益都）的柳泉居士行略說：「聊齋文集共計四百餘篇，諸體皆備。」由此可見現在所流行的本子，是殘佚不全的。墓表和淄川縣志又說他有聊齋詩集六卷，胡適和清華大學均有藏抄本。刊印本甚少，僅有成都蕭龍友評點本一種，今藏於淄川王滄佩家。中華圖書館雖也有石印的二卷聊齋詩集，但是後人揑造僞託的。說到聊齋詞集，据近人劉階平說：「有王滄佩先生藏本，僅一卷。詞文深鍊，的是留仙的文筆。」（註一）國學扶輪社和中華圖書館亦有鉛印本。

三 小說

談到蒲氏的小說，便首先要談到聊齋志異。因爲這部書的內容，大都是描寫神怪的短篇故事。「据說當時留仙每天坐於道旁，遇有行人，便奉烟飲茶，強執攀談，倘得一異聞奇說，就回家記出，這樣二十多年的工夫，纔完成今日的志異。」（仝註一）刻本極多，共十六卷。不過以我個人看來，本書原來的卷數，也一定很多。現在所傳的十六卷聊齋志異，不是蒲氏親手删訂的，恐怕是殘缺不全的本子了。爲什麼呢？第一蒲氏對於這本書既然眞花了二十多年的工夫，其材料必多得可驚人，必不是這十六卷所能容納得下的。第二這本書出版後，又有聊齋志異拾遺和聊齋志異逸編等書出現，並且在內容上或藝術上看來，都應該是蒲氏的著作。据陳磐說，拾遺有溥溪周延年刊印本，都四十二則，前有道光庚寅胡定生序，與坊間所流行的二十七篇拾遺本細目全異。（註二）（二十七篇本，魯迅的中國小說史說是僞造，甚爲精確。）至如逸編呢，籍靈和說是他的鄉人劉鏞庭在瀋陽設幌時，抄自蒲氏七世孫價人者，嗣爲劉子馨山詳註付梓，乃題作逸編。（註三）最後要談到成都劉黎仙所藏的寫本聊齋志異，僅十二卷，每卷次序先後，全不同於今本，其中尚有十八篇，且爲今本所無者。由此我們可以見得一部聊齋志異，實在有許多不同的版本。

醒世姻緣傳這部大著，它之被承認爲蒲氏的著作，還是最近的事。胡適有一篇很長的考證，（見胡適論學近著頁三二三）其中所列理由：A,据鄧文如（之誠）骨董瑣記卷七引鮑廷博（一七二八——一八一四）語：「留仙……尚有醒世姻緣小說，實有所指。」B,醒世姻緣與聊齋志異中所叙之悍婦故事相像，尤其是江城這篇。C,孫星楷以濟南府志淄川章邱兩縣縣志之記載地理災荒，證醒世姻緣作者必爲淄川或章邱人。D,以聊齋白話曲本可證蒲氏爲寫實的土話作家。E,胡鑑初以聊齋白話曲本之特別土話，比較醒世姻緣中之特別土話，（考證中引有十四例）更可證蒲氏爲醒世姻緣作者。F,蒲氏之大嫂，及友人王鹿瞻之妻，皆爲極兇惡之婦人，故志異有邵女江城諸篇，醒世姻緣有素姐之女主角。所以醒世姻緣，是屬蒲氏的作品！

四　雜著十二種

在張元的墓表後面，附有蒲氏的著作目錄，近來有人從他墓前的石碑背面拓下了。因此知道蒲氏有好幾種雜著：

（一）省身語錄，（二）懷刑錄，（三）曆字文，（四）日用俗字，(五)農桑經。(以上五書，各一冊，清華大學圖書館均有藏抄本，而末種胡適亦有藏抄本。)在聊齋文集裏，我們知道蒲氏又有婚嫁全書，藥祟書，小學節要這三書，因爲都有自序或自跋的。惟其書皆未見。路大荒故鄉訪書記中，謂蒲氏尚有(一)鶴軒筆札，(二)觀象玩占，(三)會天意，(四)家政彙編等書。鶴軒筆札凡四冊，爲蒲氏入孫樹百(蕙)幕後，代孫氏所作的應酬書札及諭告等文。(按孫樹百於康熙八年宰寶應，十四年離任。)觀象玩占共三則，有蒲氏的自跋。會天意凡一冊，首有蒲氏自序。家政彙編僅一冊，有自跋，恐怕就是王洪謀行略中所說的家政內外篇吧？

五　鼓詞俚曲和戲三齣

蒲氏的鼓詞，以前北平樸社曾印出一冊聊齋白話韻文，爲淄川馬立勛校訂，共收鼓詞六種。即(一)問天詞，(二)東郭詞，(三)逃學傳，(四)學究自嘲，(五)除夕祭窮神文，(六)窮神答文。不過問天詞据路大荒的考證，以爲是蒲氏孫立德所作。(註四)而東郭詞又有題作明末賈鳧西的遺稿者，如花朝生筆記及小說枝譚皆主是說。今無確實的證據，很難斷定是非。據劉階平的蒲留仙遺書漫記裏說：「近年我搜輯清代山東白話詞曲，因此搜得題着是留仙先生的曲段六種：(一)子華使於齊，(二)戒賭詞，(三)烈女詞，(四)四書段，(五)莊家段，(六)陋巷段。」(註五)則蒲氏的鼓詞，已有十二種之多了。不過子華使於齊，也有題作賈鳧西的遺著者。

又据張元墓表的碑文刻載知道蒲氏還有戲三齣及通俗俚曲十四種，戲的名稱是：

(一)考詞九轉貨郎兒，(二)鍾妹慶壽，(三)鬧館。

可惜皆無刊本。通俗俚曲是：

(一)牆頭記，(二)姑婦曲，(三)慈悲曲，(四)翻魘殃，(五)寒森曲，(六)琴瑟樂，(七)蓬萊宴，(八)俊夜叉，(九)窮漢詞，(十)醜俊巴，(十一)快曲，(十二)禳妒咒，(十三)富貴神仙曲，(十四)增補幸雲曲。

以上十四種，除(六)(九)(十)(十一)四種未見外，餘者上海亞東圖書館皆有藏抄本，而(一)(五)兩種並在北平新晨報及濟南華北新聞刊載過的。其中窮漢詞，究否是樸社聊齋白話韻文本裏的窮神答文，亦未確定。

又筆者正草此文畢，忽又想起去歲曾在上海逸經半月刊上讀到一篇凡夫子鼓兒詞，爲曹芥初先生所收集好，云得自山東欒亭甫處。亦爲蒲氏所作。是則蒲氏鼓詞之作，已有十三種了。

綜上所述，蒲氏的遺著應有四十九種，而中華圖書館石印的「聊齋全集」裏，又有兩卷筆記，是否僞託，亦屬問題。淄川馬立勛在聊齋白話韻文的序裏說，原有鼓詞九篇，後因展轉鈔授，竟失落了三篇。可見蒲氏的著作，還不止此數。章衣萍曾說：「古人不可見，古書又日益湮沒」。的是大痛心之事。現在甚望於藏有蒲氏未刊稿的書局圖書館或個人，設法將它刊印出來，公諸同好，不要藏之高閣，視爲祕籍了。

（註一）劉君文，見國聞週報第十卷二十七期。

（註二）陳槃有記聊齋誌異拾遺，載人間世二十九期。

（註三）孫君文，見人間世三十三期。

（註四）路君文，載國聞週報十一卷三十期。

（註五）劉文載人間世三十六期。

本文承殷佩斯先生指正，特此附謝。

一九三七，十二，一，初稿於故鄉。

馮惟敏及其著述

鄭騫

引論

世之談曲者，輒以爲元人製作，獨有千古，審諦此言，實非確論。雜劇，傳奇，不在本文範圍，未遑具說；若夫散曲，則宋明一代，別擅勝場，絕非元人所能籠罩者也。元人散曲，高渾灝爛，[1]不能不推爲精品妙製。然以體製言，則小令大佳，而套數猶未發展至成熟完備之域。以內容言，則幾乎千篇一律：弔古也，厭世也，警悟也，散誕逍遙也，林泉逸興，風月柔情，搖筆即來，觸目皆是。擬之於詞，與五代宋初之作，適相彷彿。五代宋初之詞，非不高妙，然若無東坡少游以後諸大家，詞之爲詞，詎可知耶？東坡爲豪放之首，少游開婉麗之宗。自是以後，各家作品涵蓋所及，乃不止於風花雪月，離合悲歡；蓋凡作者之性情，思想，學問，生活，皆可於詞中求之，不僅慢詞長調，爲前此所無也。詞之一物，得與於著作之林，文藝之府，豈不以此哉！準是推論，散曲之發揚光大，固不能無待於明人矣。

明初散曲，傳世者稀且多偏於'端謹嚴密'[2]之一派，平鈍闒茸，所不能免。論其內容，亦無以大異於元人。至正嘉之世，崑曲將興，古調漸廢，而散曲作家，忽然輩出。婉麗則有王磐，金

1. '灝爛'二字見貫雲石陽春白雪序。

2. 參閱任中敏散曲概論（散曲叢刊本）卷二派別第九。

戀,沈仕,豪放則有康海,王九思,馮惟敏。而康王馮之作,描寫其個人之生活,表現其個人之性情,風格理趣,面目各殊,尤爲超出元人,而非同時婉麗一派之所能及。至是而散曲境界始寬,堂廡始大,體製內容,乃臻完備;明人之所以別於元人者,固在此耳。

三人之中,馮氏又爲傑出,善乎任中敏之論曰:

> 馮惟敏海浮山堂詞稿四卷,生龍活虎,猶詞中之有辛棄疾,有明一代,此爲最有生氣,最有魄力之作矣。王世貞王驥德輩之品評,皆嫌馮氏'本色過多,北音太繁','多俠寡馴,時爲紕纇';蓋皆崑腔發生以後,南曲盛行時之議論,殊不足據也。[3] 馮氏之長處,正在本色與寡馴;惟其如此,乃能豪辣。若論其失,有因恣肆之極傷於獷悍者,有因任情率性之極,詞意近於頹唐,不能凡百與會者。至於全集之中,豪辣者多,而進一步渾涵於灝爛之境者猶少,是亦其成就上之缺憾;惟諸家之中,獨馮氏斯足責也。馮之意志,亦極怨憤,所異於康王者,在怨憤便索性將全部怨憤痛快出之以示人,較少做作。而才氣之橫溢,筆鋒之犀利,無往而不淹蓋披靡,篇幅雖多,各能自舉,不覺其濫,亦非康王一派之所及也。(散曲概論卷二,頁四十。)

馮曲之風格價値,既如上述。而其所以能到此地步者,其來固有自焉。惟敏父裕,生具剛直之性,以理學名家,出爲循良,退

3. 二王之論,俱見後文。驥德論馮曲,固多貶詞。世貞之論,則譽多於毀。世貞與惟敏同時,非崑曲盛行後人物也。

耽風雅，所生四子，皆以文采學行，著稱於時。[4] 惟敏秉遺傳，承庭訓，植身立行，酷肖其父。其思想，學術，則純粹儒家者流也。其性情，生活，則詩人之性情，生活也。少年蹤跡，遍遊五嶽，南入黔，北渡遼，已得助於江山。屢上春官，輒摧勁翮，復失意於科舉。出爲令倅，則守正愛民，不畏強禦。退處山林，則詩酒嘯歌，亦有以自樂其樂。守正愛民而遭惡勢力之摧抑，故悲憤，詩酒嘯歌而故鄉擅林壑之美，故恬適。蘊蓄既厚，內容充實，此其所以能卓然特立，自成一家也。孟子曰：'頌其詩，讀其書，不知其人，可乎'？爰搜採羣籍，寫爲此文，惟敏生平，於茲略見，聊供讀馮曲者之參考云爾。

傳

馮惟敏字汝行，自號海浮山人。其先世居山東之臨朐。明初，募中國人實塞下，有名思忠者，徙遼之廣寧，是爲惟敏高祖。傳至惟敏父裕，服官內地，携家屬還居山東，遂復臨朐舊籍。[6] 臨朐與益都接壤，同屬青州府；裕家曾寓益都；惟敏兄弟以益都籍應鄉試；[7] 裕卒葬益都城北十里之新店，惟敏兄弟祔焉。[8] 故馮氏又占籍益都。

裕字伯順，少孤貧，刻苦讀書。喜理學，師事義州賀欽，得白沙陳獻章之傳。成正德三年進士。歷官南北，所至有循聲惠

4. 馮裕事跡見下。
5. 明刻本李維楨大泌山房集卷六十五馮氏家傳。
6. 光緒臨朐縣志卷十四上馮裕傳。
7. 光緒山東通志卷九十二學校志舉人表。
8. 康熙益都縣志卷四陵墓；同卷驛遞云'新店在城北十里'。

政;在貴州久,威德懷苗夷。以貴州按察副使致仕。家居講學,復好吟詩,與海岱耆宿結詩社,'所唱和多清雅可觀'。其曾孫琦輯爲海岱會集;又編其自所爲詩曰方伯集,俱傳於世。裕性重厚剛介,當官伉直有裁斷,'白首耆艾,魁壘之士'也。生五子,少子惟直早卒;其四人皆知名當世,稱臨朐四馮。長惟健,次惟重,三卽惟敏,四惟訥。惟健,重,訥,俱能詩,有集今存。[9]

惟敏正德六年辛未(1511),生於直隸晉州官舍,時裕方知晉州也。[10] 數歲,裕遷南京部曹,惟敏隨任,居南京者十二年。[11] 裕出守甘肅平涼,旋改貴州石阡,皆隨往。[12] 蓋自孩幼迄弱冠,足跡所至,已半中國矣。惟敏能承家學,聰穎過人;[13] 父課以六經諸子史,含咀英華;[14] 復多所博觀外家之語;[15] 詩文雅麗閎肆;[16] 雖在弱齡,已驚長老。在貴州七年,[17] 從父歸臨朐,聲譽噪一時。[18] 晉陵王愼中督學山東,自謂無書不讀,少所推許,及見惟敏文,大賞異,自以爲遜其才也。[19] 嘉靖十六年舉於鄉。[20] 其明年,次

9. 裕事跡詳見馮氏家傳,臨朐縣志,康熙益都志卷七,皇明分省人物志卷九十七,馮溥佳山堂詩集王士禎序. 海岱會集見四庫提要一百八十九. 方伯集及惟健,重,訥詩集詳後著述.

10, 11. 俱見後年表.

12. 諸書俱未言惟敏曾至平涼. 但惟敏自云'五嶽皆有馮生蹤'(石門集題閻山觀音閣七古)若未至平涼,無由登西嶽也. 臨朐志馮裕傳云'命子惟健以眷屬居郡城,而獨之平涼.' 今按馮惟重大行集有在平涼所作詩,可證臨朐志之誤. 惟健惟訥則奉母居靑州見陂門集. 隨任石阡事見家傳.

13. 康熙益都縣志卷九惟敏傳.

14. 家傳, 光緒臨朐縣志卷十四上惟敏傳.

15, 16. 康熙益都志傳. 家傳. 17. 見後年表.

18. 臨朐志傳. 19. 臨朐志傳. 20. 光緒山東志舉人表.

兄惟重，弟惟訥俱成進士。[21] 惟敏與長兄惟健屢試南宮不第。乃營別墅於臨朐海浮山下之冶源居焉。[22] 臨朐在萬山中而水源四出，實奧衍之區。[23] 冶源在城南二十五里，尤爲邑中勝地。碧湖清泉，水煙罨靄，古木千章，修竹萬個，夏不知暑冬有餘青，雖處北地，而風物之美，不殊江南。[24] 惟敏遊釣其間，浩歌自適，忘懷息機，有終焉之志。

嘉靖丁巳，戊午間，段顧言巡按山東，爲政貪酷，民甚苦之。惟敏亦被逮治，良久乃解。[25] 惟敏既慨'在邑'之'多糾纏'；[26] 應試春官，復久而無望。遂以嘉靖壬戌，入京謁選。是年，授直隸淶水知縣，時年五十二，[27] 蓋家居垂三十年矣。[28] 在官廉靜不擾，每出行，以壺飧自隨，不煩里甲。[29] 時十年飢饉，百廢相仍，惟敏居閱歲，學宮，臺署，治廳，城池，郵舍，道路，以次修治。多樹楡柳，繁茂成陰，行旅歌咏之。百里改觀，治績核最。[30] 縣去京師

21. 光緒山東通志卷九十學校志進士表.

22. 家傳.

23. 光緒臨朐縣志卷三上山水.

24. 冶源之勝詳見酈道元水經注巨洋水條(王先謙刻戴校本卷二十六)，惟敏姪孫琦游冶源記(萬曆刻本北海集卷十二)山左明詩鈔卷九引張延棨語，(陳田明詩紀事戊籤同)，光緒臨朐縣志卷三山水，同書卷四古蹟，亭舘類．詩集有七里溪別墅，詞稿卷二有環山別墅，未詳各在何地.

25. 見後年表.

26. 盛明百家詩本馮海浮集七里溪別墅詩云：'非無五畝宅，在邑多糾纏'．石門集有懷鳳洲使君詩云：'君子遠吾邦，民今竟無祿，苛吏日睢盱，文學遭黜朴，遂令避世人，不敢留空谷'.

27, 28. 見後年表.

29. 光緒益都縣圖志卷四十九惟敏傳.

30. 光緒易州志卷十七重修三義祠碑記(惟敏撰)． 海浮山堂詞稿卷四附錄雙調新水令套序，南呂一枝花套跋． 家傳.

近，豪民爲將軍，爲校尉，爲力士，爲執金吾，爲中貴人，兼併田地無算，而多逋租。惟敏摘其最負者懲之，貧民以爲德，而勢族舉不便，謗詬四起矣。[31] 部使者亦憎惟敏異己而深忌之，密遣人偵惟敏過失，無所得，乃誣以賣酒賣柳，與民爭利。當事者知其枉，論以量才改邑。而吏部覆奏，以惟敏'疎簡不堪臨民，文雅猶足訓士，'遂謫鎮江府學教授。[32] 鎮江故多佳山水，教授官閒事簡，惟敏於府學建仰高亭，春秋佳日，觴詠其中，生涯勝於在涞水時，而鬱積不平之氣，終有未釋者也。[33] 聘典雲南鄉試，錄文多出其手。[34] 稍遷保定府通判；奉檄修府志，集楊忠愍繼盛遺文行於世。陳郡利害十六事，皆中窾綮。[35] 時惟敏年已六十，邁往之氣，稍稍衰矣，蓴鱸之思，無時或已。[36] 會左遷魯王府官，遂自免歸。[37] 構亭冶源別墅，命之曰即江南，日與朋舊，觴詠歡燕。[38] 每當天日清澄，風雪暝靄，時棹煙艇上下，自歌所爲北調新聲，優游卒歲。[39] 如是者近十載，遘疾卒。[40]

惟敏名位雖不顯，自放山水，不與世接，類任達曠隳者流。然家居獨嫻禮法，每歲首與子姪家宴，爲詩歌道天倫樂事，必加勉勖。卒之日，侍者以朱衣進，搖首曰，'不當服此'，時蓋有期喪云。[41] 在官勤政愛民，鋤奸剔蠹，勇於任事，廉峻自守，則又所謂循良

31. 家傳. 臨朐志傳.

32. 詞稿卷四附錄雙調新水令套序，南呂一枝花套跋，又卷一仙呂點絳唇'改官謝恩'套序. 家傳.

33. 參閱詞稿卷一在鎮江諸曲.　34, 35. 家傳.

36. 參閱年表及詞稿卷一卷二在保定所作諸曲.

37. 見年表.　38. 家傳.　39. 臨朐志傳.

40. 家傳. 參閱年表.　41. 臨朐志傳. 家傳.

之吏。惟敏弟訥與人語諸兄學行，亦多推惟敏。[42]　若夫詩酒風流，諧歌遣興，間爲'狎邪之鼓吹'，則又文士之所以異於道學家者也。

惟敏有子四五人，可考者二，子復，子升。[43]　孫瑗，萬歷乙未進士；官至山西參政，補開原道，有聲於時。[44]

年表

明武宗正德六年　　辛未(1511)　　一歲

九月初旬，生於晉州官舍。

詞稿卷一雙調新水令'庚午春試筆'套序：'余生於正德辛未'。　仙呂點絳唇'郡廳自壽'套序：'己巳"菊月"，余至保郡越半年矣。…自筮仕壬戌歲，初度皆有述，在郡無與偶者，乃賦此以自廣'。　黃鐘醉花陰'仰高亭自壽'套喜遷鶯曲：'正値著清秋天道，數重陽屈指非遙'。

光緒晉州志卷五官寮志：'知州馮裕正德六年任'。是否攜眷，雖難確考；然裕自正德三年至本年，始終服官於外，若未攜眷，則無從生育；此時馮氏尚未回居臨朐故鄉遠在遼左，眷屬除隨任外，亦無他處安頓也。

---

42. 俞憲盛明百家詩本馮海浮集序傳.

43. 石門集七歌行云：'年來生長四五子，去冬落寞空山裏，大者依希識姓名，別時弱嬰病欲死'．　諸書均云惟敏子名子升；据詞稿卷二歸田小令末一首鴻門奏凱歌補子復名．

44. 光緒臨朐縣志卷十四上，康熙益都志卷七，光緒益都縣圖志卷四十九俱有馮瑗傳．

父裕三十二歲

裕享年六十七歲，卒於嘉靖二十五年丙午，(詳見彼年)。

長兄惟健九歲；次兄惟重八歲。

惟重卒於嘉靖十八年乙亥，年三十六(詳彼年)，據此推算，生於弘治十七年甲子；家傳云：'惟重少伯兄一歲'。

王九思(敬夫)四十四歲

明刻本渼陂集南曲次韻自序題'嘉靖乙巳春碧山七十八翁'據此推算生於成化四年戊子。

康海(德涵)三十七歲

馬理康對山墓誌(乾隆本康對山集附錄)：'公生成化乙未六月二十日。'

楊愼(用修)二十四歲

弘治元年戊申生，見疑年錄。

李開先(伯華)十一歲

弘治十四年辛酉生，見三續疑年錄。

正德七年　壬申　二歲

弟惟訥生

盛明百家詩本馮海浮集，'舍弟留滯隴西屢歲不還山居馳念悵然有作詩'云，'弟乃齊余肩，少余一歲強，'蓋惟敏生於去年秋，惟訥生於今年冬也。

正德十年　乙亥　五歲

隨父裕往南京

家傳，'裕自知晉州遷南京戶部員外郎。'晉州志，'裕後任知州尙繼美正德十年任。'詞稿卷一雙調新水令留別邢雉山'套序：'僕垂髫隨宦，皓首重來。(參閱後文

嘉靖六年）

正德十二年　丁丑　七歲

正德十三年　戊寅　八歲

正德十五年　庚辰　十歲

正德十六年　辛巳　十一歲

徐渭（文長）生。（見續疑年錄）

世宗嘉靖元年　壬午　十二歲

嘉靖四年　乙酉　十五歲

盛明百家詩本馮海浮集舍弟留滯隴西…詩自敍兒時生活云，七歲嫻禮儀，灑掃闢中堂，八歲問奇字，十歲諧宮商，十二受遺經　十五氣飛揚。

汪道昆（伯玉）生

見王世貞弇州四部續稿卷三十九贈吳大參明卿序（淩景埏詞隱先生年譜（文學年報第五期）引）。

嘉靖五年　丙戌　十六歲

王世貞（元美）生。（見疑年錄）

嘉靖六年　丁亥　十七歲

在南京。父裕調甘肅平涼知府，携眷自南京赴任。道出青州，上冢，會親故。留惟健，惟訥奉母居青。携惟重，惟敏赴平涼，至是馮氏遂復舊籍。

自乙亥至此，居南京首尾十二年；中間或曾至鳳陽。在南京時，兄惟健，惟重與諸名士結文社，惟敏與焉，識許石城邢雉山諸人。

家傳云：裕遷南京戶部員外郎，督儲中都（鳳陽）稍遷郎中，久之，遷知平涼府，以後期改知石阡。石門集宦適軒賦序云:'嘉靖戊子春,余方束髮,從家君溥遊南中蓋自司徒大夫出守平涼,尋調石阡。'旣以後期'尋調'在平涼當不足一年,明年巳遊南中矣,調平涼事應在本年無疑。詞稿卷一雙調新水令'留別邢雉山'套作於嘉靖四十五年丙寅,(詳後)序中有'僕垂髫隨宦,皓首重來'語,曲中有'憶金陵佳麗帝王州,四十年,感時懷舊'語,自丙寅上溯四十年,正本年也。馮惟重大行集在固原,平涼所作詩,皆言雪景,到平涼當在秋冬間,道經靑州,則夏日事。

過靑上冢,留春居靑事,見光緒臨朐縣志卷十四上馮裕傳,光緒益都縣圖志卷四十九同,(參閱前文本傳注釋第12條)。家傳敍還居臨朐事於官南京戶部郎中時,與諸書皆不合,蓋約略言之,不如兩志之翔實。

光緒益都縣圖志卷四十九馮惟健傳云'從父官南京,與諸名士結文社;'康熙益都志卷九惟重傳云:'憲副公(裕)官留曹,公從之留都,與許石城邢雉山諸公講業靑溪之上';詞稿別邢曲之前,有'贈許石城'南呂一枝花套,亦丙寅作,別邢曲序中,又有'慨舊識之無多,樂新知之畢聚'語。据以上諸事,可知惟敏與邢許爲老友,其相識則在此數年中結文社時。

嘉靖七年　戊子　十八歲

自甘肅平涼隨父往貴州石阡。(見上年)

長兄惟健擧於鄉。(見光緒山東通志卷九十二擧人表)

嘉靖十二年　癸巳　二十三歲

父裕自石阡知府升任貴州按察司副使,隨往貴筑。兄惟健自山東來省親。

惟健陂門集南征賦敍石阡父老歌其父之功德云，'太守之來也，六載於茲矣，…今持憲臺，省覲廉邕'，繼云，'於是乎我僕彷徨，乃臨睨夫牂牁之江，見閒山夫子於貴竹之館。' 閒山，裕自號也。據此賦可知裕守石阡六年而升任按察副使。陂門集又有望泉賦亦本年省覲時作。

嘉靖十三年　甲午　二十四歲

父裕致仕，從歸臨朐。

康熙益都縣志卷七馮裕傳云：'出守貴州，遷按察司副使，後先七年'，家傳云：自貴州致仕歸。証以前引陂門集南征賦，七年之說可信也。自戊子下數七年，應在本年。

次兄惟重，弟惟訥並舉於鄉。（見光緒山東志舉人表）

張獻翼（幼于）生

王世貞弇州集卷十八（康熙二十一年鄂雲書林本）張幼于生志云：世貞長幼于八歲；世貞嘉靖五年丙戌生（見前），據此推算。石門集有贈幼于詩。

嘉靖十六年　丁酉　二十七歲

秋，舉於鄉。（光緒山東通志舉人表）

詞稿卷四正宮端正好'呂純陽三界一覽'套序，敍本年春就一道士處扶箕詢休咎事，可參閱；此套序中亦言本年秋領鄉荐，與山東通志合。

晉陵王慎中時爲提學僉事，賞識其文，自以爲不及。

事見前文本傳。嘉靖山東通志（萬曆丙辰續刻）卷十職官：僉事王慎中嘉靖十五年閏十二月到任，管理學道事'。

嘉靖十七年　戊戌　二十八歲

與兄惟重弟惟訥同赴北京會試。惟重,惟訥成進士。惟敏落第。長兄惟健亦在北京,但未應試。

惟重,惟訥本年登第,見光緒山東通志進士表。惟敏去年已領鄉荐,本年兄弟皆赴會試,自無獨居不往之理。陂門集有'三月十五日攀士應制吾視弟於闕門遇雨'詩,又'十九日傳制兩弟爲余道其事喜而述焉'詩,後一首卽敍兩弟登第事,詩中無應試不第語意,蓋屢試不第,已絕意進取,其入京乃監護諸弟也。

至廣寧省墓

事見詞稿卷二歸田小令末一首鴻門奏凱歌自注,當在落第之後。

嘉靖十八年　己亥　二十九歲

次兄惟重卒於廬江,年三十六。

家傳:'惟重舉進士,授行人,肅皇帝南狩,奉命告湖湘,走烈暑中,及廬江而疽發於背,遂卒'。光緒益都縣圖志卷四十九惟重傳云:'年僅三十六'。按嘉靖南巡在本年春夏間,見明史卷十七本紀。

嘉靖十九年　庚子　三十歲

康海(德涵)卒,年六十六。(乾隆刻本康對山集附錄墓誌銘)

嘉靖二十五年　丙午　三十六歲

父裕卒,年六十七。

家傳:'裕卒年六十七'。又云'惟訥官揚州府同知,以父喪歸,服除,除松江。'檢雍正及嘉慶揚州府志秩官表均未載惟訥在官年月。嘉慶松江府志卷三十六職官表：同知馮惟訥嘉靖二十七年任。（惟訥光祿集有詩題云'余解陽羨十年矣，己酉夏，分牧吳淞以吏事再至，'己酉爲嘉靖二十八年，似與松江志不合。但細審文義，所謂己酉夏，蓋再至陽羨之年，非始至松江之年。）松江志記二十七年任同知者，惟訥之前，尚有一畢某，惟訥到任，當在是年秋冬間，自此上溯二十七個月，裕卒當在本年。

陂門集'南省'詩序云：'先府君嘗令華亭，爰歷三紀，季弟惟訥復佐松郡'。裕令華亭在正德戊辰，己巳間，見光緒華亭縣志卷十一職官，自此下數三紀，應是甲辰，乙巳間，與松江志及光祿集均不合，蓋舉成數言之，非恰爲三紀也。

方伯集'幽居'詩云：'解綬二十載，卜築此屋廬'，裕自甲午致仕，至此首尾僅十三年，'二十'恐是'十二'之誤，否則亦是舉成數也。

嘉靖二十九年　庚戌　四十歲

湯顯祖（義仍）生。（見續疑年錄）

嘉靖三十一年　壬子　四十二歲

與臨朐知縣王家士剏修縣志。

光緒臨朐縣志卷十三宦績：'知縣王家士，字汝希，河南光山人，舉人，嘉靖二十六年任，（三十二年去職，見卷十一秩官表），興學舉廢，好以儒術飾吏治，縣故無志，舊聞闕如，家士始與邑人馮惟敏徵文考獻，勒爲成書。同書凡例：'舊志創於明嘉靖三十一年，董其事者知縣王家士，總纂者邑人馮惟敏；今不存。

嘉靖三十二年　癸丑　四十三歲

沈璟（伯英）生。（凌景埏詞隱先生年譜，載文學年報第五期）

嘉靖三十五年　丙辰　四十六歲

王世貞爲青州兵備副使

見青州府志卷三十六名宦傳。石門集"有懷鳳洲使君"詩所云云：（引見前文），蓋鳳洲去後之思，兼致憾於段顧言也。（見下年）

嘉靖三十七年　戊午　四十八歲

段顧言爲山東巡按，貪虐無厭，齊魯之民苦之。惟敏亦被逮至歷城，久之乃解。時俞憲爲山東左參政，因得縱觀惟敏詩文。

俞憲盛明百家詩，馮海浮集序傳："予參東藩，海浮忽爲一巡院所虐，逮繫省城，因得縱觀其詩文。……其所指巡院，卽"七歌行"自注，"墨吏扇禍齊魯間，六郡甚苦之，余亦致至縣下，良久乃解"者也，蓋嘉靖丁戊間，段侍御顧言云。'七歌行'見石門集。詞稿卷二醉太平'戊午感事'卷四正宮端正好'三界一覽'，般涉調耍孩兒'髑髏訴寃'又'財神訴寃'皆爲段作也。嘉靖山東通志（萬歷丙辰續刻）卷十職官：巡按監察御史，段顧言，字汝行，遵化人，進士，嘉靖三十六年任；裴天祐，三十七年任。詞稿'財神訴寃'套自注云：'獨留二年，六郡之財悉歸私室而後去，其任期蓋去年今年兩整年；段去裴來，當在本年歲杪。

據嘉靖山東通志知段顧言前任巡按爲毛鵬，其人以正直廉潔稱，卽今京劇'四進士'中之一進士，醉太平'戊

午威事'曲云：包龍圖任滿 于定國遷官 卽謂毛也

嘉靖三十八年　己未　四十九歲

楊愼(用修)卒 年六十六。(見疑年錄)

嘉靖四十一年　壬戌　五十二歲

春，入京謁選。六月，授直隸淶水縣知縣。

入京時，道經歷城，遇沈仕(懋學)。

家傳：'謁選，授知淶水縣事。' 詞稿卷一仙呂點絳唇'郡廳自壽'套序：'自筮仕壬戌歲，初度皆有述'；詞稿自序'壬戌春，余策款段出山中，遂浪跡風塵雲水間；'光祿集'發淶水後寄別家兄'詩序：'壬戌仲夏，家兄海浮解褐補淶水令'。 詞稿卷一雙調新水令'訪沈青門乞書'套序：'青門之名，余耳之舊矣，壬戌早春，歷城邂逅，西館燕嬉，時余猶書生也。

嘉靖四十二年　癸亥　五十三歲

在淶水任。秋，解官歸臨朐。

在淶水政績及罷官詳情，見前文本傳。 諸書皆以淶水解官，改鎭江教授二事連書。 今按詞稿卷二有朝天子'解官至舍'二十首，自注云：'余以癸亥秋解官，自分優游山水，無意世事'；詞稿卷一雙調新水令'仰高亭自壽'套自注：'余以乙丑冬客潤州'；據此二事，知本年解官後，曾歸臨朐閒住年餘。

嘉靖四十四年　乙丑　五十五歲

改鎭江府學教授。春，自臨朐入京陛謝。 在京訪沈仕(懋學)乞書。 冬，至鎭江。

詞稿卷一仙呂點絳唇'改官謝恩'套自序：'初解邑綬，

臺章論以量材改邑;章下,天曹覆奏,謹按臣敏,"疎簡不堪臨民,文雅猶足訓士,"制曰可,遂擢鎮江教事。昧爽陛謝,喜而製此。雙調新水令'訪沈青門乞書'套自序:余今以曠官赴調,復得周旋談笑京邸間,因乞作書',上文敍壬戌遡遊歷城事,京邸乞書,當在本年陛謝時。曲中有'故園此日花如繡,蘭舟蕩漾閒春晝'之語,据知到鎮江雖已冬日,入京陛謝則在春季。

嘉靖四十五年　丙寅　五十六歲

在鎮江任。春,至南京參謁留臺;與許石城邢雉山諸人話舊,識金鑾(白嶼)於友人席上。作仰高亭於府學。

詞稿卷一南呂一枝花'贈許石城'套自序:'丙寅春,余以移官京口,參謁留臺,過訪奉常許石翁';雙調新水令'留別邢雉山'套自序:'僕垂髫隨宦,皓首重來,慨舊識之無多,樂新知之畢聚';黃鍾醉花陰'酬金白嶼'套序:'秋澗雅招,春園好會,得白嶼之老友,聆黃鍾之希聲,…恨相知之既晚,訃信宿之無蘇'。三曲銜接編次,自是同時之作;金鑾固常住南京也。雙調新水令'仰高亭自壽'套自注:'丙寅,作仰高亭於尊經閣之北,舊膳堂遺址也。…丙寅之秋,自壽於亭中'。

閏十月,刻山堂輯稿,海浮山堂詞稿。(見詞稿自序;詳後著述。)

穆宗隆慶元年　丁卯　五十七歲

在鎮江任。應聘典雲南鄉試。

家傳'聘典雲南試,錄文多出其手。雙調新水令'仰高亭自壽'套自注:'丁卯應滇闈之聘'。

姪子履舉於鄉。(光緒山東通志舉人表)

子履，惟重子，光緒臨朐志卷十四有傳。

隆慶二年　戊辰　五十八歲

在鎮江任。

李開先（伯華）卒，年六十八。（三續疑年錄）

據詞稿卷一中呂粉蝶兒'辭署縣印'套，知在鎮江時曾兼攝丹徒縣，不知事在何年，附識於此。

隆慶三年　己巳　五十九歲

春，自鎮江教授調保定通判。是秋，嬰腦疾。

家傳'自鎮江教授，稍遷判保定府。'詞稿卷一仙呂點絳唇'郡廳自壽'套序：'己巳菊月，余至保郡閱半年矣。'雙調新水令'庚午春試筆'套序：'自去秋出城，毒霧浸於五內，鬱憤宣洩，遂嬰腦疾；雖勉蒞微祿，時時強起，然風寒易薄，勸力不任，從此矣'（末句似脫一字）。

隆慶四年　庚午　六十歲

在保定任。修府志；集楊繼盛遺文行世。陳郡利害十六事。（見家傳。事或在明年，或在去年，姑繫於此。）

署滿城縣事，旋辭。石臻為作寫眞，及海浮山村圖。

詞稿卷二醉太平'庚午郡廳自壽'第六首云：'正管著府廳，又署着滿城'；卷一有中呂粉蝶兒'辭署縣印'套，可參閱。正宮端正好'六秩寫眞'套序云：'林山山人數年前以繪事謁余於淶水，今年至保州見余，山人謂余貌猶昔也，⋯因問之曰：若能為海翁畫像乎？山人笑而諾焉。乃作畫二幅，其一則海浮山村圖云。山人石臻，行唐人'。

隆慶五年　辛未　六十一歲

在保定任。春，弟惟訥自江西左布政使入覲；尋以光祿卿致仕歸臨朐；惟敏送之雄州，約同歸隱。歲暮，改魯王府審理所審理，辭免未赴；明年早春，遂去官歸臨朐。—(詳下年)

隆慶六年　壬申　六十二歲

春，自保定歸臨朐。構卽江南亭於冶源別業(家傳)。

詞稿卷一商調集賢賓'舍弟乞休'套序云'舍弟少洲子，辛未自江省左轄入覲。…乃請老。'仙呂點絳唇'量移東歸述喜'套序云：'是年春，舍弟得旨東歸，余是以有雄州之會，相將同隱南山中，弟不可，曰，不告而去，非禮也。…至是，擢魯士師，遂行'。此兩套之間，夾雙調新水令'送李閣老南歸'一套，序稱'石鹿翁'，'賢相'，曲云'狀元歸去'，'兩朝元老'，蓋李春芳也。春芳致仕在辛未五月，見明史卷一百一十宰輔表。可知三曲均辛未作，點絳唇序中之是年，蓋蒙集賢賓序中之辛未而言。詞稿卷二歸田小令胡十八曲題，亦云'辛未量移東歸'。據此，則惟敏兄弟歸田，均在辛未矣。然詞稿卷一商調集賢賓'歸田自壽'套序，又云'壬申歸田'，卷二歸田小令朝天子'將歸得舍弟書'亦云'去春啊你回，今春啊俺歸。'可知奉量移之命，在辛未歲暮，自保定啓行，則已在壬申早春也。

點絳唇'量移東歸'套曲文，有'佐的是千里邦畿頭一郡，輔的是九朝濟國上十王，端的是長沙太傅江都相，'之語；家傳敍此事云'左遷王官'。可知所謂魯士師，蓋魯王官屬。嘉靖山東通志(萬歷續刻本)卷九封建：'魯王開府兗州，王府官屬有審理所，設審理正一人，審理副一人'，顧名思義，魯士師蓋即魯王府審理也。點絳唇曲文又云：'啓賢明一字王，感仁恩千歲昌，代陪臣上表章，賜山人歸故鄉'；家傳云：'左遷王官，遂歸'。可知未赴魯府，即歸臨朐。

弟惟訥卒，年六十一。

詞稿卷一商調集賢賓'歸田自壽'套序云：'壬申歸田，而是歲余弟不祿'。惟訥生於正德七年壬申，見前。

神宗萬歷元年　癸酉　六十三歲

姪子咸舉於鄉。（光緒山東通志舉人表）

子咸，惟健子；光緒臨朐志卷十四上有傳。

（集中套曲題干支者，止於本年，此後只有雙調新水令'題劉伊坡蔭城'一套。蓋家居恬適，無話可說，無事可寫，故不再作套曲也。）

萬歷二年　甲戌　六十四歲

除名

詞稿卷二歸田小令有'聞報除名'折桂令四首，編於'甲戌新春試筆'仙桂引之後。

馮夢龍生。（容肇祖馮夢龍的生平及其著述）

萬歷四年　丙子　六十六歲

姪孫琦舉於鄉。（光緒山東通志舉人表）

詞稿卷二歸田小令有'送琦孫鄉試'折桂令。琦，惟重孫，子履子；明史卷二一六有傳。

萬歷五年　丁丑　六十七歲

姪孫琦成進士。（光緒山東通志進士表）

詞稿卷二歸田小令有'夜聞琦擢日吉'朝天子二首

萬歷六年　戊寅（1578）　六十八歲

命男子復至廣寧省墓。

詞稿卷二歸田小令有'復兒度遼省墓'鴻門奏凱歌二首,編於'戊寅試筆'清江引之後.自注云:'余戊戌東歸一展墓,逮今四十年,始遣子復'。

是年卒?

詞稿卷二共分兩部,首爲'歸田小令'編至'度遼省墓'鴻門奏凱歌爲止.自'解任後聞變有感'仙子步蟾宮以下,原本另題'海浮山堂詞稿小令',中皆庚午以前之作。全集紀年,無較戊寅更晚者,戊寅所作曲,亦僅'試筆'清江引及'省墓'鴻門奏凱歌兩題十二首,蓋即卒於本年也。

著述

(一)專著:

臨朐縣志

未見傳本。詳年表四十二歲。

保定府志

未見傳本。詳年表六十歲。

(二)文:

礦洞議(見光緒臨朐縣志卷十六雜記,似非全篇。)

重修三義祠碑記(見光緒易州志卷十七藝文)

海浮山堂詞稿自序(見詞稿卷首)

家傳稱惟敏爲文閎肆,萬言可立就.王慎中自以爲遜其才,又云,'其文不爲剞劂語,情事若指掌上.'然惟敏文只存以上三篇，餘文未見（套曲小序多成篇者，以非專文，故未計入）。詞稿（原刻本）卷四附錄，南呂一枝花套題注云，'有引見文稿'，此文稿當是惟敏自編，曾否付刻，今不可考。詞稿自序云，'刻山堂輯稿於潤州'，輯稿今佚其中或有文耶？

（三）賦詩：

石門集一卷（又名別駕集）

萬曆二十四年丙申，康丕揚選，姪孫琦校刻本；與兄惟健陂門集（又名孝廉集），惟重大行集，弟惟訥光祿集合稱四馮先生集；有康丕揚序；冠以父裕方伯集（前附家傳），稱五大夫集；光緒臨朐縣志卷九上藝文著錄。原本寫刻頗精，燕京大學圖書館藏。

馮海浮集一卷

隆慶中俞憲編刻盛明百家詩本，前有俞撰序傳，題隆慶戊辰夏，時惟敏方在鎮江。

石門集爲選本，盛明百家詩刻於惟敏生前，故皆非全集，而互有異同。石門集收賦二篇，詩一百五十四首；盛明百家收詩一百五十三首。兩本相合，去其重複，得賦二篇，古近體詩二百四十三首；光緒易州志又有七律一首，爲兩本所無。傳世惟敏詩賦，蓋盡於此矣。臨朐縣志又著錄山堂詩稿，無卷數，其書未見，或即山堂輯稿耶？

附錄詩話：

'海浮詞雖逸而氣弱，律雖協而調卑。'（朱觀撰海岱燕喜集（原書未見，此據陳田明詩紀事戊籤卷八所引。王兆雲皇明詞林人物考卷九云,'詞雖逸而氣未雄,律雖協而調少遜,'即襲用朱氏之言)。

'馮汝行如幽州馬客,雖見伉俍,殊乏都雅'。(王世貞藝苑卮言卷六)

'惟敏詩雖未工,亦齊魯間一才人也。'(錢謙益列朝詩集丁集二)

'臨朐四馮,朱中立首推汝強詩;王秋史謂汝威爲四集之冠;朱竹垞謂汝言詩"華整可觀,其賈氏之偉節乎。"余謂終不若汝行之才氣縱橫也。'(陳田明詩紀事戊籤卷八)

(明詩綜,靜志居詩話,山左明詩鈔諸書,或鈔錄上述評語,或記載冶源風物,於惟敏詩無所論列,均不錄)。

(四)詞:

未見。詞稿卷二小令中有浪淘沙,然此調詞曲兩用,詞稿所載亦是曲體,非詞體,惟敏遂無一詞傳後也。

(五)曲:

1. 散曲:

海浮山堂詞稿四卷

馮氏家刻本　任中敏散曲叢刊本(中華書局出版)　明汪氏環翠堂刻坐隱先生選本。

卷一:　大令(即套數)三十二套,皆北曲。

卷二:　(1)歸田小令二百二十七首,(外窦孩兒'十自由',散曲叢刊本移于卷四之末)

(2)海浮山堂小令一百六十六首。

卷三:　擊節(或作筑,非是)餘音。散套十一套,南北俱有,內僧尼共犯第一折,與附錄重,實得十套;雜曲小令一百三十九首,(原本一百三十六首,散曲叢刊本據汪刻選本增補三首),內南倚馬待風雲'悼妓翠仙'四首,南呂叠見'贈妓仙臺'四首,重見卷二,實得一百三十一首。此卷皆狎邪謔浪之作,明人結習,存而不論可也。

卷四: 附錄(1)套數五套,皆悲憤寓言之作。散曲叢刊本移耍孩兒'十自由'於此。

(2)雜劇二本:玉殿傳臚　僧尼共犯

散曲叢刊本删去此二種。

馮氏家刻本,前有惟敏手書自序,署'丙寅閏月',嘉靖四十五年也。序云:'余弟往在秦州刻詩紀,以其羨刻石門樂府,余今刻山堂輯稿於潤州,既迄工,乃別輯此卷刻之,亦惜其羨耳。'今所見本,截丙寅以後曲甚多,自是後來印本。全書依年分類,編次井然,各曲後時有自記;蓋惟敏晚年手訂本,而仍用原序耳。全書四卷,卷爲一册,每册封皮皆有寫刻題籤曰:'海浮馮先生詞稿'蓋馮氏後人印本。觀其刻工字體,至晚在萬曆末年,而書中所收萬曆初年作品甚多,故可定爲萬曆中葉刻本。傳世馮曲舊刻,只有此本;或題嘉靖刻本,蓋据卷首舊序也。嘉靖丙寅原刻,今已不可復見。光緒臨朐志卷九上藝文著錄'山堂詞稿',注云:'舊志云四卷,今考原書只二卷;'舊志之四卷,當卽今所見者,二卷之原書,或卽丙寅刻本耶?抑卽四卷本之前二卷耶?無從稽考矣。

任中敏編散曲叢刊本,卽據家刻本覆印,誤字尚不甚多;惟有較大錯誤三端,不可不辨:

1. 卷二,卷三有重出之曲八首,(見前)未能校出删去。

2. 卷四附錄散套,皆悲憤寓言之作,故歸附錄;任氏移耍孩兒'十自由'於此,風格性質,全不相同,殊失編次原意。且耍孩兒原在歸田小令中，係依年編入者；渦氏原意，蓋以之爲重頭，而不以之爲套數，故原刻本僅有耍孩兒總題，每支曲並未冠以第幾煞字樣，末曲亦無尾聲字樣，任氏擅爲添入，更嫌武斷。

3. 卷二之歸田小令止於鴻門奏凱歌'復兒度遜省墓'，自仙子步蟾宮'解任後開變有感'以下，原刻本另題'海浮山堂詞稿小令'；書口記頁數處，於歸田小令則云'田若干頁，於海浮山堂小令則云"小若干頁"頁數各爲起訖；雖居同卷，實分兩部。後者百餘首，皆歸田以前作，其中有題干支者，有未題者。散曲叢刊刪去"海浮山堂詞稿小令"一行字樣，連接排印，頁數亦直數下去，遂若此一卷小令，皆是歸田以後所作，原來編次，大爲紊亂矣。

汪氏環翠堂刻坐隱先生選本，原書余未之見，見於任中敏曲諧卷一（散曲叢刊本）。任氏曾据校原刻本，異文附於散曲叢刊本各曲之後，共約五十條，多妄改處，今附舉十例如下：（卷數頁數據散曲叢刊本）

1. 卷一頁十下，八煞：'又無獄囚"干係"擔驚怕。''干係'即關係責任之意，因恐獄囚逃逸，故常擔驚怕，是作官人感慨語，汪本改'干係'爲'枉繫'，則是因枉入人罪而擔驚怕，變成作賊心虛，去原意未免太遠。

2. 卷二頁五下，'瀟閑'：'行人笑俺擡高價'。原刻本'行'字上有'路'字，南宮詞紀同；汪本刪去'路'字，任氏從之。今按，'路行人'三字，北地方言中常用之，此句加一襯字，音調亦較諧婉，不應刪去。

3. 卷二頁十五下:'止不過蝸角虛名,又不是都督王侯',語氣悲憤雄直,汪本改作'只今日還離風塵,落得個高臥林丘',語氣緩懈,原意全失,且與上文合讀,文義亦不貫串。

4. 卷二頁二十一上,'苦雨':'恰纔慶雨澤,豈料爲民害''澤'字借入爲平,叶背來韻,此例北曲中甚多,汪本改作'顏纔得雨開,心轉憂霖害'貒於不通矣。

5. 卷二頁二十二下第三行,'街前翻巨浪'以下數句,雖近粗俚,却是字字本色,汪本所改,塗飾太甚,凡脂俗艷,令人不快。此等處改者或猶自鳴得意也。(原文太長不錄)

6. 卷二頁二十五下'書蟲':捻著你命難饒','饒'字有很像,汪本改作'命難逃',太老實矣。

7. 卷二頁三十五下朝天子:'小則小合爻象'。謂房屋之合格局者爲'合爻象',至今北京尙有此方言,特說話時音轉爲'爻性'耳。汪本改爲'玄情悒',蓋不識原意也。

8. 卷二頁四十二上對玉環帶過淸江引:'萬柳千鶯,終朝不住鳴,一水孤淸,通宵不斷聲,'寫治源景物也。治源以泉竹勝,故有孤淸,水聲不斷之喩,汪本改作'柳岸千鶯,終朝睍睆鳴,漁浦揚舲,通宵欸乃聲,'詞則美矣,奈非本地風光何?

9. 同卷同頁雁兒落帶得勝令:'傳鑼的緊緊篩,喝號的哀哀叫',確是北方旅夜,情景逼眞,汪本改作'雨珠兒緊緊篩,雁陣兒哀哀叫',誠所謂僭賤盧遊。

10. 卷三頁二十三下四景鬧詞：書堂深"淸晝"永，汪本改'淸晝'爲'春晝'，因上文有'淸幽'字也，不知此是四景第二首所說是夏天耶？

其他類此者約當全部異文十分之九，點金成鐵，如此之多，誠馮曲諸刻之最劣者；其所改又多似是而非，更易貽誤，余所以不憚爲之指出也。

2. 劇曲：

梁狀元不伏老玉殿傳臚記

海浮山堂詞稿附錄本　盛明雜劇二集本

此爲五折雜劇，惟敏父裕次兄惟重弟惟訥皆成進士，獨惟敏與長兄惟健屢試不第，是爲惟敏一生最大憾事，詞稿卷二仙桂引'思歸'曲云：'好功名少了半截'，此劇之所爲作也。

僧尼共犯

此劇除詞稿附錄外，未見第二本。原題僧尼共犯傳奇，實四折雜劇。此劇與樂節餘音中之'勸色目人還俗'套，俱可見惟敏之學，純宗儒家，不以他教爲然，非滑稽戲謔之作也。曲文質樸，頗得元人本色之妙。

附錄曲話：

'北調，近時馮通判惟敏獨爲傑出。其板眼務頭，攛搶緊緩，無不曲盡，而才氣亦足發之。止用本色過多，北音太繁，爲白璧微纇耳。'（王世貞弇州山人四部稿卷一百五十二藝苑巵言附錄一（明刻足本，通行本藝苑巵言無此卷。）

'塡詞尤號當家，西北人往往被之絃索。'（家傳）

王漢陂馮海浮咏鞋杯諸曲，亦多巧句，亦未免間似粗豪

語,不無遺恨耳。'（王驥德曲律卷三論詠物）

'馮才氣勃勃,時見紕纇,常多俠而寡馴'（同書卷四）

'康對山,王渼陂,常樓居,馮海浮,直是粗豪,原非本色。'（同上）

'元人俱嫻北調,而不及南音。…康對山,王渼陂二太史,俱以北擅場,並不染指於南。…章邱李中麓太常亦以塡詞名,與康王俱□□□友,而不嫻度曲。…且不知南曲之有入聲,自以中原音韻叶之,以致吳儂見誚。同時惟臨朐馮海浮差爲當行,亦以不作南詞耳。'（沈德符顧曲雜言）（按惟敏集中非絕無南曲,特數量極少）。

'馮侍御綺筆鮮妍'。（鬱藍生曲品卷上）

按曲品著錄不作傳奇而作散曲者二十五人,中有惟敏名,復於二十五人各繫評語。此二十五人中,無第二姓馮者,上引評語,當然係指惟敏。惟敏未作過侍御,想是傳誤;'綺筆鮮妍'之評,於馮曲作風亦不相合,或專指所作南曲?

'余所見梁狀元不伏老雜劇,當在王渼陂杜甫春遊之上。'（錢謙益列朝詩集丁集二）

'蝸亭雜訂云:"或謂馮汝行梁狀元不伏老雜劇,當在王渼陂杜甫遊春之上。"　四友齋叢說云:"渼陂杜甫遊春雜劇,雖金元人猶當北面,何況近代。"'（焦循劇說卷三）

'曲始於元,大抵貴當行不貴藻麗。明如湯菊莊,馮海浮,陳秋碧輩,雖無嵩本,而製曲直闖其藩,元音未絕。'（李調元雨村曲話卷下）（按調元似未見馮撰雜劇,故云無嵩本。）

'海浮山東人,故所作粗豪之氣,咄咄逼人,是大宜於北曲者,以之爲南曲,乃嫌叫囂矣。'（任中敏曲諧卷一）

'海浮曲全是一團拴縛不住的豪氣。然排奡而能妥帖,詞中之辛稼軒,陳迦陵也。'（同上）（按以馮曲擬辛詞似覺稍遜,若陳

其年之詞，叫囂粗獷，其中索然，不能比擬辛、劉也）

'此公下筆，無論爲"丹丘體豪放不羈"，爲"淮南體趣高氣勁"，爲"草堂體山林泉石"，爲"香奩體脂粉釵裙"；都異樣寫得出，說得透，不儻"騷人"一體，嘲譏戲謔者，顛狂欲絕也。'（同上）

'海浮曲有硬語盤空，呼叱而出者，如醉太平"遂閑"（原曲見詞稿卷二頁八下）。然尚嫌曠達之中，多憤激之氣，文字亦覺過於急迫，乏安雅之致。如塞鴻秋"乞休"（原曲見詞稿卷二頁四十六）則較爲閑靜，不病乖張，且結語緊得剛好，有風起雲從，水流花逐之概也。（同上）（按曠達之中若無憤激，則非海浮曲矣。）

'以曲爲家訓，海浮之創作也，論其詞，尚警切清新，不同腐俗。（同上）

論才情橫溢，氣象萬千，明曲中眞罕有敵海浮者。鴻門奏凱歌"謝諸公枉駕（原曲見詞稿卷二頁三十二下），前調"謝會友枉顧"（原曲見同上），高趣涵空，英姿颯爽，又純以跌宕風流，淵雅沈穩勝，而本來踔厲蹈揚之面目，則收拾淨盡，一毫不露，才人之筆，直無往而不可也。'（同上）

'海浮情詞，具本來面目者，玉胞肚（原曲見詞稿卷三頁三十五上），其較爲蘊藉者，如倚馬待風雲"悼寧仙"前半（原曲見詞稿卷二頁五十六上），花開三句，悽婉無限，在南詞柔靡一派中，的是當行。月兒高"閨情""月缺重門靜"云云（原曲見詞稿卷二頁五十七下），雖是南詞，而確傳元人敷粉作色，鈎勒點染之秘，斯不可多得也。'（同上）

林文忠遺書述

陳陸

始筆者之寫鴉片戰與中國軍器一文也。於此役之崇仰者。惟公一人。蓋公蒞歷中外垂四十年。於政事無所不盡心。而其尤關天下治亂之數者。以禁鴉片爲最鉅。故今之言中國近代史者。必始自鴉片戰爭。言鴉片戰爭者。必首舉公。至其僨事也。亦往往推咎於公。殊不知其時承平日久。風化大壞。致變迭起。禍亂時作。官吏之昏庸。軍人之懦弱。莫不昭然於耳目。而朝廷尚拘泥祖法。昧於時勢。妄自尊大。如公之遵道如砥。持心若弦。奉法不避。識荒清遠者。有幾人哉。卒以蜚言所阻。志未得申。玆迄百年之會。不應無所表章。然引以爲憾者。卽公之著述未能悉得也。故誌目錄。用廣採訪。其有隱藏。尙祈惠釋緘縢。俾匡不逮。謹識。

公福建閩侯縣人也。生於淸乾隆五十年（乙巳）七月二十六日。生時適閩撫徐嗣曾鳴騶過其門。故公之父名之曰則徐。字之曰元撫。一字少穆。其竢村老人。則公晚年自號也。公生卽聰敏。長不滿六尺。英光四射。聲如洪鐘。每劇談。隔舍數重聆之輒了了。性孝友。事事以養志顯親爲念。自奉倹。術資助族戚戚必數千金。尤愛士。所至必擇其秀異者召入官署。助以學行。家居。凡族姻中子弟讀書者。約期治膳。集而課之。曰「親社」。性聰察。摘伏如神。馭左右嚴。每黑夜潛行。躬自微察。無敢因緣為奸。然待人以恕。接人以誠。人咸樂為之用。與人言。必令反覆詳盡。得達其情。道人善。孜孜若不及。善飲。喜奕。服官後皆卻弗御。好勤勵。與處數十年者。未嘗見其袖手枯坐也。

公以嘉慶十六年辛未成進士。選翰林院庶吉士。榜後歸省。明年還朝。散館以編修用。自是益究心經世之學。雖居清秘。於六曹事例因革用人行政之得失。綜核無遺。識者知公為輔器矣。

嘉慶二十一年。公充江西鄉試副考官。明年記名以御史用。二十四年。充會試同考官。閏四月。奉命充雲南鄉試正考官。於途中有日記一卷。曰滇輶紀程。鄉試畢。與副考官吳慈鶴擇中式之卷文詩策尤雅者十四篇。為己卯科雲南鄉試錄。而公為之序。

公於嘉慶二十五年。補江南道監察御史。時河南儀封南岸工程未竣。公以料販囤積居奇奏請敕該地方大吏嚴密查封。平價收買以濟工需。下河南巡撫議行。先是海寇張保投誠後。累官副將。至是擢總兵。公慮其驕恣不可制也。特疏劾之。旋授浙江杭嘉湖道。下車後於所屬海塘水利悉心求之。遣人至閩迎養二親。公父賓日先生憚於遠行。獨公母陳太夫人枉輿就養。後以賓日先生病。即引疾奉陳太夫人馳歸。時公引疾太亟。外人不知。頗有為同官排擠而高蹈之議。公於答蔣礪堂書中曾辯其事。自是家居一載。明年（道光元年）復出。至都引見。仍發浙江以道員用。旋簡授江南淮海道。復命署浙江鹽運使。三年擢升江蘇按察使。四年署江寧布政使。時江浙大府議濟兩省水利。奏請以公總司厥事。會陳太夫人之訃至。因亟奔喪回里。五年特旨起赴南河督修隄工。是秋。江南大府議行海運。疏稱公細密精詳。堪任其事。而公以積勞病作。未克任事。兩大府轉奏允予回籍調理。六年特旨命公以三品卿銜署兩淮鹽政。公以未終制懇辭。服闋北上。奉旨授陝西按察使。署布政使事。甫至陝。旋奉升授江寧布政使之命。因遣人迎養賓日先生。惟公以權理陝藩。代者未至。不能遽去。而賓日先生已絜眷出閩赴蘇。乃以疾卒於衢州行館。公尚在陝。得訃即自陝南奔。此道光七年事也。

公服闋在道光十年。入都與龔自珍。潘曾瑩。曾沂。黃爵滋。彭蘊章。魏源。張維屏。周作楫等結宣南詩社。互相唱酬。

六月補湖北布政使。十一月調河南。明年夏調補江寧。十月授東河總督。十二年調江蘇巡撫。十五年代陶澍署理兩江總督。十七年奉命為湖廣總督。先是公於十五年蘇撫任內曾將蘇河庫道李湘茝明練樸誠。辦事細緻。至是李湘茝以庫款牽混不清。宣宗罰公註考不實。降四級留任。復以還就湖南巡撫訥爾經額辦孫匪藍正樽案。宣宗罰公隨同附和太不誠實。降五級留任。十八年鴻臚寺卿黃爵滋上疏奏請嚴禁鴉片以塞漏巵。以培國本。宣宗着直省各督撫各抒己見。公發章程具奏。公平日目擊鴉片流毒。懸為憂之。至是乃本其主張。擬章程六條。略云：

（一）煙具先宜收繳淨盡以絕饞根也。查吸煙之竹桿謂之「槍」。其槍頭裝煙點火之具又須糾泥燒成名曰「煙斗」。凡新槍新斗皆不適口。且殊難過。必其素所習用之具。有煙油漬乎其中者。愈久而愈寶之。雖骨肉不輕以相讓。……今須責成州縣盡力收繳槍斗。視其距省之遠近。與夫地方之衝僻。戶口之繁約。民俗之華樸。由各大吏酌期定數。責以起獲。示以勸懲。……

（一）此議定後。各省應即出示勸令自新。仍將一年之期酌分四限。遞加罪名以免因循觀望也。查重典之設。原為斷吸起見。果能人人斷吸。抑又何求。各省自奉文之日起扣至三個月為初限。如吸煙之人於限內改悔斷絕赴官投首者。請照「習教人聲明出教」之例。准予免罪。然投首非公會也。必將家藏煙具幾副。餘煙若干。全行呈繳到官出具改悔自新洛無戕損甘結。加具族鄰保結立案報查。如日後再犯。或被告發。或經訪聞。拘訊得實。加倍重辦。其二三四限之內投首者雖不能概予免罪。似亦可酌量減輕。惟不投首者。一經發覺。即須加重。……除初限以外。四限以內未首之犯。案獲審實。似應按月遞加一等至死罪為止。……似此由寬而嚴。由輕而重。不肯之徒如再不知悔懼。爰諸死地誠不足惜矣。

（一）開館興販以及製造各罪名均應一體加重。並分別勒限繳其自首以截其流也。查開館本係死罪。興販亦應遠戍。近因吸食者多。互相包庇。以致被獲者轉少。今吸煙既擬重刑。若輩豈宜末減。應請一體加重。方昭平允。但澆俗已深。亦宜予以自新之路。請自奉文之日起。開館者勒限一月。將煙具煙土全繳到官。准將原罪量減。如係拏獲。照原例辦理。地方官於一月內辦者。無論或繳或拏均免從前失察處分。倘逾限拏獲。犯照新例加重。自獲之員減等議處。

其興販之徒。路有遠近。或於新例尚未問知。不能概限一月投首。應請酌限三個月內不拘行至何處。准赴所在有司衙門繳煙免罪。若逾限發覺亦應論死。其繳到之煙土煙膏。眼同在城文武加用桐油立時燒化。投灰江河。匿者與犯同罪。至製造煙具之人。近日愈夥。……雖照例懲辦而製造如故。應請概限奉文一月內。將所製大小煙具全行繳官燬化免罪。並論煙袋作坊。瓦器窰戶。以及金銀銅錫竹木牙漆各匠。互相稽查。如逾限不首及首後再製。俱照新例重辦。其裝成煙斗可用吸食者。即須論死。保甲知情不首與犯同罪。

（一）失察處分。宜先嚴於所近也。文武屬員有犯。該管上司於奉文三個月內查明舉發者。均予免議。逾限失察者。分別議處。其本署戚友家丁近在耳目之前。斷無不知。應勒限一個月查明。若不能早令革除。又不肯據實舉發。即是有庇匿。除犯者加重治罪外。應將庇匿之員即行革職。本署胥差有犯。限三個月內查明懲辦。逾限失察者分別降調。

（一）地保牌頭甲長本有稽查奸宄之責。凡有煙膏煙土煙具均應著令查起也。挾仇訐告之風固難保其必無。但能起獲贓證即已有據。且起一件即少一害。雖初行之時亦恐難免滋擾。然凡事不能全無一弊。若果吸煙者憚其滋擾而皆決意斷絕。正不啻無擾也。至開館之房主及該地方保甲斷無不知之理。若不舉發。顯係包庇。應與正犯同罪。並房屋入官。

（一）審斷之法宜豫講也。此議定後。除偏僻州縣犯者本少。即有一二無難立時審辦外。若海疆商賈馬頭及通衢繁會之區。吸食者不可勝數。告發既多。地方有司日不暇給。即終日承審而片刻故鬆。則癮已過矣。委人代看。則弊已作矣。是非問罪之難。而定讞之難也。要知吸煙之虛實原不在審而在熬。熬一人與熬數人數十人。其工夫一耳。且專熬一人容或有弊。多人同熬。轉無可欺。譬如省會地方擇一公所。彙提被控被拏之人。委正印以上候補者一員往審足矣。不必多員也。臨審時。恐其帶藥過癮。則必先將身上按名嚴搜。即糕點亦須敲碎。然後鎖入封門。如考試之坐號。各隔尺許。不准往來。問官亦只准帶一丁兩役。隨身伺候。不許拉攏。自辰巳以至子丑。祇須靜對不必問供。而有癮之人。情態已皆百出矣。其審係虛誣者。何員所審。即令何員具結。倘日後別經發覺。惟原審官是問。

此外公並製成戒煙方數種。施民服食。如忌酸丸。補正丸。四物飲。瓜汁飲等。亦頗有效。時各章奏未齊。定議緒時。公邀民心一故難收。卽商之湘鄂兩巡撫大舉嚴禁。計共搜獲煙槍五千五百餘桿。煙土煙膏一萬二斤餘兩。其摺入奏。宣宗甚喜。諭曰：「所辦甚屬認眞。可見地方公事果能振刷精神實心查辦。自可漸有成效。」。並公辦理煙禁之精神在於嚴明。死罪二字創於黃爵滋。而公尤大膽堅持之。然公初不僅以死恍民。觀其宜重禁吸煙以杜弊源片略云：

……臣歷任所經。如蘇州之南濠。湖北之漢口。皆闤闠聚集之地。聞向行商舖戶暗訪密查。僉謂「近來各種貨物銷路皆疲。凡二三十年以前某貨約有萬金交易者。今日剩得半數。」問其一半皆於何貨。則一言以蔽之。曰「鴉片煙而已矣。」……臣竊思人生日用飲食所需。在富侈者固不能定其準數。若以食貧之人當中熟之歲。大約一人有銀四五分卽可過一日。若一日有銀一錢則諸凡寬裕矣。吸鴉片者每日除衣食外。至少亦須另費銀一錢。是每人每年卽另費銀三十六兩。以戶部歷年所奏各直省民數計之。總不止於四萬萬人。若一百分之中僅有一分之人吸食鴉片。則一年之漏卮卽不止於萬萬兩。此可發數而見者。況目下吸食之人又何止百分之一分乎。鴻臚寺卿黃爵滋原奏所云歲漏銀數千萬兩。尙係舉其極少之數而言耳。內地脂膏。年年如此剝喪。豈堪設想。而吸食者方且呼朋引類以誘人上癮爲能。陷溺愈深。愈無忌憚。儆玩心而廻頹俗。是不得不嚴其法於吸食之人也。或謂重辦開館興販之徒。鴉片自絕。不妨於吸食者稍末未減。似亦持平之論。而臣前議條款請將開館興販一體加重仍不敢寬吸食之條者。蓋以衙門中吸食最多。如幕友官親長隨書辦差役嗜鴉片者十之八九。皆力能包庇販賣之人。若不從此嚴起。彼正欲賣煙者爲之源源接濟。安肯破獲以斷來路。是以開館應擬絞罪。律例早有明條。而歷年未聞絞過一人。辦過一案。幾使例同虛設。其爲包庇可知。（按本年二月始催處絞廣東郭亞平一案。）卽此時之衆議難齊。亦恐未必不由乎此也。吸食者果論死。則開館與販卽加至斬決梟示。亦不爲過。若徒重於彼而輕於此。仍無益耳。譬之人家子弟在外游蕩。嫖賭不爲。徒治引誘之人而不錮其子弟。彼有恃無恐。何在不敢復犯。故欲令行禁止。必以重治吸食爲先。……諺云。「刖足之市無業屨。僧寮之旁不鬻梳。」果無吸食。更何開館興販之有哉。或謂罪名重則訛詐多。此論亦似。殊不思輕罪亦可以訛詐。惟無罪乃無可訛詐。與其用常法而有名無實。訛詐正無了期。何如執重法而雷厲風行。吸食可以立斷。吸食旣斷。訛詐者又安所施乎。若恐所不易斷。則目前之徵其已是明徵。若恐誅不勝誅。豈一年之限期猶難盡改。特視奉行者之果肯認眞否耳！誠使中外一心誓除此害。不惑於姑息。不視爲具文。將見人人滌慮洗心。懍刑畏罪。先時雖有論死之法。屆期並無處死之人。即使屆期竟不能無處死之人。而此後所保全之人且不可勝計。又熟得而熟失焉。……若猶泄泄視之。是使數十年後。中原幾無可以禦敵之兵。且無可以充餉之銀。興思及此。能無股慄。……

知公之旨在勸示自新。又如施藥斷癮之辦法。無一非慈祥愷惻視民如傷之懷也。其所以主死罪論者。特深知火烈民畏之語之可法耳。後公入覲。賜紫禁城騎馬。召見凡十九次。乃奉諭以湖廣總督兼兵部尚書銜頒給欽差大臣關防。前往廣東査辦海口事件。所有該省水師兼歸節制。公以廣東所有包買之窯口。說合之孖氈。與興販各路之奸商。獲送快蟹之頭目。有經京堂科道指名陳奏發交査辦者。有經密査暗訪得其蹤跡者。恐其聞風遠颺。乃在途次開出姓名住址飛咨廣東布按兩司按單密爲拘捕。宣宗恐公此去。兩廣督撫或存觀望之見。互相推諉。不肯和衷合作。降諭旨以誡之。粵督鄧廷楨乃始咨於公。中有云。「所不同心者有如海。」公甚感之。

公既抵廣州。出示嚴密關防。並擇期收受有關海口事件之呈禀。久居廣州之老英商査頓聞風先逃回國。而伶仃洋面之躉船有二十餘隻。亦先後開動。作欲回國之勢。公以躉船每隻貯存鴉片不下千箱。若不將其銷除淨盡。終非了局。先以嚴諭責令洋商覺悟。復發一諭帖。令洋商呈繳鴉片。旋英領事義律來廣州。奸商顚地等希圖乘夜脫逃。經公査知截回。一面派兵嚴密圍守商館。絕其交通。一面將住泊黃埔之貨船。概行封艙停止貿易。英領義律經此困迫。始稟復情願照繳。公復念各洋商鴉片起空。無貨抵貨。殊可憫憐。乃奏准凡夷人名下繳出鴉片一箱者。賞給茶葉五斤。計所賞茶葉共十餘萬斤。而公偕鄧廷楨抵虎門。會同水師提督關天培督率文武委員分船收繳鴉片。約二十餘日凡收繳鴉片一萬五千八百八十九箱。又一千五百四十餘袋。覈之義律原報數目。已逾十分之八。其餘躉船內鴉片間有駛往沿海各地者。公即嚴令義律速行催到如數呈繳。並以半月爲限。同時並咨廣東各學教官。速査所轄文武生員有無吸煙。命其造具名册。五人互保。又頒發營兵吸食鴉片規條。亦着五人互保。猶恐不足。更作剴切告示曉諭粵民使速戒煙。其示先之以矜惜。恐之以刑戮。曉之以禍害。終勉以斷癮之禍利。反復申論。文極委婉。粵民閱之。深爲感動。

時義律催到之商船。已陸續開回虎門。由南澳駛來者三艘。其繳鴉片一千六十七箱又五百十一袋。由福建駛來者亦三紙。共繳鴉片二千二百四箱又五十七袋。連前共收鴉片一萬九千一百餘箱又二千一百餘袋。覈與義律原報之數溢出一千袋有奇。公奏請將原箱解京驗燬。嗣以御史鄧瀛言。恐中途有偷漏抽換之弊。即改令會同督撫就地銷燬。其銷燬情形。據公奏摺云：

……向來用火銷化。拌以桐油。其法未嘗不善。第訪聞焚過之後。必有殘膏餘瀝滲入地中。積慣熬煎之人竟能掘地取土。十得二三。是流毒仍難盡絕。臣等廣諮博訪。知鴉片最忌者二物。一曰鹽滷。一曰石灰。凡以煙土煎膏者。投以灰鹽即成渣沫。必不能收合成膏。是其相剋之性。正可資之以除其害也。然使逐箱煙土皆用灰鹽煮化。則鍋鑪之設必須累百盈千。誠恐照管不到轉滋偷漏。如其少設。又非數月不能銷完。茲再四酌商。莫若於海灘高處。挑挖兩池。輪流浸化。其池平鋪石底。縱橫各十五丈餘尺。兩旁欄椿釘板不令少有滲漏。前面設一涵洞。後面通一水溝。池岸周圍廣樹柵欄。中設棚廠數座。爲文武員弁查視之所。其浸化之法。先由溝道車水入池。撒鹽成滷。所有箱內煙土逐個切成四瓣投入滷中。泡浸半日。再將整塊燒透石灰紛紛拋下。頃刻便如湯沸。不爨自然。復雇人夫多名各執鐵鋤木爬立於跳板之上。往來翻戳。務使顆粒悉化。俟退潮時候。啟放涵洞隨浪送出大洋。並用清水刷滌池底。不任涓滴留餘。若甲日第一池尚未刷清。乙日便用第二池。其泡浸翻戳悉如前法。如此輪流替換。每化一池必清一池之底。始免套搭牽混滋生弊端。至將晚停工。即將池岸四面柵欄全行封鎖。派令文武員弁周歷巡視。粵東天氣炎熱。所用人夫僅穿單褲。上身下腳均係赤露。又於停工放出時與執事工役一同搜檢。不許稍有夾帶。試行之初。每日祇化三四百箱。迨數日後手法漸熟。現在日可八九百箱至千箱不等。……

此次公所銷燬者。共約二萬箱二千餘袋凡二百三十七萬餘斤。

先是義律於繳完鴉片之後。即往居澳門。上書請公派員來澳妥議通商章程。公即派佛山同知劉開域前往與議。並將奏准頒賞之茶葉一千六百四十箱發往給賞。未至。義律復上書請准其國貨船在澳泊卸發貨。公以其探著詭謀。希圖不納關稅。批駁不許。及劉開域至澳。義律以計不行。拒不見。且不收茶葉。時英船新來者。已有三十二隻。俱在尖沙嘴一帶停泊。並向村民及沿海奸民容售鴉片。公即之。飭義律查禁。義律不答。旋村民林維喜爲英水兵酒醉逞兇毆斃。公又飭防義律交出兇手。按例辦理。義律諉稱不能查得。公以其抗不交兇。乃陸飭香山縣。下令驅逐在澳之英人。並斷絕其柴米食物。撤其買辦工人。再諭義律交兇。並責其從令英船赴其他沿海各地兜售鴉片。義律並不接受。乃率同在澳之英商遷居於尖沙咀貨船及濠仔發船上。後義律因林維喜案內不交兇手。理絀勢窮。乃揑報英商三板船一隻爲海盜所搶。遺失船員八名。一人左耳被割。以爲抵卸之地。公諭其交出受傷之人。開具事主名單。並令引勘失事地點。以憑稽辦。而義律無以應也。竟欲示威。即率兵船五艘砲擊九龍山師船。爲參將賴恩爵擊退之。義律乃託葡人上書轉圜。公命其具「嗣後如有夾帶鴉片。貨盡沒官。人即正法」切結。而義律不肯。然英商船已有具結入口者。竟爲義律所派兵船追回。且砲擊我尖沙咀師船。爲提督關天培所敗。自是交涉益形惡化。而義律頗受各國商船之非難。義律乃擴大其辭。向英政府請兵。於是鴉片戰爭開矣。

戰端既開。吾國沿海各省。閩廣之外。率多空虛。蓋廣東以公在而閩則有鄧廷楨也。故英軍頗不得利。而轉攻浙江之定海。陷之。時諸大吏懼難。頗不悅公所爲。乃遣蜚語上聞。公與鄧廷楨皆落職。隨軍營效力。宣宗以廣東軍務廢弛。臨事不能得力。追論歷任總督之罪。遣公及鄧氏戍伊犂。時黃河汜決。公於途中奉命折回東河効力贖罪。

公在東河。與總河王鼎相處極得。道光二十二年。東河工竣。朝旨命公仍往伊犂。鼎相送於河干。涕泣爲別。公有荷戈紀程一卷傳世。卽此行之日記也。

公在伊犂也。頗受伊犂將軍布彥泰知遇。因奏請飭公勘辦伊犂開墾事宜。公乃親歷庫車阿克蘇烏什和闐喀什噶爾葉爾羌伊拉里克塔爾納沁等處。酌給回民耕種。改屯兵爲操防。一年之間。計闢各路屯田三萬七千餘頃。大漠廣野。悉成沃衍。煙戶相望。耕作皆滿。合兵民而一之。歲省國家轉輸無算。而回民生計亦大裕。嗣布彥泰奏公於開墾阿齊烏蘇地畝案內曾捐辦要工。又自備資斧查勘新疆南北各城開墾事務。著有勞績。卽命公回京以四五品京堂候補。旋朝命布彥泰爲陝甘總督。未到任前。命公以三品頂帶先行署理。會野番肆劫公乃先飭領將防護馬廠。一面改鑄大礮。倣照洋礮之法。推輪運送。士氣爭奮。勦捕殆盡。此道光二十五年事也。

道光二十六年。陝西巡撫鄧廷楨卒。宣宗命公補其缺。時番務未了。故公仍留甘肅。與布彥泰籌辦善後事宜。事畢。而陝省文闈伊邇。巡撫例應監臨。所有科場事宜。亦須先期督辦。於是由蘭州遄赴西安。時關中旱。民不能耕。爭殺牛以食。公曰：「如此則來歲又餓也。」飭官爲收牛。償其值。勸富民買牛予以息。次年乃大有秋。二十七年遷雲貴總督。滇中漢回搆釁垂數十年矣。焚殺無虛日。議者各有所袒。莫能決。公至。諭之曰「止分良莠。不分漢回。」適回民丁燦廷赴京叠控漢民沈正達等。有司提犯解訊。保山民糾衆奪犯。燬官署。搜殺回戶。并抗拒傾道兵。公提兵出剿。途次聞趙州之彌渡有客回勾土匪滋事。遂就近剿彌渡。破其柵。殲匪數百。保山民股慄縛犯迎師。公召漢回父老各諭以恩信。復乘勢搜獲永昌順寧歷年拒捕戕官諸匪寘諸法。

道光二十九年。公以舊疾疝氣復作。告假一月。蓋公自上年鄭夫人喪後。常深悲悼。加以頻年積勞。至是舊疾乃大發也。七月公以病體未痊。奏請開缺回籍調理。宣宗不得已勉從其請。及行。滇民焚香載酒。遠近不期而集者至數萬。滇人繪像以祀。明年宣宗崩。文宗即位。降詔求賢。大學士潘世恩等均以公薦。時廣西連年饑饉。盜賊蠭起。陳亞潰歐祖潤顏品瑤等各率其黨羽數千人。以白布作旗。上書官逼民變等字樣。而洪秀全楊秀清亦起事於金田。通政使羅惇衍以匪氛熾盛。特疏請文宗起用公爲欽差大臣。赴桂剿辦。文宗可其奏。公聞命即行。粵民聞公來。皆額手相慶。十月九日過潮州。以痔漏久。體頗羸。力疾抵潮州。痢下不止。十九日辰刻。卒於普寧行館。時年六十六歲。賜謚文忠。

公服官江南最久。以吳苦賦重。講求漕政。不遺餘力。在粵時中旨詢江南漕務。公條舉四端。曰本原。曰補救。曰本原中之本原。曰補救中之補救。宣宗極爲嘉許。擬俟粵東事畢。次第施行。然未果也。

公書其體歐陽。文喜駢儷。詩宗白傅。在官事無鉅細必躬親。家居必偏訪民間利病白諸當道。求留詠者踵接。不暇應也。及讁伊犁。始得肆意。遠近爭寶之。公博覽強記。纖芥事數十年不忘。著述極夥。彙誌於次

雲左山房文鈔

按閩侯縣志著錄四卷。今於北京各書肆訪之。遂不可得。公裔季武先生。現寓北京。哲嗣同甫君與筆者善。求之亦無藏本。故內容無徵。

雲左山房詩鈔八卷附詩餘一卷試帖一卷

按閩侯縣志著錄八卷。今存光緒丙戌（十二年）家刻本。首載道光三十年上諭及咸豐元年諭祭文御碑文各一道。較縣志著錄者增多詩餘一卷試帖一卷。

奏疏十卷

是書題曰林文忠公奏疏。僅見皇朝掌故彙編內編卷四十五。清史稿藝文志。閩侯縣志藝文志。清續文獻通考經籍考諸書。均未著錄。惟皇朝掌故彙編經籍門奏議類於公此書外。並無公所著政書。是一是二。未得詳也。姑書之以俟考。

政書三十七卷

是書題曰林文忠公政書。分甲乙丙三集。甲集爲東河奏稿一卷江蘇奏稿八卷。乙集爲湖廣奏稿五卷使粵稿八卷附兩廣奏稿四卷。丙集爲陝甘奏稿一卷雲貴奏稿十卷。今僅有家刻本。首載李元度國朝先正事略公本傳。並無序跋。據黄彭年陶樓文鈔卷八有林文忠公政書序爲刻本所未載。茲錄之。序云：「自古國家盛隆之世。上恬下熙。謂天下已治已安。而不復遠慮。如人方壯而病伏焉。樹方榮而蠹滋焉。猶屋方屹立而蛇鼠穴焉。於是有識微見遠之士。深察夫弊之所由生與害之所必至。又必得操柄。精誠專一。强毅而有力。乃能振拔於宴樂頹廢之際。而奮然以有爲。道光之中。承乾嘉之後。西域底定。海宇晏然。公卿大夫日以簿書期會相責成。而天下之利權。非中飽於私家。即漏卮於海表。於是陶文毅公起而治其內。以爲天下之財賦。莫盛於東南。其大端曰河鹽漕。河者天事居其半。鹽漕則皆人事爲之。遂改票鹽。議海運。而海內百餘年之積弊始彰。文毅既歿。林文忠公繼之。既治其內。復思治其外。以爲財者億兆養命之源。散在內地。藏富於民。漏向外洋。藉資寇盗。宜內樹屏蔽。外加懾重。陽示鎮靜。陰肅防維。必不敢耽一日之安。以貽無窮之患。而海外數千百年之大害始著。文毅之在兩江也。鹽漕失業之徒。群起詬病。而上結宸眷。朝右為之主持。故謗議雖多。而遇合則極盛。文忠之在兩粵也。媒孽傾軋之事日出不窮。而下得民衆。至今交相稱美。故遭際坎坷而名譽則大隆。然吾觀兩公之心。蓋深慮夫弊之日滋。害之益甚。將至於不可窮詰。憂及於國家。禍延於後世。思其患而預為之防。文毅舉其易者為之倡。文忠舉其難者為之繼。其用心誠而致力果。殆死生以之。至於一身之榮辱毀譽。固有所不計也。文毅始卒。奏疏文集刊布流傳。文忠遺集。哲嗣鏡帆前輩。雖經編輯。久未刊行。迄今二十餘年。哲孫孝廉始籌刻本乞序於予。自文忠總督東河以迄雲貴。為甲乙丙三編。都三十七卷。名之曰政書。書中於民之情僞。地方之利病。細如毛髮。鉅如邱山。無不反覆周詳。推究始末。而或興或革。言之必其可行。忠純如武鄉。詳密如安陽。明決如太岳。洵無愧古之立功立言者。咸豐以來。寇亂極矣。任事者稍得破除常見。竭其心思才力之所能至。而文忠與文毅。獨於晏安無事局守文法之時。洞見癥結。亟起救藥。苟知世之讀其書者。必將感發興起。思所以宏濟艱難。是則國家之厚幸也夫。」

四洲志

是書為西人著述。文忠公所譯。見馮桂芬顯志堂稿卷十二海國圖志跋。據洋務權輿卷上云：「林則徐自去歲至粵。日日使人探詢夷事。翻譯夷書。又購其新聞紙。」又據琦善奏粵省實在情形摺亦云：「從前洋人書信。祇言貿易。官員向不過問。自林則徐到粵。欲悉洋情。多方購求。」（見道光東華錄四十二）。則是書為公在粵時所譯。殆無異議。惟皇朝掌故彙編內編卷四十五經籍門著錄海國圖志一百卷。林則徐譯。魏源撰。而清朝續文獻通考卷二百六十七經籍考第十一著錄海國圖志一百卷。魏源撰。林則徐重定。清史稿藝文志祇云魏源撰。而不著公名。按清史稿魏源傳云：「晚遭夷變。謂籌事必知夷情。復據史志及林則徐所譯西夷四洲志等成海國圖志一百卷。」又日人增田貢所撰清朝政典舉要卷四亦云：「魏源為中書舍人：：復據林則徐所譯洋人之四洲志等。述海國圖志。」又考馮氏跋海國圖志云：「是書以林文忠公四洲志為藍本。不宜轉取從前之職方外紀萬國全圖等書以補其所無。不幾以春秋列國補戰國策乎。」又西人地理書皆著經緯度。其得地理要領。正恨中國古書無此。故幷省沿革。多所聚訟。」此論皆本之目見。殆非虛妄。然則公實著有此書。而與魏氏之海國圖志本非一書。其言甚明。惜乎此書已佚。故所謂著者譯者互定者及與魏書之參差處。均無由案證。

日記

是書題曰林文忠日記。見閩侯縣志卷四十八藝文志。謝章鋌賭棋山莊文又續集卷二有跋林文忠公日記云：「昔曾親見一二矣。公從子訥山太學。與予有連。爲言公在官無日不治事。無日不見客。亦無日不親筆墨。所爲日記不下數十百本。隨時隨地。皆可案稽。今觀此冊。益信。公身後子姓分析爲墨寶。惡誠足寶也。雖然文忠有政書。而有年譜。似宜分年錄要補所未備。勒成一編。臚其生平出處進退大節。垂視後來。近阮文達雷塘菴曾文正求闕齋兩弟子記。亦皆刪掇日記。遂成名作。予經爲公賢孫。其有意乎。」按閩侯縣志卷六九文忠傳云：「子汝舟聰彝拱樞。則徐遣戍。汝舟例不得隨侍。以兩弟從。聰彝字聽孫。侍父伊犁。則徐旋奉命勘辦開墾事宜。歷庫車阿克蘇烏什等八城。皆以聰彝從。聰彝聞見日錄。成西行日記。」未言公有日記。謝氏云：「昔曾親見一二矣。」「今觀此冊益信。」則昔者今者必非一本。陳康祺郎潛紀聞謂公謫戍伊犁。在道著荷戈紀程。又公於嘉慶二十四年主考雲南鄉試有滇輶紀程一卷。此二書今皆有傳本。然紀程亦排日錄。謝氏昔所見者。未審即此書否也。其云日記百數十本。子姓析爲墨寶。足證公之勤於著述矣。今不識尚存人間否。其聰彝之西行日記。亦不知與此書是一是二也。公從子訥山。不知其名。按閩侯縣志卷七二文苑傳有林楓者「字芾庭。道光甲辰舉人。與同里劉存仁謝章鋌友善。喜爲詩。老屋三楹。炊煙不繼。有聽秋山館詩十卷。」或其人歟。

荷戈紀程一卷

此書爲公遣戍。奉辭東河河工竣事後。自西安至伊犁途中之日記也。時爲道光二十二年壬寅。據記知公於是年七月初六日起程。十一月初十日到戍所。陳康祺郎潛紀聞初筆卷一云：「道光二十二年西夷和議成。林文忠公則徐謫戍伊犁。躬歷庫車阿克蘇等城。縱橫三萬餘里。在道著荷戈紀程。……公當萬里投荒。譴謫失職之際。惓惓君國如此。至今讀其所著書。於山川阨塞。賢豪遺迹。與夫風土謠俗民生疾苦。凡所目擊。悉筆於書。古誼忠肝。躍然紙上。」

滇軺紀程一卷

是書爲公於嘉慶二十年奉命充雲南鄉試正考官在途中之日記也。據記中言公於是年四月二十七日戊午得旨。副之者爲吳慈鶴。於五月初八日出都。八月初一日抵昆明。金安清撰公傳誤爲丙子年（嘉慶二十一年）。案是年公曾充江西鄉試副考官。非雲南主考也。

畿輔水利議一卷

按李元度先正事略云　「文宗之召公也。將使辦畿輔水利。」蓋道光三十年所著。據公自叙。以爲國家建都於北。轉粟自南。京倉一石之儲。常糜數石之費。循行既久。轉輸固自不竆。而經國遠猷。務爲萬年至計。竊以此爲未便也。因胪萃諸書。擇其簡明切要可備設施者。條列事宜。析爲十二目。曰：「開治水田有益國計民生。直隸土性宜稻有水皆可成田。歷代開治水田成效。責成地方官興辦無庸另設專官。勸課獎勵援案輕則。禁擾累。破浮議。懲阻撓。田制蕩滌。開築圩垸田地計畝攤撥。禁占墾礙水淤池。推行各省。」博稽約取。不僅可資考古。殆有裨於國計民生焉。

手札

此冊未見。據黃彭年陶樓文鈔卷十一跋林文忠公手札云：「右林文忠公與潘功甫先生九札。皆撫吳時籌議賑饑事。詞旨精妙。固不待言。尤喜其見事之眞。慮事之密。論事之細。往時讀公撫吳諸疏。但言集紳勸捐。煮粥給賑。及觀此札。然後知精察力行之詳且盡如此。賈子云。古之爲天下者至纖至悉也。纖悉之未周。而謂吾能其大且遠者。固不然矣。功甫生長名門。秉蹈高節。為世推重。而宅心施惠已饑己溺之意。具見札中。士之獨尊者。原未許忘發奮也。然則名賢之求志。與名臣之達道。豈有殊哉。」

信及錄

是書為公以欽差大臣查辦廣東禁煙事件時所發之文告。及與外人往來之文件。自道光戊戌年（十八年）十一月起至庚子年（道光二十年）三月止。凡未收入政書者。胥彙集於此。都得一百二十四件。不分卷次。依年月先後排比之。是本為最近上海神州國光社排印本。前有民國二十六年公裔孫孟工君序。謂是書原為公所遺之鈔本。民國十八年適值虎門燒煙九十年紀念。曾一度刊行問世。但刊印不多。故流傳未廣。然案書中所收外人呈稟文理多不通順者。如咪唎堅國夷商京稟稱商向不販賣鴉片云：「咪唎堅國遠商京稟欽差大人。為稟請敬報事。遠商幾年在廣東做貿易。從來不販賣受交鴉片泥一斤。亦綠銀都不買。又隨時到處勉勸各人。以此項毒物為不應做矣。現在稟明欽差大人慈仁政。必不忍將遠商之貨船買辦事件阻留為難也。亦稟明過限期。因為遠商想望各商。一齊稟報順從。謹此稟赴欽差大人台前查察允准施行。」諸如此類。蓋皆出當時通事之手。雖譯筆欠通。要足以窺測其真象。洵為鴉片戰爭最珍貴之資料也。

直隸水田節要事宜一卷

園俠縣志著錄。

馮桂芬及其著述

百瀨弘 作
嵐濤 譯

晚清時代，名臣碩儒輩出，自曾國藩李鴻章等倡導軍事工業後，始展開近代化之序幕，乃週知之事實也。故欲探討吾國近代化本質之前，必先檢討此數人思想之背景。如馮桂芬者，抱經世之學，久居李鴻章幕下，對其事業多所參與，其思想在中國近代史上，實有相當之重要。百瀨弘君之作，於此點研究極精到，特為譯出，當亦談中國近代史者所樂聞者也。濤謹識。

馮桂芬（生於嘉慶十四年西紀一八零九年卒於同治十三年西紀一八七四年），字林一，號景庭，生於清代人文最盛之江蘇省蘇州，清末之際，以經世之學見知於時。其事蹟雖散見書錄，但迄無如年譜之傳記行世，茲據所搜史料，綴成傳記(1)。

據桂芬自撰文錄(2)，其遠祖在元時由湖南遷來蘇州，但因譜系失於元末兵燹，其始末不可考。十代祖馮寬富，為明中葉人，籍屬常熟營兵，納貲捐百戶，家於任所。寬富次子馮惠始，因出嗣，家於蘇州，富於貲，恭儉正直，頗為鄉里所重。是後數百年間，久為素封，未或衰微，八傳而至桂芬之父——馮智懋（字明揚，號春圃，生於一七七零年卒於一八五零年）。智懋兄弟三人而居其季，九歲父死，十四歲以後約十年間，學商於淞江。後返蘇助理家業，又十餘年，至三十九，始獨營商業，其翌年，生桂芬，先出二子及後出一子俱夭，故桂芬姊于歸後，唯桂芬一人常依父母膝下。

智懋以前之馮家職業，桂芬雖未明書，但係經營商業且擁有雄厚資本，確無疑問(3)。究經營某種商業，固不可考，要非僅從事於某一種事業者；析居後，馮智懋曾承人委託經營放款之事業，見諸桂芬筆記(4)。然按中國商業慣例，擁有資本及信用之商人與地主或官吏，大都放款牟利，故不能依此事實，謂放款即係馮智懋之正常行業，僅係其擁有雄厚資本之確證也。據桂芬謂智懋幼時，其從兄宅內，時召樂工演劇，慇事宴客，豪侈特甚(5)，從可揣知其富家程度。馮智懋析居獨立後，經濟基礎，极爲鞏固，約二十年後，連遭道光六年及九年兩次回祿，蒙受重大損失，處於持券逼償之委託放款者及因借券被焚而延緩不償之債務者間，其產業驟形衰微矣。馮智懋之破產，桂芬勉力向學實受此刺戟，但其家業，並未蕩然淨盡，此於其田產所有額可證也。中國商人之向田產投資，亦爲一般慣例，尤其蘇州，凡富商無不即係大地主。桂芬五十歲述懷詩，雖謂僅繼承田產十頃(千畝)(6)，但彼時蘇州，一夫約耕十畝(7)，故十頃之家，亦可稱爲素封。按此可知桂芬出自蘇州富豪家庭，雖家道中落，但一家生計，猶賴其分田產支持，故桂芬實係蘇州一中等地主也。

桂芬幼時，亦依習慣就師習制藝，二十中秀才，頗得江蘇學政辛從益之知遇（墓誌銘「顯志堂稿」卷三，邵步青醫學三書序）。二十三娶黃氏，其翌年，江南鄉試中舉人，其才識極爲江蘇巡撫林則徐所讚賞（「顯志堂稿」卷十二，林少穆督部師小像題辭）。是後屢次會試不中（「夢素詩稿」所收之顯侍萱學博荐湖漁隱圖及灘上有紀等），直至道光二十年，始中進士。

桂芬在中進士之前數年，曾爲幕友，見諸李鴻章所撰之墓誌銘。更助林則徐編纂「西北水利說」（「吳縣志」列傳），又於道光十三年充江陰縣知縣書記。充書記未久，因事觸知縣怒，復爲同事排擠而去職（「孤矢算術細草圖解」之自序）。墓誌銘中，更謂桂芬曾客游於陶澍及裕謙之幕。居裕謙幕之經過，有桂芬自記可攷，確無疑問（「顯志堂稿」卷六，陳君若木家傳）。裕謙在道光十四年至二十一年之間，除十六年至十八年間居喪外，由江蘇按察使而布政使，更晉升巡撫，未曾偶離蘇州（「國朝耆獻類徵」卷三百七十二等），故桂芬之居其幕，必於此際，唯其時期未可確攷。陶澍於道光五年任江蘇巡撫，更晉兩江總督，始終駐箚蘇州南京，直至十四年二月沒於任。此間，如海運之實施，江蘇水利之整理，淮北鹽法之改革，政績昭著，乃有清一代屈指之良臣（「國朝耆獻類徵」卷二百零一等）。故彼幕中，有包世匠等，濟濟多士，然究有無桂芬參與其間，未能確知。桂芬自中鄉試後，游幕數年，參與行政實務，倚道光十七、八年間，再攻讀於正誼書院，師事朱珔（「顯志堂稿」卷二，洪銘之時文序）。桂芬爲求增收入以慰雙親而爲游幕生活，但其經世實用之學，亦得自此間，極爲明顯。如斯，桂芬之智識經歷既富，加以舉人身分，已躋鄉紳地位，故於道光十九年，曾向蘇州知府提出禁止夜行之建議（「顯志堂稿」卷五，與李方赤太守書及其附記）。

道光二十年，桂芬年三十二，會試中式，考官有同鄉先輩潘世恩，殿試一甲第二名，賜進士及第。以其成績優秀，援當例授爲翰林院編修（「宣宗實錄」卷三百三十三及三百三十四）。實際任官在是年秋，供職兩月，爲祝生母七十壽誕，乞假返蘇（先慈謝宜人事狀）。道光二十一年七月，奉父母至京，是後五年間，久居翰林之位，並歷任順天鄉試同考官（道光二十三年）廣西鄉試正考官（道光二十四年），國史館協修，教習庶吉士等差，參與考試及編纂實錄（「宣宗實錄」卷四百五，事實，先慈謝宜人事狀等）。道光二十五年十月，生母沒於京，翌年夏，乞假運柩歸鄉（與李方赤太守書），爾後兩年間，服喪於家。迨道光二十八年初，仍以父老爲由，未即返京，應兩江總督李星沅之聘，主講於南京惜陰書院，直至年底（顯考春圃府君行述，「顯志堂稿」卷二所收之惜陰書院戊申課藝序及青山館制藝序）。藉此機會，時與李星沅接觸，當有補益其經綸也(8)。主講惜陰書院約一年，遂父促返京，仍供職編修年餘。時宣宗崩，文宗即位，鑑於鴉片戰爭等多難之秋，於道光三十二年秋，詔示中央地方大吏，推薦賢能，桂芬名列薦章，正當聽候重用之際，惜因父死服喪，竟失其升進良機（家傳、事實等）。

如上所述，桂芬任編修凡七年，乃其官途過程上最久時間。唯翰林院職務，乃國史之編纂、經書之講解、文式之選定，對政治實務上並無直接關係。蓋有清一代，凡進士之成績優良者，予以修撰、編修、檢討、庶吉士等地位，研究學術於翰林院，以俟升進之機，乃一般慣例。故除臨時派充鄉試考官等差外，極爲閑散，桂芬既任斯職達七年之久，故披覽政府文書、記載、藏書之機會實多，亦即其通曉掌故法制之基因也。再按「清史列傳」所述，桂芬在京，與陳慶鏞、姚瑩、趙振祚、曹懋堅、張穆等，交往極密，講求經世之學，從可知其居京時期，未倦於研求學問。

桂芬丁父憂家居時，適值兩江總督陸建瀛繼陶澍之後從事改革淮南鹽法(10)，與幕友吳雲等擬定新章，桂芬亦被聘於羅下，寓居揚州梅花書院，共磋斯學，主持鹽法志(11)之編纂。吳雲時求教於桂芬，而桂芬關於鹽場之見聞，亦極豐富（「清史列傳」、「顯志堂稿」吳雲序）。桂芬幾時參加此項工作，雖不可攷，但迄咸豐元年七月，始離揚州（「中星表」自序）。

桂芬鄉居後，適值太平軍進窺蘇州，向榮統官軍，擔任防禦。此際桂芬服期將滿，按慣例雖應晉京供職，但依官軍副帥江蘇巡撫許乃釗之請，留蘇州，辦理團練（自衛軍）。因知其年夏蘇州市民所編之鄉軍，弱無實力，乃與鄉紳馬釗、劉存厚、程庭遠等協議，週轉資金，儲兵千餘名，自成一隊，號爲撫勇。此隊在劉存厚指揮下，並得許乃釗及其後任者——吉爾杭阿之援助，於防衛蘇州及鎮壓蜂起於上海之小刀會匪劉麗川諸役，屢奏偉功，成績卓異（「顯志堂稿」卷六，馮中書傳及劉觀察傳等）。桂芬在此次戰亂中，因地方行政紊亂，認爲有維持地方秩序之必要，多所奔走，倡設光福一仁堂（善堂）（「顯志堂稿」卷三，光福一仁堂記） 最著者，乃咸豐三年巡撫許乃釗實施之大小戶均賦。原蘇州大地主極多，而對此等大地主所課之田賦率，反較小自耕農爲低，致田賦收入，因之減少；此乃自清初以來即爲當局所注意之問題，大小戶均賦者，即按同一率額課收田賦是也(12)。攷桂芬早有志於此，曾於道光二十九年上書說總督陸建瀛（「顯志堂稿」卷五，與陸督部書）。此際更說於巡撫許乃釗，與友人陳時（以居裕謙幕而知名於時）共同奔走之結果，蘇州知府喬松年始發大小戶均賦之令。然因大戶連合極力反對，行使未久，許乃釗忽又中止實施。職是之故，桂芬不滿許之所爲（「顯志堂稿」卷五與許撫部書及卷六陳君若木家傳）。

蘇州一帶，既告安泰，咸豐六年，吉爾杭阿推賞桂芬編練團練之功，先爲在京可升翰林院侍讀或侍講，在外可任道員之意旨，後依桂芬所希上奏，晉爲右春坊右中允，並賜五品銜（事見墓誌銘、「顯志堂稿」）。右春坊右中允，乃詹事府之正六品官位，雖較高於翰林院編修兩級，但清代之詹事府諸官，乃翰林之臨轉地位，亦屬閑散之職。桂芬行將準備北上之際，忽被人中傷而止，得白後，始於咸豐八年入京供職。期約一年，又觸權要，遂於咸豐九年退歸(13)。適其同年進士且爲研究算學至友徐有壬，任江蘇巡撫駐蘇州，遂又說大小戶均賦。而徐有壬知其學行不易，竟未應允，桂芬乃不與談政治，閉門不與外事（墓誌銘，「顯志堂稿」卷五，復許滇生師書及卷七卓公神道碑）。時年已五十矣。

桂芬隱退之際，官銜僅五品，田止十頃，年五十，此外更無所求(14)，翌年（咸豐十年）隱棲於蘇州郊外十里之鄧尉山麓，移藏書數萬卷，逍遙林間，耽於讀書三昧。彼自號爲鄧尉山人者，當係此際事也。然自江南大營覆沒後　太平軍之活動，振撼江南，四月陷蘇州，巡撫徐有壬死之。因而桂芬故居，亦遭戰禍，所有家族，皆避居於隱處。此後挽所藏書輾轉遷居避兵凡六次，十一月卜居上海，雖稍稍安定，但幼孫四人，已失其二矣（「淸史列傳」，復許滇生師書，「顯志堂稿」卷四皖水迎師記）。

彼時上海，早爲外國貿易市場，並劃有租界，且成立著名的瓦爾德常勝軍。蘇州陷後，繼任江蘇巡撫以下官憲，皆移駐上海，蘇州之縉紳豪家，亦多避兵於此。咸豐十一年七月，太平軍名將李秀成，率部進逼上海，彼時江蘇巡撫薛煥、署江蘇布政使吳煦麾下，僅擁兵勇千餘，防衞上海，故勢必求援於外國方面。是後，常勝軍之活躍，雖名著一時，但蘇州治安之恢復，並非僅常勝軍之力，仍以李鴻章所率軍旅爲主體。其拉攏宜稱中立之外國兵力之舉，巡撫等雖曾努力斡旋，但在此間，組織會防局辦理中外交涉者。乃以桂芬爲首。蓋潘曾章、顧文彬、吳雲等蘇州鄉紳，極力倡言放棄鄙視外人成見而謀協力之利，成立會防局者，實桂芬首爲之倡。同時，蘇州鄉紳等，議商請駐紮安慶之曾國藩，出師援救，先與吳煦協議支付援軍兵餉問題，復與外國方面接洽，借傭汽輪輸送援軍，十月，推戶部主事錢鼎銘爲使，遣往安慶曾國藩軍中。翌年（同治元年）三月，李鴻章受曾命，率名將程學啓、劉銘傳等各部，趁汽輪出師上海，更得常勝軍之協力，直至翌年末，遂光復蘇州一帶。此請兵之舉，桂芬之力良多，咸謂所以能動曾公之意者，皆馮氏一紙書之力也（此尺牘載於「顯志堂稿」卷五(15)）。要之，恢復蘇州之籌劃，蘇州鄉紳之力實多，而桂芬又爲其中堅人物。

桂芬寓居上海，既爲時局奔走，同時更主講於上海敬業書院（同治「上海縣志」卷九，學校，正誼書院條。民國「上海縣志」卷十一，人物游寓），想係藉獲生活之資也。桂芬既具引退決心，更因亂中失二孫，益傷其心，渠無再登官場之志，曾國藩接其請兵書，謂「東南大局，盡在君一紙書」，頗服其才識，雖以錢鼎銘爲介求爲幕友，竟毅然辭却，並未入英才雲集的曾國藩之幕。然李鴻章出師上海，發任江蘇巡撫致力淸勦太平軍時，再邀入幕(16)，桂芬因確知李氏具有改革江蘇田賦才略，爲實現過去抱負，遂應其請（皖水迎師記。復許滇生師書。江蘇減賦記「顯志堂稿」卷五），極力於戰後經營，設撫郵局、保息局、安節局於上海。居李幕時，在同治二年，桂芬建議爲李氏採納斷行之事業，一爲江蘇減賦，一爲上海廣方言館之設立，廣方言館，即北京同文館之前身，乃教授外國語之學校，蓋桂芬組織會防局之際，每與外人交涉，痛感通曉外國語言人材之必要，故向李建策，奏准後始實現。此校及李氏設立之江南機器局，俱爲中國近代化過程上的重要關鍵，自不俟言(17)。關於江蘇減賦問題，自明代以來，江蘇田賦課率，特高於他省，史證昭然，顧炎武日知錄中，曾數論及。淸代雖屢次作局部的改革，但終未除其積弊。自道光十年後，連遭水災，田賦之繳納，益感困難，官方租稅收入，因而減少，故執政者皆引爲嚴重問題(18)。前述之大小戶不均賦形態之促成，概係大地主等籠絡地方官以避免高率田賦之結果也。桂芬既爲解決此問題而入李鴻章幕，未幾，與江蘇糧儲道郭嵩燾同固受李氏命，委以實行減賦之任，並於同治二年五月十二日上奏，詔可，始正式實行，唯長時期之懸案，良非一朝所可解決，嗣後幾經曲折，迄同治末年，始實際減低蘇州及其隣近地方之高額賦率焉(19)。

主講於上海敬業書院後三年（「顯志堂稿」卷二，沈汝松時文序），在同治二年十月蘇州恢復未久，桂芬再歸蘇州故居。同治三年，安徽巡撫喬松年（「淸史列傳」），次年，李鴻章，先後奏陳推擧（「李文忠公全書」奏稿九，附保馮桂芬片），竟甘居李公幕，決計不再就官途。然桂芬歸鄉後，已爲蘇州鄉紳中之中心人物，盡瘁於戰後之善後，除對策修浚河道、修葺祠宇、復興善堂外，對蘇州府學、吳縣學、蘇州貢院、正誼書院等之復興，效力良多，並主持吳縣學、貢院之建築工程，更長期講學於正誼書院（事見同治「蘇州府志」及民國「吳縣志」之學校、善堂等條）。未幾，以寓居上海時代功績，賜四品銜（事見「淸史列傳」）。及其晚年，值同治八年重修「蘇州府志」之擧，推爲總纂，事未竟(20)，卒於同治十三年四月十三日，享齡六十六歲。

桂芬未歿之先，同治九年，朝廷依李鴻章之奏請，加賞三品銜（事見「李文忠公全書」奏稿十六，馮桂芬請加三品銜片），是李氏雖已轉任，然與桂芬之關係，猶未斷絕。同治十二年計劃恢復黃河舊道時，李鴻章極反對，亦基於桂芬之建策也（「李文忠公全書」朋僚函稿，復馮景庭宮允）。

桂芬學識，極爲淵博，據吳大澂謂「公於書無所不窺，經史之外，舉凡天文、輿地、水利、農田，無不精究。尤熟於歷代掌故。公爲文無特長，於詩、古文辭、駢體、制藝，亦未卓然獨成一家言，唯最精於經世之學」（「顯志堂稿」序），足可表現其一般。在彼時中國學界，兼治各種學問如彼之多才者，實屬超特人物。大致分別其著作，可分文字研究、天文數學、經世論、詩文類四種。民國「吳縣志」（卷三十六下，藝文志二）中，列舉著書十一種，「兩淮鹽法志」亦在其中。關於鹽法志之編纂，已如前述，惟「兩淮鹽法志」，非桂芬獨力所著，故「蘇州府志」中，雖謂係彼之著作，但「吳縣志」中，並未列入。

桂芬之文字研究，實即清代風行研究的說文學，蓋朱琦於此造詣極深 桂芬曾就讀於彼，當係受其影響也。桂芬於道光二十四年在京時，曾寫有便於研究「說文」之小著——「說文部首歌」一篇，常攜諸左右，寓居上海時，曾以授其孫馮世澂。光緒末年，公刊於張炳翔之「許學叢書」，並附有馮世澂之案語。段玉裁之「說文解字注」，乃清代斯學大成，誠屬不朽之作，而桂芬更重行補訂，編有「說文段注考正」，迨咸豐八年，似已脫稿。彼藏有日本大型寫本之南唐徐鍇的「說文韻譜」篆文原本，依以校訂收於李調元「函海」中之五卷本，馮因著「說文韻譜補正」，於咸豐八年祇完成其一部。其隱居鄧尉山麓時，有學者龍丙孫，因兵亂致衣食窮絀，館於其居，頗有助於此書之編纂。太平之亂定後，晚年更致力於文字之學，同治六年，得巡撫丁日昌之助，蘇州保息局重刻段氏之「說文解字注」時，曾親爲校定。此際頗得就讀於正誼書院之吳大澂助力，其所著「說文段注考正」之內容，當亦充實於此際也。此年，更將「說文韻譜」篆文原本，付印爲縮本，同年十二月，製序行之。至「段注考正」與「說文韻譜補正」兩書，未及刊行，桂芬已歿。前者稿本，久藏馮氏家，迨民國十六年，其玄孫馮澤祏始刊印「說文段注考正」十六冊行世。此外尚有未竟之「本字考」(21)。

算術之學（即數學），在青年時代，即有相當研究，道光二十七年，受業鍾文，刊行桂芬之「弧天算術細草圖解」（不分卷）於廣東。此書尚有道光十九年七月之自序，乃道光十三年寓居江陰時所著。晚年更著有「西學新法直解」八卷（光緒初年校邠廬刊本），按其自序（同治元年）及陳君傳（「顯志堂稿」卷六），乃自咸豐九年歸田後，始着手著述，並得暢曉算術學者陳瑒之助，以爲避災時日課，完成於寓居上海時代。觀此兩書內容：前者係將李銳名著「弧矢算術細草」，加以圖解說明；後者乃解釋當時西洋數學書，平易解說「代微積拾級」之平面及立體幾何的圖解圖法。再其自題五十初度小影注云，在咸豐八年時，曾刊行關於算學小著兩種。其一即「弧矢算術細草圖解」，自無疑問，外一小著，則無從探索。攷以上兩書，桂芬算學，以幾圖爲主，注重幾何學，唯求數學之實際應用，更基此而於同治末年修改丈量土地之弓步，刊行製作分度器等幾圖機具，說明丈量土地之幾圖法的「丈田繪圖章程」（民國「吳縣志」田賦）。桂芬之精於天文學識，因著作精密計算恒星位置的「咸豐元年中星表」（不分卷。咸豐六年校邠廬刊）從可探知，唯並非由彼創始。著名地理學家李兆洛所著之道光十四年恒星圖，經其門人錢維樾刊行後，因年代變遷而生差誤，桂芬僅本原圖糾正其差誤而已(22)。

桂芬著述中最著者，乃「校邠廬抗議」（兩卷），集有經世論四十七篇，舉凡法制、政治、財政等問題，頗多涉論(23)。計有光緒初年之校邠廬初刊本、光緒十八年之蘇州潘氏校刊本及武昌經心精舍重刻本三種。按其自序，本書在咸豐十一年集有經世論四十篇，曾出示於曾國藩，曾氏雖有刊行之請，但馮氏未可。桂芬死後，始由其子馮芳緝等出原稿，刊行於世（「顯志堂稿」吳大澂序）。「校邠廬抗議」卷首。曾文正公致馮宮允書）。本書至光緒末年，大爲思想進步者所重，光緒朝之各種「經世文編」中，各篇均被刊入，當光緒二十四年變法自強聲浪盛時，光緒帝准協辦大學士孫家鼐所奏，諭內閣增刷「校邠廬抗議」頒行各衙門(24)。

桂芬之文集，有「顯志堂稿」十二卷（光緒二年校邠廬刊），計有書序、尺牘、碑記、傳銘及「校邠廬抗議」中之一部(23)。有詩百餘首，俱收於「夢奈詩存」（不分卷。光緒二年校邠廬刊）。以上兩書，俱在桂芬死後，由長子芳緝所編刊，因其文章直保存至其歿時，當不致有所遺漏也。按諸事實，當其任廣西鄉試正考官之際，尚著有旅中考證山川古蹟之紀行文兩卷，未知此書曾否刊行。

除上引諸書外，據自題五十初度小影註云，尚有「漢書集疏」及「歷代職官攷」兩書未成稿，雖依書名可知其考述範圍，但此兩書，終未及完成而歿。桂芬之精於文字學外，富有攷證學之興趣，依其編「漢書集疏」可知，「歷代職官攷」

之著述，亦爲彼精於掌故之左證也。

嘉慶朝至同治朝約一世紀間，中國內社會矛盾之激化，外因列强勢力之侵襲，漸趨沒落，誠清朝失墜權威之時代。桂芬之少年時代，適值淸廷敗亡先徵的白蓮教及教匪之亂，爲中國文北經濟中心的蘇州，亦深蒙影響。其青年時代，多歷逆境，終於登進士第，邁入正常官途。

其居官，雖出自顯華，終歸失敗。待機於翰林院編修，七年之久，迄無所獲，實其未能臨望官場之事證。故青年時代卽開始幕友生活，懷有行政實務經驗且大有抱負之桂芬，永絕再就官途之念者。想係由於此也。桂芬之不遇，固由於養老服喪等因襲習慣，要亦因當時官僚，不取才能，唯依情托賄賂爲昇進之機，致始終未騰達。況持身高潔，如前述之「爲人中傷」卽其不善游於官場之事實(25)。然雖絕望於官場，猶以鄉紳、幕友等地位，參與政務。彼時因中國社會，如不與鄉紳協力，頗難推行政務，故桂芬得以鄉紳地位活躍於政治工作。從而其在太平軍亂前後之能活躍政界者，並非倚賴學識才能，實亦由其爲鄉紳具有相當官位故也。一生事業，以居李鴻章幕下爲最著，重視幕友，乃淸末一代之特殊現象(26)，蓋際於內外情勢複雜化，處理政局時，無論科舉出身或捐班等官僚，無不需求對政治實務有相當認識之幕友。故如曾國藩、李鴻章等幕下，人材集聚。桂芬既遍歷官僚、鄉紳、幕友，且更完成如江蘇減賦之大業，故其身份雖屢見變異，但始終未放棄其政治生活也。

桂芬之學術思想，兼習淸末各種學術，雖文字、數學僅止於補足前人事業或加以解釋，但亦因精於此等學術而保有學者之地位，被稱爲當代第一流智人。桂芬之身分既如斯，其思想，亦抱不違「三代聖人」之旨，並未脫出中國思想之範疇(27)。彼既久于實際政治，故對中國社會實質，認識極淸，從而其思想，乃當時先覺者所必取法。至其詳細分析，俟諸異日。唯其顯著特質，卽如彼所謂之「學問之道，最善莫如擇從，不別中西」，采西學議(「校邠廬抗議」所載)之著，卽其力主採用西洋現代科學之理論，此卽在其主持下，會防局及廣方言館之所以設立者也。其摘棄中華尊大思想之僻見，對西洋科學之物質的成果作正當評價之點，實與曾國藩、李鴻章不謀而合，故可謂係曾李一派之人物。

本文本實談述馮桂芬之傳記及其著述，最後一章，似屬蛇添足。卽文中所述，尙待深究之點良多，如本文在研究此等問題上有所貢獻，實屬幸事。

註

1. 關於馮桂芬傳記資料，大部取於「顯志堂稿」卷首所載之列各書：
   1. 左宗棠撰中允馮君景庭家傳（以下簡稱家傳）
   2. 李鴻章撰墓誌銘
   3. 桂芬弟子等所撰祭文
   4. 關於建祠致祀文件

   上記資料，祭文與建祠文件中，缺少其出身事實之記載，僅附有奠辭文及如填履歷，僅能窺得傳記要領。家傳載於「左文襄公文集」卷三及「續碑傳記」卷十八，墓誌銘則載於代作者黃彭年之「陶樓文集」卷六。馮氏死去之際，黃氏適舉李鴻章命編纂「畿輔通志」。除以上資料外，尚有清朝國史館之本傳，載於「清史列傳」卷七十三。本上述資料所編之馮桂芬傳記，如「清史稿」卷四百九十一，文苑傳三等數種，亦俱極簡單。其中之民國「吳縣志」卷六十六，列傳四之馮桂芬傳，雖乏新證，但係據「復食殺稿」所編者。此書作者尚未披讀，未敢言其得失。至馮桂芬文集一書，實爲重要資料，再與馮氏有關者之類似文集，年譜等，亦極重要。然作者僅能參照其一部，蓋因東京此等冊籍不備故也。
2. 據云，桂芬曾編其家譜，藏於家，但迄未刊行。本文關於馮家記述，皆依彼自撰之顯考春圃府君行述及先慈謝宜人事狀（俱載於「顯志堂稿」卷八）。
3. 姚瑩所撰翰林院編修馮君母謝宜人墓誌銘（「東溟文後集」卷十三所收），謂「馮君父春圃封翁，吳縣人，世貫，饒於貲」）。
4. 顯考春圃府君行述中，謂「府君夙以信宜著於鄉黨，人之寄貲權子母者甚衆，府君輒倩爲之爲息」。
5. 顯考春圃府君行述中，謂「府君生九歲而孤，是時公中有肆業，從兄主之，歲修特甚，演劇燕亦招客飲以爲常」。
6. 「顯志堂稿」卷十二所收之五十自訟文謂「承先人遺業洞田十頃，衣食僅給」，再「夢綠詩稿」所收自題五十初度小影詩，有「有官五品勿卑小，有田十頃勿見少」等句。
7. 康熙二十四年，江蘇巡撫湯斌上奏云，「蘇州戶口稠密，一夫所耕不過十畝」（民國「吳縣志」卷四十四，田賦一所引用」。迨光緒三年，兩江總督沈葆楨，江蘇巡撫吳元炳合奏，謂蘇州地方「鄉民自種自給，每戶不過十數畝」（「皇朝續文獻通考」田賦考）。故一夫一婦小家庭所有田產，大致在十畝上下。

8. 同治四年七月二十二日，李鴻章上奏附保馮桂芬片（「李文忠公全書」奏稿九）中，曾述桂芬略歷，謂「前督李星沅、陸建瀛、撫臣許乃釗、徐有壬，歷經延請入幕」，可知桂芬曾入李星沅之幕。雖李星沅之「李文恭公文集」等，不見關於桂芬事，惟有主講書院事，從可知亦必參與政事也。

9. 桂芬知友中，以姚瑩為最著，雖姚瑩在京不久，但既為馮母撰墓誌銘，可知友誼之深。且彼之「中復堂集」中，亦有記述。張穆抱經營北邊之志，以著有「蒙古游牧記」而知名，歿於道光二十九年，居京凡二十年。彼之「㞐齋集」，雖收有一部詩文，但無與馮交友關係之資料。

10. 兩淮鹽法之改革，乃剷除特權鹽商獨佔販賣之積弊，設新鹽制，對一般鹽商，平等發給鹽票，販賣於行鹽地域之內，自陶澍於道光十一年實行以來，漸次推行，至道光三十年，始告成功（中山八郎氏作「中國鹽政史概說」，「外務省調查部，調一六八號」六十六頁）。

11. 此鹽法志，或即刊行於同治年間之「重修兩淮鹽法志」之底本。因此刊本未載，姑留為疑問。

12. 關於此問題，可舉一二史料於次。

「李文恭行述」（乃李星沅子等所編之傳記），有「李文恭公遺集」一冊附於卷首）載有江蘇巡撫時代之李星沅上奏文（此奏摺未載於「李文恭公奏議」），僅見於「宣宗實錄」卷四百二十六，道光二十六年二月丁亥朔條，亦僅擇其概要），謂「查蘇松糧戶，以宦紳強橫為大戶，鄉曲淳良為小戶，於州縣收數即視此為短長，大戶愈占便宜，小戶愈受苛刻，於是小戶效尤，亦詭寄於大戶。大戶又多方包攬，短數代完，甚至虛收斜串另給漕規，稍不遂欲，非逞刁京控，即恃衆閧爭，從此大戶日增，小戶日減，而漕事不可問矣。以常熟一縣而論，現在大戶已將十分之九，小戶不過十分之一，州縣受制於劣衿，取償於弱戶，此盈彼絀，剜肉補瘡，民固力不能支，官亦利非入己，此衿監包攬索規之情形也」。

同治二年李鴻章上奏請查蘇松漕糧核減片（「李文忠公全書」奏稿三）謂「蘇松太三屬漕額獨重，世族大家亦獨多，皆以正供定額與州縣相持，於是一切歸之民戶。民戶惟所誅求，漫無限制。因有大小戶之名，以貴賤強弱定錢糧收數之多寡，不惟紳與民不一律，即紳與紳亦不一律，民與民亦不一律。……同一百畝之田，有不完一文者，有完至百數十千者，率以小戶之浮收抵大戶之短價。小戶不勝其苦，其黠者可詭寄於大戶，而大戶益多，小戶益少。……推其故，皆由錢糧額徵過重，激成大戶把持之勢而迫州縣以出於剝削小民之訐，此有明以來五百餘年之錮習，極於今日。」此役制不公結果，農民頻有暴動，故馮桂芬及許乃臣還答序（「顯志堂稿」卷二）謂「始有大小戶之別，則又藉口於大戶之稱爲小戶之蠹蟲，毅然舞數十年，民不堪命，與倉毀官衙拒捕毆官之事無處不聞」。

13. 墓志銘謂「擢中允，歸點語所中，得白赴京，期年復告歸」。更按諸事實及「西學新法直解」自序，告歸之年爲咸豐九年。

14. 註六所引詩中，有「人生五十不爲天」句。

15. 上海蘇州一帶太平軍之活躍，及官軍、外國人之動靜，詳見於關於太平之役諸書及上海歷史資料。再「顯志堂稿」卷五，載有上海守城記、晚水迎師記、滬城會防記、紋郡志紀兵等四文，詳記蘇州鄉紳之活動。最後一篇，乃同治「蘇州府志」原稿。

16. 墓誌銘中，有「今上初元，余密疏薦，得旨，君病不克赴」等語，再「李文忠公全書」奏稿卷一中，有同治元年五月九日之奏調馮桂芬片，請任桂芬整理上海稅務、釐捐。此兩事是否爲一，固不可知，但桂芬終未受任，後遂入李鴻章幕，廣方言館設於同治二年，原在上海城內，迨同治八年，校舍工竣，遷至城南，並合併江南機器局所屬之繙譯館。翌年開課，分上下兩班，制定課程，有「算學、代數字、對數學、幾何學、重學、天文、地理、繪圖、外國語言文學」等。入民國後，改設兵工中學堂（民國「上海縣志」卷十一學校下）。廣方言館之設，完全爲桂芬創議並主持經營之事實，墓志銘及李鴻章同治四年上奏文中附保馮桂芬片（「李文忠公全書」卷九），所載雖明，但同治二年正月二十二日李鴻章上奏請設外國語言文學館摺（「李文忠公全書」奏稿九）與桂芬之上海設立同文館議（「顯志堂稿」卷十「校邠廬抗議」）相同，可知前者實由馮氏代筆也。奏稿大意，謂「通曉外國語任通事者，多係外國貿易商人子弟或貧家子弟受教於外國人所設學校者，故遇事每多傾向外商利益，故士大夫亟應栽成見習學外國語言。

18. 同治「蘇州府志」及民國「吳縣志」之田賦條，有關此事實之簡單記載。

19. 關於此項改革文書，均載於「江蘇減賦全案」。桂芬亦有「江蘇減賦記」二文，載於「顯志堂稿」卷四。此外「李文忠公全書」奏稿二所收關於江蘇減賦上奏數章，與「顯志堂稿」所收諸文相同，可知俱出自桂芬手筆，吳大澂撰之「顯志堂稿」序文中，亦明言此等奏疏，俱出自桂芬手筆。

20. 「蘇州府志」百五十卷，至桂芬歿時，大半殆完成，迨光緒三年，始在其子芳緝監修下完成，八年，由江蘇書局刊行。

21. 關於桂芬所作文字學書籍，可參照原書序文及黎經誥之「許學考」卷七與卷二十五、以及「顯志堂稿」卷六韻生傳。再

「說文解字補正」自序，收於「顯志堂稿」卷一，註五所引五十初度自題小影詩註，謂「余所著，止算學兩種，已付梓，說文解字補正、段注考證、淺訓集疏、本字考、歷代官制考未成」，桂芬五十歲時，乃咸豐八年。

22. 「咸豐元年中星表」所附咸豐元年七月自序，與「顯志堂稿」卷十二所載之甲辰新測赤道恒星圖敘，約略相同。按此兩文語意，桂芬家藏有道光二十四年錢氏刊行恒星圖之版本，更依道光二十四年頒行之「欽定儀象考成續編」參考修改而成，故謂「遂改刻爲完帙」。從可知除「中星表」（僅係計算數字）外，尚刊有恒星圖，但因未見此圖，未便妄言。

23. 「校邠廬抗議」所錄文章，凡四十七篇，共題目如次。

公黜陟議　汰冗員議　免迴避議　厚養廉議　許自陳議
復鄉職議　省則例議　易吏胥議　折南漕議　利淮鹺議
改土貢議　罷關征議　節經費議　籌國用議　杜虧空議
復陳詩議　變科舉議　改會試議　廣取士議　停武試議
減兵額議　嚴盜課議　×製洋器議　×善馭夷議　×采西學議
重專對議　×變捐例議　繪地圖議　興水利議　×均賦稅議
×稽旱潦議　×改河道議　×重酒酤議　×收貧民議　×勸樹桑議
×壹權量議　×稽戶口議　×崇節儉議　×復宗法議　×重儒官議
×裁屯田議　×寓兵於工議　×通道大江運米展限議
×墾荒議　×上海設立同文館議　×用錢不廢銀議
×以工巧爲獎議

上列有×者，乃「顯志堂稿」所未收者。

24. 關此事實，並見於金梁之「近世人物志」一四五頁所引之筆記及「清史列傳」卷六十四孫家鼐傳，再「德宗實錄」卷四百二十，光緒二十四年五月辛巳條中，亦有如次之上諭。

「諭內閣，孫家鼐奏敬陳管見一摺，據稱，原任詹事府中允馮桂芬校邠廬抗議一書，最爲精密，其書版在天津廣仁堂，請飭刷印頒行等語。著榮祿迅即飭令刷印一千部，剋日送交軍機處，毋稍遲延。」此乃上諭印刷頒行之明證。

再實錄卷四百二十一，同年六月戊子條，更載有如次之上諭。

「俟書到後，頒發各衙門，悉心覈看，逐條籤出，各註簡明論說，分別可行不可行，限十日咨送軍機處，彙覈進呈，以備採擇。」

是後，「德宗實錄」中，雖無印發各衙門經過之記事，但據實錄卷四百二十三，同年七月辛酉條之兩道上諭，翰林院編修陳鼎進呈所著「校邠廬抗議別論」四十八條於光緒帝及軍機大臣閱覽。陳鼎之作顯係依據六月戊子上諭，故可知翰林院已接到印頒之「校邠廬抗議」也。因翰林院適司此事，故其批評，首先進呈，至其他各衙門，想係尚未進呈之際，適西太

25.

后八月之變而中輟矣。職是之故，陳鼎之「校邠廬抗議別論」之進呈本，延至民國，似仍保存於故宮，「故宮殿本書庫存目」中册，雖有所記，但今已不知所之。

桂芬曾受知於林則徐，道光二十八年致林書（「顯志堂稿」卷五，上林督部書）謂「桂芬服闋已逾年，初意不復出山，故趁石梧宮保惜陰書院之聘，客金陵十閱月，既而家君意以近游而離轉不如就養而聚，遂以冬末決策北行。爾時停籍已列二十有一，離此四年退居，三十有六年來，署中人衆，一切差使，有求而不得者，無不求而得者。桂芬識習有年，稍知發命，求之一字所不能言，雖座主同縣太傅，抵京一謁後，迄今半載，不投一刺，其他可知」。同縣太傅，即桂芬會試考官亦與縣人之潘世恩，官居大學士，頗爲北京官場所重。此得以可藉知桂芬對官場之態度者也。至其性格，有「持身清介，生平旁無姬侍，未嘗鮮衣華食，於歌舞筵場避之若浼」之稱述。

26.

清初承平之際，幕友多文人學者，但至清末，則多通經世實務之術者。桂芬在陳君若木家傳中，謂「唐時幕職爲進身之階，名臣碩儒起家佐軍從事，致大官者居半。今此法廢，而幕途積輕，江南官吏尤爲甚，視如門下食客。官不知重幕，幕亦不知自重，習爲阿比奸利，而吏治受其弊久矣。近年以來所見，官不敢輕幕，而幕亦能自振者有之」。

27.

「校邠廬抗議」自序中，桂芬頗讚賞古代聖賢之政治，謂「桂芬讀書十年，在外涉歷於艱難情僞者三十年，間有私議，不能無參以雜家，佐以私臆，且羼以夷說，而要以不悖於三代聖人之法爲宗旨」。

附言

此文載於東亞論叢第二輯昭和十五年一月東京文求堂出版

臨海黃子珍生平及其著作

項士元

先生諱瑞，字玉潤，號子珍，一號藍叔，臨海人。祖協中，考育，均潛德不耀。先生生於道光十六年丙申（一八三六），九歲，從其父讀於鄰村抗廣橋馬宅，日盡課程，無煩懲督；長者有餉遺，留以饋諸弟，雖久弗食也。越二年，其父改館溫家岙，先生仍從讀，遇曉以古人嘉言懿行，輒默識不忘；聞鄉先輩遺行，必以小簿條記之。年十三，始隨父學爲文，下筆即清妙有條理。次年，父在嶺下金氏書塾患病，先生隨侍返舍，與母王孺人侍湯藥，曉夜焦勞，不解帶者月餘。十五歲，父卒，其從叔增美增芳爲延傅作梅茂才主家塾，先生愈刻勵讀書，以期毋負先人遺命。次年，其從祖啓源公以其上有母及繼祖母，家貧不足仰事，薦爲郡城羅姓童子師，或勸以棄儒習賈，先生頷之，終不易其志。

咸豐庚申，丹徒張文貞公錫庚蒞台校士，以花亨泰題命賦，衆皆黜落，惟先生與黃巖王子裳蜺（後改名詠霓）錄取，遂補弟子員。次年，文貞公復按部至台，以女公子妻先生。時粵氛方熾，文貞公邀紳士登四照樓議防剿事，先生賦詩曰：「閒插綠楊朝試射，高燒紅燭夜談兵。」衆壯之，而公則重戒以性命之學，蓋所期者甚大也。

乙丑，黃巖蔡子綬孝廉，蔡恭生學博，聞先生博雅好古，卑禮厚幣，聘先生至其家課讀。丁卯，因其猶子靈根病目，盡力調護，得目疾，是年鄉試薦而未售。辛未台守劉蘭洲璈，邑侯黃曙巖熙，延入志館，任分纂。先生博考羣書，成康熙臨海志補遺八卷，校勘記二卷，沿革表一卷，著錄考六卷，金石錄四卷以進，皆稱善。次年劉太守黃邑侯均遷秩去，先生亦歸，仍扃戶專纂輯。甲戌春月，漳州李雲石司馬屏來聘，先生迫於家計，毅然就道：是年著有漳江集，閩游紀程諸書。

光緒乙亥，郡人洪子和茂才鳳鑾延至小停雲山館課讀，茂才爲筠軒大令頤煊之文孫，家藏書畫金石甚富，先生設帳是閒。課暇發篋鑽研，學益進。是年周少謙上舍爲刊三台名媛詩輯。戊寅，溪口馬氏具書幣聘纂族譜，辛巳章安葉氏聘修金鰲山志，義例皆極精嚴。壬午，先生年四十七歲，因戚友之敦促，復赴省試，亦以額滿見遺。是年冬，先生於室之西，構小齋，題曰述往思來之室，並撰「甯靜致遠淡泊明志；隱居放言窮愁著書」一聯，懸齋壁以見志。中聚鄉邦掌故，不下數千卷。自此專心著述，搜討無閒寒暑，于桑梓文獻，暨金石致力益劬。凡巉岩澗谷古刹荒祠廢塚斷碑殘碣，亦恆親往一一摹搨。甲申，主講正業書院，刪定歷年詩稿爲秋籟閣詩略八卷，王子莊棻、王嘯林維翰爲序。次年，纂修宗譜，並鳩集刻工刻活字萬餘，謀印秋籟閣叢書，以資本不繼中綴。戊子，李清標司馬聘至衢署，浦江戴蘭畦廣文、鄞縣郭晚香孝廉、長沙陳蘭樵贊府，及黃巖王子莊姜恭甫王嘯林、天台張補瑕、邑人彭曼孫葉鶴帆王未齋輩，常與往還倡和，有清懟軒詩存。越年得寒疾，與歸未數日卽卒，享年五十有四。

先生醇厚聰慧，性孝友，精詩古文詞，兼善篆刻。家雖不及中資，然急公好義，嘗將其高祖坦菴所捨正業寺之山地千餘畝，撥充正業書院。又將餘資購買郡城白雲山麓洪氏別墅，創設義城書院，爲南鄉人誦讀。生平著作甚多，除上述外，又有台州書畫識十卷、台州金石錄二十四卷、台故日劄三十五卷、臨海古蹟記十卷、天台後集十六卷、赤城三集三十二卷、金鰲近集一卷、戚友菊侍郎年譜一卷、國朝台士登科攷一卷、三台士族表一卷、印人姓氏攷一卷、秋籟閣印叢八卷、台山訪碑錄二卷、兩浙訪碑錄一卷、秋籟山房隨筆若干卷、紅豆龕詞鈔一卷、秋籟閣文稿二卷、傳經樓書目一卷、補正天一閣碑目一卷、黃氏世譜五卷、台郡詩輯若干卷、（按各書僅台州金石錄及三台名媛詩輯二書已刊、其餘各稿，今均寄存臨海縣立圖書館）。

德清戴子高生平及其著作

陳琦

先生諱望，姓戴氏，字子高，清諸生，候選訓導，加國子監典籍銜。先世德清名族，至先生之曾祖某，始遷郡中。祖銘金，初名如琦，字師韓，後易字銅士，以詩詞名嘉道間，著有妙吉羊盦詞鈔，妙吉羊盦彈改詩存八卷續存一卷（吳興縣立圖書館藏稿本）。銅士三子，皆慧才，世稱戴氏三俊，而伯叔早殞。仲福謙，字貽仲，號琴莊，配某氏，繼娶烏程周氏，鄭堂副貢中孚女，則先生之考妣也。琴莊公中道光十七年舉人，而先生即於是年生（一八三七年）。同治十二年二月，先生卒於金陵書局，年才三十七。其年七月，海昌唐端夫仁壽經紀其喪，護其柩歸湖州。十月，歸安丁寶書兆慶、烏程施均甫補華，卜葬先生於仁王山之東麓。

先生四歲，琴莊公歿於京師，時先生之曾祖年八十餘，祖五十餘，俱尚存；母及諸母皆寡，三世煢煢，抱一孺子而泣。而先生有奇稟，六七歲讀書數十行，人謂戴氏垂絕而續矣。乃夫何，曾祖與祖奄忽相繼，家貧歲飢，益無依賴。於是先生挾冊悲誦，寡母節衣縮食，資先生以學，時時空無，相對啜泣。先生雖孤零荏弱，端緒則見。其外祖周先生爲詁經精舍名宿，先生獲承緒論。烏程程善夫慶餘，樸學至行，先生奉以爲師。先生九歲，程氏授以周易尚書，爲之正文字、明音讀；間本漢師說，析其文義，蓋異於其他常師，先生自是晨夕淬勵，用志益勤。咸豐十年，先生奉母避兵於城南東林山，久而飢困，無所得食。明年，乃以母命走依其至戚某官閩中者。同治元年，先生自閩歸，欲迎母，而湖州已爲戰區，先生聞而仰天長號，僵仆數四，猶忍死出入其間，求母所在，暮行晝伏，神沓鬼諏，淹旬滯月，卒無所遇。由是至痛在心，未壯而艾。而身後且無嗣子以承其業，三世煢煢，終竟至此，則天下後世之學人所共深喟者也。

先生年十四，檢篋得其五世祖又曾公舊藏博野顏習齋書，有康熙戊寅李子剛主所贈之題識，先生讀而好之。亟欲聞顏李本末，乃出其書，詢諸德清程貞履正，履正取毗陵惲氏所撰李先生行狀示之；而先生自於王崐繩遺文中見顏先生傳，輒驚歎曰：「顏李之學，周公孔子之道也。自陳摶壽厓之流，以其私說簧鼓天下，聖學爲所汩亂者，五百餘年，始得兩先生救正之，而緣隙奮筆者，至今不絕，何其薉歟！」先生乃與履正共研顏李之學，其後爲顏李學記自此始。

先生二十以前嘗治詞章，二十以後，謁陳碩甫方正奐於蘇州，受聲音訓詁校讎之學；復從宋子庭大令翔鳳請業，受公羊春秋之學。於是博觀西漢儒說，以宣究聖人之微言，七十子之大義，益復歎曰：「顏先生當晳學久湮，奮然以聖爲軌，而不屑詭隨於流俗，其行則爲孝子爲仁人，可謂百世之師已。同時越黃氏、吳顧氏、燕秦間有孫氏李氏，皆以耆學碩德，負天下重望；然於聖人之道，猶或沿流忘原，失其指歸，如顏氏之摧陷廓清，比於武事，其功顧不偉哉！世乃以其不事述作，遂謂非諸公匹，則吾不知七十子之徒與夫孟荀賈董諸子，其視後儒著書動以千百計者，何如哉！」同治八年，顏氏學記十卷成，復爲顏李弟子傳，以附其末。其他著作，有論語注二十卷證文四卷，用公羊家法，演劉逢祿論語述何之微言，又有管子校正二十四卷，謫麐堂遺集四卷。嘗爲古文尚書述，屬稿未半而病亟，生平作書，點畫悉本小篆，見者以爲江聲復生。

先生嘗與其友張星鑑書云：「世事紛紜，師資道喪。原伯魯之徒，咸思襲迹程朱，以文其陋。一二大儒，倡之於前，無知之人，和之於後，勢非流於異教不止。所冀吾黨振而興之，徵諸古訓，求之微言，貫經術政事文章於一，則救世弊而維聖教在是矣。」又與瑞安孫琴西太僕衣言書云：「南宋儒者，實推永嘉爲最。上不淆於心性之空言，下不雜以永康之功利，非建安金谿所得而蓋之也。項先生傳霖云：「永嘉之學，起於宋而不爲空談，方之漢而少其附會。」知言哉。時太僕方爲監司江南，以永嘉經制之學提倡後進，慨然欲矯當日漢宋門戶紛爭之失。永嘉諸儒遺說，與顏李旨趣相近，而太僕表章之意，即與先生貫經術政事文章於一以救世弊之主張，可謂沆瀣一氣者矣。

先生既從孫琴西太僕遊，因與太僕之子仲容孝廉詒讓爲學侶，共治金文之學。孝廉嘗出其所得漢陽葉氏舊藏金文拓本二百餘種，俾共讀之。先生亦出舊藏季娟鼎，相與摩挲推拓，竟日不倦。孝廉撰古籀餘論既脫稿，以示先生，時先生已得羸病甚劇，然猶力疾手錄孝廉之說於阮氏積古齋鐘鼎款識冊端。又先生嘗以桐城吳氏摹本周毛公鼎銘屬孝廉爲之考釋，孝廉輒參綜說文古籀及宋薛尚功、淸阮元、吳榮光諸家所錄金文，考定其文字，成釋文一篇以答先生。先生以爲足辨正許書及宋人諸說之謬，讀之大喜。先生歿前數日，猶取孝廉釋文手寫副本，不遺一字。孝廉自謂：「治此學惟先生知之最早，亦愛之獨深。子雲奇字，見之伯松；歐公集古，每咨貢父，不是過也。」蓋二人結契之深若此。

先生性不諧俗，寡交游，足跡不越大江以北，然當世賢士大夫多識先生，見先生所論著，推服無異辭。其論語注、管子校正、顏氏學記，經吳縣潘伯寅祖蔭、順德李仲約文田、仁和朱修伯學勤及孫徵之、胡綀溪諸公，先後爲之刊行。謫麐堂遺集，會稽趙撝叔之謙爲之編次，光緒初集貲刊於江西。而管子校正、顏氏學記，民國十四年香山黃氏古愚堂輯印淸代學術叢書，及最近商務印書館編印國學基本叢書與萬有文庫，並收入之，則通行傳誦益廣矣。此外未刊之稿，有長留閣隨手叢訂三冊，係手稿本，今藏浙江省立圖書館。

定海黃元同生平及其著作

洪煥椿

先生諱以周，姓黃氏，初名以同，字經纂，改名後易字元同，儆季其號也。祖興梧，字鳳來，號屛山，邑庠生，學務有用，尤喜讀孟子，曰：「此聖學正傳，亦文章之祖也」，老猶讀之，聲琅然徹戶外。考式三，字薇香，歲貢生。博綜羣經，尤長三禮，說經不拘漢宋，擇是而從，嘗作求是室記曰：「天假我一日，即讀一日之書，以求其是」。又作畏軒記曰：「讀經而不治心，尤將百萬之兵而自亂之」。晚自號知非子；而榜其讀書之處曰晚微居。道光八年（一八二八），先生生於定海縣紫微莊，二十年，薇香公以避兵挈先生徙居鎮海縣海晏鄉之黃家橋。

先生幼時，與兄深詩賡文以愚暨從弟贊庭孝廉以恭共讀，輒以經史大義互相質難。比長，能承名父之訓，遂繼專家之業。同治初，泰興吳和甫侍郎存義督浙江學，按試甯波，以明堂考命題，先生據隋宇文愷傳，謂考工記夏后氏世室堂修二七二為衍文，吳公深識之。九年庚午，先生登賢書，明年會試選謄錄，期滿當得知縣，不就。又十年，大挑以教職用，歷署遂昌、海鹽、於潛縣學訓導，補分水。光緒十四年，以瞿子久學使鴻禨疏薦，加內閣中書銜。十六年復以潘嶧琴學使衍桐奏保，陞用教授，補處州府學，未就。二十四年，歸自江陰，僑居仁和半山之下。其明年（一八九九）十月卒，春秋七十有二。子家岱、家鶩，世其學。家岱著有尙書講義一卷，小戴禮記箋正一卷，撰藝軒雜著三卷。

先生初治易，撰十翼後錄。治羣經，撰讀書小記。以為三代下經學，鄭君朱子為最；而漢學家破碎大道，宋學家棄經臆說，不合鄭朱，何論孔孟？因守顧亭林經學即理學之訓，以追討孔門之博文約禮。嘗曰：「禮者，理也，天理之秩然者也。者禮即窮理，後儒舍禮而言理，禮必徵實，理可空談也。欲挽漢宋學之流弊，其惟禮學乎！或云禮為忠信之薄，是言一出而周衰；或云禮豈為我輩設，是言一出而晉亂；學術不明，而治術敝」。又曰：「文章非禮則淫哇，政事非禮則雜霸」。秦蕙田五禮通考，吉禮好難鄭，軍禮太阿鄭，先生病之，因撰禮記略。後仿戴君石渠奏議，許君五經異義，為禮書通故一百卷，凡敍目五十，閱十九年而成書。自敍謂：「高密箋詩而屢易，毛傳注禮而屢異，先鄭識已精通乎六藝，學不專守於一家，是書之作，竊取茲意」。餘杭章炳麟稱其書「囊括大典，揉此眾甫，本支敘備，無齺不理，與杜氏通典比隆」。蓋不第辭說明辨，去非求是，視昧經之書為精也。先生考古代制度，務在求通於今，俾可施行。如攷學校選舉之制，則以古學校必升士，而斥漢以後學校不升士之弊。以古鄉舉里選在學校，賢能皆有學之人，而斥漢以後選舉不由學校之弊。又以經有訓詁、所以明經而造乎道也，乃仿阮元性命古訓，廣為二十四目，成經訓比義三卷。蓋陳淳字義，墨守師說，戴震孟子字義疏證，專難宋儒，是書詳引諸經各注，異於北溪東原之各有偏主云。

初宋世四明之學，雜采朱陸，迨清初萬斯同，全祖望，學始精實，至先生而益醇粹。其著書皆質鬼神俟後聖，而以陸王執一端立宗旨為賊道。鎮海胡繼高洪安悅象山之言，與先生講論義理，先生曰：「經外之學，非所知也」。先生平生不為流俗文辭，諸弟子皆謂先生不文，先生亦自退，然其論經陳事，兼物闡義，有遠超諸儒上者。光緒五年，甯紹台道宗源瀚觀察源瀚，建甯波辨志精舍，請先生為定名義規制，通古今人為學之方，分六齋以課士，每齋必延學有專精者，分主講席。於是漢學齋由先生自課，宋學、史學、輿地、算學、詞章各齋，聘鄞縣[illegible]明經鳳章、慈谿何[illegible]明經[illegible]孝廉一梅，餘姚黃蔚廷孝廉炳垕，鎮海陳驥孫孝廉[illegible]。[illegible]安[illegible]侍[illegible]，督學江蘇，先生[illegible]太[illegible]，尙[illegible]而[illegible]院學[illegible]，而先生[illegible]十五年[illegible]，學皆[illegible]求是[illegible]人[illegible]時[illegible]千[illegible]

弟子著千餘人：而慈谿馮一梅、林頤山，[illegible]其[illegible]死，其學[illegible]思承孔子教[illegible]孟子，[illegible]子思子輯解七卷。學子思所[illegible]孔子之教，[illegible]時[illegible]而[illegible]，及所[illegible]為[illegible]之說，[illegible]其[illegible]之大旨，[illegible]，[illegible]：「加我數年，[illegible]」，既書成而疾痉，更號哉生，年六十九矣。

先生父子兄弟，自[illegible]師友，一門著作，[illegible]四卷，尚書啟蒙五卷，[illegible]四卷，論語[illegible]二十卷，周季編略九卷，鄭君經書一卷，[illegible]問答[illegible]，[illegible]一卷，[illegible]四卷，[illegible]一卷，[illegible]三卷，[illegible]刊本[illegible]稿本，各自成書。復以詩傳[illegible]，[illegible]詩說、禮[illegible]說，[illegible]刻於[illegible]五卷中；又有史說五卷，續通考二卷，讀子集四卷，[illegible]四卷。[illegible]之[illegible]集。[illegible]公[illegible]十五卷，雜著二卷。貲庭公撰尚書啟蒙疏二十八卷，讀詩管見十二卷，[illegible]子[illegible]，有[illegible]。而[illegible]所著，有[illegible]外，尚有[illegible]禮[illegible]法考證二卷，唐本說文真僞辨一卷，黃帝內經集注九卷，[illegible]雜著[illegible]，及[illegible]，[illegible]本，[illegible]子書，唐詩約選等諸稿。

[illegible]嘗見瑞安孫氏玉海樓藏本[illegible]通散，[illegible]先外王父侍容公手[illegible]校，凡得三百餘條，別[illegible]氏[illegible]先生[illegible]先外王父年譜中，學者可與[illegible]書參互覽之。又四明張氏約園，藏有十[illegible]抄本十二冊，及[illegible]詩公[illegible]稿本四冊。杭縣孫氏[illegible]，藏有[illegible]子書原稿四冊。定海黃[illegible]，藏有經訓類編抄本三卷二冊，唐詩約選手稿本二冊，及先生手鈔[illegible]學[illegible]鈔一冊，先生摘鈔歷朝名人評述二冊。又有[illegible]公尚書啟蒙原稿五卷一冊，貲庭公尚書啟蒙疏原稿二十卷五冊，[illegible]詩管見手稿二冊，[illegible]手稿一冊（末附[illegible]經[illegible]尚書講義讀本）。又有貲庭手校[illegible]公易[illegible]二冊，手鈔[illegible]公周季編略四冊，及[illegible]手稿本一冊，茲拉雜附記於此，以便一覽。

太炎大師之遺稿及其他

邱漢生

南屏山下舊祠堂，
鬱鬱佳城草木香。
異代蕭條同此志，
相逢應共說興亡。
——爲外子卜葬西湖蒼水公墓右首

右所引，乃太炎大師夫人湯國梨先生詩也。自大師之隕，政府有國葬西湖之議。地在南屏山下，與晚明民族詩人張蒼水墓園相近。身後穿塚，得傍要離，於大師早年宣勞光復運動之志事，固深體之也。詩中所謂『異代蕭條同此志，相逢應共說興亡』者，亦甚能道出大師之心事矣。

一昨，夏瞿禪先生見訪，遂同過大師夫人湯先生寓廬。

夫人延余等坐。爲一小客室，東向壁上懸太師寫眞遺像。高朗圓大之前額下，雙眸炯然，光出眼鏡外。其深沉精卓之知慧才力，固輝灼人，如其眸子；其蘊蓄富厚之學殖，則高圓之前額，似亦有以苞孕之矣。西向壁上張橫幅，大書曰東南樸學，故大總統黃陂黎公之所褒也。肅觀遺像，深念褒詞，高山仰止之情，油然以與。

架上大師遺書數百卷，此外，几案數事，淨無纖塵。窗外木芙蓉娟娟作花，明艷鮮麗，搖曳秋風中，晡後斜陽，以金黃之光色塗澤之，益稱室內之幽寂。

夫人年事六十有四，而精神淸健，尤善言談，爲余等言大師事，娓娓數小時，不倦。

夫人之言曰：自太炎之歿，政府議國葬，設國葬委員會董其事。會抗戰軍興，事尋寢；十載以還，委員七人，泰半零落。月前張溥泉先生謂委員會將更組，別委人選，箋爲九人。國葬之舉行，會當稍緩耳。抑今日物價涌貴，數千萬元國葬費，固亦無所用之。

大師之墓，夫人將親爲文誌之。往者汪先生東所爲墓誌，文甚繁富，鐫石之費，計當在三千萬元以上。故夫人將自撰簡短者易之。首敍大師名諱，族望，里居，生卒，以明其人；次述平生著述，以明其業；而殿以配偶子女，以明其後嗣。而於大師早歲奔走光復之事，略弗敍錄。夫人自言將以此文爲後人創一體例，而尋又自損田，第不知可否耳。夫不有創發，何有於紹述。苟於其當，雖自我作古何害？大師之墓，而夫人誌之，固無不可者。然奔走革命，肇造民國，大師之勳業亦隆矣。雖今日者以孫公爲國父，而大師文章學問並世無出其右，錄其首出而遺其次，夫人之意苟如此，竊以爲亦有未安者焉。將最錄其行誼而傳之後人，國史所資以考信者必於是乎在，夫人之所宜措意者乎？論功業，大師之傳世當別有在，而記載中華開國史者，固必不遺大師而弗及者歟？

大師之歿，遺稿叢雜，散置書案抽屜中。後稍稍董理之，大別凡三類。其最夥者，爲論述中國醫學之文字，其次爲泉譜，二者皆有統系可尋；復次則雜書篆籀文字，有黃季剛錢玄同之手筆厠其中，爲最不易整理者。寇兵陷姑蘇，懼遺兵燹，裝箱密移天平山僧寺。而大師侍者知之，陰通於寺僧，盜而售之人。迨市上散見大師手蹟，夫人乃知而究詰之。收其餘，則散帙者多矣。亦海內文獻之浩劫也。

夫人善詩，長短句尤神韻綿邈，有聲於時。往歲嘗印行影觀詩集，而詞迄未裒集。余懸揣夫人詩詞當有與大師生平足以相發明者在，而夫人終謂大師不甚喜詞，所作因鮮有與大師生活相關涉者。瞿禪先生乃謂各有千秋，此語誠得之矣。

夫人年來多更憂患，先大師之喪一年，夫人哭其弟，一年而哭大師，越三年而哭其母，今年十月又哭其妹。十年之中，屢喪親愛，死生之痛，萃於遲暮，而亂離播越，尤不可言。夫人言此，神情至爲沉痛。竊思並世各國，尊崇其學者文人，無所不至。生則贍其家，沒則褒其墓，爲之設紀念館，以保存其遺著遺稿，爲之籌紀念金，以振卹其遺族。太炎大師爲樸學殿軍，盡人而知之矣，我政府苟不欲振導文化則已，苟振導矣，則所宜從事者，寧國葬一端而已乎？

日將暮，余等辭去。歸途，夏先生貽余影觀詩一冊，篇首引詩，集中作也。

訪夫人既竟，余追記其事，稿未經夫人寓目，漏略錯誤甚多，文責作者自負之。

三十五年十一月。

清代學者龔定盦之生平與著作

洪煥椿

清代以深究經史文字音訓之學，且兼精金石碑版而爲世所推重者，嘉定錢大昕，儀徵阮元，陽湖孫星衍而外，必推仁和龔自珍。自珍字爾玉，一字璱人。更名易簡，字伯定。又更名鞏祚，號定庵。嘗自署羽陵山民。曾祖某，號硯北老人；祖敬身，字杞懷，號匏伯，乾隆三十四年進士，官至雲南迤南兵備道，以父憂去官。祖母陳氏，溟風先生（文劍）女。父麗正，字暘泉，字暘谷，號闇齋，嘉慶元年進士，官至江南蘇松太兵備道，去官後歸主紫陽書院。母金壇段氏若膺(玉裁)女（案光緒杭州府志卷一三七稱敬身爲段女夫，敬身實係麗正之誤）。乾隆五十七年（公元一七九一年），定庵生於杭郡東城馬坡巷，嘉慶十五年庚午科鄉試，中副榜貢生，出高郵王文簡公引之門下。旋即入都，得內閣中書。道光九年成進士（光緒杭州府志卷一三八作道光三十年進士，亦誤。）十六年官宗人府主事。十九年，乞假出都，歸於羽陵之山，遂息影而不復仕。道光二十一年秋，游淮上，後卒於丹陽書院，春秋五十。定庵生二子，長名公襄，原名橙，字孝拱，號石匏，能傳家學，以著述自見，後卒於上海。次子名陶，又名宗英，字念匏。

麗正自得外舅段氏漢學之傳，嘗校刊段注說文解字，經訓樓集，戴東原集，胡刻宋本資治通鑑。又著有國語韋昭注疏。定庵紹承弓裘，自以與漢儒鄭康成同生日，故少時輒淬勵其志。十二歲，外王父段玉裁授以許氏說文部目，即有志於以經說字，以字說經之學。十三歲作水仙華賦，時從建德宋魯珍（璠）讀書，宋氏問知與覺之辨，定庵對答如流。十四歲，考覽古今官制，有志於掌故之學。十五歲學詩，吐屬瑰奇，獨具風格。十六歲讀四庫全書總目提要，便有志於目錄之學。十七歲見石鼓，乃有意於金石之學。十八歲與秀水王仲瞿（曇）訂忘年交。仲瞿王曇，好游俠，通兵家言，尤善弓矢，慨慷悲歌，不可一世。所作詩文亦奇偉可誦，錢光爾許其西楚霸王廟碑云：「二千年無此手筆」。所著有烟霞萬古樓集。二十三歲，定庵侍父徽州府任，爲徽州府志局徵討文獻。二十五歲，又侍父蘇松太道任，凡關甄綜人物，搜輯掌故之事，未嘗不與焉。翌年，貽書甘泉江子屏（藩），言其所著漢學師承記名目有十不安。二十八歲，從武進劉申叔受公羊春秋。蓋劉氏少從外祖莊存與及從舅莊述祖學，嘗以何氏解詁爲主，創通條例，貫串羣經，爲清代言今文學者之冠。三十歲時，定庵與桐鄉程密齋（同文）、江蘇秦敦夫（恩復）相約，每得異書，互借鈔校。敦夫精於鑑藏，所居五笥仙館，藏書萬卷。嘗校刊列子、鬼谷子、揚子法言、三唐人集、隸韻、詞林韻釋諸書，世稱善本。其他同時學者，如陽湖孫淵如（星衍），儀徵阮芸臺（元），錢塘何夢華（元錫）、烏程周信之（中孚）、南海吳荷屋（榮光）、涇縣包愼伯（臣世）、大興徐星伯（松）等，定庵皆得師友之。阮元在杭州時，嘗詐聾避俗，獨定庵走訪，則流連竟日，傾筐倒篋，時人皆笑云：「阮公耳聾，逢龔則聰」，此可以見其論交之深矣。

定庵爲內翰時，條上撤正五事書，其中如乞開館校石經，乞闢館選定當代名臣奏議，乞改科場功令以收英才等，尤關重要。又有西域置行省議及青海事宜論，識者韙之。程同文修會典，以理藩院一門及青海西藏各圖屬爲校理，定庵於是擬撰蒙古圖志，分像教、水地、臺卡等各志，字類、聲類、氏族、冊降、烏梁海等各表，惜同文歿，不果成書。定庵充史館校對時，上書總裁論西北塞外部落源流，山川形勢，凡十八條，足以補訂統志之疏漏。道光十二年大旱，詔求直言，大學士富俊走訪定庵，定庵方在禮曹，上書堂官，論四司政體宜沿宜革者三千言。翌年冬，歸過吳中，陳水利策於江蘇布政使裕謙。當是時，以經世奇才名天下者，必曰龔、魏，魏氏者，邵陽魏默深（源）也。

嘉興李遇孫輯金石學錄，稱定庵「藏弆八百餘種，世所不經見，惜燬於火」。定庵自有詩云：「我有秦時鏡，窈窕龍鸞痕。我有漢宮玉，觸手猶生溫。我有器丸行，鱗鴻若可捫。玉皇怒公道，奇觚三至門。欲供三炷香，先消萬古魂。古脊伴憂患，請屈生酸膽。且搨三千本，貽與人間存。」又嘗求日本佚書於番舶，願以家藏三代鐘鼎吉金之打本易之。其考彝器，因其用而分十九類：曰祭器、曰養器、曰享器、曰藏器、曰陳器、曰好器、曰征器、曰旌器、曰約劑器、曰媵器、曰服器、曰抱器、曰分器、曰賂器、曰獻器、曰殉器、曰樂器、曰儆器、曰瑞器。此十九說皆定庵稽諸史籍而有徵，核諸目驗而不爽者。其分類之精富，制斷之謹嚴，頗爲前人所不易到，允爲金石學之入門法規。其言秦漢石刻，則因事而臚舉九例：「有巡狩則紀，因頌功德一也。大畋獵游幸則紀，因頌功德二也。有大討伐則紀，主於言勞三也。有大憲令則紀，主於言禁四也。有大約劑大詛則紀，主於言信五也。所戰所守所輸糧所瞭敵則紀，主於要害六也。決大川，濬大澤，築大防則紀，主於形方七也。大治城郭宮室則紀，主於考工八也。遭經籍潰喪，學術歧出則刻石，主於考文九也。九者，國之大政也，史之大支也。石在天地之間，材巨形豐，其徙也難，則壽侔於金者有之，古人所以舍金而刻石」（說刻石）。其論漢以後碑版，謂「廟有碑，繫牲牷也，刻文字非古也。墓有碑，穿厥中而爲窆也。刻文字矣，必著祿位；著祿位矣，必述功德。夫以文字著祿位，述功德，此亦史之別也。仁人孝子於幽宮，則刻石而薶之，是又碑之別也」（說碑）。其言碑之名義及其緣起，可謂簡而要矣。又以古印介乎金石之間，自宜別爲專門，撰有說印，述羽陵山館求古印之大旨。道光六、七年間，定庵獲得漢趙飛燕印，喜極賦詩，有「照耀玉山樓」之句。自謂擬構寶燕閣以處之云。未幾，印質於番禺潘德輿（仕成）家，後轉落估客手，爲濰縣陳壽卿（介祺）購去，藏諸簠齋，其楂印櫝匣四面刻字，尚留粵中。光緒十四年元和汪建霞（標）至其地，嘗獲見之云。

定庵生平著作極富，有尚書序大義一卷，泰誓答問一卷（今有滂喜齋叢書本及皇清經解續編本），尚書馬氏家法一卷，詩非序非毛非鄭各一卷，左氏春秋服注補義一卷，左氏決疣一卷，春秋決事比六卷（今有皇清經解續編本），西漢君臣稱春秋之義一卷，說文段注札記一卷，讀漢書隨筆四百事一卷，布衣傳一卷，昇平分類讀史雜詩一卷，孤虛表一卷，古今用兵孤虛圖說一卷，漢官拾遺一卷（輯官印九十方），與客道古錄一卷，吉金款識十二卷，羽陵山館金石墨本記五卷，羽陵山館典寶記二卷，鏡苑一卷，瓦韞一卷，泉文記一卷，記游一卷，商周彝器文錄，漢器文錄，西域置行省議，青海事宜論，蒙古水道略，蒙古台卡略（以上四書今並見於「小方壺齋輿地叢鈔」中）。今方言等。其屬稿未成者，蒙古圖志外，尚有漢書補，金石通考五十四卷。晚涉釋典，以佛書入震旦，校讎者希，乃爲龍藏考證七卷，又重定妙法蓮華經目次，分本迹二部，刪七品，存二十一品。

默深少定庵二歲，其歿後於定庵十六載。定庵既前卒，子孝拱抱遺書走就默深訂正，默深爲論定而編校之，凡得文十二卷，曰定庵文錄，考證雜著詩詞十有二卷，曰定庵外錄。默深復爲之序，稱其文「以六書小學爲入門，以周秦諸子，吉金樂石爲崖郭，以朝章國故，世情民隱爲骨幹，發奧洞闢，自成宇宙」。而平湖朱之榛謂：「桐城之文，如泰山主峯，端正不可褻視，而胡氏天游，汪氏中，彭氏紹升，龔氏自珍諸氏之文，則如徂徠新甫與岱宗揖讓，俯仰於百里之間，不自屈抑，亦一代文字之雄也」。魏氏所定定庵遺集，今不得見，後世刊行者，同治間有錢塘吳曉帆（煦）所刻之定庵文集三卷，續集四卷，又補刻文補一卷，詩三卷，詞二卷。光緒間有平湖朱氏刻補編四卷，商務印書館並據以影印入四部叢刊中。迄宣統間，吳江薛鳳昌復以邃漢齋校訂本付之擺印，錄存定庵遺文二百七十二首，釐爲八卷，而合詩三卷爲兩卷，都凡十卷。近人杭縣丁輔之藏有龔定庵先生集外文三冊，係仁和魏稼孫手鈔譚獻錄存本。以貽會稽趙撝叔者。撝叔手識云：「同治紀元四月既望，譚獻出所藏本假趙之謙，始得讀一過。魏錫曾願重鈔見畀以易甘，許之。原本篇無次，今以私意次之。訂本成，遂志緣起，此吾破家後第一寶籙也」。

孝拱著作除詩本誼已梓入光緒十五年譚獻輯刊之半厂叢書中外，未刊之手稿本，尚有六典三冊，全稿塗乙沾注幾徧，字用正體，古氣盎然。首有道光二十年自序，至咸豐五年，凡七易稿而後定。六典者，首文典，次形典，三事典，四意典，五音典，六說典也。又有理董許書不分卷一冊，首有道光二十年長序，序許書之誤，並有識語云：「余識古文賊卒，此書作始於道光九年己丑，余年齡九，書重成於光緒四年歲戊寅，余六十二齡矣」。又有象書一冊，凡七篇，跋尾云作於光緒四年。又有六經傳記逸周書抄表二卷，重定易爲十二類一卷，論諸子屈原爲表二卷，各書稿本今並由杭州市高氏梅王閣收藏。

十七年清明節於杭州市

國家圖書館出版社簡介

國家圖書館出版社，原名書目文獻出版社，一九七九年成立。一九九六年更名爲北京圖書館出版社，二〇〇八年改爲現名。

本社是文化部主管、國家圖書館主辦的中央級出版社。二〇〇九年八月新聞出版總署首次經營性圖書出版單位等級評估定爲一級出版社，並授予『全國百佳圖書出版單位』稱號。

建社三十年來，通過與各圖書館密切合作，形成了兩大專業出版特色：一是編輯出版圖書館學和信息管理科學著譯作，出版各種書目索引等中文工具書；二是整理影印中文古籍等各種稀見歷史文獻。此外還編輯出版各種文史著作和傳統文化普及讀物。

本社設有社長總編辦公室、財務部、歷史文獻影印編輯中心（下設文史編輯室、古籍影印編輯室、民國文獻影印編輯室）、圖書館學情報學編輯室、中華再造善本編輯室、營銷策劃部、發行部、儲運部等部門。